本系列由澳门大学法学院策划并资助出版

澳门特别行政区法律丛书
葡萄牙法律经典译丛

澳门特别行政区法律丛书
葡萄牙法律经典译丛

商法教程

（第二卷）

公司法

Curso de Direito Comercial

（Vol II）

Das Sociedades

〔葡〕乔治·曼努埃尔·高迪纽·德·阿布莱乌 / 著
（Jorge Manuel Coutinho de Abreu）

王 薇 王荣国 / 译

社会科学文献出版社
SOCIAL SCIENCES ACADEMIC PRESS (CHINA)

澳門大學
UNIVERSIDADE DE MACAU
UNIVERSITY OF MACAU

总　序

　　葡萄牙法律经典译丛是澳门大学法学院在累积超过二十年教学科研成果的基础上，充分发挥自身优势，组织院内院外中葡双语精英（包括法律和法律翻译方面的专家）倾力打造的一套大型丛书。随着这套书的陆续出版，中国读者将有机会全方位接触在大陆法系内颇有特色，而且与中华人民共和国澳门特别行政区现行法律秩序关系密切的葡萄牙法学。

　　实际上，这套丛书的出版一开始就肩负着众多任务。首先，它当然是一个学术研究项目：系统地将一个国家或地区的代表性法学著作翻译成中文，对乐于博采众长的汉语法学家群体而言，肯定有比较法意涵。这些法学论著不仅深刻影响了葡萄牙本国的立法和司法活动，而且直接影响了继受葡萄牙法的非洲、拉美和亚洲法域（包括澳门）。深入研究相关著作既有助于他山攻玉、前车引鉴之事，也有利于中国与有关国家的交流理解。其次，由于澳门是中华人民共和国的一个特别行政区，而澳门现行法体系主要是继受葡萄牙法而来，系统地研究葡萄牙法学相当于是对中国多元法制中一个组成部分的一次观照。最后，这套丛书本身也是对澳门社会内部一些要求的响应。自20世纪80年代末澳门开始在本地进行法学教育以来，就一直有声音指出既能以中文出版又能深刻揭示澳门现行法体系的法学文献奇缺。虽然经过二十多年的努力，状况有所改善，可是仍然难言足够。在一个双语（中、葡）运作的实证法体系中，以葡萄牙语为母语的法律职业者只参考葡语著作，而以汉语为母语的同行则难以接触同样的材料，这会使这个社会的法律职业人渐渐走向信息不对称（甚至割裂）的状况。这对于澳门法律和社会的长远发展不是好事。因此，这套译著的推出对于澳门的法学教育和法律实务都大有裨益。

尽管翻译葡萄牙法学著作的意义非同一般，然而在比较法的语境下，援引法国法、德国法或英美法和援引葡萄牙法的分量肯定是不一样的。法学界一般认为，古代的罗马法、近现代的法国法和英国法以及自19世纪末到20世纪的德国法和美国法是法律概念和法学知识的输出者。因而，在实践论辩中援引上述法域的理论或立法实践在某种意义上是诉诸权威（有时被冠以"先进"之名）。当然，权威论证一直是法律修辞的一个重要组成部分。可是在比较法这幅色彩斑斓的画卷中，权威肯定不是唯一的颜色。不论学者也好，社会行动者也好，也许只有在历史的特定时刻和特殊的主观状态下才会频繁地诉诸权威。当自身已经累积了一定的自信而再将目光投向外界时，可能就不再是寻找庇荫与垂怜，而是对同一天空下的不同经验、体验或生活方式的旁观与尊重，偶尔也可能灵光一闪而备受启发。果真如此，葡萄牙法就是一个非常值得关注的对象。早在其律令时代，葡萄牙法就一直与西方法学史上著名的西班牙《七章法》有着千丝万缕的关系。到法典化时期，葡萄牙法虽然算不上时代的弄潮儿，但是其跟随欧洲法学主流的步伐一点不慢。1867年的《塞亚布拉法典》以《法国民法典》的新框架和新思维重整了律令时代的旧规则，并保留了旧法的很多传统内容；1966年的《民法典》则追随《德国民法典》的步伐，将原本充满法国法和旧律令印记的《民法典》改成五编制，同时又吸收了20世纪上叶制定的《意大利民法典》和《希腊民法典》的一些元素。这样曲折的发展过程注定了葡萄牙法学的面貌是丰富多彩的（真实地展示了大陆法系法、德两大流派如何融为一体），而且值得比较法学者关注。

最后，感谢社会科学文献出版社领导和编辑的大力支持，他们的辛勤劳动是本丛书能在中国与读者见面的重要原因。

项目委员会主任

唐晓晴教授

作者简介

——乔治·曼努埃尔·高迪纽·德·阿布莱乌，科英布拉大学法学院法学士及博士，自 2008 年起担任该院教授，在法学士、硕士和博士课程中主要讲授商法与公司法。

——科英布拉大学法学院企业与劳动法研究所主任，该所旨在进行企业和劳动法领域的科学研究和研究生教育。

——科英布拉大学法学院博士课程主任。

——曾出版十几本书［包括最近 2022 年第十三版《商法教程（第一卷）》、2021 年第七版《商法教程（第二卷）：公司法》等］，发表逾九十篇论文（其中多篇以法文、西班牙文、英文、意大利文和葡萄牙文发表在国外期刊和著作中），以及就《公司法典》《保障竞争法》《合作社法典》的规范发表评论与注释约八十篇。

——多部著作的主编，其中最重要的是《公司法典评注》，共七卷（5000 多页），Almedina 出版社于 2010 年与 2014 年期间出了第一版，至今已有第二版及第三版。

——《公司法期刊》（2009 年创刊）创办人之一、主编，九本法律期刊（两本葡萄牙期刊、两本西班牙期刊、四本巴西期刊及一本意大利期刊）的学术委员会（或者编辑、编审委员会）成员。

——2011 年 5 月以来担任拉丁法学院协会副会长（协会总部设在西班牙）。

——在近百次研讨会、座谈会、专题讲座上等作学术报告，会议地除了葡萄牙外，还包括西班牙、巴西、安哥拉、佛得角、中国、罗马尼亚、莫桑比克、奥地利及意大利。

Apresentação do Autor

– Jorge Manuel Coutinho de Abreu, licenciado e doutorado pela Faculdade de Direito da Universidade de Coimbra (FDUC), é desde 2008 Professor Catedrático desta Faculdade, onde vem lecionando, principalmente, disciplinas de Direito Comercial e Direito das Sociedades nos cursos de licenciatura, de mestrado e de doutoramento.

– Presidente da Direção do IDET – Instituto de Direito das Empresas e do Trabalho, com sede na FDUC, que tem por objeto a investigação científica e o ensino pós-graduado nos domínios do direito das empresas e do trabalho.

– Coordenador do Curso de Doutoramento da FDUC.

– Autor de uma dezena de livros (contando-se entre os mais recentes o *Curso de direito comercial*, vol. I, 13ª ed. , 2022, e vol. II-*Das sociedades*, 7ª ed. , 2021), de mais de nove dezenas de artigos científicos (muitos deles em revistas e livros estrangeiros, em francês, espanhol, inglês, italiano, português) e de cerca de oito dezenas de comentários e anotações a normas legais (do Código das Sociedades Comerciais, da Lei de defesa da concorrência, do Código Cooperativo).

– Coordenador de vários livros, o mais relevante dos quais é o *Código das Sociedades Comerciais em Comentário*, com sete volumes (mais de 5 000 páginas) editados pela Almedina entre 2010 e 2014 em 1ª edição, entretanto já em 2ª ou 3ª edição.

– É um dos fundadores e diretor da revista *Direito das Sociedades em Revista* (fundada em 2009) e membro da comissão científica (ou editorial ou redatorial) de nove revistas jurídicas (duas portuguesas, duas espanholas, quatro brasileiras, uma romena e uma italiana).

– Vice-presidente da Associação das Faculdades de Direito Latinas desde maio de 2011 (data em que foi constituída em Espanha, onde tem a sede).

– Participou, como conferencista, em cerca de uma centena de congressos, colóquios, cursos breves, etc., principalmente em Portugal, mas também em Espanha, Alemanha, Brasil, Angola, Cabo Verde, China (Macau), Roménia, Moçambique, Áustria, Itália.

中文版前言

　　本书首先分析合营组织及其相近模式、各种公司类型的基本特征（侧重公司的法定类型，也涉及学理上的分类，以及历史沿革）；接着探讨公司诞生及其存续期间的主要活动，包括：公司的设立程序、组织结构及其法律人格与能力；股东资格与行政管理机关成员身份的取得方式及其终止事由；股东的权利与义务；行政管理机关成员的权力与职责；股东之间、股东与行政管理机关成员之间、两者与利害关系人之间的利益冲突与相合，以及如今再起争论、作为公司机关据位人的行为指引的"社会利益"。笔者力图以清晰的表述、批判性思维及体系化方式对提出的问题进行解析，并常对相同与不同的见解加以论证。

　　葡萄牙的公司法在很大程度上源于欧盟法，后者（通过指令和规章）协调和统一了公司法的各个领域，但这并不意味着无视其他法域的制度。本书对不同国家的有关学说和立法进行了广泛的探讨。有鉴于此，笔者希望并期待本书能对中国读者批判性理解日趋国际化、全球化的法律有所助益。

　　最后，谨向将本书纳入"葡萄牙法律经典译丛"编译项目委员会主任唐晓晴教授、副主任奥古斯都（Augusto Teixeira Garcia）教授、副主任尹思哲（Manuel Trigo）教授、译者王薇博士与王荣国博士深表谢意。

乔治·曼努埃尔·高迪纽·德·阿布莱乌

2022 年 10 月 5 日于葡萄牙科英布拉

Prefácio para a edição chinesa

Depois da identificação do fenómeno societário (e confronto com fenómenos afins) e da caracterização geral dos tipos de sociedades (tipos legais, principalmente, mas também doutrinais, e evolução ao longo da história), este livro propõe-se apresentar, em discurso claro, problematizador e sistematizador e apoiado frequentemente em diálogos intertextuais (marcando convergências e divergências), momentos fundamentais do nascimento e da vida das sociedades: processos de formação, estruturação orgânica, personalidade e capacidade jurídicas, modos de aquisição e extinção das relações de socialidade e de administração, poderes e deveres dos sócios e dos administradores, conflitos e comunhão de interesses entre sócios, entre estes e administradores, entre uns e outros e partes interessadas ou *stakeholders*, «interesse social» – hoje novamente objeto de debate intenso-enquanto delimitador e /ou orientador da atuação dos titulares dos órgãos sociais, etc.

O direito das sociedades português é em boa medida tributário do direito comunitário-europeu-harmonizador e unificador (mediante diretivas e regulamentos) de vários camposdo direito societário. Mas não se fecha a experiências de outros ordenamentos. E este livro abre-se amplamente à doutrina e legislação de diversos países. Também por isso, desejo e espero que o leitor chinês encontre neste livro contributos que auxiliem na compreensão crítica de um direito progressivamente internacionalizado-globalizado.

Uma palavra de profundo reconhecimento devo aos coordenadores da coleção que acolhe este livro-Profs. Tong Io Cheng (presidente), Augusto Teixeira Garcia e Manuel Trigo (vice-presidentes), bem como aos tradutores Drs. Wang Morbey Wei e Wong Weng Kuok.

J. M. Coutinho de Abreu

Coimbra, 5 de outubro de 2022

第四版小序

第四版新增内容主要涉及公司资本、财产、盈余、公积金及亏损（第六章）。至此，本书初版所计划的内容终告基本完成。

此外，新近颁布的各项法律使得须对本书数十页内容作出适时改动（在此亦提请读者留意《公司法典评述》，共七卷，其中三卷已出版）。

2011 年 10 月 17 日，于科英布拉

第三版小序

《商法教程》（第二卷）第二版于 2007 年面世（并于 2008 年重印）。

现在是时候出第三版了，其中开辟了更多路径，（新增的）第七章长达 160 多页。

本书其余章节偶尔有润色之处，但基本内容维持不变（除了几处，亦无参考文献上的更新）。

2009 年 1 月 31 日，于科英布拉

第二版小序

《商法教程》（第二卷）初版于 2000 年并重印 4 次（2003 年两次，2004 年与 2005 年各一次）。

本来期望第二版新增第六章与第七章的内容，但因时间紧迫而仍未能如愿。

实际上，笔者有足够的资料在几个月内撰写（充实而不堆砌废话）这两章（部分内容），但是，因近期（主要是第 76 – A/2006 号法令带来的）公司法改革以及考虑到笔者的学生们（本书的首要受众）的学习，补充计划未能完成。

本学年第二学期即将开始，公司法部分在上学期末已开始讲授。本教程根据立法改革尽快更新了第一版内容，以供学生们在新学期使用。

因此，本版主要为更新法例，范围不小，仅上述第 76 – A/2006 号法令就修改了《公司法典》及其他法规几百条规定……笔者未来得及更新参考文献［除偶尔几处，尤其是第五章有关"公司利益"部分（2.2.3.1）——即将出版的写作成果］。此外笔者最近出版了《公司的治理》，另一有关行政管理机关成员的民事责任的专著即将出版，其中大部分内容也将出现在本卷的第七章中……

2007 年 2 月 8 日，于科英布拉

初版小序

笔者讲授的商法教程第二部分共分七章，而本书仅含五章，对此欠缺深感遗憾，现借此序说明个中原委。

本教程第一卷于 1998 年出版，经 1999 年重印，于 2000 年再版。不能止于第一卷并在适当时间出版第二卷的要求，为此需要高强度的工作。如今是卸下担子（多）喘口气的时候了。

因维持准确表述的需要，笔者未能将本卷第五章的内容限制在预期的篇幅（其中某些章节未曾讲授过）内。

本书部分篇章已刊印小册（第一章印于 2000 年，第一章至第四章印于 2001 年），主要在学生中传阅。笔者相信，如今有必要将两年多来的研究成果撰写成书公之于众。

本卷书的撰写事实上一直持续到如今所指的时间，这意味着没有引用个别文献，其他的本版均有收录。然而，笔者更新了相关章节所载的立法性与参考性文献资料。

向给予建议特别是排字校对的人员（请允许本人特别向迅速完成阅稿工作的 Elisabete Ramos 与 Alexandre Soveral Martins）表示由衷的感谢。

2001 年 12 月 20 日，于科英布拉

缩略语表

A.　　　　　　—作者

Ac.　　　　　　—合议庭裁判

ACE　　　　　　—企业互助集团

AcP　　　　　　—民法实务档案

AEIE　　　　　—欧洲经济利益集团

AktG　　　　　—德国股份公司法

BFD　　　　　　—（科英布拉）法学院学报

BGB　　　　　　—德国民法典

BMJ　　　　　　—司法部公报

CAM　　　　　　—互助会法典

CCiv.　　　　—民法典

CCom.　　　　—商法典

CCoop.　　　—合作社法典

CEE　　　　　　—欧洲经济共同体

Cfr.　　　　　—参见

CI　　　　　　　—合同与企业

CIMT　　　　　—不动产有偿移转的城市税法典

CIRC　　　　　—法人所得税法典

CIRE　　　　　—支付不能及企业重整法典

CIRS　　　　　—自然人所得税法典

Cit.　　　　　—前述

CJ　　　　　　　—司法见解汇编

CJ（ASTJ）　　—司法见解汇编（最高法院合议庭裁判）

1

CVM	—有价证券法典
CNot.	—公证法典
CP	—刑法典
CPC	—民事诉讼法典
CRCom.	—商业登记法典
CRP	—葡萄牙共和国宪法
CSC	—公司法典
CT	—劳动法典
DJ	—法律与公正
DL	—法令
DSR	—公司法重述
DR	—共和国公报
E. i. r. l.	—个体有限责任营业场所
ED	—法学百科全书
EP	—公营企业
EPE	—公营企业实体
GC	—商事判例
GmbHG	—德国有限责任公司法
GRL	—里斯本中级法院报
JOCE	—欧共体公报
JZ	—律师报
L	—法律
LGT	—税务一般法
LSA	—西班牙股份公司法（1989 年修订本）
LSRL	—西班牙有限责任公司法（1995）
NJW	—新法律周刊
NRDC	—商法、经济法与公司法新刊
Ob.	—著作
P. ex	—例如
POC	—公定会计格式（由 11 月 21 日第 410/89 号法令核准，已废止）
Polis	—社会与国体百科全书
R	—条例（欧共体）
RC	—科英布拉中级法院
RDC	—商法学刊
RDCiv.	—民法学刊

RDE　　　　　—法律与经济期刊

RDES　　　　—法律与社会研究期刊

RdS　　　　　—公司法期刊

RDS　　　　　—达洛兹·西雷汇编

RE　　　　　—埃武拉中级法院

RFDUL　　　—里斯本大学法学院期刊

RGIC　　　　—信用机构与金融公司的一般制度（由 1992 年 12 月 31 日第 298/92
　　　　　　　号法令核准，已修改）

RGIT　　　　—税务违法行为一般制度（2001 年 6 月 5 日第 15/2001 号法律）

RIDE　　　　—经济法国际期刊

RL　　　　　—里斯本中级法院

RLJ　　　　　—立法与司法见解学刊

RN　　　　　—公证法学刊

ROA　　　　—律师公会会刊

RP　　　　　—波尔图中级法院

RPADL　　　—商业实体解散与清算之行政程序的法律制度（由 2006 年 3 月 29 日
　　　　　　　第 76 – A/2006 号法令核准）

RPPC　　　　—葡萄牙犯罪科学期刊

RRNPC　　　—全国法人登记制度（由 1998 年 3 月 13 日第 129/98 号法令核准）

RS　　　　　—公司法期刊

RSEE　　　　—国家企业部门制度（由 1999 年 12 月 17 日第 558/99 号法令核准）

RSEL　　　　—地方企业部门制度（由 2006 年 12 月 29 日第 53 – F/2006 号法律核准）

RSoc.　　　　—公司法学刊

RTDC　　　　—公司法（及经济法——1980 年起）季刊

SI　　　　　—法律科学

SNC　　　　—会计规范系统（由 2009 年 7 月 13 日第 158/2009 号法令核准）

STJ　　　　　—最高法院

Tb.　　　　　—亦

TFUE　　　　—欧盟运作条约

TLR　　　　　—杜兰大学法律评论

V. g.　　　　—例如

V.　　　　　—见

ZGR　　　　—公司法学刊

ZHR　　　　—商事暨破产法（或商业破产法）期刊

Contents

目　录

第二部分
公司

第一章　合营组织及其相近模式

1. 合营组织——法律上的行为和实体

"合营组织"＊一词在法律语言中表示法律上的行为和实体两层意思：《民法典》第980条（题为"合营组织"）第1款为我们提供了合营组织作为合同的概念＊＊；《公司法典》则将公司主要定性为实体。在学理上，该术语同样有多种含义：合同与集合体（colectividade）[1]，合同与实体（entidade）[2]，法律行为与法人（pessoa jurídica）[3]，法律行为与主体（ente）[4]，合同与机构（instituição）[5]。

   ＊ 译者注："合营组织"术语译自葡语 sociedade，是"公司"与"合伙"的上位概念（"公司"的葡语是 sociedade comercial，语源上由"商事的"和"合营组织"构成；"合伙"的葡语是 sociedade civil，语源上由"民事的"和"合营组织"构成）。法律上，"公司"与"合伙"是合营组织衍生的两个类别。

＊＊ 译者注：葡萄牙《公司法典》没有界定公司的概念，因此，对于公司的界定，可以从《民法典》关于合营组织的定义中寻觅——根据《公司法典》第2条规定，《民法典》为《公司法典》的补充法律。

  1   L. CUNHA GONÇALVES, *Comentário ao código comercial português*, vol. I, Empresa Editora J. B., Lisboa, 1914, pp. 195 – 196, JOSÉ TAVARES, *Sociedades e empresas comerciais*, 2.ª ed., Coimbra Editora, Coimbra, 1924, pp. 19 – 20.

  2   V. G. LOBO XAVIER, *Sociedade comerciais* (*Lições aos alunos de Direito Comercial do 4.° ano jurídico*), ed. Copiogr., Coimbra, 1987, pp. 3 – 4.

  3   L. BRITO CORREIA, *Direito comercial*, 2.° vol., AAFDL, Lisboa, 1989, p. 5.

  4   V. BUONOCORE, *in* V. BUONOCORE (a cura di), *Manuale di diritto commerciale*, 2.ª ed., G. Giappichelli Editore, Torino, 1999, p. 108.

  5   对于合营组织的"性质"，在法国有合同属性论与机构属性论的经典交锋。近代以来，合营组织作为机构（sociéte – institution）的观点因公司作为企业组织技术的学理而有了新的模式，同时，合营组织作为合同（sociéte – contrat）的观点因美国最近将公司视作契约群而有了新的活力。然而，有关合营组织的混合性质——"合同／机构论"正逐渐受到重视，见 J. -P. BERTREL, *Liberté contractuelle et sociétés – Essai d'une théorie du "juste milieu"*（转下页注）

如同本节题目所示，我们倾向于将合营组织视为法律上的行为（而非合同或法律行为）***，因为存在不具有合同性质的，比如，设立一人公司的单方法律行为，以及不具有法律行为性质的公司设立行为，例如，通过法令设立公共资本的股份公司⁶；同时，我们倾向于将合营组织称为实体，而不仅仅是法人，这样覆盖面更广，因为在现有制度下，存在无法律人格的公司（后续会展开该话题）。

因此，将合营组织理解为法律上的行为和实体似乎更顺理成章。但是，仅止于此定位，尚欠全面精准，故有必要厘清两者间的关系。一方面，该法律上的行为与实体互相关联，前者不但产生后者，并且在许多方面对其予以规范；另一方面，有关实体与其设立行为存在分离性：除了实体内部管理和运作在很大程度上与设立行为无关（而由有关法例予以规范）外，实为新的主体（与股东相区分），仅以自身名义独立行动及与其他主体建立关系（换言之，被造物的行动及其对外关系基本上不受造物者行为规范……）。就公司而言，我们将主要以其作为实体的视角进行研究（如前所揭，这同样是《公司法典》的视角）。

《公司法典》（规范公司及商业形式合伙制度的主要法规）第 1 条第 2 款指出："公司以实施商行为作为标的，采用无限公司、有限公司、股份有限公司、

（接上页注 5）*en droit des sociétés*，RTDC，1996，pp. 611，ss；F. H. EASTERBROOK/D. R. FISCHEL，*L'economia delle società per azioni – Un'analisi strutturale*，trad.，Giuffrè，Milano，1996，pp. 18，ss［亦见 J. M. COUTINHO DE ABREU，*Da empresarialidade – As empresas no direito*，Almedina，Coimbra，1996（reimpr. 1999），p. 259，ns. 675 – 677］。

*** 译者注：想必一般读者对于"法律上的行为"与"法律行为"区别何在不无困惑，故有必要加以释疑。"法律上的行为"，相对于"法律行为"，可以说是属概念，后者寓于前者，在澳门法上对应 acto jurídico（见《民法典》第 288 条）。对于有关术语中译困境，吴奇琦博士在其一部译作中略作解释："在葡萄牙民法上，'negócio jurídico'与'acto jurídico'是不同的概念，分别对应德国民法上的'rechtsgeschäft'与'Rechtshandlung'。前者（葡语'negócio jurídico'、德语'rechtsgeschäft'）通译作'法律行为'；为了避免混淆，后者（葡语'acto jurídico'、德语'Rechtshandlung'）则被译为'法律上之行为'（否则后者绝对可以也更适合译为'法律行为'）。已有学者提倡将'negócio jurídico'（以及 Rechtsgeschäft）改译为'法律事务'，一来字面上更贴切外文原本语义，二来可避免上述两个概念的中译发生重叠。唯'法律行为'这个名称已使用经年，故本书译者选择沿用约定俗成的'法律行为'这种次佳译法（甚至可以说是错误译法）。汉语译文可能使人混淆，但实逼不得已。"——详见〔葡〕曼努埃尔·德·安德拉德《法律关系总论》（第二卷），法律出版社，2018 年版，第 13 页译者注。

6 见下文第三章（2.1）。然而，合同的确不仅是传统意义上的设立公司行为，而且（至今）仍是规制行为。

一般两合公司或股份两合公司类型。"显然，该法典仅涉及合营组织商业化节点（quando é comercial uma sociedade），即公司如何形成，但未界定有关概念。

公司这一概念应首先从《民法典》（作为普通私法而以补充方式适用于公司——见《公司法典》第 2 条）第 980 条有关合营组织的定义中探究[7]（如前所揭，公司是合营组织具有商业性质的分类，公司的概念因此寓于合营组织的一般概念）；但需说明的是，有关公司概念的解析不能就此止步，主要是因为现行法律（包括《公司法典》）所承认的公司包括非基于多主体之间合同或法律行为设立的类型。

2. 构成合营组织的基本要素或特征

《民法典》第 980 条将"合营组织合同"界定为"两个或两个以上的主体有义务提供财产或劳务，以共同从事某种非以单纯收益为内容的经济活动，谋求达到分配从该活动所得利润的目标"。从该定义中可就作为实体的合营组织概念提取如下要素：（a）主体；（b）财产；（c）事业（共同开展某种非属单纯收益的经济活动）；（d）宗旨（获得利润以分派给合营组织成员）[8]。

以下分析构成合营组织概念的基本要素，并探究在多大程度上该等要素仍然存续于合营组织涵盖的公司或合伙，抑或已经过时。

2.1 主体

合营组织首先是一个实体，一般由两个或两个以上主体（通常是自然人或法人[9]）组成，这一规则无论在《民法典》（第 980 条）还是在《公司法典》（第 7 条）中均有预设。

然而，该规定存有例外；尽管从语义上"合营组织"一词表示由两个或更多主体组成的实体，但是，法律不仅一直承认嗣后一人公司（由数人设立的公司减至一名股东），而且同样承认起始一人公司（公司仅由单个主体设立），前者存在的历史悠久，后者则为新近现象[10]。

嗣后单一股东（unipessoalidade superveniente）通常是过渡性的（见

---

7 亦参见核准《公司法典》的 1986 年 9 月 2 日第 262/86 号法令前言第 4 款。

8 LOBO XAVIER, *ob. cit.*, pp. 7 – 8.

9 见下文第三章（2.1）。

10 COUTINHO DE ABREU, *ob. cit.*, pp. 135, ss..

《民法典》第 1007 条 d 项，《公司法典》第 142 条第 1 款 a 项、第 270 条 – A 第 2 款及第 464 条第 3 款）。《民法典》没有针对起始单一股东（unipessoali-dade originária）作出规定，但《公司法典》（由 1996 年 12 月 31 日第 257/96 号法令所引入）承认了有限公司和股份有限公司起始单一股东的合法性：第 270 条 – A 第 1 款允许一名自然人或法人设立一人有限公司；第 488 条第 1 款允许有限公司、股份有限公司或股份两合公司（参见第 481 条第 1 款）设立起始仅有单一股份持有人的股份有限公司。

另外，国家尚可通过法律或法令设立公共资本一人公司（故此，《民法典》与《公司法典》规定的有关制度被部分废止）。

2.2 财产

任何合营组织，无论是公司还是合伙，均须有本身的财产。起初是由出资义务所对应的权利构成——所有股东或合伙人均有义务出资（见《民法典》第 980 条、第 983 条第 1 款及《公司法典》第 20 条 a 项），但并非一定在设立时缴付（详见第五章 2.2.1）[11]。即使在设立时未尽数履行出资义务，公司或合伙财产也已存在，即部分履行出资义务所对应的权利已存在。当公司或合伙设立时，其财产由（全部或部分）出资构成（换言之，由该等财产相关的权利构成）。其后，伴随业务活动的进展，财产渐因可用金钱评估／量化的其他权利、财产、证券等进出而发生变化[12]。

2.3 事业

合伙人或股东利用财产开展某种经济活动，此为合营组织——公司或合伙的所营事业。更为准确地说，合营组织所营事业是一位或多位合伙人或股东意欲通过合营组织开展的经济活动（或意欲合营组织开展的经济活动）。

阐述何为"经济活动"并非易事，因为"经济"一词无论从经济学或法学角度均有多种解读[13]。

首先，如何区分经济与非经济范畴？一般来讲，文化、政治、宗教之类被视为非经济范畴；经济范畴须包含（第一、第二和第三产业）物质与

---

[11] 对于合伙同样如此（尽管未设类似适用于公司的各项规则）。

[12] 关于公司财产，见下文第六章。

[13] J. M. COUTINHO DE ABREU, *Definição de empresa pública*, Coimbra, 1990, pp. 106 – 120.

非物质财产或服务产品的制造、使用及交换过程。往往非经济领域缺少这个过程。然而，这并非绝对，后者亦有可能显现经济活动的特点，即可导致财产（物质或非物质）的使用与交换[14]。

对于所营事业，学界有一种看法：由于文化、体育、娱乐、政治、宗教等活动不属于经济圈内活动，因此不能成为合营组织所营事业，仅可成为社团所营事业[15]。然而，如上所述，在非经济圈内可以存在具有经济特征的活动，因此，整体上被视作非经济活动中的某些带有经济特征的活动可以通过商业形式合伙或公司予以经营（例如，戏剧或音乐活动可成为公司所营事业）。

还有一种看法，即合营组织的经济活动"意味着从中应能产生财产性盈余"[16]。的确，合营组织所营事业通常会产生利润[17]，但从法律角度看，非营利活动并不等于非经济活动。同时，也不能排除社团所营事业可以是经济性乃至营利性活动，只是社团的一般制度规定，利润不能分派给其社员（《民法典》第 157 条）。

"经济活动"意味着序列或一系列行为。无论合伙（《民法典》第 980条）还是公司（《公司法典》第 1 条第 2－3 款、第 11 条第 2－3 款及第 6款），均为经营或意在经营活动。因此，所谓应景或偶然性合营组织（sociedades ocasionais），比如一群人为作出某单一行为（例如，为购买彩票或进行足球赛事投注）而组团，不能被视为任何一类合营组织[18]，因其不存在

14　笔者的理解再次与 M. GODELFIER 的观点基本一致，见 *Rationalité et irrationalité en économie*，F. Maspero，Paris，1968——参见笔者上引著作。

15　参见 PINTO FURTADO，*Curso de direito das sociedades*，4.ᵃ ed.，Almedina，Coimbra，2001，p. 107；LOBO XAVIER，*ob. cit.*，p. 12；BUONOCORE，*ob. cit.*，p. 129（应注意《民法典》第 980 条与《意大利民法典》第 2247 条和第 2248 条非常贴近）。

16　PIRES DE LIMA / ANTUNES VARELA，*Código Civil anotado*，vol. II，4.ᵃed.，Coimbra Editora，Coimbra，1997，p. 286.

17　见下文（2.4）。

18　相同看法见 BRITO CORREIA，*ob. cit.*，pp. 18－19；J. OLIVEIRA ASCENSÃO，*Direito comercial*，Vol. IV － *Sociedades comerciais*，Lisboa，1993，p. 15；G. FERRI，*Manuale di diritto commerciale*，10.° ed.（a cura di C. ANGELICI / G. B. FERRI），reimpr.，Utet，Torino，1999，p. 244；F. GALGANO，*Diritto commerciale*，2 － *Le società*，Zanichelli，Bologna，ed. 1996/97，p. 5（该作者同样认为，为特定事由而设立的经济利益集团，虽属偶然性公司，但因不限于单一行为而被视作真正的公司）；不同看法见 PINTO FURTADO，*ob. cit.*，pp. 144，ss.。对于多人以合同方式许诺每周一起进行足球投注、购买彩票，因欠缺经营"经济活动"而不是公司；其仅仅可被视为非典型社团（associação atípica）——见 2000 年 5 月 18 日里斯本中级法院合议庭裁判，载于 2000 年《司法见解汇编》第三卷第 91 页（Ac. da RL de 18/5/2000，CJ，2000，t. III，p. 91）。

后者规范所考量和调整的问题：有关共同基金的创设和管理问题；有关法律组织管理问题[19]。[20]

根据《民法典》第 980 条规定，合营组织所营事业的经济活动不可仅限于"单纯收益"（mera fruição），换言之，不可将纯粹从财产中提取自然孳息或法定孳息作为所营事业[21]。以下通过举例来阐明和揭示其中含义。

例 1：A 死后由其子女 B 和 C 继承一座庄园和一间面包店（共有财产）。

假设 1：B 和 C 约定将庄园与面包店出租，从事单纯收益活动，即取得双方共有企业的法定孳息，因此，不能构成任何类型的合营组织。

假设 2：B 和 C 约定由他们亲自经营遗产，即设立一家（农业）合伙与一间公司，这意味着两人须各自提供共有财产中的相应份额作为出资，以共同经营非为单纯收益的特定经济活动，目的是分享有关活动所带来的利润。试问，如果 B 和 C 没有意识到他们的约定即是合伙与公司设立行为，或者根本没有打算将共有状态"转化"为两类合营组织的状态，又或者没有将约定进行应有的形式化（参见《民法典》第 981 条、第 1408 条第 3 款及《公司法典》第 7 条第 1 款）[22]，那么上述结论是否成立？答案是肯定的，因为具备了合营组织（合同）的所有特征。

例 2：E 和 F 从 G 处购得一家餐馆。

假设 1：E 和 F 买进（在他们看来廉价）餐馆的目的在于尽快将该餐馆卖出（当然是在赚钱的条件下）。在买进与卖出之间的两个月内，为了保值，E 和 F 没有停止经营这家餐馆（为此还聘用了一位商务经理）。试问：在这两个月期间，该企业应被视为 E 和 F 设立的商业形式合伙或公司，抑或应被视为单纯共有？我们认为属于后一种情况。根本上，E 和 F 所做（及打算做）的是为转卖而购买了一家企业，并按购买时的意图将它卖出（参见《商法典》第 463 条第 1 款和第 3 款）。虽然 E 和 F 在待售期间经营餐馆不属于单纯的收益活动，但也不能被视为风险投资以共同从事一项经济上

---

[19] FERRI, *ob. e loc. cits.*

[20] 尚有必要提及，某些单项行为因其复杂性而要求经营一项活动（例如，承揽一建筑物的建造）。该等行为因此可以成为公司所营事业。

[21] 对于一物的自然孳息与法定孳息的概念，除了《民法典》第 212 条之外，还可参见 MANU-EL DE ANDRADE, *Teoria geral da relação jurídica*, vol. Ⅰ, 3.ª reimpr., Almedina, Coimbra, 1972, pp. 268, ss. 。

[22] 对于不遵守有关形式的后果，见下文第三章。

营利的活动。

假设 2：E 和 F 决定从 G 处购得一家餐馆以经营餐饮生意，为此，每人投入一笔款项作为出资，完成购买后，随即开张营业。如若两人没有在合同中写明是商业形式合伙或公司合同，是存在合营组织，抑或 E 和 F 纯粹是一家企业的共有人？应当肯定前者，上述观点（经适当调整）可适用于该假设。

共有和合营组织在制度上有很大不同。例如：原则上，共有人均有权要求分割共有物（《民法典》第 1412 条），股东或合伙人则不享有类似权利；原则上，任何共有人有权享用共有物（《民法典》第 1406 条），而股东或合伙人一般没有该权利；共有物不是与共有人财产分离的独立财产（共有人按在共有物中的份额承担相应义务），而这在满足法定形式前的合伙（《民法典》第 997 条、第 999 条和第 1000 条）与公司（《公司法典》第 36 条第 2 款）极为不同[23]。

例 3：H 打算购房用以出租，他可否为此设立一人有限公司（有关一人有限公司的设立规定，见《公司法典》第 270 条 – A）？答案为否，因为该活动属于单纯收益范畴。

例 4：I、J 兄弟俩和他们的母亲 L 从 M 处继承遗产，其中包括一处商业场所。基于某种原因，这些继承人没有就遗产用途达成约定。L 以待分割遗产管理人的身份对遗产进行管理，包括继续经营该商业场所。试问，是可视之为合营组织抑或继承人共同拥有遗产？尽管该情况可被视作从事经济活动而非单纯收益（可加诸多个主体），但问题是这些继承人没有就其继承份额投入上述活动经营作出约定或订立合同。因此，这应当是继承人共同拥有遗产而不受涉及合营组织法律规范[24]。

如若本小节分析到此为止，结论便会是葡萄牙法不允许专为单纯收益目的而设立任何合营组织。但需补充说明的是，税法上一直存在一种被称为单纯管理财产的合营组织（sociedade de simples administração de bens），这也就意味着我们无法回避这个问题。

---

[23]　亦见 LOBO XAVIER, *ob. cit.*，pp. 17，ss.。对于公司财产的独立性，见下文第四章（2.1）。

[24]　对于这类情况，曾予以适用《全国法人登记制度》（Regime do Registo Nacional de Pessoas Colectivas，RRNPC）第 41 条第 1 款规定："倘若未分割遗产具有持久与重要经济价值的特点，则可采用一商业名称。"（已废止）

该类"合营组织"在葡萄牙有一定的传统[25]，现规定于《法人所得税法典》（Código do Imposto sobre o Rendimento das Pessoas Colectivas）第 6 条第 4 款 b 项："该类组织的活动限定在管理用作公积金、收益及为股东购置住宅的财产（即本义上单纯管理财产），又或同时从事其他活动，并在最近三年中从该等财产取得的平均收益超过相同期间内总收益平均值的 50%。"

由此可见，这类合营组织中有些仅仅涉及单纯收益活动——例如，某家庭的成员共出资四处都市房产设立合营组织，予以管理、保养及出租；或者单纯享有合营组织财产所带来的利益——例如，设立合营组织以便购买楼房供股东居住。该等例子中的合营组织既不是合伙（见《民法典》第 980 条），亦不应被定性为公司（因其不以实施商行为作为所营事业）。然而，现行法则将此类组织形态纳入"合营组织"范畴，故此，在分析合营组织一般概念时，不能不涉及该类型的"合营组织"。

仍需补充一点：单纯管理财产合营组织虽不以实施商行为作为所营事业（如上例示），但可采用法定公司类型（《公司法典》第 1 条第 4 款）[26]。

最后，现有的多种多样从事财产"管理"或"经营"等业务的公司并不等同"单纯收益"或"单纯"管理财产活动，为避免混淆，诸多法例对此作出规范，例如：《公司法典》第 11 条第 6 项；1988 年 12 月 30 日第 495/88 号法令；1991 年 4 月 4 日第 135/91 号法令；1994 年 6 月 4 日第 163/94 号法令（财产管理公司）；1995 年 4 月 15 日第 72/95 号法令（融资租赁公司）；2002 年 3 月 20 日第 60/2002 号法令（不动产投资基金暨相关管理公司）。[27]

根据《民法典》第 980 条与《公司法典》第 11 条第 2 款的规定，经济活动（所营事业）应是特定的。然而，这并不是合营组织概念的基本要点。如若在有关公司或合伙设立文件中欠缺具体指明特定所营事业，虽说会产生后果，但不会因此不将该实体界定为公司或合伙[28]。

---

[25] 例如，经由第 1963 年 11 月 30 日第 45399 号法令核准的《补充税收法典》第 94 条第 2 款。（已废止）

[26] R. PINTO DUARTE, *Escritos sobre direito das sociedades*, Coimbra Editora, Coimbra, 2008, pp. 31 – 32.

[27] J. PINTO FURTADO, *Comentário ao Código das Sociedades Comerciais（Artigos 1.ª a 19）*, Almedina, Coimbra, 2009, pp. 78, ss. .

[28] 见下文第三章（2.2）。

《民法典》第 980 条尚规定经济活动须由股东或合伙人"共同从事"，这一条当然不适用于一人公司。

即使对于多人公司而言，使用"共同从事"字眼同样也不是最为恰当的，更为准确的是，公司本身从事活动；无论是否经已取得法律人格，公司始终是独立于股东的不同实体或主体[29]。

尚需补充的是，"共同从事"并非指股东（不包括劳务股东）须直接参与公司的经营活动，而是指股东可参与管理（以直接或间接的方式——尤其是通过指定行政管理机关据位人为之），或至少可对经营活动进行监管（例如：诉诸资讯权；对公司的决议提出异议；对行政管理机关成员提起追究责任之诉）[30]。

2.4　宗　旨

按照《民法典》第 980 条规定，合营组织的经营目标是通过发展所营事业取得利润或盈余并分派予其成员。可见有关宗旨不仅在于追逐盈余，而且意在将盈余分派予其成员。按意大利学者的惯用表述，"客观性盈余"（lucro objectivo）尚不足够，还需要"主观性盈余"（lucro subjectivo）。

尽管在法学中"盈余"一词多义[31]，以及在公司法中存有各种盈余形式或类别[32]，但是我们可以（根据《民法典》第 980 条规定）对盈余的一般概念达成共识：使得财产增值的赢利（ganho），属于可分派给股东的财产价值，为合营组织财产的组成部分（由此转换为有关组织成员的财产）。故盈余与下述两种概念不同：一是从（广义上）社团类实体的群组主体（sujeitos agrupados）财产中直接产生的经济利益；二是社团成员通过参与减免成本开支的间接方式而积聚资金[33]。

《民法典》的这一规定是否依旧适用于现代公司？答案是肯定的。《公司

29　见下文第四章（2.1）。

30　见 LOBO XAVIER, *ob. cit.*, p. 13。

31　COUTINHO DE ABREU, *Da empresaridade* cit., pp. 178, ss.。

32　见下文第六章（4）。

33　对公司利润的概念作出相同阐述的，见 A. FERRER CORREIA, *Lições de direito comercial*, vol. II（统稿者有 V. LOBO XAVIER / M. HENRIQUE MESQUITA / J. M. SAMPAIO CABRAL / ANTÓNIO A. CAEIRO），ed. Copiogr., Coimbra, 1968, p. 9；以及 LOBO XAVIER, *ob. cit.*, pp. 23–24；与之不同而主张公司利润为广义概念（包括节约或减少开支积聚财产），见 PINTO FURTADO, *ob. cit.*, pp. 139, ss.（对此看法一致的，见 M. PUPO CORREIA, *Direito comercial*, 7.ª ed., Ediforum, Lisboa, 2001, p. 400）。

法典》多项规定确认了这一点。除了上述第 2 条外，第 6 条将营利宗旨作为公司法人的能力范畴界定（第 1－3 款）；第 10 条不准公司名称采用使人对公司的法律特征产生误解的用语，尤其禁止使用非以营利为宗旨的法人名称含有的用语（第 5 款 a 项）；第 21 条规定公司股东均有权分享盈余（第 1 款 a 项）；第 22 条规定盈余的分享；第 31 条规定股东会如何形成盈余分派的决议；第 217 条和第 294 条分别规定有限公司和股份有限公司股东在营业年度内分享盈余的权利。因此，公司以取得利润为经营目标。该等利润是公司产值上的盈余或财产增值，目的是在股东中"分割"、"分派"或"分摊"[34]。

合营组织以求取利润为经营目标的特点（主要规范于《民法典》或《公司法典》）[35]，使之明显区别于社团（与多人公司相对）或财团（与一人公司相对[36]）（《民法典》第 157 条及随后数条、第 195 条及随后数条）。社团与财团既可以不从事经济活动，亦可以从事经济活动，甚至可以经营企业[37]，该等经济活动可产生（客观性）利润，但不可将利润分配给社员或归于基金创立人（亦即，无主观性利润）。

同样因缺失营利宗旨，合营组织有别于合作社或企业互助集团（agrupamentos complementares de empresas）。针对社团或同业公会之类的实体，我们随后将略加分析，见本章（4）[38]。

34　见 LOBO. XAVIER, *ob. cit.*, pp. 30, ss.; OLIVEIRA ASCENSÃO, *ob. cit.*, pp. 31－32。更准确地说，取得盈余并不是为了在股东中"分摊"（"分割"或"分派"），而是给予股东——尽管《民法典》与《公司法典》（前者更甚）典型针对多人公司，但不可忽视一人公司的现实。

35　有不少学者主张营利性目的只是公司的宗旨之一，属间接性（或最终目的）；另一宗旨属直接性（或中间目的），即为从事非属单纯收益的经济活动（称为公司所营事业），如见 PINTO FURTADO, *ob. cit.*, pp. 136, ss.; OLIVEIRA ASCENSÃO, *ob. cit.*, pp. 24－25。我们则倾向于明确区分所营事业与宗旨，不仅因为法律分别采用了相应专门用语（例如，《民法典》第 980 条、第 1007 条 c 项，《公司法典》第 1 条第 1－3 款、第 6 条第 1－4 款、第 9 条第 1 款 d 项、第 10 条第 1 款及第 5 款 a 项、第 11 条、第 29 条第 2 款、第 42 条第 1 款 b－c 项），而且法律赋予各自的法律后果并不相同（详见下文）。

36　这并不意味一人公司仅在宗旨上区分于财团（尽管也仅由一主体设立），最主要及首要的是该等公司是以人为基础的实体，而财团则是以财产为基础的机构实体。

37　COUTINHO DE ABREU, *últ. ob. cit.*, pp. 163－164.

38　在 1980 年《合作社法典》与《公司法典》颁布之前，合作社规范于《公司法典》；而在有关企业互助集团的法例颁布之前，该类型的实体被定性为公司（见 FERRER CORREIA, *ob. cit.*, pp. 15, ss.）；因此在该等公司的框架内，允许公司目的有一宽泛的概念（等于旨在实现"无论其采用任何方式的经济收益"）。相同看法见 FERRER CORREIA 和 ANTÓNIO A. CAEIRO, o n.ª3 do art. 1.ª do *Anteprojecto de lei das sociedades comerciais – Parte geral*, I, Coimbra, 1973。但是，现行规范与之前的大不相同。

传统上，拉丁语族法域一般将营利宗旨视为合营组织概念中的基本要素。例如，西班牙 1889 年《民法典》第 1665 条和 1885 年《商法典》第 116 条[39]，以及意大利 1942 年《民法典》第 2247 条均有此规定[40]。法国过去同样如此，后经 1978 年与 1985 年对《民法典》第 1832 条修改，为公司提供两种可能宗旨以便选择："分享利益"（partager le bénéfice）和"经济利润"（profiter de l'économie）。

其他法域则情况不同。在德国，与我们合伙与公司相对应的实体，均得以任何合法宗旨而设立，包括营利性和非营利性经营目标……[41]对此，1896 年《德国民法典》（BGB）第 705 条（股东须通过合营组织合同以实现"共同目的"）和 1892 年《德国有限责任公司法》（GmbHG）第 1 条（得以"任何法律允许的宗旨"设立有限责任公司）均有明确规定。在英国，根据 1890 年《合伙法案》第 1 条规定，合伙（无法律人格）以营利为宗旨[42]。在公司中，担保有限责任公司主要用以教育与慈善目的[43]。在美国，法律同样规定合伙以营利为宗旨；至于公司，联邦公司法没有直接予以规定，因而一般认为允许设立非营利性公司（但是，当相关公司章程没有载明其他宗旨时，学理与司法见解认为公司以求取利润为宗旨）[44]。

葡萄牙法中营利宗旨是否构成合营组织必不可缺的要素？鉴于最近有关规范内容，可否得出该宗旨只是规则而已（允许例外）的结论？

试想两人或更多的人在设立一家有限公司的合同中没有明确表示将从事哪类活动，或明确表示不以追求利润及将其分派给股东为宗旨。尽管如此，公司合同以书面形式订立，并且进行了登记。由于《公司法典》第 42 条第 1 款所规定的无效事由中没有缺少营利宗旨这一项，该合同貌似有效，

39　阐述不同学理并予以批判，见 F. VICENT CHULIÁ，*Compendio crítico de derecho mercantil*，t. I，vol. 1.ᵃ，3.ᵃ edição；José M.ᵃ Bosch，Barcelona，1991，pp. 294，ss.。

40　详见下文有关营利宗旨的阐述。

41　KARSTEN SCHMIDT，*Gesellschaftsrecht*，3. Aufl.，C. Heymanns Verlag，Köln，Berlin，Bonn，München，1997，pp. 59，ss.。

42　PALMER'S *Company Law*，25ᵗʰ ed.，Sweet & Maxwell，London，1992 – 1998，p. 1042。

43　FARRAR'S *Company Law*，3ʳᵈ ed.，Butterworths，London，Dublin，Edinburgh，1991，p. 44。

44　R. C. CLARK，*Corporate Law*，Little，Brown and Co.，Boston，Toronto，1986，pp. 5，16 – 18，675，ss.。

并似乎借此可设立不以营利为宗旨的有限公司[45]。我们认为，应将该情况置于合同的定性层面分析，而非法律行为效力层面考量。由于该合同缺失《公司法典》所要求的营利宗旨要素，所以不能将其视为公司合同，而应将其归类于社团合同[46]。

如前所述，以追求利润为目标同样是根据《公司法典》设立的一人公司的基本特征。对此可能有人反驳：法律规定基于合同的、股东共同从事活动的、"分摊"、"分派"或"分割"所得利润的公司，才具有营利宗旨，因此，不基于合同的一人公司，无须将利润（给予唯一股东）视为宗旨[47]。笔者认为该论断站不住脚。尽管基于合同的多人公司为范式，且由此产生通常术语，但不能断言一人公司与传统范式公司从根本上决裂，并因此可免却有关要素。不能否定《公司法典》第 2 条、第 6 条第 1 - 3 款及第 10 条第 5 款 a 项同样可适用于一人公司。何况事实上多数股东绝非公司具有营利宗旨的前提（见第 270 条 - G）。[48]

就"公共资本公司"（仅有一个或有多个公共实体作为股东）与"混合经济公司"（有公共和私人股东）而言，有关问题则更加复杂[49]，分述如下。

a）混合经济公司

aa）公共出资占少数。该等公司通常根据《民法典》或《公司法典》

45　该观点曾在意大利较通行，参考（依据有关公司的第 1 号公司法指令，1969 年对该法典作出修改后的）《意大利民法典》第 2332 条；G. SANTINI, *Tramonto dello scopo lucrativo nelle società di capitali*, RDCiv., 1973, P. I, pp. 159, ss. 。

46　相同看法见 GALGANO, *ob. cit.*, p. 18。

47　A. ROSSI, *S. r. l. Unipersonale e "tramonto dello scopo lucrativo"*, GC, 1997, P. I, pp. 115, ss. .

48　按照《公司法典》第 488 条设立的一人股份公司，具体上，可由控权公司操纵而不取得可分派于该公司的利润（第 491 条与第 503 条），然而，这并不意味着被控制的公司理论上或一般而言没有营利动机。

49　见 COUTINHO DE ABREU, *Da empresarialidade cit.*, pp. 154 - 159。
目前，依据《国家企业部门制度》（由 1999 年 12 月 17 日第 558/99 号法令核准）第 3 条，国家或国有公共实体为唯一股东的公共资本公司、国家与/或国有公共实体全资或持有多数资本（相对于其他公共实体，比如地方公共实体）联营的公共资本公司，以及国家与/或国有公共实体持有多数资本的（公私）混合经济公司，均视为"公共企业"（其他类型的国家公共企业由"企业公共实体"设立，延续的是 1976 年 4 月 8 日第 260/76 号法令规范的老"公共企业"，而该法令现已被废止）。另一方面，依据《地方企业部门制度》（由 2006 年 12 月 29 日第 53 - F/2006 号法律核准），"市政企业、市际企业、都会区企业"，除了是机构性而非公司性的"地方公共实体"外，亦属公司，同样可为公共资本的或混合经济类公司：地方公共实体（市、市际联营或里斯本或波尔图都会区）为唯一股东，或与其他一个或几个地方公共实体以及/或其他公共实体（地方公共出资应占多数）联营；地方公共实体与非公共实体（尤其是私人实体）联营，前者在公司出资中占主导地位。

有关规定设立，应因私人股东（占主导）风险投资以求取利润，故须以营利为经营目标。

ab）公共出资占多数。原则上，在该等实体中，因其公司性质，尤其是存在私人股东（自非为慈善事业入股）而具有营利目的（不等于追逐利润最大化），该宗旨不可因（占主导的）公共股东代表公共利益而不予认可。的确，其中有些公司可能须承担亏损性的生产或服务（见《国家企业部门制度》第 19 条及随后数条和《地方企业部门制度》第 20 条第 3 款及第 23 条第 2 款），然而，在该等情况下，"补偿"或者其他公共补贴不应仅要求达到收支平衡，还须考虑对私人投资的回报。

b）公共资本公司

ba）根据《公司法典》或《民法典》设立的公共资本公司。原则上应符合法律要求公司应具备的要件，包括营利宗旨。但是，当该等公司为满足公共需求而从事活动时，公司可决定持续性无营利目的的活动。

bb）根据法律或其他法律允许的公法手段设立的公共资本公司。就该等公司而言，设立行为得以明示或暗示的方式排除营利意图。立法者实则对此已有规定（引起或多或少的争议）[50]。对于此类情况，不妨将其理解为特殊性公司（作为实现公共利益工具的公共资本公司可以营利和非营利为目的）。

2.5 承受亏损

股东既可能盈利，亦可能亏损。当股东退出公司或公司解散时，出资额和其他用以补充出资的资产投入可能不得（全部或部分）收回。任何股东都有亏损的风险。[51]

诚然，《民法典》第 980 条规定没有涉及承受亏损，但是合营组织一般概念应该包含这一要素，无论是从《民法典》第 994 条，还是从《公司法

50　例如，1989 年 3 月 1 日第 65/89 号法令（"Centro Cultural de Belém，Sociedade de Gestão e Investimento Imobiliário – S. G. I. I.，S. A."），1992 年 7 月 21 日第 145/92 号法令（"Lisboa 94 – Sociedade Promotora de Lisboa Capital Europeia da Cultura，S. A."），1998 年 12 月 31 日第 418 – B/98 号法令（"Porto 2001，S. A."），1996 年 3 月 26 日第 98 – A/99 号法令（"Portugal 2000，S. A."）。更多示例见 J. M. COUTINHO DE ABREU，*Privatização de empresa públicas e empresarialização pública*，in IDET，Miscelâneas n.°3，Almeina，Coimbra，2004，pp. 64，ss.。

51　见下文第六章（5.2）。

典》第 22 条第 3 款（禁止只对一方有利的合同）中，均易得出这一结论[52]。[53]

2.6　小结

至此可梳理出合营组织（含各类公司及合伙）的一般概念：合营组织为一实体，由一个或多个主体（股东或合伙人）组成，拥有独立的财产以从事经济活动，（原则上）旨在取得利润并派予股东或合伙人，同时亦由该等主体承担经营亏损。

3. 合营组织与企业

我们经常遇到这样或类似的表述：合营组织是企业的形式（或法律上的形式）；合营组织是企业组织的法律形式（或技术）；合营组织是企业的法律组织；合营组织是企业；企业与合营组织之间的关系如同内容与形式之间的关系等[54]。

该等表述在一定程度上反映了真实情况，合营组织与企业之间关系确实密切[55]：合营组织一般是为企业经营而设立的；合营组织的管理控制组织

---

[52]　亦见 LOBO XAVIER, *ob. cit.*, pp. 26 – 27。

[53]　尤其在法国，所谓的人合性同样是公司概念的要素。然而，除了该拉丁文短语仅与多人型公司有关，同时具有多重且不同明确的含义（有关这一点见 Y. GUYON, *Droit des affaires*, t. 1, 6ª éd., Economia, Paris, 1990, pp. 122, ss.）之外，这一所谓的要素似乎对上述内容毫无补充。同见 JOSÉ TAVARES, *ob. cit.*, pp. 22 – 23; LOBO XAVIER, *ob. cit.*, pp. 27 – 28; BRITO CORREIA, *ob. cit.*, pp. 69 – 70。

[54]　J. G. PINTO COELHO, *Lições de direito comercial – Obrigações mercantis em geral, obrigações mercantis em especial (sociedades comerciais)*, Fascículo I, C. E. Martins Souto, Lisboa, 1946, p. 176; G. LOBO XAVIER, *Anulação de deliberação social e deliberações conexas*, Atlântida, Coimbra, 1976, pp. 242, n. 116, 289; *Sociedades comerciais* cit., p. 29; A. PEREIRA D ALMEIDA, *Sociedades comerciais*, 2.ª ed., Coimbra Editora, Coimbra, 1999, pp. 13, ss.; J. PAILLUSSEAU, *La société anonyme – Technique d' organisation de l' entreprise*, Sirey, Paris, 1967, pp. 4, ss.; P. DIDIER, *Droit commercial*, 2 – L' entreprise en sociéte, PUF, Paris, 1993, p. 29; U. BÄLZ, *Einheit und Vielheit im Konzern*, FS Ludwig Raiser, Mohr, Tübingen, 1974, pp. 327 – 328; W. SCHILLING, *Rechtsform und Unternehmen-Ein Beitrag zum Verhältnis von Gesellschafts-und Unternehmensrecht*, FS Konrad Duden, Beck, München, 1977, pp. 546 – 547, 551; W. FLUME, *Unternehmen und juristiche Person*, FS Günther Beitzke, de Gruyter, Berlin, New York, 1979, pp. 56 – 57; VICENT CHULIÁ, *ob. cit.*, p. 298; GALGANO, *ob. cit.*, p. 3. 为更多了解上述学者的某些见解，另见 COUTINHO D ABREU, *Da empresarialidade…* (pp. 214, ss.)。

[55]　有必要指出的是，并非前述所有学者在同一含义上使用"企业"一词。合营组织与企业的对比侧重考虑的是客观意义上的企业意义（而非主观意义上的企业或企业作为生产活动）。

架构同样也是企业的；各种变化可能会同时影响彼此。尽管如此，上述表述不充分，并非完全正确，因为：

a）存在一些合营组织无法对应（客观意义上）的企业，比如，诸多由自由职业者与手工业者组成的合营组织[56]。

b）企业有其自身的内容与形式（详见本书第一卷），与合营组织的内容与形式不同。

c）尽管合营组织同样意味着有企业的架构（合营组织机关确定企业的架构，并借此规划、指导与控制生产程序），但除了财产上的安排（划分股东或合伙人与相关合营组织各自的财产范围与责任界限），合营组织最显著的特征是主体的组织（设定股东或合伙人的权利义务、管控机关架构等）。[57] 换言之，虽然合营组织在很大程度上是企业的组织，但并不仅限于组织企业的经营，远超出这一范围；另一方面，企业（不仅仅在公司法上）主要是作为合营组织实现既定目标的工具或客体组织，该组织通常不由股东组成或参与其中[58]。

d）合营组织因为企业活动经营而设立，而企业通常在合营组织成立之后才开设（合营组织先于企业）。反之亦然，即企业也可先于合营组织而存在（例如，某企业的所有人以该企业的名义出资设立一间公司予以经营）。

e）即使有关企业先于合营组织存在，后者的财产也并不等同于企业财产，譬如合营组织资产（activo social）所含财货、价值（包括金条、艺术品等），通常不用于企业（非为企业元素）。[59]

f）合营组织，如同企业主，可将有关企业作为交易标的（将企业出卖、租赁等），故两者是可分离的主体与客体关系。

g）合营组织可脱离单个企业（或多个企业）而维持。以解散为例，在

56　参见笔者上引（注 54）著作（pp. 92，ss.，98，ss.）或本书第一卷第三章（3.1.1.3）（3.1.3.4）。

57　H. WIEDEMANN, *Gesellschaftsrecht – Ein Lehrbuch des Unternehmens-und Verbandsrechts*, B. I. Beck, München, 1980, pp. 16, ss. .

58　事实上，即使公司组织形式变更为其他不同的类型，其下属企业组织也可基本维持不变。

59　同样认为合营组织财产与企业财产不可混淆，见 L. MOSSA, *Trattato del nuovo diritto commerciale secondo il codice civile de 1942*, Ⅱ, Cedam, Padova, 1951, p. 70；A. FERRER CORREIA, *Lições de direito comercial*, vol. Ⅰ（c/colab. de M. HENRIQUE MESQUITA E ANTÓNIO A. CAEIRO）, ed. copiogr., Coimbra, 1973, p. 225。认为两者具有财产一致性与重合性，见 BARBOSA DE MAGALHÃES, *Do estabelecimento comercial – Estudo de direito privado*, Ática, Lisboa, 1951, p. 122；KARSTEN SCHMIDT, *Handelsrecht*, 4. Aufl., Heymanns Verlag, Köln, Berlin, Bonn, München, 1994, p. 83。

清算结束前，企业可能已消灭，但合营组织仍然存在。反之亦然，例如在合营组织清算程序中，企业被转让而继续为取得人所有。[60]

4. 合营组织与相近模式辨析

4.1 合作社

欧洲合作社运动发起于十八世纪后半期的苏格兰（以失败告终），成形于十九世纪中期的英国（主要是消费合作社[61]），继而在法国（主要是生产经营合作社）和德国（信用合作社）兴起。该运动在初期无具体法律规范，主要目的是保护经济实力比较弱的大众产业部门，以对抗资本主义工业革命带来的某些后果。英国在 1852 年制定出《工业和公积社团法案》；法国立法者则在 1867 年 7 月 24 日法律中加进第三编"关于可变资本合营组织专门规定"；德国（虽有 1867 年 3 月 27 日普鲁士法律）于 1889 年 5 月 1 日制定《有关合伙以及经济合作社的法律》，延续至今[62]。

葡萄牙先立法，后出现合作社（cooperativas），有关法律主要借鉴法国有关法律的草案，于 1867 年 7 月 2 日制定。第一批合作社在 1871 年设立[63]。1888 年之后，有关合作社的基本规则转由《商法典》第 2 卷第 2 编第五章"合作社的特别制度"规范，直至 1980 年 10 月 9 日第 454/80 号法令核准的首部《合作社法典》颁布，该法典后又被 1996 年 9 月 7 日第 51/96 号法律核准的现行《合作社法典》取代（但没有多大的变动）[64]。

---

60 更多内容，尤其是对日耳曼"一致性理论"的批判性分析，见 COUTINHO DE ABREU, *Da empresarialidade* cit. , pp. 217, ss. 。

61 罗虚代尔公平先锋社（The Rochdale society of Equitable Pioneers, 1844 年成立）有举足轻重的地位，不仅因其取得了经济上的成功，而且其章程中汇集了各种规则，而该等规则时至今日仍启发所谓的合作社原则。

62 有关合作社运动的演变，见 J. M. SÉRVULO CORREIA, *O sector cooperativo português – Ensaio de uma análise de conjunto*, BMJ n. ° 196 (1970), pp. 32, ss. ; R. DABORMIDA, *Le legislazioni cooperative nei paesi della Comunità Europea*, RDC, 1989, pp. 451, ss. 。

63 SÉRVULO CORREIA, *ob. cit.* , pp. 60, ss. .

64 有关葡萄牙合作社立法演变，见 RUI NAMORADO, *Introdução ao direito cooperativo*, Almedina, Coimbra, 2000, pp. 35, ss. 。
截至 1974 年 4 月 25 日，葡萄牙共有 950 家合作社；在第一部《合作社法典》生效前夕，数量已增至三倍——见第 454/80 号法令序言（n. ° 6 do preâmbulo do DL 454/80）；到 1998 年 12 月 31 日，合作社达至 2878 家（见 Anuário Comercial do Sector Coopertivo 199/2000，由 INSCOOP 编辑）；2009 年 12 月 31 日合计有 3109 家（www. inscoop. pt）。

《合作社法典》第 2 条第 1 款规定："合作社是独立的法人，自由设立，有关资本及社员数额不受限定，合作社在合作原则的基础上，透过社员之间的合作及互助，不以谋求利润为目的，旨在满足社员经济、社会、文化方面的需求及向往。"

法典第 3 条确立了"合作原则"，一如合作社百年纪念之曼彻斯特大会（1995 年）上国际合作社联盟所提出的，包括：自由及自愿结社[65]；社员民主管理（强调在初级合作社"社员一人一票"的原则）；社员经济上的分享（比如通过发行证券可能获得一定的收益、分派盈余）；独立与自主（合作社须由其社员而非外部实体管理控制）；教育、培训和资讯（不仅仅限于社员本身）；互相合作（合作社之间）；关注团体利益。

"允许合作社同其他合作社或非合作社性质的法人联合，只要不因此丧失其独立性"。但是，"合作社法人同以营利为目的的法人联合不能采用合作社形式"（第 8 条第 1 款和第 3 款）。

合作社的机关包括社员大会（最高机关，有关决议对其他机关和所有社员均有约束性）、理事会（管理与代表合作社）及监事会（监督和控制合作社的机关），所有这些机关仅能由社员组成（第 39 条及随后数条）。

对于年度净盈余——除了来自同第三人（非合作社成员）交易产生的盈余外，先支付证券产生的利息以及留出各种公积金（其中法定公积金和用于合作社教育培训的公积金是强制性的，不能以任何形式分派给社员），剩下的盈余可以派予合作社社员（第 69 条及随后数条）。

在对《合作社法典》概览中，尚应提到的是，"将某合作社转变为任一公司类型是无效的，试图违反或逃避该法律禁止的行为亦是如此"（第 80 条）[66]。

一个多世纪以来，合作社一直被法律界定为合营组织（尽管是特殊的合营组织）[67]。1980 年的《合作社法典》和 1996 年的《合作社法典》（以及补充性立法）改变了这一定位。虽然现行《合作社法典》没有明确规定合

65　对于传统上称为大门敞开的原则所产生的问题，见 COUTINHO DE ABREU, *Da empresariali-dade* cit., pp. 167 – 170。

66　旧法典未规定这一点，尽管应将合作社组织形式变更为公司视为非法，见 COUTINHO DE ABREU, *ob. cit.*, pp. 184 – 186。

67　然而，学理上并未一直认同这一立场，见 ALBERTO LUÍS, *Natureza jurídica das cooperativas em Portugal*, ROA, 1966, pp. 172 – 173（该作者倾向于将合作社定性为社团）。

作社不是合营组织，但是无疑从中可以得出这一结论，实际上也不应视其为合营组织。

上述第 2 条第 1 款对合作社的概念已进行足够充分的界定。合作社是"独立的法人（而非表述为合营组织或社团等）"。"有关资本及社员数额不受限定"，如此则允许社员比较容易迅速地加入或退出合作社，以及作出相应的资本转换（这与公司法制度下一般公司股东加入或退出以及资本转换有很大的不同）。合作社的目的既可以是满足社员经济上的需求，亦可以是满足社员文化方面的需求（或者所有方面的需求），但不是营利[68]（与公司宗旨根本不同）。合作社的管理和运作须遵守"合作原则"，在许多地方与公司规范相异。尚有必要指出的是，合作社不具有公司性质的另外一项规定（只是诸多规定之一）即为上述第 80 条（合作社转变为公司是非法的）。[69-70]

---

[68] 笔者曾于上引题为 *Da empresarialidade…* 的一书（pp. 170 – 183）及本教程第一卷第三章（3.2.3）中对合作社的非营利宗旨问题作出过大篇幅阐述。以下重述其中某些结论。合作社同社员活动所产生的年度盈余非为真正的（客观）利润，根本而言，它们是社员"暂时"向合作社多交付的资金，或者是合作社"暂时"向社员少支付的资金。该等盈余尽管可以分派于或"返还"社员，但并非真正的（主观）利润，更应被视作（消费合作社）节省或储蓄，或者（生产合作社）社员所给付劳动的等价物，又或通过运转取得的经济收益的差额。合作社同第三人活动运作产生的盈余为（客观）利润，但是由于不可分派于社员，此处仍然不应表述为营利宗旨（无主观利润）。

[69] 同样认为合作社非为公司，见 LOBO XAVIER, *Sociedade…*, pp. 24 – 25, 38 – 40；BRITO CORREIA, *ob. cit.*, pp. 62, ss.；OLIVEIRA ASCENSÃO, *ob. cit.*, p. 31；RUI NAMORADO, *As cooperativas – empresas que são associações*, ed. copiogr., FEUC, 1999, pp. 54, ss. 。1980 年《合作社法典》之后持相反观点的，见 PINTO FURTADO, *ob. cit.*, pp. 146, ss.；A. MENEZES CORDEIRO, *Direito da economia*, 1.° vol., AAFEL, Lisboa, 1986, p. 319（"合作社为公司"）；有学者对此提出疑问，见 A. MENEZES CORDEIRO, *Da Responsabilidade Civil dos Administradores das Sociedades Comerciais*, Lex, Lisboa, 1997, p. 56, n. 38；PUPO CORREIA, *ob. cit.*, pp. 401 – 402。

[70] 对于该内容外国法规定各异。在大不列颠，合作社被定性为企业组织的特殊类型，区别于合伙与公司。该等企业组织传统上被设立为产业与储蓄互助社（由相应的法律所规范；记忆中定为 1852 年法律）。但是，其可以采用其他形式，包括股份有限公司。见 PALMER'S *Company Law* cit., pp. 1064, 1069 – 1070。在法国，（1947 年 9 月 10 日）《合作基本法》将合作社定性为公司。但在《民法典》（Code Civil）1978 年改革之前，主流学理认为合作社属社团。然而，改革之后第 1832 条规定公司可以向股东提供一定的"结余"。该定性继而"与公司合同的定义不相抵触（……）"（J. HAMEL/G. LAGARE/A. JAUFFRET, *Droit commercial*. t. Ⅰ. 2° éd., 2° vol., Dalloz, Paris, 1980, p. 652）。在德国，公司的概念极其宽泛，除了包括与我们合伙与公司相对应的公司外，还包括社团类型的各种实体（A. KRAFT/P. KREUTZ, *Gesellschaftsrecht*, 10. Aufl., Luchterhand, Neuwied, 1997, pp. 1, ss. ）。合作社同样涵盖该概念（并且 1889 年《合作社法》如同《公司法》一样对其作出界定）。然而，当问及该等组织的"法律性质"时，学理视其为特殊的"经济性社团"（转下页注）

4.2　企业互助集团与欧洲经济利益集团

葡萄牙立法者在借鉴法国经济利益集团模式（groupements d'intérêt économique——1967 年 9 月 23 日第 67－821 号条例）的基础上，设计了企业互助集团（agrupamentos complementares de empresas，简称"ACE"，由 1973 年 6 月 4 日第 4/73 号法律和 1973 年 8 月 25 日第 430/73 号法令规范）制度。

"自然人与公司或其他法人在不影响各自法律人格的条件下，可以联合组成集团，以便改善彼此经营条件或经济活动成果。如此设立的实体，被称为企业互助集团"（第 4/73 号法律第 1 条）。

根据该法律，ACE 成员应为主观意义的企业，与客观意义的企业相对应；集团成员应为经营（或拟经营）企业的主体，这一概念可以从《集团企业法》第 2 条第 2 款和第 3 款所使用的"企业互助集团"名称和第 430/73 号法令第 11 条第 2 款规定（每一集团成员的生前移转或死因移转，需要同各自的商业场所或企业一并移转）中得出。然而，宜将"企业"（扩张）解释为包括企业主和非企业主主体，即通过（"客观"意义上的）企业经营主体或不以企业形式来开展经济活动的主体，例如，非企业主的手工业者应该可以加入企业互助集团[71]。

ACE 所营活动不仅须与集团成员各自从事的活动不同，而且须对集团成员的活动起到帮助或互助作用（第 4/73 号法律第 1 条第 1 款、第 430/73 号法令第 9 条及第 13 条 a 项）。该活动旨在改善成员彼此的经营条件或经济活动成果，企业互助集团不得以获取及分享盈余为主要目的（第 4/73 号法律第 2 条第 1 款、第 430/73 号法令第 15 条及第 16 条第 1 款 b 项）；对于 ACE 与第三人进行活动所获取的盈余，仅于设立合同明示许可的情况下，方得以获取及分享该等盈余作为附属目的（第 430/73 号法令第 1 条）。[72] 例

（接上页注 70）（E. H. MEYER/G. MEULENBERGH/V. BEUTHIEN, *Genossenschaftsgesetz*, 12. Aufl, Beck, München, 1983, p. 6, e SCHMIDT, *Gesellschaftsrecht* cit., p. 1263）。在意大利，尽管法律表述"合作性公司"（《民法典》第 2511 条以及后续条文），但不乏学者否定其公司属性［就该问题有很多参考文献，例如见 P. VERRUCOLI, *Cooperative*（*Imprese*）, ED, X, 1962, pp. 560, ss.］。在西班牙，无论之前（1987 年）的合作社一般法还是目前（1999 年）的法律均表述为"合作性公司"，但有人不承认其公司性质（VICENT CHULIÁ, *ob. cit.*, vol. 2.°, pp. 1020－1021）。

71　欧洲经济利益集团（AEIE）可以有非企业主成员，并且在特定情形下可以变更为 ACE（见下文），该事实与上述解读相协调。

72　在这一所营事业与目的的框架内，能更好地理解法令第 5 条对 ACE 能力的限制。

如，两家纺织生产企业成立一个企业互助集团，以便共同购买各自生产场所纺织用的原材料，或为共同售卖产品，又或为拓展市场或给产品做广告。无论如何，企业互助集团不能旨在利用其成员来牟利；而可旨在以更便宜的价格（接近成本价）取得原材料，或者使成员产品售卖得更多和/或售卖得更贵。企业互助集团作为工具，根本上是为了使成员减少成本开支或者取得直接由成员各自资产所产生的经济利益。

ACE 通过在商业登记局将设立合同作出登录而取得法律人格（第4/73号法律第4条）。

ACE 设有内部决议机关（原则上成员各自一票，见第430/73号法令第7条）与行政管理机关（第430/73号法令第6条）；此外，尚可设监察机关，但在特定情况下，必须设立该监察机关。

ACE 成员原则上对其集团债务承担连带责任（尽管是补充责任）（第4/73号法律第2条第2款和第3款）。

无限公司的法律制度补充适用于企业互助集团（第430/73号法令第20条）。[73]

ACE 不是公司，相反，从根本上分析，ACE 是不具营利宗旨的实体。法律也不将其定性为公司，尤其是第430/73号法令第4条（"为登记目的，该集团等同于公司"；因此，仅为登记目的，两者并无一致性）和第21条（在该法令颁布前所设立与企业互助集团目的类似的公司和社团，可以转为该类集团；但该类集团不得转为公司）。因此 ACE 如同合作社，属广义上社团类型的实体，更确切地说，其处于一般制度下社团与公司之间（更贴近后者）。[74-75]

---

[73] 对 ACE 进一步展开分析，见 J. A. PINTO/R. PINTO DUARTE, *Dos agrupamentos complementares de empresas*, Centro de Estudos Fiscais, Lisboa, 1980。

[74] 同样主张 ACE 非为合营组织，见 LOBO XAVIER, *ob. cit.*, pp. 24 – 25, 40, ss.; BRITO CORREIA, *ob. cit.*, pp. 66, ss.; OLIVEIRA ASCENSÃO, *ob. cit.*, p. 31. 将该等集团定性为合营组织见 PINTO FURTADO, *ob. cit.*, pp. 157, ss.; PUPO CORREIA, *ob. cit.*, p. 402。

[75] 法国主流意见认为，经济利益集团非为合营组织，见 G. TIPERT/R. ROBLOT/M. GERMAIN/L. VOGEL, *Traité de droit commercial*, t. 1, 17° éd., L. G. D. J, Paris, 1998, p. 1498. 在西班牙，似乎从 1991 年 4 月 29 日 12/1999 法律能推出经济利益集团的合营组织性质，并且该性质由一般学理所肯定，例如，见 F. SÁNCHEZ CALERO, *Instituciones de derecho mercantile*, I, 21.ªed., McGraw-Hill, Madrid, etc., 1998, pp. 217, 577 – 578（VICENT CHULIÁ, *ob. cit.*, pp. 995 – 996, 主张 ACE 非为狭义上的合营组织，但将其定性为"特殊的合营组织"）。

欧洲经济利益集团（agrupamentos europeus de interesse económico，简称"AEIE"）基本上受 1985 年 7 月 25 日大会第 2137/85 号（欧洲经济共同体）规章所规范，在很大程度上，它是法国经济利益集团的翻版（由其衍生出葡萄牙 ACE）。

上述 ACE 所具有的特征与 AEIE 的相似。

"集团的目的在于为其成员提供便利或促进其成员的经济活动，改善或提高该经济活动的成果；为自身营利，不是集团的目的"（甚至不允许辅助性营利）。该规章第 3 条第 1 款第 2 段进一步补充："集团的活动应与其成员的经济活动相关联，且仅限于对后者活动构成补充。"

AEIE 成员并非须为企业主，可多样性（第 4 条第 1 款）；集团住所须设于欧盟（第 12 条和第 13 条）；与 ACE 不同的是，组成 AEIE 两个或以上主体，该等主体的主要管理机关或所从事的主要活动须位于不同的成员国（第 4 条第 2 款）。

AEIE 必须设立的机关是成员大会与理事会（由一名或多名经理组成）（第 16 条第 1 款），原则上，每个成员一票（第 17 条第 1 款）。

集团债务由其成员承担无限连带责任（尽管是补充性责任）（第 24 条）。

章程上规定住所位于葡萄牙的 AEIE 可通过登记设立合同而取得法律人格（1990 年 5 月 9 日第 148/90 号法令第 1 条）；当集团不再满足第 2137 号规章（特别是前述第 4 条第 2 款）规定的特定条件时，可转变为 ACE（1990 年 5 月 9 日第 148/90 号法令第 11 条第 2 款）；适用于 ACE 的法律规定补充适用于 AEIE（1990 年 5 月 9 日第 148/90 号法令第 12 条）。

上述否定 ACE 具有公司性质的相同或类似理由同样适用于 AEIE，即同样不能定性为公司[76]。[77]

4.3　合作经营

合作经营（consórcio）属于合资契约（joint venture）领域，经由 19 世

---

[76]　相同看法见规章引言第 5 点"考虑到"。
　　住所在德国的 AEIE 由其法律视为合营组织，补充适用可适用于 *offene Handelsgesellschaften*（OHG，对应于我们的无限公司）的法律，见 KRAFT/KREUTZ, *ob. cit.* , p. 255。
[77]　2010 年 12 月 31 日法人国家登记部门负责的"法人中央资料库"，登记有 805 个 ACE 与 26 个 AEIE［见 1998 年 3 月 13 日第 129/98 号法令核准的《全国法人登记制度》（RRNPC）第 1 条、第 2 条、第 4 条，以及后续条文］。

纪美国司法见解创设[78]。1981 年 7 月 28 日葡萄牙第 231/81 号法令第 1 条和第 2 条将合作经营定义为两方或多方从事经济活动的实体（自然人或法人）通过合同，以互约方式承担从事某种活动或出资义务，目的在于：（a）为准备某项活动作出事实或法律行为；（b）实施某特定工程；（c）向第三人提供各合作经营成员所生产的相同或补充产品；（d）勘探或开发自然资源；（e）生产合作经营成员得以实物进行分配的产品[79]。由此观之，通过合作经营合同，从事建造工程的两家公司为修建一条公路，可以（协调性或互补性的）互约方式分别负责土方工程和沥青浇灌工程。

所谓"对内"合作经营，是指第三人仅向合作经营成员之一提供服务或产品，且仅由该成员与第三人进行业务往来；各合作经营成员直接向第三人提供服务或产品，但不指明其合作经营成员身份（第 5 条第 1 款）。所谓"对外"合作经营，即各合作经营成员直接向第三人提供服务或产品，且指明其合作经营成员身份（第 5 条第 2 款）。

对外合作经营合同可规定设立"指导暨监察委员会"，由所有合作成员组成（第 7 条），从中指定一名"合作经营主管人"，行使合同授予之对内及对外职能，对内职能为管理及促进合作成员之间的合作；对外职能包括通过授权进行代理（第 12 – 14 条）。对外合作成员"得以集合方式取名：将所有成员的姓名、商业名称或公司名称集齐，并加上'合作经营'"（第 15 条第 1 款）。

在对外合作经营模式（及对内合作经营的第二种模式——见第 5 条第 1 款 b 项）下，每一合作成员原则上均直接收取来自第三人应付款（因其从事了某些项目或者提供了某些产品），或者直接取得从第 2 条 d 项和 e 项规定的活动中所得（第 16 条和第 17 条）。在对内合作经营的第一种模式（仅由一合作成员与第三人建立关系）下，可就不与第三人发生交易的合作成员如何分享或承担出自与第三人建立关系的合作成员的业务盈余和/或亏损

78　见 A. ASTOLFI, *Il contrato internazionale di "joint venture"*, RS, 1977, pp. 809, ss. 。

79　法律表述为"自然人或法人"作为合作经营当事人。但是，如同法律在很多其他情况中采用该表述一样，应当对"法人"作宽泛解读，以包括无人格但有缔约能力的集合实体（例如，合伙、未经登记的公司）；不同看法见 RAÚL VENTURA, *Primeiras notas sobre o contrato de consórcio*, ROA, 1981, p. 633（该文中可看到对第 231/98 号法令的逐条评论；亦可见 P. A. SOUSA VASCONCELOS, *O contrato de consórcio no âmbito dos contratos de cooperação entre empresas*, Coimbra Editora, Coimbra, 1999）。

对于一位或更多合作方可作出的"出资"类型，见第 4 条第 2 款。

进行约定（第 18 条）。

任何合作经营均不得设立"共同财产"；在对外合作经营中，由其他成员交予合作经营主管人或由该主管人保留的款项，视为依据《民法典》第 1167 条 a 项的规定（"委任人应向受任人提供为执行委任所需之资源，但另有约定者除外"）并为其目的而提供（第 20 条）。

合作经营不属于合营组织范畴，因合作经营合同并不产生实体[80]。事实上，在合作经营中不存在共同的财产基础以支持共同的活动；不存在共同从事某一经济活动，尽管以互约方式从事活动，但也只是（合作成员间）各自的活动或出资；既然不存在共同活动，进而不存在相应的共同盈余，合作成员在合作经营框架中，就仅能够分别从各自从事的活动中取得盈余（以及在第 18 条规定的情况下，分享一方取得的盈余）[81]。

4.4　隐名合伙

近一个世纪以来，隐名合伙（associações em participação）在《商法典》（第 224 – 229 条）中被称为"隐名合账"（conta em participação），现由 1981 年 7 月 28 日第 231/81 号法令第二章所规范。

隐名合伙合同指：一个或多个主体结伙于其他主体（出名营业人）所从事的经济活动，并分享该经济活动产生的盈余和承担其亏损（第 21 条第 1 款与第 22 条第 1 款）。隐名合伙人应给付或必须给付一定的资产（现金；移转财产的所有权、使用和收益；移转债权；承担出名营业人的债务，提供劳务等[82]）；如出资"为设立一项权利或将其移转，则应归入出名营业人的财产"（第 24 条第 1 款）[83]。隐名合伙人始终有权分享出名营业人从事经济活动所产生的利润；如合同无另外约定，尚需承担亏损，原则上以其出

80　认为合作经营属于旨在取得合作成员经济盈余的社团，见 MANUEL A. PITA, *Contrato de consórcio*, RDES, 1988, p. 221, 231, ss.。

81　相同看法见 RAÚL VENTURA, *ob. cit.*, pp. 641, ss.；同样不将合作经营定性为合营组织见 BRITO CORREIA, *ob. cit.*, pp. 20, ss.；MANUEL PITA, *ob. cit.*, pp. 201, ss.；SOUSA VASCONCELOS, *ob. cit.*, pp. 66, ss.；PINTO FURTADO, *ob. cit.*, pp. 121, ss. (该作者用怀疑性的语句将合作经营的法律性质表述为合营组织)。

82　见 RAUL VENTURA, *Assoc iação em participação (Anteprojecto)*, BMJ, n.° 189 (1969), pp. 123, ss.。

83　但是，当隐名合伙人承担亏损时，其可以在合同中免除出资（第 24 条第 2 款）。

资为限（第 21 条第 2 款、第 23 条第 2 款及第 25 条）。

隐名合伙的经济活动是由出名营业人独立从事，由其与第三人发生交易关系，并对第三人承担责任。尽管如此，尚有一定的限制，例如，出名营业人"不得未经隐名合伙人同意中止或终止企业运作、改变企业所营事业或变更企业经营的法律形式"；出名营业人应"向隐名合伙人提供因合同性质及目标而必须提供的信息"；合同可约定"出名营业人未预先听取隐名合伙人之意见或获其同意，不得作出某些管理行为"，否则将承担民事责任（第 26 条第 1 款 b 项和 d 项 \ 第 2 款及第 3 款）。另一方面，出名营业人应向隐名合伙人提交账目（第 31 条）[84]。

无论是在葡萄牙还是在其他一些国家和地区，隐名合伙的历史都很悠久。早在中世纪，隐名合伙（如同两合公司）寓于"康曼达"（commenda），后者通常被视为合资——"秘密的""匿名的""悄然的"或隐蔽的合资，因其不外示于公众，仅有一名"不加掩饰的"股东显于外，而"隐蔽的"合伙人在阴影遮蔽下。十九世纪的一些商法典继续称之为合资——"特殊合资"（sociedad "acidental" ——1829 年《西班牙法典》）；"临时匿名"合资（sociedade "momentânea e anonyma" ——1833 年《葡萄牙法典》第 1 部分第 2 卷第 12 编第 5 节，题为"隐名合账"）；"偶然、临时、匿名或隐名合账"（1850 年巴西法典，第 325 条）；隐蔽公司（1897 年《德国商法典》第 230 条及随后数条）[85]。如今隐名合伙虽既无法律人格，亦无公示义务，但继续在大多数的法国学理中被定性为公司[86]；在德国一致被定性为隐蔽公司（公司被视为"内部的"，因为并未出现在法律交易中）[87]。在其他国家并非如此，例如意大利未将隐名合伙定性为公司[88]，西班牙的司法见解和多数学理否认隐名合伙的公司性质[89]。

84　但该等账目非由隐名合伙人制作或核准。仅当出名营业人不予提交或隐名合伙人对有关账目不满意时，后者才可诉诸《民事诉讼法典》第 1014 条及后续条文规范的提交账目的特别程序（第 31 条第 4 款）。

85　对于该概念的起源与演变，见 L. FERNÁNDEZ DE LA GÁNDARA, *Las cuentas en participación*：*Un ensayo de caracterización*, *dogmática y functional*, in Estudios de derecho mercantile – Homensage al Professor Justino F. Duque, vol. I, Universidad de Valladolid, 1998, pp. 259, ss. 。

86　见 GUYON, *ob. cit.*, pp. 515, ss. 。

87　见 SCHMIDT, *ob. cit.*, pp. 178, 1284, ss. 。

88　见 GALGANO, *ob. cit.*, pp. 20, ss. 。

89　见 FERNÁNDEZ DE LA GÁNDARA, *ob. cit.*, pp. 264, 270, ss. （该作者的意见为少数人意见）。

在葡萄牙《商法典》第 224 - 229 条下，学理和司法见解对将隐名合伙定性为公司分歧很大[90]。如今（如同昨日，隐名合伙类似于隐名合账）应当认为隐名合伙不具有公司特征。隐名合伙合同不产生新的实体；主体所结伙的经济活动并非共同从事，而是基本上由"出名营业人"从事；"隐名合伙人"的出资通常应归入"出名营业人"的财产，无共同财产亦无独立财产。[91]

5. 公司概念的特别内容

至此，我们主要涉及合营组织的一般概念。如前所述，合营组织分为两类：合伙和公司。根据《公司法典》第 1 条第 2 款的规定，设立公司需满足两项要件。（a）以实施商行为作为标的（经营范围）。（b）采用法定公司种类：无限公司、有限公司、股份有限公司、一般两合公司或股份两合公司。[92]

《公司法典》沿用了《商法典》第 104 条规定："具备下列基本条件的被视为公司：（1）以实施一项或多项商行为作为公司所营事业；（2）遵照本法典的规定而设立（即采用该法律所规定的公司种类）。"因此，《公司法典》为公司设定的要件并不只是形式上的（并非只要采取法定公司种类之一，便可被定义为公司）。这一点有别于许多外国法律的规定[93]，同样与葡

---

[90] 大量阐述见 RAÚL VENTURA，*últ. ob. cit.*，pp. 79，ss.。

[91] 新近学者对该话题讨论得到同样的结论，见 PINTO FURTADO，*ob. cit.*，pp. 85，ss.；BRITO CORREIA，*ob. cit.*，pp. 20 - 21；PUPO CORREIA，*ob. cit.*，p. 398。
有必要补充的是，隐名合伙的表达方式至少不无含糊：首先，没有设立任何囊括出名营业人与隐名合伙人的实体；其次，"associação"一词通常含有非营利性目的的意思。

[92] 本书第一卷第一章已涉及商行为。就公司类型，详见下一章。

[93] 依据法国（1996 年）《公司法》第 1 条第 2 段——现为《商法典》第 L. 210 - 1 条，无论所营事业为何，"无限公司、一般两合公司、有限公司与股份公司"均为公司（然而，仍然依据该条第 1 段，公司的商事性同样可由其所营事业确定，但该标准意义不大，见 RIPERT/ROBLOT/GERMAIN/VOGEL，*ob. cit.*，p. 912）。在德国，对应于我们无限公司与一般两合公司的公司所营事业须为商事性的；有限公司、股份有限公司与股份两合公司无论所营事业是否为商事性的，均为公司（参见 KRAFT/KREUTZ，*ob. cit.*，pp. 6 - 7）。在西班牙同样适用形式标准——采用法律所规范的一种类型的公司即为公司（见 SÁNCHEZ CALERO，*ob. cit.*，pp. 218 - 219）。意大利制度类似于葡萄牙的制度，见《意大利民法典》第 2249 条，以及见 GALGANO，*ob. cit.*，pp. 41，ss.。

萄牙《公司法典》草案有关设想不同[94]。

从表面上看，《公司法典》第 1 条第 2 款规定的两项要件（商业标的与商业形式）均为将一实体定性为公司的基本要件。然而，我们认为，仅应将第一项要件（商业标的）视为基本要件。若以实施商行为作为标的，即使未采用上述任一公司种类，亦为公司，只是不合规范。凡以商业标的为所营事业的合营组织，应采用且只能采用公司种类之一（第 1 条第 3 款）；如未采用，不能称之为合伙（sociedades civis）。诚然，并非所有公司都必须以从事商业活动为标的（第 1 条第 4 款），但以从事商业活动为标的不能也不可具有合伙形式。以实施商行为作为所营事业的合营组织不采用法定公司种类，将承担公司法所规定的后果（因情况不同而异）[95]。

6. 一般合伙与商业形式合伙

合伙（sociedades civis）指不实施商行为的合营组织，例如从事农业、手工业、自由职业者合伙[96]。

换言之，合伙须专门以非商业活动为所营事业（《公司法典》第 1 条第 3 款和第 4 款），因此，既从事农业（非商业经营范围）又致力于转卖从第三

---

[94]　见 FERRER CORREIA／ANTONIO CAEIRO, *Anteprojecto* cit.，pp. 5，ss.。
对于使得立法者维持传统指引的原因，见核准《公司法典》的法令引言第 4 点。

[95]　见《公司法典》第 9 条第 1 款 b－c 项、第 36 条第 2 款以及后续条文，以及下文第三章。
不同的看法，即认为具有商业标的但未采用商事形式的属合伙，见 OLIVEIRA ASCENSÃO, *ob. cit.*，pp. 20，ss.。
依据《商法典》第 104 条，从文义上更能得出两项前提要件的必要性。在该规定生效时，学理与司法见解均基本认为具有商业标的但无商事形式的属公司（但现今欠缺形式的后果并不相同）。见 JOSÉ TAVARES, *ob. cit.*，pp. 214－215；J. FERNANDES VAZ, *Lições de direito commercial*（由 A. Pinto Gouveia 统稿），Typ. Minerva Central, Coimbra, 1907, pp. 315－316；GUILHERME MOREIRA, *Lições de direito commercial*（由 A. F. Carneiro Pacheco 统稿），Minerva Central, Coimbra, 1909, pp. 81, ss.；ADRIANO ANTHERO, *Comentário ao código commercial portuguez*, vol. I, Typ. "Artes & Letras", Porto, 1913, p. 189；CUNHA GONÇALVES, *ob. cit.*，p. 204；BARBOSA DE MAGALHÃES, *Sociedades comerciais irregulares*, GRL, ano 47（1934），pp. 324, ss.（以及更多参考文献）。

[96]　参见本书第一卷第二章（3）、第三章（3.1.3）。
其中载入最近的 2001 年 2 月 9 日第 41/2001 号法令（核准手工业生产单位与个体手工艺人的章程），其中第 12 条将 "手工业生产单位"（"为本规定的效力"）随便界定为 "所有及任何经济体（……），尤其是个体企业主、有限责任的个体营业场所、合作社、一人公司或公司（……）"。

人收购的种子的合营组织是公司（所营事业包括非商业活动和商业活动）。

合伙可分为两类：一般合伙（sociedades civis simples）与商业形式合伙（sociedades civis de tipo comercial）。前者基本上由《民法典》（第 980 条及随后数条）规范[97]，后者虽属合伙范畴，但可采用公司类型，因此适用《公司法典》（《公司法典》第 1 条第 4 款）[98]。

一般而言，该等合伙可采用（或不采用）任一公司种类（《公司法典》第 1 条第 4 款）[99]。但有例外：某些合伙不可采用任何公司类型，比如律师合伙（2004 年 12 月 10 日第 229/2004 号法令第 1 条第 2 款、第 2 条、第 10 条第 1 款及第 2 款）；某些合伙仅可采用特定公司类型，以"农业集团"（sociedades de agricultura de grupo）、"农业生产集团"（agrupamentos de produção agrícola）、"农业经营互助集团"（agrupamentos complementares de exploração agrícola）或"知名农业家庭企业"（empresas familiares agrícolas reconhecidas）为例，所有这类（特殊）农业领域的合伙均须采用有限公司形式（经 1990 年 10 月 30 日第 339/90 号法令和 1993 年 9 月 18 日第 382/93 号法令修改的 1989 年 10 月 4 日第 336/89 号法令第 1 条、第 12 条、第 13 条及第 12 条 – A）[100]；某些合伙则不能不采用公司类型，比如无偿还能力管理人合伙（2004 年 3 月 18 日第 54/2004 号法令第 3 条）。[101]

最引起争议的是自由职业者合伙（sociedades civis de profissionais liberais）。

有的学者主张自由职业者合伙仅可为非商业形式合伙，或无限公司种类，但不能采用其他公司种类，这是因为仅该等合营组织允许劳务出资，

---

[97]　某些类型的一般合伙有补充性法律规范，例如，律师事务所（见下文）。

[98]　类似规定见《商法典》第 106 条与 1901 年《有限公司法》第 1 条。如同过往的一贯理解，现今同样应认为商业形式合伙尽管由公司法规范，但非为商人——参见本书第一卷第二章（2.2.1）。

[99]　由于一般合伙与无限公司之间有很大相似之处，故合伙一般不会选择采用无限公司这一类型。通常而言，更有可能采用有限公司与股份公司的类型（两者均允许股东承担有限责任）。

[100]　"一般"农业公司可采用任一公司种类。

[101]　1998 年 4 月 2 日《共和国公报》载有规范企业管理公司的第 82/98 号法令，其中第 2 条规定："企业管理合营组织可具有公司或商事合伙性质。"似乎该等合营组织的"性质"可任其选择！事实上，它们应被定性为公司［见本书第一卷第一章（3.1）有关一般服务性企业的讨论］。

而自由职业者均提供劳务出资，即在合营组织框架下从事专业服务[102]。我们认为，除了法律有不同规定外（如上针对律师合伙的第 229/2004 号法令），其余应该可以采用任一公司种类。理由有二：首先，不允许劳务出资的公司类型（有限公司、股份公司、两合公司的有限责任股东，见《公司法典》第 202 条第 1 款、第 277 条第 1 款及第 468 条）有相应方法以确保股东专业上的合作，例如有关"从属给付义务"的规定（第 209 条、第 287 条及第 478 条）；其次，法律本身已允许非商业形式和无任何劳务出资的合伙[103]，故允许该等合伙采用任一公司类型也顺理成章[104]。[105]

另一问题是，对于以从事特定自由职业活动为所营事业的合伙，不具备相应专业技能的主体或非该类专业人士，可否成为其合伙人？原则上不可以，尤其当涉及由公共社团（"公会""协会"等）规控的职业时，答案是否定的。在该等情况下，仅可由具备充分职业凭证的人士从事有关活动[106]。对此可理解为，以该等活动为所营事业的合伙仅可由专业资格证书持有人组成[107]。正是根据该原则制定了规范律师事务所的制度（第 229/2004 号法令第 1 条第 2 款及第 5 条第 1 款）。但是，规范注册审计师事务所的制度则有不同之处（依据第 487/99 号法令第 96 条和第 97 条，尽管有严格限制，但允许非注册审计师成为合伙人）[108]。

不同类别的自由职业形成多专业合伙是否合法？对此须区别对待。试想两名律师、两名经济师和两名工程师拟设立合伙以向企业提供服务。如

---

[102] PINTO FURTADO, *ob. cit.*, pp. 108, ss., L. COUTO GONÇALVES, *Sociedades profissionais*, SI, 1900, p. 165, SI, 1991, pp. 168, ss..

[103] COUTINHO DE ABREU, *Da empresarialidade* cit., pp. 108 – 109.

[104] 1999 年 11 月 16 日第 487/99 号法令是规范注册审计师的法规，其中第 94 条第 2 款对此作了明确的规定。

[105] 同样主张自由职业合伙可采用商事公司类型，见 PAULO LEAL, *Sociedades de profissionais liberais*, RDES, 1990, pp. 97 – 98, 112 – 113; ALBINO MATOS, *Constituição de sociedade*, 4° ed., Almedina, Coimbra, 1998, p. 66, n. 119。

[106] 例如，见《律师公会章程》（由 2005 年 1 月 26 日第 15/2005 号法律核准）第 61 条及随后数条、《工程师公会章程》（由 1992 年 6 月 30 日第 119/92 号法令核准）第 3 条及随后数条以及《建筑师公会章程》（由 1998 年 7 月 3 日第 176/98 号法令核准）第 42 条。

[107] COUTO GONÇALVES, *ob. cit.*, 1991, p. 168, PAULO LEAL, *ob. cit.*, pp. 108 – 109.

[108] 上述为法律订明的原则，除非立法者另行规定例外。
相关情形（所营事业专为从事自由职业活动）不可同具有综合性所营事业的公司相混淆，后者一方面有不同性质的行为，另一方面有特定自由职业活动。该等公司（例如，经营康复院的公司）为公司，其股东可为自由职业或非自由职业人士（参见 COUTINHO DE ABREU, *ob. cit.*, n. 245）。

若该等服务群组拆分成几组，各自从事相关职业所属活动类型（以相对独立的方式来提供法律代理和咨询、经济及工程服务），则该合伙的设立属不合法，因为"共同"从事该等活动变为各司特定类型业务。然而，如若不将该等服务群组拆分成几组，而是提供综合服务，每一服务尽管要求不同职业进行协作，但不能说成是律师、工程师或经济师的特定服务（例如，就企业的管理和重构提供综合性服务），则该合伙的设立是合法的[109]。

可采用公司类型的自由职业可否成为一人有限公司（《公司法典》第270 – A 条）？除非法律另有规定[110]，我们找不到不允许其存在的理由。

上述问题（以及其他问题，例如：关于自由职业者的纪律、民事责任与公司责任的结合；名称的组成；出资转让；利润分成；公共社团对于相关合营组织的监管问题）的解决需要立法者的参与，以就专门从事自由职业活动的合伙制定一般法律（由具体针对此类活动的法律予以补充）。

然而，至今尚无立法者的干预，尚无一般性法律，仅存三项规范自由职业合伙的法规：1979 年 12 月 26 日第 513 – Q/79 号法令（律师合伙）、1979 年 12 月 27 日第 513 – F1/79 号法令（报关经纪人合伙）和 1993 年 12 月 30 日第 422 – A/93 号法令（注册审计师合伙），其中，第 513 – Q/79 号法令和第 422 – A/93 号法令分别被前述第 229/2004 号法令和第 487/99 号法令废止和替代。但规范报关经纪人合伙的法规被 1999 年 11 月 3 日第 445/99 号法令废止，后者未对此类合伙有任何专门规定，对此，立法者在该法令序言中解释：维持前法规没有任何意义，因为有损法律允许以任何类型和形式合伙的自由，这一点亦反映在公共团体新近章程中[111]。

其他国家的立法者对此问题有不同的看法。

在法国，1990 年 12 月 31 日第 90 – 1258 号法律设置了"自由经营合伙"，可采用三种类型：有限责任（与我们的有限公司相对应）、股份和股份两合，其中合伙人可为非自由职业人士，但自由职业合伙人

---

[109]　一致看法见 COUTO GONÇALVES, *ob. cit.*, 1990, p. 169；PAULO LEAL, *ob. cit.*, pp. 110 – 111。至少在所述类型的某些情况下甚至不反对将公司的所营事业定性为商事性（见前注）。

[110]　例如，针对注册审计师事务所，第 487/99 号法令特别是第 119 条第 3 款与第 4 款所示。

[111]　实际上，例如《建筑师公会章程》第 44 条 b 项规定，"可从事建筑师职业，如同在建筑领域活动的职业公司的股东、行政管理机关成员或经理"……

应占更大比例的资本、投票权和管理权。尽管对一人"合伙"存在争论，但实际上是允许的。共同从事不同自由职业的合伙同样是允许的，但特定专业领域的活动只能由获取该专业资格的合伙人进行。每一合伙人对其从事的职业行为承担无限责任，合伙与其承担连带责任[112]。

在德国，立法者通过 1994 年 7 月 25 日法律，首次引入一新形式的合伙：自由职业者合伙（partnerschaftsgesellschaft），用于（仅）自由职业人士共同从事相关职业（不允许一人组织形态）。该合伙介于一般合伙与商业形式合伙之间，不具有法律人格。原则上是多人合伙，合伙人对合伙债权人承担连带责任；但针对因执业瑕疵所致损害而产生的责任，可与第三人协议，仅由作出（引致或有责任监督）该不法行为的合伙人承担[113]。

---

[112] 对于该法律的论述，见 RIPERT/ROBLOT/GERMAIN/VOGEL, *ob. cit.*, pp. 1515, ss.。

[113] 对于该法律的论述，见 KRAFT/KREUTZ, *ob. cit.*, pp. 245, ss. 与 K. SCHMIDT, *Gesellschaftsrecht*, cit., pp. 1875, ss.。

第二章　公司的种类

1. 公司类型化的理解

《公司法典》第 1 条规定了公司的"种类"（第 2 - 4 款）。除此之外，学理上亦对公司进行了分类。

究竟如何理解"种类"（tipo）？同样地，该法律术语不是单义词，无论在一般法学或者公司法语境下，均有不同的含义。[1]

为释义起见，首先诉诸常用的方法：将概念与类型进行对比。狭义上的"概念"借以罗列其全部特点进行界定，换言之，一种现象归类于概念须具备予以构成的所有特点；而"类型"则借指出事物的特征（非穷尽性）来加以描述（而非界定），其中有些特征必不可少，其他的则未必不可或缺。亦即，为归入特定类型，无须将一种现象所具备的全部特点尽数描绘。因此，相较于概念，类型更加开放，亦更加具体。[2]

由此观之，公司种类作为（股东间、股东与公司间、股东/公司与第三人间）关系规范层面上的不同模式，不是由抽象性的概念进行界定的，而是经由开放性系列特征（一部分不可或缺，另一部分仅具有提示性或一定的代表性）加以描述的。故此，公司种类因具备基本特征（例如，股份有限公司股东对公司债权人不承担责任）而与狭义上的概念相近；同时又因

1　A. KOLLER, *Grundfragen einer Typuslehre in Gesellschaftsrecht*, Universitätsverlag, Freiburg, Schweiz, 1967, pp. 30, ss., 45, ss..

2　对于概念与类型的区别，见如下著作及其参考文献：K. LARENZ, *Metodologia da ciência do direito*, trad., 2.ª ed., F. C. Gulbenkian, Lisboa, 1989, pp. 255, ss., 561, ss.；J. OLIVEI-RA ASCENSÃO, *A tipicidade dos direitos reais*, Lisboa, 1968, pp. 34, ss.；P. PAIS DE VAS-CONCELOS, *Contratos atípicos*, Almedina, Coimbra, 1995, pp. 24, ss.；R. PINTO DUARTE, *Tipicidade e atipicidade dos contratos*, Almedina, Coimbra, 2000, pp. 96, ss.。

具备非必要性特征以及允许相应的具体公司含有非典型性特征而与狭义的概念相异。[3]

2. 公司法定类型的一般特征

表面看来，《公司法典》第 175 条、第 197 条、第 271 条及第 465 条描述了不同公司种类的特征：前三条标题就是"特征"（第 465 条标题不知为何成了"概念"）。按照该等法条规定，公司种类的特征首先涉及股东责任的定位（上述条文均就股东责任进行划分），其次涉及出资（participações sociais）[*] 的种类（但是，第 175 条未提到这一特征；第 465 条涉及特定公司可成为两合公司的股东）。

然而，上述特征的描绘似乎不足以构成公司的种类。因此，除了该等特征外，尚需诉诸其他（非穷尽性）公司特点，仅以扼要的方式说明，有待下文相关章节进一步延展。

2.1 股东对公司和公司债权人的责任

股东对公司的责任

a）无限公司的每一股东承担各自出资义务，即须缴付其分内出资（现金、非现金与/或劳务出资[4]）——第 175 条第 1 款。但是，如有股东以非现金的财产出资而该财产未依据第 28 条进行核实和评估时，其余股东须在有关等价承担公司合同中明示规定的连带责任（第 179 条）。

b）有限公司的每一股东不单就其本身出资（现金与/或非现金）承担责任，而且（在多人公司中）与其他股东就公司合同约定的所有的出资额承担

3　如使用合营组织一般"概念"一词尚属适宜［考虑到前文第一章（2.6）表述，我们更倾向于使用公司的一般"含义"］，那么，在论及公司种类时使用概念或定义则欠合适。另外，尽管在合同领域亦涉类型化，但不代表《民法典》第 980 条规定的合营组织合同为严格意义上的合同类型（应属概念范畴）。尽管有些学者谈论开放性与封闭性类型或种类，但若不从概念上予以框定，类型或种类本身就意味开放（未穷尽性）——见 OLIVEIRA ASCENSÃO, *ob. cit.*, pp. 61, ss.; PAIS DE VASCONCELOS, *ob. cit.*, p. 56（亦见 LARE-NZ, *ob. cit.*, p. 567）。

*　译者注：澳门法上对应葡语"participações sociais"的中文法律术语为"出资"（亦称"股本"），但其含义不止于股东有义务向公司提供资本或对所有种类的公司股本统称，尚指股东的权利（股权）与义务的总和。详见第五章。

4　对于出资义务，见第五章（2.2.1）。

连带责任（第 197 条第 1 款）。[5] 一名或多名股东可能还须对公司承担从属给付与补充给付的义务（第 197 条第 2 款、第 209 条、第 210 条及随后数条）。

c）股份有限公司的每一股东仅就其出资（现金与/或非现金）承担责任，"每一股东的责任，以认购股份的金额为限"（第 271 条）。"股份的金额"即指用以认购股份的金额不得低于但可高于股票的票面价值，或当股票无票面价值时，高于股票的发行价（第 25 条第 1 – 3 款、第 295 条第 2 款 a 项及第 3 款 a 项以及第 298 条）。然而公司章程可规定某一或多名股东承担从属给付义务（第 287 条）。

d）一般两合公司和股份两合公司中的无限责任股东和有限责任股东均仅就其各自出资（无限责任股东以现金、非现金与/或劳务出资，有限责任股东以现金与/或非现金出资）承担责任——第 465 条第 1 款、第 474 条及第 478 条。

继而，应延伸提及两点：按照第 83 条的规定，不同类型公司的某些股东可能须与公司行政管理机关或监察机关的成员承担连带责任；公司集团关系中有限公司、股份有限公司或两合公司的公司 – 股东在第 491 条和第 502 条规定的情况下承担责任。

股东对公司债权人的责任

a）对于公司（金钱）债务，无限公司的股东相对公司而言负补充责任，并与其他股东负连带责任（第 175 条第 1 款）。补充性责任意味着公司债权人仅可在公司财产执行后才能向股东要求支付[6]；连带性责任即公司债权人有权向任一股东追偿全部债务。[7-8]

5　有一种说法是：股东对各自的股款缴付承担责任，同时亦对"公司资本"的缴付承担责任（见 L. BRITO CORREIA, *Direito commercial*, 2.º vol. – *Sociedades comerciais*, AAFDL, Lisboa, 1989, p. 97；J. OLIVEIRA ASCENSÃO, *Direito commercial*, vol. Ⅳ – *Sociedades comerciais*, Lisboa, 1993, p. 41）。这一说法并不完全确切。实际上，出资价值尽管可以等同于股（quotas）的面值，但同样可以高于该价值（不应低于该价值）——第 25 条第 1 款；如此而来，公司资本产生于股的面值总和时，出资价值的合计可以高于资本价值，而股东所负义务为缴付出资。

6　但是在这之前股东可以履行公司义务；如这样做的目的在于避免公司被提起执行之诉，则该股东（同样）对其他股东有求偿权——第 175 条第 4 款。

7　公司债权人只能先针对公司提起执行之诉，如公司财产被执行后未获完全清偿债务，请求执行的债权人可在同一程序针对任何股东请求执行（《民事诉讼法典》第 828 条第 5 款），因此无须针对该等股东分开提起给付宣告之诉与执行之诉。

8　关于履行公司义务的股东的求偿权措施，见第 175 条第 3 款。

b）原则上，有限公司的股东不承担公司债务，公司仅以其本身的财产偿还公司债务——第 197 条第 3 款。但该规定不妨碍第 198 条预设的几种情况，例如，可在公司章程中规定一名或多名股东亦须对公司债权人负有（"以确定金额为限"）责任；章程亦可规定该项责任为股东与公司的连带责任，或相对公司的补充责任，且仅在公司清算阶段才可实施。如若规定连带责任，除非章程另有规定，偿还公司债务的股东就其已支付的全部金额可向公司主张求偿权。[9]

c）股份有限公司的股东不对公司债权人承担责任，仅公司本身对其债务负责。如上述第 271 条规定，股东的责任止于认购股份义务履行。

d）对于一般两合公司和股份两合公司，需要区分两类股东：无限责任股东和有限责任股东。前者按无限公司股东的规定承担公司债务（相对公司而言负补充责任，并与其他股东负连带责任），后者对公司债权人不承担责任（第 465 条第 1 款）。

在某些情况下，有关规则不再适用。比如，就任何类型的公司而言，当股东减至一人的公司被宣告无偿还能力时，"只要证实该期间未遵守公司财产应用作履行相应债务的法律规定"（第 84 条第 1 款和第 2 款），该股东须对其成为单一股东后所有公司债务承担无限及主要责任（相对公司而言非负补充责任，而是连带责任）；再如，就公司集团而言，完全控股或占主导地位（有限、股份有限或股份两合）公司－股东，按照第 491 条和第 501 条的规定，应对受控或从属公司的债权人承担责任。

2.2　组织架构[10]

公司通过机关开展活动，即经由一人或多人组成的履行职能的制度化中心以形成及/或表示在法律上可归于公司的意思[11]。

本节主要凸显根据不同权限而区分的公司机关：意思形成或内部议决机关（作出决议以表示公司意思，但几乎从不对外宣示——不是同第三人

9　第 198 条制度部分受启发于英国的担保有限公司制度，参见 RAÚL VENTURA, *Sociedades por quotas*, vol. Ⅰ, Almedina, Coimbra, 1987, pp. 55, ss. 。

10　详见第七章。

11　公司机关的这一概念近似于学者 MARCELLO CAETNO 提出的法人机关概念［见 *Manual de direito administrative*, 10.ª ed.（由 D. Freitas do Amaral 审阅与更新）, t. Ⅰ, Coimbra Editora, 1973, p. 204］。

交涉）；行政管理与代表机关（经营公司活动并代表公司向第三人作出意思表示，或接受第三人的意思表示）；监察或控制机关（尤其监控行政管理机关成员的行事）。

a）任何类型的公司均有一个内部议决机关，由股东（一人公司则仅由单一股东）组成（见第53条及随后数条、第189条、第246条及随后数条、第270条－E、第373条及随后数条以及第472条等），被称为"股东会"（assembleia geral）。但是，严格意义上讲，"股东会"意思是股东会议。然而，该表述除了不适合一人公司外，事实上，股东们可以不通过召集股东会议的形式作出决议（第54条第1款、第189条第1款、第247条、第373条第1款及第472条第1款）。因此，应表述为股东或内部决议机关（又或公司意思形成机关）。

b）同样地，任何类型的公司须设行政管理与代表机关。

根据《公司法典》，该机关在无限公司中的称谓是"经理层"（gerência）。原则上，所有的股东皆为经理，这是可以理解的，因其各自对公司债权人承担无限责任，除非涉及法人股东或公司合同另有规定（第191条第1款和第3款）。在全体股东一致同意下，非股东亦可成为经理。

该机关在有限公司中同样被称为经理层，由一名或多名经理组成，无论是否股东，但须是具有完全行为能力的自然人（第252条第1款）。

在股份有限公司中，该机关有三种样式：最常见的是董事会或执行董事会（第278条第1款）；在传统架构的公司或者资本不超过20万欧元的德式架构公司中，公司章程可以不设董事会或执行董事会，而仅指定一名董事（第278条第2款、第390条第2款及第424条第2款）——在一元化组织构造的公司中，董事会须由数名成员组成（第278条第1款b项及第5款），董事并非须为股东（第390条第3款及第425条第6款），但须为具有完全行为能力的自然人（第390条第3－4款、第425条第6款d项及第8款），除非董事会（"一元"模式）包括会审计委员会在内——第423条－B第6款。

该机关在两合（一般两合或股份两合）公司中也被称为经理层，仅由无限责任股东（对公司债权人承担无限责任的自然人）组成（第470条第1款、第474条及第478条），除非公司合同允许有限责任股东（自然人）担任经理。公司合同尚可允许经理"将其权力授予有限责任股东或与公司无关的人"（第470条第2款）。

c）监察机关在一些公司不作为法定机关存在或可不存在，在另一些公司则必须存在。

在无限公司和一般两合公司中不存在监察机关（无限责任股东本享有莫大的资讯权，或作为经理而直接监督经理层的行事）。

有限公司可通过章程规定设立监事会或独任监事（第262条第1款及第413条第1款a项）。如公司超逾一定规模，须设有监事会或独任监事，除非指定注册审计师对公司账目进行法定审计（第262条第2–3款）。法律要求监事会中必须有一名非挂名的监事为注册审计师或注册审计合伙，独任监事亦然。注册审计师不可由股东兼任，其他监事可以是或不是股东，但须为具有完全行为能力的自然人，除非为律师合伙或注册审计师合伙（第262条第1款和第5款、第414条第1–3款）。

股份有限公司皆须设有监察机关。传统组织架构下的股份有限公司除了设有董事会（或独任董事）外，还应设有独任监事（非股东注册审计师、自然人或审计师合伙）或监事会（内设一名非股东注册审计师）——第278条第1款a项和第2款、第413条第1款a项和第4款及第414条第1款和第2款；又或不必包括注册审计师在内的监事会，并单独设有注册审计师（第413条第1款b项和第4款及第414条第2款）。该两种监察机关（监事会与注册审计师）在某些特定公司中必须设立（第278条第3款及第413条第2款a项）。采用德式组织架构的公司除了具有执行董事会（或独任执行董事）外，还应具有总理事暨监察会（由具有完全行为能力的自然人组成，股东或非股东）与注册审计师（非为股东）——第278条第1款c项、第434条及第446条。"一元"模式的公司（由2006年3月29日第76–A/2006号法令引入）设置审计委员会（纳入董事会，由至少三名董事组成）与注册审计师——第278条第1款b项、第423–B条及第446条。

上述第一种架构（董事会/监事会）被视为"传统型"，是葡萄牙《公司法典》颁布之前唯有的公司组织架构（1867年6月22日法律第13条及随后数条；《商法典》第171条及随后数条）；第二种架构（执行董事会/总理事暨监察会/注册审计师）被称为"德式"，为德国股份有限公司（Vorstand/Aufsichtsrat）一直采用的行政管理与监察模式[12]；

12　MARCUS LUTTER, *Il Sistema del Consiglio di sorveglianza nel diritto societario Tedesco*, RS, 1988, pp. 95, ss..

第三种架构（董事会包括审计委员会与注册审计师）为"一元"模式，为英美国家特有的模式。

习惯上，多将第一种称为"单轨式"或"拉丁式"，第二种称为"双轨式"，第三种称为"英美式"。该等术语对于葡萄牙制度来说有失恰当。[13]

股份两合公司通常设有监事会或独任监事，并适用股份有限公司的相应规定（第478条、第413条及随后数条）。

2.3　出资的移转[14]

股东出资［"出资"（parte）、"股"（quota）、"股份"（acção）］[**] 可定义为股东现有及潜在权利义务合总（载体）。[15] 以下扼要论述有关出资移转制度的一般框架。

死因移转
a）当无限公司一名股东死亡时，如果公司合同未另行规定（例如，规定公司必须解散或将有关出资销除），在世股东有三种选择：其一，继承人继承死者的股东地位，为此须经继承人明示同意（自知悉股东死亡之日起九十日内，在世其他股东须作出该提议并经死者继承人同意）；其二，解散公司（股东须在上述期限内作出决议并通知死者继承人）；其三，销除死者的出资，并按相应金额支付继承人（如上述期限内未选择前两种方案，须对死者出资进行销除）。根据第184条第1款和第2款的规定，该制度首先保护在世股东的利益，不强迫其接受外人加入公司（因为新股东原则上同样为经理——第191条第1款，并对公司债权人承担责任——第175条第1-2

13　J. M. COUTINHO DE ABREU, *Governação das sociedades comerciais*, Almedina, Coimbra, 2006, pp. 33, ss. .

14　详见本卷第五章（3.2）。

**　译者注：如上条译者注所揭，澳门法上译自葡语"participações sociais"的中文法律术语"出资"有多种含义。一是入股（对应葡语"entrada"一词，最贴近中文表述出资的本义）；二是对所有种类的公司股本总称；三是股东的权利义务总和。除此之外，澳门商法典将无限公司股东及一般两合公司的无限责任股东的股本亦称为出资（对应葡语"parte"）。关于不同种类的公司股本称谓，见第五章（1.4）。

15　详见本卷第五章（1）（2）。

款），亦不强迫其继续经营公司（因为死者股东可能被认为至关重要而不可或缺）。与此同时，亦考虑保护死者股东继承人的利益，不强迫其加入公司（不然会就公司债务承担无限责任）。

b）根据第 469 条第 2 款的规定，当死者股东为一般两合公司或股份两合公司的无限责任股东时，适用与上述相同的制度。

c）当有限公司的任一股东死亡时，一般规则为相应股转给其继承人。但公司合同可另行规定不能将股（确定性）移转至死者继承人，或者规定转股的前提条件（第 225 条第 1 款）。当依据禁止或限制条款而未将股移转至死者继承人时，公司应将股销除（第 232 条及随后数条）、回购（第 220 条）、由股东或第三人取得；如公司经理在知悉股东死亡之日起九十日内未采取以上任一措施，视为出资确定移转至继受人——第 225 条第 2 款。公司合同亦可规定（确定性）转股取决于死者继承人的意思（第 226 条）。

d）对于一般两合公司的有限责任股东的死因转股，适用相同制度。

e）股份有限公司和股份两合公司的有限责任股东的出资称为"股份"（第 271 条及第 465 条第 3 款）。就死者股份的转让而言，原则上按一般继承法规定处理（《民法典》第 2024 条及随后数条）。

生前移转

a）无限公司的股东仅在其他股东明确同意的情况下，方可（以有偿或无偿方式向股东或非股东）移转出资（第 182 条第 1 款）[16]。如此规定意在保护其他股东的利益，即保持公司具有一位承担无限责任的股东与（原则上为）经理，以及阻止不受欢迎者加入公司。

b）有限公司股的自愿移转（或"让与"）如发生在配偶之间或直系血亲尊亲属与卑亲属之间，又或股东之间，原则上是自由的（第 228 条第 2 款第 2 部分）。除此之外，股的让与一般仅在公司同意的情况下方产生效力。[17]原则上，股东通过决议表示同意，法律不要求一致同意，多数决即可（第 230 条第 2 款、第 5 - 6 款及第 250 条第 3 款）[18]。然而，该等规则可经公司

16　如某一股东不同意，则应理解为出资让与对所有股东以及公司不产生效力（见第 55 条，可直接适用于通过股东决议作出同意的情况，在其他情况下类推适用）。

17　通过法院命令作出的股之移转不取决于公司同意（第 239 条第 2 款）。

18　当有关请求同意的决议在特定时间未作出以及从其他事实不能推出拒绝同意的决议时，股之让与转而不受约束（第 230 条第 4 款）。

章程排除适用，例如，可增加有限公司的相对封闭性（通过上述自行规范）或者提高股东退出或加入公司的开放性。实际上，公司章程可禁止股的自由转让，要求所有或某些法律允许自由的转让的股须经公司同意为之，或将公司同意限定于特定条件；但亦可将所有或某些转股免除公司同意。

c）一般两合公司中有限责任股东的出资移转适用有限公司转股制度（第 475 条）。

d）在股份有限公司中（对于股东的退出与加入，基本上最为开放），不记名股份自由移转。对于记名股份，章程可就其移转加以限制——须经公司同意（原则上，通过股东决议给予同意或拒绝同意）或者限定特定主观与/或客观条件，例如，移转股份须符合公司利益，或者赋予其他股东优先权（第 328 条第 1－2 款及第 329 条第 1 款）[19]。

e）（股份两合公司）有限责任股东的股份移转适用股份有限公司的相应法律制度（第 478 条）。

f）对于（一般两合公司或股份两合公司）无限责任股东的出资移转，除非公司合同另有规定，须经股东许可性决议方产生效力（第 469 条第 1 款）。

2.4. 股东人数下限

根据《公司法典》第 7 条第 2 款规定，公司的合同当事人至少为两人，除非法律要求更多人数，或法律允许公司仅由一人设立。

由此观之，法律对于设立公司（或商业形式合伙）主体组成的最低人数似乎设立了一般规则及例外。然而，除了将仅一人设立公司（因而没有讨论合同的空间）的合同当事人最低人数列为例外甚少合理之外，最低人数为两人的规则在大多数的公司类型中反而为例外。

诚然，设立无限公司或一般两合公司要求至少有两名主体的参与。但是，其他类型的公司并非如此：有限公司可仅由一名主体设立（一人有限公司——第 270 条－A 第 1 款）；股份有限公司除了可仅由一其他公司（有限公司、股份有限公司或股份两合公司）设立外（第 481 条第 1 款及第 488 条第 1 款），或可由两名股东设立（在该情况下，其中一个主体应是国家、企业公共实体或在法律上与其等同的其他实体，且持多数股份——第 273 条

---

[19] 如公司章程条款规定记名股份的移转须经公司同意或须符合其他前提要件，则在执行之诉或财产清算程序中不可对抗第三人（第 328 条第 5 款）。

第 1 款[20]）外，原则上须由至少五名股东设立（第 273 条第 1 款）。而股份两合公司至少有六名股东才可设立（至少有一名无限责任股东与五名有限责任股东——第 465 条第 1 款及第 479 条）。

在公司运作期间，应维持上述股东最低数目，否则公司可能解散（第 142 条第 1 款 a 项及第 3 款）。

《公司法典》没有就任一类型的公司规定股东人数上限[21]。

2.5　公司资本[22]

公司资本一般代表的是基于金钱出资与/或非金钱出资所得票面价值总额[23]。该等金钱/非金钱价值应等于或高于赋予该等出资（出资、股或股份）价值（第 25 条第 1 款及第 2 款）。

股东仅以劳务或劳动作为出资而设立的无限公司不设公司资本（第 9 条第 1 款 f 项与第 178 条第 1 款）。所有其他公司具有（票面）资本。《公司法典》对股份有限公司与股份两合公司规定的最少公司资本为 50000 欧元（第 276 条第 5 款与第 478 条）。不久前，对有限公司订定的最低公司资本为 5000 欧元。但是，根据 2011 年 3 月 7 日第 33/2011 号法令，不再要求固定的最低资本额。亦即，如今公司资本可由股东自由订定，从 1 欧元起（可成立一人公司），从 2 欧元起（可成立有两名股东的公司），等等（第 201 条及第 219 条第 3 款）。法律对于无限公司与一般两合公司没有规定任何资本最低额。

3. 学理上的公司类型

除了法定公司类型（即由法律规定确立），尚应提及学理上的公司类型，亦即由学理创设的公司模型，以更好地理解法定公司类型，并在不同

---

[20] 有关"公共企业"由"企业公共实体"称谓代替，见《国家企业部门制度》第 40 条第 2 款。对于《公司法典》规定与国家等同的实体，见该法典第 545 条（然而，IPE——国家投资股份公司后改称为 IPE——企业投资股份公司，依据 1990 年 12 月 26 日第 406/90 号法令第 5 条，不再等同于国家法人单位，并于 2002 年解散）。

[21] 在法国与比利时，有限责任公司（等同于我们的有限公司）股东原则上不可超过五十位；卢森堡的股东最多为四十位（参见 G. RIPERT／R. ROBLOT／M. GERMAIN／L. VOGEL, *Traité de droit commercial*, t. 1, 17° éd., L. G. D. J, Paris, 1998, pp. 973 – 974）。

[22] 见本卷第六章（1）（2）（3）。

[23] 对于无票面价值股份的公司则是另一概念，见本卷第六章（1）。

视角下囊括具体的公司。

传统上将公司分为"人合公司"（sociedades de pessoas）与"资合公司"（sociedades de capitais）[24]。

第一类公司在很大程度上取决于股东的个人性，有明显的个人地位。其主要特点包括：股东对公司债务承担责任；不可能或很难对股东作出变动（公司出资的转让，要求有股东的同意）；股东在公司决议与公司管理中占有很大的分量（原则上不管各自的出资金额，每位股东对应有一投票权，有关公司章程重大变更的各种决议应按规则一致作出，而所有股东通常均为行政管理机关的成员）；需要在公司商业名称中含有股东的名字或商业名称；股东有义务与有关公司不产生竞争关系，除非经所有其他股东的同意；每位股东对公司运作有很宽泛的信息资料获取权。不难发现，无限公司是人合公司的典型。

资合公司主要立基于股东的财产出资，很少关注公司运作中股东的个人性及其个人的参与。因此其特征更加显著：股东对公司债务不承担责任；公司可容易作出变动或替换（公司出资可自由转让与质押）；股东在公司决议与公司管理中的分量由其所占资本出资的比重决定（投票权根据出资金额而赋予，决议的作出在实践中无一例外都是按多数原则，资本多数确定行政管理机关的组成，该机关可含有非股东成员）；公司商业名称并非必须含有任何股东的任何姓名或商业名称，而且公司商业名称通常是命名性商业名称；非属行政管理机关成员的股东可以与有关公司存在竞争关系；在某些类型的资合公司中，并非所有股东都被赋予信息资料获得权，而是仅由那些拥有一定数额出资的人享有。同样不难发现，股份公司是资合公司

---

[24]　JOSÉ TAVARES, *Sociedades e emresas comerciais*, 2.ª ed., Coimbra Editora, Coimbra, 1924, pp. 207, ss., ANTÓNIO CAEIRO, *A exclusão estatutária do direito de voto nas sociedades por quotas*, in *Temas de direito das sociedades*, Almedina, Coimbra, 1984, pp. 18, ss. e *As sociedades de pessoas no Código das Sociedades Comerciais*, separate do n.º especial do BFD – Estudos em homenagem ao Prof. Doutor Eduardo Correia –, Coimbra, 1988, pp. 5, ss., BRITO CORREIA, *ob. cit.*, pp. 94, ss..
此处所作的区分在很大程度上对应于其他国家传统上同样作出的区分，在法国（*sociétés de personnes/sociétés de capitaux*）见 RIPERT / ROBLOT / GERMAIN / VOGEL, *ob. cit.*, p. 914；在意大利（*società di persone/società di capitali*）见 V. BUONOCORE, in *Manuale di diritto commerciale*（*a cura di* V. Buonocore）, 2.ª ed., G. Giapichelli Editore, Torino, 1999, pp. 150, ss.；在德国（*Personengesellschaften / Körerschaften* 或 *Personalgesellschaften / Kapitalgesellschaften*）见 H. WIEDEMANN, *Gesellschaftsrecht*, Beck, München, 1980, pp. 89, ss., 101。

的典型。

　　对于有限公司、一般两合公司以及股份两合公司的"通常"法定类型（有强制性规定与候补性规定予以确认），不容易将之纳入上述类型划分方法。实际上，例如在德国、意大利与西班牙，学理普遍将有限公司与股份两合公司定性为资合公司，将一般两合公司视为人合公司[25]。在葡萄牙，有人将有限公司纳入人合公司的框架内[26]，有人将有限公司视作资合公司[27]。然而，在严格意义上该等公司法定类型既不对应人合公司也不对应资合公司，而是结合了两类公司的重要特征[28]。但是，应补充的是，在一般两合公司中人合性特征占优，在股份两合公司中资合性特征占优。另一方面，有限公司的法定类型无疑具有人合性特征（从《公司法典》中更能看出来），股东对所有出资承担连带责任（第197条第1款）。股之转让要求公司同意（尽管并非要求所有股东同意，见第228条第2款），在股之出卖或司法拍卖中，股东首先有优先权，其次为公司或由公司所指定的人（第239条第5款），股东享有宽泛的资讯权（第214条以及随后数条）。股东决议同样在行政管理方面对经理产生约束（第259条）。然而，从其资合性特征同样可以看到：原则上仅由公司财产对公司债务的债权人承担责任（第197条第1款），投票权基于股之价值而赋予（第250条第1款），决议的作出适用多数原则（第250条第3款），尽管在某些情况下要求特定多数（第265条第1款和第3款及第270条第1款），经理可非为股东（第252条第1款）。

　　无论如何，此处有必要确认所有具体个别的公司并非必须点对点地对应我们所讨论的学理类型。可处分（即非强制）性法律规定所提供的选项（第9条第2款）可在典型的人合公司中引入某项资合性特征，在典型的资合公司中引入某项人合性特征，甚至可使法定类型在抽象意义上不允许纳入任何该等类型的公司符合资合性或人合性特征。如此而来，无限公司（人合公司）可在公司合同中指定一名非股东经理负责行政管理与代表公司（第191条第1

---

[25] WIEDEMANN, *ob. e loc. cits.*, BUONOCORE, *ob. cit.*, p. 151, F. SÁNCHEZ CALERO, *Instituciones de derecho mercantil*, I, 21.ª ed., McGraw-Hill, Madrid, etc., 1998, p. 220.

[26] 见 ANTÓNIO CAEIRO, *As sociedades …*, pp. 11 – 12。相同看法（尽管并不强烈）见 V. G. LOBO XAVIER, *Relatório sobre o programa, os conteúdos e os métodos de ensino de uma disciplina de Direito Comercial（Curso complementar）*, separada do vol. LXII do BFD, Coimbra, 1986, pp. 23 – 24；RAÚL VENTURA, *ob. cit.*, pp. 37 – 38。

[27] BRITO CORREIA, *ob. cit.*, p. 95.

[28] 对有限公司进行类似的解读，见 JOSÉ TAVARES, *ob. cit.*, pp. 208 – 209。

款及第 2 款）；股份有限公司（资合公司）可在章程中限制股份的转让（第328 条）；由两人设立的有限公司可在章程内规定两名股东均对达到一定数额的公司债务承担连带责任（第 198 条），而每一股东的股具相同金额，且不允许死因转股或生前转股（第 225 条及第 229 条第 1 款），在质押情况下，公司可销除股（第 239 条第 2 款），以及两名股东均为经理（第 252 条第 2 - 3款）——典型的人合公司。

另一学理类型的划分是开放式公司与封闭式公司。

第一类公司主要是股份有限公司与股份两合公司，因此在法律上典型地向公众开放，特别向资本市场开放，尤其是证券市场，在那里放置股票而投资人与股东分别取得与转让股票[29]。该等公司通常涉及非常宽泛的人群，并具有非常分散的股份，使少数股票持有人（"作为企业主的股票持有人"）在很多时候持有远远少于一半的股票而形成稳定的"控制集团"（"资本导向"，相对于一般小股民，后者往往属于"积蓄性"、"节约性"、"偶然性"或"投机性"股票持有人，他们取得股票为参与年度盈余的分派，或者炒股，通过买卖赚取差价，而很少或根本不参与公司运作）。

封闭式公司同样可以是股份有限公司，尤其是由一名股份持有人设立的控股公司，或由有限数目的股东组成，很多时候通过信任关系或家庭关系结成纽带，并且通常设立章程性条款限制股份的移转[30]。

学理上的分类，不仅对教学的理论表述有益，而且对法律与章程的解释与漏洞填补有意义（尤其在有关股东间关系以及股东与公司间关系的规则范围内）[31]。

4. 公司类型法定的限定性

依据《公司法典》设立的商事公司，应采用并且仅可采用第 1 条第 2 款

---

[29] WIEDEMANN, *ob. cit.*, pp. 121, ss., SÁNCHEZ CALERO, *ob. cit.*, pp. 281 - 282.
新《有价证券法典》同样采用"开放式公司"的表述来简要指称"资本向公众投资开放的公司"（第 13 条，亦见核准法典 1999 年 11 月 13 日第 486/99 号法令第 7 条）。
[30] 参见 SÁNCHEZ CALERO, *ob. cit.*, p. 281。对于典型的（封闭性的）家庭公司，同样在有限公司中考察，见 WIEDEMANN, *ob. cit.*, pp. 118, ss.。
[31] 见本卷第三章（5）。

所列举的一种类型；合伙如想采用一种商事公司类型，并想在设立、管理、运作方面受《公司法典》的约束，则同样仅可采用上述规定载明的一种类型。换言之，在该方面适用限定性原则，或者公司法定类型的数量限定原则；《公司法典》仅允许设立特定类型的公司[32]。

因此，公司不能不采用法律规定的一种类型[33]。公司不可为非典型的公司，即采用一种与任何法定类型或公司章程所标明的法定类型相抵触的规章制度（例如，引入与有关类型不可缺少的特征相抵触的条款，或者具有两个或多个不同类型的基本特征）。[34]

公司类型法定的限定性对行为自由构成了一项限制，即一个主体或多个主体如想要设立一个公司（或商事合伙），须采用法律规定的一种类型。并且在某些情况中要求采用某一或某些类型：一人公司应为有限公司或股份公司（第270条－A、第488条）。某些所营事业的公司仅可为有限公司或股份有限公司，例如：出资管理公司（1988年12月30日第495/88号法令第2条第1款）；汇兑行（1994年1月11日第3/94号法令第2条a项）；

---

[32] 这不妨碍国家通过法律或法令设立与《公司法典》所规定任何类型不相符的独特公司，亦不妨碍国家通过相同途径但以一般或抽象规定创设特定公司须符合的新型公司类别（LEMI规范的公共资本或公共资本占多数的市政企业、市际企业即为此例），见 J. M. COUTINHO DE ABREU, *Sobre as novas empresas públicas*, sep. do BFD（Volume Comemorativo），2002，pp. 11，ss.。

[33] 对于未采用任一类型的公司，见前文第一章举例（2.3）。

[34] 在德语国家的学理中常提及自由型、混合类、非典型公司等，但须注意的是，此处所作的区分，一方面是"公司（法定）形式"（*Gesellschaftformen*），另一方面是"公司类型"（*Gesellschaftypen*）。对于前者（大致对应于葡萄牙的公司法定类型），适用类型法定（*numerus clausus*）原则；对于后者却非如此，当立法者颁布"公司形式"且/或该等形式体现于股东法律实践中时，可以使之对应于立法者眼中的通常实际类型。对于该问题见 KOLLER, *ob. cit.*, pp. 73，ss.，88，ss.；KARSTEN SCHMIDT, *Gesellschaftsrecht*, 3. Aufl.，C. Heymans Verlag, Köln, Berlin, Bonn, München, 1997，pp. 51，ss.，101，ss.；P. SPADA, *La tipicità delle società*, Cedam, Padova, 1974，pp. 20，ss.，n. 33；L. FERNÁNDEZ DE LA GÁNDARA, *La atipicidad en derecho de sociedades*, Pórtico, Zaragoza, 1977，pp. 219，ss.，235，ss.。

非典型公司在德国更具重要性的例子是"GmbH & Co. KG"：一家一般两合公司的无限责任股东是一家有限公司的（前者公司的股东可以为后者公司的有限责任股东），见 A. KRAFT/ P. KREUTZ, *Gesellschaftsrecht*, 10. Aufl.，Luchterhand, Neuwied, 1997，pp. 10－11，228，ss.，该形态（其合法性于德国在很长时间内被质疑）由《公司法典》明确允许（第465条第2款："一有限公司或一股份公司可为两合公司的无限责任股东"）。对此，见 FER-NANDO OLAVO/GILMIRANDA, *Sociedade em comandita – Notas justificativas*, BMJ n.° 223（1973），pp. 21，ss.（只是意大利司法见解仍逆主流学理而继续认为资合性公司出资于人合公司不合法，参见 G. E. COLOMBO, *La partecipazione di società di capitali ad una società di persone*, RS, 1998，pp. 1513，ss.）。

货币市场与汇兑市场中介公司（1994 年 4 月 28 日第 110/94 号法令第 1 条第 2 款）。特定所营事业的公司仅可为股份有限公司，例如：地区发展公司（1991 年 1 月 11 日第 25/91 号法令第 2 条第 1 款）；不动产投资管理公司（1991 年 4 月 4 日第 135/91 号法令第 2 条第 1 款）；经营共同采购的公司（1991 年 7 月 2 日第 237/91 号法令第 6 条第 1 款）；风险资本公司（2002 年 12 月 28 日第 319/2002 号法令第 6 条第 1 款）；财产管理公司（1994 年 6 月 4 日第 163/94 号法令第 1 条第 1 款）；投资公司；融资租赁公司；保理公司；为取得债权的金融公司（分别为 1994 年 10 月 22 日第 260/94 号法令、1995 年 4 月 15 日第 72/95 号法令、1995 年 7 月 18 日第 171/95 号法令及 1995 年 8 月 14 日第 206/95 号法令，所有法令准用《信用机构与金融公司的一般制度》——第 14 条第 1 款 b 项）；不动产投资基金管理公司（RGFII 第 7 条，由 2002 年 3 月 20 日第 60/2002 号法令核准）；保险公司（1998 年 4 月 17 日第 94/98 号法令第 7 条第 1 款 a 项）；体育公司（1997 年 4 月 3 日第 67/97 号法令第 2 条[35]）。

　　尽管如此，有关主体仍然有很大程度的自由来设置每一类型的公司制度。在法律未规定的区域或可处分性法律所规范的区域，可存在非典型的条款（该条款符合有关类型的基本核心，但与该类型之典型特征的某一方面不同）[36]。例如有限公司中，章程可能规定特定股东以一定数额为限对公司债权人承担责任（第 198 条），或者该公司有一"咨询委员会"，其权限非与任何必要机关的权限相抵触。但是，如果一特定有限公司的股东对公司损失承担无限责任，或者该公司有一"行政委员会"（代替经理，而且管理、运作及权限规则与法律对股份有限公司制定的有关规则相同）[37]，又或者某些有限公司的出资为股票类的"股份"，则属不合法。当非典型条款与所选择类型的基本要点相抵触时，属无效（该部分无效性可导致所有行

---

[35] 该法令引言中提到"体育公司为一新类型的公司"。但并非如此，这些公司具有股份公司"共同的"典型特征。然而，由于其特定的所营事业，其制度有某些特殊之处，但没有失去、超出或改变股份公司的类型。为"特殊的"股份（类型的）公司（对于体育类股份公司，见 RICARDO CANDEIAS, *Personalização de equipa e transformação de clube em sociedade anónima desortiva*, Coimbra Editora, Coimbra, 2000）。特殊的有限公司或股份公司同样属于已提到的其他公司（依据特定的所营事业，要求特定形式与补充规范）。

[36] KRAFT/KREUTZ, *ob. cit.*, pp. 10 – 11.

[37] 参见 1992 年 3 月 5 日最高法院合议庭裁判，载于第 415 期《司法部公报》第 666 页及随后数页［Ac. do STJ de 5/3/92, BMJ n.° 415 (1992), pp. 666, ss.］。

为非有效），除非该等条款与其他条款显示出公司类型属不同于股东所指定的公司类型[38]。

公司法定类型的限定性源于法律安定性的原因：公司债权人、一般公众乃至股东，即使不了解公司章程，也可以信赖某些类型的公司不能不遵循特定的规范性框架，该等主体知悉其可信赖其与公司的（目前或未来可能的）关系[39]。

5. 历史沿革

尽管一般两合公司的雏形可能追溯至古代文明时期（巴比伦、希腊、罗马）[40]，但基本符合现代一般两合公司模式的似成形于中世纪的意大利[41]。股份两合公司则晚得多，出现于十七世纪[42]。

一般认为，1833 年葡萄牙《商法典》第 580 条提到"所谓的两合公司"是"合伙"（parceria），而不是"公司"。一般两合公司与股份两合公司被 1888 年《商法典》吸收为公司类型（第 199 条以及随后数条）。

如果依据现有的某些数据来进行评价，葡萄牙两合公司从未取得可观的数量：1939 年有 43 家，1940 年有 41 家，1947 年有 25 家，1950 年有 24 家，1954 年有 16 家，1959 年有 13 家，1964 年有 7 家，1969 年有 5 家，1980 年有 4 家，1988 年有 7 家，1999 年有 22 家，2004 年有 29 家，2010 年有 59 家[43]。

---

[38] F. GALGANO, *Diritto commerciale*, 2 – Le società, ed. 1996/97, Zanichelli, Bologna, p. 2.

[39] KOLLER, *ob. cit.*, p. 98.

[40] SZRAMKIEWICZ, *Histoire du droit des affaires*, Montchrestien, Paris, 1989, pp. 21, 26, 39, ss. .

[41] 见本书第一卷引言（1.1.1）与 SZRAMKIEWICZ, *ob. cit.*, pp. 66 – 67。

[42] *Ob. cits.*, pp. 162 – 163.

[43] 参见 FERNADO OLAVO/GIL MIRANDA, *ob. cit.*, BMJ n.° 221（1972），p. 12（1939 – 1969）；RAÚL VENTURA, *ob. cit.*, p. 17（1980）；ANTÓNIO CAEIRO, *As sociedades de pessoas...*, p. 13（1988）；有关 1999 年（直至 12 月 31 日）的数据由法人登记局（RNPC）提供；有关 2004 年（直至 12 月 31 日）数据见 www.gplp.mj.pt；2010 年数据载于 www.siej.dgpj.mj.pt。
从以上数据可见，1988 年至 2004 年间数量增加三倍，至 2010 年又增加一倍（另一凸显的事实是 1980 年前登记数目直线下降）。原因之一可为股份两合公司难以通过公开发行股票募集要约（OPA）而取得（见《公司法典》第 470 条、第 471 条及第 472 条第 2 款）。参见 J. -P. BERTREL, *Liberté contractuelle et sociétés*, RTDC, 1996, pp. 603, ss. 。

无限公司可追溯至意大利中世纪的公司，由商人法规范（因而不同于罗马法下的合营组织框架），彼时无限公司已经具有至今依旧保留的典型特征[44]。

无限公司的称法是受 POTHIER 与 SAVARY 的影响，他们将"一般公司"（1673 年法国商事法令所采用的名称）股东视为以集体名义进行商业活动的公司，该类公司因此改称 société en nom collectif（意思是"集体名义公司"），从 1807 年法国颁布《商法典》起沿用至今[45]。1833 年葡萄牙《商法典》将之称为"一般公司、无限公司或附股东名字的公司"（第 548 条）。1888 年葡萄牙《商法典》统一称之为"无限公司"（第 151 条及随后数条）。[46]

经（大致）统计，该类型公司在葡萄牙（如同其他国家）现代公司中所占比重无足轻重，尤其在最近三十年一直减少：1939 年有 2566 家，1940 年有 2595 家，1947 年有 2607 家，1950 年有 2689 家，1954 年有 4616 个，1959 年有 3753 家，1964 年有 3363 家，1969 年有 2341 家，1980 年有 3272 家，1988 年有 742 家，1999 年有 680 家，2004 年有 657 家。

股份有限公司的演变显然更加复杂。

尽管有人将股份有限公司的渊源追溯至罗马法下的公司［如包税人公司（societates publicanorum）］或者中世纪公司［如热那亚的圣乔治银行（Casa di San Giorgio）］，但似乎将其追溯至十七世纪与十八世纪的殖民公司更加合理[47]。该等公司均通过主权行为设立，第一次将至今存在于股份有限公司的两项特征结合一起：所有股东的有限责任（仅对公司的有关出资负责）与将公司资本划分成股份[48]。

44　F. GALGANO，*Storia del diritto commerciale*，il Mulino，Bologna，2.ª ed.，1980，pp. 47，ss.。

45　RIPERT/ROBLOT/GERMAIN/VOGEL，*ob. cit.*，p. 918。

46　在意大利同样称为无限公司（*società in nome collettivo*）；在西班牙亦称为无限公司（*sociedad colectiva*）。

47　见 RUI M. F. MARCOS，*As companhias pombalinas – Contributo para a história das sociedades por acções em Portugal*，Almedina，Coimbra，1997，pp. 16，ss.。不同看法见 C. DUCOULOUX - FAVARD，*L'histoire des grandes sociétés em Allemagne*，em Allemagne，em France et em Italie，RIDC，1992，p. 850。

48　参见 GALGANO，*últ. ob. cit.*，p. 62。上述所指有限责任并非为彼时所有公司的特性（该责任仅普及至十八世纪的股份有限公司，尽管对此无相应的一般法律），见 RUI MARCOS，*ob. cit.*，pp. 557，ss.；SZRAMKIEWICZ，*ob. cit.*，pp. 161 - 162，ss.。另一方面，"股票"一词似乎首次于 1606 年出现在荷兰，约一个世纪后才到达葡萄牙（及其他国家）（参见 RUI MARCOS，*ob. cit.*，pp. 609，ss.）。

继殖民公司（在很大程度上为公法）问世后，十八世纪资本主义制度催生了本义上（私法性质）的股份有限公司（是实践的产物，而不是通过具体立法制定的）[49]，后由十九世纪的法典吸纳。1807年《法国商法典》首次正式将其命名为股份公司[50]。

在十九世纪的大部分时间，多数国家的立法采用"特许制度"：股份有限公司的创设取决于（自由裁量的）行政许可。自由主义的发展导致该特许制度先后在欧洲诸国终止：英国（1844年）[51]、葡萄牙与法国（1867年）[52]、西班牙（1869年）、德国（1870年）、比利时（1873年）及意大利（1882年）[53]。

十九世纪的学者曾尝试阐述存在（或应存在）于股份有限公司中股份持有人的经济民主与政治民主相类似，因为前者基于（股东会）股东的"主权"[54]。二十世纪的学者继续通过借鉴十九世纪的股份有限公司的民主模式，以此与二十世纪的独裁模式（更确切地说，财阀或寡头政治）比照，进而主张股份有限公司民主化（需求）等[55]。在笔者看来，上述有关股份有限公司民主的论说是出格的。当少数服从多数的原则体现于资本—股份上占少数的股东服从资本—股份上占多数的股东时，怎么能说有民主？当每一股东的表决根据其所持有的股份价值相对应的票数而非一人一票时，怎么能说有民主？股份有限公司，无论在其形成时，还是在十八世纪或十九世纪，

49　关于法国的股份有限公司，见 SZRAMKIEWICZ, *ob. cit.*, pp. 10, ss. 。

50　在1883年葡萄牙法典中，股份有限公司尚称为"companhia"（第538条）。现有命名"股份有限公司"（sociedade anónima，源自法文"société anonyme"，意为匿名公司）是由1867年7月22日法律引入的，"因为公司不以其股东的自然人或法人名字（而以其所营事业）为公众所知"（DIOGO P. FORJAZ DE SAMPAIO PIMENTEL, *Annotações ou synthese annotada do Codigo do Commercio*, t. Ⅱ, Imprensa da Universidade, Coimbra, 1875, pp. 17 – 18）；亦见 J. FERREIRA BORGES, *Diccionario juridico. commercial*, Lisboa, 1839, p. 108）。"Sociedad anónima"同样是西班牙法所确认的股份有限公司名称。德国与意大利倾向于表述为"股份公司"（Aktiengesellschaft, società per azioni）。

51　见 PALMER'S *Company Law*, 25th ed., Sweet & Maxwell, London, 1992 – 1998, pp. 1012, ss. （有关 *Joint Stock Companies Act 1844* 并涉及 *Limited Liability Act 1855* 与 *Joint Stock Companies Act 1856*）。

52　分别为6月22日法律与7月24日法律。但是可能我们的法律被法国法律草案所借鉴——见前文第一章（4.1），有关合作社的葡萄牙法律同样被法国法律草案所借鉴……

53　J. J. TAVARES DE MEDEIROS, *Comentario da lei das sociedades anonymas*, Liver. Ferreira, Lisboa, 1866, pp. 27, ss., RIPERT / ROBLOT / GERMAIN / VOGEL, *ob. cit.*, p. 1035.

54　GALGANO, Storia…, pp. 128, ss., SZRAMKIEWICZ, *ob. cit.*, p. 318.

55　M. NOGUEIRA SERENS, *Notas sobre a sociedade anónima*, 2.ª ed., Coimbra Editora, Coimbra, 1997, pp. 9, ss., 18.

等等，根本上无民主可言，而是财阀—寡头政治[56]。对此简要分析如下。

十七世纪与十八世纪的殖民公司（荷兰、法国、葡萄牙……）制度是寡头政治性的：权力属于行政管理机关，而许多（绝大部分）股东不是该机关的成员，仅由某些股东（出资多的大股东）及（有时）君王指定的成员组成，他们掌握很大的权力，股东会对之无甚控制权，而且并非所有股东均可在股东会占有一席[57]。诚然，可以说，早期的英国殖民公司有民主框架：公司主权属于股东会，每一股东均有一票。然而，同样属实的是，股份持有人仅限于大资产者与贵族，非其莫属，而且从十七世纪末开始，随着股东身份限制放宽，公司同样沿着寡头政治方向发展[58]。

慢慢地（各国发展进程不一），董事至高无上的地位逐渐消失。首先，公司比较重要的股东（即持股较多）被委以监督董事的经营活动的重任，并且与之配合作出决议。后来，决议转由股东会作出（股东会成员继续仅可由符合持有最低数目股份要求的股东参与）——十八世纪基本上是这样[59]。有必要指出的是，在那个时期有等次的投票制度占主导（不是一股一票规则）：股东们以持有 X 股份而有一票，然后以持有一定数目的股份有另一票，直到特定票数上限（少于股份所占比例）[60]。

十九世纪商法大多接受该等规范，并确认股东会的"主权"原则：可就有关公司运作的所有事宜作出决议；自由选举或解任董事；董事即使在管理方面受股东决议约束[61]。对于投票权，继续主导有等次的投票阶梯制

56　J. M. COUTINHO DE ABREU, *Do abuso de direito – Ensaio de um critério em direito civil e nas deliberações sociais*, Almedina, Coimbra, 1983（reimpr. 1999, 2006）, p. 116.
　　这并不是说股份有限公司的特定性质缺乏正当性，而是仅指其非基于（内部）民主政治的正当性……

57　GALGANO, *ob. cit.*, pp. 115, ss., RUI MARCOS, *ob. cit*, pp. 63, ss., 142, ss., 167, ss., 590, ss., 685, ss., 758, ss...

58　*Últs. AA e obs. cits*, pp. 118 – 119, 59 – 60, 82 – 83.

59　见 ALBERTO VIGHI, *Notize storiche sugli amministratori ed i sindaci delle società per azioni anterior al código di commercio francese*, RS, 1969, pp. 686, ss.（文章首次发表于 1898 年）。

60　COLLEEN A. DUNLAVY, *Corporate governance in late 19th century Europe and the U. S. The case of shareholder voting rights*, em HOPT/KANDA/ROE/WYMEERSCH/PRIGGE, *Comparative corporate governance*, Oxford Un. Press, 1998, pp. 13 – 14.

61　GALGANO, *ob. cit.*, pp. 125, ss.. 有关 1867 年 7 月 22 日法律第 26 条与第 27 条，葡萄牙学者 TAVARES DE MEDEIROS 写道：这些规定"并不对股东会的权限作出划分，因为该股东会根据公司提出拟实现的目标而将大权都归于其掌控中"（*ob. cit.*, p. 160）。

度[62]。在欧洲，该等制度实际上持续了整个十九世纪。在美利坚合众国，该等制度在十九世纪中叶消失，而由一股一票规则所替代，如此使公司的控制（与行政管理）交由一名或少数分量重的股份持有人（越多分散及缺席股东，越少可支配公司所需的股份）[63]。

在资本主义鼎盛时期，金钱的权力再次决定公司权力集中于行政管理机关。

首先，在十九世纪后半叶，美利坚合众国的多个州法律将更大的自由与权限授予行政管理机关成员而非股东会[64]。也许有人会问，当更有分量的股份持有人在一股一票的制度下可控制股东会以及直接或间接地控制行政管理机关时，为什么还将更多权力转移至行政管理机关？看来权力不厌其多，多多益善，甚至没有限制……管理权限从股东会中抽出，董事会可避免在股东会对由其确定的企业政策进行争论，避免少数股东提出问题与异议[65]。当（二十世纪前后）出现某些大型公司因持股分散而没有一组股东施加控制时，公司权力划分已成定局。

接着欧洲国家于二十世纪亦不再坚持股东主权原则，将主要角色赋予行政管理机关。重要的立法界标是 1937 年《德国股份公司法》，该法强调了董事会领导原则（强化了董事会相对于监事会或监督委员会与股东会的权能，并提高了董事长的地位——如果董事之间存在不同意见，由董事长决定）[66]。该观念并不是纳粹的，而是较好地适应了社会主义垄断经济，并且有助于大资本与独裁政府之间的联盟[67]。当独裁被消灭后，保留了大资本与 1937 年《德国股份公司法》所制定的"模式"。

当然，有关股份有限公司管理运作方面的变化不小（且继续改变）。然而，与其称之为该等公司的"民主化"进程，不如称之为"反寡头政治化"……

就股份有限公司（特别适合大型企业）在葡萄牙的数量而言：1939 年

62　DUNLAVY, *ob. cit.*, pp. 17, ss. ——该作者分析美国、英国、法国与德国的经验。有关葡萄牙，见 TAVARES DE MEDEIROS 的讲义，*ob. cit.*, pp. 165 – 166。

63　DUNLAVY, *ob. cit.*, pp. 27, ss.; 另见 *ibid.*, p. 15: 为描述公司权力关系的特征框架，特别着眼于投票权的分配，可表述为"更加民主"，或"更由财阀掌控"，又或"更加技术化"。

64　G. GUERRA MARTÍN, *El gobierno de las sociedades cotizadas estadounidenses*, Aranzadi, Cizur Menor, 2003, p. 50.

65　FRANCESCO GALGANO, *Le istituzioni dell'economia capitalística – Società per azioni*, *Stato e classi sociali*, 2.ª ed., Zanichelli, Bologna, 1980, pp. 123 – 124。

66　JAN VON HEIN, *Vom Vorstandsvorsitzenden zum CEO?*, ZHR, 2002, pp. 474 – 478.

67　WIEDEMANN, *ob. cit.*, p. 30.

有 494 家，1940 年有 490 家，1947 年有 537 家，1950 年有 83 家，1954 年有 614 家，1959 年有 661 家，1964 年有 935 家，1969 年有 1664 家，1980 年有 1993 家，1988 年有 3288 家，1999 年有 17757 家，2004 年有 26014 家，2010 年有 31375 家。

有限公司（更准确地说，"有限责任公司"），由德国立法者在 1892 年创设（1892 年 4 月 20 日《德国有限责任公司法》生效）。新的法定类型公司的设计，取决于当时事实上存在的同类模式实体，主要考虑到中型企业的经营（股份有限公司的形式对该等企业显得成本过高且复杂）[68]。

葡萄牙是紧随德国立法的首个国家：在 1901 年 4 月 11 日法律中引入了"有限责任股公司法"，随后许多其他国家纷纷效仿[69]。

该公司类型在很多国家的实践中发挥重要作用，以下是有关葡萄牙的数目：1939 年有 8206 家，1949 年有 8728 家，1947 年有 15479 家，1950 年有 17783 家，1954 年有 18848 家，1959 年有 21407 家，1964 年有 23549 家，1969 年有 30965 家，1980 年有 54747 家，1988 年有 139894 家，1999 年有 388517 家，2004 年有 534337 家（包括 45123 家一人有限公司），2010 年有 505049 家（包括 90476 家一人有限公司）。

---

[68]　WIEDEMANN, *ob. cit.*, p. 28.

[69]　见 RIPERT/ROBLOT/GERMAIN/VOGEL, *ob. cit.*, pp. 966 – 967。
有学者认为该类型公司在《德国有限责任公司法》出台之前就已存在，尤其是 1862 年《公司法》，其创设了担保有限公司（亦见我们 1901 年法律提案所附的政府报告，发表于 A. AZEVEDO SOUTO, *Lei das sociedades por quotas anotada*, 7. ª ed., Coimbra Editora, Coimbra, 1972, p. 271）。但细究就会发现，有限责任公司与担保有限公司分属两种不同的类型。无疑，葡萄牙与很多其他国家吸收了日耳曼式有限公司类型。
对该类型的名称尚有一点说明。各国一般称之为"有限责任公司"（诸如：*société à responsabilité limitée*；*società a responsabilità limitada*；*sociedad de responsabilidad limitada*）。葡萄牙《公司法典》删去了"有限责任"，改表述为"股公司"（*sociedade por quota*）。该名称至少不会导致认识上的误区，因为不存在有限责任的公司（所有公司均以其财产对公司义务承担无限责任）；所谓有限责任实际上指的是若干类型的公司股东（或某类股东）对公司债权人承担有限责任（更确切地说是不承担责任）。

第三章　公司的设立

1. 设立程序

公司（及商业形式合伙）的设立或组成，无论诉诸何种（私法或公法规范）方式，均经由一系列行为及手续构成的程序进行。

《公司法典》规范了设立公司的一般程序，该程序由三项主要行为构成：公司合同（采用特别形式[1]）；商业登记；公布。后经修改第18条，增设了具有创新性界标意义的重要环节（但不适用于以非现金出资设立公司或借公开认购设立股份有限公司的情况）：公司合同的预先登记。如此而来，设立公司的主要节点包括：公司合同；预先登记；要式合同［经当场认定签名的书面合同或（非强制性的）公证书，均须复制"预先登记的条款"］；确定性登记（将预先登记转变为确定性登记）；公布。[2]

（非一人）股份有限公司与股份两合公司亦可"借助公开认购"程序设立（第478条、第279条及随后数条；《有价证券法典》第13条第1款a

---

[1]　由2006年3月29日第76 - A/006号法令和2008年12月30日第247 - B/2008号法令修改的《公司法典》第7条第1款规定："公司合同应以书面订立，立约人的签名应经当场认定，但因应股东用于出资的财产的性质而须采用其他方式者除外。"以前公司合同须以公证书形式订立，上述2006年法令将此要式变为非强制性，其目的正是在于方便公司的设立。

"当场认定"签名是在公证员及其他法定机构和主体（工商会、登记局局长、负责登记的官员、律师及法律代办）面前为之（《民法典》第375条、《公证法典》第153条及随后数条、第76 - A/2006号法令第38条及2006年7月29日第675 - B/2006号训令）。

[2]　支持革新立场见 ANTÓNIO CAEIRO, *A parte geral do Código das Sociedades Comerciais*, sep. do n.° especial do BFD - "Estudos em homenagem ao Prof. Doutor Afonso Rodrigues Queiró", Coimbra, 1988, p. 18；L. BRITO CORREIA, *Direito aomercial*, 2.° vol. - *Sociedades comerciais*, AAFDL, Lisboa, 1989, pp. 178 - 179；J. OLIVEIRA ASCENSÃO, *Direito commercial*, vol. IV - *Sociedades comerciais*, Lisboa, 1993, pp. 169 - 170。公正的批评见 ALBINO MATOS, *Constituição de sociedades*, 5.ª ed., Almedina, Coimbra, 2001, pp. 114 - 115。

项、第 108 条及随后数条，以及第 168 条）。该等公司设立程序中较为重要的步骤是：由发起人制作"公司合同的完整草案"；该草案的临时登记；在金融中介人的协助下，由发起人制作公开认购股份的募集方案；通过公告公开募集；定向募集的股份认购[3]；（发起人与认购人）设立股东会；公司合同的签订；确定性登记（将临时登记转变为确定性登记）；公布。[4]

《公司法典》允许设立一人有限公司（第 270 条 - A）与一人股份公司（第 488 条），有关程序由单一股东签立具有单方法律行为性质的设立文件启动，该行为应符合第 7 条第 1 款所要求的形式（第 270 条 - G 和第 488 条第 2 款）；接着是设立文件的（确定性）登记；最后是设立文件的公布。

《公司法典》第 7 条第 4 款规定："通过原公司的合并、分立或组织变更而设立公司，应按本法有关规定为之。"（亦见第 5 条最后部分）该部分内容（由第 97 条及随后数条、第 118 条及随后数条、第 130 条及随后数条规范）将另予详论，此处仅概略说明一下。

就合并而言，仅需要讨论因设立新公司而作出的合并（非吸收式合并）。以合并方式设立新公司同样须经由一系列行为构成的程序完成：合并计划；合并计划及其参与股东和债权人信息资料登记；股东会决议；公司合同订立；合并登记；公布。

就分立而言，在三种情况下产生新公司：简单分立（cisão simples）、分立 - 解散（cisão - dissolução）、分立 - 合并（cisão - fusão）；后一种情况包括分立 - 拨资（cisão - destaque）与分立 - 解散（cisão - dissolução）两种设立新公司的模式。分立程序构成行为包括：分立计划；分立计划及参与股东及债权人信息资料登记；有关分立计划的决议；设立公司文件；登记；公布。

3　此处的股票认购可界定为一名或多名主体通过声明有义务购买（嗣后发行的）股票并支付相应的价款。

4　该设立程序颇为复杂且极其耗费成本，葡萄牙（及有类似程序规定的其他国家）很少采用。更何况该程序的目的（通过很多自由投资者的出资来实现增加公司资本）可以诉诸"正常程序"提供的其他途径来实现，尤其是按照公司合同规定的许可，由行政管理机关决议增加资本（第 456 条），或者由金融实体在公司合同中占大比例出资，随后将股份卖给其客户（参见 FRANCESCO GALGANO, *Diritto commerciale*, 2 - *Le società*, Zanichelli, Bologna, ed. 199/97, p. 170；F. SÁNCHEZ CALERO, *Instituciones de derecho mercantil*, I, 21.ª ed., McGraw Hill, Madrid, etc., 1998, p. 298）。

仅在"消灭性"组织变更的情况下可产生新公司（组织形式变更的公司继续存在，只是变更了公司种类，而非设立新公司）。组织变更程序为：组织变更的理由说明书；有关组织变更的决议；登记；公布。

公司同样可以依据不同于《公司法典》所规定的条款来设立。

国家可通过法律或法令设立股份有限公司。从已有的例子看，有些是经由立法行为将公共企业转变为公司[5]，由国家（临时或无确定期）单独持股[6]。另一些公司的财产并非来自先前存在的企业。国家或为单一股东[7]，或与其他公共实体联营[8]。在某些情况下，国家可与其他实体通过合同或按照《公司法典》的规定设立股份有限公司（第 7 条第 1 - 2 款及第 273 条）。但是，国家不可借由单方法律行为设立一人股份有限公司（根据《公司法典》第 488 条，仅特定的公司可以设立一人股份有限公司）。国家也不可与其他主体通过合同设立含有与《公司法典》强制性规定不相符的条款的股份有限公司。法令核准的《公司法典》所确立的制度，仅可由具有同等效力的规范（法律或法令）予以部分性废止[9]。

5　该"转变"应通过法令进行——1990 年 4 月 5 日第 11/90 号法律（《重新私有化法》）第 4 条与《国家企业部门制度》第 33 条。

6　例如，1991 年 1 月 8 日第 7/91 号法令［葡萄牙电力公司（EDP）］；1991 年 8 月 17 日第 312/91 号法令［葡萄牙航空（TAP）］；1992 年 5 月 14 日第 87/92 号法令［葡萄牙邮政（CTT）］；1992 年 6 月 21 日第 151/92 号法令［葡萄牙旅游股份有限公司（ENATUR）］；1992 年 8 月 14 日第 21/92 号法律［葡萄牙广播电视公司（RTP）］；1993 年 8 月 20 日第 87/93 号法令［葡萄牙国家银行（CGD）］；1994 年 1 月 10 日第 2/94 号法律［葡萄牙国家广播公司（RDP）］；1998 年 12 月 18 日第 404/98 号法令［葡萄牙机场集团（ANA）］；1999 年 5 月 19 日第 170/99 号法令［葡萄牙国家鲜血暨造币厂（INCM）］。

7　例如，1989 年 3 月 1 日第 65/89 号法令［贝崚文化中心（Centro Cultural Belém）］；1999 年 3 月 26 日第 98 - A/99 号法令［葡萄牙 2000（Portugal 2000）］；2000 年 5 月 11 日第 82/2000 号法令［葡萄牙全球公司（Portugal Global）］。

8　例如，1992 年 7 月 21 日第 145/92 号法令［里斯本 94（Lisboa 94）］；1998 年 4 月 24 日第 109/98 号法令［新机场股份有限公司（NAER）］；1998 年 12 月 31 日第 418 - B/98 号法令［波尔图 2001（Porto 2001）］。

9　不同看法，见 J. PINTO FURTADO, *Curso de direito das sociedades*, 4.ª ed., Almedina, Coimbra, 2001, pp. 68 - 70。该作者认为，如若涉及国家设立"《公司法典》所规定的公司种类，有关行为是真正的行政行为文件"，"可以通过单纯的政府批示或部长会议决议签发"。我们不认同这一看法。即使视之为国家设立公司（规定于《公司法典》的种类）行政行为，须基于上述原因而具备法律或法令形式（其实存在该等形式的行政行为——见《葡萄牙宪法》第 268 条第 4 款），除非基于法律上的授权，否则有违合法性原则（见《葡萄牙宪法》第 266 条第 2 款及行政程序法典第 3 条第 1 款；亦见笔者著作 *Sobre os regulamentos administrativos e o princípio da legalidade*, Almedina, Coimbra, 1987, pp. 130, ss.）。（转下页注）

经由法律或法令设立公司，同样要求通过程序为之。首先，这些立法行为的核准要求特定的程序（《葡萄牙共和国宪法》第 116 条、第 167 条、第 168 条及第 200 条），该等立法行为须经共和国总统颁布，否则在法律上不存在（第 134 条 b 项、第 136 条及第 137 条），而颁布行为需要政府的副署（referenda），否则同样在法律上不存在（第 140 条），并且须在《共和国公报》（Diário da República）上刊登，否则在法律上没有效力（第 119 条、第 1 款 c 项及第 2 款）。

根据《支付不能及企业重整法典》（CIRE），"无偿还能力计划"中规定的"移转整顿"旨在设立一家或多家公司（亦可为商业形式合伙），以经营从无偿还能力人财产中取得的一处或多处商业场所[10]。有关程序主要节点为：提交无偿还能力计划提案及其附件所含公司章程；债权人大会核准该提案的决议；对有关计划的司法认可裁判；公司的设立登记；公布。

《地方企业部门制度》（RSEL）第 8 条规定，市政企业、市际企业、都会区企业（公司）的设立应符合下列程序：市政、市际、都会区大会决议许可市政、城市群或都会区设立有关企业；制定书面的设立文件（合同或单方法律行为），除非因应股东用于出资的财产性质而要求更加正式的方式；登记；公布。

2005 年至 2006 年，为简化（一人或多人）有限公司或股份公司的设立

（接上页注 9）但是，不能将设立公司的国家行为定性为行政行为。实际上，该行为不限于设立公司，尚有更多功能，包括规定公司章程等，而且章程性规定整体上具有抽象性与一般性（而非同行政行为具体性与个别性）特点；对于类似的问题，参见 J. M. COUTINHO DE ABREU, *Definição de empresa pública*, Coimbra, 1990, pp. 98, ss. ; *Sobre os regulamentos...*, pp. 22 – 39，其中分析了一般与个别行为、抽象与具体行为。

PINTO FURTADO 在 *ob. cit.* 3. ª ed. （Almedina, Coimbra, 2000） p. 66 开头部分作出了如下阐述："对此，有学者主张国家设立公司行为应具有法律或法令的形式而废止有关一般制度"，并在脚注 39 中提到持该观点的学者包括 BRITO CORREIA （*ob. cit.* , p. 12）与笔者（*Definição...*, p. 169, n. 411）；该作者接着在文中批判了"废止一般制度"的说法，认为"法律制度不受影响且继续产生效力"。该论述委实令人吃惊！显然混淆了"部分废止"（derrogação）与"废止"（revogação）两个不同概念。笔者在上述著作中提到"国家可以通过法令或法律设立一人公司，从而部分废止（由法令核准的）《公司法典》一般制度"。"部分废止"（derrogação）与"废止"（revogação）既非同音，亦非同义或近义词（远的不提，参见《公司法典》第 9 条第 3 款）。事实上，BRITO CORREIA 同样写的是"部分废止"一词。

10　参见本教程第一卷第三章（4）。

程序，以加速公司设立过程，立法者引入了"即时设立公司的特别制度"（"秒设企业"）——见 2005 年 7 月 8 日第 111/2005 号法令，以及"在线设立公司的特别制度"（"在线企业"）——见 2006 年 6 月 29 日第 125/2006 号法令（两部法令均被其后 2001 年 3 月 7 日第 33/2011 号法令修改）。

上述第一类"特别制度"（如今不仅适用于欧洲股份有限公司——见第 111/2005 法令第 1 条和第 2 条）规定的步骤为：（1）选择预先核准的公司章程格式（第 3 条第 1 款 a 项），如有须经登记的财产出资，该等财产应以出资人的名义作出确定性登记（第 3 条第 1 款 b 项）；（2）选择预先创设并为国家保留的公司商业名称（第 3 条第 3 款 b 项及第 15 条），或选择在公司设立程序之初或之前已起好并获登记服务接待处接纳的商业名称（第 3 条第 3 款 a 项），又或在公司设立程序启动之前已起好并将其载于商业名称接纳证明书（第 3 条第 3 款 c 项）。通过商事登记部门作出的公司设立程序（第 4 条）应在同一日开始和完成（第 5 条），在该程序中，特别指出以下环节：按照预先选择的格式，在私文书中填写公司章程（第 6 条第 1 款和第 8 条第 1 款 d – e 项）；设立文件的登记（第 8 条第 1 款 g 项）；有关部门在 24 小时内推进设立文件的公布等行为（第 13 条第 1 款 a 项）。

"在线企业"的设立程序（不适用于出资财产入股形式要求比书面形式更正式的情况，亦不适用于欧洲股份公司——见第 125/2006 号法令第 2 条）在互联网上展开（第 1 条）[11]，由法人登记局（RNPC）或商业登记局负责（第 3 条）。公司设立中的利害关系人可直接或通过律师、法律代办或公证员，以及采用所要求的证明方法（第 5 条、第 7 条及第 9 条），在线录入公司章程（采用或不采用预先许可的格式章程均可）——见第 6 条第 1 款 c 项；有关人员将设立文件进行登记（第 12 条第 2 款 a 项），并促成有关公布（第 12 条第 3 款 d 项）。

尽管如此，将公司设立视为程序的看法或遭异议：在一般情况下，公司通过唯一行为，如签订公司合同，即告设立或有关实体从这一刻起可以说问世，因为完全具备公司（合同）所有法定特征[12]。

对此持反对意见的认为，公司自确定性登记起存在，因为仅在作出确

11　网址为：www.empresaonline.pt（见 2006 年 7 月 29 日第 657 – C/2006 号训令）。

12　参见本卷第一章（2）和（5）。

定性登记时取得法律人格；在这之前，谓之"准公司"或"设立中的公司"，而不是本义上的公司[13]。况且，《公司法典》第 5 条没有写明"公司自设立合同的确定性登记之日起才享有法律人格并作为公司存在"？……因此，公司是通过由一系列行为组成的程序而设立的（登记之前有其他行为与手续）。

笔者重申，公司先于登记存在；其在登记之前具有主体性，并可以作出行为（对此我们稍后进一步讨论）。自确定性登记日期开始，公司享有法律人格，作为法人存在[14]。《公司法典》第 5 条表述："确定性登记用以设立公司的合同"（"registo definitive do contrato pelo qual se constituem as sociedades"）……[15]

然而，根据立法规则，公司确实应具有法律人格，其存在与外显应完全具有效力。为了确认设立完成，一项行为尚不足够，还需要更多的行为（在上述情形中，除了合同外，至少还需要登记与公布）。因此，更为得当的表述是设立程序。

2. 设立行为

2.1 类型与主体

公司通常诉诸合同设立（《公司法典》无数次提到公司合同：第 3 条第 4 款、第 5 条、第 7 条第 1 - 2 款、第 9 条、第 15 条第 1 款、第 16 条第 1 款、第 18 条第 1 款及第 5 款、第 19 条等[16]）。在过去很长一段时间内，多主

13　见 FERRER CORREIA/ANTÓNIO A. CAEIRO, *Anteprojecto de lei das sociedade comerciais – Parte geral*, Coimbra, 1973, p. 44；M. NOGUEIRA SERENS, *Notas sobre a sociedade anónima*, 2.ª ed, Coimbra Editora, Coimbra, 1997, pp. 23, 25。在意大利，主流学理普遍认为资合性公司自企业登记时即产生，见 GALGANO, *ob. cit.*, p. 172；F. FERRARA jr / F. CORSI, *Gli imprenditori e le società*, 11.ª ed., Giuffrè, Mílano, 1999, p. 401（更多内容见 I. CHIEFFI, *La s. r. l. unipersonale in formazione*, RDC, 1996, pp. 658, ss., n. 19）。

14　多位德国学者（A. KRAFT/P. KREUTZ, *Gesellschaftsreche*, 10. Aufl., Luchterhand, Neuwied, 1997, pp. 35, 283；KARSTEN SCHMIDT, *Gesellschaftsrecht*, 3. Aufl., Heymanns, München, 1997, pp. 306 - 307）对《德国股份公司法》（第 41 条第 1 款）与《德国有限责任公司法》（第 11 条第 1 款）预设的类似规范作相同解释。但是，葡萄牙立法者不应仿效这一做法。

15　但是，不应仅提及"合同"……见第 274 条——登记之前已有本义上的股东（与公司）（参见第 304 条第 3 款）。

16　现行法典甚至过多提到合同。相比之下，其原始文本规定通过单方法律行为设立公司的可能性（如第 488 条）。

体下的公司设立的私法行为的性质，饱受争论[17]。如今，争议大为减少。一般认为该行为的性质为合同性质[18]，但属于具有共同目的（即取得可分派予股东的利润）与组织性（该法律行为产生一个具有机功能的结构实体）合同，而非互换合同（例如，买卖合同）[19]。

通过公开认购组成的股份有限公司需要两项行为，尽管互相依存与补充：由发起人－认购人与其他认购人分别作出声明而（逐渐）形成的公司合同与设立大会的决议，故此不具有本义上的设立行为。公司合同尽管在设立大会决议之前已存在，但需要该决议启动公司合同的通常效力，亦即，设立大会决议起到公司合同停止条件（condição suspensiva）功能[20]，故决议并非合同（决议一般由多数票作出——第281条第5–6款[21]），亦并非本义上的股东决议（公司仅在决议之后才设立）；诚然，多数原则此时亦适用，但投票权的赋予并非基于所认购的股份多少，而是一人一票，即每一发起人/认购人均有一票（第281条第4款）[22]。

一人公司的设立是单方法律行为，亦是具有"组织性"的法律行为（但自然非为具有"共同目的"的法律行为）。

17　有关不同理论（反合同主义说、折中主义说或合同主义说），见 A. FERRER DORREIA（V. LOBO XAVIER，M. HENRIQUE MESQUITA，J. M. SAMPAIO CABRAL e ANTÓNIO A. CAEIRO 合作），*Lições de direito comerial*, vol. Ⅱ – *Sociedades comerciais*（*Doutrina geral*），ed. copiogr.，Coimbra，1968，pp. 39，ss.。

18　在德国 O. Gierke 的"集体行为"（acto colectivo）观点已过时（见 KRAFT/KREUTZ, *ob. cit.*，pp. 7，n. 7，28–29）；在意大利关于设立文件的合同性质几乎不再有争议（见 GALGANO，*ob. cit.*，p. 161，n. 1）。然而，法国现代民法学理重新回到"集体行为"说（参见 G. RIPERT/R. ROBLOT/M. GERMAIN/L. VOGEL，*Traité de droit comercial*，t. a，17° éd.，L. G. D. J，1998，p. 804，载于题为"公司合同的订立"的一节中）；葡萄牙学者与一般见解不同的有 OLIVEIRA ASCENSÃO，*ob. cit.*，pp. 254，ss.，该学者认为设立公司是可以附加合同的单方法律行为。

19　相同见解见 FERRER CORREIA，*ob. cit.*，pp. 51，ss.；德国学界更强调公司合同的"组织性"（见 H. WIEDEMANN，*Gesellschaftsreche*，I，Beck，München，1980，pp. 159，ss.；KRAFT/KREUTZ，*ob. e loc. cits.*；SCHMIDT，*ob. cit.*，pp. 79，ss.）。

20　参见 FERRARA/CORSI，*ob. cit.*，pp. 405–406；GALGANO，*ob. cit.*，pp. 169–170。有关不同看法，见 OLIVEIRA ASCENSÃO，*ob. cit.*，p. 186。

21　另外，由于公司合同（随着所有认购人的声明）已形成，该合同仅可在设立大会全体一致表决下才能修改（第281条第8款）。

22　如决议按要求的多数作出，投反对票、弃权票或不投票的认购人同样最终为股东——其已作出加入公司合同的声明并且对其产生约束力（相反看法见 OLIVEIRA ASCENSÃO，*ob. cit.*，p. 192）。

设立新公司的合并中，设立行为自具合同性质（由代表各被合并公司相应行政管理机关订立合并合同）。

在分立－合并（cisão－fusão）情况下设立公司的分立文件为合同；而在简单分立（cisão simples）与分立－解散（cisão－dissolução）的情况下设立公司则诉诸单方法律行为。

由消灭性组织变更导致的公司设立行为同具有单方法律行为的性质。

通过法令或法律设立公司，该设立行为即立法行为。

至于通过上述"移转整顿"而设立公司，应将认可有关无偿还能力计划的司法裁判视为设立行为（《支付不能及企业重整法典》第199条及第217条第3款a项）。

就可设立公司的主体而言，首先要提到的是自然人，有行为能力的自然人可以成为股东，无行为能力人（未解除亲权的未成年人、禁治产人及准禁治产人）同样可以成为股东。为此，未成年人应由其父母或监护人代理（《民法典》第124条）。父母作为子女的代理人，无须检察院许可即可向有限公司或股份有限公司出资，但如向无限公司、一般两合或股份两合公司出资，则须取得检察院的许可（《民法典》第1889条第1款d项；2001年10月13日272/2001号法令第2条第1款b项）；然而，代理未成年人的监护人，无论向何类公司出资，均须取得检察院的许可（《民法典》第1938条第1款a－b项及d项；第272/2001号法令第2条第1款b项）。例外地，年满十六或十七岁的未成年人，得以其本人工作收入出资，其责任仅以出资为限（即只是出资财产承担风险）——《民法典》第127条第1款a项。禁治产人应由监护人代理，监护人需要取得检察院的许可才能代理禁治产人出资任何公司（《民法典》第1938条第1款a－b项及d项；第272/2001号法令第2条第1款b项），除非其父亲或母亲负责监护，如属后一种情况，则根据第144条规定适用上述第1889条第1款d项。就准禁治产人向公司出资而言，仅当该出资导致或可最终导致其财产被处分时，需经其辅助保佐人（curador－assistente）许可方为有效（但该许可亦可被撤销）——见《民法典》第153条；第272/2001号法令第2条第1款a项。

《民法典》第1714条规定：原则上，不允许夫妻变更婚前协定和法律规定的财产制度（第1款）；禁止非司法分居与分产的配偶之间订立合营组织合同（第 2 款）；"然而，夫妻向同一公司出资是合法的……"（第 3 款）。对于上述规定是否适用于有限公司的问题，曾引起争论[23]，后来《公司法典》第 8 条第 1 款有了定论："允许夫妻之间设立公司，同样允许夫妻参与出资，只要夫妻仅一人承担无限责任。"因此，夫妻可以设立有限公司或一般两合公司，并且夫妻可以（作为股东）加入有限公司、股份有限公司、一般两合公司或股份两合公司，只要夫妻均为两合公司有限责任股东，或仅一位为两合公司无限责任股东。由此观之，夫妻不可均为同一无限公司的股东。[24]

私法人（pessoas colectivas privadas）亦可以成为公司设立行为的主体。

最常见的是公司法人（及商业形式合伙）设立公司（有关规定多如牛毛，如《公司法典》第 6 条 1 款、第 11 条第 4 – 6 款、第 270 条 – A 第 1 款[25]、第 481 条及随后数条）。根据《公司法典》规定，某些设立行为仅限于公司参与，例如，合并（第 97 条第 1 款）、分立（第 118 条第 1 款）、组织变更（第 130 条）及一人股份公司的设立（第 488 条）。

23　ANTÓNIO CAEIRO，*Sobre e participação dos cônjuges em sociedades por quotas*，sep. do n° especial do BFD – "Estudos em homenagem ao Prof. Doutor António de Arruda Ferrer Correia" –，Coimbra，1986.

24　值得注意的是，一份出资可以按照婚姻财产制度中的取得共同财产制及一般共同财产制而由夫妻双方共同拥有，但这并不必然意味着双方均应被视为有关公司的股东。如果夫妻参与公司设立，（共同）取得一份股额，或出资嗣后纳入夫妻共同财产（例如，双方买入或被遗赠一份出资），那么双方均为股东，共同拥有的出资受（公司）"共有权"制度约束（见《公司法典》第 7 条第 3 款、第 222 条及随后数条以及第 303 条），亦见本卷第五章（3.1）。如仅夫妻一方参与公司合同的订立或其出资嗣后纳入夫妻财产，则仅这一位是股东，有关出资不按上述共有权制度规范（第 8 条第 2 款）。

25　根据第 270 条 – C 第 2 款规定，一间有限公司不可有一人有限公司作为唯一股东（该条第 1 款规定，一位自然人仅可成为一间一人有限公司的股东）。葡萄牙立法者在 1996 年利用了欧共体理事会有关第 12 号公司法指令第 2 条第 2 款赋予的权能："在等待有关集团法的国内规定调整之际，成员国立法者可以针对如下情况作出特别规定或可适用的制裁措施：（1）一位自然人同时成为多间公司的唯一股东；（2）一间公司的唯一股东是一人公司或法人。"但是，葡萄牙已具有公司集团的法律制度（《公司法典》第 488 条及后续条文），足以保护小股东及债权人的利益，故葡萄牙立法者本不该如此利用上述权能，因为有关指令是为了给予尚不存在集团法的成员国特别立法的可能性。因此，必须允许各类型的多人公司或一人股份公司或一人有限公司设立一间或多间一人有限公司。另一方面，对于全面控股公司须实施第 488 条及后续条规定的制度（持不同看法的，见 ALBINO MATOS，*ob. cit.*，p. 37）。[第 270 条 – C 第 1 款的禁止规定似乎亦欠合理，何况绕过该禁止规定并非难事（*últ. A.*，*ob. e loc. cits*），自然人财产被过度分割或划分带来的风险可通过其他途径避免，包括集团法本身具有的机制。其他立法者，尤其是 1985 年法国立法者颁布了相同禁止事项（很可能葡萄牙立法者受其影响），但该禁止事项在法国被 1994 年 2 月 14 日法律废除……]

可设立公司的主体尚包括合作社（《合作社法典》第 8 条第 1 款、第 3 款及第 9 条）与欧洲经济利益集团（第 2137/85 号规章第 3 条第 2 款 b 项第 2 部分）[26]。

至于社团与财团是否可设立公司，就此问题的规范甚少，《互助会法典》第 55 条 d 项及第 56 条第 2 款规定"互助会社团"取得股份（尽管是有限制的）是合法的；1997 年 3 月 3 日第 67/97 号法令允许"体育俱乐部 – 社团"设立或加入与体育有关的股份有限公司，但是，《民法典》第 160 条第 1 款规定的一般规则是："法人的能力范围包括对实现其宗旨属必要或适宜的一切权利及义务。"因此，当没有具体法律予以禁止时（同条第 2 款），社团与财团可设立公司（见《公司法典》第 270 条 – A 第 1 款），只要显示对实现其宗旨属必要或适宜（例如，期望取得的盈余对于实现社团或财团本身宗旨所进行的活动属必要或适宜）[27]。[28]

公法人同样有可能设立公司。

---

[26] 第 430/73 号法令第 5 条 b 项已规定企业互助集团不具有设立或加入合伙或公司的能力。

[27] 《公司法典》第 11 条第 4 款与第 5 款的规范应类推适用——参见 PINTO FURTADO, *ob. cit.*, p. 190；ALBINO MATOS, *ob. cit.*, p. 47〔该作者在脚注 66 排除适用第 4 款（原文是第 3 款，应该是作者的笔误），因为"公司所营事业与社团或财团所营事业间有根本上必然的不同"。然而，在罕见的情况下，第 4 款仍然适用——试想一家戏剧推广社团管理相应的公众剧场企业或一间公司经营戏剧企业……〕。

[28] 1975 年 4 月 30 日第 215 – C/75 号法令第 5 条（雇主社团法）第 1 款规定雇主社团及其联会、联盟与同盟等"向其社员提供服务或为该目的设立机构"，接着第 2 款提到，"前款所述机构组织不可从事产品/服务的交易或以任何方式进入市场"（见《劳动法典》第 443 条第 1 款 b 项及第 3 款）。葡萄牙法院对雇主社团入股的合法性已有争论（参见前述法令第 16 条以及 J. M. COUTINHO DE ABREU, *A empresa e eo empregador em direito do trabalho*, sep. do n.° especial do BFD – "Estudos em homenagem ao Prof. Doutor José Joaquim Teixeira Ribeiro" –, Coimbra, 1982, pp. 27 – 28）。在 1996 年 6 月 9 日里斯本中级法院合议庭裁判（Ac. da RL de 9/6/96）〔载于 1996 年《司法见解汇编》第三卷第 111 页（CJ, 1996, Ⅲ, p. 111）〕中，涉及葡萄牙工业联盟（CIP）的章程作出了一项变动，即该雇主社团可以"设立或参与组建任何公司，无论其形式或性质，本国或外国，只要其活动可有助于更有效地实现联盟宗旨"。1996 年 10 月 15 日最高法院合议庭裁判（Ac. do STJ de 15/10/96）〔载于 1996—1997 年《立法与司法见解学刊》第 130 期第 202 页及后续页（RLJ, 130.°, 1996 – 1997, pp. 202, ss.），相同意见载于 M. HENRIQUE MESQUITA, *ibid.*, pp. 210, ss.〕质疑葡萄牙药业协会（ANF）出资设立两家公司——药业股份有限公司（Farmindústria-Sociedade de Medicamentos, S. A., 其中 ANF 认购 48% 的股份）与药品有限公司（Farmatrading-Produtos Farmacêuticos, 其中 ANF 的股占公司资本的 50%，另一股东是一家德国股份公司，同样占股 50%）的行为。无论中级法院或最高法院均认为雇主社团向公司作出上述出资属合法：社团并不直接或间接从事生产活动或商业活动，而是由其出资的公司从事；社团向与社员雇主活动相关联的所营事业的公司作出出资，意味着社团通过该途（转下页注）

如上所述，国家可出资设立公司，无论设立行为具有私法性质还是公法性质，如属后者，则通过法律或法令为之，国家（通过其机关）是设立公司唯一可能的行为人。

机构型的公法人，或称之为国家公共实体〔包括人格化的服务部门（serviços personalizados）、公共基金会（fundações públicas）、公共经营场所（estabelecimentos públicos）、企业公共实体（entidades públicas empresariais）〕有权参与公司的设立，只要法律赋予的有关职能和权限许可：一般规定可见《国家企业部门制度》第 1 条第 2 款、第 2 条第 1 – 2 款、第 3 条第 1 款、第 6 条及第 10 条第 2 – 3 款；专门规定可见同法第 25 条第 2 款及第 27 条第 2 款²⁹。然而，应注意的是，该法第 37 条指出："国家或其公共实体出资设立或加入公司，须经财政部部长许可，除非出资取得来自代物清偿、赠送、放弃或抛弃。"尚应注意的是 2004 年 1 月 15 日第 3/2004 号法律第 13 条第 1 款（更严格的）规定，"公共机构不可设立或加入私法实体，亦不可取得该等实体的出资，除非法律或章程另有规定，且显示为实现其相应职能而不可或缺，并且须经财政部部长及有监督职能的部长的预先许可，该许可需要每年续期"（亦见第 41 条第 5 款 b 项及第 7 款）；但是，对于从事金融管理活动的机构，不适用上述制度（第 13 条第 2 款）。

可设立公司的主体尚包括自治区（《葡萄牙共和国宪法》第 227 条第 1

（接上页注28）径向社员雇主提供服务，应当认为第 215 – C/75 号法令第 5 条第 1 款 b 项的"机构"包括公司。笔者不同意这一观点。我们可以质疑该法令第 5 条第 2 款规定有无实益（尽管可以说其旨在防止恶意竞争，避免袒护社员与促使雇主注册于社团，避免袒护某些企业主），但它的确存在（同日颁布的第 215 – B/75 号法令——《工会法》第 4 条并未设置类似法律后果的规定；现行《劳动法典》第 477 条同样未设置类似法律后果的规定）。如不采用法律人格绝对形式化的（传统）概念，则不难看见当一社团在经营企业的公司中有（单独或共同的）控制性出资时，该社团通过间接方式从事（"生产或商业化的"）企业活动〔参见 COUTINHO DE ABREU, *Da empresarialidade – As empresas no direito*, Almedina, Coimbra, 1996（reimpr. 1999）, pp. 163 – 164, 205, ss.〕；即使在公司出资占少数（参与公司出资的交易活动……）时，也是"参与市场运作"。诚然，雇主社团可以向社团提供服务以及为此目的设置机构（第 5 条第 1 款 b 项），但是该等服务应作狭义解读：以直接或间接方式，直接性地满足作为雇主的社员的需求，例如，有关法律宣传、技术支持、管理与职业道德课程。为提供该等服务，可能设立适当的"机构"，包括公司。但是，雇主社团设立或加入公司进行超出主观与客观上所划定的范围的活动是不符合法律规定的（该等出资无效，参见《民法典》第 294 条）。

29　例外的情况是，特定的保险企业公共实体可以通过单方法律行为设立单独的一人股份有限公司（见 1989 年 11 月 9 日第 387/99 号法令、《国家企业部门制度》第 23 条第 2 款及第 40 条第 2 款）。

款 h 项；《公司法典》第 273 条第 2 款及第 545 条；《国家企业部门制度》第 5 条及第 6 条）、市区与市政社团（尤见《地方企业部门制度》）。

除了自然人与法人外，无法律人格的集合实体（entidades colectivas），尤其是未经确定性登记的合伙与公司，可以设立或参与设立公司吗？

对许多人来说，该提问似乎出格。"显而易见，仅具有法律人格的主体才可成为公司合同的当事人。"[30] 尽管对上述问题作出肯定性回答似乎理由不显而易见，但是，否定性回答似乎同样理由不显而易见。以笔者之见，应作肯定性回答，理由是，该等实体有足够的权利能力与行为能力设立或参与设立公司：有关合伙，主要规定可见《民法典》第 996 条及随后数条（其次可见同法典第 157 条及第 160 条）；就公司而言，见《公司法典》第 36 条第 2 款、第 38 条及随后数条。[31]

2.2　内容

《公司法典》规定设立文件必须含有法定必要内容，除此之外，尚可包括非必要（任意）载明事项。

《公司法典》第 9 条（针对所有类型的公司）列示了一般强制性载明事项。在分析有关规定之前，似有必要先厘清有关术语。该条提到"合同"（标题即"合同的要素"；事实上，该法典许多法条涉及合同），由于公司并非仅由合同设立，因此，表述为设立文件更为准确，或表述为章程（尽管该术语比合同范畴更狭窄[32]）。1867 年 7 月 22 日法律（有关股份有限公司）曾表述为"章程"（第 4 条及随后数条）；《商法典》（第 114 条）则表述为"设立凭证"。但彼时在实践中将"公司合同"、"公司协议"或"章程"作为同义词使用[33]。[34] 后经第 76 - A/2006 号法令修订，《公司法典》同样开始使用"章程"作为公司合同的同义词，或者作为更宽泛的设立文件的同义词（如第 288

---

[30]　BRITO CORREIA, *ob. cit.*, p. 128.

[31]　这一观点在很大程度上与德国和意大利就同一问题的主流观点一致，见 KRAFT//KREUTZ, *ob. cit.*, pp. 30 - 31；V. BUONOCORE, in *Manuale di diritto commerciale* (a cura di V. Buonocore), 2.ª ed., Giappichelli, Torino, 1999, p. 119；欧共体理事会有关公司法的第 2 号公司法指令似乎亦基于相同观点（1976 年 12 月 13 日第 77/91/CEE 号指令第 3 条 i 项）。

[32]　参见 COUTINHO DE ABREU, *Sobre os regulamentos...*, pp. 95, ss., 尤其 pp. 104 - 105。

[33]　J. J. TAVARES DE MEDEIROS, *Commentario da lei das socedades annymas*, Livr. Ferreira, Lisboa, 1886, pp. 58 - 59, RAÚL VENTURA, *Alterações do contrato de sociedade*, Almedina, Coimbra, 1986, pp. 30, ss..

[34]　依据《合作社法典》（第 13 条），设立合作社的公证书除了应含有其他内容外，（转下页注）

条第 4 款、第 289 条第 4 款、第 377 条第 5 款 f 项、第 384 条第 9 款、第 393 条第 1 款、第 413 条第 4 款、第 423 条 – B 第 2 款及第 424 条第 1 款）。

以下依据《公司法典》第 9 条规定分析哪些内容应载于公司设立文件。

a）"所有创始股东的姓名或商业名称及其他识别资料"。自然人股东的身份识别资料包括：姓名；婚姻状况（如属已婚，尚应载明其配偶的姓名以及婚姻财产制）；出生地与常居地（《公证法典》第 46 条第 1 款 c 项及第 47 条第 1 款 a 项）。公司（及商业形式合伙）作为股东的，其识别资料应尽可能包括《公司法典》第 171 条第 1 款与第 2 款所规定的内容（《公证法典》第 46 条第 1 款 c 项）。其他实体作为股东的，应当通过各自的名称、住所及法人的识别编号来进行身份识别（《公证法典》第 46 条第 1 款 c 项）。

b）"公司种类"（详见上文）。

c）"公司商业名称"（详见本教程第一卷）。

d）"公司所营事业"。对此，上文（第一章）已有所涉及。在此特别要强调的是，公司所营事业应当通过章程订明，泛泛而笼统地描述公司经营范围（如"任何不为法律禁止的活动""任何商业或产业活动"）不合规范，这一结论从有关法律条文字面即可得出（见第 11 条第 2 款；对于通过公开认购而设立公司的情况，见第 279 条第 5 款）。如此规定的理由在于保护多方（股东、行政管理机关成员及第三人）的利益。事实上，股东应知悉使其资本或劳务承担风险的活动究竟为何；股东与行政管理机关成员特定不竞业义务是由公司所营事业划定的（第 180 条、第 254 条及第 398 条第 3 – 4 款）；公司机关（尤其是行政管理与代表机关）有义务不进行超出公司所营事业范围的经营活动（第 6 条第 4 款、第 192 条第 2 – 4 款、第 260 条第 1 – 3 款及第 409 条第 1 – 3 款）；引致公司解散的若干原因与所营事业有关（第 141 条第 1 款 c – d 项及第 142 条第 1 款 b – d 项）。除此之外，公司所营事业将其与合伙区分开（第 1 条）。如未订明所营事业，则尚未登记的设立文件无效（《公司法典》第 41 条；《民法典》第 280 条）。

（接上页注 34）还应有"章程"。通过立法文件设立的公司应在有关法律或法令的第二部分（通常为"附件"）有其"章程"。另外，欧共体理事会有关公司方面的指令有时提及设立文件与/或章程（例如：第 1 号公司法指令第 2 条第 1 款 a 项及第 2 号公司法指令第 2 条），确实会被某些国家要求提供两种不同的文件（英国即为如此，公司的形成要求有公司契约书与公司章程，参见 PALMER, *Company Law*, 25th ed., Sweet & Maxwell, London, 1992 – 1998, pp. 2065, ss.）。

e）"公司住所"。所谓公司住所，即载于设立文件或章程上的住所，故亦称"章程住所"（sede estatutária），为一般法律效力而视为公司所在地方[35]，须是"可确定的具体位置"，因此公司章程应载明公司住所的详细地址。就法律效力而言，在股东资讯权范围内，法律规定股东可在公司住所查询公司文件（第 181 条第 1 款、第 214 条第 1 款、第 263 条第 1 款、第 288 条第 1 款及第 289 条第 1 - 2 款）；原则上，股东会在公司住所举行（第 377 条第 6 款 a 项及其准用于第 189 条第 1 款、第 248 条第 1 款、第 474 条及第 478 条）；法院是否享有对公司问题的地域管辖权有时取决于公司章程对公司住所的规定（第 65 条第 1 款 a 项及第 2 款和第 65 条 - A/b - c 项）。

有别于章程住所的是公司"行政管理机关主要及实际住所"（sede principal e efectiva da administração），即公司管理层作出及执行决定的地方，亦即，行政管理与代表机关运作的地方。根据《公司法典》第 3 条第 1 款规定，通过行政管理机关的住所来确定公司的属人法，有关规范包括：公司法人的能力；公司的设立；公司机关运作与权限；股东资格取得与丧失的方式；股东的权利义务；公司及其机关据位人对第三人的责任；公司的组织变更及消灭（《民法典》第 33 条第 2 款）。例如，假若某一公司设于葡萄牙并在葡萄牙经营业务，但其实际住所位于葡萄牙以外其他国家，其属人法便不是葡萄牙法（主要适用葡萄牙《公司法典》），而是葡萄牙以外其他国家相关法律。然而，如果该公司章程载明住所设于葡萄牙，则不能以其受不同于葡萄牙法的其他国家法律所约束而对抗第三人（第 3 条第 1 款第 2 部分）。另一方面，假若某一设于葡萄牙以外其他国家的公司，虽将章程住所亦设在葡萄牙以外其他国家，但其行政管理机关住所在葡萄牙，则其属人法为葡萄牙法，该公司属人法则应符合葡萄牙法律的规定（第 3 条第 2 - 3 款）。[36]

---

[35] 见《公司法典》第 12 条第 1 款，以及 RAÚL VENTURA，*A sede da sociedade*，*no direito interno e no direito internacional português*，SI，1997，p. 344。

[36] 公司实际住所由葡萄牙迁移至其他国家也是可能的（第 3 条第 4 - 5 款）。但是，第 5 款内容令人费解，该款规定实际住所迁移的决议应符合修改公司合同所要求的前提条件，并要求议决法定人数须为特定多数（尚规定不支持决议的股东有退出权）。修改公司章程即将其中某些条款的内容进行修改或删除又或引入新条款（第 85 条第 1 款）。然而，章程载明的住所为章程住所，而非实际住所，只有当章程住所变更时，有关章程条款才随之变更。尽管实际住所通常也就是章程所载公司住所，但并非必然如此……［事实上，《公司法典》第 3 条第 5 款的内容受到公司法典草案第 3 条第 5 款的影响，该草案公布于《司法部公报》（BMJ）第 327 期。只是该草案所指的是章程住所的迁移，并规定章程住所是决定公司属人法的标准……］

如果公司依照欧盟某一成员国的法律设立，并将其住所、行政管理总部或主要营业场所设于欧盟域内，根据《欧盟运作条约》第 49 条及随后数条的规定，享有设立企业的权利，面对该项权利，葡萄牙《公司法典》第 3 条的规定需作调试（《欧盟运作条约》第 54 条）。

根据第 3 条第 1 款开头部分的规定，在（葡萄牙以外的）其他成员国设立但在葡萄牙有行政管理机关主要及实际住所的公司，应受公司设立地国确定的属人法处理（即适用设立地标准，而非实际住所标准），欧盟法院在下列案件中论述了相关问题：Centros 案（"Centros ltd v Erhvervs – og Selskabsstyrelsen" – 1999. 3. 9），Uberseering 案（"Uberseering BV v Nordic Construction Company Baumanagement GmbH" – 2002. 11. 5），Inspire Art 案（"Kamer van Koophandel en Fabrieken voor Amsterdam v Inspire Art Ltd" – 2003. 9. 30）。

根据第 3 条第 2 – 3 款规定，在葡萄牙以外的成员国设立的公司，倘将其实际住所迁移至葡萄牙，其法律人格维持不变，只要该成员国的法律允许（亦即，各成员国可以规定不允许从本国迁出的公司保留原来的法律人格），在这方面的主要司法判例有 Daily Mail 案（"The Queen v H. M. Treasury and Commissioners of Inland Revenue, ex parte Daily Mail and General Trust plc" – 1988. 9. 27）与 Cartesio 案（"Cartesio Oktató és Szolgáltató bt" – 2008. 12. 12）的合议庭裁判，但有关属人法则并非必须遵守葡萄牙法律——作为设立地国家法律下的公司而维持不变（参见上述 Uberseering 案与 Inspire Art 案的合议庭裁判）。

根据第 3 条第 4 – 5 款规定，在葡萄牙设立且在葡萄牙有实际住所的公司，可以迁移至其他成员国，在那里可继续作为葡萄牙法下的公司，无论其他成员国有关规范是否接受（参见以上最后两项合议庭裁判）[37]。[38]

---

[37] 对上述（除 Cartesio 案之外）欧盟法院合议庭裁判的评论，见 M. ÂNGELA C. BENTO SOARES, *A Liberdade de estabelecimento das sociedades na União Europeia*, TI, 2003, p. 283; *O acórdão Inspire Art Ltd: Novo incentive jurisprudencial à mobilidade das sociedades na União Europeia*, TI, 2004; *A transferência internacional da sede social no âmbito comunitário*, em IDET, Temas societários, Almedina, Coimbra, 2006, p. 45。

[38] 对于那些希望在葡萄牙营业，但既无实际又无章程住所的公司的情况，见第 4 条；对该规定的阐述，见 ANTÓNIO CAEIRO / R. M. MOURA RAMOS, RDE, 1987, pp. 333, ss.; L. LIMA PINHEIRO, *Direito internacional privado – Parte especial*（*Direito de conglitos*）, Almedina, Coimbra, 1999, pp. 98, ss.; 对于该规定与"欧盟"公司营业场所法之间的（不）"协调性"，见 RUI DIAS, *As sociedades no comércio internacional*, em IDET, Miscelâneas n.º 5, Almedina, Coimbra, 2008, p. 81。

尽管公司属人法与公司国籍（后者在外国主体权利及外交保护方面有重要意义）不同，但是，无论为确定属人法还是为赋予国籍，葡萄牙所采用的标准均为（行政管理机关）实际住所准则[39]。

最后一点是有关公司"设立地方机构形式"，因其与公司住所有一定关系。根据第 13 条第 1 款规定，公司无须章程许可（但这不影响章程可作出禁止或限制）而得以"在国内或国外设立分支机构（sucursais）、代办处（agências）、办事处（delegações）或其他地方性代表形式"。该等设立行为取决于股东决议，除非章程对此予以免除（第 2 款）。无论在实践还是法律层面，分支机构、代办处或办事处均被当作同义词理解（特别是前两个表述）[40]。实际上，分支机构（或代办处、办事处）属于企业或营业场所的一部分［详见本书第一卷第三章（3.1.1.3）］。分支机构可属于自然人或集合体。公司通过所属分支机构"在地方上"经营业务，并且在经营过程中由分支机构负责人（该机构的"经理"）"代表"（尽管不一定须以正规化形式为之）[41]。在"其他地方性代表形式"中，公司代表不同于上述分支机构本义上的代表，例如，"代表办公室"（《信用机构与金融公司的一般制度》第 62 条及随后数条）。

f）"公司资本，不包括无限公司股东的劳务入股"（详见第六章）。

g）"每一股东所持资本股及其出资性质，以及就每一股缴付额"。这一项几乎完全复制了有限公司法草稿（anteprojecto）第 9 条第 1 款 c 项的内容[42]［但未载于草案（Projecto）］。也正因如此，该项引起了一些解释上的困难。

39　有关公司国籍（及其属人法），见 M. A. FERNANDES COSTA, *Da nacionalidade das sociedades comerciais*, BFD（supl. XXⅦ），Coimbra，1984，pp. 1，ss.；A. MARQUES DOS SANTOS, *Algumas reflexões sobre a nacionalidade das sociedades em direito internacional privado e em direito internacional público*, BFD，n.° especial－"Estudos em homenagem ao Prof. Doutor A. Ferrer－Correia"，1986，pp. 279，ss.；J. GRANDINO RODAS, *Sociedade comercial e Estado*, UNESP/Saraiva，São Paulo，1995。

40　《公司法典》第 7 条除了含有分支机构、代办处与办事处外，还有子公司。然而，子公司在法例中一直作为法人实体（主要是公司）出现，（完全或不完全）由其他实体（母公司）控制，因此不可与分支机构、代办处及办事处相混淆，因为后者均无法律主体性（见《公司法典》第 508 条－A 第 3 款；《信用机构与金融公司的一般制度》第 13 条第 1 款，第 94－B/98 号法令第 3 条第 4 款；相同内容见公司方面的第 11 号指令——有关分支机构公示性的 1989 年 12 月 21 日第 89/666/CEE 号指令，尤其见引言第 6 点"考虑"，第 2 条第 1 款 e 项）；有关不同看法，见 PINTO FURTADO, *ob. cit*, p. 299。

41　不同观点见 *últ. A. e ob. cits*, pp. 298－299，301。

42　A. FERRER CORREIA/LOBO XAVIER/M. ÂNGELA COELHO/ANTÓNIO A. CAEIRO, *Sociedade por quotas de responsabilidade limitada*（*Anteprojecto de lei－2.° redação e exposição de motivos*），RDE，1977，pp. 153，ss. .

"资本股"似乎意指现金或非现金出资，且其票面价值载于章程（即不包括无票面价值的股份有限公司，见第 272 条 a 项）。出资的"性质"与所有被允许的出资类型（现金、实物或劳务）有关，但在上述草稿中，仅涉及现金及实物出资（即不允许以劳务入股，如同现今《公司法典》不允许有限公司以劳务入股——第 202 条第 1 款）。"每一股缴付额"仅与现金出资的落实有关（并且仅该等出资的缴付可以部分延期[43]）。对每一创始股东的股与出资的表述，实际上对于大部分诉诸公开认购设立的股份公司并不适用，应要求注明发起人的出资（第 279 条第 2－3 款）与以非现金财产出资的认购人（第 283 条第 1 款）。

h）"以非现金的财产出资时，描述该等财产，并对其相应的价值具体列明"。这里指的是非现金出资及以劳务入股[44]。

i）"当营业年度不同于历年时，结束之日应当与日历月份的最后一日相符，但不妨碍《法人所得税法典》第 7 条规定的适用"。

尚有若干情况尽管在第 9 条中未予规定亦应载于公司章程。例如：赋予创始股东特别利益（主要是为了奖励该等股东对设立公司的贡献）；公司应向股东或第三人支付的设立费用（比如来自经济可行性规划、公告及项目公布费用）。事实上，第 16 条第 1 款规定："应当在公司合同中载明获益者，尤其是与公司设立有关的股东所获得的利益，以及因股东或第三人在该阶段提供服务而应予以补偿或报酬的款项总额，但官方手续和服务税费以及自由职业者的服务费除外。"[45] 同条第 2 款规定："未履行前款规定的，该等权利与协议对公司不产生效力，但不妨碍向创立人主张该等权利。"[46] 该条第 1 款最后部分规定的例外（由 1987 年 7 月 8 日第 280/87 号法令引入，完全照搬了草案第 16 条第 1 款所规定的例外）令人费解，尤其是"自由职业者的服务费"（例如，经济师就所规划公司的可行性进行研究、律师起草公司合同拟本等所产生的服务费）。实际上，该等费用（尤其是自由职业者的服务费）载明有助于第三人（通过查询登记）知悉公司（尤其是资

43　见本卷第五章（2.2.1）。

44　对于实物出资的估价，见本卷第五章（2.2.1）；亦见第 9 条第 2 款。

45　关于确定通过公开认购设立股份公司的发起人可获得的特别利益的种类与限制，见第 279 条第 8 款。

46　亦见第 19 条第 4 款。

合性公司）财力，否则可能有损公司起始阶段展示其财力可靠（或资本——财产相符合）的形象（对于官方手续和服务税费来说问题较小，因按照法律规定，其计算有关费用并不困难）；再者，对于股份有限公司而言，该等例外违反了1976年12月13日第77/91/CEE号指令（下称第2号公司法指令）第3条j项的规定。

另一方面，股东的"特别权利"只有写入公司合同才有效存在（第24条第1款）[47]。

除了一般强制性载明事项外，法律尚针对每一类别的公司具体规定了强制性载明事项。

对于无限公司而言，第176条第1款a至c项规定了若干须载明事项，但几乎无用（甚至可以说是毫无用处）：a项实际上对第9条第1款g项和h项没有作任何补充；c项规定已经被第9条第1款（更宽泛规范）g项所覆盖；b项第一部分（为分享利润与分担亏损而对股东提供的劳务入股评定价值）规定是第9条第1款h项已表述的内容，而第二部分（对劳务入股赋予一定价值）并非必须载于合同（因其已被b项第一部分规定覆盖）。

对于有限公司而言，第199条列有两项须载明事项，其中a项无甚必要，有关内容可从第9条第1款a项与g项规定中得出；b项则经33/2011号法令修订后不再是赘述了，该项规定章程应列明"每位股东在签订公司设立文件时已缴付的出资额，或首个经营年度终止前待落实的出资额，且该金额不得低于法定最低股面价值，以及列明延迟缴付的出资额"。

根据第272条规定，在股份有限公司章程中应特别载明的事项包括：股份的数目及其相应的票面价值（倘有之）；股份移转须遵守的特别条件（倘有之）；可能创设的股份类别及其数目以及每一类别赋予的权利；记名或无记名股票及其转换规则（倘有之）；已缴付的资本金额及已认购资本的缴付期限；发行债券的许可（倘有之）；公司的行政管理与监察组织架构。

对于两合公司而言，第466条规定须载明两合公司所属类别（一般两合公司抑或股份两合公司，并区分两合公司的无限责任股东与有限责任股东）；第472条第2款规定公司合同应基于资本而就赋予股东投票权作出规定；在股份两合公司的章程中，还应载明第272条（g项除外）为股份有限

---

[47]　有关特别权利（不应与刚才提及的"特别利益"相混淆）见本卷第五章（1.1）。

公司所规定的内容（见第 478 条准用规定）。

对于股份有限公司而言，尤其需要注意的问题是：章程应当强制性载明董事人数。问题是，可否仅载明董事会下限与上限成员人数而准确数目待由股东决议确定？根据第 390 条第 1 款（"董事会……由公司合同确定的人数组成"）和第 2 款（"公司合同可以规定仅设有一名董事"），以及第 424 条第 1 款（"执行董事会……由一定数量的董事组成，而董事数量由章程订定"）诸法条字面含义，股份有限公司章程仅须载明一个数字。除了上述字面上的论据外，尚需考虑（补充性规则）该等公司受代表机关多数成员作出（或追认）法律行为的约束（第 408 条第 1 款及第 431 条第 3 款），因此，对于第三人而言，有必要知悉该等成员的准确数字。[48]

在公司章程中不仅有强制性记载，亦有任意性记载。除了法律未介入的空间可由章程条款填充外，法律授权予公司章程建立特定制度，甚至允许某些特定制度或不同于法律补充性规定的制度。

该等获法律授权（非属可处分或补充性）规范（normas legais habilitantes）的例子甚多，包括：（针对所有类型公司）第 27 条第 3 款（公司合同可就未履行出资义务订定违约金）、第 146 条第 5 款（除了第 147 条及后续条规定，章程可对公司清算其余方面作出规定）、第 148 条（章程可规定被解散公司的全部财产转给某一或某些股东）；（针对无限公司）第 185 条（合同可规定股东退出权）、第 186 条第 1 款（合同可规定股东的除名）；（针对有限公司）第 198 条第 1 款（公司合同可规定股东直接向公司债权人承担责任）、第 209 条第 1 款（公司合同可要求股东承担从属给付义务）、第 210 条（公司合同可允许通过决议要求股东作出补充给付）、第 225 条第 1 款及第 226 条第 1 款（章程可就股之死因移转作出规定）、第 232 条第 1 款（公司合同可允许股之销除）、第 240 条第 1 款（公司合同可规定股东的退出权）、第 241 条第 1 款（公司合同可规定股东的除名）、第 246 条第 1 款（章程可指明须经股东议决的行为）；（针对股份有限公司）第 287 条第 1 款（公司合同可要求股票持有人承担履行从属给付的义务）、第 328 条第 2 款

48　相同看法，详见 L. BRITO CORREIA, *Os administradores de sociedades anónimas*, Almedina, Coimbra, 1993, pp. 256 – 257；A. SOVERAL MARTINS, *Os poderes de representação dos administradores de sociedades anónimas*, Coimbra Editora, Coimbra, 1998, pp. 100 – 103。相反看法，详见 ALBINO MATOS, *ob. cit.*, p. 251。

（章程可就记名股份的移转设立具体限制）、第 391 条第 2 款及第 392 条第 1/6/10 款（公司设立文件可规定董事选举的特别规则）、第 456 条第 1－2 款（章程许可董事会可决定增加以现金出资的公司资本）。

在列举可处分的授权规范之前，我们先对其作出界定。第 9 条第 3 款规定：本法可处分性规定仅可由公司合同排除适用，除非有关合同明确允许股东决议亦可予以排除适用。换言之，《公司法典》非强制性的可处分或补充性规范适用于公司，除非公司设立文件或章程制定不同制度取而代之，又或股东决议予以排除适用——当然，前提条件是章程对此明示许可[49]。但需补充的是，如果认为"唯有"通过公司设立文件或由其许可的股东决议才可将《公司法典》的可处分性规范排除适用，这一看法是不确切的。事实上，只要法律许可，排除适用可通过决议为之（如见第 151 条第 1 款、第 191 条第 2 款、第 217 条第 1 款及第 294 条第 1 款）。

有关可处分的授权性规范的例子包括：（针对所有类型公司）第 15 条（公司的存续期可由设立文件订定，未订定的，公司的存续期被视为不确定）、第 22 条第 1 款（公司合同可规定股东分享利润与分担亏损，不按照相应股东出资的票面价值比例进行）、第 26 条第 3 款（公司设立文件可规定在某些情况下现金出资延迟缴付）、第 151 条第 1 款（章程可规定行政管理机关成员不可为被解散公司的清算人）；（针对无限公司）第 178 条第 2 款（公司合同可规定在内部关系上劳务股东对公司亏损承担责任）、第 190 条第 1 款（公司合同可规定股东投票不按照"一人一票"标准分配）、第 194 条第 1 款（章程可规定修改公司合同不要求通过一致决议为之）；（针对有限公司）第 217 条第 1 款（公司合同可允许股东分享少于一半的可分配营业年度盈余）、第 229 条第 2 款（公司合同可对某些股之移转免除须经公司同意的要求）、第 235 条第 1－2 款（章程可规范销除股的回报及其支付

---

49 第 9 条第 3 款的原始文本（与草案第 9 条第 2 款基本一致；现有文本由第 280/87 号法令引入）有所不同："本法处分性规定仅可由公司合同排除适用，除非法律明确允许可由股东决议排除适用。"见 RAÚL VENTURA, *Sociedades por quotas*, vol. III, Almedina, Coimbra, 1991, p. 107, 该作者认为现有文本存在"笔误"，"有关合同"应是"有关法律"，如同草案所示（持相同看法的有 J. PINTO FURTADO, *Deliberações dos sócios*, Almedina, Coimbra, 1993, p. 375, n. 367）。没有指出存在"笔误"的作者有 ALBINO MATOS, *ob. cit.*, pp. 25－26；ANTÓNIO CAEIRO, *As modificações ao Código das Sociedades Comerciais*, in AA. VV., *Ab uno ad omnes－75 anos da Coimbra Editora* (1920－1995), Coimbra Editora, Coimbra, 1998, pp. 372－373。

方式）；（针对股份有限公司）第 294 条第 1 款（公司合同可允许股东分享少于一半的可分配营业年度盈余）、第 395 条第 1 – 2 款（章程可规定由选举董事会成员的股东会指定董事长）。

2.3　公司合同订立前的法律制度

如前（2.1）所揭，现今设立公司仅以私文书形式作出即可，但立约人的签名应当场认定[50]。仅当股东向公司出资的财产移转须以公证书形式进行时，公司设立文件才要求采用此要式。除此之外，设立文件的订立可以公证书作出，但并非必须如此。[51]

如果公司合同已达成，在采取法定形式之前（比如：未以书面形式为之；书面合同上的签名未经认定；未缮立属必要的公证书），股东可能已经以公司名义作出法律行为（例如：租赁不动产；雇用工作人员；购买机器；股东出资用于经营企业所必须进行的交易）。这些是完全可能发生的事情：或因股东对于应采取的法定形式不了解，或因有关交易急不可待，等等。法律并不禁止这样做，而且，不具备法定形式的公司合同为无效（《公司法典》第 41 条第 1 款、《民法典》第 220 条及《公司法典》第 42 条第 1 款 e 项），这一事实不阻止上述行为的作出，因为此"无效"制度是特别的，迥异于适用于法律行为的一般制度[52]。

然而，不具备法定形式（且不提登记）公司属未设立健全，即处于不合规范的状态[53]，故有必要进行法律上的特别规范——从逻辑上看，对于该类情况不应适用于针对已完成设立程序的公司所制定的规范。因此，第 36 条第 2 款规定："如同意设立公司，但在签署公司合同之前股东已开始经营活动，有关合伙的规定则适用于股东间及股东与第三人间的关系。"

如此而来，在内部（股东间及股东与公司）关系上，主要适用《民法典》第 983 条及后续条（关于出资、行政管理、资讯权、不竞业义务、盈

50　就线上设立公司（第 125/2006 号法令），书面文件与/或亲笔签名可由电子文件与电子签名代替。

51　通过"无偿还能力计划"及法令或法律规定设立公司自不必采取上述形式。

52　详见本章（6）。

53　对该等情况完全可称之为"不规范公司"。该表述在其他情况下（涉及《公司法典》颁布之前旧《商法典》第 107 条）曾引起大的争议。也许因此《公司法典》尽量避免采用该表达（但该企图并未完全落实，见第 174 条第 1 款 e 项）。

余的分派、份额的转让等规定），以及该法典第 1001 条及后续条（关于合伙人的死亡、退出及其除名规定）；在对外关系上，主要适用《民法典》第 996 条及后续条（代理、合伙义务责任——原则上由合伙承担以及合伙人补充承担连带责任、合伙份额不可查封性等规定）。

虽然第 36 条第 2 款[54]准用合伙法规，但不应将具有商事标的、合同欠缺法定形式的公司定性为合伙[55]。如前所述，当公司合同具备所有要点时，合营组织便是公司；所营事业为商业性的是公司，不可为合伙；对 x 适用 y 制度并不使 x 成为 y；而且，尽管第 36 条第 2 款准用合伙规定，但《公司法典》有关规定亦可适用于具有商事标的但未具法定形式的公司，例如第 41 条及第 52 条。

另外，第 36 条第 1 款规定："如若两个或两个以上自然人，因使用共同的商业名称或以其他任何方法，产生一种在他们中间存在公司合同的错误外观，则他们因其中任何一人对在该等情况下设定的义务承担连带、无限责任。"

在上述情况下[56]，不存在公司合同，也不存在事实上的公司（无共同经营活动或财产等）[57]。只因存在一个外观上的公司，出于对第三人

54　该规范内容与前述公司法典草案第 5 条非常相似。起草者（FERRER CORREIA/ANTÓNIO CAEIRO）提到有关条文借鉴了瑞士的方案（见 ibid., p. 280），而后者与德国的几乎雷同：设立之前的公司（a Vorgründungsgesellschaft）更多时候为合伙（BGB - B）；当经营商事企业时，可为商业合伙（offene handelsgesellschaft - OHG，对应葡萄牙的无限公司），见 KRAFT/KREUTZ, ob. cit., p. 37。

55　见 A. FERRER CORREIA, A sociedade por quotas de responsabilidade limitada segundo o Código das Sociedades Comerciais, in Temas de direito commercial e direito internacional privado, Almedina, Coimbra, 1989, p. 139, 该作者认为该等合营组织非为公司而予以定性为合伙；另一方面，PINTO FURTADO（Curso…, p. 209）则主张第 36 条第 2 款构成形式瑕疵而导致合同非有效，使得公司事实上变更为合伙。与文中见解趋同的见 2000 年 6 月 27 日最高法院合议庭裁判，载于 2000 年《司法见解汇编》第二卷第 129 页［Ac. do STJ de 27/6/2000, CJ（ASTJ）, 2000, t. II, p. 129］。

56　"假设一家属于某个体商人的工厂企业的主任工程师名字加入该企业的商业名称，这样作有可能使人以为存在一家无限公司，但这并非当事人的意图，他们唯一的目的在于昭示企业与该技术工程师有关联的事实，以便更广泛地从这位专业人员的声誉中获益"（FERRER CORREIA/ANTÓNIO CAEIRO, ob. cit., pp. 172 - 173；在第 174 页文中，两位作者提出了与第 36 条第 1 款所含内容非常接近的版本）。

57　然而，PINTO FURTADO（últ. ob. cit., pp. 208 - 209）主张该表面公司，如同第 36 条第 2 款所预设，是一家"《民法典》规范的合营组织"。

信赖的保护，要求貌似股东承担无限连带责任。然而令人费解的是，为何将有关规定置于题为"公司登记前的制度与合同非有效"一节及题为"公司合同订立之前的关系（即股东间、股东与公司间、股东及公司与第三人间关系）"的法条规范下……

2.4 介于设立文件制定后与登记前其间的内部关系制度

该领域由第 37 条规范。具体而言，公司章程与《公司法典》规定，"经必要配合后"，适用于设立文件（不仅仅为公司合同）签订后与确定性登记完成前期间的内部关系——股东间、股东与公司间的关系（该条仅表述为"股东间的关系……"），[58] 但"以合同（更准确地说，设立文件）已确定性登记为适用条件的规定除外"（第 37 条第 1 款）[59]。

尽管尚未登记，该阶段内部关系制度原则上是设立文件登记后所适用的制度，实际上等同于公司完全设立后所适用的制度。

然而第 37 条第 2 款列出两项例外："无论所设公司属于哪一种类型，出资的生前移转及章程的修改，均须股东一致同意。"[60] 为何规定该等例外？

有一种解释是，在这一阶段，突出的是"合同"（而非"机构"，有关特别制度尚未适用）；因此，尤其对于合同的修改，应继续受合同的一般法则约束（《民法典》第 406 条第 1 款：合同仅在当事人同意或法律准许的情况下才可修改）[61]。然而，这未免过于受概念化影响，难以令人信服有关规定的合理性。作为实体的公司（尽管还不是法人）已经存在，并且可以作

---

58 亦可以说内部关系涉及与第三人无关的公司组织与运作，主要包括：股东权利义务（出资、参与决议、盈余分享等）、机关架构及其运作方式。

59 除了第 37 条第 2 款规定以外，实则难以找出（在内部关系范围内）以设立文件经确定性登记为条件的规则。BRITO CORREIA, *Direito comercial*…, p. 189 所列举的规则没有示范作用：第 5 条（仅指出公司自登记后享有人格）、第 6 条（公司的权利能力与外部关系更为有关，而且，实则公司在登记前已享有权利能力，对此稍后进一步详论）、第 19 条（根本上须从外部关系来看）、第 28 条第 6 款（有关报告的公示性同样不是必须与所述范围有关），"等等"（我不知道"等等"在此处指的是什么——尽管这一词有时非常有用）。

60 《公司法典》有关公司出资生前移转行为的规则，见上文第二章（2.3）。有关公司合同修改几乎从不要求股东的一致同意，见第 194 条，第 265 条，第 386 条第 3 款、第 4 款，第 476 条。

61 相同看法，参见 A. FERRER CORREIA, *A sociedade por quotas de responsabilidade limitada nos projectos do future código das sociedades comerciais*, in *Temas*…, pp. 89 – 90；NOGUEIRA SERENS, *ob. cit.*, pp. 26 – 27。

出行为（见第 38 条及后续条文；即使在合同订立之前，如上所述，同样可以作出行为）。例如，为什么有限公司的股东通过简单多数可解任合同指定的经理而任命另一位（根据第 37 条第 1 款规定，第 246 条第 1 款 d 项、第 250 条第 3 款、第 252 条第 2 款及第 257 条第 1 款的规则已可适用），但不可通过按第 265 条第 1 款要求的特定多数作出的决议来修改公司的商业名称（而是依据第 37 条第 2 款要求一致同意）？

对于另一涉及转股的例外尚可以理解。实际上，一般股东（包括有限责任股东）在公司登记前须对公司债务承担无限连带责任（见下节）。因此，通过转股而替换其中某一或某些股东，对于其他股东而言并非无足轻重，需要一致同意以保护现有股东（值得保护的）利益[62]。

2.5　介于设立文件制定后与登记前其间公司与第三人的关系制度

《公司法典》对于这部分内容规定有三个条文（第 38 条至第 40 条），其中一条针对无限公司，一条针对一般两合公司，一条针对有限公司、股份有限公司与股份两合公司。

无限公司设立文件签订后与确定性登记完成前的这段时间内[63]，任何以其名义作出的法律行为[64]来自所有股东的约定[65]，全体承担连带无限责任（第 38 条第 1 款）；对于未经所有股东许可的法律行为，由作出行为的股东与许可该行为的股东承担个人连带责任（第 2 款）。同样地，一般两合公司所有无限责任股东约定[66]以其名义作出的法律行为，由该等股东承担个人连带责任（第 39 条第 1 款）；该两合公司的有限责任股东同意作出公司活动的，同样须负上述责任，除非证明债权人知悉其有限责任股东的身份（第 2 款）；法律行为未经所有两合公司无限责任股东许可的，由作出行为的股东

62　BRITO CORREIA, *últ. ob. e loc. cits.*, NOGUEIRA SERENS, *ob. cit.*, p. 26.

63　前述所有条文仅提及"公司合同"，但毫不妨碍第 40 条的制度适用于一人公司（有限公司与股份公司）——亦见第 270 条 – G 与第 488 条第 2 款。另一方面，通过"移转整顿"产生的公司同样在无偿还能力计划的许可裁判与登记之间的期间内遵守第 38 条至第 40 条。尚应注意的是，第 40 条对"秒设企业"与"在线企业"基本不适用（设立文件与登记之间的期间对有关目的不具意义）。

64　三个条文仅提及"法律行为"，但应根据上述第 1 号公司法指令（适用于股份公司与有限公司）第 7 条予以宽泛解读。

65　推定为同意。

66　同样推定该等股东同意。

与许可行为的无限责任股东承担个人连带责任（第 3 款）。[67] 对于以有限公司、股份有限公司或股份两合公司名义作出的法律行为，所有代表公司为之及予以许可的股东，承担无限连带责任；其他股东仅就其有义务缴付的出资金额，以及所收取的盈余或公积金而承担责任（第 40 条第 1 款）。[68]

对于该等规定的解释，存在若干复杂的问题。第一个问题：除了第 38 条至第 46 条所指股东外，公司是否同样对以其名义作出的法律行为以其财产[69]承担责任？

对此，学界看法不一，理由各异。

a）登记之前，公司尚不存在或尚不作为法人而存在[70]，因此还不具有本义上的公司财产，故而公司（更准确地说，"准公司"或"设立中的公司"）不承担责任[71]。

反驳：尽管登记前的公司实体不具有法律人格，但它已存在，并有其自身财产，至少包含出资义务所对应的债权，以及/或者出资义务已被履行而取得的财产[72]。此时公司可参与受法律保护的交易（由第 38 条至第 40 条规范[73]），

67　第 38 条和第 39 条最后一款（分别为第 3 款和第 4 款）规定以下内容：将代表权限仅赋予某些股东（在一般两合公司为某些无限责任股东）或限制有关代表权限的条款，不可对抗第三人，除非证明第三人在合同订立时知悉该等条款。

68　第 2 款进一步规定："如法律行为明确受公司登记以及有关效力经公司承认的条件限制，则前款规定停止适用。"

69　要注意的是，在公司设立文件签订之后股东至少部分缴付出资，见第 26 条、第 202 条第 2 - 3 款及第 277 条第 2 - 3 款。

70　见上文脚注 13 所指参考文献。

71　此为意大利主流立场（参见《意大利民法典》第 2331 条），见 CHIEFFI, *ob. cit.*, pp. 658, ss.；葡萄牙《公司法典》颁布前，FERRER CORREIA / ANTÓNIO CAEIRO 认为，如登记之前允许以设立中的公司的名义作出某些法律行为，则由不同于尚未存在的公司的主体对该等法律行为产生的义务承担责任（*ob. cit.*, p. 44）。

72　GIUSEPE B. PORTALE, *Conferimenti in natura ed effettività del capitale nella "società per azioni in formazione"*, RS, 1994, pp. 1, ss., 41, 58, ss. .

73　在很长一段时间内并非如此。当"特许（设立公司）制度"主导时——见上文第二章（5），实施的自然是"行政许可批出前禁止参与交易的原则"；任何人违反该禁止性规定而以公司名义参与交易则须负个人责任（公司不负责），见 K. SCHMIDT, *ob. cit.*, p. 308；即使在该制度被废止之后，仍禁止某类公司在登记前参与市场交易，比如，葡萄牙 1867 年《股份有限公司法》第 5 条规定："任何股份有限公司在按照第 35 条公布其章程前，不得开始其经营活动。"否则有关董事与第三人发生的交易具有单纯的个人性质，"因此，由董事而非公司对该等纯属个人的行为承担责任"——DIOGO P. FORJAZ DE SAMPAIO PIMEN-TEL, *Annotações ou synthese annotada do Código do Commercio*, t. II, Imprensa da Universidade, Coimbra, 1875, p. 46。

其所具有的主观能力足以使之成为权利义务的主体，例如，除了与出资有关的权利外，公司通过其"代表人"有义务要求登记（《商业登记法典》第 15 条第 1 – 2 款、第 17 条第 1 – 2 款及第 29 条第 1 款），以及作出法律行为，即以公司"名义"为之（第 38 条至第 40 条）；再者，公司具有当事人能力（personalidade judiciária）（《民事诉讼法典》第 6 条 d 项）[74]。因此，公司可以受义务约束，并就其义务承担责任。

b）第 38 条至第 40 条只字未提公司的责任，因此，应当理解为仅由该等法条所指的主体承担责任[75]。

反驳：法律沉默并不代表排除公司责任，如前所述，公司在其设立文件签订（及登记）之前已承担责任（第 36 条第 2 款），基于相同理由或更符合逻辑的是，公司在签订设立文件后亦承担责任[76]。[77]

c）登记之前的出资，不可因以公司名义作出的法律行为所产生的义务而被设定负担，只有这样才能保证公司（通过登记）产生时具有等同注册资本价值的财产，亦即，财产不应在登记之前被削减[78]。

反驳：法律确实注重股东的出资（其认购、价值及缴付），以及注重公司财产与公司资本间的对应性（初期的财产由出资构成，具有等同或高于但绝不少于资本价值）。股本价值等同相应出资的价值（第 25 条）；股东对于认购的出资应当"在公司设立文件签订前"缴付，但不影响部分现金出

74　JOÃO LABAREDA, *Sociedades irregulars – Alegumas reflexões*, in FDUCL/CEJ, *Novas perspectivas do direito commercial*, Almedina, Coimbra, 1988, pp. 191, ss. .

75　《西班牙股份公司法（1989 年修订本）》第 15 条第 2 款明确规定公司对特定的行为与合同承担责任。

76　相同看法，参见 JOÃO LABAREDA, *ob. cit.*, pp. 194, ss. , 198; OLIVEIRA ASCENSÃO, *ob. cit*, p. 146; J. P. FAZENDA MARTINS, *Os efeitos do registo e das publicações obrigatórias na constitução das sociedades comerciais*, Lex, Lisboa, 1994, p. 65; A. PEREIRA DE ALMEIDA, *Sociedades comerciais*, 2.ª ed. , Coimbra Editora, Coimbra, 1999, pp. 181 – 182。

77　Maria Ângela Coelho（讲学时）与 Paulo de Tarso Domingues［*O regime jurídico das sociedades de capitais em formação*, in FDUP, *Estudos em comemoralão dos cinco anos*（1995 – 2000）*da Faculdade de Direito da Universidade do Porto*, Coimbra Editora, Coimbra, 2001, pp. 985, ss. ］同样主张公司承担责任，为此，提出参阅有关法典编撰的准备资料，尤其是前述 FERRER CORREIA/LOBO XAVIER/M. ÂNGELA COELHO/ANTÓNIO CAEIRO 起草的有限公司法律草案第 18 条。两位学者的看法是，在准备资料中，占上风的是公司财产不承担责任的主张，因此，假如《公司法典》立法者接受了该方案，就会明确规定下来；而立法上的沉默揭示拒绝了该方案。其实并非完全如此。事实上，该草案第 18 条第 2 款同样规定了公司财产承担责任；另外，FERRER CORREIA/NTÓNIO CAEIRO 提出的草案第 7 条第 1 款、第 8 条第 1 款及第 9 条第 2 款亦规定了公司承担责任。

78　NOGUEIRA SERENS, *ob. cit.*, pp. 29 – 30（涉及资合公司）。

资可延迟履行（第 26 条、第 199 条 b 项及第 277 条第 2 款）；股东应当在公司设立文件上就各自缴付现金出资的责任作出声明（第 202 条第 4 款及第 277 条第 4 款）。上述履行应由商业登记局局长监督（在这之前，如设立文件以公证书形式订立，亦受到公证员的监督）。然而，监督并非延伸至嗣后公司财产（相对注册资本）变动。这样的话，倘若公司在登记前参与市场运作，行使法律赋予其权能，并对该市场参与承担责任，公司财产可在登记时超出或少于资本价值。然而，这完全不妨碍资本实际形成的规则，且无须登记局局长确认登记之日究竟财产是否等同资本。除此之外，第三人知悉公司登记之前的经营活动可能会导致财产减少（或增多），并知悉用于保护其利益的其他规则在该阶段已实施（例如：有关资本维持的规则——第 31 条及后续条；有关行政管理机关成员民事责任的规则——第 71 条及后续条）。现行法律则未设禁止公司财产在登记前承受债务或负担的规定[79]。

d）《公司法典》第 19 条规定，登记公司（自动）"承受"一些权利义务，以及在登记后可以"承受"另一些权利义务。"承受"一词意味着公司在登记之前非为该等义务的主体（参见《民法典》第 595 条），因此，（彼时）公司不承担责任。

反驳：第 19 条规定的"承受"意思并非受让经由"登记"移转给公司的权利义务，而是（原则上）成为登记之前所生义务的唯一责任人[80]，亦即，随着登记或在登记之后公司继续"承受"并巩固有关权利义务，公司在登记之前或之后是同一实体[81]。

更多支持公司在登记前就以其名义所作出的法律行为承担责任的论点如下：

e）如果公司可以具有自身盈余（第 40 条第 1 款最后部分、第 37 条第 1 款），但不可相应就支出或负债承担责任（而负债在评估盈余的取得与数额时是需要被考虑的），这是自相矛盾的。

f）第 40 条第 1 款最后部分所述股东的责任，"包括有义务缴付出资的

79　预先禁止（Vorbelastungsverbot）原则（不适用于"必要的法律行为"以完全设立公司）曾在长达几十年时间内被德国接受，以及在上述的葡萄牙草稿中留下痕迹（并且显然影响了 SERENS，见 ob. cit，p. 29）。如今该原则在德国同样已过时（司法领域里程碑判决：9/3/1981，BGH， – v. NJW，1981，pp. 1373 – 1377）；对于该问题，亦见 SCHMIDT，ob. cit，pp. 308，ss.；PORTALE，ob. cit，pp. 12，ss.。

80　见本章（3.2）。

81　同一性（identitätsthese）——设立中的公司（Vorgesellschaft）与公司 – 法人等同在德国为主流观点，参见 KRAFT/KREUTZ，ob. cit.，pp. 40 – 41；SCHMIDT，ob. cit，pp. 310，ss.。

金额"，同样指向公司财产的责任[82]：如债权人针对公司财产提出要求，尚未（全部或部分）履行（不论是否已可要求）出资[83]的股东应履行出资，应将其财产移转至公司，致使公司具备（更多）财产来履行义务。

g）参与"以公司名义"作出法律行为的第三人自然会相信由公司财产担保其债权，且无理由使其信赖落空[84]。然而，在这一阶段的交易存在更大风险（因公司尚未登记/公示，故第三人缺乏可靠途径查寻/获悉公司的财产状况及人事），为此，法律要求股东或以公司名义作出行为的人承担责任[85]。[86] 这一责任应是对公司责任的增加，而非替代或阻碍；对债权人的保护要求责任的增加而非减少。

总结：在公司设立文件签订与确定性登记之间的期间内，公司同样对以其名义作出的法律行为承担责任。然而，有两项限制。1）公司不承担其在登记之后不可"承受"的义务（如若某些义务不可在公司登记之后由其承担，则应当理解为登记之前同样不可能承担该等义务）。根据第19条第4款规定，该等义务源于未载于公司设立文件的法律行为，并与特别利好、设立费用[87]、实物出资或财产取得[88]有关。2）除了由股东许可的情况外，股

---

[82] 相同看法，参见 M. ÂNGELA COELHO 与 P. TARSO DOMINGUES（*ob. e loc. cits.*）。

[83] 法案第46条第2款规定更为清晰（"包括须作出而尚未履行的出资款项"）。

[84] JOÃO LABAREDA，*ob. cit*，pp. 194，ss. .

[85] 参见 SCHMIDT，*ob. cit*，p. 1025；PORTALE，*ob. cit*，p. 56（不同看法）。以公司名义作出行为的人通常是行政管理与代表机关的成员（股东或非股东），但也可以是非该机关的成员的股东（"事实上的行政管理机关成员"）；然而，这一点在葡萄牙法律中实际上无多大意义，因为这些行为人——股东与许可有关行为的股东承担相同责任。

[86] 可以说，以公司名义作出行为之人及作出许可之股东的责任承担，尚发挥刺激或施压的作用以推动尽快登记，参见 FERRER CORREIA/LOBO XAVIER/M. ÂNGELA COELHO/ANTÓNIO CAEIRO，*Sociedades por quotas...*，pp. 171 - 172；SCHMIDT，*ob. e loc. cits.*。

[87] 见第16条第1款，以及（尤其是）第2款。

[88] 第19条第4款的规定对应的是草案中的第20条第2款，其中未规定实物出资或财产取得的法律行为所产生的义务。对此载明的是 FERRER CORREIA/LOBO XAVIER/ÂNGELA COELHO/ANTÓNIO CAEIRO 起草的第30条第4款（第19条第4款几乎完全重述了草稿第4款），并有以下解释："第4款的规定对应的是该草稿第12条与第13条规定的必然后果。"该第13条实际上涉及的是"实物出资与财产取得"，但是与《公司法典》（第9条第2款、第25条、第28条及第29条）的规定有些不一致。然而，我们尽量还原第19条第4款最后部分的旨意。对于实物出资，某人可以用超过相应公司出资额的财产向公司出资，股东因此约定公司向上述财产出资的人支付一定款项的义务（参见第28条第3款d项最后部分，尽管该表述未达到预期效果）；但是，该义务如未载于公司合同中则不可由公司承担——第19条第4款。有关"财产取得"，须予以狭义解读，以避免其与第29条或第19条第1款规定矛盾（例如，一股东将一营业业所出资，而该场所的经营要求取得财产——第19条第1款b项，所产生的义务由公司承担，即使有关法律行为未载于公司合同）。

份有限公司的部分财产（存于信贷机构现金出资）不可被用于偿付债权人（除非经司法途径），见第 277 条第 5 款 b 项与第 478 条。

第二个问题：股东与以公司名义作出行为的人，根据第 38 条第 1 - 2 款、第 39 条第 1 - 3 款及第 40 条第 1 款第 1 部分规定，（互相）承担连带责任之余，是否亦与公司承担连带责任？

对此应当作出肯定的回答。这与第 36 条第 2 款的规定类似，准用《民法典》第 997 条第 1 款和第 2 款。上述主体以及公司承担完全给付/清偿责任，并由此解除所有人的责任（《民法典》第 512 条第 1 款）。然而，这一连带性并不典型[89]：按照有关规定，上述以公司名义作出行为的主体承担补充责任，因此，当他们被诉时，可向法院提出公司财产预先检索[90]。[91]

最后一个问题：那些既未（以公司名义）参与交易，又未同意该等交易的股东（见第 40 条第 1 款第 2 部分规定），是否承担连带责任？

对此应当作出否定的回答[92]。该等股东的责任是有限的（"仅就其有义务作出的出资金额，以及就以盈余或公积金分派名义而收取的金额款项承担责任"），与连带性制度不能同日而语，有关责任的含义不外乎允许债权人同样可获得尚未缴付的股东出资（对于尚未缴付的出资而言，公司是债权人）或由该出资所得（盈余与公积金）偿付；因此，该旨意更接近第 30 条第 1 款"债权人代位公司"的规定。故应理解为第 40 条第 1 款第 2 部分规定的不是连带责任[93]（不同于第 1 部分规定）。

---

[89] PIRES DE LIMA/ANTUNES VARELA, *Código Civil anotado*, vol. Ⅱ, 4. ª ed., Coimbra Editora, Coimbra, 1997, p. 309.

[90] JOÃO LABAREDA, *ob. cit*, pp. 196 - 198.

[91] M. ÂNGELA COELHO 与 P. TARSO DOMINGUES（见该作者 *ob. cit.*, pp. 986, ss.）认为《商法典》第 100 条规定构成连带责任的法律依据。对此，笔者不敢苟同。首先，有关责任可能不产生于商业行为（亦见 DOMINGUES, *ob. cit.*, p. 986, n. 66）；其次，第 100 条的连带性规则允许订定不同制度；再次，第 100 条独一项可能会经常适用（许多股东与行政管理机关成员非为商人，而公司行为尽管对于公司来说是商业性的，但对于该等股东与行政管理机关成员来说不是商业性的）。

[92] 不同看法见 BRITO CORREIA, *ob. cit.*, p. 191："因为法律未另作规范，且该规定置于确立了连带规则范围内，而该连带规则是商法的规则。"

[93] 否定该连带性亦见 ELISABETE RAMOS, *Constituição das sociedades comerciais*, in AA. VV., *Estudos de direito das sociedades*（与 COUTINHO DE ABREU 合作），4. ª ed., Almedina, Coimbra, 2001, pp. 46 - 47; P. TARSO DOMINGUES, *ob. cit.*, p. 993。

3. 公司设立文件的登记

3.1 登记的一般制度

公司与商业形式合伙的设立文件（并非仅为公司合同，尽管法律有时仅表述为公司合同）应当进行商业登记（《公司法典》第 18 条第 5 款及《商业登记法典》第 3 条第 1 款 a 项；另见《公司法典》第 111 条、第 120 条、第 270 条 – G 及第 488 条第 2 款；《商业登记法典》第 3 条第 1 款 r 项）。[94]

公司行政管理与代表机关成员，以及所有其他对此有利害关系的人（尤其是股东）——《商业登记法典》第 29 条第 1 款，具有请求登记的正当性，可直接或通过代表人（第 30 条）申请登记，应自公司设立凭证作出之日起两个月内提出该申请（第 15 条第 2 款）。

在 2006 年 12 月 31 日之前，登记请求应当向公司章程住所的所在地登记局提出，如果该章程住所设在外国，则向公司行政管理机关主要及实际住所的所在地登记局提出（见《商业登记法典》第 25 条；第 76 – A/2006 号法令第 43 条及第 46 条）。然而，有关法令第 61 条 c 项废止了《商业登记法典》第 25 条，并通过第 33 条修改了 2001 年 3 月 17 日第 87/2001 号法令第 28 条。故此，按照现行法规定，登记行为可以在任一商业登记局作出，不论公司住所地理位置位于何处。

登记请求[95]应附依法证明公司设立的文件（经认定签名的私文书或更正式文件）——《商业登记法典》第 32 条，以及商业名称接纳证明书（《全国

---

[94] 若干不经由《公司法典》（全部或部分）规范的程序而设立的公司，同样应进行商业登记。例如，通过"移转整顿"而设立的公司，见《支付不能及企业重整法典》（CIRE）第 217 条第 3 款 a 项；对于市政企业、市际企业或都会区企业，见《地方企业部门制度》（RSEL）第 6 条及第 8 条第 5 款。通过法令或法律设立的公司应自（公布于《共和国公报的》）创设性法规开始生效之日起被视为设立完毕——无论是否登记均具有法律人格及对第三人产生效力；然而，有关设立同样应予登记（该等公司运作期间所发生的特定事实均须登记，为此，必须首先登记公司设立行为，见《商业登记法典》第 61 条第 1 款）；多项立法文件作出了同样的规定：第 312/91 号法令（TAP）；第 151/92 号法令第 4 条第 3 款（ENA-TUR）；第 87/92 号法令第 6 条第 2 款（CTT）；第 287/93 号法令第 2 条第 2 款（CGD）；第 2/94 号法令第 11 条第 1 款（RDP）；第 404/98 号法令第 11 条第 2 款（ANA）；第 170/99 号法令第 6 条第 2 款（INCM）；第 98 – A/99 号法令第 1 条第 4 款（Portugal 2000）。

[95] 如今同样可以通过电子途径为之（《商业登记法典》第 45 条第 1 款），网址为 www. empresaonline. pt，见 2006 年 12 月 19 日第 1416 – A/2006 号法令。

法人登记制度》第 56 条第 1 款 b 项、第 51 条第 1 款、第 55 条第 1 款 b 项及第 2 款）；如若公司设立取决于行政许可（例如，信贷机构与金融公司，见《信用机构与金融公司的一般制度》第 16 条及后续条、第 175 条及后续条），那么还需提交许可证明文件，除非设立文件为公证书（《商业登记法典》第 35 条第 1 款）。

"以转录方式作出登记请求的可行性"[96] 应根据可适用的法律规定及所提交的相关文件（……）予以判断，尤其需要核实利害关系人的正当性，以及确认凭证形式上的规范性与所含文件的有效性（《商业登记法典》第 47 条）。对于监督设立文件（以及其他文件）的有效性，仅当"有关事实明显无效时"，才应拒绝予以登记（第 48 条第 1 款 d 项）……

如若不存在拒绝登记的法定理由（第 48 条），则应在十日内作出登记，声请人请求加急的，最多一个工作日内完成登记（第 54 条第 1 - 2 款）。

由于公司设立文件的登记是强制性的（第 15 条第 1 款），所以违反该义务的公司应被科以罚款（第 17 条）。[97-98]

3.2　登记的效力

公司自设立文件（合同或设立一人公司的单方法律行为）确定性登记后取得法律人格（《公司法典》第 5 条；另见第 270 条 - G 及第 488 条第 2 款规定），[99] 因而可视之为创设性登记，即公司唯经登记才取得法律人格，在设立文件作出确定性登记之前，无论在公司内部关系还是外部关系上，该法律人格及其制度均不得被援用。

有必要强调的是，尽管公司登记具有创设效力，但这并不意味着未经登记的公司设立文件不产生任何效力。如前所述，公司在登记前已存在，

---

[96]　公司设立登记通过转录而非存放作出，见《商业登记法典》第 53 条 - A。

[97]　上述并非可适用于所有公司的设立行为的登记，比如"秒设企业"与"在线企业"有其特别制度，见本章（1）。

[98]　这与《公司法典》第 202 条第 5 款 c 项与第 277 条第 5 款 c 项规定不同［草案第 223 条第 3 款及第 278 条第 3 款；1973 年草稿（第 11 条第 2 款及第 12 条第 1 款）与 1977 年草稿（第 21 条）分别对此作出明确规定］，法典没有规定公司因未履行登记义务而遭清算（部分不同看法见 BRITO CORREIA, *ob. cit.*，p. 193，n. 70D）。

[99]　第 5 条不包括通过合并、分立或组织变更而设立公司的情况。但是，通过分立或合并而产生的公司同样自登记后取得法律人格（第 112 条及第 120 条）；对于通过终止性组织变更或变更合伙组织而产生的公司，应作相同理解。对于通过立法性文件而设立的公司，见脚注 94。

因此适用很多具有公司性质的法律规定（包括很多适用于已完全形成的公司的规定）[100]。

登记的另一重要后果是公司依法"承受"登记之前以其名义所作行为而产生的权利义务，以及可能承受登记之前以其名义所作法律行为而产生的其他权利义务。

设立文件经确定性登记后，公司按照《公司法典》第 19 条第 1 款规定，（自动）"完全依法承受"：

a）公司设立文件所载明的涉及创始股东特别利益（vantagens especiais）的权利与（尤其是）义务，以及第 16 条第 1 款所规定的公司设立费用（该等费用，除了官方手续和服务税费以及自由职业者的服务费以外，同样必须载于设立文件，以使公司完全依法承受）；

b）经营作为股东出资标的或因履行设立文件条款而为公司取得的营业场所而产生的权利义务[101]；

c）公司设立文件签订之前作出、后载于设立文件并获追认的法律行为所产生的权利义务；

d）由经理或行政管理机关成员依据公司设立文件中所有股东给予的许可而作出法律行为所产生的权利义务。

对于那些未规定于上述四项内的登记之前以公司名义所作行为产生的权利义务，不由公司（依法登记后）自动承受；但是，根据第 19 条第 2 款规定，公司可以"通过行政管理机关的决定"来承受该等权利义务，并应自登记后九十日内将该决定通知对方当事人。[102] 法律将作出上述决定的权限赋予行政管理机关（其成员一般承担第 38 条至第 40 条规定的责任）不无奇怪[103]。尽管如此，应当认为参与有关法律行为的行政管理机关成员不可参与有关承受的议决，因为在该等成员与公司之间存在利益上的冲突，所以，

100　不同观点见 BRITO CORREIA, *ob. cit.*, pp. 174 – 175，该作者从第 5 条得出：公司合同登记是公司设立行为有效及存在要件。

101　第 19 条第 1 款 b 项表述为营业场所"正常的"经营。该形容词不可被理解为保持营业场所处于出资时的状态而自动承担经营行为产生的权利义务（同样包含企业发展的行为）。

102　如上所述，见本章（2.5），第 19 条第 4 款规定的义务并非亦不能由公司承担。

103　在法国，有关决定由股东会负责作出（参见 RIPERT/ROBLOT/GERMAIN/VOGEL, *ob. cit.*, pp. 829 – 830）。

直接或类推适用（取决于具体情况）第 410 条第 6 款的规定。[104]

公司（自动或经行政管理机关决议）承受登记之前的行为，有关效力"追溯"至该行为作出时，并解除第 40 条所指主体的责任，除非法律规定该等主体继续承担责任（第 19 条第 3 款）[105]。因此，如果被解除承担责任的主体已在登记之前履行了公司义务，则有权向公司要求予以相当于其所提供的给付[106]。

基于第 19 条第 3 款最后部分规定（"除非法律规定该等主体继续承担责任"），某些学者（紧跟前述第 9/3/81 号联邦法院裁判之后的德国学理）主张"差额责任"（Differenzhaftung）：如果因公司承受有关法律行为而使公司资产在登记时少于公司资本，则第 40 条所指主体继续就公司净资产的价值与公司资本价值的差额承担责任（从而保证公司取得法律人格时资本的完整性）[107]。

笔者对此看法不同，如前所述：对于公司财产出资及其起始覆盖公司资本的监督，由商业登记局局长负责，然而并非由其负责监督公司资产的嗣后变动；公司可以在未完成登记前经营，因而有可能亏损或盈利——第三人对此知悉（或应当知悉）；《公司法典》有关资本维持与行政管理机关成员民事责任制度等，同样适用于公司登记之前。另一方面，上述第 19 条第 3 款提到的"法律"究竟指的是哪部法律规定了差额责任？[108] 再者，第 19 条第 3 款规定"主体继续承担责任"，指的是继续向第三人承担责任（而持前述观点的学者，如同德国学者所理解的一样，认为差额责任是对公司承担的……）。

---

[104] 对此见前述 FERRER CORREIA/LOBO XAVIER/M. ÂNGELA COELHO/ANTÓNIO CAEIRO 的草稿第 30 条第 3 款："前款（公司承受）提及的行为权限归属于经理，然而，假如经理参与作出有关法律行为，则应回避。倘仅有一名经理并处于上述情况，便应交由股东议决。"

[105] 第 40 条所载主体应作宽泛性解读，以涵盖依第 38 条第 2 款与第 39 条第 3 款规定非为股东的经理作为负责人的（少）情况。

[106] 一致看法，见 PAULO DE TARSO DOMINGUES, *ob. cit.*, pp. 996 – 997。反过来讲，如公司承担了其在登记时或登记后不由其承担的义务，则其成为依第 38 条至第 40 条负责任的主体的债权人。

[107] 有关论说见 NOGUEIRA SERENS, *ob. cit.*, pp. 30 – 31；P. TARSO DOMINGUES, *ob. cit.*, pp. 986, ss. ［然而这一作者既不接受第 19 条区分必要法律行为与非必要法律行为（实际上不正确）的看法（1973 年与 1977 年草稿提出的看法），也不接受完全确信下的差额责任的论说，见 *ibid.*（尤其）pp. 990 – 991, n. 81］。

[108] 在葡萄牙法律中找不到类似于《西班牙股份有限公司法》第 15 条第 4 款（有关上述责任）的规定……

第 19 条第 3 款最后部分的意思另有所指。对于与有限公司、股份有限公司或股份两合公司有关的主体（第 40 条），第 19 条第 3 款最后部分尤其适用于依据"法律"（第 198 条）许可的章程规定而直接向公司债权人承担责任的有限公司的股东；适用于股份两合公司的无限责任股东——依据法律（第 465 条第 1 款）该等股东向公司承担补充责任，而他们相互之间承担连带责任；适用于完全控权或领导的股东 – 公司（第 488 条至第 491 条、第 493 条及后续条和第 501 条）。[109]

登记的另一后果导致可适用有关设立行为非有效的特别制度，对此详见本章（6）论述。[110]

4. 公司设立文件的公布

为了加强公司设立文件的公示性（登记已旨在公示性——《商业登记法典》第 73 条以及后续条文），有助于利害关系人（主要是与公司建立法律关系的第三人）知悉该等文件所包含的内容，法律（《公司法典》第 166 条与《商业登记法典》第 70 条第 1 款 a 项）要求有限公司、股份有限公司或股份两合公司的设立文件必须公布。[111]

不久前，法律规定公司设立文件应公布于《共和国公报》，公司住所位于自治区的，则公布于官方报章；除此之外，有限公司与股份有限公司的设立文件尚应以摘要方式公布于公司住所所在地的报章。

然而，第 111/2005 号法令第 17 条与第 19 条对《公司法典》第 167 条第 1 款与《商业登记法典》第 70 条第 2 款的规定作出了修改。其后，第 76 – A/2006 号法令第 61 条 b 项废止了《公司法典》第 167 条第 2 款。因此，如今强制性公布则在由司法部训令所规范、向公众开放的互联网站登出，作为公示标的的信息资料可按年代顺序获取（《公司法典》第 167 条第 1 款与

---

[109] 有鉴于葡萄牙法上不存在"差额责任"制度等，PORTALE（*ob. cit.*，p. 24）的断言不实：1981 年 3 月 9 日德国联邦最高法院（BGH）司法见解要旨及该国学者提出的若干原则均被葡萄牙《公司法典》采纳。

[110] 登记的其他效力，详见本教程第一卷第二章（6.3.2）。

[111] 亦见第 1 号公司法指令第 2 条第 1 款 a 项。令人感到奇怪的是（尽管指令仅适用于所述类型的公司），葡萄牙法律并不要求无限公司与一般两合公司必须公布其设立文件。

《商业登记法典》第 70 条第 2 款)[112]，从此不必在公司住所的所在地或自治区的报章上进行公布。

具体促成公司设立文件强制性公布的不是公司而是予以登记的登记局（有关费用则由公司承担——《商业登记法典》第 71 条)。

公司设立文件的强制性公布是对抗第三人以及对第三人产生效力的条件。"公司须作强制性公布而未作出的，不可对抗第三人，除非公司证明设立文件已登记并且第三人对此已知悉"（《公司法典》第 168 条第 2 款)[113]。例如，某有限公司的章程（已登记但尚未公布）规定，股东死亡，其股不移转至继承人（《公司法典》第 225 条第 1 款)。该公司一名股东死亡，并在遗嘱中将其股留给了一位朋友，公司无视或违背受遗赠人意愿而欲将股销除（第 225 条第 2 款)，但是，因章程并未公布，公司不可使其章程有关规定对作为第三人的受遗赠人产生效力（不可将股销除)，除非证明受遗赠人知悉已登记的公司设立文件内容。

再设想同一有限公司在公司合同确定性登记与其公布之间的时期内（或者在公布之日起十六日内——第 168 条第 3 款[114]）作出了几项法律行为。有关债权人声称公司合同与第 197 条第 3 款规则对其不产生对抗效力，其可以要求第 40 条第 1 款所述的主体同样承担责任吗？对此应作否定回答，该等主体对登记之前作出的公司法律行为承担责任，而登记之后适用的是法典为按规则设立的公司所制定的规则，这一点可由第 40 条第 1 款、第 19 条第 1 - 3 款得出（此处不涉及第 168 条第 2 款针对公司而非针对股东与行政管理机关成员所规定的不可对抗性事实)[115]。

5. 公司章程的解释与填补

公司章程（或设立文件)，除以立法或司法判决的形式呈现外，均为法律行为（单方法律行为或合同)，表明的是创始股东的意思（以及倘有章程

---

[112] 亦见 2005 年 7 月 14 日第 590 - A/2005 号训令（依据第 1 条第 1 款所述网址：www. mj. gov. pt /publicações)。

[113] 亦见第 1 号公司法指令第 3 条第 5 款。

[114] 亦见第 1 号公司法指令第 3 条第 5 款。

[115] 相同看法，详见 PAULO DE TARSO DOMINGUES, *ob. cit.*, pp. 997, ss. 。

变更中参与股东的意思），属于（如上所述）组织性的法律行为，无论对创始股东还是未来股东及第三人，均具有重要意义；该等法律行为含有各种具有普遍性（可适用于数量上不确定也不可确定的主体）与抽象性（可适用于数量上不确定也不可确定的情况）的规定，换言之，含有"规范性"的条款。

就章程的解释而言，有的主张适用解释法律行为的原则，有的主张适用解释立法或同等文件的规则，皆取决于更多（或唯独）强调章程的法律行为属性抑或规范属性[116]；在这方面，葡萄牙学界尤其着眼于第三人与未来股东的利益，一些合议庭裁判与学者主张对章程采用（单向）客观性解释：无须探究设立文件的主体的真实意思，以及为确定条款的含义不应考虑章程以外的因素（例如，初期阶段的磋商）[117]。

章程实为法律行为，由股东的独立意志（尽管在法律框架内）形成，通常应依据《民法典》第 236 条至第 238 条的指导规范进行解释。然而，必须注意章程条款的多样性所产生的不同之处。

有关公司组织与运作条款的解释，因其对未来股东（没有参与公司设立文件订立）与第三人亦有重要意义，例如一些有"规范性"的条款（例如，必须载明事项及公司代表权的行使方式等规定），这样一来一些主观性的解释就不重要了：此处很少考虑章程以外的情节来探究创始股东的意思表示（经由知悉该等情节的一般表意人评价）的真实性或通常含义（《民法典》第 236 条及第 238 条第 2 款），基本上适用（更加）客观的方法来发现股东意思——如同章程字里行间及上下文中所揭示的股东意思（《民法典》第 238 条第 1 款及第 9 条第 2 款）[118-119]。有关条款客观解释的合理性亦来自该

---

[116] 有关该等（与间接性）论说，见 A. KRAFT, em *Kölner Kommentar zum Aktiengesetz*, Band 1, 2. Aufl., Heymanns, Köln, Berlin, Bonn, München, 1988, § 23, pp. 308 ss.。

[117] 见 M. J. ALMEIDA COSTA/M. HENRIQUE MESQUITA, *Natureza imperativa do artigo 184.° do Código Comercial. Elementos atendíveis na interpretação de cláusulas estatutárias*, RDES, 1970, pp. 50 ss.；A. VAZ SERRA, *Anotação ao Ac. do STJ de 24/10/69*, RLJ, ano 103.°（1970 – 1971），pp. 522, ss.（不同于 *Anotação ao Ac. do STJ de 6/6/78*, RLJ, ano 112.°，1979 – 1980，pp. 22 ss.）。更多司法见解方面的表述见 ANTÓNIO CAEIRO, *Destituição do gerete designado no pacto social*, in *Temas de direito das sociedades*, Almedina, Coimbra, 1984, pp. 409, ss.（在第 394 – 395 页指出了指向不同的合议庭裁判）。

[118] 《民法典》有关"解释"的规则（第 236 条至第 238 条）被视为基于"客观主义"，但并非完全不提供主观主义视角，尤其是在某些情形下要求考虑表意人的真实意思（第 236 条第 2 款及第 238 条第 2 款），即本义上的表意行为之外可探究出的意思。上述（更加）客观的方法是可以理解的：从根本上不考虑未写入章程中的意思，也不考虑从章程未反映的情况中可得出的含义。

[119] 如同解释法律一样（《民法典》第 9 条第 1 款），此处应不仅考虑章程制定所处的情形，还要考虑章程适用时的具体条件。

等条款（如上所述）载于书面文件或登记的事实，这一形式与手续同样旨在保护第三人的利益（章程的形式在效力上优于章程文本以外的内容，见上述第 238 条第 2 款最后部分）。

在对规范股东间关系及股东与公司间关系的章程条款（例如，涉及特别权利、利润分享、资产整体移转导致的公司清算、股东的退出与除名、从属给付义务、股之销除、营业年度利润的分配及经理的任命）进行解释时，应遵守一般可适用于解释法律行为的规则（《民法典》第 236 条至第 238 条）。

上述区分对于资合性公司与人合性公司同样适用。然而，由于在人合性公司中甚少发生股东变动，因而甚少牵涉到未来股东的利益，故此，在该等公司中有更大的空间和余地对各位股东的意思、表述与利益加以考虑。[120]

根据《民法典》第 239 条规定，章程漏洞应当首先通过《公司法典》的处分性规定（preceitos dispositivos）来填补（另见《民法典》第 9 条第 3 款）；无该等规定或规定不充分的，诉诸股东的假定意愿或推测意愿；但当法律要求按善意原则得出与该等意愿不相符的处理结果时，则据此原则为之（考虑到公司活动的能动性及公司章程许多内容的"规范性"特征，自能理解在该等法律行为中善意原则优先）。

6. 公司设立文件的非有效

6.1 瑕疵

这里需要考虑两个时间段：（作为法律行为的）设立文件确定性登记之前与之后[121]。

登记之前，公司合同（或单方法律行为）非有效"由适用于无效法律行为或可撤销法律行为的规定予以规范，但不影响第 52 条的规定"（《公司

---

[120] 关于章程条款的解释，就所述区别对待方面在很大程度上的一致看法，参见 WIEDEMANN, *ob. cit.*, pp. 165 ss；KRAFT, *ob. cit.*, pp. 310 ss.；ANTÓNIO CAEIRO, *últ. ob. cit.*, pp. 387, ss.；V. G. LOBO XAVIER, *Anulação de deliberação social e deliberações conexas*, Atlântida, Coimbra, 1976, pp. 564, ss., n. 31. 对该问题的进一步研究，详见 HUGO DUARTE FONSECA, *Sobre a interretação do contrato de sociedade nas sociedades por quotas*, Coimbra Editora, Coimbra, 2008。

[121] 葡萄牙法律规定的这一区分似乎并非基于第 1 号公司法指令（第 11 条与第 12 条）。

法典》第 41 条第 1 款）。[122] 有关制度构成（尤其是）民法总则科目的教学内容——"法律行为非有效"。

登记之后，有关框架制度非常不同。为履行 1968 年 3 月 9 日第 68/151/CEE 号指令（下称"第 1 号公司法指令"）第 11 条第 2 款规定，葡萄牙《公司法典》第 42 条第 1 款具体列明了有限公司、股份有限公司或股份两合公司设立文件非有效的事由："仅可因下列任一瑕疵而被宣告无效[123]：

a）未达到至少两名创始股东人数[124]，除非法律许可一人设立公司[125]；

b）没有载明公司的商业名称、住所[126]、所营事业或资本，以及欠缺任一股东的出资或为公司作出给付的价值[127]；

c）所营事业不合法或违反公共秩序[128]；

d）未履行要求公司资本最低缴付的法律规定[129]；

e）不符合对公司合同要求的法定形式[130]。"

该等无效事由的规定同样适用于无限公司与一般两合公司，但不限于此。根据第 43 条第 1 – 2 款规定，除了上述第 42 条第 1 款所载公司设立文件的瑕疵及欠缺记载任一无限责任股东的姓名或商业名称[131]外，民事法规定

122　有关第 52 条的保留，详见下文（6.3）。

123　应对此无效的表述作宽泛解读，以涵盖任何非有效，参见上述第 1 号公司法指令第 11 条最后一段："除了该等非有效的情况，公司不可被宣告无效，也不可受任何其他不存在、绝对无效、相对无效或可撤销的事由的约束。"

124　在他人（用他们名字签署文件的人）名义下作出行为的或以他人名义作出行为但无代表权的（出示假的授权或不具备充分权力的授权），以及在他人完全胁迫下进行活动的，不视为创立人，见 FERRER CORREIA/ANTÓNIO CAEIRO, *ob. cit.*, p. 121。

125　倘若一股份有限公司未由至少五名股东设立或一股份两合公司仅由两人设立（而该类公司应至少有六名创设股东），法律并不予以无效的后果，但可能会遭解散——第 142 条第 1 款 a 项。

126　有关欠缺记载住所的表述违反上述第 1 号公司法指令第 11 条，因为该指令并未出现相同表述……

127　有关该规定最后部分，详见本章（2.2）对第 9 条第 1 款 g 项所作的论述。

128　所营事业"不合法"涵盖《民法典》第 280 条第 1 款包括的情形及同条第 2 款规定的违反公序良俗——RAÚL VENTURA, *Adaptação do direito português à 1.ª Directiva do Conselho da Comunidade Económica Europeia sobre direito das sociedaddes*, in "Documentação e Direito Comparado", Lisboa, 1981, p. 187, 有关该指令第 11 条第 2 款 b 项。

129　见第 201 条、第 202 条第 2 款、第 276 条第 3 款、第 277 条第 2 款及第 478 条。

130　考虑到对公司设立文件的合法性控制由商事登记局负责，并不容易在登记后发现存在某项列明的无效事由。

131　PINTO FURTADO, *ob. cit.*, p. 215 认为，《公司法典》将这一欠缺记载定性为设立文件的瑕疵，属于"对欧盟法不容置疑的违反（参见上述第 1 号公司法指令第 11 条）"，其实并非如此，原因仅在于该第 1 号公司法指令并不适用于无限公司与一般两合公司（见第 1 条）。

的法律行为非有效一般事由亦为公司合同非有效的理据[132]（例如，该等类型公司合同存在虚伪时，同样无效[133]）。

不论何种公司类型，有关设立文件的某些瑕疵均可予以补正。根据第42 条第 2 款及第 43 条第 3 款规定，可通过按照有关公司合同变更决议法律规定作出的股东决议补正瑕疵（第 194 条第 1 款、第 265 条第 1 款、第 386 条第 3 - 4 款及第 476 条）[134]，包括：公司商业名称及住所欠缺或无效；欠缺任一股东的出资或为公司作出给付的价值[135]。[136]

除此之外，对任一类已登记的公司设立文件提出"无效宣告之诉"的处理方式同样与法律行为无效的一般制度（《民法典》第 286 条）有所不同。首先，行政管理与代表机关成员或监察机关成员、任一股东、"对诉讼提起有重大利益的任何第三人"（包括例外情况下的公司债权人、某些股东的债权人[137]）及检察院，具有提起诉讼的正当性——《公司法典》第 44 条第 1 - 2 款。诉讼提起的期限为登记之日起计三年（第 44 条第 1 款）；但是，检察院可以不受该时间限制而随时提起诉讼（第 44 条第 2 款）。无论如何，当瑕疵可予以补正时，在向公司作出补正催告后九十日内不可提起诉讼（第 44 条第 1 款）[138]。

另外，如果公司合同未按法定形式订立，或公司所营事业自始或嗣后不合法或违反公共秩序（第 172 条），不论公司登记与否，也不论有关宣告

---

[132] 就扩大有关公司设立合同的非有效事由范围，笔者不认为具有充足的理由。对此可参见 FERRER CORREIA/ANTÓNIO CAEIRO, *ob. cit.*, pp. 118 - 119。

[133] 对于公司中的虚伪（simulação）问题，见 A. FERRER CORREIA, *Sociedades fictícias e unipessoais*, Atlântida, Coimbra, 1984, pp. 17, ss.; M. CIAN, *Società di mero godimento tra azione in simulazione e Durchgriff*, GC, 1998, pp. 452/Ⅱ, ss.。

[134] 一人公司中通过唯一股东的决定而作出补正。

[135] 对于无限公司与一般两合公司，第 43 条第 3 款尚增加了公司所营事业欠缺或无效以及公司资本（不存在时）导致的瑕疵。为何该等瑕疵的补正措施未同样规定在第 42 条第 2 款？……（FERRER CORREIA/ANTÓNIO CAEIRO 草稿第 18 条第 3 款对此规定了补正措施）。

[136] 所述规定并未提及欠缺法定形式所致瑕疵的补正可能性（因仅提及可通过股东决议予以补正的瑕疵）。然而，尤其考虑到第 172 条与第 173 条第 1 款和第 2 款的规定，应认为该瑕疵可予以补正（相同看法，参见 OLIVEIRA ASCENSÃO, *ob. cit.*, p. 232；ALBINO MATOS, *ob. cit.*, pp. 128 - 129, n. 245）。

[137] FERRER CORREIA/ANTÓNIO CAEIRO, *ob. cit.*, pp. 154 - 155.

[138] 第 44 条第 3 款同样旨在就瑕疵可能补正作出规定。

之诉被提起与否，检察院均有义务向法院申请对公司进行司法清算（只要股东未启动清算程序或在法定期限内未予完成）。然而，在要求作出清算前，检察院应以公函方式通知公司或股东，以使其在合理期限内使欠缺法定形式的情况得到补正（无论如何须在检察院提起的诉讼裁判确定前作出符合规定的补正）——第173条。

6.2 部分瑕疵与非有效

以上分析了公司设立文件整体上的瑕疵，或直接影响整体行为的局部瑕疵。接着我们探讨仅影响公司设立部分文件内容有效性的局部瑕疵，或仅在发生特定情况时才影响整体行为的局部瑕疵。

公司合同登记之前，单个意思表示非有效按可适用于无效或可撤销意思表示的民法规定处理（《公司法典》第41条第1款）。然而，只有因无行为能力的非有效才能对抗公司及第三人，亦即无行为能力人可以要求公司返还其之前所提供的给付（首先是出资），以及可免向公司债权人承担倘有的责任；因意思瑕疵或暴利产生的非有效则仅可对抗公司，换句话说，受骗人、被胁迫人或暴利的受害人不可逃避对公司债权人倘有（在意思表示撤销前产生的）责任，尽管可以要求公司返还其已提供的给付及其为抵公司债务已支出的款项（第41条第2款）。

一项意思表示无效或撤销不决定公司合同非有效，但显示除去有瑕疵部分后该合同不成立的情况除外（《民法典》第292条）。合同不可减缩的，非有效合同具有《公司法典》第52条规定的效力。

公司合同登记之后，对于意思表示瑕疵的处理与相应的民法制度存在很多不同之处。这里同样需要将有限公司、股份有限公司或股份两合公司与其他类型的公司作出区分。

在前三种类型的公司中，"错误、欺诈、胁迫及暴利可由被针对或受损害的股东提出作为退股的正当事由，只要具备有关条件，包括时效，根据民法规则，即可产生法律行为的撤销效力"（第45条第1款）。故遭欺诈、胁迫或暴利损害的股东不可撤销其出资，合同也不可被撤销；但其有退出权，并收取出资的实际价值，按作出退出意思表示之时估价（见第240条）[139]。

---

[139] 有关股东退出，见下文第五章（5）。

在民法特别保护无行为能力人原则的基础上，第 45 条第 2 款规定在上述公司（有限公司与股份有限公司）中，合同一方当事人无行为能力的，导致该无行为能力人的法律行为可撤销，否则，无行为能力人有权要求返还其所提供的给付，以及不可被要求补足出资（第 47 条）。如按《民法典》第 292 条规定显示除去有瑕疵部分后不可减缩，上述部分撤销是否会导致公司合同撤销？对此应作否定回答，因为第 42 条第 1 款所规定的非有效事由是封闭式的（第 45 条第 2 款没有如同第 46 条涉及《民法典》第 292 条，这一点并非偶然）[140]；假如已经登记的股份有限公司由两名自然人设立（第 42 条第 1 款 a 项），而其中一人为无行为能力人，其意思表示的撤销，根据第 42 条第 1 款 a 项规定（未达到最少两名创始股东）是否导致公司合同的无效？初看似乎如此：撤销因有追溯力（《民法典》第 289 条第 1 款），公司的设立变成仅由一名创始股东为之。然而，根据第 1 号公司法指令第 11 条第 2 款就"所有创立股东无行为能力"（e 项）与"欠缺至少两名创立股东"（f 项）两者情形规定的不同之处，以及考虑到股东与第三人的利益保护，而该利益保护正是形成公司设立文件无效制度模式的动力，因此，在笔者看来，依据第 42 条第 1 款 a 项的规定，该撤销并不影响整个合同[141]。

在无限公司与一般两合公司中，该制度在根本上与《民法典》规定的制度相同。根据第 46 条规定，错误、欺诈、胁迫、暴利及无行为能力决定有关意思表示可撤销；但显示除去有瑕疵部分后公司合同不成立的情况下不适用《民法典》第 292 条制定的标准，即不得减缩股东的出资而保全公司合同。撤销意思的股东，"有权获返还其所提供的给付，以及不可被要求补足出资"；然而（此处为特别规定）"如撤销基于意思瑕疵或暴利，则不免除向第三人承担法律就诉讼登记或判决登记之前公司义务规定的责任"（第 47 条）。

对于所有类型的公司，第 49 条至第 51 条（受法国法启发——见有关公司的 1966 年法律第 365 条，现为《商法典》第 235 条 – 6）旨在促进法律的确切性以及补正因错误、欺诈、胁迫、暴利及无行为能力导致的瑕疵。

最后论及的是，公司设立文件条款因被法律禁止而无效，尽管不导致全部文件无效，但应视为未以书面作出，以及在某些情况下由处分性或强

---

140 肯定性回答，见 OLIVEIRA ASCENSÃO, *ob. cit.*, pp. 241 – 242。

141 对欧共体理事会第 1 号公司法指令有关规定作不同解读的，详见 RAÚL VENTURA, *últ. ob. cit.*, p. 190，以及笔者基于草案第 39 条第 2 款 e 项所主张的不同解决方案。

制性的相应法律规定予以替代（例见第 22 条第 3 - 4 款、第 74 条第 1 款及第 408 条第 3 款）。

6.3 公司设立文件非有效的后果

公司设立文件非有效与一般法律行为非有效的后果非常不同（对于后者效力，《民法典》第 289 条第 1 款规定，"宣告法律行为无效及撤销法律行为均具追溯效力，应将已受领之一切给付返还，不能将之返还时，则作等价返还"）。

实际上，《公司法典》第 52 条（可适用于任何类型的公司，不论是否登记）第 1 款规定，"宣告公司合同（或单方法律行为）无效及撤销决定根据第 165 条规定进行公司清算，该效力应当在判决中载明"。[142] 该条第 2 款进一步规定，"之前以公司名义完成的法律行为的效力，不受公司合同无效或撤销宣告的影响"。[143] 该条尚规定，除了股东无行为能力构成设立文件的撤销事由或之后通过抗辩成为对抗事由外，非有效设立文件并不使股东免除其履行或补足其出资的义务，亦不解除其依法对第三人倘有的个人连带责任（第 4 款第 5 款）。[144]

根据第 52 条规定的框架（基于欧洲共同体指引第 12 条……），公司设立文件被宣告无效或撤销，该公司（几乎）如同有效公司一样处理，不论是在有关司法裁判作出之前或之后。在司法裁判作出前，无论是内部关系还是外部关系，均产生有效设立文件与有效公司的通常效力[145]；在司法裁判作出后，继续产生在清算阶段有效设立公司可产生的一般效力，改变甚微（第 52 条第 5 款第 165 条）。[146] 事实上，处于清算状况的公司是有生命的，

---

[142] 上述第 1 号公司法指令第 12 条第 2 款如此规定（"非有效导致公司清算，清算方式如同解散"）。另见 PINTO FURTADO, *ob. cit.*, p. 215，该作者认为第 52 条第 1 款似乎与欧盟法并不一致。

[143] 然而（同条第 3 款予以保留），如无效来自虚伪、所营事业不合法、违反公共秩序或善良风俗，前款规定仅可由善意第三人主张。
第 52 条第 2 款规定与上述第 1 号公司法指令第 12 条第 3 款相一致 ["（公司）非有效本身不影响公司所缔结或与其相缔结的义务的有效性，但不妨碍清算状态的效力"]，然而，两项规定并非完全一致，"法律行为的效力"不等同于"义务的有效性"（该等义务不一定基于法律行为），因而须依据指令第 12 条第 3 款规定解读第 52 条第 2 款。

[144] 依据第 1 号公司法指令第 12 条第 5 款规定，倘股东尚未缴付出资，该义务仅当对公司清偿债务属必要时方可被要求履行（亦见《公司法典》第 153 条第 3 款）。

[145] 第 52 条第 3 款的规定除外（有关规定在上述第 1 号公司法指令第 12 条中没有支持）。

[146] 所谓公司设立文件非有效仅具事后功能或效力的说法并不完全正确。

包括继续保留之前所取得的法律人格（第 146 条第 2 款）。尽管其存续方式在一定程度上有所变动，但仍维持股东机关或股东集体（第 146 条第 2 款及第 5 款、第 149 条第 1 款、第 150 条第 2 款等），以及监察机关继续存在（第 146 条第 2 款、第 151 条第 3 款及第 4 款、第 155 条第 2 款）；但行政管理与代表机关不再继续存在而由清算机关替代（第 151 条第 1 款及第 152 条）。另一方面，公司活动仅为了清算，公司的继续运作受该目的限制（第 152 条第 2 款 a 项、第 3 款 a 项及 d – e 项）[147]。公司仅在清算完结登记之时告终[148]。

总之，所谓的公司设立文件"非有效"事由实则为公司清算的事由，而非本义上的非有效[149]；所谓设立文件非有效的效力是公司进入司法清算的真正效力。

本节讨论制度特性根本上是为了保护股东（意欲公司尽可能运营）的利益与第三人（不愿看到其与公司现有及可能发生的关系出现问题）的利益[150]。

7. 准公司协议

试想股份有限公司的某些股东就某一方面或多项问题作出约定：投票（一致）委任某些人或特定股东指定的人为董事会成员；在特定期间内不可将其各自的股份出卖于第三人；向该协议的参与股东赋予（无记名）股份取得优先权；向或不向认购股份的公开募集书特定起草人出卖股份，此为"准公司协议"的一些例子，这是一份所有或某些股东（或股东与第三人[151]）之间订立的协议，对参与该协议的股东法律地位产生效力，以及可能

---

147 此处不予探讨（非司法）清算程序，但不妨指出该程序所包括的主要操作事项：1）当不予许可继续之前的公司活动时，清算人应了结待决的法律行为（第 152 条第 3 款 a 项）；2）履行公司义务（第 152 条第 3 款 b 项、第 154 条及第 153 条第 1 款）；3）收取公司债权（第 152 条第 3 款 c 项及第 153 条第 2 – 3 款）；4）剩余资产转为现金（第 152 条第 3 款 d 项）；5）股东分割剩余资产（第 152 条第 3 款 e 项、第 156 条及第 159 条）。

148 在这之前可发生"恢复业务活动"。

149 当然此处所指民法（等）中无效与可撤销的含义。

150 亦见第 1 号公司法指令引言第 2 点、第 5 点与第 6 点考虑。

151 例如，特定股东有义务投票支持一项公司资本的增加决议，以换取非股东的协议当事人——一家银行承诺随即对公司提供资金。尽管《公司法典》第 17 条仅提及股东间的协议，但是应允许同样有第三人参与的约定作为"准公司协议"，并对其类推适用第 17 条（见 MARIA DA GRAÇA TRIGO, *Os acordos parassociais sobre o exercício do direito de voto*, Universidade Católica Editora, Lisboa, 1998, p. 147）。

对其他缔约人（第三人）、公司营运产生有关效力，但法律上不约束公司本身。

因准公司协议可以影响公司的运作，以及涉及股东权利义务的划分，故该等协议与公司章程有某些"关联"，但属不同的概念（"准公司"并非"公司"）。特定细则应载于章程［见上文（2.2）］而不属于准公司协议的范畴；某些事宜既可由公司设立合同规范，亦可成为准公司协议的标的（例如转股许可、股东出资让与优先权）——但是，如同稍后将会强调的，两者具有不同的效力；其他事宜则仅可由公司章程规范，而不可由准公司协议订立规则——例如，对行政管理机关或监察机关据位人的行为规范（第17条第2款）。如上所述，公司设立文件须遵守特别形式，应予登记以及（通常）应予公布；对于准公司协议，适用形式自由原则（《民法典》第219条），通常不要求任何登记或公布[152]。至于其他方面（合同变更与终止、非有效等），准公司协议原则上须遵守有关合同（民法）的一般制度，而公司设立文件主要受《公司法典》特别制度的约束。然而，尤其需要强调效力方面的不同：公司章程约束公司（机关）及股东，并可对抗第三人；准公司协议仅在参与人之间产生效力，不可对抗公司，其不履行与公司无关（依据第17条第1款最后部分的规定，"不得以该协议为根据对公司之行为或股东作出涉及公司之行为提起争执"）。例如，某一股东若在有关行政管理机关成员选任的公司议决中未按准公司协议投票，则其对此决议不可提出争执；尽管股份出卖人违反了不得在该期限内出卖股份的准公司协议，但是公司不可不承认股份买受人成为股东。[153]

在很长一段时间内，很多人（尤其是拉丁语族法域学者）质疑准公司协议，尤其是"投票联盟"（即抱团表决）协议的合法性[154]。葡萄牙《公司

152　另见《有价证券法典》第19条（特定准公司协议的立约人应在法定期间内通知"有价证券市场委员会"有关协议内容，以便后者予以公布）与《信用机构与金融公司的一般制度》第111条及第196条（信用机构或金融公司的股东之间有关表决的准公司协议应予登记）。

153　对于不履行（有效并可产生效力的）准公司协议有其他处罚，尤其是损害赔偿义务，其金额通常由违约金条款订定（有关处罚问题见 M. GRAÇA TRIGO, *ob. cit.*, pp. 201, ss. ）。

154　描述不同国家的处理方式，见 M. LEITE SANTOS, *Contratos parassociais e acordos de voto nas sociedades anónimas*, Cosmos, Lisboa, 1996, pp. 97 ss. ; GRAÇA TRIGO, *ob. cit.*, pp. 45, ss. ; 概述支持或反对接纳表决协议的论说，见 V. G. LOBO XAVIER, *A validade dos sindecatos de voto no direito português constituído e constituendo*, ROA, 1985, pp. 643, ss. 。

法典》第 17 条改变了曾经主导司法见解与学理的大方向，明确地接受了准公司协议，但规定了一些限制。

如此而来，被（完全或部分）视为无效的准公司协议包括：违反或绕过法律的协议［例如，违反法律有关禁止仅对一方有利的协议（pacto leonine）规定——第 22 条第 3 款；强制某些股东按照被限制投票的股东的意思进行表决——第 251 条及第 384 条第 6 款］，或导致作出无效或可撤销决议的协议（第 17 条第 1 款）[155]，又或旨在允许向行政管理机关与监察机关成员下达指示的协议（即不通过公司决议正当途径作出指示——如见第 259 条）——第 17 条第 2 款。

第 17 条第 3 款针对表决协议规定了三种无效情形，几乎完全重述了欧共体理事会有关第 5 号公司法指令草案第 35 条[156]（而该条是受 1965 年《德国股份公司法》第 136 条第 2 款、第 405 条第 3 款第 6 - 7 项规定的启发）：

a）规定一位或多位股东有义务"始终依照公司或公司任一机关所作指示"投票的协议无效。公司的指示可通过其代表机关、受任人或受权人作出（第 252 条第 6 款及第 391 条第 7 款）[157]。代表公司作出指示的"机关"可以是行政管理与代表机关或监察机关。如协议指定前者，或其作为机关出现，即为公司"代表人"，亦即回到公司本身"指示"；如不存在上述情况，则属"任一机关"指示[158]；如协议指定监察机关（监事会或独立监事、监察总委员会、注册审计师等），指示当然不是来自公司（该等机关为此效力代表不了公司），而是来自监察机关（全部或多数）成员。有关无效的处

---

[155] 一般看法，参见 SCHMIDT, *ob. cit.*, p. 618；H. -G. KOPPENSTEINER, *GmbH-Gesetz Kommentar*, 2. Aufl., Orac, Wien, 1999, p. 415。就有关问题的进一步研究，参见 RAÚL VENTURA, *Acordos de voto*；*algumas questões depois do Código das Sociedades Comerciais*, in *Estudos vários sobre sociedades anónimas*, Almedina, Coimbra, 1992, pp. 82, ss；GRAÇA TRIGO, *ob. cit.*, pp. 177, ss.。

[156] 最初文本［见 JOCE, n.° C131, de 13/12/72)］在提案第一次修改时予以维持（见 JOCE n.° C240, de 9/9/83）；在第二次修改时（见 JOCE n.° C7, de 11/1/91），第 35 条有少许变动（该等变动在第三次修改时予以维持，见 JOCE n.° C321, de 12/12/91）。

[157] 另见 HÜFFER, *Aktiengesetz*, 3. Aufl., Beck, München, 1997, p. 620。

[158] 该情况下指示由机关成员整体或多数作出；一种情况会不属于适用范围，即表决受行政管理机关一据位人主体或更多据位人主体的指示的约束，但尚未达到足以确定作出决议的程度（参见 *últ. A.*, *ob. e loc. cits.*）。

理基于公司各机关之间的权力划分，为此禁止内部决议机关受其他机关支配[159]。

b）基于相同的理由，如通过协议约定一位或多位股东须投票"通过公司机关所作的一切决议"，该协议无效。

c）通过协议，一位或多位股东须"行使或放弃投票权"（不参与表决或放弃表决权）"以换取特别利益回报"（财产或非财产性质的利益，仅限于须按特定意向投票或不投票的股东范畴，以及该等利益与有关协议约束存在直接或间接的因果关系）。[160]由此严禁传统上称为"卖票"以取得公司以外利益的行为。

---

[159] 因此，第 17 条第 3 款 a 项（及 b 项）中"一直"一词（用于上述第 5 号指令提案第 35 条但未规定于《德国股份公司法》第 136 节）不当（亦见 RAÚL VENTURA, *últ. ob. cit.*，pp. 73 - 74）。应对该规定（以及 b 项）诉诸目的论解释，以使指向具体情况的表决协议同样受无效的约束。例如，协议要求某些股东按照公司董事会指示表决支持本年度（尚未制作的）管理与账目报告书，不应无效吗？……

[160] 因照搬上述指令提案第 35 条（译文），以至于未发现第 17 条第 3 款最后部分内容（"一位股东须投票"）与同款 c 项部分（"或放弃"行使投票权）间存在矛盾表述；提案在第二次修改时更正了该差错……

第四章　公司的人格与能力

1. 法律人格的取得

如前所揭，公司基础（三大要素：人之要素——一个或多个主体；财产要素——出资义务；目的要素——原则上为了分派给股东盈余而从事特定经济活动）一旦形成，并符合其他要件（尤其是设立文件的特别形式和确定性登记）后，法律赋予公司（以及商事合伙）法律人格。

对于按《公司法典》设立的公司，第 5 条规定，"公司于其设立文件确定性登记之日取得法律人格"。[1] 因此，所有公司（以及商事合伙）均具有法律人格[2]；所有公司于其设立文件确定性登记之日取得法律人格[3]。[4]

---

[1] 该规定指的是（传统上）所谓有条件规范认可，不同于特许承认及行政当局逐个赋予法律人格的制度（但是，称"规范认可"有些不恰当，见 L. A. CARVALHO FERNANDES, *Teoria geral do direito civil*, Ⅰ, 3ª ed., UCE, Lisboa, 2001, p. 436；J. OLIVEIRA ASCENSAO, *Direito civil – Teoria geral*, vol. Ⅰ, 2ª ed., Coimbra Editora, Coimbra, 2000, p. 249）。

[2] 在《公司法典》颁布之前，法学界并不一致认同所有公司都拥有法律人格。当时有学者主张无限公司、一般两合公司及有限公司不是法人，见 GUILHERME MOREIRA, *Da personalidade collective*, RLJ, ano 41° (1908 – 1909), pp. 19, ss., 50, ss., 226, ss., 290, ano 42° (1909 – 1910), p. 259。另有学者全盘否定公司法人说，见 J. F. AZEVEDO E SILVA, *Estudos de direito comercial*, Bibliotecada Revista de Direito, Lisboa, 1906, pp. 49, ss., *maxime* 89, ss, 95, ss., 106, ss.。

外国法律体系亦并非均赋予公司人格，例如，德国和意大利主流学派认为，类似于葡萄牙无限公司和一般两合公司不具有法律人格，见 A. KRAFT / P. KREUTZ, *Gesellschaftsrecht*, 10. Aufl. Luchterhand, Neuwied, 1997, pp. 5, 29, ss.；F. GALGANO, *Diritto commerciale – Le società*, Zanichelli, Bologna, ed. 1996/97, pp. 33, ss.。

[3] 在《公司法典》颁布前，通常以公证书的缮立为公司取得人格的时间节点（参见核准《公司法典》的法令序言第 7 条款；但有限公司取得人格的方式或有所不同——参见 （转下页注）

[4] 似乎国外法律总体上倾向于规定公司登记是取得法律人格的途径——例如，《德国有限责任公司法》第 11 条第 1 款及《德国股份公司法》第 41 条第 1 款；《意大利 （转下页注）

《公司法典》第 5 条最后部分对于因合并、分立或公司类型变更而设立公司的情况作出保留规定。

然而，应理解为：通过合并或分立而形成的（新）公司亦于登记有关设立文件时取得人格（参见第 112 条和第 120 条）。

这同样适用于合伙变更为商事合伙的情况（参见第 130 条第 2 款和第 6 款）。

另一方面，在公司（或商事合伙）"形式"（formal）变更中，尽管公司类型有变化，但人格仍予以维持（参见第 130 第 3 款），而在"终止性"组织变更中，同样不会导致人格消灭——公司类型变更的登记仅取得对第三人的效力（参见第 130 条第 3 款及第 5 款）。

2. 公司法律人格的意涵及限制

2.1 究问法律人格的重要性

在此，我们不打算对有关法律人格的"法律属性"或"本质"的各种理论进行系统梳理和评论。一方面，此类著述汗牛充栋[5]；另一方面，该等

（接上页注 3）A. FERRER CORREIA, *A sociedade por quotas de responsabilidade limitada segundo o CSC*, in *Temas de direito comercial e direito internacional privado*, Alnedina, Coimbra, 1989, pp. 136 – 137）。

尽管有第 5 条的规定，但仍有人认为公司在登记前（甚至在公证书缮立之前）已拥有法律人格，见 J. OLIVEIRA ASCENSAO, *Direito comercial*, vol. 4 – *Sociedades comerciais*, Lisboa, 1993, pp. 170, ss.；J. P. FAZENDA MARTINS, *Os efeitos do registo e das publicações obrigatórias na constituição das sociedades comerciais*, Lex, Lisboa, 1994, pp. 14, ss. （详见下文）。

（接上页注 4）民法典》第 2331 条；《法国商法典》第 L210 – 6 条；《西班牙股份公司法（1989 年修订本）》第 7 条第 1 款及《西班牙有限责任公司法（1995）》第 11 条第 1 款。

同样值得注意的是，某些非为公司但类似公司的法人实体自设立文件作出商业登记时，同样取得法律人格，如合作社（《合作社法典》第 16 条），如企业互助集团（第 4/73 号法律第 4 条）、欧洲经济利益集团（第 148/90 号法令第 1 条）。

[5] 首先是 SAVIGNY 的"拟制说"，见 SAVIGNY, *O Traité de droit romain*, trad., t. II, F. Didot, Paris, 1841, pp. 23, 237 – 239；其次是"法人实在说"，主要代表是 GIERKE，见 O. GIERKE, *Die Genossenschaftstheorie und die deutsche Rechtsprechung*, Weidmannsche Verl., Berlin / G. Olms Verl., Hildesheim, 1963, reimpr. da ed. de 1887, pp. 22, ss.；再次是"目的人格化说"，主要由 ENNECCERUS 等提出，见 L. ENNECCERUS / H. C. HIPPERDEY, *Allgemeiner Teil des Bürgerlichen Rechts*, 15, Aufl., I, Mohr, Tübingen, 1959, p. 610, em nota 等。此外，尚有 RITTNER 的论述，见 F. RITTNER, *Die werdende juristische Person – Untersuchungen zum Gesellschafts-und Unternehmensrecht*, Mohr, Tübingen, 1973, pp. 180, ss.；W. FLUME, *Allgemeiner Teil des* （转下页注）

理论对界定和应用法人法显得脱节（法人法是由实定法和法律实践确立的，而非基于"理论"构建）[6]；尽管不轻视学理上的贡献，但有关学理对于法律人格"本质"的揭示并不显得那么重要……

与诸多理论争鸣之局面不相符的是，当今主流学理注重的是将法人作"法律技术"（técnica jurídica）理解[7]。作为法律技术的产物，法律人格在很大程度上脱离法律、道德和一般政治层面的考量，其特有的构造并不基于形而上学，而是为诸多不同组织（机构、财团、社团、合营组织）提供有用的工具，法律借此赋予该等组织法律主体资格，从而成为可予法律效力的自主中心。[8]

法人，是具有基本主体性的法律技术建设产物（法律自主体），并非虚构（法人不是被"当作"人对待），而是实际存在——并非社会人类学意义上的实际存在，而是法律上的实际存在，法律（新近）的创造[9]。法律人格

（接上页注 5）*Bürgerlichen Rechts*，I. Band，2. Teil – *Die juristische Person*，Springer，Berlin，Heidelberg，etc.，1983，pp. 15，ss.；W. HADDING，in SOERGEI，*Kommentar zum Bürgerlichen Gesetzbuch*，12. Aufl.，Band 1，W. Konhlhammer，Stuttgart，Berlin，1988，*Vor § 21*，pp. 159 – 169；A. MENEZES CORDEIRO，*O levantamento da personalidade colectiva no direito civil e commercial*，Almedina，Coimbra，2000，pp. 23，ss. 。

6 FLUME，*ob. cit.*，p. 24；CL. OTT，in *Kommentar zum Bürgerlichen Gesetzbuch*（Reihe Alternativekommentare），Band 1，Luchterhand，Neuwied，Darmstadt，1987，*Vor § 21*，p. 103.

7 OTT，*ob. cit.*，p. 104.

8 不可忽视"理论"争辩中有关道德伦理和（尤其是）政治层面的思考，这主要存在于十九世纪——Gierke 提出的自由结社理念影响了社团实际人格理论，且因自由结社法的确立而获得合法地位（见 H. WIEDEMANN，*Gesellschaftsrecht*，Band I，Beck，München，1980，p. 194；OTT，*ob. cit.*，p. 104；K. SCHMIDT，*Gesellschaftsrecht*，3. Aufl.，Heymanns，Köln，Berlin，etc.，1997，p. 197；P. DIDIER，*Droit commercial*，2，PUF，Paris，1993，p. 52）；同样不应忽视法人问题的政治维度，现今主要与这些实体的法律控制的类型和程度有关（见 OTT，*ob. cit.*，pp. 104 – 105）；亦不能忽视法人人格理念上的功能（上文已强调，稍后将进一步论述）。然而，在笔者看来，所有这些均丝毫动摇不了有关法律人格概念及其至关重要的内容基于法律技术建树这一事实，并且该等理论对于说明法人的"法律性质"并非是决定性的。

9 F. FERRARA，*Le oersone giuridiche*，Utet，Torino，1938，p. 35，MANUEL DE ANDRADE，*Teoria geral da relação jurídica*，vol. I，3ª reimpr.，Almedina，Coimbra，1972，pp. 49 – 50，J. DIAS MARQUES，*Teoria geral do direito civil*，vol. I，Coimbra Editora，Coimbra，1958，pp. 172 – 173，176.
尚要提及的是，"法人"（pessoa jurídica）一词先是普及于学理，直到十九世纪才落实于立法层面（参见 H. COING，in J. VON STAUDINGERS，*Kommentar zum Bürgerlichen Gesetzbuch*，J. Schweitzer，Berlin，1980，*Einleitung zu § § 21 – 89*，p. 319；F. GALGANO，*Le istituzioni dell' economia capitalistica – Società per azioni*，*Stato e classi sociali*，2ª ed.，Zanichelli，Bologn，1980，p. 83）。

没有自然人格承载的道德伦理，因此，与其说法律人格是"被赋予的"，不如说是"被建构的"[10]；最后，考虑到法律人格主要基于（功能、政策、意识形态……诸方面）"适时"准则，尚可认为该人格在一定程度上得以扩张或受到限制，甚或拆分[11]。[12]

然而，更重要的是探讨（尤其是我们讲学的对象——公司）法律人格

10　参见 R. DAVID, *Rapport général*, in *La personnalité morale et ses limites*, LGDJ, Paris, 1960, p. 6, 作者将法人表述为"构建实体"。还可见 J. FARIA COSTA, *A responsalilidade jurídico-penal da empresa e dos seus órgãos*, RPCC, 1992, p. 555。

11　FERRARA, *ob. cit.*, pp. 35 – 36；ANDRADE, *ob. cit.*, pp. 52 – 53；DACID, *ob. e loc. cits.*.

12　MENEZES CORDEIRO, *ob. cit.*, p. 64, n. 200（其中引用了笔者的著述，见 *Da empresarialidade - As empresas no direito*, Almedina, Coimbra, pp. 198 – 199），将笔者视为在法律人格领域主张"法律现实主义"（"几乎是葡萄牙的官方学说"，见 *ibid.*, p. 62）的众多学者之一；并指出笔者提到"不必将（法人）概念绝对化"。该学者解读偏了。的确，笔者在上述著作（其中有关论点在本章重拾）中主张法律人格是"法律上的实际存在，法律（新近）的创造"，体现于"自主人格"的"法律现实"（法人的权利义务范围分离于其他人——无论是否其成员——的权利义务范围）。如果说这是属于"法律现实主义"，笔者则是坚定的"现实主义派"〔并且现代法学说，葡萄牙或葡萄牙以外其他国家，大部分属所谓的现实主义；唯有规范主义理念（Kelsen 等）或分析主义理念（Hart、Ascarelli、D'Alexandro、Galgano 等）多少居于该现实主义之外，按照该等理念，法人的权利义务实际上是其成员的权利义务（见 GALGANO, *Struttura logica e contenuto normativo del concetto di persona giuridica*, RDCiv., 1965, P. I, pp. 553, ss.）〕。然而，同样真切的是，笔者上述著作（pp. 197 ss.；以及之前笔者首部著作，*Do abuso de direito*, Almedina, Coimbra, 1983, pp. 111, ss.）旨在反驳（葡萄牙学界主流）将法人的人格"绝对化"的传统倾向，与之比相对化或实质主义的理念（存在其他法人主体性构建，其中法人的人格规范功能较弱，应考虑到相关人—财实质载体，以及揭示法律人格的理念功能，等等——亦见下文）。因此，*Da empresarialidade* 一书中有两节分别题为"法律人格相对性"与"法律人格的否认"（pp. 197 ss.），不是偶然的。

同时，尚有必要再就 MENEZES CORDEIRO, *O levantamento…*, pp. 65, ss. 多说几句。该作者提到需要放弃法律"现实主义"（"空洞表述"）、唯技术论及不可知论，以及使"法律科学的火焰继续燃烧"；指出某些新近的倾向；强调分析及规范主义学派；重申自然人或法人均以人为本，故在规范上有一种互通性（comunicação normativa）（起源上伴生"人伦"）。论说之余，其还提出（p. 73）："在法律上，人始终是法律规范的归责中心。如涉及人类个体时，属自然人；在其他所有情况下，则属法人……有关界定是系统性、技术性及功能性……以及一元性的。"在结尾（p. 74），继续强调"法人"同样包含"道德规范主义，这在规范与原则适用中具有决定性作用"。由于篇幅有限，笔者不在此处展开评论，仅留下少许疑问：（1）（Kelsen 式）规范主义的（老调）"法律规范的归责中心"在何处不同于现实主义的"法律效果归责的自主中心"？（2）"法律规范的归责集体"（例如，公司设立文件确定性登记之前的组织）是否为"法人"？（3）将"自然人"与"法人"合于"人"难道不是将法人概念"绝对化"吗？（4）该"一元化"理念（试图掺和"道德规范主义"）不会导致自然人非伦理化吗？〔AZEVEDO E SILVA 曾指出（*ob. cit.*, p. 58）：将一切皆人格化了，反而会导致自然人非伦理化〕。（5）通过私文书设立的一"居民团体"或环保组织（非为法人）相比登记之后的一人或多人有限公司更少体现道德规范吗？……

的功能和意义，究问其缘由与目的。

传统上认为法律人格以存在共同利益或集体利益为前提：该等利益，如不是人格化的充分条件，至少是必要条件［法人作为一项简单而有效的法律机制，（往往是）为长期存在的集体利益服务而设］[13]。

另一方面，通常说，法人拥有某些“属性”（atributos）或引起某些“后果”（consequências），因此，作为权利与义务的统一主体，法人拥有商业名称、住所、财产自主性（在某些情况下，仅由法人财产承担法人债务——财产上完全自主；在其他情况下，首先同样由法人财产承担法人债务，其次由其成员的财产承担法人债务——财产上非完全自主）、机关、权利能力与行为能力；重申自然人或法人均以人为本，故在规范上有一种互通性。[14]

然而，有必要提及两点：

1）存在共同利益或集体利益，不仅不是构成法人的足够条件（共同利益亦可通过非法人实体取得），亦非人格化的必要条件：一人公司（尤其是一人有限公司和一人股份有限公司）同样是法人，旨在提供个人利益，即唯一股东（许多时候是自然人）的私利——尤其是有关责任限制的利益。

2）尽管上述属性与后果是法人的特征，但绝非由法人专有。非人格化的实体，如登记之前的公司，具有或可具有该等属性与后果，例如：具有商业名称（参见《商法典》第 13 条第 2 款、第 18 条第 1 款及《公司法典》第 9 条第 1 款 c 项）；具有住所（参见《公司法典》第 9 条第 1 款 e 项、《法人所得税法典》第 2 条第 1 款 b 项及第 2 款）；具有财产自主性，尽管尚不完备［参见《公司法典》第 36 条第 2 款；《民法典》第 997 条、第 999 条及第 1000 条，以及前章（2.3）及（2.5）］；具有机关［见《公司法典》第 36 条第 2 款（准用《民法典》第 985 条及随后数条）、第 37 条第 1 款、

---

13 GUILHERME MOREIRA, *Da personalidade...*, RLJ, ano 40° (1907/1908), pp. 434, 450, FERREAR, *ob. cit.*, p. 5; ANDRADE, *ob. cit.*, pp. 46, ss., M. BASILE/A. FALZEA, *Persona giuridica*, ED, XXXIII, 1983, p. 266, CARVALHO FERNANDES, *ob. cit.*, pp. 440, ss..

14 J. G. PINTO COELHO, *Lições de direito comercial – Obrigações mercatis em geral, obrigações mercantis em especial (sociedades comerciais)*, Fascículo I, C. E. Martins Souto, Lisboa, 1946, pp. 197, ss., A. FERRER CORREIA (c/colab. de V. L OBO XAVIER, M. HENRIQUE MESQUITA, J. M. SAMPAIO CABRAL, ANTÓNIO A. CAEIRO), *Lições de direito comercial*, vol. II – *Sociedades comerciais*, ed. Copiogr., Coimbra, 1968, pp. 91, ss, A. PEREIRA DE ALMEIDA, *Sociedades comerciais*, 2.ª ed., Coimbra Editora, Coimbra, 1999, p. 28.

第 38 条至第 40 条]；具有权利能力与行为能力，可按一般条款获得权利和承担义务的能力（见《公司法典》第 36 条第 2 款、第 38 条至第 40 条及第 174 条第 1 款 e 项），以及按特别条款获得权利与承担义务的能力［见《民事诉讼法典》第 5 条第 1 款、第 6 条 d 项、第 9 条及第 22 条（当事人能力和诉讼能力）；《一般税法》第 15 条、第 16 条第 2 - 3 款及第 18 条第 3 款；《法人所得税法典》第 2 条第 1 款 b 项及第 2 款（纳税能力）；1982 年 10 月 27 日第 433/82 号法令第 7 条；1984 年 1 月 20 日第 28/84 号法令第 2 条第 3 款及第 3 条；经 2001 年 1 月 5 日第 15/2001 号法律核准的《税收违法行为的一般制度》第 7 条第 1 款；《有价证券法典》第 401 条第 1 - 2 款（无法律人格公司违反秩序及/或犯罪的责任，特别是经济违法行为、妨害公共卫生、违反税法、扰乱金融证券秩序，等等[15]）]。由此可见，登记之前的公司已持有相应公司财产（由股东出资与来自公司经营活动的权利义务组成）——不同于股东们的"共同财产"[16]，实则为一个新的实体。

因此，法人与非法人实体的界限常常很模糊[17]；借由法人拟满足的某些需要，同样可通过非法人实体得到满足[18]。亦即，应当肯定社会团体或其他非法人实体组织的法律主体性；以及否认权利义务或法律关系的主体必须是人这一传统看法。总之，法律人格，作为表述独立主体性的概念，不应被绝对化。

葡萄牙（及其他国家）一些学者将法人概念绝对化。以下不妨引述其中较突出的言论："合营组织是法人，否则就不能享有权利，亦不能承担义务"；[19] 法律人格"是绝对的，不可被限定，或者是法人，或

15　亦见上文第三章（2.5）。

16　"共有"（Gesamthand）的性质在德国来说是非常有争议的。最根本的问题就是：共有财产是否独立于共同持有人或其本身为法律上的持有人？按传统的"理论"说法，其仅仅是属于以特别形式关联持有人的独立财产；对于比较现代的"理论"而言（关键受 W. FLUME 和 P. ULMER 的影响），至少某些"共同财产"（尤其是属于某些非人格化的公司）属于法律主体。参见 K. SCHMIDT, *ob. cit.*, pp. 203, ss.。

17　DAVID, *ob. cit.*, p. 7, U. DROBNIG, *Nature et limites de la personnalité morale et ses limites* cit., p. 30.

18　纵观历史，有关问题的处理可确认这一看法。事实上，在罗马法中，尽管没有法人的概念，但同业公会一直有获得权利与承担义务的能力，并且有其独立的财产，以及起诉和被诉的诉讼能力（见 A. SANTOS JUSTO, *A "fictio iuris" no direito romano*, Coimbra, 1988, pp. 585 - 596）。

19　JOSE TAVARES, *Sociedades e empresas comerciais*, 2.ª ed., Coimbra Editora, Coimbra, 1924, p. 195. 有关合伙的法律人格问题，见本节最后部分。

者不是法人。作为法人，一以贯之，并非仅在特定的权利领域或关系类型中存在，而是在所有法律领域内存在"；[20] "社团或公司，仅在具有人格化的情况下，可采取一体化行动，而不需要其成员全部参与"；[21] "如何在不欠缺法律逻辑下接受无法律人格但有权利能力的情况，因为不管将何权利赋予特定实体，其都立即包含人之特性要素"；[22] 公司在登记前已是法律归责自主中心，因此"法律人格存在于公司登记之前"；[23] 无法律人格的公司不是商主体；[24] 公司唯经登记取得人格，因此在登记前（至少作为主体）其并不存在。[25]

或许有人会问：法人概念的相对化在实践中起何作用？

事实上，该概念可发挥规范功能。因其具有基本主体性，所以可以在法律解释、弥补与适用中发挥作用。而且，"法人"这一符号无疑是一项有用的"规范性语义工具"：其用于立法、司法见解或学理，可免于罗列各式各样的法人组织；而且，每当提及"法人"，原则上不包括缺少法律人格的实体[26]。另一方面，人格用于巩固法人实体的主体性或使其（更加）完全，这对于独立财产的支配具有重要意义。事实上，股份有限公司与有限公司完全的财产自主性（意味着其股东的有限责任），仅在取得人格后才予确认。尽管对此，仍不得不说，法人概念的规范性功能是有限的：公司制度在根本上由法律确定，而不是由法人进行基本规制（事实上，立法者完全可以在公司设立文件登记之前或之后赋予公司人格，并确认自登记起取得完全的财产自主性）。[27]

法人概念亦发挥（说服式与隐藏式）思想上的功能。我们以股东有限

---

[20] A. BRAZ TEIXEIRA, *Princípios de direito fiscal*, 3.ª ed., Almedina, Coimbra, 1985, p. 179.

[21] OLIVEIRA ASCENSAO, *Direito civil...*, p. 217.

[22] CARVALHO FERNANDES, *ob. cit.*, p. 521（亦引用 Paulo Cunha）。

[23] OLIVEIRA ASCENSAO, *Direito comercial...*, pp. 170, ss. .

[24] 除了本教程第一卷第二章脚注 108 至 110 所列的学者外，见 J. H. PINTO FURTADO, *Curso de direito das sociedades*, 4.ª ed., Almedina, Coimbra, 2001, p. 266。

[25] 转载 FERRER CORREIA/ABTONIO CAEIRO 前一章脚注 72。

[26] 但该原则经历了较大转变，见 COUTINHO DE ABREU, *Da empresarialidade...*, p. 204, n. 528。

[27] 更为激进的是 GALGANO 的看法："……尽管法律铸造了法人概念，但并不旨在履行特定的规范功能。将股份公司（sociedade por acções）定性为法人（如同界定社团、财团或国家本身为法人），对确立其法律地位并无多大影响，这从规范公司的法律中便可作出推断"。（*Le istituzioni...*, p. 83）

责任的益处来说明这一功能。这一益处先于法人概念的引入而存在[28]。因此，（之后）立法上确认股份有限公司为法人，后者不是股东有限责任的依据。事实上，法律人格的出现，仅仅是为了对股东有限责任"从理论上予以合理解释，故为后验（a posteriori）证成"，而且是刻意打造的，以便满足占主导地位的企业主/资产阶级的需求：将股东有限责任变为基于法律人格的"自然"结果。正是由于法人概念的问世，有限责任才有可能不被视为一种"特权"或"债务人以其全部财产抵债"（无限责任）一般原则的例外。非但如此，有限责任本身还变为一般原则予以适用。这一切使得如下主张具有正当性，即股份有限公司的股东不以自身财产对公司债务承担责任。为什么？因为对于股东而言，自然而然，公司的债务属于他人债务，如同"A 先生对 B 先生的债务不承担责任"的道理[29]。[30]

关于合伙是否拥有法律人格的问题一直有争议。

持否定论的学者包括：C. A. MOTA PINTO（*Teoria geral do direito civil*，3.ᵃed.，2.ᵃ reimpr.，Coimbra Editora，Coimbra，1988，pp. 294 - 295）；PIRES DE LIMA ／ ANTUNES VARELA（*Código Civil anotado*，vol. Ⅱ，4.ᵃ ed.，Coimbra Editora，Coimbra，1997，pp. 287 - 288）；PINTO FURTADO（*ob. cit.*，pp. 254，ss.）；RAÚL VENTURA（*Fusão，cisão，transformação de sociedades*，Almedina，Coimbra，1990，p. 458，ss.）。

持肯定论的学者包括：J. CASTRO MENDES（*Direito civil - Teoria geral*，I vol.，reimpr.，AAFDL，Lisboa，1988，pp. 281，ss. ——但仅针对按《民法典》第 167 条具体要求而通过公文书所设立的公司，参见第 158 条）；OLIVEIRA ASCENSÃO（*Direito civil...*，pp. 309，ss. ——设有企业的公司）；CARVALHO FERNANDES（*ob. cit.*，pp. 504，ss. ——针对按《民法典》第 158 条第 1 款及第 167 条所设立与管理的公司）；P. PAIS DE VASCONCELOS（*Teoria geral do direito civil*，vol. I，Lex，Lisboa，1999，pp. 118，ss. ——所有对应《民法典》第 980 条及

---

[28]　有关十六世纪和十七世纪的殖民公司，见第二章（5）。

[29]　GALGANO，*últ. ob. cit.*，p. 84.

[30]　为更加具体阐明隐藏式思想上的功能，见笔者 *Da empresarialidade...*，pp. 196 - 197——此处可见作家 STEINBECK 的 *As vinhas da ira* 的精彩片段……

随后数条规定的类型的合伙均具人格）。[31]

肯定论者着重指出《民法典》多个条文（第 997 条至第 1000 条、第 1007 条 d 项、第 1010 条、第 1014 条至第 1016 条）赋予合伙主体性及其财产独立性。

然而，否定论者的论据似乎更有道理。《民法典》在专为"法人"的一章中未提及合伙，而是在"特别合同"一编中的一章中予以规范。尽管可以将法人的"规范性承认"看作默示性的，但有一事实值得注意，即法律明确将法律人格赋予各种同业公会（《民法典》第 158 条、《公司法典》第 5 条、《合作社法典》第 16 条、第 148/90 号法令第 1 条及第 4/73 号法律第 4 条），却绝无以此明确的方式将人格赋予由《民法典》规范的合伙。对同业公会赋予人格，始终以公共当局（公证员或登记局）的监管为前提，而设立合伙的合同并无此要求（《民法典》第 981 条），因此，如借公证书合同所设立的合伙有人格，却否定（相同制度之）其他类型的合伙，这有些前后矛盾。另外，《民法典》除了没有明确认可合伙的人格外，还规定了一些如承认人格则看起来属不必要或不相协调的内容——尤其是第 995 条第 2 款（"份额让与须遵守为公司财产移转而要求的形式"）及第 1000 条（"不可接受的各种补偿"）。尽管法人的确有财产自主性，但非人格化的团体亦可有财产独立性——比如《民法典》第 196 条、第 198 条第 1 款及第 2 款（"无法律人格的社团"）。如上所述，法律主体性并不要求人格，也不应与人格相混淆。并且，多项法规将合伙作无人格实体处理——例如：《公司法典》第 36 条第 2 款（"尚未取得人格的公司受合伙制度规范"）；第 130 条第 2 款、第 3 款及第 6 款（"合伙组织变更为人格化的商事合伙时，后者'继承'前者，无论是'形式上'变更，抑或'终止性'变更"）；《民事诉讼法典》第 6 条 c 项（"当事人能力延伸至无法律人格的实体，如合伙"）；《法人所得税法典》第 2 条第 1 款 b 项及第 2 款；《不动产有偿移转的城市税法典》第 2 条第 5 款 e 项及 f 项；《支付

---

[31] 德国主流意见认为合伙无人格，但有学者从合伙的转换权（Umwandlungsgesetz）中为合伙具有人格找到依据，见 THOMAS RAISER, *Gesamthand und juristische Person im Licht des neuen Umwandlungsrechts*, AcP, 1994, pp. 495, ss.；法国 1978 年引入《民法典》第 1842 条规定："合伙经登记后亦取得人格"；西班牙亦然，见 J. M. EIZAGUIRRE, *La subjectivación de las sociedades de personas*, RdS n.° 14, 2000, pp. 85, ss.。

不能及企业重整法典》第2条第1款a项及d项。

无论如何，尤其有必要强调的是，有关合伙是否具有人格的难题同样揭示了法人概念规范功能的贬值与弱化（法人可及，同样无人格实体可借由法律允许而可及）。法人制度基本上由法律确定。实际上，将合伙视为法人或非法人，究竟有何不同？

2.2　法律人格（及法律主体性）否认制度

2.2.1　概述

"法律人格否认"（desconsideração da personalidade colectiva）这一制度同样显示法律人格不具绝对性的一面。

如上所述，公司作为法人，是自主权利主体，独立于其成员（股东同为自主权利主体）而存在。然而，该所谓"独立"不应予以过分解读：公司并非因其自身、为其自身而存在，而是因股东、为股东而存在；公司是股东的工具（因此两者之间存在紧密关联）。另一方面，公司财产并非真正为法人本身利益服务，而是为了股东的利益服务，这种对法律人格的实质化解析开启了"否定"法律人格的路径；正是基于对公司的人—财结构的考量而在特定情况下会"揭开法律人格的面纱"，从而排除适用所谓的"分开原则"（*Trennungsprinzip*）。

我们可将公司法律人格的否认界定为排除适用公司相对其股东所具有的法律主体及其财产的独立性。[32] 法律人格否认的正当性诉诸法律上的解释，尤其是对法律规定及法律行为的目的论解释，以及基于禁止权利滥用

---

[32]　这一现象肇始于美国，被称为"刺破面纱"。在盎格鲁-撒克逊法中尚用其他表述，最常见的是"揭开公司面纱""法律实体否认"（参见 PH. I. BLUMBERG, *Amerikanisches Konzernrecht*, trad. , ZGR, 1991, p. 335；P. VERRUCOLI, *Il superamento della personalità di capitali nella common law e nella civil law*, Giuffrè, Milano, 1964, pp. 1–2）；德国（就该问题形成了较深层次的理论）表述为"Durchgriff durch die juristische Person"（接近"刺破面纱"），参见 WIEDEMANN, *ob. cit.*, p. 218；葡萄牙学界一直倾向于表述为"法律人格否认"（与"法律实体否认"相对应）。有学者在术语上选择表述为"揭开法人之人格"（与"揭开公司面纱"相对应），除了认为"否认"一词不雅之外，尚因其"远离我们传统的盎格鲁-撒克逊式表述"，且具有"明显的贬义味道"，见 MENEZES CORDEIRO, *ob. cit.*, pp. 102–103。笔者认为，有关表述关键在于其含义为何。考虑到"法律人格否认"一语所传递的信息，笔者并不认为"否认"一词对于"被指称者"（并非自然人）表示或暗示任何不雅或贬义。就"揭开法律人格"表述，除了更接近"盎格鲁-撒克逊"的用语外，似乎并不更好（倒是可能引起"大兵营房笑话"，但法律并不搞笑……）。

制度的运用——均由法律人格实质性的理念（分离原则的非绝对化）予以支持。从方法上，法律人格否定机制是由两大（传统）支柱（禁止权利滥用与目的论解释）构成，并由晚近夯实的地基予以支撑——非形式化、非绝对化的法律人格实质性理念（体现在公司与股东之间并不存在不可逾越的界限）。[33]

为能系统说明法律人格否认的方法，应区分两组情况：一组是归因情况（*Zurechnungsdurchgriff*）——包括股东对特定事由的知情、身份或行为表现等可作为参考；另一组是归责情况（*aftungsdurchgrift*）——就此打破有利于某些股东的有限责任规则（或不对公司债务承担责任的规则）。[34]

除了法律人格实质化的视角外，如上述目的论解释在归因情况一组中占支配地位，则有关权利滥用规范在归责情况一组中占支配地位：当股东利用作为法人的公司（原则上具有完全的财产自主性）这一"制度"，并非（或主要不是）为了借此工具实现公司的利益，而是为了侵害公司债权人的利益，或者用更接近《民法典》第 334 条的表述，当超出了设立与运作（或不运作）公司之权利的社会或经济目的限度时，股东丧失"责任有限"的保障，即对公司债权人承担责任。

2.2.2　归因的情况

a）一人因顶让（trespasse）而（明示或默示）有义务在特定期限内与受让人不产生竞业关系，如其设立一家经营范围与被转让商业场所经营范围相同或类似的一人公司，或加入一家与受让人存在竞业关系的公司，并在其中担任行政管理职务或成为大股东时，即违反上述禁止竞业义务（公

33　所有这些皆因以下事实得以加强，即某些法律规范同样采用"否认"方案（从而有助于完成至少一些案件中超越法律人格的任务）。例如，《公司法典》第 84 条（唯一股东在公司无偿还能力情况中的责任）、第 180 条第 4 款、第 254 条第 3 款及第 477 条（当公司的股东或行政管理机关成员有占其他公司资本等同或超过 20% 出资或盈余时，被视为其与公司存在竞业关系）；《不动产有偿转让的市政税法典》第 2 条第 2 款 d 项（为有偿转让不动产的市政税效力，"取得拥有不动产的无限公司、两合公司或有限公司的出资，且因取得、销除或任何其他事实而使股东持有占公司资本至少 75% 出资，或股东数量减至夫妻两人并采用一般财产制或取得财产制时，该等取得行为视为不动产的移转"）；1990 年 4 月 5 日第 11/90 号法律（"私有化框架法"）第 13 条第 4 款（为限制重新私有化程序中可取得股份的数量，"两家或多家实体间存在一般出资或互相出资超过 50% 资本，又受同一股份持有人控制时，均视为一家实体"）。

34　关于法律人格否认的理念演变，见 COUTINHO DE ABREU, *Da empresarialidade...*, pp. 206, ss.；进一步阐述见 M. FATIMA RIBEIRO, *A tutela dos credores da sociedades por quotas e a "desconsideração da personalidade jurídica"*, Almedina, Coimbra, 2009, pp. 76, ss.。

司作为法人的面具被摘下后，所看到的是股东与受让人之间的竞业）。

b）一位或一组股东将全部或多数的出资卖予一位或更多（联合一起的）主体，这与出卖公司企业并不等同（不是一回事）。然而，在某些情况下，为特定效力，前者可与后者等同，从而将客观意义上企业的出卖制度适用于公司出资全部或部分卖出：尤其为适用被设定负担之财产或有瑕疵之物的出卖制度（《民法典》第 905 条及随后数条与第 913 条及随后数条）与禁止竞业的默示义务制度效力。[35]按教义，这一方案亦可纳入法律人格否认的框架中——基于法律人格的实质性理念而对公司出资买卖合同作目的论解释，这会得出如下结论，即允许将仅能由公司出卖的财产（公司企业）同样可由股东出卖。[36]

c）根据《民法典》第 877 条规定，禁止父母或祖父母在未经其他子女或孙子女同意的情况下将某物卖予子女或孙子女，否则可撤销。因此，父母如将一商业场所卖给由一位或多位子女设立的一家公司而未经其他子女同意，则可撤销该买卖合同（揭开公司人格的面纱后，所看到的是欲取得有关财产的子女，尽管其以公司名义采用间接方式取得财产）。[37]

d）对某些法律行为宣告无效或撤销不可对抗善意第三人（《民法典》第 291 条）；"因汇票而被诉之人，不得以基于其与出票人或前手持票人间之个人关系之抗辩"不可对抗善意的间接持票人（《有关汇票与本票的统一法律》第 17 条）。然而，考虑到公司与其唯一股东间紧密的关系，该股东从该公司取得票据时，不可主张基于善意所享有的不可对抗性。

e）在某些利益冲突的情况下，股东不得行使投票权（《公司法典》第 251 条及第 384 条第 6 款）。一公司控制另一公司的股东时，对前者的投票限制延伸至后者，反之亦然。

2.2.3　归责的情况

a）公司资本被（股东）掏空（descapitalização）。

设想一家"有限责任"公司存在清偿能力的问题（或在短期内可预见存在该问题），股东们（无论是否行政管理机关成员）将（全部或大部分）

---

[35]　进一步阐述见 COUTINHO DE ABREU, *ob. cit.*, pp. 342, ss.。

[36]　见波尔图中级法院第 17/2/2000 号合议庭裁判，载于 2000 年《司法见解汇编》第一卷，第 220 页（Ac. da RP de 17/2/2000, CJ, 2000, Ⅰ, p. 220）（在很大程度上看法一致）。

[37]　见波尔图中级法院第 13/5/1993 号合议庭裁判，载于 1993 年《司法见解汇编》第三卷，第 199 页（Ac. da RP de 13/5/93, CJ, 1993, Ⅲ, p. 199）。

生产迁至由其设立（所营事业相同或类似）的新公司（试图以更丰富的经验及优越条件"重新再来"，而老公司却"已无利可图"），或者迁至股东们已有的另一公司；第一家公司停止经营或因在很大程度上减少经营而在很短时间内倒闭，因而不能履行对第三人所负的债务[38]。

在该情况下，第一家公司的法律人格应被否认，有关公司财产独立于股东财产的规则未得到奉行，因而排除适用仅公司财产对法人债权人承担责任的规定，以使得股东的财产对公司债权人承担（补充）责任。

有关行为属于滥用法律人格。为促进投资，法律向那些拟通过公司开展经济活动的主体提供"有限责任"制度的优势，以规避风险。然而，这并不意味着允许股东利用有限责任公司作侵害债权人利益的工具。众所周知，当一家公司（已经或即将）陷入危机时，股东没有重新注资的义务，可以解散告终，事实上，行政管理机关成员有义务请求法院作出无偿还能力的宣告。然而，法律不允许股东加重或引爆危机以缩减公司的资本，将之"冷却"清算或耗尽而损害公司债权人的利益。更不能容忍的是股东在其他公司继续经营相同活动：非但不对危机中的公司进行（再）投资，反而将该公司的资本转移至其他公司，致使有关公司债权人的权利得不到任何保障。

权利滥用（机构滥用）系属不法。若再加上（如同上述假设）股东过错（故意或过失）、对债权人产生的损害，以及损害与不法行为和过错间存在因果关系，则构成股东向公司债权人承担责任的前提条件——尽管公司为债务人，以及上述（被排除适用）"分开原则"[39]。[40]

所谓资本被掏空，类似于德国（司法见解与学理）论及的公司"名存实亡"（*Existenzvernichtung*）。[41]

---

[38] 在这种情况下，财产从"老公司"无偿转移至"新公司"，这使行政管理机关成员（亦）对公司债权人承担责任（第 78 条第 1 款）——无论是否有先前的股东决议（无效决议：第56 条第 1 款 d 项和第 6 条第 1 款）。但这并非界定"资本被掏空"的根本。顺便指出（并针对学界与司法界含糊其辞）：通过否认法人格而使股东（非行政管理机关成员）承担责任。

[39] 有关权利滥用之行事（及其他前提）的民事责任，见 COUTINHO DE ABREU, *Do abuso de direito – Ensaio de um critério em direito civil e nas deliberações sociais*, Almedina, Coimbra, 1983, (reimpr. 1999, 2006), pp. 76 – 77 及所述文献。

[40] 分析有关造成资本被掏空的司法案例，见 COUTINHO DE ABREU, *Diálogos com a jurisprudência*, II – *Responsabilidade dos administradores para com credores sociais e desconsideração da personalidade jurílica*, DSR, 3, 2010, pp. 49, ss. 。

[41] 上述有一些情况不包括在掏空资本范围内（而是应当纳入《公司法典》第 6 条规定）。见 COUTINHO DE ABREU, *últ. ob. cit.*, pp. 58 – 59。

德国联邦最高法院对于股东因"名存实亡"所负的责任一直有不同的见解，在德国学界更是如此。在 2001 年 9 月 17 日 Bremer Vulkan 案与 2007 年 7 月 16 日 Trihotel 案之间，先是主流学理支持股东直接对外承担公司负债（*Durchgriffshaftung*）；自 Trihotel 案后，主流学理转而支持股东基于《德国民法典》第 826 条规定（"以违反善良风俗的方式故意造成损失"）对公司承担（内部）责任。

葡萄牙学理惯于（许多时候不加批判地）引进德国的法律方案。然而，就 Trihotel 案司法见解，不建议盲目加以吸纳。何况事实上，该案也没有说服多位德国学者。例如，有学者对《德国民法典》第 826 条所指故意要件的局限性进行批判；另有学者指出该司法见解忽略股东有时主要侵害公司债权人而非公司的利益，因此，股东（直接对债权人承担）外部责任的规范更为合理。然而，葡萄牙学者采取的一种做法是以违反善良风俗而主张权利滥用（《民法典》第 334 条）。尽管善良风俗的不确定不会对要求故意的要件构成产生不便，但是，笔者仍然（在第 1334 条框架内）倾向于机构滥用的理念（由该条最后部分规范所支持）——与公司债务人的财产自主性的排除适用有关（股东财产与公司财产一并满足公司债权人）。

在上述 Trihotel 案之前，多位学者基于股东违反对公司的忠实义务而主张其就"名存实亡"对公司承担（内部）责任；该裁判作出之后，一些学者仍（一并）主张上述忠实义务说。

的确，在导致资本被掏空的情况下，忠实义务被违反——该义务要求每一股东不可作出与公司利益或与公司有关联的其他股东的利益不相兼容的行为[42]。因此，违反忠实义务的股东须对公司承担（内部）责任。

即便如此，笔者认为在该等情况下应优先通过否认法律人格机制使股东对公司债权人承担责任。当公司人格被滥用时，股东（几乎总是故意地）对公司债权人造成损失，因此，债权人应具有直接起诉股东的正当性。

事实上，很多时候公司（通过其行政管理机关）或任一股东不太可能会为公司利益针对违反忠实义务的股东提起追究责任之诉。

因此，有必要使得公司债权人在公司与股东不作为时可针对违反忠实义务的股东代位提起诉讼以行使损害赔偿权（见《民法典》第 606 条）[43]。

---

[42]　关于股东忠实义务，见下文第五章（2.2.3）。

[43]　FÁTIMA RIBEIRO，*ob. cit.*，pp. 622，ss.．

b）财产混同。

设想 A 与 B 是夫妻，也是一家有限公司的仅有股东，习惯将公司财产如同夫妻共同财产处理：财产常在二人之间流转，并无记账或记账不全，导致无法严格区分股东财产与公司财产，以及无法监管是否遵行了有关公司资本维持的规则。

在这种情况下，一旦公司陷入无偿还能力状态，股东不可对公司债权人主张有限责任而对公司债务不承担责任，因其违反了"分开原则"，不遵从公司财产的独立原则，故应当对债权人承担责任。[44]

c）资本不足（subcapitalização）。

处于资本实质不足的状态是指公司不具有从事有关活动足够的本身资本（基本上由对应公司资本与公积金的财产组成）[45]，而这一不足甚至无法由股东借贷予以补充。资本明显实质不足意味着可被股东轻易察觉。资本不足可以是自始的——公司资本与股东拟通过公司从事的活动所要求的资本之间存在异常的比例失调；资本不足亦可是嗣后的——因重大损失或公司活动的扩张而使本身资本的欠缺嗣后显现。

股东自可通过公司作为，而公司可给予股东有限的风险（风险仅限于丧失出资额，不是对公司债务承担责任），从而将很大部分的交易风险转移至第三人。然而，有限责任不应仅对股东或主要对股东产生益处，而对公司债权人产生损害；公司的风险分担有其尺度，股东不可转嫁风险而侵害第三人的利益。

如此而来，当公司已处于明显的资本不足情形时，股东仍将公司引入商业交易或维持交易，则应认为股东滥用了公司的法律人格。如公司因资本不足而陷入无偿还能力的状态，通过法律人格否认，股东应对公司债权人承担无限责任。如资本（明显）不足是自始或初始性的，原则上，全部（有过错——问责要件之一）股东承担责任；如资本不足是嗣后的，则由（能够表决作出增资或公司解散决议的）控股股东承担。[46]

---

[44] 有关葡萄牙以外国家文献说明及下文 c 项所述，详见 CONTINHO DE ABREU, *Diálogos…*, pp. 61 – 62。

[45] 结合公司活动的性质、规模及相关风险——不可避免的合同义务；可能的合同外义务。

[46] 葡萄牙同样允许在特定的资本实质不足情况下否认公司的法律人格（P. TARSO DOMINGUES, *Variações sobre o capital social*, Almedina, Coimbre, 2009, pp. 389, ss.）。

然而，并非所有人都接受上述看法。持反对意见的人认为，如果法律仅要求股东提供最低限额的资本以受益于有限责任制度，亦即，法律不要求股东缴付对应公司所营事业的充足资本，那么如何要求股东对公司债权人承担责任？……[47]然而，该问题并不具有狭义上的合法性（legalidade estrita）。遵守资本下限（大多非常低）这一法律要求，并不妨碍滥用法律人格，此举损害的是债权人的利益，而非公司本身（或股东集体）的利益，因此，股东可能承担的是对债权人的责任，而非对公司的责任（即属对外责任）。

有必要补充一点，上述不应适用于知悉公司资产不足但为投机目的主动承担风险的"实力强大"的债权人（尤其是大供应商或金融机构）[48]。

2.2.4　最后说明

顾名思义，法律人格否认问题通常与法人有关，但如上所述，无人格的公司同样具有法律主体性。因此，上述所有或几乎所有法律人格否认的事例均可适用于不具有人格的公司，亦即，同样存在"法律主体性的否认"（desconsideração da subjectividade jurídica）。

尽管学界对法律人格（与法律主体性）否认制度多有批判（如"教义"匮乏、缺乏清晰性、模糊、不确定性等），但是，该制度能够有效解决由股东不当行为造成的公司运营失常问题。

3. 公司的权利能力

3.1　受公司宗旨的限定

对于公司的权利能力（或享有权利的能力）问题——公司可拥有权利

---

[47] 见 A. MOTA PINTO，*Do contrato de suprimento – O financiamento da sociedade entre capital próprio e capital alheio*，Almedina，Coimbra，2002，pp. 127 – 128（在第 128 页及随后数页中，该学者指出股东因过错违反公司所安排的一般融资义务而向公司承担责任；第 131 页总结，"这一方案在笔者看来是合理的，并且在教义上对最为严重的资本实质不足情况也是合适的：股东因不为公司提供资金而承担合同责任。该方案尽管有'直接责任'的新颖性，但可调试解决有关问题"）；FÁTIMA RJBEIRO，*ob. cit.*，pp. 234，ss.，640［在第 212 页脚注 205 中，该学者认为法律接受无（几乎无）最低资本的公司——很多国家的普遍做法，使追究资本不足的责任变得不可行。与此对立的看法，见 TARSO DOMINGUES，*ob. cit.*，p. 171］；还有学者认为在该情况下否认法律人格并不容易，且并非十分审慎，见 R. PINTO DUARTE，*A subcapitalização das sociedades no direito commercial*，Fisco n.° 76/77（1996），p. 63。

[48] 这不适用于非自愿的债权人或"实力薄弱"的债权人（谈判实力弱，不可能要求补充担保）。

义务之程度的问题，可（在不同时空维度下）有不同的看法[49]。

在十九世纪（适用"特许制度"时期），盛行的理念是公司权利能力受章程的限定。在某些国家（如德国与意大利[50]），长期主张公司享有一般权利能力的理念：公司可以成为所有权利义务的主体，只要该等权利义务与非人类之法人的性质兼容，且不被法律明确禁止。在普通法中实行"越权行为说"（ultra vires doctrine），即公司超越公司章程规定的经营范围（所营事业）的行为无效，不可由股东补正，即使一致同意追认亦然[51]。另一种情况是公司能力受其营利目标约束，这是目前葡萄牙采用的方案。

显然，一般权利能力制度在保护商业交易方面更加安全与迅捷——有意同公司进行交易的第三人无须探究有关法律行为是否纳入公司所营事业或宗旨范畴（或者是否同章程订定的其他限制规定相容）。然而，限定性、功能性或具体性的能力制度更有助于保护股东的利益（尤其是少数股东的利益），以及当该等限制基于营利宗旨而订定时，也会保护公司债权人的利益（债权人可以就导致担保其债权之财产减少的公司行为采取措施）。

接下来分析《公司法典》有关规定。第 6 条标题为"能力"，其中第 1 款规定，"公司的能力包括为实现其宗旨属必需或适当的权利义务，除非被法律禁止或与自然人格不可分开"。[52] 因此，除了被法律禁止（例如《民法典》第 1484 条及随后数条适用于自然人的使用权与居住权规定）[53] 或不能与自然人的人格分开的权利义务（例如基于婚姻或收养的亲属权利）之外，任何对公司目的达成（如同《民法典》第 160 条针对一般私法人的规定，以及《公司法典》第 6 条所确认的专门原则）而属不可或缺或有用的权利

49　G. CASELLI, *Oggeto sociale e atti ultra vires*, Cedam, Padova, 1970, pp. 124, ss. .

50　K. SCHMIDT, *ob. cit.*, pp. 221, ss., CASELLI, *ob. cit.*, pp. 129, ss. .

51　见 PALMER'S *Company Law*, 25th ed., Sweet & Maxwell, London, 1992 – 1998, p. 2217。然而，根据欧盟法，公司能力在英国不受上述学理限制（见 *ibid.*, pp. 2120, ss. ）。

52　尽管该法条接续另一标题为"人格"的法条，并且是题为"人格与能力"一章内仅有的两条规定，但如上所述，权利能力并非仅与人格化公司有关。

53　除了一般的法律限制（可对抗所有公司）之外，尚需注意存在特定的法律限制。例如，《信用机构与金融公司的一般制度》第 8 条规定，仅信贷机构和其他特定实体可以开展接受公众存款或其他可偿还资金的活动（第 1 款和第 3 款），以及仅信贷机构和金融公司可以从事第 4 条第 1 款各项提及的活动（第 2 款）。因此，本规定中未提及的公司不具备从事上述行为和活动的权利能力。

和义务均可纳入公司能力范围[54]。

正如第一章（2.4）所指出的，公司宗旨是追求营利，并将所得盈余分派给股东。这就是第 6 条第 1 款所规定的公司"宗旨"含义；同条第 2 款至第 4 款对此进一步确认：原则上，对其他实体的债务（无偿）作出的慷慨行为与物或人之担保，同公司宗旨相抵触（第 2 款与第 3 款）；公司所营事业对公司能力不构成限制（第 4 款）[55]。[56] 因此，无偿行为，即公司对第三人所提供无对价的给付或恩惠行为[57]，原则上因与实现公司宗旨非属必要或适宜，也因抵触这一宗旨，而不属公司能力范围[58]。

公司能力之外作出的行为，即违反营利宗旨的行为（如赠与、使用借贷、无偿消费借贷及无偿提供担保）均属无效[59]。第 6 条第 1 款属强制性规范，尤其意在保护公司债权人与股东的利益；不可因股东意思（即使一致同意）而排除适用，无论该意思是通过章程还是决议作出（参见第 9 条第 3 款）。如某一公司通过代表机关作出任一上述行为，可由任何利害关系人，尤其是股东与公司债权人随时主张无效（参见《公司法典》第 2 条及《民法典》第 294 条），尚可由法院依职权宣告无效（《民法典》第 286 条）[60]；如股东或行政管理机关决议许可该等行为，有关决议同样无效（《公司法典》第 56 条第 1 款 d 项及第 411 条第 1 款 c 项）。

然而，有必要进一步指出，法律并不仅因一项行为的无偿性而视之为公司能力范围之外的无效行为；无偿行为如显示对取得利润属必要或至少适宜时，则其可以包括在公司能力可及范围之内，因此，公司可有效作出

54　尽管表面上有违这一原则，然而，民事责任导致的义务包括在公司能力中（第 6 条第 5 款）；对于该问题，见 MANUEL DE ANDRADE, *ob. cit.*, pp. 131, ss.。

55　不同看法——强调所营事业或"直接宗旨"，见 PEDRO DE ALBUQUERQUE, *Da prestação de garantias por sociedades comerciais a dívidas de outras entidades*, ROA, 1997, pp. 100, ss.。

56　上文第一章（2.4）提到某些有公共资本的公司（尤其是通过法律创设的）无营利宗旨。尽管如此，仍适用我们将探讨的能力限制制度。

57　MANUEL DE ANDRADE, *ob. cit.*, vol, Ⅱ, pp. 54, ss.。

58　C. OSÓRIO DE CASTRO, *De novo sobre a prestação de garantias por sociedades a dívidas de outras entidades: luzes e sombras*, ROA, 1998, pp. 840, 843.

59　相同看法见 MOTA PINTO, *ob. cit.*, pp. 318–319；不同看法见 OLIVEIRA ASCENSÃO, *Direito Civil...*, pp. 266, ss.。

60　《民法典》并非将无权利能力作出法律行为者实施的行为全部作无效处理：无行为能力人所立遗嘱是无效的（第 2189 条与第 2190 条），但其缔结的婚姻是可撤销的（第 1601 条 a 项及 b 项及第 1631 条 a 项），收养也是可撤销的（第 1850 条第 1 款及第 1861 条第 1 款）。总而言之，除了法律专门另行规定结果的情况（如前述两例）之外，违反法律强制性规定的法律行为无效，见第 294 条。

该行为。假设 A 公司为 B 公司签署了一张汇票，以便使 B 公司能从一家银行获得贷款[61]，又或 A 向 B 提供无息贷款；B 是 A 的一个重要客户，如 A 不提供此类（无偿）协助，则 B 岌岌可危。由此可见，A 的行为对达到 A 的营利目的，即使不是必要的，也是有用的[62]。

公司的能力不应与约束力混淆；对能力的限制不等于对行政管理机关的代表权利的限制[63]。不妨设想两个不同周长的同心圈。大圈与权利能力（的程度）有关。公司通过一个或其他机关又或更多机关，可作出该圈范围内一切事情，并且对内对外均有意义；不得作出该圈之外的事情，否则无效。大圈里面的小圈与约束（力）有关。对于权利能力圈之外的行为（无效行为），公司通过代表机关对第三人不产生关联、义务或约束（此时仅涉及外部关系）；约束之圈不可在能力圈之外，须在其内且（仅就外部关系而言）其范围更小。另一方面，公司不会对其有能力作出之具有外部意义的所有任何行为负有义务——代表机关的约束力受法律规定限制，并在某些情况下受公司合同限制（参见第 192 条第 2 款、第 260 条第 1 款及第 409 条第 1 款），这一事实同样影响到约束之小圈。仍有必要指出，对公司不产生约束的一项行为原则上对公司是不产生效力的；公司权利能力外的行为属无效行为[64]。

3.2 不受公司所营事业的限制

在《公司法典》颁布之前，对于公司所营事业是否限制公司能力这一

---

61 A. FERRER CORREIA（c/colab. de PAULO M. SENDIN, J. M. SAMPAIO CABRAL, ANTÓNIO A. CAEIRO e M. ÂNGELA COELHO），*Lições de direito comercial*，vol. III – *Letra de câmbio*，ed. Copiogr.，Universidade de Coimbra，1975，pp. 49，ss.。

62 有关特定慷慨行为与无偿担保的有效性，详见下文（3.3）。

63 相反看法［第 6 条规定尤其与约束力问题而非与（无）权利能力有关，该条应与第 260 条第 1 款及第 409 条第 1 款（标题均为"公司的约束力"相关）］见 PEDRO DE ALBUQUER-QUE，*ob. cit.*［跟随 OLIVEIRA ASCENSÃO，*últ. ob. cit.*，pp. 263，ss.（但该作者不主张同样后果，见 *ibid.*，p. 268）；PAIS DE VASCONCELOS，*ob. cit.*，pp. 106，ss.；有的学者批判第 6 条第 1 款、第 2 款与第 3 款的方案，但未论及上述混淆或一致之处，见 A. CARDOSO GUEDES，*A limitação dos poderes dos administradores das sociedades anónimas operada pelo social no novo Código das Sociedades Comerciais*，RDE，1987，pp. 135，ss.］。

64 有关公司约束力问题，另详见下文第七章（2.2）。

问题规范不甚明确[65]。现行法典第 6 条第 4 款对此明确否定："订定公司所营事业或禁止公司作出特定行为的合同（更确切地说是章程）条款和公司决议不限制公司能力，但为公司机关设立不超出所营事业或不作出这些行为的义务。"[66]

当考虑到行为的作出时间，所营事业对行为作出不起作用而公司可按章程作出有关行为（第 11 条第 2 款），或者当在两者之间不存在（手段——宗旨）工具性关联时，该公司行为可超出所营事业范围或与其不相关[67]。

例如，一家从事家庭用品批发业务的公司购买一家生产汽车地毯的企业的行为不算作无效；同样，该公司购买楼房为了短期租给第三人或以低价租给股东的行为也不算作无效。尽管这些行为在该公司所营事业之外，但该公司有能力作出该行为——因为没有违反公司宗旨。

但是，订立公司章程的所营事业并不是完全没用[68]。从第 6 条第 4 款后半部分规定就可以看出，公司机关有义务不作出超出其所营事业范围的行为。违反了这个义务应导致（可导致）惩罚（但不等同于无效）。为了某些效力，我们须把无限公司与一般两合公司分为一组，把有限公司、股份有限公司与股份两合公司分为另一组。

在第一组公司中，经理没有"权限"，缺乏代表权来作出公司所营事业范围之外的行为（第 192 条第 2 款第 3 款）。结果是，与所营事业无关的行为相对公司而言是没有效力的（《民法典》第 268 条第 1 款）；只有在全体股东一致明示或默示追认该等行为时，才是有效的（第 192 条第 3 款）[69]。[70]

不同的是，在有限公司、股份有限公司和股份两合公司中，一般来讲，行政管理机关成员有足够的代表权使与公司所营事业无关的行为对公司产生约束力（参见第 260 条第 1 款及第 409 条第 1 款，亦参见第 431 条第 3 款

65　RAUL VENTURA, *Objecto da sociedade e actos ultra vires*, ROA, 1980, pp. 40, ss., L. BRITO CORREIA, *Parecer sobre a capacidade de gozo das sociedades anónimas e os poderes dos seus administradores*, ROA, 1997, p. 760, n. 27.

66　这与有关公司的第 1 号公司法指令第 9 条第 1 款第 1 段一致。

67　CASELLI, *ob. cit.*, p. 103.

68　见上文第三章（2.2d）。

69　该等法律行为不产生效力亦可由参与其中的第三人提出，但须证明其不知悉经理行为超越所营事业范围（参见第 192 条第 4 款）。

70　上述决议因违反公司合同有关所营事业的规定，可予撤销（第 58 条第 1 款 a 项）。然而，如该等决议经一致通过，其可撤销性实际不可能被提出（参见第 59 条第 1 款）。

和第 478 条）[71]。但是，当出现第 260 条第 2 款和第 409 条所规定的情况时[72]，"公司可以就其所营事业产生的权力限度对抗第三者，如根据具体情形得以证明第三人知情或不可能不知情所作行为并不符合章程，以及公司并未通过股东（第 409 条提及的是股份有限公司的股东，而非其他类型公司的股东）明示或默示决议而承认该行为，则公司不受所营事业之外的行为约束，该行为对公司不产生效力"[73]。亦即，如能证成以下两个条件（分别为积极条件与消极条件），公司可以主张超越公司经营范围的行为（对其）不产生效力：根据具体情形（例如：行政管理机关成员代表公司参与交易，而第三人为经理配偶或曾经是经理、公司高管），证明第三人知悉（须知情或应知情，"不应不知情"）有关行为超出公司所营事业范围[74]；股东决议不承认该行为[75]。

其他针对作出公司所营事业范围外的行为可能的处罚包括：行政管理机关成员向公司承担民事责任（第 6 条第 4 款、第 64 条及第 72 条），以及基于合理事由解除其职务（第 6 条第 4 款、第 64 条、第 191 条第 4 款至第 7 款、第 257 条、第 403 条、第 430 条及第 471 条）[76]。

关于公司所营事业亦须注意《公司法典》第 11 条（"经营范围"）第 4 款与第 5 款的规定。根据第 4 款，公司（通过相应行政管理与代表机关）可无须章程或股东决议的许可，取得任何有限责任类型的公司出资，只要其经营范围与该公司（在章程许可范围内）实际所营事业（完全或所营事业复杂时部分）相同；但是，如章程另有规定（例如禁止取得、限制取得

---

[71] 此为一项特别保护第三人利益的制度，与适用于该类公司的第 1 号公司法指令第 9 条第 1 款第 1 段一致。

[72] 可诉诸第 1 号公司法指令第 9 条第 1 款第 2 段所赋予的权能。

[73] 该规定虽为上述条文所指规则的一项例外，但不足以得出 CARDOSO GUEDES（*ob. cit.*, pp. 150 – 151，154）与 C. OSORIO DE CASTRO（*Da prestação de garantias por socedades a dívidas de outras entidades*, ROA, 1996, p. 573）的结论，即该等公司的行政管理机关欠缺（以公司名义）作出（任何）公司所营事业之外之行为的"代表权"（见 A. SOVERAL, *Os poderes de representação dos administradores de sociedades anónimas*, Coimbra Editora, Coimbra, 1998, pp. 290, ss.）。

[74] 公司章程的法律公示性尽管重要，但不足以作为证据——第 260 条与第 409 条的第 3 款。

[75] 该等决议亦可撤销（第 58 条第 1 款 a 项），但有关决议并非须一致通过（简单多数即可）。如监察机关或未投赞成票的股东均未在合理期限内提出撤销决议（第 59 条第 1 款、第 2 款），则瑕疵获补正。

[76] 我们将在第七章探讨该内容。

数额或要求股东事先决议），则非为如此。然而，该制度有一特别之处，即对有限公司而言：如公司章程另无规定，可由股东就认购或取得其他公司出资作出决议（第 246 条第 2 款 d 项）。在这些情况下，法律不认为取得出资是超越公司所营事业的行为（公司章程无须在所营事业条款中对此情况作出规范）。

另一方面，根据第 11 条第 5 款，仅当章程无条件或有条件（例如订定仅对何种类型或何种所营事业的公司可以出资，或需要股东事先决议——如上所述，仅有限公司无须该条款）许可时，公司才可取得无限责任股东的出资（作为无限公司股东或两合公司中无限责任股东），或取得不同经营范围公司的出资，以及由特别法所规范的公司[77]或企业互助集团的出资[78]。

假如公司章程禁止从经营范围相同的有限责任公司取得出资（参见第 11 条第 4 款）而没有规定从不同经营范围的公司取得出资（参见第 11 条第 5 款）；尽管如此，公司仍从这两类公司取得了出资，那么该等取得不是无效的——公司有能力实施这些行为（第 6 条第 1 款及第 4 款）[79]，但其与公司所营事业无关。因此，此处同样适用上述规则：如取得出资的为无限公司或一般两合公司，则该取得不产生效力（第 192 条）；如从有限公司、股份有限公司及股份两合公司取得出资，一般而言，该取得产生效力（第 260条第 1 款至第 3 款及第 409 条第 1－3 款）[80]。

3.3 公司向第三人作出慷慨行为及提供担保——无能力原则及其例外

如上文（3.1）所述，无偿行为通常不是公司能力可及，但亦提及存在例外情况。具体而言，假如无偿行为是带有慷慨性质的[81]，则该种性质不能

---

[77] 见上文第二章（4）所举事例。

[78] 此处尚应加上欧洲经济利益集团，参见 1990 年 5 月 9 日第 148/90 号法令第 12 条。

[79] 见 RAUL VENTURA, *Sociedades por quotas*, vol. Ⅲ, Almedia, Coimbra, 1991, p. 135（该作者根据第 11 条第 5 款提出不同看法，认为"能否取得出资取决于合同规定，否则公司不具有取得出资的能力"）。

[80] SOVERAL MARTINS, *ob. cit.*, pp. 335, n. 629, 337, n. 633.

[81] MANUEL DE ANDRADE, *ob. cit.*, p. 56.

与毫无利益及利他主义相混淆；慷慨行为是有利可图的[82]——与公司营利目的通常是兼容的，并在公司权利能力范围内（如上提及签发汇票或无偿消费贷款）。

《公司法典》第 6 条针对慷慨行为有具体规定（第 2 款）："按时节习惯及公司本身条件而可被视为惯例的慷慨行为并不违背公司宗旨。"该规范主要指向赠与[83]。并非所有慷慨行为或无偿行为皆为赠与（如无偿消费贷款、使用借贷、无偿质押）。但上文已述，非赠与性质的慷慨行为不一定是无效的，即使不被视为惯例时亦可纳入公司能力可及范围并非必然诉诸第 6 条第 2 款。然而，该规定对于认定某些赠与有效且并不违反公司宗旨是必要的。赠与除了具有慷慨意愿外，尚需给予受赠人财产，且该行为没有相应回报并立即导致债务人的财产减少（《民法典》第 940 条第 1 款）。但是，公司作出的某些赠与具有（或亦具有）谋取某种利益的目的，如促销产品、优化生产力、提升知名度及形象、少缴税——例如，公司馈赠客户及奖励员工（《民法典》第 941 条）、赞助文化体育活动及提供对文学艺术的保护（见 2008 年 6 月 26 日第 108/2008 号法令核准的《税收优惠章程》第 61 条及随后数条）。对于所有该等赠与，如考虑到其作出的时间点及公司财产状况对此允许，皆应被视为"惯例"而纳入第 6 条第 2 款的适用范围。然而，即使无该规范，慷慨行为也应纳入公司能力范围内，只要其对达成公司宗旨是"适宜的"（第 6 条第 1 款）。第 6 条第 2 款应在基于完全利他目的所作赠与的范围内发挥作用。如股份有限公司 X 营收前景良好，（匿名）捐赠 10 万欧元以援助某国家的战争难民，尽管这一赠与没有促使公司追求利润，但是根据第 6 条第 2 款的规定，这不应被视为与公司宗旨相抵触。

除第 6 条第 1 款与第 2 款规定的情形之外，赠与无效（公司对此无作出能力），无论赠与为权利移转至受赠人或承担第三人的债务（《民法典》第

---

[82] 见上引著作，以及 PIRES DE LIMA / ANTUNES VARELA, *ob. cit.*, pp. 239, 240："慷慨行为一般是义举或自发性的，而非基于义务或必要性"。"不应将慷慨精神与利他主义相混淆"。某些财产上的给付实则是真正的赠与（慷慨精神是有关概念的关键），"因为基于私利目的或理由而非利他主义作出，后者特征一般在于财产给付的无偿性"。

[83] 亦见 PEDRO DE ALBUQUERQUE, *ob. cit.*, p. 111. 不同看法见 OSÓRIO DE CASTRO, *Da prestação...*, p. 579, *De novo...*, pp. 840, e 840 – 841, n.38（第 6 条第 2 款规定的慷慨行为为欠缺"慷慨精神，正因如此而不是赠与"；利他赠与如符合第 6 条第 3 款规定的"为公司自身利益"的要件，则属有效）。

595 条以及随后数条)[84]，又或免除第三人的债务 (《民法典》第 863 条第 2 款)[85]。

"为其他实体的债务提供物的担保 (出质、抵押、指定收益用途及特定种类的担保金) 或人的担保 [保证 (fiança)、担保 (aval)] 视为违反公司宗旨" (第 6 条第 3 款)。该款所指担保是以无偿名义作出的，一般违反公司 (营利) 宗旨；倘若存在相应补偿，则视之为符合公司 (营利) 宗旨[86]。

该第 3 款尚就公司对第三人债务无能力提供无偿担保的规则增加了两项例外："有利于担保人公司的自身利益"；或者作为担保人的公司与债务人 (通常为其他公司) "存在控制或集团关系"。有关例外对应第 6 条第 1 款的规定——在该等情况下，(考虑到行为作出的时间) 提供担保对追求公司营利目标显然是必要的或适宜的。

换言之，如在客观上显示提供担保符合所有股东的期许——通过公司取得盈余，可合理解释该担保行为，因其有利于担保人公司。例如，建筑公司 A 向银行 B 提供一项抵押，目的在于担保承揽人 C 向 B 借的债务，以免 C 因无该抵押而无法取得银行贷款，进而影响到 C 在各项工程中担当 A 的转承揽人，在这种情况下，A 被视为有能力提供此项担保。切记，可合理解释的须为担保人公司的利益，即公司股东 (共同) 的利益，更确切地说，是股东与公司有关的利益，公司不可为满足股东公司以外的利益而提供担保。由股东 x、y 及 z 设立的 D 公司不能仅因 E 公司同样由该三位股东设立而为后者出资担保其债务。D 公司的利益 (或者该公司三位股东的共同利益) 是一回事，而 E 公司的利益 (或者该公司三位股东的共同利益) 是另

84　见 1997 年 4 月 22 日最高法院合议庭裁判，载于 1997 年 《司法见解汇编》 (最高法院合议庭裁判) 第二卷第 60 页 [Ac. do STJ de 22 / 4 / 97，CJ (ASTJ)，1997，t，II，p. 60] (在该案中，因未证明无偿性，有关债务的承担被视为有效)。相同看法亦见 BRITO CORREIA, *ob. cit.*，pp. 739，ss. ; M. HENRIQUE MESQUITA，*Parecer*，ROA，1997，pp. 721，ss. ; L. A. CARVALHO FERNANDES/P. O. PITTA E CUNHA，*Assunção de dívida alheia, Capacidade de gozo das sociedades anónimas, qualificação de negócio jurídico*，ROA，1997，pp. 693，ss. 。

85　见 1996 年 12 月 19 日波尔图中级法院合议庭裁判，载于 1997 年 《司法见解汇编》 第五卷第 222 页 (Ac. da RP de 19 / 12 / 96，CJ，1996，t. V，p. 222)。然而，该裁判混淆了不同的问题：能力与约束力，公司宗旨与公司所营事业，等等，因而认定案中债务的免除有效且产生效力。

86　参见 OSÓRIO DE CASTRO，*Da prestação...*，p. 580；1999 年 5 月 20 日波尔图中级法院合议庭裁判，载于 1999 年 《司法见解汇编》 第三卷第 189 页 (Ac. da RP de 20 / 5 / 99，CJ，1999，t. Ⅲ，p. 189)；2000 年 1 月 27 日里斯本中级法院合议庭裁判，载于 2000 年 《司法见解汇编》 第一卷第 100 页 (Ac. da RL de 27 / 1 / 2000，CJ，2000，t. Ⅰ，p. 100)。

外一回事；对前者有利，不一定对后者有益，反之亦然。同时，公司的（无）能力制度同样且强有力地保护公司债权人的利益。为了 E 公司的三位股东得益而使 D 公司的财产面临风险，这样作就是罔顾 D 公司债权人的利益[87]。

倘若担保人公司（或其他利害关系人，例如一位股东或公司债权人）主张担保无效，则不由该公司承担举证不存在可合理解释的自身利益的责任，而应由被担保债务实体的债权人为使担保有效，证明存在第 6 条第 3 款规定的例外情况，亦即担保人公司在提供担保时存在合理的自身利益[88]。有必要指出的是，仅以担保人公司在设定担保时明确声明存在其自身利益这一事实并不足以构成充分的证明[89]。

接下来分析第 6 条第 3 款规定的第二项例外："担保人公司与债务人之间存在控制或集团关系。"有一种解读：假如 H 公司与 I 公司之间存在控制或集团关系，H 公司便有为 I 公司债务提供担保的能力，无论 H 是控制或被控制（第 486 条）、完全控制或完全被控制、领导或从属（第 488 条及随后数条）公司。法律（第 6 条第 3 款）没有区分有关情况，也没有必要予以解释。在任何情况下，均存在"集团"公司（"事实集团"，如属"控制关系"；"法律集团"，如属"集团关系"），因而利益休戚相关；因为存在一种"集团利

---

87 相同判断见前引 2000 年 1 月 27 日里斯本中级法院合议庭裁判（Ac. da RL de 27/1/2000）；不同判断见 1999 年 4 月 13 日波尔图中级法院合议庭裁判，载于 1999 年《司法见解汇编》第三卷第 193 页（Ac. da RP de 13 / 4 / 99, CJ, 1999, t. Ⅲ, p. 193）［公司 F 由 x 及其女儿 y 设立，前者占股 99%，向一银行作楼房抵押以担保由 x 及其配偶 z 所设立之公司 G 的债务。合议庭裁判认为担保人公司 F 对此有合理利益，原因之一在于其大股东亦为急需银行贷款之公司 G 的股东经理……［判决还提到"两公司存在支配与集团关系，因为两公司的大股东均为同一人"。但是，同一自然人为两家公司控权股东的事实本身不足以界定两公司间存在支配关系（第 486 条）或集团关系（第 488 条、第 489 条、第 492 条及第 493 条）……］。

88 相同看法见 OSÓRIO DE CASTRO, *De novo…*, pp. 846 – 847；1999 年 5 月 20 日波尔图中级法院、2000 年 1 月 27 日里斯本中级法院、2000 年 10 月 17 日科英布拉中级法院之合议庭裁判，载于 2000 年《司法见解汇编》第四卷第 37 页（Acs. Da RP de 20 / 5 / 99, da RL de 27/1/2000, da RC de 17/10/2000, CJ, 2000, t. Ⅳ, p. 37）。不同看法见 PEDRO DE ALBUQUERQUE, *ob. cit.*, pp. 133, ss.；2000 年 9 月 21 日最高法院合议庭裁判，载于 2000 年《司法见解汇编》（最高法院合议庭裁判）第三卷第 36 页，以及 2004 年 2 月 5 日埃武拉中级法院合议庭裁判，载于 2004 年《司法见解汇编》（最高法院合议庭裁判）第一卷第 249 页［Acs. do STJ de 21/9/2000, CJ（ASTJ）, 2000, t. Ⅲ, p. 36, da RE de 5/2/04, CJ, 2004, t. Ⅰ, p. 249］。

89 亦见 JOÃO LABAREDA, *Nota sobre a prestação de garantias por sociedades comerciais a dívidas de outras entidades*, in Direito societário português – Algumas questões, Quid Juris, Lisboa, 1998, pp. 187 – 188；不同看法见 1999 年 4 月 13 日波尔图中级法院合议庭裁判（Ac. da RP de 13/4/99）。当发生此事时，担保人公司的行政管理机关成员可能因"合同形成之过错"而承担责任（《民法典》第 227 条；《公司法典》第 6 条第 5 款）——参见 OSÓRIO DE CASTRO, *Da prestação…*, p. 592。

益"而使 H 公司不论处于何种地位，均可为 I 公司的债务提供担保[90]。

这种解读在笔者看来有些过于简单化。集团关系的公司（sociedades em relação de grupo）与控制关系的公司（sociedades em relação de domínio）之间存在很大的不同（按照《公司法典》作出的制度上的安排，仅就前者表述为"公司集团"或"企业集团"是合适的，尽管如今受"全球化理念"下集团模式的影响，普遍将存在控制关系或次级关联公司表述为企业集团……）。

在集团关系中，母公司（soiedades dominantes）与执掌公司（soiedades directoras）"有权对子公司与从属公司的行政管理下达约束性指示"；该等指示甚至可以对子公司或从属公司是"不利的"——只要有利于母公司或执掌公司又或集团中的其他公司（参见第 491 条与第 503 条）。如此而来，很容易对子公司、从属公司及其少数股东、债权人产生损害。为减少或避免该等损害，《公司法典》规定了一些对策。例如，对从属公司少数股东提供"盈余保证"（第 500 条），以及母公司与执掌公司对子公司及从属公司的债权人承担责任（第 491 条、第 501 条与第 502 条）。

控制关系的公司制度则非常不同（葡萄牙法律没有借鉴 1965 年《德国股份公司法》有关规定，因此没有为此类公司规范典型的"集团"制度）。上述为集团关系中公司规定的例外制度，并不适用于控制关系的公司。法律为该等公司作出的特别规定没有多大意义（尤其与所涉问题不相干）。

对于存在集团或控制关系的公司（尤其是后者），用"集团利益"来表示集团本身的利益，即组成集团之所有公司的共同、优先于各个公司的利益，至少是令人质疑的[91]。唯当意指"集团中的执掌公司或其他公司的利益"可合理解释牺牲从属公司（或完全被支配的公司）的利益（《公司法典》第 503 条第 2 款）而使用"集团利益"时方可被视为得当。如该用语意指集团所有公司的共同利益，并以此指导每一公司机关的行为，在笔者看来，是不妥当的。（非对等型）公司集团并非基于平等协调模式，而是（根本上）服从其中一方的利益。[92] 执掌公司有权否定从属公司的利益，只

---

[90] PEDRO DE ALBUQUERQUE, *ob. cit.*, pp. 136, ss., JOÃO LABAREDA, *ob. cit.*, pp. 178, ss..

[91] 但相反的看法更为普遍，见 COUTINHO DE ABREU, *Da empresarialidade...*, pp. 268 – 269, n. 704。

[92] E. REHBINDER, *Konzernaußenrecht und allgemeines Privatrecht – Eine rechtsvergleichende Untersuchung nach deutschem und amerikanischem Recht*, Gehlen, Bad Homburg v. d. H., Berlin, Zürich, 1969, p. 78.

要借此可满足其本身或集团其他公司的合法利益。正因如此，须对有关少数股东及债权人提供特别保护。另一方面，从属公司的股东会（或全体股东）与行政管理机关（非由执掌公司设立[93]），分别就其专属权限事宜，无须按任何"集团利益"（理解为所有成员公司的共同利益，或执掌公司又或集团其他公司的利益）行事而牺牲其所属公司的本身利益；反之，其有义务不作出与其本身利益不相符的行为。对于控制关系的公司，更不应谓之"集团利益"（无论从哪个角度理解）。母公司无权牺牲子公司的利益，后者亦无权力（或义务）按公司以外（控制公司或其他公司）利益行事。

第6条第3款在允许一家公司向其存在控制或集团关系的另一家公司（无偿）提供债务担保时，应基于以下理念为之，即作为担保人的公司并不因此忽视其自身及债权人的利益（法律因而免除了需要证明"公司作为担保人有其合理的自身利益"以确认担保的有效性）。但是，如前所述，该理念并不适用于存在控制或集团关系的所有公司。

在控制关系中，该理念适用于母公司，但并不适用于子公司[94]。在一定程度上，控制公司作为子公司的股东，始终对子公司的良好运作有利害关系，因此，前者可为后者债务提供担保，但对于后者而言并非如此：子公司及其债权人的利益并不必然与母公司的利益牢固结合。对前述利益的保护不允许H公司仅因I公司持有——例如，占资本60%的出资，就能无偿为其提供债务担保。该担保很可能使H陷入困境；假如I因欠缺担保限于困顿，原则上并不影响H（至多是I的出资移转至其他主体）。

另外，上述理念同样适用于集团关系中完全主导或执掌公司——该等公司按其利益导向支配完全受控或从属公司，故而可为后者债务提供担保，但这对完全受控或从属公司并非必然适用。在遇有后者不接受对主导公司债务提供担保的约束性指示的情况时（尽管这很少可能发生），存在集团关系这一事实本身不足以赋予该公司提供担保的能力[95]。概言之，第6条第3款最后部分规定应作目的论限制性解释。

尚有必要补充的是，一家从属公司并不仅因处于控制或集团关系中就

---

[93] 如前所揭，母公司仅有权对"下属公司的行政管理"（管理事宜）下达有约束力的指示（第503条第1款）。

[94] OSÓRIO DE CASTRO, *De novo...*, pp. 854–855.

[95] 处于平等关系的集团公司（第492条）因"受共同的单一领导"，任何公司均可为其他公司的债务提供担保。

有上述担保能力，但如能证明"该公司作为担保人有其合理的自身利益"，则可视之为有能力（无偿）为执掌或主导公司债务提供担保［见第 6 条第 3 款第一则例外（而非第二则例外）］。设想 I 持有占 H 资本的 60% 出资，是作为担保人 H 必不可少的原材料供应商……

按第 6 条第 1 款至第 3 款所允许作出的慷慨行为与担保，在许多时候与公司所营事业无关，就此可否适用第 6 条第 4 款、第 192 条第 2－4 款、第 263 条第 2－3 款或第 409 条第 2－3 款？答案似乎是否定的。尽管第 6 条第 1 款至第 3 款均与公司能力有关，但其适用将妨碍有关所营事业规范的适用[96]。

4. 公司的行为或采取行动的能力

公司具有行为或行使权利的能力，即依法直接持续性（通过机关）或间接暂时性（通过意定代表人）行使权利与履行义务。

作为法人，公司具有形成意思并予以表示的能力，通过机关——尤其是行政管理与代表机关为之[97]，然而，该等机关（或其据位人）不是本义上的公司（法定或意定）代理人。将其与公司相连的不是代理关系，而是机体性关系；该等机关是公司的组成部分，其意思与行为是公司的意思与行为，归因及归责于公司[98]。

然而，公司不仅可通过代表机关作出行为，也可通过（由其任命的）意定代表人作出行为，如负责缔结某些合同的受任人、代理其出庭的律师。这一可能性规定于第 252 条第 6 款（针对有限公司）、第 391 条第 7 款（针对股份有限公司，以及按第 478 条适用于股份两合公司）[99]。

---

[96] 1993 年 1 月 27 日最高法院合议庭裁判，载于 1993 年《司法见解汇编》（最高法院合议庭裁判）第一卷第 81 页［Ac. do STJ de 27/1/93，CJ（ASTJ），1993，t. Ⅰ. p. 81］，涉及保证（fiança），仅针对所营事业而非能力问题……

[97] 见上文第二章（2.2）。

[98] 通行表述为公司由各个机关代表，但意指"组织代表"。

[99] 上述两项规定可类推适用于无限公司与一般两合公司，亦参见 A. SOVERAL MARTINS，*Da personalidade e capacidade jurídicas das sociedades comerciais*，in AA. VV.，*Estudos de direito das sociedades*（sob a coord. De J. M. COUTINHO DE ABREU），4.ª ed.，Almedina，Coimbra，2001，p. 89，n. 53。

第五章　股东出资

——权利和义务

1. 小引

股东出资构成一系列权利和义务的总和。

股东出资即取得公司股东资格。股东出资可分为初始与嗣后：初始的发生于设立公司或增加资本之时；嗣后的衍生于死因移转或生前移转，又或在吸收—合并或分立—吸收—合并公司的程序中取得。

1.1　权利分类；特别权利

股权（广义上的理解）不仅是指《公司法典》第 21 条（题为"股东之权利"）所规定的内容——分享盈余、参与公司决议、取得公司营运资料、获任命为行政管理机关及监察机关的成员，而且包括提出相关司法诉讼的权利（例如：对可撤销决议提出司法争执的权利——第 59 条；在缺少账目提交的情况下申请司法调查的权利——第 67 条；针对行政管理机关成员提出公司追究责任之诉讼的权利——第 77 条）；在认受公司增资上享有优先权（第 266 条、第 458 条及其后续条）；在某些情况下退出公司的权利（参见第 3 条第 5 款、第 137 条及第 161 条第 5 款）；对清算后所存资本份额分配的权利（第 156 条）[1]。

---

[1]　如果说上述某些权利（尤其是资讯权）所含权力或权能得以随时行使，那么其他权利（大部分）所含权力或权能仅可在公司运营的特定时候或出现某些情况时行使。故谓之"现有权利及潜在权利"，大致上与有些学者所说的"抽象权利和具体权利"相对应（见 G. LOBO XAVIER, *Anulação de deliberação social e deliberações conexas*, Atlântida Editora, Coimbra, 1976, pp. 177 – 178, 其中有文献说明；持有不同看法的著述，可参见 RAÚL VENTURA, *Reflexões sobre direitos de sócios*, CJ, 1984, t. Ⅱ, pp. 7, ss. ）。

　　该等权利可按不同标准分类，其中突出的有两种：按功能标准分类与
按拥有标准分类。

　　按功能标准可分为：参与权（参与公司决议、行政管理机关及监察机
关）；财产权（分享盈余权、优先权、清算份额权）；监督权（资讯权、司
法诉讼权）[2]。

　　按拥有标准可分为：一般权利和特别权利。一般权利原则上属于同一
公司的全体股东，尽管程度不同，例如：某股份有限公司的每位股东都拥
有第 21 条提到的权利，但分享盈余一般根据各股东出资比例进行（第 22 条
第 1 款）；持有一定数额股份的人，才享有了解公司某些信息的资讯权（第
288 条第 1 款及第 291 条第 1 款）；每个成员的表决票数取决于所持股份数
额。另外，我们之所以认为一般权利"原则上"属于全体股东，是因为尚
存在例外：一个或多个股东不享有某些权利。例如，无投票权的优先股持
有人对一般股东决议没有投票权（第 341 条）。

　　特别权利是通过公司章程赋予特定股东或持有特定种类股份的股东的
权利，赋予他们一种特权地位，在没有得到相关权利人的同意时，这一特
权地位原则上不能被取消或限制。

　　特别权利具有多样性（尤其在有限公司）。根据（候补性）法律规定，
股东按照各自出资比例来参与营业年度盈余与清算后结余的分配（第 22 条
第 1 款及第 156 条第 4 款），但是，在公司章程中可规定一个或多个股东
（或在股份公司中持有特定种类股份的股东——第 24 条第 4 款）享有超越
其出资比例的盈利或结余分享权（参见第 22 条、第 156 条及第 302 条第 1
款），如设立有限公司的合同许可某一股东无须公司同意即可转股，即属赋
予该股东特别权利（而其他股东转股仍须经公司同意）——参见第 228 条
及第 229 条第 2 款。一般而言，每个有限公司的股东每持有股面值的 1% 就

　　2　参见 H. WIEDEMANN, *Gesellschaftsrecht – Ein Lehrbuch des Unternehmens – und Verbandsrecht*, Band
Ⅰ, Beck, München, 1980, p. 366；KARSTEN SCHMIDT, *Gesellschaftsrecht*, 3, Aufl.,
Heymanns, Köln, Berlin, Bonn, München, 1997, pp. 557, ss. 。我们（不仅我们）许多时
候将股东的权利分为行政（或政治）权和财产权两类。但是前者称谓似乎并不恰当：其除
了具有公法领域的含义，相关权利也不仅局限在公司的管理上；"行政权"一词应是出自
对"mitverwaltungsrechte"（"共同管理权"）一词不精确的翻译。再者，参与权和监督权也
是（间接的）财产权，是股东最终获得金钱的工具（亦见 C. OSÓRIO DE CASTRO, *Valores
mobiliários: conceito e espécies*, UCP Editora, Porto, 1996, pp. 81——引用 Raúl Ventura——与
81 – 82，n. 31）。但是，当提及"具有财产性质"的权利（例如第 24 条第 3 款）时，仅指
直接的财产权，也即正文中采用的"财产权"。

拥有一票（第 250 条第 1 款），然而，法律允许公司合同赋予一位（或多位）股东每股面值 1% 拥有两票特别权利，只要该股之面值不超过公司资本的 20%（第 250 条第 2 款）[3]；基于有限公司合同条款的效力，一股东无须全体股东投票即可任命经理亦属特别权利（参见第 83 条第 1 款）。最后，尚要提及的是（有限公司）担任经理职务的特别权利：如果公司章程规定股东有权终身，或在其作为股东，又或在公司存续期间担任经理一职，抑或仅在有合理事由时才能被解任该职务，便赋予该股东担任经理一职的特别权利[4]。该特别权利非经该股东的同意不能由公司决议撤销或改变这一章程条款（见第 24 条第 5 款及第 257 条第 3 款第一部分规定），事实上，该股东只能被（公司基于股东决议而提起诉讼）司法（停职及）罢免（并相应将该章程条款删除），但应有合理事由（见第 257 条第 2 款第 2 部分规定）——这与无特别权利的经理解任制度有很大的不同：后者随时可经股东决议被解任，无论是否存在合理事由（见第 257 条第 1 款、第 2 款及第 5 款）。那么，这是否意味着公司合同仅简单任命某（些）股东为经理等同于赋予该等股东特别权利？回答是否定的[5]。公司合同任命经理只是替代嗣后通过股东决议选举经理的一种方式（且不需要一致表决），股东可以选择此种方式——参见第 252 条第 2 款，但由于简单、快速和经济的原因而常选择借由公司合同任命。因此，任命股东作为行政管理机关成员的一般章程条款，并不意味着赋予其担任经理的特别权利，即不享有仅因合理事由或司

---

[3] 股份有限公司明确禁止这一做法（每一股份对应一票——第 384 条第 1 款及第 2 款 a 项），见第 384 条第 5 款，但第 531 条保护在《公司法典》生效以前依法设立的双票对应一股份的权利。

关于该制度的优缺点，参见 J. G. PINTO COELHO, *Estudo sobre as acções de sociedades anónimas*, Coimbra, 1957（sep. da RLJ, anos 88.° – 89.°, n.° 3056 – 3093）, pp. 146. ss. ；不同法律体系中该等股份的演进，见 E. M. LUVAS COELHO, *Direito de voto dos accionistas nas assemble-ias gerais das sociedades anónimas*, Rei dos Livros, Lisboa, 1987, pp. 58, ss. 。

[4] 参见 ANTONIO CAEIRO, ANTÓNIO CAEIRO, *Temas de direito das sociedades*, Almedina, Coimbra, 1984, p. 163（其中援引了德国学说）。当然，一项条款亦足以确定股东拥有"特别管理权"。

[5] 另见 ANTONIO CAEIRO, *ob. cit.*, p. 168（亦引用德国经验），以及其他的葡萄牙判决，例如：1992 年 6 月 11 日波尔图中级法院合议庭裁判，载于 1992 年《司法见解汇编》第三卷第 307 页（Ac. da RP de 11/6/92, CJ, 1992, t. Ⅲ, p. 307）；1996 年 6 月 12 日最高法院合议庭裁判，载于 1996 年《司法见解汇编》（最高法院合议庭裁判）第二卷第 131 – 132 页［Ac. do STJ de 12/6/96, CJ (ASTJ), 1996, t. Ⅱ, pp. 131 – 132］。

法理由而被解任的特权。[6] 另一个问题是，如果有限公司合同一项条款规定，唯经三名股东－经理中的两名签字，且其中一名必须为股东 A 方可使得该公司承担义务，这是否意味着将任经理职位的特别权利赋予股东 A？未必如此[7]。这可从公司合同解释中得到很好的答案：有关条款的确赋予股东 A 一项特权，即在某些行为中不可被排除参与的特权（其他两名股东不享有该权利），但这不属于永续担任经理的特别权利，而后者才得以保护其无论有无合理事由均不可被股东决议解任。[8]

特别权利必须在公司合同中予以确立（第 24 条第 1 款）。如无相应的章程条款，这些权利将不存在，换句话说，它们对公司不产生效力（尽管全体股东一致同意其创设）。

可否通过修改公司合同（引入新条款——参见第 85 条第 1 款）为一个或几个股东设立特别权利？笔者认为，在投票一致通过的情况下未尝不可[9]——为此须遵守"平等对待股东原则"（princípio da igualdade de tratamento dos sócios）[10]。我们简单梳理一下该原则：在相等的条件下股东必须被平等对待，不应存在（客观上不合理）肆意歧视，这一理念已长期根植于公司法，无论是否由具体法律条款明示予以确认。[11] 该原则在《公司法典》很多条款中有体现，有时是含蓄的，例如：第 22 条第 1 款（一般来说，股东根据出

6　学界亦一致认为股份有限公司的股东在公司合同中被任命为董事，并不因此获任董事的特别权利（参见第 391 条第 1 款及第 403 条第 1 款）。在公司合同中被任命为经理但不享有任该职特别权利的股东可经由简单多数决议被解任。亦即，对此并不要求如同修改公司合同所要求的特定多数（参见第 265 条第 1 款）。因为这样一项决议旨在解任虽由股东协议任命但亦可由股东决议选出的经理，因此其目的并不是变更有关合同条款（而且，经理任命条款可按不同于设立文件变更的程序而修改）。相同看法见 ANTONIO CAEIRO, *ob. cit.*, pp. 206, ss.。

7　见上注 5 援引的合议庭裁判（该裁判确认了该权利）。

8　无管理上的特别权利而被解任经理职务时，有关任命条款被视为失效——第 253 条第 3 款。

9　值得注意的是，除了无限公司外，公司合同修改一般不要求一致通过（尽管需要特定多数）——见第 194 条第 1 款、第 265 条第 1 款、第 386 条第 3 款和第 4 款及第 476 条。

10　RAÚL VENTURA, *Sociedades por quotas*, vol. Ⅲ, Almedina, Coimbra, 1991, p. 16. 相同看法见 1994 年 7 月 5 日科英布拉中级法院合议庭裁判，载于 1994 年《司法见解汇编》第四卷第 19 页（Ac. da RC de 5/7/94, CJ, 1994, t. Ⅳ, p. 19）；相近看法参见 L. BRITO COR-REIA, *Direito comercial*, 2.° vol. - *Sociedades comerciais*, AAFDL, Lisboa, 1989, p. 330。持有不同的看法，即认为无须一致通过的论述，见 P. OLAVO CUNHA, *Os direitos especiais nas sociedades anónimas: as acções privilegiadas*, Almedina, Coimbra, 1993, pp. 183, ss.。

11　这一理念的依据在于股东的忠实义务、公司的分配权力、将公司理解为共同体关系等，总之，该理念基于分配公正的原则，见 M. LUTTER/W. ZÖLLNER, in *Kölner Kommentar zum Aktiengesetz*, Band 1, 2. Aufl., Heymanns, Köln, Berlin, Bonn, München, 1988, § 53a, p. 577。

资比例参与分享利润和承担亏损）；第 58 条第 1 款 b 项（滥用权利的决议可撤销）；第 190 条第 1 款（通常无限公司股东每人一票）；第 203 条第 2 款（原则上，不同股东延迟出资的缴付应同时作出且在金额上比例等同）；第 231 条第 4 款（公司决议取得股时，取得权按股之比例赋予决议时声明有意取得股的股东）；第 250 条第 1 款（一般来说，股面值的每 1% 记一票）；第 384 条第 1 款（通常一股份为一票）。平等对待股东原则在另一些法条中则很明确表示——如第 213 条第 4 款（返还补充给付时应遵守股东平等原则）；第 321 条（自有股份的取得与转让应遵守平等对待股东原则）；第 344 条第 2 款（普通股转为无投票权的优先股时，应遵守平等对待股东原则）；第 346 条第 3 款（在未减资而销除股份时，面值的部分偿付应对所有股份平均作出）。如股东决议导致一个或多个股东遭受（形式上或实质上的）不平等待遇，且对此无客观的合理解释——区分对待显示为任意的，并非基于公司利益（所有股东的共同利益），则该股东决议（或其他公司行为，但现在我们的关注点只是股东决议）违反平等对待股东原则[12]。与此同时，亦可能发生这样的事情：特定多数通过的决议在公司合同中引入了新的条款，其中将特别权利仅赋予一名或几名股东——但没有违反平等对待股东原则，这完全是因为出于公司利益考虑必须修改章程。假设有一家有限公司正处于危急关头，需要强有力资金的注入和高素质管理人才的引进，不是股东的 X 满足这两个要求，但只有当其享有永续担任经理的特别权利或者优先分享盈余权利时 X 才同意加入公司，于是，绝大部分股东决定以增加资本的方式使 X 成为股东（而现时任何股东不参与增资——参见第 87 条第 1 款 g 项和第 2 款、第 266 条第 4 款、第 460 条第 2 款和第 4 款），并赋予 X 永续担任经理的特别权利。尽管没有一致通过，但不平等对待是出于公司利益的考虑，故特别权利条款被有效引入章程中。其实，法律本身也允许股份有限公司在设立后发行特别种类的股票，其中一些可授予特别权利，且对此不需要一致表决通过，亦无须所有股东认购（参见第 386 条第 3 - 4 款、第 458 条第 4 款及第 460 条第 2 款）。另一方面，通过修改合同而创设特别权利的决议，如违反平等对待股东原则，则可被撤销（参见第 58 条第 1 款 a 项或 b 项）[13]。因此，如有正当性提起撤销之诉的主体（尤其是不投赞同

12　LUTTER/ZOLLNER, *ob. cit.*, pp. 578, ss. .

13　J. M. COUTINHO DE ABREU, *Do abuso de direito - Ensaio de um critério em direito civil e nas deliberações sociais*, Almedina, Coimbra, 1983（reimpr. 1999, 2006）, pp. 153, ss. .

票的股东）在法律（第 59 条）规定的短期内不提出争执，则瑕疵获得补正。

能否将一项特别权利赋予该公司的全体股东？表面上看似乎不能：特别的不能同时为一般的，由特别权利提供的特权地位只能属于一个或几个股东而将其他股东排除在外。然而，特别权利或特权地位并不一定与限定权利人数挂钩，而是可以指向对股东享有的权利给予最大的保护。如果说将某些特别权利（如双倍投票权）给予全部股东没有任何意义的话，那么将另一些特别权利赋予全体股东并非没有意义，比如担任行政管理机关成员的特别权利。事实上，如全体股东均为享有特别权利的行政管理机关成员，那么可以确保每一相关合同条款未经有关股东同意不得废除或修改，或仅可基于合理事由才能非经有关股东同意而司法解任。[14]

"特别权利非经相关权利人同意不可被废除或被限制，但法律规定（见第 257 条第 3 款及第 531 条第 2 款）或合同明文规定（见第 345 条）除外。"（第 24 条第 5 款）该同意声明可在废除或限制特别权利的决议中通过投赞成票作出，亦可在决议之外（明示或默示）作出；然而，在股份有限公司中，同意的声明并非由每位股份持有人作出，而是由持有相应类别的特权股份股东特别会议（按特定多数）决议作出（第 24 条第 6 款及第 389 条第 2 款）。如不同意，废除或限制特别权利的公司决议不产生效力（第 55 条）。

通过上述示例可以看到特别权利可以是参与权、财产权或监督权。不论其性质如何，这些权利原则上在无限公司中皆不可转让（第 24 条第 2 款）；在有限公司中，财产性质的权利原则上可以转让，而其他权利不可转让（第 24 条第 3 款）；在股份有限公司中，这些权利可根据相应的股份转让（第 24 条第 4 款）。

尽管特别权利可为其持有的股东带来利益，但特别权利与公司创立时因股东地位所给予股东的（特殊）利益不能相混淆（参见第 16 条及第 19 条第 4 款）：在公司设立合同中，给予这些利益正是为了奖励创始股东所作

14 A. VAZ SERRA, *Anotação ao Ac. do STJ de 23/4/74*, RLJ, ano 108.° (1975 – 1976), pp. 175 – 176, *Anotação ao Ac. do STJ de 14/12/78*, RLJ, ano 112.° (1979 – 1980), p. 173, PIRES DE LIMA/ANTUNES VARELA, *Código Civil anotado*, vol. Ⅱ, 4.ª ed., Coimbra, 1997, p. 291, RAÚL VENTURA, *últ. ob. cit.*, pp. 17 – 18; J. H. PINTO FURTADO, *Curso de direito das sociedades*, 4.ª ed., Almedina, Coimbra, 2001, pp. 233, ss.. 不同看法见 OLAVO CUNHA, *ob. cit.*, pp. 24 – 25。股份有限公司所有股东亦可能皆享有特权股份（参见第 458 条第 4 款）。

出的与设立公司相关的贡献，而特别权利的赋予或变动不一定取决于股东在设立公司上所起的作用；有关利益是逐个股东考虑并予以指定，就股份有限公司而言，特别利益是按股份类别给予，取得该等特别利益的人即使不再为股东时，仍然可继续享有，而特别权利仅属于股东（如一个股东不再为股东，其特别权利或被废除，或被转让给其他股东——参见第 24 条第 2 - 4 款）；违反特别利益（债权）的决议无效（第 56 条第 1 款 c 项或 d 项），违反特别权利的决议不产生效力（第 55 条）。

股东的权利有时不应被视作出资范畴的组成部分，因其超出了公司法律的影响范围（公司的权力不能剥夺股东该等权利），故受民法一般规则的调整，包括允许相关权利人自由处分的规则。一些债权虽然产生于公司，但又独立于公司（如股东对已有效议决的经营年度盈余分派的权利）；另一些债权或物权来自公司与股东之间所作出的法律行为，如买卖、使用借贷、提供服务等（此处股东作为第三人，如同任何公司以外的第三人与公司缔结合同所生效果）[15]。

1.2 义 务

出资所构成的义务（同样是广义理解）规定于第 20 条（标题为"股东义务"）：所有股东均有义务向公司出资可供查封的财产，或向明示准许以劳务为出资的公司提供劳务[16]，以及分担亏损。除此之外，还有其他股东应尽义务。不管何类公司，所有股东均有作出符合公司利益行为的义务[17]，以及遵守公司章程与法律的义务（否则会被公司除名——参见第 186 条、第 241 条及第 242 条）。在第二章（2.1）中，我们已看到某些股东可能向公司和公司债权人承担超出其出资以外的责任。另一方面，公司章程可以要求全体或部分股东负有"从属给付义务"（见分别针对有限公司和股份有限公司的第 209 条与第 287 条规范），以及法律允许股东就是否要求其作出"补

---

[15] 关于股东的债权及作为第三人的股东权利（*Dritt - und Gläubigerrechte*），见 WIEDEMANN, *ob. cit.*，pp. 390，ss。

[16] 该（以可查封的财产或劳务）出资义务适用于（在公司创立之时或之后）取得原始股东身份的人，而不适用于（有偿地或无偿地，视具体情况而定）从他人（公司或股东）取得出资的人。

[17] 见本章下文（2.2.3）。

充给付"作出决议（见针对有限公司的第 210 条及后续条）。最后例示的是，无限公司股东和两合公司无限责任股东原则上对其公司负有不竞业义务（第 180 条和第 477 条）。

1.3 出资的性质

本章开头指出股东出资构成一系列权利和义务的总和，但对此定义并未取得共识，这一理念甚至似乎与葡萄牙法律（《民法典》第 999 条和《公司法典》第 183 条：无限公司股东的私人债权人可以执行该股东分享盈余和清算后结余的权利）相抵触[18]。然而，我们再次强调出资所构成的权利义务一体性的理念。出资不是各种权利义务的纯粹叠加，其本身构成法律上的独立标的，受专门制度约束，该制度区别于其不同组成部分所适用的制度。事实上，出资是物权的单一标的——参见《公司法典》第 23 条（"出资之用益权及质权"），也是移转之单一标的——参见第 182 条、第 228 条、第 328 条、第 469 条第 1 款及第 475 条（应补充的是，无论是出资构成的一般权利——参与权、监督权和某些财产权[19]，还是出资构成的义务均不得独立移转）。出资（尤其是有限公司的股与股份有限公司的股份，即占公司种类中绝大部分及更为重要的出资）为强制执行的独立标的——见《公司法典》第 239 条[20]和《民事诉讼法典》第 821 条第 1 款、第 857 条、第 861 - A 条第 12 款及第 862 条。另外，执行"分享盈余的权利"与载于《民法典》第 999 条和《公司法典》第 183 条的"清算后结余的权利"，并不使股东完全不能继续行使上述权利所含权能（尤其是就经营结余运用方案与清算后资产分享方案作出决议，股东继续享有参与权）。

---

[18] 见 RAÚL VENTURA，*Reflexões…*，pp. 10. ss.（该作者在《公司法典》颁布之前所作的研究提及该法典草案第 188 条与上述第 183 条相对应）；持有相同看法的著述，见 M. LEITE SANTOS，*Contratos parassociais e acordos de voto nas sociedades anónimas*，Cosmos，Lisboa，1996，p. 200，其中提到《公司法典》其他条文有第 239 条（股之执行）、第 267 条（有限公司股东可转让其参与增资的权利）、第 458 条第 3 款（股份持有人可转让其增资时认购新股份的权利）。持有不同看法的著述，见 P. PAIS DE VASCONCELOS，*Direitos destacáveis – O problema da unidade e pluralidade do direito social como direito subjectivo*，in AA. VV.（IVM），*Direito dos valores mobiliários*，vol. I，Coimbra Editora，Coimbra，1999，pp. 169，ss. 。

[19] 所谓"让与盈余权""让与清算后结余权"或其他类似表述均有些模棱两可。一般而言，该等表述是指移转已议决分派（或有望分派）盈余或其他财产的债权，不应与分享盈余权及清算后的结余权相混淆，尽管彼此之间有关联［对于分享盈余权及清算后结余权的理解，详见下文第六章（4.4）］。

[20] 该条符合一体性理念而非原子式多元性理念（参见上文注释 18）。

关于出资的"法律性质""自然"已有许多论说，其中包括物权或物权关系说、债权或债权束（feixe de créditos）说、法律期待或法律期待束（feixe de expectativas jurídicas）说、股东地位说、（作为绝对权利标的）无形财产说、社员权或股东身份权说、合同地位说、复合法律关系说、复合主观权利说等[21]。无须再扩展这个列表，我们认为似乎将出资构成的权利和义务视为股东合成（unitária）法律地位（由权利和义务组成）更得当。位于法律关系一端的主体地位始终将股东与公司（借此也可能与其他股东）连在一起[22]，有关法律地位通常为合同地位（一人有限公司的情况除外）[23]。

1.4 出资、股、股份

《公司法典》通常采用"出资"（participação social）一词来指股东的法律地位（如第 23 条、第 37 条第 2 款、第 51 条第 1 款、第 92 条、第 94 条第 1 款和第 4 款、第 97 条第 5 款、第 129 条第 2 款及第 140 条），但是，对不同公司种类的股东出资则使用特定的名称：对无限公司及两合公司的无限责任股东使用"出资"（parte/parte social）（第 176 条第 2 款、第 182 条、第 183 条及第 184 条第 7 款）一词；对有限公司使用"股"（quota）一词（第 219 条及随后数条）；对股份有限公司和股份两合公司有限责任股东（第 465 条 3 款）使用"股份"（acção）一词（第 298 条以及随后数条）。

"股份"（acção）是多义词，在葡萄牙学说[24]中传统上具有三种含义：

---

[21] 见 BRITO CORREIA, *ob. cit.*, pp. 289, ss.; O. CAGNASSO/M. IRRERA, *Il trasferimento della partecipazione di controllo nelle società di capitali*, G. Giappichelli, Torino, 1992, pp. 38 ss.（特别针对有限公司的出资）。

[22] 因此，与其说出资是公司的（所有）关系，不如说是股东在这个关系中的地位。

[23] 该论说（股东合同地位）是我们对于出资构成的权利义务的主流定性，见 RAÚL VENTURA, *Sociedades por quotas*, vol. I, Almedina, Coimbra, 1987, pp. 572, ss.; BRITO CORREIA, *ob. cit.*, p. 291; PINTO FURTADO, *ob. cit.*, p. 221（另见 A. PEREIRA DE ALMEIDA, *Sociedades comerciais*, 2.ª ed., Coimbra Editora, Coimbra, 1999, pp. 42 – 43）。该定性在意大利亦非常普遍，见 CAGNASSO/IRRERA, *ob. e loc. cits.*，尤其是 p. 42; F. GALGANO, *Diritto commerciale – Le società*, Zanichelli, Bologna, ed. 1996/97, p. 133（涉及股份）。德国一直有学者主张"股东资格"（Mitgliedscaft）同时为法律关系与主观权利（对于后者争议更大），见 M. LUTTER, *Theorie der Mitgliedschaft*, AcP, 1980, pp. 97, ss.; K. SCHMIDT, *ob. cit.*, p. 549（葡萄牙学者亦提及复合主观权利，见 PAIS DE VASCONCELOS, *ob. cit.*, p. 170）。

[24] 尚有其他学理，尤其是德国学说可资借鉴（见 A. KRAFT/P. KREUTZ, *Gesellschaftsrecht*, 10. Aufl., Luchterhand, Neuwied, 1997, pp. 290 – 291）。

股份有限公司资本份额；出资；股票（股份凭证[25]）。该三种含义亦体现于《公司法典》，例如：第 271 条规定（"在股份有限公司中，资本划分为股份"）[26] 含有资本份额的意思；第 272 条 c 项规定（公司章程应载有可能设立的股份种类）、第 276 条第 1 款规定（载有或不载有票面价值的股份）、第 302 条规定（股份之类别）及第 303 条规定（股份的共同持有）均含有出资的意思；第 274、304 条规定（临时或确定股份的凭证）则含有股票的意思。

然而，有必要进一步精确某些表述。严格而言，不应表述"公司资本划分为股份"或股份是公司资本份额，因为"公司资本抽象划分所产生的份额是股份的价值，而非股份本身"[27]。股份（出资与资本份额）应由载体体现，但如今代表股份的并不局限于书面文件凭证——纸质股票。葡萄牙自颁布 1988 年 7 月 4 日第 229 - D/88 号法令（已废止）起，除了纸质股票外，同样有（日益增长）记账股份（acções escriturais），即由信息载体账面记录股份形式代表，亦称"无纸股票"、"电子股票"或"数字股票"[28]。股票（以及债券、出资凭证等）是有价证券（valores mobiliários）：签发为同质系列并按相应规则移转、以账面登记或纸质形式体现的权利或法律地位[29]。"登记于账面或体现为书面文件，视乎由记账抑或纸质体现股份，于《有价证券法典》均指称为证券"（《有价证券法典》第 46 条第 1 款）。因此，传统意义上的股票表述如今看来不甚周全——股份不再一定是由凭证

25　L. CUNHA GONCALVES, *Comentário ao Código Comercial português*, vol. Ⅱ, Empreza Editora J. B., Lisboa 1914, p. 379, V. G. LOBO XAVIER, *Acção*, Ⅱ – *Direito comercial*, Polis, 1, 1983, col. 63.

26　顺便指出，第 197 条第 1 款所指"股"含义相同。

27　LOBO XAVIER, *últ. ob. e loc. cits.*.

28　有关（国外与国内）所谓证券非物化的演变，见 C. FERREIRA DE ALMEIDA, *Desmaterialização dos títulos de crédito: valores mobiliários escriturais*, RB n.° 26, 1993, pp. 23 ss.; AMADEU J. FERREIRA, *Valores mobiliários escriturais – Um novo modo de representação e circulação de direitos*, Almedina, Coimbra, 1997, pp. 69 ss.; J. OLIVEIRA ASCENSÃO, *Valor mobiliário e título de crédito*, in AA. VV., *Direito dos valores mobiliários cit.*, pp. 27, ss.。

29　对于有价证券概念，除了见《有价证券法典》第 1 条与第 39 条以外，另见 FERREIRA DE ALMEIDA, *ob, cit.*, p. 28; OSÓRIO DE CASTRO, *ob. cit.*, p. 59; AMADEU FERREIRA, *ob. cit.*, pp. 39, ss.; OLIVEIRA ASCENSÃO, *ob. cit.*, p. 33; *O actual conceito de valor mobiliário*, in AA. VV. (IVM), *Direito dos valores mobiliários*, vol. Ⅲ, Coimbra Editora, Coimbra, 2001, p. 60。

式股票代表，亦可为记账式。[30] 另有两点需要加以说明：第一，（关于凭证式股票）并非每一张股份凭证/股票对应单一股份——一张股份凭证/股票可代表若干股份（《有价证券法典》第 98 条）；第二，在股份有限公司，并不强制要求对于股东的出资提供凭证/纸质股票或记账式股份。事实上，"股东资格是因公司合同订立或资本增加而取得的，并不取决于股票的签发和交付；如属记账股份，并不取决于股东个人账面股份登记"（《公司法典》第 274 条）[31]。因此，股份－出资（公司资本份额）先于取得股票或记账股份，这再次显示这么一个事实：公司和股东自设立文件签订之日起存在，出资构成的股东权利义务必同样自该日起存在。[32]

综合以上不同的视角，可将股份定义为股东出资构成的权利和义务，其价值是公司资本中所占的部分，通常体现为凭证或记账的形式。

1.5 出资的价值

无限责任股东的出资与有限公司股东的出资皆有票面价值（valor nominal）（由公司章程赋予的价值）——第 9 条第 1 款 g 项、第 176 条第 1 款 b－c 项及第 199 条 a 项。过去股份亦须具有票面价值，但 2010 年 5 月 19 日第 49/2010 号法令转而接受无票面价值的股份，该等股份具有发行价值（valor de emissão）（《公司法典》第 25 条第 2、3 款），而价值由资本除以发

---

[30] 与股份不同，无限公司及两合公司无限责任股东的"出资"与有限公司股东的"股"均不由任何凭证代表（《公司法典》第 176 条第 2 款、第 219 条第 7 款），亦无须账面登记。主流意见认为，股票为"债权凭证"（或一种债权凭证，"出资凭证"），尽管凭证式股票没有债权凭证的某些特征（凭证式股份有其自主性，但不具有文义性或抽象性），见 PINTO COELHO, *ob. cit.*, pp. 4, ss.；A. P. S. VAZ SERRA, *Acções nominativas e acções ao portador*, BMJ n.° 176（1968），pp. 35, ss.；LOBO XAVIER, *últ. ob. cit.*, cols. 66－67；OLIVEIRA ASCENSÃO, *Valor mobiliário...*, pp. 37－38。意大利学者的有关著述，见 CAGNASSO/IRRERA, *ob. cit.*, pp. 22, ss.。考虑到股票缺少债权证券的典型特征以及有价证券概念的自主性，或许不应将股票纳入该等债权证券范畴（将债权证券与有价证券区别开来，见 J. PINTO FURTADO, *Títulos de crédito－Letra, livrança, cheque*, Almedina, Coimbra, 2000, pp. 11, ss.）。

[31] 正式股票应自公司设立文件或增资的确定登记后六个月内交付给股东（《公司法典》第 304 条第 3 款）。"正式股票发行之前，公司可以交给股东临时记名股证"（第 304 条第 1 款）。另一方面，"账面记录有价证券自向登记实体开设个人账户作出登记时取得"（《有价证券法典》第 73 条第 1 款）。纸质股票（临时或确定）仅可在公司设立文件确定登记后方可交付于股东，记账股份登记亦仅可在设立文件登记后才可作出。

[32] 对于部分看法不同（股份作为股东地位，仅在公司合同登记时成立），参见 OSÓRIO DE CASTRO, *ob. cit.*, pp. 74, ss.。

行股份总数得出。

有限公司的最小股面值为 1 欧元（第 219 条第 3 款）。同一股份有限公司的所有股份在公司资本中所占的份额相同，票面价值或发行价值不能低于 1 欧分（第 276 条第 3 - 4 款）。

除了面值或（股份）发行价值外，出资尚有其他价值。

认购价值（valor de subscrição）是相应出资价值，可等于或高于面值（平价或溢价认购），但不可低于面值（折价）——参见第 25 条第 1 款及第 298 条第 1 款。同样，无票面价值股份的认购价值不可低于其对应的发行价值（第 25 条第 2 款及第 298 条第 1 款）。

（传统的）会计价值（valor contabilístico）基于公司净资产（património social líquido）或本身资本（capital próprio）价值计算。根据净资产价值等于、高于或低于公司注册资本，股东出资的会计价值等于、高于或低于其票面（或无面值股份的发行）价值。

商业价值（valor comercial）或交易价值（valor de transacção）（牌价，即在规范市场中许可交易的股份标价——《有价证券法典》第 225 条）是用来移转或可移转股东出资的价格（价格取决于不同情况——如公司净资产价值、公司企业评估价值、转让股份相对于公司其他股份的重要性及供求程度）。[33]

1.6　出资的可分割性问题

任何有限公司设立时，其每一股东皆仅有一股（票面价值等同或不同）——第 219 条第 1 款。在这之后，应因特定情形的发生，可将两股或更多股归于同一股东，"在分割股或增加资本的情况下，每位股东仅可分得一个新股。然而，在增资的情况下，可给予股东原来已享有的相同数目的股"（第 219 条第 2 款）。[34] 另一方面，股东可通过继承或其他途径获得更多股（第 225 条以及后续条、第 231 条第 4 款、第 232 条第 5 款及第 239 条第 5 款）。尽管法典就无限公司和两合公司的规定欠明确，但是似乎应该同样认为每一股东在公司设立时仅有一个单位的出资（参见第 176 条第 1 款 c 项）。在这之后，股东同样可通过其他途径取得更多出资（例见第 187 条 2 款）。另一

---

[33]　ALEXANDRE SOVERAL MATINS, *Cláusulas do contrato de sociedade que limitam a transmissibilidade das acções*, Almedina, Coimbra, 2006, pp. 477, ss. , PEDRO LOBO XAVIER, *A avaliação de sociedades comerciais num processo de fusão*, RDES, 2009, n.° 3 - 4, pp. 157, ss. .

[34]　增资并不必然向出资股东分配新股——参见第 92 条第 4 款及第 266 条第 3 款。

方面，就股份有限公司而言，每一股份持有人可拥有一个或（通常情况下）很多股份。

根据第 221 条第 1 款规定，（有限公司）一股可因部分销除（第 233 条第 5 款及第 238 条）而分割，或分批少量或部分移转（一股被分成两个或更多个，将其全部或大部分移转他人），又或在共同拥有人之间分配或分割。尽管第 221 条第 1 款规定一股仅可在上述情况下分割，但该条第 8 款进一步规定，一股同样可按第 204 条第 2 款规定（延迟缴付出资股东的资本份额丧失）作出的公司决议进行分割。此外，法律还规定了其他的分割情形：第 205 条 2 款（被除名股东丧失的股出卖于两位或更多股东）；第 231 条 4 款（公司决议取得股时，取得权按股之比例赋予决议时声明有意取得股的两位或更多股东）。第 221 条第 1 款最后一部分提到，分割所得的每一股，须具有第 219 条第 3 款规定的票面价值（不可低于 1 欧元）。公司合同可禁止第 221 条第 1 款规定的分割，"只要该禁止不阻止共同拥有人在五年后分割股"（第 221 条第 3 款）。在多数情况下，股的分割要求基于股东决议，例如：股的部分销除（第 234 条及第 238 条），以及在第 204 条第 2 款（亦见 221 条 8 款）、第 205 条第 2 款和第 231 条第 4 款规定的情况下[35]。因共同拥有人之间分配或分割股的划分原则上是自由的，无须公司基于股东决议作出同意，但公司章程要求该同意的话除外——但公司在设立共同拥有五年后不可仍予拒绝同意分割（第 221 条第 3 款）[36]。另一方面，对于因分批少量或部分转移而作出的股的划分，原则上法律要求由股东决议取得公司同意，否则不产生效力（第 221 条第 4 款及第 6 款）。然而，如公司合同另有规定（第 221 条第 4 款）或股的分批少量或部分移转给配偶、卑亲属或尊亲属又或其他股东，则不要求公司同意（第 221 条第 5 款）。在必要时，同意也仅需投票股东人数的简单多数决即可（参见第 221 条第 6 款、第 246 条第 1 款 b 项、第 250 条第 3 款、第 246 条第 1 款 h 项及第 265 条第 1 款）。

如股在特定情况下可分割[37]，那么股份是不可分割的（第 276 条第 6 款）。这意味着在任何情况下，股份不可被分割——价值 1000 欧元的一股

---

[35] 决议原则上按所投票数的多数通过，但第 205 条第 2 款 d 项规定的分割情况除外（参见第 250 条第 3 款）。

[36] RAÚL VENTURA, *Sociedades por quotas* cit., vol. I, p. 465.

[37] 尽管法律（几乎）保持沉默，但不排除分割"无限公司出资"的可能性，特别是通过部分移转或共同持有人分割的形式（后者见第 184 条第 3 款）。

份不能分成两个价值为 500 欧元的股份，股份出资构成的权利和义务不可拆散移转或设定负担。[38]

1.7 出资的单一性与多样性

一个拥有不止一股或股份的股东究竟拥有多少出资？对此（几乎总是围绕股份）有多种说法：单一说——仅有单一出资（数股份是构成单一出资）；多样说——有多重出资（每一股份是独立的）；折中说——既有单一出资，亦有多样出资（根据所涉问题和视角）[39]。

笔者认为，存在单一出资与多样出资——但是单一超过多样，因为大多数情况下多样被缩至单一。诚然，一个股东可拥有相互"独立"的数股（第 219 条第 4 款）——尽管通常可单一化；数股或股份有时对应数项权利和义务（参见第 219 条第 4 款、第 299 条第 2 款及第 302 条）；每个出资、股或股份可为权利（例如，质权与用益权）及移转的独立标的。但该独立性只是相对的，这也是不争的事实。从求实角度看，（对股东或他人而言）更重要的是拥有一个或多个出资、股或股份的整体地位——包括哪些权利与义务，该等权利与义务的限度为何。例如：一个股份持有人根据股份数目参与分享盈余（第 22 条第 1 款）；在有一定股份数目的情况下享有特定资讯权（第 288 条及第 291 条）；有权要求召开股东会（第 375 条第 2 款）及将议题列入会议议程（第 378 条第 2 款）；根据股份数目获得相应投票权（第 384 条第 1－2 款）；在拥有一定股票数目时可对行政管理机关成员提起追究责任之诉（第 77 条）。所有这些情况强调的均是股份的总体数额，这一总数与全部或单一的出资（构成的权利义务）相一致。另一方面，法律本身在

---

[38] 参见 A. KRAFT, in *Kölner Kommentar…*，§ 8，p. 85［《德国股份公司法》第 8（3）条与葡萄牙《公司法典》第 276 条第 6 款规定相同］。

[39] 意大利（有关问题争议更大）相关著述，见 M. STELLA RICHTER JR.，"*Collegamento*" e "*raggruppamento*" *delle azioni di società*，RDC，1991，pp. 386，ss.，448，ss.。葡萄牙学者提到每一股份的自主性，但该自主性是有限度的，见 LOBO XAVIER，*Acção cit.*，col. 64；有学者主张其认购多少资本就有多少股权，但亦主张股权与股东的整体法律地位并非等同，见 EVARISTO F. MENDES，*A transmissibilidade das acções*，vol. Ⅰ，ed. copiogr.，Lisboa，1989，pp. 101－102（该作者认为，股份数目对应股东认购的资本数额，但出资不等同于股东的整体法律地位）；OLAVO CUNHA，*ob. cit.*，p. 6（该作者认为，股份数目对应股东地位）；另有学者主张，股东持有一份出资（股份的自主性仅相对移转权而言），见 N. M. PINHEIRO TORRES，*Da transmissão de participações sociais não tituladas*，UCP Editora，Porto，1999，pp. 33－34。

某些情况下排除了相对于股东出资、股或股份的独立性。第385条第1款规定，"拥有超过一票的股份持有人，不可分割其选票以就同一提案作出不同意向的表决，不得部分行使其投票权"。该"投票权一致性"规则适用于各种类型的公司（第189条第1款、第248条第1款、第474条及第478条）。

1.8 股份类型

以下粗略分析股份类型。

如前所示，股份可分为记账式和凭证式，无论哪一类，均可为记名或无记名的。记名股票是指发行公司可随时知道持有者的身份（《有价证券法典》第52条第1款）——股份持有人的识别资料载于公司所掌握的账目登记（《有价证券法典》第61条及第85条第1款c项）或载于股票（《有价证券法典》第97条第1款c项及第3款）。无记名股票是指发行公司不可随时知悉持有人身份（《有价证券法典》第52条第1款）。原则上，公司股票可以是记名及/或无记名的（《公司法典》第299条第1款），但有时有必要或适宜使公司随时知悉股票持有人的身份[40]，因此，《公司法典》第299条第2款要求有些股份必须记名：当股款没有被完全清偿时（第285条及第286条）；根据公司合同规定，非经公司同意不可转让股份或对转让股份有其他限制的情况（第328条）；根据公司合同规定，特定股份持有人负有向公司作补充给付的义务（第287条）。

同一公司发行的股票所含权利可以是多样的（第302条第1款）。如属后者情况，则有两个或以上的股份类别——同类股份含有同等权利（第302条第2款，亦见《有价证券法典》第45条）。因此，我们一般有普通股（acções ordinárias）和特别股（acções especiais，一种或多种特别种类的股份）。普通股对应的权利是法律对一般股份规定的权利。特别股对应的权利大致分三种情况。

第一种情况。特别股对应的权利多于法律对一般股份规定的权利（特权股），即本义上的特别权利——例如：获赋分享经营盈余或清算后结余的权利超出其股份价值比例，或获赋否决任命一定数目的行政管理机关成员的权利（第391条第2款）。

第二种情况。特别股对应的权利少于法律对一般股份规定的权利，即

---

40 VAZ SERRA, *Acções...*, pp. 18, ss. .

所谓弱势股 (acções diminuídas)[41]，例如收益股份 (acções de fruição) —— 给予的财产权少于普通股，更具体而言，提供的是一个"延迟"参与分享经营盈余和清算后结余的权利 (第 346 条第 4 款)[42]。

第三种情况。特别股对应的权利相对于法律对一般股份规定的权利"或多或少"（一般股份与特权股份相混淆），即同时包括多于普通股的权利与少于普通股的权利，例如：无投票权优先股。该类股份在葡萄牙以外国家制度中历史悠久[43]，起初，葡萄牙公司法典草案并未予以规定，但正式文本加上了第 341－344 条有关无投票权优先股的法条，该等优先股是公司增加资本的工具，专门为那些（不关心或不可能切实参与公司活动）仅为投资目的的股东，以及那些（有投票权，尤其是控股集团）目的为控制公司的股东量身定制[44]。根据第 341 条第 1 款规定，每一公司仅可最多发行代表公司资本一半数额的无投票权优先股，借此避免通过设置过多无投票权股份而使（有投票权的）一小部分股东凭相对少的投资来控制公司。[45] 该等股份的"优先"特征是赋予其持有人收取不少于其票面或发行价值 5% 优先股息之权利，以及在分割清算结余时，有优先受偿权利 (第 341 条第 2 款)。[46] 相对地，

41　关于该术语，见 OLAVO CUNHA, *ob. cit.*, pp. 100, 144－145。

42　对于其他权利，应理解为与普通股赋予的权利等同——有关论述见 RAÚL VENTURA, *Estudos vários sobre sociedades anónimas*, Almedina, Coimbra, 1992, p. 489。有关股东会上投票权方面的不同看法，见 PINTO FURTADO, *Curso...*, p. 316。有关收益股份的来源，见 PINTO COELHO, *ob. cit.*, pp. 87, ss.。

43　ANTONIO CAEIRO, *ob. cit.*, pp. 134, ss.。

44　J. J. VIEIRA PERES, *Acções preferenciais sem voto*, RDES, 1988, pp. 333, ss.。

45　参见 VAZ SERRA, *Assembleia geral cit.*, p. 105, n. 36 [VAZ SERRA 起草的《公司法典》文本第 53 条第 2 款（引自 Würdinger）对应现行《公司法典》第 341 条第 1 款]。

46　具体的优先股息收取权自年度账目通过后确认存在可分配的营业利润即产生，即使对盈余的使用没有决议或决议有不同的规定（参见第 341 条第 2 款、第 342 条第 1－2 款及第 31 条第 1 款）——相同看法见 OLAVO CUNHA, *ob. cit.*, pp. 159－160; F. CASSIANO DOS SANTOS, *A posição do accionista face aos lucros de balanço－O direito do accionista ao dividend no Código das Sociedades Comerciais*, Coimbra Editora, Coimbra, 1996, pp. 102－103; OSÓRIO DE CASTRO, *ob. cit.*, p. 108（该作者肯定程度较弱）。不同看法见 RAÚL VENTURA, *últ. ob. cit.*, p. 432。优先股息分发后，如余有可分配性利润并决定分配，则首先向普通股（此处并不考虑其他类型的股份）支付与无投票权股份等同的股息，剩下的则平均分配给所有股份（相同看法见 VIEIRA PERES, *ob. cit.*, pp. 364, ss., maxime 371－372; RAÚL VENTURA, *ob. cit.*, p. 438; OSÓRIO DE CASTRO, *ob. cit.*, pp. 106－107; J. OLIVEIRA ASCENSÃO, *As acções*, in AA. VV., *Direito dos valores mobiliários*, vol. II, Coimbra Editora, Coimbra, 2000, pp. 72－73）。不同看法见 JOÃO LABAREDA, *Das acções das sociedades anónimas*, AAFDL, Lisboa, 1988, p. 59; OLAVO CUNHA, *ob. cit.*, p. 159; PEREIRA DE ALMEIDA, *ob. cit.*, p. 253。

这些股份的"弱势"性是指（在股东会或股东书面一致决议中）无投票权[47]。然而，如存在第 342 条第 3 款规定的情形，无投票权优先股持有人享有与持有普通股的人相同的投票权。[48] 除了投票权外，该等优先股不仅赋予上述优先权利，而且赋予"普通股固有的所有权利"（第 341 条第 3 款）[49]。[50]

最后尚需补充的是，在极少数情况下，股份有限公司无任何普通股，仅有两种或更多种类别的特别股（例如，一些股份赋予对经营盈余分配的特别权利，另一些股份赋予对清算结余的特别权利）[51]。

2. 股东的主要权利和义务

2.1　权利

2.1.1　**分享盈余权（见第六章）**

《公司法典》题为"股东之权利"的第 21 条规定的第一项股东权利即为"分享盈余权"。有关"盈余"（lucro）的问题将于下一章探讨（详见 4.4）。

2.1.2　**参与股东决议的权利**

所有股东均享有"参与股东决议的权利，法律另有规定者除外"（第 21 条第 1 款 b 项）。

2.1.2.1　股东决议的概念与议决方式

股东决议是由意思形成的公司机关——单一股东[52]或股东集体作出的，

47　无投票权优先股或其他特别股的持有人可在特别大会上投票——见第 389 条。

48　因此，该类优先股有时被称为"有条件"投票权（BAUMBACH/HUECK, citados por VEN-TURA, *ob. cit.*, p. 434）或"潜在"（WIEDEMANN, *ob. cit.*, p. 367）投票权。

49　包括请求召集股东会的权利（第 375 条第 2 款）和将事项列入股东会议程的权利（第 378 条第 1 款）——见 RAÚL VENTURA, *ob. cit.*, p. 436（不同看法见 VIEIRA PERES, *ob. cit.*, pp. 356－357），以及提案权（参见第 379 条第 2－3 款及第 343 条）——不同看法见 RAÚL VENTURA, *ob. cit.*, p. 437。

50　《公司法典》第 345 条还规定了可赎回的优先股份制度，然而，该等股份根本上指的是"享有某财产特权的（其他类型的）股份"（尽管在章程许可的情况下可以或必须赎回股份），见 RAÚL CENTURA, *ob. cit.*, pp. 454, ss.；OLAVO CUNHA, *ob. cit.*, pp. 201, ss.；OSORIO CASTRO, *ob. cit.*, pp. 110, ss.。

51　相同看法见 A. SOVERAL MARTINS/ELISABETE RAMOS, *As participações sociais*, in AA. VV., *Estudos de direito das sociedades*（coord. De J. M. COUTINHO DE ABREU）, 4.ª ed., Almedina, Coimbra, 2001, pp. 99－100. 不同看法见 OLAVO CUNHA, *ob. cit.*, pp. 145－146；OSO-RIO DE CASTRO, *ob. cit.*, pp. 90, ss.。

52　可能更准确的术语是单一股东"决定"而非"决议"（另见第 270－E 条第 2 款）。

在法律上可归责于公司。[53]

该等决议"仅可按法律为每一类公司规定的方式作出",即股东决议形式法定原则（第 53 条第 1 款）。法典规定了四种决议类别或方式：（1）在经召集的股东会（assembleia geral convocada）上作出决议；（2）在全体大会（assembleia universal）上作出决议；（3）书面一致决议（deliberação unânimes por escrito）；（4）采用书面表决方式作出决议。该等形式均适用于无限公司和有限公司（第 54 条第 1 款、第 189 条第 1 款及第 247 条第 1 款）；股份有限公司和两合公司则排除适用通过书面表决作出决议的方式（第 54 条第 1 款、第 373 条第 1 款及第 472 条第 1 款）[54]。

在股东会上议决是最常见的。传统上，股东会在一特定地方举行（通常意义上的会议：数人在同一时间和地点聚集）。然而，现代通信技术逐渐允许举行"虚拟"会议。随着 2006 年改革（2006 年 3 月 29 日第 76 - A/2006 号法令），《公司法典》确认可举行虚拟会议，"除非公司合同另有规定"，股东会"可通过电子信息手段举行，为此，公司应确保有关声明的真实性和通信的安全，对相关内容与参与人进行登记"（第 377 条第 6 款 b 项，可适用于其他类型的公司）[55]。股东的决议大多在召集的股东会上作出，通过召集书事先通知股东参加（真实或虚拟）会议[56]。然而，股东在未召集（未通知全部或某些股东）或不按规则召集（例如，未遵守召集形式上的要求或实践上的要求）股东会上作出的决议也可能有效，例如，在"全体大会"上作出的决议，即使"未履行事先手续"，只要所有股东（亲自或被代表）出席，并均表示将其聚集当作股东会的意思——由此"组成股东会"，以及均同意在股东会上议决特定事项（第 54 条第 1 款）[57]。

在股东会（有关特征不仅体现在股东聚集在一起，而且体现在特定运作规则上）之外，亦可以非会议形式作出书面一致决议。如遇紧急情况需

53　关于其他概念，参见 L. BRITO CORREIA, *Direito commercial*, 3.° vol. - *Deliberações dos sócios*, AAFDL, Lisboa, 1989, p. 117；J. H. PINTO FURTADO, *Deliberações dos sócios*, Almedina, Coimbra, 1993, p. 49。

54　持有特别股的股东，除了在召集的"特别"股东会或全体大会（适用股东会的制度——第 389 条第 1 款）上作出决议外，还可作出一致性书面决议。

55　有关公司运营使用远程手段，见 J. M. CONTINHO DE ABREU, *Governação das sociedades comerciais*, Almedina, Coimbra, 2006, pp. 18, ss.。

56　更多内容详见第七章。

57　从第 54 条第 2 款得出的结论是，对于全体大会适用法律及公司章程有关股东会运作的规定。

要作出一项决定（紧急性不允许召开股东会），或不可能、不方便召开股东会（无论是否召集），又或存在其他情况，并确认所有股东同意就某议案议决，在这些情况下，只要将该决议登录于书面文件[58]且载有全体股东（或其代理人——第54条第3款）签字即可[59]。[60]

股东会以外作出的决议尚包括书面决议。这仅适用于有限公司和无限公司，并且法律对其尚规定有禁止适用的情况（见第247条第2款和第8款、第100条第2款和第6款及第120条）；且公司合同可就所有或某些情形规定禁止采用该方式（第247条第2款）。决议程序规定于第247条第2款至第7款：由经理向股东邮寄挂号信以询问是否全部股东均同意就特定议题采用书面表决方式进行议决；如所有股东（明示或默示）同意此议决形式，则由经理向全部股东邮寄待决议案，附同必要的说明资料，以及为寄回表决订定的期限（不能少于十日）；寄回的表决（也可能是弃权）必须表明同意或拒绝；经理应制作议事录，其中载明决策程序中的重要阶段，并将有关复印件寄给全部股东；决议作出与否取决于是否满足法律或章程一般规定的多数要求"接收最后一份书面声明之日，视为作出决议之日；遇有股东不作回复的情况，决议视为于既定的表决期限届满时作出"[61]。

不要将书面表决的决议与邮件投票（"函投"）相混淆[62]。前者是作出决议的形式之一，具有上述特征，函投则为所召集的（真实而非虚拟）股东会上议决的事项投票——其中部分缺席的股东以书面方式（信件或传真等）或通过电邮投票，后者将同出席股东会者的投票一起计算。

在《公司法典》出台之前，学界曾质疑许可函投的章程条款是否合法。当时就股份有限公司函投无效达成共识；（少数）学理和司法见解就有限公司可否采取函投的意见有分歧[63]。

---

58 私文书，包括议事录或公证文书，见 PINTO FURTADO, *últ. ob. cit.*, pp. 201, ss.。

59 签字可在同时同地、异时同地或异时异地进行。

60 上述纸质文件及签字可由电子文件及签字替代——《公司法典》第4-A条和1999年8月2日第290-D/99号法令。

61 在该决议程序步骤中亦可使用远程手段。

62 就混淆事例，见1995年12月14日最高法院合议庭裁判，载于1995年《司法见解汇编》（最高法院合议庭裁判）第三卷167页［Ac. do STJ de 14/12/95, CJ (ASTJ), 1995, t. Ⅲ, p. 167］。

63 见 LOBO XAVIE, *Anulação…*, pp. 468-469, n. 109a。

在 2006 年改革之前，对于《公司法典》未就股东会缺席者函投作出规范，可予以合理解释，何况缺席股东可由他人代表[64]。然而，（自 2000 年起）按照《有价证券法典》，对于开放型公司（上市股份有限公司）并非如此。根据第 22 条第 1 款的规定，"在开放型公司的股东会上，就载于股东会召集书上的事项可借邮件行使投票权"；公司章程可以限制函投，但不能废除函投（第 2 款）。[65]

目前，根据《公司法典》第 384 条第 9 款规定（该款经第 76 - A/2006 号法令引入），如果股份有限公司的章程不禁止函投（但注意上述《有价证券法典》第 22 条规定），应对其函投行为进行规范（亦见第 377 条第 5 款 f 项）。

同样，股东决议的"法律性质"一直被争论（这是不可避免的，"法律性质"总是法学创作的沃土……）[66]。在笔者看来，一般地，股东决议是法律行为，由一项或多项意思表示（投票）而形成的法律上的行为，旨在产生由法律秩序认可的特定效力[67]。[68] 之所以说"一般地"，是因为存在不具

64　RAÚL VENTURA, *Sociedades por quotas*, vol. II, Almedina, Coimbra, 1989, p. 176, PINTO FURTADO, *ob. cit.*, p. 110.

65　传统上合作社采用邮件投票（函投）方式，见 1980 年《合作社法典》第 49 条与现行《合作社法典》第 52 条。有关法国与意大利股份有限公司中的函投分别见 G. RIPERT/R. ROBLOT/M. GERMAIN/L. VOGEL, *Traité de droit commercial*, t. 1, 17e éd., L. G. D. J, Paris, 1998, pp. 1144 - 1145；P. MONTALENTI, *Corporate governace: la tutela delle minoranze nella riforma delle società quotate*, GC, 1998, I, pp. 345 - 346。

66　BRITO CORREIA, *últ. ob. cit.*, pp. 98, ss., PINTO FURTADO, *ob. cit.*, pp. 37, ss., E. M. LUCAS COELHO, *A formação das deliberações sociais – Assembleia geral das sociedades anónimas*, Coimbra Editora, Coimbra, 1994, pp. 204, ss..

67　将决议理解为法律行为，在德国占绝对主导地位，见 WIEDEMANN, *ob. cit.*, p. 179；K. SCHMIDT, *ob. cit.*, p. 442。在葡萄牙似乎亦是如此，见 LOBO XAVIER, *ob. cit.*, pp. 554 - 555, n. 14；LUCAS COELHO, *últ. ob. cit.*, pp. 210 - 211；BRITO CORREIA, *ob. cit.*, p. 117（该作者提及决议属于"特有类别"，但接受其可作为法律行为）；J. OLIVEIRA ASCENSÃO, *Direito comercial*, vol. IV – *Sociedades comerciais*, Lisboa, 1993, pp. 309 - 310［该作者界定决议为（单方）合议行为，即团体行为的分支概念，但亦可作为法律行为］。不同看法见 PINTO FURTADO, *ob. cit.*, p. 54（"我们倾向于将基于多主体意思的单方表示而作出的决议看作一项法律范畴，而非一项法律行为"）。

68　决议也可能仅仅来自一项意思表示，即使在多股东公司，仅一个股东对提案投票。例如，在书面投票决议中，仅有一名股东寄回投票，或在召集的股东会中，仅有一名股东出席（主流意见认为，股东会可在仅有一名股东出席的情况下议决，见 LOBO XAVIER, *ob. cit.*, pp. 206 - 207），或者两名股东出席股东会，其中一名投赞成票，另一名弃权（见第 386 条第 1 款最后部分规定）。

有该属性的决议（即不创设、变更或终止法律关系或地位）。例如，不少投票用于表示嘉奖、信任、抗议或致哀（votos de pesar）等。[69] 作为法律行为，适用一般法的许多相关规则，但因其具有本身的特征，同时予以特别规定，后者主要规定于《公司法典》第 55 – 62 条中。

2.1.2.2　全面参与决议与投票权

股东参与决议的权利可以是完全或有限制性的（第 21 条第 1 款 b 项指出对该项权利限定的可能性）。

股东完全参与决议是指除了有权出席股东会并就待表决的事项参与讨论（如有关决议在经召集的股东会或未经召集的全体大会上作出）或就待书面表决的事项发表意见外，尚有权对提案（在会上或会外，视具体情况而定）进行投票。

投票权是股东在议决时表示意思的权力，该等意思表示即形成或有助于形成有关决议[70]。每个股东在决议形成中的影响力均由其"表决力"（poder de voto）决定[71]，而该权力则取决于相对于投票总数中其票数所占的比重。以下分析各类公司票数分配的标准。

在无限公司，实行人头或民主原则（princípio personalístico ou democrático），其他类型的公司则实行资本或比例原则（princípio capitalístico ou proporcional）。在人头或民主原则下，无限公司中"每个股东均有一票，除非公司合同另有规定，但股东的投票权不可被取缔"（第 190 条第 1 款）[72]。就有限公司而言，原则上每个股东按其股的票面价值拥有票数：每 1% 拥有一票（第 250 条第 1 款）。但股东合同可排除适用该规则，例如，给予某一股东双倍票数作为特别权利（第 250 条第 2 款）。除此之外不可排除适用其他规则（法律未规定排除适用其他规则——亦见第 21 条第 1 款 b 项），因此，在章程中不可能排除某股东的投票权[73]。股份有限公司的每个股东，原则上，每

69　LOBO XAVIER, *ob. cit.*, p. 560, n. 20, COUTINHO DE ABREU, *Do abuso …*, p. 142, n. 333.

70　对于投票权的概念，亦见 W. ZÖLLNER, *Die Schranken mitgliedschaftlicher Stimmrechtsmacht bei den privatrechtlichen Personenverbänden*, Beck, München, Berlin, 1963, p. 11; SCHMIDT, *ob. cit.*, p. 605。将投票看作意思表示（这是许多国家包括葡萄牙在内的主流看法），见 LOBO XAVIER, *ob. cit.*, pp. 583, ss., ns. 59 – 61; LUCAS COELHO, *últ. ob. cit.*, pp. 160, ss.。

71　ZÖLLNER, *ob. cit.*, p. 1.

72　对于劳务股东（原则上亦为一人一票），见第 190 条第 2 款。

73　另见 RAÚL VENTURA, *últ. ob. cit.*, pp. 225 – 226；在《公司法典》之前，亦允许这一排除投票权的做法，见 ANTONIO CAEIRO, *ob. cit.*, pp. 99, ss.。

一股份为一票（第 384 条第 1 款）。然而，根据第 384 条第 2 款，公司合同可以规定：a）"一定数目的股份为一票。如将公司发行的所有股份计入在内，至少 1000 欧元的资本对应一票"（从该规定得知，可能某一个或几个股东没有投票权，但注意第 379 条第 5 款的规定）[74]；b）"当仅由一位股份持有人以自身名义或同时作为其他股东的代理人投票时，一定数目以上的票数不计算在内"（但注意第 386 条第 5 款规定）[75]。两合公司章程同样应基于出资的票面价值赋予股东投票权，然而，两合公司无限责任股东总体票数不可低于有限责任股东总体票数的一半（第 472 条第 2 款）[76]。

尚有的情况是，尽管股东有投票权，但被限制行使该权利（因此，不能完全参与决议），例如：股东与公司发生利益冲突（第 251 条及第 384 条第 6 款）；股份持有人延迟缴付现金出资（第 384 条第 4 款）；《公司法典》第 485 条第 3 款、第 487 条第 2 款及《有价证券法典》第 192 条所规定的情况[77]。有关利益冲突的情况有必要进一步分析如下。

在这个问题上，法典有两项基本规定：第 251 条直接适用于有限公司，并通过第 189 条第 1 款和第 474 条准用无限公司和一般两合公司；第 384 条第 6 款和第 7 款直接适用于股份有限公司，并通过第 478 条准用股份两合公司。

首先，第 251 条第 1 款规定，"当股东就议决事项与公司存在利益冲突时，该股东不得亲自或透过代理人投票，亦不得代理其他股东投票"。确认一般规则后，该款数项（非穷尽式）列举了被视为有利益冲突的例子，如决议涉及：a）"解除股东——无论是以身份还是经理抑或监察机关成员所负义务或责任"；b）"公司拟对股东提起诉讼，反之亦然，无论股东在诉讼之前或之后作为上一项所指任何身份"；c）"股东因第 204 条第 2 款所指情况而丧失部分股"；d）"股东除名"（详见第 241 条第 1 款规定）；e）同意经理–股东可与公司竞业（详见第 254 条第 1 款）；f）以合理事由解任股东的经理或监察机关成员一职［无合理事由解任的经理（见第 257 条）不得

---

[74] 如上所述，无投票权优先股的持有人（在股东会上）不享有投票权。
[75] 该投票限制可设定于所有股份或一类又或多类股份，但不可针对特定股东——第 384 条第 3 款（另见第 76 – A/2006 号法令第 60 条）。
[76] 对于劳务股东投票，适用第 190 条第 2 款规定（无限公司劳务股东投票），以及第 472 条 3 款（两合公司劳务股东投票）。
[77] 有关自有股或自有股份的投票权中止（第 220 条第 4 款及第 324 条第 1 款 a 项）。但是，严格而言，公司作为其自有出资的持有人并非股东……

被阻止投票；监察机关成员只能在有合理事由时才可被解任（见第 262 条第 1 款及第 419 条第 1 款）］；g）"股东和公司间已建立或拟建立任何与公司合同无关的关系"［如与公司合同有关（例如推选股东为经理），股东可在该选任中投票）］。

　　就股份有限公司相关问题的规范，第 384 条第 6 款没有诉诸上述（一般条款与列举典型事例）立法技术，规定"股份持有人不得亲自或透过代理人投票，亦不得代理其他股东投票，只要法律对此明文禁止（见第 28 条第 1 款及第 367 条第 2 款），以及当决议涉及"该款四项所指事宜时。该四项（a - d）与第 251 条 a、b、f、g 项相同，但是，第 384 条第 6 款没有提到第 251 条 c、d、e 项所指内容。不同于第 251 条，第 384 条没有明示其四项所载情形为利益冲突。然而，这一理念贯穿其中，该等情形体现出股东利益与公司利益间存在分歧，因此，对于有关决议，股东利益与公司利益相反[78]。为此，上述两条旨在避免受有关股东投票的影响而作出违反公司利益的决议。

　　第 251 条第 1 款和第 384 条第 6 款的规定"不可被公司合同排除适用"（第 251 条第 2 款及第 384 条第 7 款）。那么，公司章程可否规定更多利益冲突的情况阻止投票？这需要具体情况具体分析[79]。

　　第 251 条第 1 款的列举不是穷尽的，因此，公司合同可补充其他利益冲突的情况，但是，对此应有一定的限制。原则上，股东可以行使投票权，限制是例外，且须由法律规定（第 21 条第 1 款 b 项）；另一方面，不要忘记给予某股东特别优惠（而损害他人利益）的决议是可被撤销的（第 58 条第 1 款 b 项）。如此而来，就《公司法典》（主要是第 246 条）规定的决议标的，原则上不存在能阻止投票的利益冲突问题（第 251 条没有规定决议标的，对于法律沉默存有疑问即作可投票解）[80]。例如：股东可就同意其转股的决议投票（第 228 条第 2 款及第 246 条第 1 款 b 项）[81]；就其作为经理提交的管理报告和经营账目的核准决议投票（第 65 条及第 246 条第 1 款 e

---

78　见 G. MINERVINI, *Sulla tutela dell "interesse sociale" nella disciplina delle deliberazioni assembleari e di consiglio*, RDCiv., 1956, p. 321。关于公司利益，见本章下文（2.2.3.1）。

79　肯定的回答，见 BRITO CORREIA, *ob. cit.*, p. 165。

80　该观点很接近 RAÚL VENTURA（*ob. cit.*, pp. 285, ss.）观点（但其结论更具限制性，见 *ibid.*, pp. 286, 288）。

81　西班牙（1995 年）有关有限责任公司的法律第 52 条第 1 款采用相反的方案。

项）；就订定其作为经理的薪酬决议投票（第 255 条）[82]。但"原则"也有例外，尤其是股之销除的情况（第 246 条第 1 款 b 项）——例如，股东在第 239 条第 2 款与第 241 条第 2 款规定的情况下被限制投票（此处与除名密切相关——参见第 251 条第 1 款 d 项）。

我们再来审视第 384 条第 6 款规定。从表面上看，该款对因利益冲突而限制投票制定了一个尽数清单。然而，我们看不出有任何理由阻止类推适用可直接适用于有限公司的法律规定（该等规定可写入股份有限公司章程）。例如，董事非经股东会许可不得从事与公司竞业的活动（第 398 条第 3 款），继而，类推适用于第 251 条第 1 款 e 项的规定，作为董事的股东不能就此问题决议投票。

因利益冲突而限制股东投票的制度是否可适用于一人有限公司？似乎不可能[83]。首先，法律所规定的某些冲突情况不发生在该等公司中——唯一股东不会就其丧失部分出资、被除名、同意与公司竞业或因公司某机关提出的合理事由而对其解任之类的事项作出决定。在其余情况下，尽管不否认唯一股东与公司间存在利益冲突的可能性（股东于公司之外的利益与其作为股东的利益之间存在不一致），但是，该制度的适用使得股东无法就特定事宜作出决定——委实没有理由禁止一人公司在该等领域作出多人型公司可作出的决策。另一方面，最好不要忘记，这个制度旨在防止作出违背公司利益之决议的风险（主要目的不是防止给第三人带来可能的损害）。但是，这并不妨碍（在多人公司中）未被限制投票的股东为满足受限制投票的股东的利益进行表决。所以说，无论在多人公司抑或一人公司，皆可对内容上违反公司利益的决议提起诉讼（见第 56 条第 1 款 d 项及第 58 条第 1 款 b 项）。同时，如唯一股东为其公司外之利益作出的决定可对第三人（尤其是债权人）造成（间接）损害，后者同样可采取反击方法——例如：债权人撤销权之诉（《民法典》第 610 条）；追究行政管理机关成员责任之诉（第 78 条）；以及追究唯一股东责任之诉（第 83 条及第 84 条——后者适用于嗣后一人公司）。

---

[82] 对于这些及其他问题，在《公司法典》颁布之前，司法界与学界存在意见分歧，见 ANTÓNIO CAEIRO, *ob. cit.*, pp. 143, ss.；BRITO CORREIA, *ob. cit.*, pp. 154, ss.；RAÚL VENTURA, *ob. cit.*, pp. 278, ss.。

[83] 否定性回答一般见于德国学理和司法见解——U. HÜFFER, *Aktiengesetz*, 3. Aufl., Bech, München, 1997, p. 614；H.-G. KOPPENSTEINER, *GmbH-Gesetz Kommentar*, 2. Aufl., Orac, Wien, 1999, p. 419。葡萄牙学界亦然，见 RAÚL VENTURA, *ob. cit.*, p. 294。

从以上有关一人公司的阐述可得出这一推断：当公司所有股东均与公司存在利益冲突时，上述因利益冲突而限制表决的制度亦不应予以适用（一般而言，股东的公司外利益与公司利益间的分歧不应限制有关决议的作出）[84]。

对于社团，《民法典》第 176 条第 1 款规定："在社员本人、其配偶、其直系血亲尊亲属或直系血亲卑亲属与社团之间有利益冲突之事宜上，社员不得亲自投票或透过代表投票，亦不得代表另一社员投票。"我们是否可以理解在股东的配偶、直系血亲尊亲属或直系血亲卑亲属与公司存在利益冲突时，股东同样亦不可投票？似乎不应如此理解[85]。《公司法典》仅规定股东本人同公司存在利益冲突时，"不能亲自或透过代理人投票，亦不得代理其他股东投票"。有必要重申，原则上，股东可行使投票权，尽管法律允许例外，但该等例外应可予以稳妥确定；所谓与公司有冲突的利益应理解为股东的直接利益[86]。另一方面，许多公司是"家办"的——经验表明，即便如此，投票出现分歧也不少见。再者，切莫忘记可诉诸禁止权利滥用这一机制来处理涉及有关问题的决议内容（该等问题并非直接涉及决议的内容，而是决议形成的程序）——参见第 58 条第 1 款 b 项。

如果一个不应投票的股东显示有意投票，股东会（主席团）主席应告诫其勿为之；如果即便如此，该股东仍坚持己意并投票，那么该主席应不将该票计算在内[87]。如该主席不行使其权利和覆行义务，那么该股东的投票无效——第 251 条和第 384 条第 6 款的规范是强制性的（参见《民法典》第 294 条和第 295 条）；监察机关或任何投票落败股东可对相关决议提出争执，如法院确认不计入无效票达不到必要多数（不正确的计算——程序瑕疵），那么将撤销该决议——见第 58 条第 1 款 a 项和第 59 条第 1－2 款，亦见《民法典》第 176 条第 2 款。

2.1 2.3　限制参与

无投票权或被限制投票的股东，虽然没有完全的参与权，但在股东会

---

[84]　相同回答见上引著作。

[85]　否定性回答在德国在很大程度上占主导，参见 KOPPENSTEINER, *ob. cit.*, p. 420。葡萄牙主流观点与德国学理一致，见 RAÚL VENTURA, *ob. cit.*, p. 291；对于解任一股东之配偶之经理职务的决议，相同看法见 1995 年 9 月 28 日最高法院合议庭裁判，载于《司法部公报》第 449 期第 338 页 [Ac. do STJ de 28/9/95, BMJ nᵒ 449 (1995), p. 338]。

[86]　另参见 1996 年 6 月 12 日最高法院合议庭裁判，载于 1996 年《司法见解汇编》（最高法院合议庭裁判）第二卷第 127 页 [Ac. do STJ de 12/6/96, CJ (ASTJ), 1996, t. Ⅱ, p. 127]。

[87]　一致看法见 BRITO CORREIA, *ob. cit.*, pp. 164－165。

中仍具有限的参与权[88]。

无限公司、有限公司和两合公司中，所有股东皆有权出席股东会，并参与议程表中有关议题的讨论（第 248 条第 5 款就有限公司规定，"任何股东不得被剥夺股东会的参与权，即使合同规定亦然，尽管其不得行使投票权"[89]）。[90]

股份有限公司和股份两合公司中，有投票权但被禁止行使的股东可旁听股东会并参与讨论（决议中对参与权唯一的限制在于中止行使投票权，参见第 21 条第 1 款 b 项）。无投票权的股东原则上亦如此；当然，公司合同有相反规定时除外（参见第 379 条第 2 款）。无论如何，公司章程都不得限制持无投票权优先股的股东由其中一人代表，而该代表有权出席股东会，并就拟议决事项参与讨论（第 343 条、第 379 条第 3 款）。另一方面，当需要持一定数目的股份才可投票时（第 384 条第 2 款 a 项），公司章程也不得限制少数股份持有人集合起来以达到投票所需股份，或者选择代表（第 379 条第 5 款）让代表完全参与决议[91]。

2.1.2.4　股东的意定代表

参与决议的权利并非须由股东本人行使[92]，其可透过意定代表行使——无论决议在股东会上作出还是书面一致决议[93]（但透过书面投票的决议不得由意定代表为之——第 249 条第 1 款）。

哪些人可作代表？（最具人合性的）无限公司和一般两合公司中，股东仅可由其配偶、直系血亲尊亲属、直系血亲卑亲属或其他股东代表（第 189 条第 4 款）。有限公司亦如此，但章程明确允许其他代表除外——第 249 条

88　限制参与的问题不涉及其他议决方式——在书面一致决议中所有股东均须投票；当一些股东被限制投票权时，不可进行书面投票决议（第 247 条第 8 款）。

89　第 189 条第 1 款亦援用此规定；另见第 474 条。

90　因利益冲突而不得行使投票权的股东可以（在该等及其他类型的公司）参与讨论列入会议议程中的事项，包括有关所涉冲突的事项；不同看法见 PINTO FURTADO, *Deliberações...*, p. 97。

91　这一集合权由来已久，之前出现在《商法典》第 183 条第 4 款。引入该条内容的提案者 VISCONDE DE CARNAXIDE 强调该规定创新之处来自"欧洲股份公司的立法"（*Sociedades anonymas – Estudo theorico e pratico de direito interno e comparado*, F. França Amado, Coimbra, 1913, pp. 379, ss.）。然而，事实上，该权利早在庞巴尔时代的公司章程中就已出现，见 RUI M. F. MARCOS, *As companhias pombalinas – Contributo para a história das sociedades por acções em Portugal*, Almedina, Coimbra, 1997, pp. 686, ss.。

92　股东可由其法定代理人（如属无行为能力的情况）或特定机关（如属法人实体的情况）代表。

93　然而，仅在明确许可时股东代表才可在书面一致决议和全体大会所作决议上投票（见第 54 条第 3 款，亦见第 249 条第 2 款）。

第 5 款。就股份有限公司和股份两合公司而言，股东可由任何主体予以代表（第 380 条第 1 款）。

代表文件通常是授权书，可针对各种决议授权（参见第 249 条第 3 款）。当为特定股东会授权时，只需以信函（纸质或电子）形式致公司（第 189 条第 4 款）或股东会（主席团）主席（第 249 条第 4 款及第 380 条第 2 款）即可。

众所周知，在很多股份有限公司的股东会上，（"偶然"而非"企业主"）股东缺席率很高，这使得个人股东或团体股东无须拥有多数股份即可影响或控制公司运营；这同样导致少数人通过大量的缺席者授权书掌握表决权；另一方面，因为传统的授权书是"空白式"，受权人可以任意使用该投票权利，而被代表人既不决定也不知悉其投票意向。现代立法一直试图改变这一情况[94]，譬如，《公司法典》第 381 条规定，如有人提出代表五位以上股东参与股东会表决[95]，仅在特定股东会被授予该等代表权（第 1 款 a 项）；如授权可被废止，该废止使得被代表人出席股东会（b 项）；股东提出被代表的请求至少应包括以下内容："股东会详情，如举行地点、日期、时间、议程；详列股东可查询的文件；准确指明何人接受作为代表；说明在缺少被代表人指示的情况下代表人如何投票；[96] 载明如有未预料到的情况，代表人将作出其认为更能满足被代表人利益的投票"（c 项）[97]。[98] 第 381 条进一步规定，不可授权他人出席股东会的包括：公司（当然是通过代表机关）、监事、总理事暨监察或审计委员会的成员以及相关注册审计师（第 2 款）。

相比资合性股份公司，以人合结构为基础的公司几乎不可能发生第 381 条所述前提情况；但如果发生，上述规范应经必要调整而予以适用（同时准用第 189 条第 1 款、第 248 条第 1 款及第 474 条）[99]。

---

94 见《德国股份公司法》段号 128 与 135、《德国民法典》（1974 年引入）第 2372 条；有关美国的经验，见 R. PERNA, *Mito e realtà della democrazia societaria. Il proxy voting nelle public companies statunitensi*, GC, 1995, pp. 537, ss. 。

95 关于代表数目没有限制（但是，与《民法典》第 2372 条规定相似，应有限制）。

96 被请求作指示的股份持有人实际上可就投票作出指示；但如请求人不同意该等指示，可不接受代表一事，为此应将拒绝意思紧急通知被请求作出指示的股份持有人（第 381 条第 4 款）。

97 发生最后一种情况时，代表人应将投票意思紧急通知被代表人，并作出适当的说明（第 381 条第 5 款）。

98 《有价证券法典》第 23 条就"开放"公司规定有补充要求。

99 RAÚL VENTURA, *ob. cit.*, p. 216.

2.1.3 资讯权

2.1.3.1 资讯与资讯权

第21条第1款c项规定所有股东均有权按照法律（见第181条、第214－216条、第288－292条、第474条、第478条及第480条）与公司合同的规定获取公司运营资讯。

资讯是指可以（以书面或口头等方式）传播的信息。为制作一项（涉及某一事实、标的物或想法）信息，并使其具有传播力，需要选用可理解的（语言或其他）沟通信号，并将其以能让他人理解的方式或格式组合一起。仅事实、标的物或想法不构成资讯；同样地，仅对事实、标的物的理解或构思亦不构成资讯。资讯要求所捕捉（收集）或编制的信息资料能够（以可传播的方式）表述出来。因此资讯的作者是使其收集或编制的信息资料可传播的人；而资讯的接收者是透过资讯传播手段收到信息的人（信息的发出者可以是或不是资讯的作者）。[100]

根据法律规定，股东的资讯权表现为三种模式：（1）狭义上的资讯权——股东有权向公司（通常是行政管理机关代表）提出有关公司运营的问题，并要求其作出真实、完整、翔实的回答；（2）查阅权——股东有权要求公司（行政管理机关代表）出示记账簿册和其他公司文件以供查阅；（3）检查权——股东有权向公司（行政管理机关代表）提出检查公司财产的要求。公司在履行义务时，并不总能以前段所述意思传播信息。公司在满足股东狭义上的资讯权及查阅权时，其本身是资讯的作者与发出者；但就行使检查权而言，则非为如此——其中由收集有关资料的股东制作资讯。

常有学者提到，股东的资讯权是股东其他权利——尤其是参与决议权的一项工具性或附属权利[101]。这一对资讯权有点看轻的说法不完全是对的。的确，有时法律规定资讯权是配合股东行使其他权利所必需的——例如，在股东会上的资讯权（第290条第1款），但是，其他时候，股东有权取得资讯，无论该资讯取得的目的为何（有关或无关其他股东权利）。例如，原则上，所有无限公司或有限公司的股东均有权就某些公司业务的进展取得资讯，或查阅有关业务的账目文件；股东透过行使资讯权获悉的信息可使

---

[100] PEIRRE CATALA, *Ébauche d'une théorie juridique de l'information*, RDS, Chron., 1984, pp. 97, ss. (*maxime* p. 98).

[101] RAÚL VENTURA, *Sociedades por quotas* cit., vol. I, p. 278, BRITO CORREIA, *ob. cit.*, 2.° vol., p. 317.

其决定采取各种行动（例如，将股出卖、将信息传播给其他股东、向经理提出警告或为解任其经理一职而提起诉讼、请求召集股东会）或不采取任何行动或措施。由此可见，整体而言，资讯权具有自身的存在意义，是股东的主要权利之一。股东出资设立公司，其资本承担风险，透过公司从事（或参与从事）经济活动，理所当然应允许股东取得必要的信息以对公司运作施以适当监管[102]。[103]

狭义上的资讯权亦可在股东会之外行使：股东有权要求行政管理机关就"公司管理"或"公司事务"提供"真实、完整、清晰"的资讯（第181 条第 1 款、第 214 条第 1 款及第 291 条第 1 款）——例如：公司交易；公司场所或部门的开业或关闭；与其企业的合作关系；与关联公司的关系；公司请求制作的经济、法律或财务意见书的结果；在特定情形下公司机关成员的行事[104]。有关权利人为无限公司、有限公司及一般两合公司的任何股东，以及股份两合公司的无限责任股东（第 181 条第 1 款、第 214 条第 1 款、第 474 条及第 480 条）。对于股份有限公司和股份两合公司（有限责任股东）并非如此。根据第 291 条第 1 款规定，仅"股份达到公司资本 10%的（单个或集合）股东才可书面请求董事会或执行董事会同样以书面形式[105]提供有关公司事务的资讯"。[106]

在任何一类公司的股东会上，所有与会股东均可（向有权限提供资讯

---

[102] 自然在人合性越强的公司，资讯权程度要求越高。

[103] 首先需要注意，公司（有些情况下是所有公司，有些情况下是部分公司）依法须公布与其有关的某些事实——如商业登记与公示义务（《商业登记法典》第 3 条与第 70 条）或按照《有价证券法典》对某些实体负有通知义务与公示义务（第 7 条及随后数条、第 17 条、第 134 条及随后数条、第 244 条及随后数条）。这些义务不应与对应股东资讯权的公司义务相混淆。后者义务仅在股东行使其权利时、在请求取得信息时才存在；前者义务是为了保护股东和非股东的利益而施加的，对应资讯权的义务用于保护股东利益。此外，一些股东除了有资讯权外，亦对公司负有特殊通知义务，见《公司法典》第 448 条、第 484 条、第 490 条第 1 款及《有价证券法典》第 16 条。

[104] 所请求的信息资料可能与过去的、现在的或预期的行为有关。对于最后面的行为，法律规定一项条件（在笔者看来过度限缩）：当行为可能使作出者承担责任时（第 181 条第 2 款、第 214 条第 3 款及第 291 条第 3 款）。

[105] 在其他公司中，可以口头要求提供信息，并且仅在请求书面提交时，信息才须以书面形式提供（见第 181 条和第 214 条之第 1 款的最后部分规定）。

[106] "集体资讯权"是第 291 条的标题，不甚妥当。因为该条规定的权利不限于联合在一起的多个股东（具有 10% 股份的一个股东亦有权）。同时，该权利非由任何公司机关所享有（就第 422 条第 1 款 e 项而言，仅公司成员机关享有集体资讯权）。这一批判无关乎"经司法裁判或主动提供的资讯最终会在公司住所由所有其他股份持有人获得"（第 291 条第 7 款）。

的公司机关）请求交付真实、完整、清晰的资讯，以使其可就待议决事项形成有理由根据的意见（同关联公司的关系亦属该资讯范围）。这可从第290条第1款及第2款的内容得出，有关规定可直接适用于股份有限公司，并可类推适用于其他类型的公司（第189条第1款、第214条第7款、第474条及第478条）。有一点需明确：无投票权或被限制投票权的股东在可参与或参与股东会时同样有资讯权。他们同样有权"就待议决事项形成有理由根据的意见"，因此，可参与该等事项的讨论以及对相应决议采取反对措施。[107]

公司文件的查阅权（为不确定目的或为准备议决）在无限公司、有限公司、一般两合公司和股份两合公司（的无限责任股东）被广泛接受（见第181条第1款及第3款，第214条第1款、第2款及第4款，第474条及第480条）。事实上，在该等类型的公司中，管理者须给任何股东提供协助以便其在公司住所查阅公司"账目记录、簿册和文件"[108]。股东可由注册审计师或其他专业人员（如会计师、经济师或律师）陪同，以及按《民法典》第576条的规定可获得待查阅文件的副本。根据第181条第3款和第214条第4款的规定，查询权应由股东亲自行使（无论是否由专业人员陪同）。这一规定不无奇怪。一方面预防公司文件出示外人——股东的代表可能引致对公司损害的风险（可以理解）；但另一方面股东可得到专业人员协助，而后者通常不是股东，须知，股东由非股东作为其代表参与股东决议（第189条第4款及第249条第5款）——某些可供查阅的文件是决议的标的；事实上，法律规定股份有限公司的股东或代表该股东出席股东会的人均可查阅有关公司文件（第288条第3款）。综上所述，并考虑到保护公司利益和股东共同利益的需要（该等利益均为可处分的），有关规范（第181条第3款及第214条第4款）不应被理解为强制性的，因此，公司合同可允许股东代表（无论是否股东）查阅[109]。

《公司法典》对股份有限公司股东和股份两合公司有限责任股东的资讯权有更多限制——第288条、第289条及第478条。可供查阅的文件仅限于第288条第1款各项及第289条第1款和第2款各项列举（不包括公司"账目记录、簿册和文件"）。另一方面，虽然任何股东均可查阅第289条提到

---

107 相反观点，见 C. M. PINHEIRO TORRES, *O direito à informação nas sociedades comerciais*, Almedina, Coimbra, 1998, pp. 187, 196, n. 272。

108 尚见针对有限公司的第263条第1款。

109 RAÚL VENTURA, *últ. ob. cit.*, p. 291.

的含有"股东会议决信息"的文件[110]，但涉及第288条所规定的文件却不是所有股东可查阅的。该条第1款规定："持有相当于公司资本至少1%之股份的任何股东，只要基于正当理由，就可在公司住所进行查阅。"该款由1987年第7月8日第280/87号法令引入，有关内容使第288条标题"股东最低程度的资讯权"显得言过其实。在原始版本中，每个股东都享有查阅权，且无须"正当理由"。笔者不赞成后来的修正。首先，信息作为知情的媒介和权力的工具，须为尽可能多的股东分享，以期股东有意识地参与公司活动（而少数股东鲜有其他途径为之）。其次，由于第288条列出的文件意义不大，其中有些文件本来就必须公开（尤其是a项所指文件）——见《公司法典》第70条与第70-A条、《有价证券法典》第3条第1款n项与第70条第1款a项。此外，相当于至少1%公司资本的股份必须由一名股东拥有，抑或可由若干股东集合所持股份以达至该百分比而获得该查阅权？法律字面意思指向第一种选择。但是，如若法律本意出于防止公司事务外扬，以及众多对公司利益甚微的小股东无事生非[111]，则有理由接受第二种选择：持有一定数量股份的股东（作为整体）可由其中一位代表查阅上述文件[112]。另外，第288条第1款提到的"正当理由"一词应作宽泛解读。股东仅仅希望知悉"其"公司（其所属公司，并在公司有不可忽视的利益）正在发生什么足以成为查阅的理由。[113-114]

检查公司财产的权利分别规定于第181条第4款——适用于无限公司〔亦适用于一般两合公司（第474条）及股份两合公司的无限责任股东（第480条）〕与第214条——适用于有限公司。原则上，该权利属于任何股东。

---

[110] 这些文件应在八日内以书面形式寄至至少对应公司资本的1%、提出有关请求的股份持有人；如公司不会在其互联网网站公布该文件（见第289条第4款），则通过电子邮件发送给提出有关请求的任何股份持有人（见第289条第3款）。

[111] 传闻该等理由当时由第288条的修改支持者提出。

[112] 相同看法见 JOÃO LABAREDA，*Das acções…*，pp. 180，ss.；RAÚL VENTURA，*Novos estudos sobre sociedades anónimas e sociedades em nome colectivo*，Almedina，Coimbra，1994，pp. 134-135；不同看法见 PINHEIRO TORRES，*ob. cit.*，pp. 191-192。

[113] 第289条没有提及第288条第3款所指股份持有人的代表、专业人员辅助及《民法典》第576条规定的权能，但是，在查阅文件以准备股东会方面，亦适用该第3款的规定——通过类推，尤其在代表方面，更有理由予以适用。

[114] （在任何类型的公司中）如一股东有权查阅资讯，则其不可提出狭义的资讯权而要求行政管理机关向其告知载于相同文件上的资料。关于两者的区分，见2000年1月17日波尔图中级法院合议庭裁判，载于2000年《司法见解汇编》第一卷，第184页（Ac. da RP de 17/1/2000，CJ，2000，t. Ⅰ，p. 184）。

在检查财产时，股东（或其代表人[115]）可由注册审计师或其他专业人员陪同，以及通过拍摄或使用其他手段复制资料，只要复制属有必要且不遭到经理基于重大理由予以反对。

第 288 条以及随后数条（规范股份有限公司中的资讯权）未提及股东的查阅权。考虑到法律上的这一沉默（相比照第 181 条与第 214 条）、这类公司的高度资合性，以及来自股东（常有数以万计）过多检查要求可能给公司带来的干扰，应有的理解是股份有限公司的股东原则上不享有该权利（该等股东可在行使狭义上的资讯权与查阅权时有限获悉公司财产情况）[116]。然而，不排除公司合同规定股东享有检查公司财产的权利。

第 214 条第 2 款（针对有限公司）允许公司章程规范资讯权（包括任何表现形式：狭义上的资讯权、查阅权和检查权[117]）——无论就有关程序（例如，确定查阅时间或经理答复期限）抑或有关内容（例如，确定什么样的资讯可以或不可被查阅）。《公司法典》对其他类型的公司没有作出相同的规定，但这不妨碍第 214 条第 2 款规定可类推适用于其他类型的公司[118]。然而，强制性的规范不可被排除适用，例如，股份有限公司章程不可禁止股东查询第 288 条与第 289 条列出的文件，或订定仅于某一时期内可行使第 291 条规定的权利。

资讯权可由公司章程加以规范，"只要不妨碍其实际行使或无不合理地限制其适用范围，尤其是怀疑所作行为根据法律规定可使当事人承担责任，或查阅旨在判断账目等公司文件的准确性或旨在使股东得以在已召集的股东会上投票，就不构成排除股东行使该权利的事由"（第 214 条第 2 款）[119]。

2.1.3.2 身为股东的行政管理机关成员与资讯权

行政管理机关据位人（经理、董事）身为股东时，享有法律赋予股东的资讯权吗？该问题在实践中仅涉及在有限公司担任经理的股东，对此学

---

[115]　就股东行使查阅权的代表问题，详见上述。

[116]　相同看法见 PINHEIRO TORRES, *ob. cit.*, pp. 124 – 125；某些情形下持不同看法，见 JOÃO LABAREDA, *ob. cit.*, pp. 186 – 187。

[117]　上述第 2 款解释了前两项权利，第 5 款就检查权准用第 2 款规定。

[118]　对股份有限公司持相同看法的，见 JOÃO LABAREDA, *ob. cit.*, pp. 187 – 188。

[119]　章程条款因订定过长的经理回复期而违法（无效）的例子，见 1994 年 4 月 13 日最高法院合议庭裁判，载于 1994 年《司法见解汇编》（最高法院合议庭裁判）第二卷第 28 页 [Ac. do STJ de 13/4/94, CJ (ASTJ), 1994, t, Ⅱ, p. 28]。

界与司法界的看法一直有分歧。[120]

在笔者看来，行政管理机关成员并不享有该权利。按照法律，行政管理机关成员应向股东汇报或提供资讯。另一方面，在行使公司行政管理与代表职能时，他们应该遵守注意义务，为此应知悉与其职能有关的公司活动并在该范围内谨慎地履行善良管理人（gestor criterioso e ordenado）的职责（第 64 条第 1 款 a 项），其中包括制作资讯的义务。当行政管理机关成员超过一人时，每一名成员均有权接收其他成员提供的资讯，同时也有义务将资讯告知其他成员[121]——只有这样才可以妥当进行行政管理机关的决议、参与公司管理及代表公司，以及向股东提供所要求的信息。也就是说，每一行政管理机关成员基于该身份（而非基于股东身份）皆有资讯权，无论是为了直接求取资讯或信息源（有关权利包括：自由查阅公司文件；进入公司住所；询问工作人员或劳务人员；参与制定机关决议；介入公司法律行为）抑或要求其他成员提供有关公司的任何资讯。

如某一经理或董事被阻止行使这一资讯权该如何做呢？这里不能请求对公司进行司法调查（这是股东在行使资讯权受阻时所享有的权利——详见下文），但可请求"司法授职"（《民事诉讼法典》第 1500 条和第 1501 条）[122]。

2.1.3.3　资讯的拒绝与资讯的非法使用

在特定情况下，行政管理机关成员（或其他机关的成员在股东会上）可以而且应该拒绝向股东提供资讯。

任何类型公司的股东在举行股东会时均享有第 290 条第 2 款所指资讯权。对于该权利的拒绝仅在资讯提供"可对公司或其关联公司产生重大损害或违背法律规定的秘密的情况下"才属合法。损害除了具有（客观上）

120　否定回答，见 RAÚL VENTURA, *Sociedades por quotas* cit. , vol. I, p. 286；PINHEIRO TORRES, *ob. cit.* , pp. 176, ss. （其中引用 ABLIO NETO 用于反证）；1996 年 5 月 23 日最高法院合议庭裁判（附一落败票声明），载于 1996 年《司法见解汇编》（最高法院合议庭裁判）第二卷第 88 页；1997 年 7 月 1 日最高法院合议庭裁判，载于《司法部公报》第 469 期第 570 页 [Acs. do STJ de 23/5/96, CJ (ASTJ), 1996, t. II, p. 88, e de 1/7/97, BMJ n° 469 (1997), p. 570]。肯定股东 - 经理享有股东资讯权的，见 ANTÓNIO CAEIRO, *As sociedades de pessoas no Código das Sociedades Comerciais*, sep. do n.° especial do BFD – "Estudos em homenagem ao Prof. Doutor Eduardo Correia" –, Coimbra, 1988, p. 47（其中强调第 214 条规定的历史）；1992 年 12 月 2 日里斯本中级法院合议庭裁判，载于 1992 年《司法见解汇编》第五卷第 129 页；1997 年 7 月 10 日最高法院合议庭裁判，载于 1997 年《司法见解汇编》（最高法院合议庭裁判）第二卷第 167 页 [Ac. da RL de 2/12/92, CJ, 1992, t. V, p. 129, Ac do STJ de 10/7/97, CJ (ASTJ), 1997, t. II, p. 167]。

121　包括其中某些人作出管理上的授权抑或更多内容。

122　见上引 1997 年 7 月 1 日最高法院合议庭裁判。

严重性外，还须与该公司或其关联公司相关[123]，否则不可作为拒绝资讯的理由，例如，不考虑对行政管理机关成员的损害。资讯提供与损害之间不是一种必然关系，而是一种（显见的）可能性或（大）概率的关系。当基于企业理性判断[124]而认为资讯传播能够造成损害时，拒绝提供资讯是合法的[125]。另一方面，"法律规定的秘密"是指含有不可公开的信息，且依法不可由公司予以传播，国家机密与各种类别的职业秘密均属法律规定的秘密。就后者而言，例如：一家银行公司的管理机构不能向股东披露银行客户的名称或存款账户（参见《信用机构与金融公司的一般制度》第78条）[126]；一家股份有限公司的管理部门不可向股东透露"享有特权的信息"（参见《有价证券法典》第378条和《公司法典》第449条）。

关于合法拒绝股东会以外提出的资讯请求，《公司法典》仅在（第三编"有限公司"）第215条第1款与（第四编"股份有限公司"）第288条第1款、第291条第4款和第5款作出规定；但第215条可类推适用于无限公司、一般两合企业和股份两合公司无限责任股东；另外两条可类推适用于股份两合公司的有限责任股东。

第215条第1款规定："除公司合同另有规定外，第214条第2款规定的资讯，仅在担忧股东用于公司之外目的并对公司造成损害，以及违反法律要求保守涉及第三人利益的秘密时，经理才可拒绝提供。"该担心须在客观上有合理依据（与经理可能过度小心无关）。鉴于资讯的性质，以及请求资讯股东在公司内外的境况，如很有可能该资讯被用于不同于股东们在公司或通过公司合法追求的目的，且因此对公司造成损害，则属于合理担忧。例如，某一股东是公司的竞争对手，有意查阅含有客户名单的公司文件、供应商提供的付款条件，以及公司的售价[127]。[128]

---

[123] 关于关联公司，见第481条及随后数条。

[124] 《德国股份公司法》第131条第3款第1项提到"按照合理的商业判断"（nach vernünftiger kaufmännischen Beurteilung）。

[125] HÜFFER，ob. cit.，pp. 573 – 574.

[126] 不同的是，对于有关公司在各银行中的存款账目及其活动，法律没有保密的强制性规定。亦即任何公司，无论是否从事银行业务，其行政管理机关理所当然可以（而且应该，如果对于股东就待决事项形成有依据的意见属必要或适宜）向股东提供有关资讯。

[127] 见1999年1月5日波尔图中级法院合议庭裁判，载于1999年《司法见解汇编》第一卷第177页（Ac. da RP de 5/1/99，CJ，1999，t. Ⅰ，p. 177）——属过度慷慨（请求提供资讯的股东与公司存在竞业关系，其试图查阅"收款有困难或有问题的客户列表"……）。

[128] 对于法律的保密规定，尽管增设"为第三人利益"规定，但适用以上有关第290条第2款的论述。

就股份有限公司而言，不可拒绝第289条第1款和第2款所指文件的查阅（用于参与股东会的准备）。对于第288条所指文件的查阅，仅在股东未"提出正当理由"的情况下才可拒绝[129]。关于"集体"资讯权，根据第291条第4款，仅在法定情况下才可拒绝资讯请求："担忧股东将资讯用于公司以外的目的且对公司或其他股东造成损害"[130]；"尽管行使资讯权不涉及上述目的，但有关资讯的披露可对公司或股东们造成重大损害"[131]；"资讯含有法律要求保守的秘密"。

在股东会上非法拒绝提供资讯构成有关决议可撤销的理由（第290条第3款）[132]；[133] 未经提供特定资讯而作出的决议同样可撤销（参见第214条第2款和第5款、第263条第1款及第289条），尤其是没有提供公司文件以供查询——见第58条第1款a项和c项（连同该条第4款b项规定）。

经理或董事非法拒绝提供资讯或提供虚假、不完整或模糊资讯的行为违反法定义务。如该（过错）行为对公司和/或股东造成损害，根据第72条及随后数条与第79条规定，有关行为人承担民事责任；根据第518条与第519条规定，则承担刑事责任。

在无限公司、有限公司、一般两合公司与股份两合公司（无限责任股东）中，如遇到拒绝提供（广义上）资讯或提供可能是虚假、不完整或模糊（广义上）资讯，有利害关系的股东可以要求对公司进行司法调查（第181条第6条及第216条第1款）[134]。对于股份有限公司与股份两合公司（有限责任股东），适用第292条第1款规定的相同处理方案（尽管所涉范围更为狭窄，对此并无合理理由），该款规定，"股东按第288条（'最低程度的

---

[129] 对于（没有合理解释的）"正当理由"，详见前述。

[130] 就此类担忧的问题，可适用以上有关第215条第1款的论述。此处提及"对其他股东"的损害不无奇怪。一旦公司受损害，股东就会（共同）受损害。或许立法者意在保护股东因与公司的交易或（其他）法律关系而可能受到披露资讯的损害（不损及公司）或（相对其他股东）特别受到损害，笔者尤其考虑到关联公司的股份持有人（参见《公司法典》第290条第2款及《德国股份公司法》第131条第3款第1项）。

[131] 之前表述为"某股东"而非"股东们"，似乎更为妥当……

[132] 第58条第1款a项亦规定了该项处置。

[133] 见1996年6月18日最高法院合议庭裁判，载于1996年《司法见解汇编》（最高法院合议庭裁判）第二卷，第134页〔Ac. do STJ de 18/6/96, CJ（ASTJ），1996, t. Ⅱ, p. 134〕。

[134] 作为选择性或竞合性措施，该股东可推动股东决议以向其提供资讯或修改资讯——第215条第2款（尽管这一规定为有限公司设立，但可类推适用于上述其他类别的公司）。

资讯权')与第291条（'集体享有资讯的权利'）提出的资讯请求被拒绝或接收的资讯虚假、不完整或模糊时，可向法院请求对公司进行司法调查"。[135]该司法调查（同样作为防范违反提供资讯义务的利器）受《公司法典》第292条第2款及随后数款项[136]与《民事诉讼法典》第1479条及随后数条的规范。

非作为股份持有人的股东利用所取得的资讯而不正当地损害公司或其他股东的利益时，按一般规定就其造成的损害承担责任并可被除名（第181条第5款及第214条第6款）。"作为股份持有人的股东利用所取得的资讯对公司或其他股东造成不当的损害时，按一般规定承担责任"（第291条第6款）[137]。

2.1.4　被任命为行政管理机关及监察机关成员的权利

第21条第1款d项进一步规定，每个股东都有权"依照法律和合同被任命为公司行政管理机关和监察机关成员"，但是，这并不是本义上的主观权利。因为股东没有权利要求或立意被任命上述职务，其他股东也没有法定义务任命之。

事实上，股东所具有的权利是可被推选任职于行政管理机关[138]、监察机关（监事会）（其中一名监事不可为股东——第414条第2款及第3款）或总理事暨监察会；每一股东均可提议（非股东则不可提议）任命某人或被其他股东提议任命，并且在其他股东支持该提议或能集齐必要选票时获任命为上述机关成员[139]。

第21条第1款d项的行文很可能出于立法者改变《商法典》（已废止）第118条（第3条）所确立看法的意图，该看法为"所有股东须承担公司委其职务。"[140]

---

[135] 根据第291条第5款规定，（狭义上）资讯在公司机关（主要是行政管理机关）收到请求后十五日内未提供即视为拒绝。该推定（可推翻——参见 JOÃO LABAREDA, *ob. cit.*, pp. 185–186）可类推适用于其他类型的公司（除非公司章程对此作出规范）。

[136] 对于该等款项准用第216条第2款规定；第181条第6款不无奇怪地准用第450条（亦见 PINHEIRO TORRES, *ob. cit.*, p. 219, n. 324）。

[137] 尽管该规定被纳入题为"集体资讯权"的条文，但可类推适用于非法使用资讯等其他情况。

[138] 除非公司章程另有规定，无限公司中所有自然人股东均为经理（第191条第1款），但是，即使在这里亦不存在"被委任"权利。

[139] 详见第七章。

[140] 这一带有义务性的理念（除非有回避的合理理由）——尽管与权利性理念相辅相成，继续寓于《合作社法典》第34条第2款b项与第33条第1款b项规定。

2.2　义务

2.2.1　**出资义务**

2.2.1.1　可能的出资

任何公司设立时，每个股东皆有义务"以可供查封的财产对公司出资，或者在公司类型允许的情况下以劳务出资"（《公司法典》第 20 条第 1 款 a 项）。这是所有设立公司的股东的首要和基本义务（为从事特定经济活动而须提供财产或劳务）[141]。

"出资"（entrada）在法律中既为给付（prestação），涵盖"给予"（*dare*）或"行事"（*facere*）——例如第 20 条第 1 款 a 项及第 26 条第 1 款的规定；亦为给付的标的（这里的给付更多是"给予"的意思）——例如第 9 条第 1 款 h 项及第 2 款；第 25 条第 1 款；第 28 条第 1 款，第 3 款 a 项、c 项及 d 项的规定，其中的出资分为现金、实物及劳务三种类别。

"现金"是指在一特定空间内获一致接受的支付手段[142]。但是，这一宽泛概念不合适界定现金出资的特征。无论一般表述抑或立法语言，现金都是货币的同义词，可以是金属的、纸面的（更具体地说，纸币）、信用或记账形式的[143]。一般而言，股东通过交付纸币、签发支票，以及银行转账指示来履行现金出资义务（当支票或转账金额可由公司处分时，视为出资完成）[144]。

不同于现金（及劳务）出资的是"实物出资"（见第 28 条的标题与第 179 条），包括不动产、（客观意义上）企业、有形物、专利、商标、债权等。股东或以其对该等财产的所有权出资，或向公司移转或为公司创设该等财产衍生的其他物权（例如，移转设于用作公司住所的不动产的用益权）。那么，股东可否以债权名义将该等财产的享益出资于公司（例如，公司取得对上述不动产的二十年享益，作为股东取得股的唯一相对给付）？有

141　尽管第 20 条第 1 款 a 项规定带有普遍性基调，但显然取得衍生股权（或股东身份）时不存在上述出资义务，何况该项规定位于有关公司设立的一章。

142　CARLOS LARANJEIRO, *Lições de integração monetária europeia*, Almedina, Coimbra, 2000, p. 10, n. 1.

143　见 A. J. AVEIÃS NUNES, *Economia*, I – *A moeda*, SASUC, Coimbra, 2000, pp. 52, ss. 。

144　很少看到有股东交付金属货币。

关问题在一些国家争议很大[145]，葡萄牙对此的回答是肯定的。我们不能因该等出资可能面临的评估困难——根本上，单纯享益的实物出资的价值是一项未来收入的现值[146]，或因第 26 条有关出资履行期限的规定（实物出资"应在公司合同订立之时完成缴付"）[147]，又或因出资的不可查封性（如公司对股东以享益作出资的楼房不可支配，该财产不可查封）[148-149]而予以否定。另一方面，第 25 条第 4 款支持该肯定性回答[150]，该款规定："如因第三人的正当行为而使公司丧失股东交付的财产，或使交付不可能，又或就一项实物出资所作约定，按第 9 条第 2 款规定（章程中未指出实物出资或其价值）不产生效力，股东应以现金出资，且不妨碍公司因股东决议（第 141 条第 1 款 b 项）或因存在第 142 条第 1 款 b 项所规定之情形（作为公司所营事业的活动事实上变为不可能）而可能被解散。"然而，如财产的所有权（及其他物权）移转至公司，便不具有"因第三人的正当行为而使公司丧失股东交付的财产"之类情形；除非仅移转财产享益——股东将该等财产的享益债权给予公司，例如，股东将其房产的享益权出资，而该房产权可被第三人收回，即从股东那里或在针对股东提起的执行之诉中取得该房产的所有人[151]。[152-153]

第 20 条 a 款就现金或实物出资提到"财产可被查封"。[154]其实该提法不

---

145 见 C. PAZ – ARES, *La aportación de uso en las sociedades de capital*, RdS, 1995, pp. 33, ss. （该学者主张可接纳该等出资）。我们中间在《公司法典》之前尽管无此问题，见 A. FER-RER CORREIA（c/colab. de V. LOBO XAVIER, M. HENRIQUE MESQUITA, J. M. SAMPAIO CABRAL, ANTÓNIO A. CAEIRO），*Lições de direito commercial*, vol. Ⅱ – *Sociedades comerciais* (*Doutrina geral*), ed. copiogr., Coimbra, p. 207, 但认为"一物之享益与收益亦可出资于公司"（引用《民法典》第 984 条 b 项，亦见第 981 条第 2 款）。

146 PAZ-ARES, *ob. cit.*, p. 36（一些情况中会存在评估困难，见 *ibid.*, pp. 43 – 44）。

147 详见下文（2.2.1.4）。

148 关于主观上不可处分而导致的不可查封，见 J. LEBRE DE FREITA, *A acção executive*, 3.ª ed., Coimbra Editora, Coimbra, 2001, pp. 180, ss.。

149 关于第 20 条 a 项所示财产的可查封性，见文中后面一段。

150 相同看法见 PAULO DE TARSO DOMINGUES, *Do capital social – Noção, princípios e funções*, Coimbra Editora, Coimbra, 1998, p. 75, n. 235（该学者亦主张可接受单纯享益的出资）。

151 如果该房产已租予公司，则另当别论（《民法典》第 1057 条）。

152 《公司法典》第 25 条第 3 款的第二种情形（变为"给付不能"）可在一些实物出资——尤其是债权让与时发生。

153 并且，可接纳单纯的金钱享益（无息贷款或低于市场价利息的贷款），相同看法见 J. HAMEL/G. LAGARDE / A. JAUFFRET, *Droit commercial*, t. Ⅰ, 2ᵉ vol., 2ᵉ éd., Dalloz, Paris, 1980, p. 24; RIPERT / ROBLOT / GERMAIN / VOGEL, *ob. cit.*, p. 80, n. 57。

154 有关绝对、相对或部分不可查封财产的规定，见《民事程序法典》第 822 条至第 824 – A 条。

妥，因为第 2 号公司法指令第 7 条（尽管仅适用股份有限公司）规定："认购资本只能由能够进行经济评估的资产构成。"这一规定有其考虑[155]。尽管有上述葡萄牙法规定，但其应配合欧共体法予以解读，以便同样允许不可查封的财产用于出资[156]，只要可对其进行经济评估，有助于公司活动的开展以及使公司债权人受益[157]。

对于"劳务"出资，股东须向公司提供某种活动或工作（这也是"劳务"的词源含义）。只有无限责任股东（无限公司的所有股东及两合公司的无限责任股东）才可以劳务出资（第 176 条第 1 款 a 项、b 项及第 468 条）。考虑到有限公司、股份有限公司与两合公司（有限责任股东）仅承担有限责任、对公司债务提供一般担保的相应财产，以及劳务出资的不稳定性（难以评估，尤其因劳务持续期间不能准确予以确定，且不可对劳务特定执行），法律禁止该类别的公司股东以劳务出资（第 202 条第 1 款、第 277 条第 1 款及第 468 条）[158]。

2.2.1.2　出资评估

为确保实物出资与相关股本之间以及股本与公司资本之间的正确对应，从而保护股东和公司债权人的一般利益，第 28 条要求该等财产须按某些手续进行评估。[159] 第 1 款规定："现金以外的财产出资应由一名与公司无利害关系的注册审计师编制报告（见第 2 款），而该审计师由股东决议指定，且有关出资的股东被限制投票。"[160] 根据第 3 款规定，审计师的报告须至少描

155　RAÚL VENTURA，*Adaptação do direito português à segunda directive do Conselho da Comunidade Europeia sobre o direito das sociedades*，DDC，Lisboa，p. 25.

156　例如，无限责任股东的出资（参见第 183 条第 1 款），以享益债权名义给予的财产。

157　TARSO DOMINGUES，*ob. cit.*，pp. 143，ss. .

158　亦见第 2 号公司法指令第 7 条。《商法典》并未明确规定股份有限公司不可接纳劳务出资，因此，有学者理解为可接纳，见 PINTO COELHO，*Estudo…*，pp. 43，ss.；但多数学者并不如此理解，见 JOSÉ TAVARES，*Sociedades e empresas comerciais*，2.ª ed.，Coimbra Editora，Coimbra，1924，pp. 511－512；VISCONDE DE CARNAXIDE，*ob. cit.*，pp. 102，ss.；CUNHA GONÇALVES，*ob. cit.*，p. 268，FERRER CORREIA，*ob. cit.*，pp. 208，ss. 。

159　亦见第 2 号公司法指令第 10 条。

160　该规定最后部分内容引起了一些学者的困惑。有的认为该部分内容（审计师由股东决议指定，且出资的股东被限制投票）起初并未载于草案中，"字面而言可适用于增资的情况，尽管可否适用于公司设立是未解之谜"，见 RAÚL VENTURA，*Alterações do contrato de sociedade*，Almedina，Coimbra，1986，p. 132；该学者在前述 *Sociedades por quotas*，vol. I，p. 123 再次提及这一"未解之谜"，因为"尚不存在公司时，不存在股东决议，亦不可能收回投票，甚至不存在投票"。ALBINO MATOS 写道："不甚明白如何在公司存在之前存在股东决议"；该作者尚补充，在所有股东均出资同一物的情况下，很难理解法律（转下页注）

述财产，识别其拥有人，评估财产，指出评估标准，以及说明得出的金额是否达到有关股东的出资、股或股份的票面价值，如有必要，加上发行溢价[161]，或无面值股份的发行价。[162] 假使审计师评估出错（如高估了实物出资），股东应以其出资的票面价值为限对差额承担责任，或者在股份无面值时以该等股份的发行价值为限（第 25 条第 3 款）。[163]

如公司成立后不久得以有偿取得股东财产，则受实物出资评估要求所保护的利益将岌岌可危。假设一名股东以 10000 欧元现金出资；不久之后，该公司用 10000 欧元向他购买了价值 8000 欧元的汽车；车辆的出卖实际导致一项隐藏的实物出资（形式上的现金出资掩盖实物出资），但注册审计师对此无任何控制可言。故第 29 条的制度旨在避免第 28 条的规定落空[164]。因此，股份有限公司或股份两合公司的资产收购[165]如在订立设立文件之前或同时作出，又或在一股东出资后两年内从其取得，且资产对价视公司资本等于、超于 50000 欧元或低于该数额而超过资本的 2% 或 10%，则须经股东决

---

161 （接上页注 160）上如何予以处理（*Constituição de sociedades*, 5.ª ed., Almedina, Coimbra, 2001, p. 83）。笔者认为这些困惑可予解决。如上所述，存在公司设立文件时（甚至在履行法定形式之前），已存在公司与股东，并可作出决议（参见第 36 条第 2 款）。倘所有股东出资同一财产（如作为出资标的之不动产的共同所有人），每个人都可投票指定注册会计师〔但需注意上文中有关所有股东均有利害冲突时限制投票的（2.1.2）的内容〕。

161 该款 d 项在"如有必要"之后尚增加"或公司支付的对价"，实际上多此一举（这一增加内容既不出于提案，亦非对应第 2 号公司法指令第 10 条第 2 款的最后部分规定——该部分出现"对价"一词是在另一语境下的规定内容）。这可能源于有限公司法律草案第 13 条第 1 款和第 14 条第 2 款行文，见 A. FERRER CORREIA/V. LOBO XAVIER/M. ÂNGELA COEL-HO/ANTÓNIO CAEIRO, *Sociedade por quotas de responsabilidade limitada*（*Anteprojecto de lei - 2.ª redacção e exposição de motivos*）, RDE, 1977, pp. 164, ss.；但《公司法典》没有遵循草案就"实物出资"及公司向第三人"取得财产"所采取的方案。另见上文第三章注释 88 有关该增设规范可用之处的探讨。

162 对于报告应援引的日期及报告公示，见第 28 条第 4 - 6 款。

163 在无限公司和一般两合公司中，实物收入的评估不必由注册会计师为之（股东可以为之）。第 179 条规定："第 28 条确定的对实物出资的核实可由对财产价值承担连带责任而非补充责任之股东在公司合同中的明确接受所代替。"

164 第 29 条落实第 2 号公司法指令第 11 条的要求（后者则受到《德国股份公司法》段号 52 的启发，但德国对取得形式（Nachgründung）的关注早于 1965 年法律的制定，见 A. KRAFT, in *Kölner Kommentar...*, § 52, p. 551。

165 该制度也应适用于有限公司，相同看法见 RAÚL VENTURA, *últ. ob. cit.*, p. 126；TARSO DOMINGUES, *ob. cit.*, p. 77, n. 244。

议批准——且在按第 28 条的规定验证资产价值后进行，否则不产生效力[166]；此外，收购合同须以书面形式签订，否则无效。但是，这种方式不适用于证券交易所、司法执行程序或者资产打包在公司中的收购。

劳务出资价值也应载于公司章程，但评估由股东作出，而第 28 条不予适用。可以理解要求较低的原因是除了劳务股东对公司债务承担无限责任之外，劳务的贡献值既不反映在资本份额上（份额仅以现金和/或实物为基础），也不反映在公司资本上（第 9 条第 1 款 f 项及第 178 条第 1 款）——仅用于盈余与亏损的分配计算（第 176 条第 1 款 b 项）。

2.2.1.3　出资价值与股本价值

为形成公司资本（其多重功能将在下一章论述），有关出资（以货币或实物形式）价值可高于但不得低于相应股本（资本出资、股、股份）的（票面或发行）价值——第 25 条第 1 条和第 2 条（亦见第 2 号公司法指令第 298 条第 1 款和第 8 条）。故而公司设立时的财产价值至少与（最初）公司资本相同。比较常见的是出资价值与股本价值是相同的，但有时前者高于后者（见第 156 条第 2 款、第 295 条第 2 款 a 项、第 295 条第 3 款 a 项及 d 项）。

2.2.1.4　出资时间

有关出资的缴付时间，第 26 条原先规定："股东出资须在书面签署公司合同时缴付，但不妨碍合同约定现金出资延迟缴付，只要法律对此许可。"该条第一部分规定欠妥，因为出资一般可在公司设立公证书作出之前（部分或全部）缴付，至少部分现金出资须在书面签署公司合同前缴付；劳务出资则持续进行。

经第 76 – A / 2006 号法令修订，《公司法典》第 26 条变为："股东出资须在公司合同订立之时完成缴付，但不妨碍合同约定现金出资延迟缴付，只要法律对此许可。"尽管该条第一部分有所改善，但仍有不足：实物出资可在订立公司设立文件时缴付；劳务出资通常在订立公司合同之后提供。

经 2011 年 3 月 7 日第 33/2011 号法令修订，第 26 条拆分为三款："（一）出资须在合同订立时完成缴付，但不妨碍随后两款规定。（二）只要法律许可，出资可在公司合同确定性登记之日起的第一个营业年度终结时

---

[166]　股东在其财产移转后不得在决议中投票（见第 384 条第 6 款 d 项）。尚注意（第 29 条第 1 款 b 项）提及少于 5000 欧元的公司资本价值没有意义，因为该数额为最低额（第 276 条第 3 款）……

完成缴付。（三）在法律许可的情况和条件下，股东可透过合同约定现金出资延期缴付。"

在一些情况下，实物出资可在公司设立文件订立之前缴付。例如，某一主体以其营业场所出资，该项让交易订立于无当场认定签名的单纯书面公司合同（随即公司透过经营该营业场所而开始运作）。在另一些情况下，实物出资在公司设立文件订立之时缴付。例如，某一主体以其一不动产的所有权出资（非为"即时企业"设立的情况），为使该移转有效，须通过公证书或经认证的私文书作出移转（2008 年 7 月 4 日第 116/2008 号法令第 22 条），而公司设立文件亦应符合该方式。

在任何情况下，实物出资（包括设定于物上的物权），公司设立文件不能规定出资义务延迟至该文件订立以后履行。尽管第 26 条第 2 款字面上未予区分，但该规定许可的延迟仅适用于现金出资（详见下文）。以物之单纯享益出资如同实物出资制度。虽然该等出资（在公司设立文件订立时）不可立即成就，须随着时间的推移"相继"为之（债权关系要求股东保障公司在约定期限内对物的享益）[167]，然而，所谓享益债权（不同于合作型债权关系）使权利人无须他人配合而自主并直接对物作出行为成为可能[168]。因此，可以说，以物之债权享益出资的股东在须向公司提供该物之享益并将其交由公司支配时缴付出资。

原则上，现金出资须在公司设立文件订立时完成缴付（第 26 条第 1 款）。有限公司或股份有限公司的股东须在相关公司设立文件中在其责任范围内声明其已缴付出资（第 202 条第 4 款、第 277 条第 4 款及第 478 条）。[169]

然而，该规则允许多项例外。

对于根据《公司法典》设立的有限公司，该法允许出资在第一个营业年度终结前缴付（见第 26 条第 2 款、第 199 条 b 项及第 202 条第 4 款，亦见第 33/2011 号法令第 1 条 b 项）。第 26 条第 2 款尚规定有关期限"自公司

---

[167] 这一表述在法国较为普遍，见 HAMEL/LAGARDE/JAUFFRET, *ob. cit.*, p. 24。

[168] 关于享益债权，见 M. HENRIQUE MESQUITA, *Obrigações reais e ónus reais*, Almedina, Coimbra, 1990, pp. 48, ss., n. 17。

[169] 在股份有限公司中，已缴付的出资金额应存入信贷机构以公司名义所开设的账户（第 277 条第 3 款）；有限公司曾经亦是如此，但第 33/2011 号法令终止了此要求……有关该等账户的可能用途，见第 277 条第 5 款（就有限公司作出的相同规定已被上述法令废止）。

合同确定性登记之日起计"！更令人惊奇的是，每个股东在该期限前可不缴付全部或绝大部分出资，而是缴付"法律订定的股之最低面值"即可（第199条b项），换言之，只需缴付1欧元（第219条第3款）！！

对于"立即"成立（"即时企业"）或在线成立（"在线企业"）的有限公司和股份有限公司，法律许可[170]所有现金出资在公司设立文件订立后数日内缴付——第111/2005号法令第7条第2款和第125/2006号法令第6条第1款e项。

结合上述第33/2011号法令第1条规定，尚能得出结论："即时"与"在线"设立有限公司时，现金出资可"在第一个营业年度结束前"缴付（该法令第7条第2款及第6条第1款e项）。[171]

除了这些例外，尚有必要提及传统上的现金出资延期。

《公司法典》许可有限公司和股份有限公司章程根据第203条第1款和第277条第2款（该条同样适用于股份两合公司——第478条）就出资延期作出规定。[172]就有限公司而言，除了第199条b项规定的内容（最迟于首个营业年度终结前须缴付出资——每股至少1欧元）外，所有现金出资均可延迟缴付。对于股份有限公司与股份两合公司，"股份票面价值或者发行价值的70%可延迟缴付，但如规定发行溢价，则该溢价不可延迟缴付"（第277条第2款）。[173]

在股份有限公司中，现金出资可延迟缴付的比例涉及整体还是每一项的现金出资？一家股份有限公司中每个股东须在订立公司合同前至少缴付其已认购（所有与每一）股份的30%抑或可约定*股东，因其余股东已缴

---

[170] 上述规定不适用于股份有限公司（见第2号公司法指令第9条第1款）。

[171] 该等条文以及第33/2011号法令第1条b项、《公司法典》第202条第4款和第6款提到将出资现金交到"公司库房"（cofres da sociedade）。2011年的立法者似乎受到了十九世纪会计语言的启发。当然，出资现金并非一定要交到公司库房（即使有库房）……

[172] 《公司法典》对于无限公司和一般两合公司没有针对出资缴付延期事宜（包括是否允许延期、延期条件、不及时缴付延期出资的后果，等等）作出任何规定，对此可以理解，相同看法见 BRITO CORREIA, ob. cit., p. 293；TARSO DOMINGUES, ob. cit., p. 84；PINTO FURTADO, Curso…, pp. 99–100；不同看法见 ALBINO MATOS, ob. cit., pp. 87–88。

[173] 对于"移转清理"的公司*，现金出资应在司法认可之前完全缴付（《支付不能及企业重整法典》第201条第2款）。

* 译者注：葡萄牙2004年3月18日第53/2004号法令核准的《支付不能及企业重整法典》第199条规定"移转清理"（saneamento por transmissão）：如无偿还能力计划规定设立一个或多个公司并按本法典称为新公司，且该等新公司旨在开发借适当对价从无偿还能力财产取得的商业场所，则该计划应在附件中含有新公司的章程并提供其公司机关的资料。

付出资达至所有股份的 30% 或更多，所以可在延迟至一年后缴付出资？尽管第 277 条第 2 款文义不确定，但应从中解读每个股东须在订立公司合同前缴付部分出资（章程可订定该部分出资，但按照法律规定，不可低于整份出资的 30%）[174]。这一处理除了更符合公司作为利润、风险或成本（相对平等）共同体的理念之外，尚可减少人们轻举妄动冒进出资（所有主体均须支出一定款项）行为[175]，并使延期出资更有效地推进——股东知悉其如不缴付该等出资，将会丧失其股本及已支付的款项（第 285 条第 4 款）[176]。

在有限公司中，"延期出资的缴付须在特定日期作出或取决于特定具体事实；但无论如何自公司合同订立起达至五年或不到五年但相当于公司存续期的一半年限届满时可要求股东支付延期出资"（第 203 条第 1 款）。公司章程未规定任何期限时，公司有权随时要求缴付出资（如章程规定公司存续期少于十年，则公司应在五年期满之前采取有关行动），债务人股东也可在任何时候缴付出资（《民法典》第 777 条第 1 款）[177]。对于股份有限公司，章程也可订定期限，但不允许延迟缴付出资超过五年（第 285 条第 1 款），而章程未订定任何期限时，同样适用《民法典》第 777 条第 1 款的规定。

最后，有关劳务出资，如上所述，属于持续性履行的义务，要求股东在很长时期内提供劳务合作，故不能"在合同订立前"完成出资缴付。劳务股东虽自始受到公司合同约束，但其出资义务的履行是长期的。

2.2.1.5　延迟出资的履行方式

尽管法律允许现金出资的部分延迟，但同时规定了若干机制以确保出资义务的履行。

《公司法典》总则第 27 条规定："全部或部分免除股东出资义务的管理

---

[174]　相同看法见 BRITO CORREIA, *ob. cit.*, p. 158；TARSO DOMINGUES, *ob. cit.*, p. 85；C. OSÓRIO DE CASTRO, *Alguns apontamentos sobre a realização e a conservação do capital social das sociedades anónimas e por quotas*, DJ, 1998, p. 292。不同看法见 ALBINO MATOS, *ob. cit.*, p. 88, n. 158。

[175]　HAMEL/LAGA/JAUFFRET, *ob. cit.*, p. 321.

[176]　这一规则还表明每个股东皆应在订立公司设立文件之前缴付出资。尚得以基于另一项依据："避免为照顾财力较弱的股东而约定整体延期，从而恶化无偿还能力的可能后果"，见 OSÓRIO DE CASTRO, *últ. ob. e loc. cits.*（似有意义核查延期条款是否更多发生在财力较弱的公司以及财力较弱的股东身上……）。

[177]　RAÚL VENTURA, *ob. cit.*, p. 136.

行为或股东决议无效，除非属于减资情况"[178]；以代物清偿免除现金出资，仅在遵守章程变更程序（原则上要求决议以特定多数的投票通过）与有关实物出资评估的规定时才可行；公司章程可就未履行出资义务规定处罚；未缴付出资部分的相应盈余不可分给违约股东，而应记在该股东账上以抵销出资欠款，但不妨碍按一般或特别规定执行公司债权（除了这一情形："出资义务不可因抵销而终止"[179]）；如不及时支付出资分期付款，将导致该股东其余所有出资债务到期，尽管可能涉及其他股或股份。总则第 30 条第 1 款尚赋予公司债权人一项权力，即自股东出资可被要求缴付时，公司债权人可代位行使针对未缴付出资的公司权利；即使在出资可被要求缴付之前，只要对其权利的保存或满足实属必要，亦可通过法院要求该等出资的缴付[180]。

《公司法典》关于有限公司与股份有限公司规范分则有关规定向公司提供对拖欠出资的股东享有的债权一系列的特别执行措施[181]。

就有限公司而言，如股东未能在规定的催告期限内缴付拖欠的出资，公司应以挂号信通知该股东，自收信后满三十日该股东可被除名，并丧失所有或部分股[182]（第 204 条第 1 款）。如未在上述三十日内付款，公司可决议（见第 246 条第 1 款 b 项及 c 项）将股东除名并将其丧失股及已付款项（第 204 条第 2 款）或者未付款的部分股收归公司。按第 205 条的规定，收归公司的股（或部分股）将被卖给第三人或股东。即将丧失股的股东以及可能存在的前手股东对出卖所得与出资欠款之间的价差承担连带责任（第 206 条第 1 款）。对于拖欠的出资债务部分，无论股是否已被出卖，其他股东都要承担连带责任（第 197 条第 1 款及第 207 条第 1 款）；支付上述债务的股东可代位取得公司针对被除名股东及其前手的权利（第 207 条第 3 款）。售股（全部或部分）所得减去相应的费用后所欠部分归属公司（第 208 条第 1 款）；如有剩余，公司须首先向其他股东按比例退还已代支付的款项，然后将余款退还失去全部或部分股的股东已缴付的出资部分；如再有剩余，则归公司（第 208 条第 2 款）。

---

178 亦见第 2 号公司法指令第 12 条。对于减资，见《公司法典》第 94 条及随后数条。

179 禁止抵销的理由，一方面在于股东对公司的债权设定并非由出资所保障；另一方面是抵销意味着股东较非为股东的公司债权人优先获得清偿（RAÚL VENTURA, *ob. cit.*, p. 144）。

180 债权人这一做法可由公司按照第 30 条第 2 款予以对抗。

181 股东仅在被公司催告付款而不支付时，才属出资迟延——见第 203 条第 3 款、第 285 条第 2 款和第 3 款。

182 如股东出资多于一股而其中一股已偿付，则股之丧失并不导致股东被除名。

在股份有限公司中，"董事可以挂号信通知拖欠出资的股东，并给予该股东不少于九十日延长期，以支付欠款及其利息，如再逾期，则丧失相应股份及已付出资额全部归于公司。有关通知在上述期间第二个月内再次作出"（第285条第4款）。如在该期限内仍不缴付拖欠出资款额，则股东会可作出将该等股份及已付股款归于公司[183]，而丧失所有股份的股东被公司除名。如有前手股东拖欠出资额，则前手股东与被除名股东自股份归于公司之日起，就出资欠款及其利息承担连带责任（第286条第1款）。在宣告股份丧失而归于公司之后（见第285条第5款），如果前手股东责任未罹时效（见第174条第1款c项），将被通知（以挂号信方式）可在不少于三个月的期限内支付欠款及其利息以取得相应股份。有关通知应在上述期间第二个月内再次作出（第286条第2款及第3款）。如无前手股东，或任何前手股东不偿付债额，则"公司应通过经纪人、证券交易所或公开拍卖，以最快速度将股份出售"（第286条第4款）。"如果出售价格不足以支付债务、利息和费用，公司应要求最后一位持有人及其各位前手股东支付差额；如所获得的价款超过该差额，则超额部分属于最后持有人"（第286条第5款）。

如有拖欠出资的股东，相关公司的行政管理机关是否应启动上述特别程序？有些学者认为应该如此[184]。由于涉及公司资本的足额缴纳，为保护股东与公司债权人的利益，经理、董事或其他高管应推进第204条及随后数条、第285条第4款与第5款以及第286条规定的程序步骤。第204条第1款文义本身（"公司应通知拖欠出资的股东"……）似乎确认了这一理解；第285条第4款的表述似乎不太合适（"董事可通知……"）；另外，第509条似乎也确认这一点（尤其是第1款："公司的经理或董事疏于或使他人疏于采取必要行为以履行出资义务，将被处以最多六十日罚金"）。

在笔者看来，这并非最好的理解。诚然，鉴于所涉利益，必须承认行政管理机关成员应采取措施以使股东缴付出资，这一义务也直接或间接地来自法律，尤其是第64条第1款和第509条。但是，经理与董事可以选择，不一定采取上述特别执行程序，可视具体情况而诉诸针对拖欠出资的股东

---

[183] 似乎从第285条第4款得出，相关股东无须任何股东决议，自动丧失该等股，但实则不然，股之丧失而归于公司意味着取得"自有股"（参见第317条第3款f项），而自有股的取得取决于股东决议（第319条第1款）。

[184] JOÃO LABAREDA，*ob. cit.*，pp. 23，ss.，TARSO DOMINGUES，*ob. cit.*，p. 88.

的一般执行程序[185-186]。《公司法典》本身允许作出第 27 条第 4 款规定的选择
（"但不影响按一般或特别规定执行公司债权"）与第 207 条第 4 款规定的选
择（"如公司没有作出第 204 条第 2 款所述的任何声明，以及针对违约股东
提起执行……"）。[187]

2.2.2　分担亏损的义务（详见第六章）

就股东义务规定，除了出资义务外，第 20 条尚规定"分担亏损"（不
包括劳务股东）。第六章（6.2）将探讨此义务。

2.2.3　与公司利益相符的作为义务或/及忠实义务

以下探讨的义务，虽然不似其他义务（例如，出资义务与分担亏损义务）
那么具体或特定，但同样约束所有的股东（尽管约束力的范围和内容不同）。

该义务不是由一项确切的法律规范予以规制，而是来自"法律原
则"——符合公司利益的行事原则（或股东的忠实原则）。如同其他原则，
该等原则一方面来自立法规定（例如，《公司法典》在某些规范中有个别性
的体现），另一方面来自司法见解（法院的判决）及学说上的贡献（系统整
合所涉问题框架和解释有关原则）。

"公司利益相一致的作为义务"与股东的"忠实义务"总是或者几乎总
是一致的（至少在绝大多数情况下有相同的理解和延伸）。因此，笔者通常
使用任一表述作为另一个的同义词。然而，可能有人认为"忠实义务"的
表达更为全面，并且可能与不牵涉"公司利益"的股东行事有关。尽管如
此，笔者通常更倾向于前者表述，其更具表现力（内容上更加确定，且更
具公司内涵）。

2.2.3.1　公司利益

2.2.3.1.1　总体框架

在分析"公司利益"的重要和复杂问题时，传统上会遇到所谓的制度
主义与契约主义观念上的碰撞。[188] 实质上，制度主义（主要关注"企业本
身"）侧重公司利益最终毕竟是一项共同利益，不仅是股东的共同利益，也涉

---

[185]　并且当启动特殊程序步骤而股东不决议将丧失之股归于公司时，须诉诸该程序。

[186]　RAÚL VENTURA, *ob. cit.*, pp. 150, ss..

[187]　在一人公司中，除了第 30 条为公司债权人所提供的途径之外，特别程序是不可行的；当唯
一股东非为行政管理机关席位人时，可诉诸一般执行程序……

[188]　见 P. G. JAEGER, *L'interesse sociale*, Giuffrè, Milano, 1964（尤其是第 18 - 83 页关于制度
主义理论与第 85 - 114 页关于契约主义理论）。

及其他主体，包括员工（公司雇员）、公司债权人乃至国家集体。对于契约主义来说，其本质上也是（且不考虑强调"未来股东"之利益的一个变体——类似"法人本身"的制度主义学说）侧重公司利益就是股东作为股东（而非作为出卖人、消费借贷贷与人、公司受薪人等）的共同利益。

面对最近在立法层面和法外领域的演进，一些学者认为制度主义和契约主义观念已经过时（至少两者之间的对立已是过去式）[189]。在笔者看来并非如此。界定这些理论的多个理念在理解、系统化和区分有关公司利益的各个整体观念方面继续证明是有用的。当然还有其他的（某些新的）表述或分类方式，但是，问题框架基本保持不变（尽管对其要素或部分的看法可能会有变化）。

针对公司企业追求之利益的经济与法律观念，存在一元理论（企业利益与股东利益等同）、二元理论（尤其通过共同管理公司，员工及其利益同样属于公司）与多元理论（尽量将公共利益带进公司）[190]，或者利润最大化的目的论（公司服务于股东利益；如法律要求须满足其他主体群的利益，则其被视为实现前者目的的一种手段）、适当考虑利益的目的论（公司必须满足各个主体群的自主利益，尽管在一定程度上需牺牲股东利益，但股东利益比其他剩下的各方面利益更重）、同等考虑利益的目的论（各组织的利益，特别是股东、员工和社会集体，均予同等考虑）[191]。

在最近几年（二十世纪八十年代，特别是九十年代），首先在美国，然后在许多国家，股东利益的观念（主要与交易所中的股份公司有关）开始时兴：公司运作旨在为股东创造价值，增加股东的权益[192]。由此看来，一元理论最终占了上风。更重要的是，资本市场和全球化迫使股东利益的观念被广泛采用（例如，哪次不是大量裁员之后公司股价上涨？）。但事实是，其他观念继续得到支持（包括依据法律），二元和多元理论仍然活跃。股东利益的观念

---

[189] 这一看法本身就已过时，见 P. G. JAEGER, *L'interesse sociale rivisitado* (*quarant'anni dopo*), GC, 2000, P. I, p. 812。

[190] 见 TH. E. ABELTSHAUSER, *Unternehmensbegriff und öffentliches Interesse*; P. Lang, Frankfurt a. M., Bern, 1982 [亦参见 COUTINHO DE ABREU, *Da empresarialidade* (*As empresas no direito*), Almedina, Coimbra, 1996 (reimpr. 1999), pp. 234 – 235, n. 605]。

[191] AXEL v. WERDER, *Shareholder Value – Ansatz als* (*einzige*) *Richtschnur des Vorstandshandelns?* ZGR, 1998, pp. 77 – 78.

[192] WERDER, *ob. cit.*, pp. 68 – 69, KELLYE Y. TESTY, *Linking progressive corporate law with progressive social movements*, TLR, 2002, p. 1231.

与利益相关者利益（股东之外的其他利益应予考虑）的观念开始对立[193]。也就是说，契约主义和制度主义无论是否已改头换面，都仍然是可见的。

2.2.3.1.2　公司利益一元化观念的不可行

长期以来，葡萄牙（和其他国家）普遍存在公司利益一元化观念：契约主义观念。

笔者相信这一观念在确定股东与公司的关系方面仍然是有效的，被视为股东共同利益的公司利益是界定或限制股东在公司范围的各种情况和行为的标准。另外，应该指出的是，制度主义的观念几乎仅在行政管理机关（主要是股份有限公司董事会）层面主张和论证，而非在股东、股东会或股东集团层面为之。

以下分析《公司法典》（直接或间接）有关公司利益与股东地位的某些规定。股东"如就决议内容，与公司有利益冲突时"，不得投票（第 251 条第 1 款）。公司章程可"将记名股份的转让及就其设立质权或用益权取决于符合公司利益的某些主观或客观条件的成就"（第 328 条第 2 款 c 项）。股东会可以"公司的任何相关利益"为由拒绝同意移转股份（第 329 条第 1 款与第 2 款）。"只要符合公司利益，决定增资的股东会可为此限制或消除股东的优先购买权"（第 460 条第 2 款）。"为使某一股东能为其自身或第三方获得特别好处而损害公司的决议可撤销"——第 58 条第 1 款 b 项。股东滥用公司资讯对公司造成损害时应对公司承担民事责任（第 181 条第 5 款、第 214 条第 6 款及第 291 条第 6 款）。[194]

从上述所有规范可得出"公司利益即属股东共同利益"这一结论（契约主义），对此无甚疑问[195]。就股东的行事，无论是否体现为决议，自然考虑到其各自本身利益及同一公司内全体股东共同分享的利益。

关于行政管理机关成员的行为（与公司利益相关）准则，因 1986 年

193　*Últs. AA. e obs. cits.*，pp. 74 e 1232，ss.，A. SANTOS SILVA / ANTÓNIO VITORINO/CARLOS F. ALVES / J. ARRIAGA DA CUNHA / M. ALVES MONTEIRO，*Livro branco sobre corporate governance em Portugal*，IPCG，2006，pp. 18，ss.，141.

194　有必要指出，公司利益在所引规定之外亦有重要意义，后续将会提及。

195　就第 460 条第 2 款隐含公司利益的"契约主义"观念，见 PEDRO DE ALBUQUERQUE，*Direito de preferência dos sócios em aumentos de capital nas sociedades anónimas e por quotas*，Almedina，Coimbra，1993，pp. 340，ss.；更宽泛而言，就笔者在 *Da empresarialidade*...一书中所引多数规范的结论，予以支持的见 A. MENEZES CORDEIRO，*Da responsabilidade civil dos administradores das sociedades comerciais*，Lex，Lisboa，1997，p. 518。

《公司法典》出台而有所变化。第 64 条原先规定："公司的董事、经理或其他高管须按公司利益以善良管理人的勤勉谨慎行事，且须考虑到股东和员工的利益。"

这一规定[196]引发了较多的不同意见[197]。笔者认为，基于该规定，难以继续主张有关公司利益的契约主义观念作为管理者行为标准，因为不能摒弃员工的利益，故此，有必要承认将（适度的）制度主义引入管理者义务范畴，亦即，公司利益的一元化观念变得不可行[198]。

2006 年 3 月 29 日第 76 - A/2006 号法令修改了第 64 条，其中第 1 款 b 项规定行政管理机关成员应"在符合公司利益的基础上履行忠实义务，为股东的长期利益考虑，并为公司持续发展权衡其他相关主体的利益，例如员工、客户与债权人的利益"。[199] 因此，制度主义仍然存在，如果不是更强烈的话，至少更广泛（管理者需要兼顾更多的利益）[200]。

2.2.3.1.3 公司利益与股东的地位或行事

在这种情况下，公司利益须为股东的共同利益。在同一公司内，部分股东通常拥有与其他股东不同的利益——比如涉及加入公司机关、维持或提高地位（和相应的权力）。公司利益不是由这些利益分歧决定的，而是来自股东的集体利益，但并非任何集体利益。这种集体利益仅在与公司设立文件中的共同事业——营利目的（所有加入公司的股东期待分享盈余）有关联时才可被定性为公司利益[201]；任何其他集体利益或共同利益均称不上公司利益[202]。

---

196 其最后部分实际上是有关公司之第 5 号指令（1983 年版本）第 10a）条与第 21q）条之第 2 款第一部分的译述：行政管理机关成员为公司利益履行职责，同时考虑到股东利益（"exercent leurs fonctions dans l'intérêt de la société, compte tenu des intérêts des actionnaires et des travailleurs"）。

197 COUTINHO DE ABREU, *Da empressarialidade…*, pp. 227, ss., *Curso…*, vol. Ⅱ, 1.ᵃ ed. (2002), pp. 294, ss., *Interés social y de lealtad de los sócios*, RdS n.° 19, 2002, pp. 42, ss..

198 *Últ. A. e obs. cit.*, pp. 225, ss., 289 e n. (198), 40 e n. 7.

199 第 64 条第 2 款规定："承担监察职能之公司机关的据位人应为维护公司利益而遵守忠实义务。"该利益与第 64 条第 1 款 b 项所指的利益相同（类似结论早在引入第 64 条第 2 款之前就已被提出，见 COUTINHO DE ABREU, *Curso…*, p. 291）。

200 详见下文（2.2.3.1.4）。

201 就无营利目的的公司［参见上文第一章（2.4）］，利益的一致性取决于章程所订定（非营利）目标的一致性。

202 JAEGER, *L'interesse sociale* cit., pp. 181, ss., A. MAISANO, *L'eccessso di potere nelle deliberazioni assembleari di società per azioni*, Milano, 1968, pp. 70 - 71, LOBO XAVIER, *Anulação…*, p. 242, n. 116.

公司利益是否为预先确定、一成不变及独一无二？亦即，是仅有一项还是多项公司利益？例如，部分股东投票赞成分派所有可分派的盈余，而其他股东则投票赞成将其划入任意公积金，是否有对立的两项公司利益?[203]答案是肯定的。

确实存在多项公司利益（所有股东共同的多项利益）。事实上，利益是一种关系，一个有需要的主体与该主体认为适合满足这种需求的财产之间的关系；简言之，是需要与财产间的关系。在公司利益中，一方面存在一种需求，即一般所有及每位股东取得盈余的需求；另一方面是每一决议所涉特定财产（如前例所示，盈余作为短期取得的财产可用于分派或留作公积金)[204]，两者关系仅一端（"需求"）是持久不变的；另外一端（"法益"）是可变的，因为公司处于变化中。

如此而来，在股东议决的各事项中可同时存在不同的公司利益。如何选择？答案是多数（票）决：多数决定选择何者能更好地实现公司宗旨；多数确定具体的公司利益。尽管如此，不应将公司利益与多数利益或其任一定义相混淆[205]。这种混淆将会导致得出这样一种结论，即所有股东决议（因以所需多数作出）必然符合公司利益[206]；如此便排除了权利滥用。公司利益由多数选择，但始终在所有股东的共同利益之间选择，并始终以共同的公司宗旨为"北极星"。

综上所述，公司利益可被定义为所有股东追求盈余的需求与被认为能够满足该需要的手段之间的关系。

2.2.3.1.4　公司利益与行政管理机关成员的行为

如上所述，第 64 条第 1 款 b 项规定提到行政管理机关成员需要兼顾多

203　COUTINHO DE ABREU，*Do abuso...*，pp. 119–120.

204　尽管如此，注意此处任何资源——足以满足股东正当需求的抽象意义上的"财产"可在特别情形中具体显得不足或"滥用"；亦即，上述资源可由权利滥用的标准予以衡量。

205　这一定性并非少见，见 RAÚL VENTURA/L. BRITO CORREIA，*Responsabilidade civil dos administradores de sociedades anónimas e dos gerentes de sociedades por quotas*，BMJ n.° 192（1970），p. 102（"在这些限制范围内，公司利益界定为具体时间节点所有或多数股东的共同利益"）；ANTÓNIO CAEIRO/M. NOGUEIRA SERENS，*Direito aos lucros e direito ao dividend annual*（anotação ao Ac. da RP de 30/6/76），RDE，1979，pp. 373–375（"……合营组织的利益无非是其多数成员的利益"）；TERESA S. ANSELMO VAZ，*A responsabilidade do accionista controlador*，OD，1996，p. 365。

206　JAEGER，*últ. ob. cit.*，pp. 96–97.

方面的利益[207]，在很多人看来，这似乎很奇怪或者不合适（如同前第 64 条给人的印象——虽然原规定更含蓄一点），但该条完全不是葡萄牙的原创。

许多法律跟着调整为同一种"音调"。

"董事应行使法律与章程赋予的权力，以达到公司目的及符合公司利益，并满足公共利益和承担企业社会责任的要求"（1976 年《巴西股份公司法》第 154 条）[208]。

"公司的董事履行其职责所应考虑的包括公司员工的整体利益，以及股东的利益"——1985 年《英国公司法》第 309 条[209]。

根据《奥地利股份公司法》第 70 条第 1 款规定，董事应考虑股东的利益、雇员的利益及一般利益行事[210]。

根据《荷兰民法典》第 140 条第 2 款规定，董事须按公司及其所述企业的利益行事，这意味着不仅仅考虑股东的利益[211]。

美国一些州的公司法除了规定董事应设法为股东创造价值外，尚允许[212]董事考虑其他利益，包括员工、供应商、客户及当地社区的利益[213]。

不少公司治理方面的法典（虽无约束力）也有类似的规定。

美国法学会 1992 年通过公司治理原则[214]。根据第 2.01 条的规定，增加公司的利润和股东受益是公司的目标（a 款）；但公司"可将一笔

207　为使"制度主义"内容完整，仅（？）欠缺提及"公共利益"，不过，第 64 条第 1 款 b 项的列举（"如同"）不属于穷尽式……

208　对该规范的几点说明，见 COUTINHO DE ABREU, *Da empresarialidade...*, p. 241。

209　亦见 *últ. A. e ob. cits.*, pp. 235 – 236。相同规定之前载于 1980 年《公司法》第 46 条。2006 年《公司法》第 172 条（题为"促进公司成功的责任"）首先陈述（第 1 段）："公司的董事为公司成员整体利益应以其善意认为最能促进公司取得业绩的方式行事，以裨益其全体成员，并使之（在其他事项中）得到关注。"紧接着有六项规定，其中 b 项涉及"公司员工的利益"；d 项有关"公司运营对社会和环境的影响"。

210　EDDY WYMEERSCH, *A status report on corporate governance rules and practices in some continental European states*, em K. HOPT / H. KANDA / M. J. ROE/E. WYMEERSCH / S. PRIGGE, *Comparative corporate governance*, Oxford Un. Press, 1998, p. 1085.

211　*Últ. A. e ob. cits.*, pp. 1081, ss. .

212　注意有关变化……

213　G. GUERRA MARTÍN, *El gobierno de las sociedades cotizadas estadunidenses – Su influencia en el movimiento de reforma del derecho europeo*, Aranzadi, Cizur Menor, 2003, pp. 426, 426 – 427, n. 31.

214　THE AMERICAN LAW INSTITUTE, *Principles of corporate governance: Analysis and recommendations*, vols. 1 e 2, ALI Publishers, St. Paul, Minn. , 1994.

合理数量的资源投入一般福利、人道主义、教育和慈善目的的事业"（b 款第 3 项）。就一特定情况——没有被邀请的要约收购目标公司董事会应对，第 6.02 条 b 款第 2 项允许该董事会考虑公司合法关注的利益或团体（除了股东之外），前提是这样做不会导致对股东的长期利益有重大损害[215]。

在没有与我们《公司法典》第 61 条第 1 款 b 项类似规定的国家，学理上仍将公司利益纳入制度主义观念范畴。

虽然目前（1965 年）德国《股份公司法》第 76 条没有重复 1937 年德国《股份公司法》第 70 条的看法（"管理层在其自身责任下须有益于公司及其雇员，以及为了人民和国家的共同利益而经营公司"），许多作者主张董事会应兼顾（股东、员工及社会集体等）各种利益[216]，现今学理上"适当考虑"各种利益是主流——见上文（2.2.3.1.1）[217]。

法国学界对于有关论题的分歧较大，有些学者认为公司利益即股东的共同利益[218]，另一些学者则坚持制度主义观念[219]。

《西班牙股份公司法》（2003 年引入）第 127 条之二规定："董事会必须履行法律和法规所要求的忠实义务，即为公司的利益履行忠实义务。"这一（不确定的）"公司利益"在一些学者看来属于契约主义[220]，其他人则认为属于（新）制度主义[221]。

---

[215] 不难想象利益相关者或利害关系人理论（stakeholder thoery）诞生于二十世纪八十年代的环保组织繁盛之时（参见 TESTY, *ob. cit.*, pp. 1236 – 1237）。

[216] COUTINHO DE ABREU, *Da empresarialidade...*, pp. 234 – 235, UWE HÜFFER, *Aktiengesetz*, 6. Aufl., Beck, München, 2004, pp. 383, ss. .

[217] AXEL v. WERDER, em RINGLEB/KREMER/LUTTER/v. WERDER, *Kommentar zum Deutschen Corporate Governance Kodex*, Beck, München, 2003, pp. 84 – 85.

[218] PHILIPPE BISSARA, *Le gouvernement d'entreprise en France: faut-il légiférer encore et de quelle manière?*, RSoc. , 2003, p. 64.

[219] ALAIN ALCOUFFE/CHRISTIAN KALWEIT, *Droits à l'information des actionnaires et actions sociales des associés en France et Allemagne. Considérations de droit compare en relation avec les directives américaines*, RIDE, 2003, pp. 179, ss. .

[220] J. SÁNCHEZ-CALERO GUILARTE, *Creación de valor, interés social y responsabilidad social corporativa*, em AA. VV. , *Derecho de sociedades anónimas cotizadas（Estructura de gobierno y mercados）*, t. Ⅱ, Aranzadi, Cizur Menor, 2005, pp. 905 – 906.

[221] J. QUIJANO GONZÁLEZ/V. MAMBRILLA RIVERA, *Los deberes fiduciários de diligencia y lealtad. En particular, los conflitos de interés y las operaciones vinculadas*, em AA. VV. , *Derecho de sociedades...*, pp. 955, ss. .

在分析第 64 条第 1 款 b 项所述各项利益之前，有必要指出，从该项规定文义上分析，就非股东的利益而言，其在很大程度上言之无物，从而使行政管理机关成员很可能轻易摆脱责任。

试问，在实践中，如果行政管理机关成员行事不兼顾员工、客户、债权人等的利益，将受何制裁？谁可提出制裁的请求？……

另一方面，有待考虑的利益列表越长、利益越分散且彼此冲突，行政管理机关成员的自由裁量权便越大，因而对其行事可控性越小——使得任何决定都更容易找到依据（诉诸任何一方的利益）[222]。

第 64 条第 1 款 b 项提及的债权人——作为"与公司可持续性相关的主体"利益，委实令人不无困惑。债权人（公司欠其债务的主体）对于公司的维持和发展具有重要性，为保护债权人，公司履行具体的法律与合同义务不足够吗？尚需予以纳入有关内容不确定的一般义务规定？事实上《公司法典》本身规定，"当行政管理机关成员有过错地不遵守旨在保护公司债权人的法律或合同规定，且公司财产变得不足以偿付相应债权时，应向公司债权人承担责任"（第 78 条第 1 款）。

可能有人会提出，行政管理机关成员不应发展短期的公司政策（迅速获利以便迅速将盈余分派予股东），因为这不利于保障债权（尤其是长期的债权）。然而，刺激公司长期赢利的政策不是规定在第 64 条第 1 款 b 项的第一部分吗？……

公司为能存续且发展，自然须赢利和留住客户。为此，公司应提供满足客户需求（或其认为客户需要）的产品。

然而，行政管理机关成员权衡客户利益的义务，对于促进公司存续和发展的义务，以及最终满足股东利益的义务，不是工具性的吗？公司从根本上构成股东的一种工具性组织。

一家公司以 100 元的价格（含合理利润）销售所生产的产品。如以 95 元销售，卖出的产品增多，而利润减少。为了满足顾客的利益，行政管理机关成员有责任将价格定在 95 元吗？似乎不能下此定论……为了更好地满

---

[222] KLAUS J. HOPT, em *AktG – Großkommentar*, 4. Aufl. , 11. Lief.（§§ 92 – 94），de Gruyter, Berlin, New York, 1999, p. 93, TESTY, *ob. cit.*, p. 1237；C. PAZ-ARES, *La responsabilidad de los administradores como instrument de gobierno corporativo*, RdS n.° 20, 2003, p. 103.

足客户利益，可通过提供更安全的组件来改进产品，而这意味着成本上涨并反映在销售价格上，或将导致营业额大幅下降，但如果销售价格保持在 100 元，仍将维持合理的利润（尽管变少）。试问，行政管理机关成员是否有义务决定对产品作出上述改进？似乎应予以否定回答……

公司员工的利益原先创新性地出现于第 64 条的最初文本中，继续保留在第 64 条第 1 款 b 项规定中。

该等利益主要涉及保留工作职位、满意的报酬及工作条件（生产程序的卫生、安全和有序管理），以及涉及与公司组织有关的利益（如员工子女的托儿所）、每年年底的奖金和/或员工退休金等。[223]

鉴于目前葡萄牙的法律和公司制度未就员工在公司管理中有任何重要的参与作出规定，以及缺乏有效的相应处罚措施，笔者仍然认为第 64 条第 1 款有关员工利益的规定无甚实质内容[224]。

但是，笔者不认为这一规范无用或牵强附会。假如劳动法（以及社会保障法）足以保护公司员工的利益，上述规范则显得多余，公司 - 雇主通过其行政管理机关履行该等法规即可（否则承担所规定的处罚后果）。然而，劳动法及有关集体协议并不就从属劳动所涉全部事项进行规定；且多以限制性条款（下限或上限）规范。因此，在未加规范的领域（甚至受限制规范的领域），均有自由裁量权的空间。对于该等空间，根据第 64 条，经理等应予以填补，其中亦应考虑雇员的利益。

第 64 条第 1 款 b 项自应提及的股东利益，指的是所有股东的共同利益；行政管理机关成员应关注"股东共同利益"，而非惠及部分股东而使其他股东受损。

有些作者则强调股东自身、个人或公司外的利益[225]。这是什么意思？"股东公司外的利益"这一表述（模棱两可地）用于表示不同的事物：股东作为第三人的利益（如作为将财产售予公司的卖方），以及非属所有股东共

---

[223]　UWE SCHNEIDER，em *SCHOLZ Kommentar zum GmbHGesetz*，I. Band，9. Aufl.，O. Schmidt，Köln，2000，p. 1851.

[224]　COUTINHO DE ABREU，*Da empresarialidade…*，p. 231. 该学者（或更多学者）应提到有关客户及债权人利益的（新）评论。

[225]　COUTINHO DE ABREU，*ob. cit.*，p. 230，n. 595.

同利益的股东利益（例如，每个股东于公司增资时就维持其相对地位所具有的利益）[226]。

然而，行政管理机关成员在评估"公司利益"时，不应考虑第一种股东公司外（与股东共同利益相抵触）的利益。例如，某一股东和某一非股东各自向公司提出原料供应合同要约，如果非股东要约更能满足股东的共同利益，公司管理者应接受该非股东的要约。上述第二种公司外利益同样不应影响公司管理者评估公司利益时的判断（应该选择最能满足所有股东利益的解决方案）。例如，《公司法典》第 266 条与第 458 条为保证每个股东在增资情况下维持其在（有限或股份有限）公司相对地位的利益而予以其优先权，但此权利可借股东决议而被排除或限制，只要符合公司利益（例如，某一信贷机构能够对公司的财务重组发挥决定性作用，可允许其作为股东加入公司）——第 460 条第 2 款；一旦行政管理机关提出排除或限制股东优先权（第 460 条第 5 款），基于"公司利益"，该机关不应考虑股东的个人利益，而应考虑（符合公司宗旨）股东的共同利益。

这一解读可通过现行第 64 条第 1 款 b 项所提到的"股东长期利益"予以确认。这些长期利益[227]须为基于股东身份的利益且为所有股东的共同利益，既不是公司外的利益，亦不是一时的利益。

综上所述，可得出的结论是，第 64 条提到的"公司利益"来自股东及与公司有关的其他主体（尤其是公司员工）的利益结合。行政管理机关成员在确定公司所追求的利益时，应该考虑到股东的利益，并兼顾其他主体的利益。

相比之下，股东与其他主体的利益是有轻重之分？抑或彼此等同？

例如，公司裁员或将工作条件变得更严苛更能满足股东的利益，对此，行政管理机关应该如何决定？以下借用 Werder[228] 提出的三个（经笔者调整后的）假设进行具体论证（在所有这些假设中，股东获得更大盈利可能导致公司经营的某一企业部门的运作中止或终止，从而导致工作岗位减少）。

226　LOBO XAVIER, *ob. cit.*, pp. 242 – 243, n. 116——该作者跟随意大利学者而接受上述两层含义，但仍引用（如笔者）其他表述：公司外利益与股东身份无关（作为第三人的利益）；就公司利益而言，可区分为共同或集体利益与个人利益。

227　期限不应太长，否则就会像 Keyness 所言："长远来看，我们都会死去……"尤其是机构投资者在股份有限公司的利益通常都是短期的——股份快速赢利；行政管理机关成员的利益同样如此，在被指定的短期内从利润或股票期权中获得丰厚报酬……

228　*Shareholder-Value-Ansatz...*, pp. 85 – 86.

1）该企业部门连年亏损或不产生利润，亦无望再有利可图，而且其与公司其他企业部门不存在有益的协同效应。虽然公司（整体上考虑）仍然取得利润，管理层自然会选择（在公司特定内部或外部情况下也只能选择）取消工作岗位，从而满足股东的利益（"股东利益"优先来自对"公司利益"的评估）。

2）企业部门利润微不足道（有关利率大致相当于国债债券所提供的利率），且没有利润增加的前景。同样面对利益冲突的情况，有些人主张取消或减少部分工作岗位，其他人则主张维持，行政管理机关（在得到绝大多数"专业人员"赞同的情况下）自然优先考虑股东的利益。

3）企业部门盈利相当可观（利率为10%或12%），但如大幅度裁员则会提升利率至15%。鉴于第64条的规定[229]，似乎管理层必须维持工作岗位（工作岗位的维持要求两项利益的协调：既关注股东的利益，亦平衡雇员的利益）[230]。

为什么在假设1）和2）中行政管理机关成员"自然"优先考虑股东利益？切记，股东们有足够的手段维护自己的利益（及对管理层施加影响）。实际上，特定类型的公司股东可直接确定经营政策（例如有限公司，见第259条）；此外，股东还可指定和解任行政管理机关成员，以及使得后者就造成公司损失承担责任（见第72条及随后数条）。

另当别论的是公司员工的处境。试想假设2）中对员工利益的"权衡"指向更合理裁员应为50人而非实际遭解雇的200人。不同于股东，员工不能通过决议来反对行政管理机关成员的决定或将其解任（即使有正当理由），亦不可因其对公司造成损害［例如，因其未采取激励员工的措施而导致生产力降低（如视之为可追究的损失）］提起追究责任之诉。在假设3）中，面对管理层裁员（虽在劳动法上属合法）或促使工作条件更加严苛，员工显然同样无能为力。

员工对行政管理机关成员未适当考虑利益，无法要求其承担民事责任（参见第79条第1款）。由此可见，第64条第1款b项规定似乎并不是保护员工（或其他第三人）——参见《民法典》第483条第1款。第64条提及的忠实义务（以及谨慎义务）是对公司而言，"针对公司利益"，而非指向股东、员工、债权人或客户等。[231]

229　此处不考虑集体裁员的制度，见《劳动法典》第359条及随后数条。

230　仅在假设3）中，有学者表达了不同意见，认为行政管理机关有义务积极关注股份持有人之外的利益（见 *ob. cit.*，pp. 86，ss.，亦有企业经济学与政治经济学方面的依据说明）。

231　这能说明决定将营利性公司企业迁移（至外国）的行政管理机关成员因此不承担任何责任……

除此之外，股东利益的优先性显现于第 64 条第 1 款 b 项文义中：该利益被首先提及（表述为"考虑"），其他利益随后才被提及（表述为"权衡"）。

尽管如此，第 64 条提及员工（及其他主体）利益有一定的用处——在某些情况下可排除或限制行政管理机关成员对公司的责任[232]。试想在前述假设 1）中，行政管理机关层本应在特定时期关闭亏损业务部门并裁员 100 人，但其并没有这样做，大多数行政管理机关成员认为员工对公司的奉献如此之大，因而不得采取这么激烈的措施。尽管该行为不合法（一个为公司利益而行事的善良管理人，在评估公司利益时不应高估员工利益），导致了公司损失，但行政管理机关对员工利益的关切，如果不能排除过错，至少可减少过错。

综上，公司利益的制度主义观念体现于第 64 条，但属于一种温和及无后果的制度主义：股东利益权重更大；如不权衡（或考虑不充分）非股东的利益，实际上没有制裁。[233]

2.2.3.1.5 公司利益与"企业的社会责任"

承担"社会责任"的企业（主要是公司企业）是指自愿为社会和生态平衡（超越传统的利己主义——营利目的）作出贡献的企业。这包括企业内部的改进，如改善员工条件，以及减少自然资源开采、污染物排放或废物产生；企业外部的改进，如（更多地）考虑当地社区（企业运营所在地）、商业伙伴、供应商、客户等的利益。[234]

企业的社会责任"运动"由来已久，从二十世纪六十年代末开始明显攀升，到世纪之交进一步发展[235]，主要受到捍卫公民和环境权利的非政府组织的影响。

232　V. G. LOBO XAVIER, *Relatório sobre o programa, os conteúdos e os métodos do ensino de uma disciplina de direito comercial（Curso complementar）*, sep. do vol. LXII do BFD, Coimbra, 1988, p. 29, n. 26.

233　该节及前节所述亦适用于一人公司［当然此处不能说是股东的共同利益——作为公司利益，根据具体情况而为股东的利益或其与其他主体的结合利益；亦参见上文（2.1.2）有关因利害关系冲突而不得投票的内容］。另见 RICARDO COSTA, *A sociedade por quotas unipessoal no direito português – Contributo para o estudo do seu regime jurídico*, Almedina, Coimbra, 2002, pp. 614, ss. 。关于公司集团中的"集团利益"，见上文第四章（3.3）。

234　Comissão das Comunidades Europeias, *Livro verde – Promover um quadro europeu para a responsabilidade social das empresas*, Bruxelas, 18/7/2001［COM（2001）366 final］, pp. 4, 8, ss. .

235　TOMÁS G. PERDIGUERO, *La responsabilidad social de las empresas en un mundo global*, Anagrama, Barcelona, 2003, pp. 137, ss. , 167, ss. , DOUGLAS M. BRANSON, *Corporate social responsibility redux* TLR, 2002, pp. 1211, ss. .

"社会责任"与"公司利益"（制度主义）背景下呈现的典型样貌不同，前者并非被视为公司（行政管理机关成员）的法律义务，而是其自愿承诺[236]。

虽称之为自愿承诺，但更多来自外部压力，而不完全是自发的[237]，而且为一项好的（或必要的）投资：激发公司员工更加努力工作，以及改善在消费者眼里的形象等[238]。

即便如此，推进"社会责任"是有益的。尽管法律没有规定问责处罚，但比制度主义的"公司利益"规范稍胜一筹。

无论如何，"社会责任"问世并不能抹去资本主义企业利己性"个人主义"的本质特征。因此，肯定企业的社会责任不会相应减少国家（"社会性"越来越少）应承担的社会责任……[239]

2.2.3.2　股东的忠实义务

2.2.3.2.1　概念、表现形式及依据

这一义务（在德国主要称之为 treuepflicht，并有大量的研究；西班牙学者称之为 deber de fidelidad，明显受德国影响；意大利称之为 obbligo di correttezza，fiduciario，di fedeltà，di collaborazione 等）在葡萄牙一直是很少受到关注的话题[240]。

---

[236]　本章（2.2.3.1.4）援引的美国法律规定更能体现这一理念。

[237]　例如，大肆使用"第三世界"童工等的"第一世界"大型企业，仅在这一事实被（非政府组织借助现代信息和通讯手段）曝光后，才变成"公民企业"（empresas cidadãs）……

[238]　亦见上述绿皮书（*Livro verde*，pp. 3，7 - 8）；TESTY，*ob. cit.*，p. 1239（该作者指出："公司的社会责任将成为商界另一卖点……"）。

[239]　与企业的社会责任相似的法律话题是私人所有权与经济活动的社会职能或约束，见 COUTINHO DE ABREU，*Da empresarialidade...*，pp. 240 - 242。

[240]　见 ANTÓNIO CAEIRO，*A exclusão estatutária do direito de voto nas sociedades por quotas*——该作品初次发表于 1966 年，现被收入 *Temas...*，pp. 73 - 74，n. 1（其中有关德国法上"忠实义务"的著述，尤其突出 Hueck 的思想）；A. J. AVELÃS NUNES，*O direito de exclusão de sócios nas sociedades comerciais*，Almedina，Coimbra，1968，pp. 82，ss.，ns. 97，99（该作者谈及多个国家的"合作义务"）；COUTINHO DE ABREU，*Do abuso...*，pp. 151 - 152（针对权利滥用决议的"股东间合作及善意原则"）；PEREIRA DE ALMEIDA，*Sociedades comerciais* cit.，pp. 55 - 56（"忠实义务"，特别体现为非竞业义务）；A. MENEZES CORDEIRO，*O levantamento da personalidade colectiva no direito civil e commercial*，Almedina，Coimbra，2000，pp. 132，ss. [作者在书中提及德国若干判例，尤其是（1955 年）ITT 案与（1988 年）Linotype 案（然而，与作者的说法相反，后一案件并未涉及增资决议，而是涉及一家蒸蒸日上的股份有限公司被决议解散以使其财产实质部分与活动经营转移至控制该公司的一家有限公司）]。

笔者认为，一般而言，忠实义务（对于多人型公司而言）要求每个股东不得以与公司利益（所有股东的共同利益）[241] 或与公司其他股东的利益不相容的方式行事。由此可见，笔者在一定程度上"偏离"了一些常见的表述，这些表述强调股东有（积极）义务促进或照护公司利益，并顾及其他股东（与公司相关）的利益[242]。

在笔者看来，这一义务的消极性（不作为）内容多于积极性（作为）内容……诚然，股东在公司中为共同目标努力，但是，股东的忠实义务则另当别论，是指股东在公司利益（或与公司相关的其他股东的利益）划定的范围内谋求实现自身利益，而不得超越该范围或牺牲该等其他利益，这与股东应当仅以实现该等其他利益为目标是两码事，后者为股东行为导向的特定终极目标[243]。

《公司法典》在以下诸条规定中体现了上述义务：第 58 条第 1 款 b 项（股东滥用决议可撤销——该等决议特别惠及个别或部分股东或第三人而对其他股东产生损害，又或仅对公司或其他股东产生损害）；第 83 条（有权指定或任命行政管理机关成员或监察机关成员的股东，将与其有过错选任的该等据位人对公司或股东承担连带责任；有权解任该等机关成员的股东，如利用其影响而使得该等成员作出或未作出特定行为而对公司或其他股东产生损害，同样承担连带责任）；第 180 条和第 477 条（无限责任股东不与公司竞业的义务）；第 181 条第 5 款、第 214 条第 6 款和第 291 条第 6 款（股东不当利用公司信息而对公司或其他股东造成损害，须承担责任）；第 242 条第 1 款（有限公司的股东如作出违反"忠实义务"的行为或严重干扰或损害公司利益，可被除名）；第 251 条和第 384 条第 6 款（股东在与公司发生利益冲突时不得投票）。

然而，股东的忠实义务同样须在法律没有专门规定的情况下履行。例如：所有股东均有义务不利用公司交易机会谋取私利，如有股东引诱公司交易相对人与其而非与公司交易，又或（作为股东）得知公司有一笔好的交易后，揽过来自己做，均属不法行为——例如，某一地方自治机构准备

---

[241] 此处谈及的是股东的行事，因而有关公司利益的"契约主义"视角亦适用。

[242] KRAFT/KREUTZ, *Gesellschaftsrecht* cit., p. 44, M. LUTTER, *Treupflichten und ihre Anwendungsprobleme*, ZHR, 1998, pp. 167–168, KOPPENSTEINER, *GmbH-Gesetz…*, pp. 555 e 560.

[243] COUTINHO DE ABREU, *últ. ob. cit.*, pp. 132, n. 305, 147–149.

将位于一个工厂区域的建筑物廉价出售，而该区域又是某一公司建工厂的好地方，该公司的股东便（便宜）购入该建筑物，并将其（以市场价）租给所属公司[244]；所有股东同样有义务不以对公司决议提出司法诉讼为筹码，从而迫使公司或（尤其是）控权股东支付高额款项以换取撤回诉讼[245]；在人合性公司中，股东间有牢固的互信关系，并在很大程度上对外有一致性，该等股东具有不传播对公司非议的义务[246]；大股东或控权股东有义务不将其出资转让给"摧毁"公司的第三人（即打算取得公司控制权以便将之清算或以其他方式将之置于其所控制的其他公司之下）[247]。[248]

股东忠实义务的一般依据是什么（无论是否体现于法律中）？对此，许多学者给予的回答是"诚信原则"[249]。在德国也有一些人持相同看法，但似乎更多人按照《民法典》第 242 条规定将忠实（Treuepflicht）与诚信（Treu und Glauben）区分开来（虽然承认二者有交叉）[250]。其中，K. Schmidt 提出的观点值得考量[251]。忠实义务作为公司"非成文法"部分，可从三个层面来理解：公司作为共同体的关系；促成公司目的之义务；法律权力与责任相互关系。即使不完全赞同这一看法[252]，有关论点也将我们引向忠实义务的核心特征：作为组织的公司，不仅是债权关系的集合体，也是追求某种（共

---

[244] LUTTER, *Theorie…*, p. 114；KOPPENSTEINER, *ob. cit.*, p. 555.

[245] "贪婪股东"现象在德国颇为常见，见 M. LUTTER, *Die Treupflicht des Aktionärs – Bemärkungen zur Linotype – Entscheidung des BGH*, ZHR, 1989, p. 466；H. HIRTE, *L'evoluzione del diritto delle imprese e delle società in Germania negli anni 1989 – 1993*, RS, 1995, pp. 191, ss.；K. SCHMIDT, *Gesellschaftsrecht* cit., pp. 595 – 596。

[246] LUTTER, *Theorie…*, pp. 111 – 112（对于公司信誉或名声散布不利"事实"，可适用《民法典》第 484 条）。

[247] M. STELLA RICHTER JR., "*Trasferimento del controllo*" *e rapport tra soci*, Giuffrè, Milano, 1996, pp. 323, ss. .

[248] 该节最后部分将探讨"少数股东的权利滥用"。

[249] 似乎这在西班牙是主流理念，见 M. ª A. ALCALÁ DIÁZ, *El conflict de interes socio-sociedad en las sociedades de capital*, RdS n.° 9, 1997, p. 91（注释 4 列有可资参阅的文献）；另见葡萄牙作者 MENEZES CORDEIRO, *ob. cit.*, p. 136，该作者认为忠实义务"来自诚信；归根结底，基于具有特定共同利益的公司存在本身"。

[250] A. HUECK, *Der Treuegedanke in modernen Privatrecht*, Verlage der Bayerischen Akademie der Wissenchaften, München, 1947, p. 6；LUTTER, *Theorie…*, pp. 102, ss., STELLA RICHTER, *ob. cit.*, pp. 273, ss., ns. 101, 102.

[251] *Ob. cit.*, pp. 588 – 589.

[252] 忠实仅存在于多股东公司（"共同体"关系中）？（见下文）该等义务尤其旨在"促进实现"公司宗旨？

同）目的之工具。因此，可以说忠实义务首要依据在于公司性质上是达到特定目的或满足公司利益的工具——股东须受这种性质的约束，并在该目的或利益所允许的范围内行事。

上述说明忠实义务体现于所有类型的公司[253]，同时也说明该义务的内容与延展随着公司类型的不同，尤其是公司更偏重资合或人合以及股东的地位或权力而变化。事实上，人合性公司中忠实义务比资合性公司要求程度更高且更加广泛；大股东或控权股东的忠实义务比小股东要求程度更高且更加广泛［"普通"零散股份持有人甚至应被一般承认"冷漠权"（direito ao desinteresse)[254]］。例如：利益冲突情况下禁止投票，这对任何公司的所有股东都适用；不得利用公司机会，亦是如此（尽管视乎具体类型的公司、股东的地位及能否接触到交易机会信息而区别对待）。与之不同的是，不得竞业的义务仅限于无限责任股东，除非章程条款作此规定（见第 209 条和第 287 条）；不传播对公司非议的义务亦仅约束人合性公司的股东，而不约束"开放型"股份有限公司的一般股东。另一方面，资合性公司的（多数）股东在其有权限干预的机关外，有义务不对公司管理机关施加影响；而且这些公司的控权股东不应将支配公司出资转让给"摧毁"公司的第三人。

2.2.3.2.2　股东对公司及股东之间的忠实义务

在论及忠实义务时，常有学者将股东对公司的忠实义务与股东之间（每一股东对其他股东）的忠实义务区分开来，并解释区分的理由在于公司利益在各种决策面前的"中性"立场。例如：在公司不需要注入更多资本，且多数股东明知少数股东不可能参与出资的情况下增资；增资中对优先权

253　德国亦然。但是，在很长时间内，联邦法院（Bundesgerichthof）认为忠实义务仅存在于人合性公司中，尤其不接受其存在于股份有限公司中（而学理分歧很大，见 ZÖLLNER, *Die Schranken…*, p. 336, n. 3）。联邦法院的态度转向始于第 5/6/75 号判决（ITT 案，JZ, 1976, p. 408, NJW, 1976, p. 191）——有限公司多数股东的忠实义务，以及第 1/2/88 号判决（Linotype 案，JZ, 1989, p. 443, NJW, 1988, p. 1579）——股份有限公司多数股东的忠实义务［但是，正如 LUTTER 所言（*Die Treupflicht…*, p. 457, 亦引自 Bommert)，该案本可以直接适用《股份公司法》第 243 条第 2 款解决，而该规定基本对应我们的《公司法典》第 58 条第 1 款 b 项］，以及第 20/3/95 号判决（Girmes 案，NJW, 1995, p. 1739）——股份有限公司少数股东的忠实义务（少数股东阻止股份有限公司的减资及其他清理措施，公司因此被宣告无偿还能力；少数股东要求多数股东赔偿其丧失出资的价值之权利获得承认）。对此概述见 SCHMIDT, *ob. cit.*, pp. 590, ss.

254　LUTTER, *últ. ob. cit.*, p. 452（其中提及 WIEDEMANN 的"无利害关系权"表述）。

作出不成比例的限制；许可出资移转；股东除名；股东决议解散公司；等等[255]。在这些情况下，不涉及公司利益（尤其是公司的财产不受损失），因此，（少数）股东的防御只得基于股东之间的忠实义务或以诚相待（股东有义务不损害其他股东与公司有关的利益）。

笔者并不强调突出上述义务的区分。"对公司"的义务最终也会转为对股东的义务[256]，即不应以与所有股东的共同利益（公司利益）不相符的方式行事。另一方面，上述示例难以令人信服公司利益的中立性。就以上示例而言，（无必要的）增资决议因对部分股东特别有利而损及其他股东则属权利滥用——以客观上无必要的新出资与增资为幌子，一些股东试图获得较其他股东更大的权力和收益，自损及公司利益，即与公司宗旨相关的所有股东的共同利益；决议限制一些股东的优先权，而对其他股东限制较少（或终止一些股东的优先权，而对其他股东不予终止），如"公司利益"对此不能"证明合理"，则决议非有效（第460条第2－3款）；拒绝同意移转出资不应武断为之，而应由公司利益的保障来证明其合理（例如，获得该股的第三人得不到股东信任）——对此第328条第2款c项和329条第2款有清晰表述；特别是在股东损害公司或非常可能有损公司利益的情况下，可将股东除名（见第186条第1款a－b项、第241条第1款及第242条第1款）；如公司决议解散的目的在于使多数股东获得好处，则决议非有效——所有股东的共同利益受到损害，因其仅对部分股东有利而损及其他股东利益。

然而，笔者不能不承认，股东有时可能会非法损害其他股东的利益而同时不损害公司利益（在这种情况下，可合理解释股东间的忠实义务独立于股东对公司的忠实义务，或者如同笔者所倾向的看法，独立于以符合公司利益的方式行事的义务）。有一种是损人不利己的决议，即多数股东故意损害少数股东的利益，但这不会给多数股东带来（财产上的）好处，也不会损害股东的共同利益。例如，在一家有限公司中，多数人决议减少股东经理的薪酬，并同时相应地增加非股东经理的薪酬，这样做的目的仅仅是损害前者，对股东（作为经理）有损害，但是对多数股东无客观益处，同

255　WIEDEMANN, *Gesellschaftsrecht* cit., p. 435；LUTTER, *Theorie …*, pp. 120, 123 － 124, A. CERRAI／A. MAZZONI, *La tutela del socio e delle minoranze*, RS, 1993, pp. 73, ss., KOPPENSTEINEIR, *ob. cit.*, p. 559.

256　KOPPENSTEINEIR, *ob. cit.*, p. 554.

时对公司利益亦无损害——管理成本保持不变，且（假设）管理方面继续像以前一样运作[257]。另一个例子是股东在不损害公司利益的情况下，利用公司信息不当损害其他股东利益（第 181 条第 5 款、第 214 条第 6 款及第 291 条第 6 款分别提及公司和其他股东的利益）。

上述最后一例涉及的损害股东利益往往是指股东的公司外利益。就此，笔者提出另一问题：忠实义务要求股东亦须考虑其他股东的公司外或私人利益吗？就某些情况，尤其是人合性强的公司，回答是肯定的。例如，一家人合性强的公司需要选任一名新的经理，两位候选人均不是股东且资历和能力相当，但其中一位是公司一名股东的儿子。假如该股东的儿子未被选中，或将给作为父亲的股东带来挫败感，而这一情绪可能会对其作为股东的合作产生负面影响，因此，在这种情况下，其他股东应选择股东家人担任经理（此处满足股东的私人利益符合公司的利益）[258]。

2.2.3.2.3　处分

股东违反按公司利益行事的义务（或者更宽泛地说，忠实义务）属于违反法律或不合法，因此产生非法行为的后果，尤其是向公司或股东承担损害赔偿责任以及相关决议的可撤销（计入违反该义务的投票为多数通过决议时，该等投票非有效）[259]。

2.2.3.2.4　唯一股东的忠实义务？

按公司利益行事的义务（更具体地说，股东对公司的义务）同样体现于一人公司吗？在德国（特别是就一人有限公司而言），司法见解和部分学理予以否定回答[260]——一人公司没有可区别于其唯一股东的自身利益；然而，越来越多的学者对上述问题作出肯定的答复[261]。

笔者认为，此处的公司利益是唯一股东作为股东的利益。股东的利益可一分为二：一部分是公司以内的利益，另一部分是公司以外的利益。由唯一股东个人直接地进行特定活动不同于通过公司进行该活动。该等公司中股东的忠实义务范围被缩减。实践中，仅第 83 条（"唯一股东非为经理

257　COUTINHO DE ABREU, *Do abuso...*, pp. 139 – 140, n. 328.

258　LUTTER, *Últ. ob. cit.*, p. 129.

259　对少数股东权利滥用的处罚，见下文。

260　M. LUTTER/P. HOMMELHOFF, *GmbH-Gesetz Kommentar*, 14. Aufl., O. Schmidt., Köln, 1995, p. 162, KOPPENSTEINEIR, *ob. cit.*, p. 556.

261　H. -J. PRIESTER, *Die eigene GmbH als fremder Dritter. Eigensphäre der Gesellschaft und Verhaltenspflichten ihrer Gesellschafter*, ZGR, 1993, pp. 517, ss..

时，不应以对公司造成损害的方式干涉公司管理"）与第 58 条第 1 款 b 项〔股东滥用权利作出的决定（如决定公司向其朋友以远低于本身价值的价格出售一块地）可由监察机关（倘有之）提出争执——第 59 条第 1 款〕规定的行为才会被纳入考量范围。

2.2.3.2.5 少数股东的滥用行为

最后探讨少数股东的滥用行为问题[262]。

在例外情况下，按公司利益行事的义务会要求少数股东作出特定行为。具体而言，履行投赞成票的义务——少数股东应与多数股东一起投票支持某些提案（不应不参与有关议决，或放弃投票，又或投票反对该等提案），例如有关修改章程的决议，其中尤其是变更公司资本的决议（外国的司法经验主要集中在增资上）。

试想一家有限公司的股东提议以现金出资的方式增加公司资本。有效决议须得到"公司合同要求的对应公司资本四分之三或更高比例的票数"支持（第 265 条第 1 款）[263]。一个或多个股东（占 26% 的投票权）不参加议决或弃权又或投票反对提案。

仅上述信息尚不足以构成少数股东违背忠实公司的义务。一般而言，拒绝支持增资提案是合法的。该事宜实则涉及多种利益（并且特定多数的要求也是从法律上体现保护少数股东的正当权益）。股东就一项增资进行议决，或选择加入——（原则上）维持其在公司内的相对地位，但需（直接）作出一项牺牲（出资更多）；或选择不加入（因其不能或认为不宜增资）[264]而丧失其在公司内的相对地位。

我们不妨再添加一些信息。1）增资对公司存续是必要的——例如，法律为有限公司确立了新的最低资本（高于以上例子中公司的资本），并要求相应增资，否则会导致公司解散；或者公司面临经济困难，增资是不可或缺的解救途径。2）拟增加的资本额对于维持公司生存是适当的——例如，足以达到法律新规定的最低限额，或者足以克服金融危机（增资不多也不少）。在该等情况下，显而易见，少数股东不支持增资提议属权利滥用行为，违背公司利益仅仅为了保留在公司中相对地位的个人利益属不合理[265]。

---

[262] 法国很早称之为"少数股东滥用行为"（Abus de minorité）。

[263] 在其他类型的公司中，修改章程几乎总是要求特定多数。

[264] 尽管增资决议被有效作出，但未投赞成票的股东无须参与增资——第 86 条第 2 款。

[265] 禁止仅基于损害多数股东的意图而阻止增资。

对于少数股东（决议上）的滥用行为，法律采取应对或制裁的措施是什么？这是一个难题，值得就此特别提及法国的经验。

一般认为，1957 年 6 月 5 日法国贝桑松上诉法院（Cour d'Appel de Besançon）首次判定少数股东滥用行为（案涉一家股份有限公司修改公司合同）[266]。但是，该司法见解没有解决制裁问题。1984 年 12 月 20 日法国里昂上诉法院（Cour d'Appel de Lyon）似乎首次对少数股东的滥用行为施加制裁——某一股份有限公司总裁因公司增资未经核准被解散而负赔偿损害责任[267]。1987 年，法国法院作出了两项颇为创新的判决：1 月 9 日皮特尔角（Pointe-à-Pitre）商业混合法院的司法见解是，有关判决可使被少数股东不合理阻止通过的决议"生效"[268]；6 月 25 日，里昂法院（Cour de Lyon）认为，如法官确认存在少数股东滥用行为或滥用平等，可"作出有效通过决议的决定"[269]；1991 年，波城上诉法院（Cour d'Appel de Pau）就一个少数股东不合理阻止（法律要求的）增资作出类似的判决："该决议应获通过"[270]。但是，这一处理未被法国最高法院（Cour de Cassation）接受，尽管至少两次（1993 年 3 月 9 日和 1998 年 5 月 5 日）最高法院采取了具有相同实际结果的解决办法：如少数股东在某些对公司至关重要的决议中不合理地予以阻碍通过，法院可指定一名代理人代表其按照公司利益作出表决[271]。

葡萄牙对有关问题的处理：倘少数股东阻碍修改章程被视为滥用行为，则该等股东可被要求对公司或（公司不复存在时）多数股东进行赔偿，对

266　RDS（Jurispr.），1957，p. 605，com nota de A. DALSACE，p. 609.

267　见 RDS.，1985，p. 506，（附 Y. REINHARD 的阐释，p. 507。在上述判决作出的数日之前，1984 年 12 月 13 日，比利时布鲁塞尔商事法院（似乎）首次接纳了少数股东滥用行为理论，见 RSoc.，1985，p. 115 附 Y. GUYON 的阐释，p. 122。

268　RSoc.，1987，p. 285（其中提及 Y. GUYON 支持该判决）。

269　RTDC，1988，p. 70（其中提及 Y. REINHARD 支持该判决）。若干年前（1983 年），笔者曾提出采取相同的解决方案（*Do Abuso...*，p. 185）（据笔者所知，仅在 1985 年一位法国学者提议有效的处罚是"将少数股东滥用拒绝视为投票"；GUYON，*Note* cit.，RSoc.，1985，p. 123）。事实上，DALSACE 先前已质疑：难道贝桑松法院不能宣判投票成立？但其进一步指出，"如果肯定的回答看起来很有吸引力……实则与禁止判处债务人作出给付的判例相冲突"——*Note* cit.，p. 610）。

270　RSoc.，1992，p. 46 ss..

271　见 RSoc.，1993，p. 403，以及 PH. MERLE 题为"法官宁愿责成第三人为之而避免直接以判决取代投票"附注，p. 404（作者重申倾向于之前提出的"判决取代投票"的解决方案——*L'abus de minorité*，RJC，n.° special，Nov. 1991，pp. 90，ss.）；另见 RSoc.，1999，p. 345，以及 M. BOIZARD 的阐释（该学者亦重申倾向于之前提出的"判决取代投票"处理主张——*L'abus de minorité*，RSoc.，1988，p. 376）。

此主张基本取得共识[272]；亦可被公司除名（参见第 186 条第 1 款 a 项及第 242 条）；或在可能的情况下，被司法判令投票赞成修改章程的提案（参见《民法典》第 817 条）——例如，在公司仍存续的情况下，公司合同的修改可在下次股东会决议作出。但是，所有这些处置往往是不足够的（赔偿不足以弥补损害或不能避免公司被解散；股东除名在公司不复存在或清算不可避免时无法为之；被判令履行投票义务的股东不遵守裁判；等等）。

就上述对公司存续必要且适当的增资假设，试想个别少数股东出席股东会议并投反对票。由于未达到应有的多数，股东会主席只得宣布该增资提案未获通过[273]。对此，多数股东应有请求法院宣告少数股东的投票无效的正当性，有关依据为该少数股东违反了按公司利益行事的义务（基于具有法律效力的原则），或更具体而言，违反了《民法典》第 334 条（权利滥用）规定。如属股份有限公司，该公司的股东（或其中一些股东）尚应要求撤销有关决议——见 58 条第 1 款 a 项——并要求（法院）宣告公司增资决议成立[274]。具体而言，法院在宣告滥用投票无效后，继而查核其余投票是否满足第 386 条第 3 款和第 4 款所要求的多数。但这不适用于其他类型的公司：有关修改公司合同的决议要求达到可投票数的特定多数。例如，就有限公司而言，宣告 26% 的投票无效导致其余投票达不到法定"公司资本相对应票数的四分之三"的特定多数（第 265 条第 1 款）。对于这类因少数股东不投票而妨碍增资决议通过的情况，法律如何予以处置？

笔者认为可诉诸"特定执行"（execução específica）的途径。

在上述任一情况下，如仍有可能（进行第二次或第三次等表决），法院可应公司的请求，判令由他人（非由少数股东）投赞成票——《民法典》第 828 条（"可代为作出的事实"）。投票尽管是意思的表示，但不应被视为"不可代为作出的事实"——同样可由股东的意定代表人作出（第 189 条第 4 款、第 249 条第 5 款及第 380 条第 1 款）；为保障公司的利益，亦可由法院任命的人为之。

---

[272] COUTINHO DE ABREU, *Do abuso...*, pp. 76 – 77, 185.

[273] 在笔者看来，某些德国学者与法院的见解过于轻率：如少数投票（因违反忠实义务）无效，股东会主席可不予以计算在内并在其余表决达到多数要求时宣布决议通过（见 HÜFFER, *Aktiengesetz* cit., pp. 703 – 704）。试问，股东会主席有权决定某些投票是否属于滥用行为吗？……

[274] LUTTER, *Die Treupflicht...*, p. 468, HÜFFER, *ob. cit.*, p. 704.

另一方面，亦可适用《民法典》第830条第1款的规定：公司可获得一判决，以产生未被（违反义务的股东）作出的法律行为意思表示的效力，然后将相应的票数计入第二次或其后决议。这意味着要求对第830条第1款作扩张目的解释，以便不仅适用于缔结某合同的义务（源自预约合同），同时亦适用于作出其他意思表示的义务[275]。

由此产生三种情形。

——司法补正产生的"投票"（为方便传达而如此表述）计入多数股东已作出的投票，有关决议——法律行为被视为于裁判确定之日通过（之前遭否决的决议被通过决议所取代……）。

——司法补正产生的"投票"计入多数股东已作出的投票，（应公司请求）有关决议——法律行为被视为于遭否决的决议作出之日通过（同样产生上述取代效果）。

——司法补正产生的"投票"在判决之后计入以其他方式作出的决议（书面一致决议或全体大会一致决议）。

2.2.4 其他义务

以下探讨的义务不像前述义务，并不涉及所有股东，某些义务（补充给付义务和某些从属给付义务）并不存在于所有公司类型中，且存在时也并非约束所有的股东。这些义务的"可能性"主要是由于它们仅在章程中和/或决议规定时才存在。[276]

2.2.4.1 从属给付义务

第209条与第287条几乎以相同的方式规定了从属给付义务，分别适用于有限公司与股份有限公司（由第478条类推适用于股份两合公司）。

该两条的第1款规定："公司合同可要求所有或某些股东履行出资之外的给付义务，只要就该义务订定基本要素并示明应无偿或有偿作出。当义

---

[275] 基本上支持第830条第1款这一解释的，见 A. VAZ SERRA, *Contrato consigo mesmo e negociação de directores ou gerentes de sociedades anónimas ou por quotas com as respectivas sociedades*, RLJ, ano 100.° (1967/1968), pp. 194 – 195; M. J. ALMEIDA COSTA, *Direito das obrigações*, 8.ª ed., Almedina, Coimbra, 2000, pp. 212 – 213 （有更多文献说明）。不同看法见 PIRES DE LIMA/ANTUNES VARELA, *Código Civil anotado*, vol. Ⅱ, 4.ª ed., Coimbra Editora, Coimbra, 1997, pp. 106 – 107。

[276] 垫付不一定来自股东的"义务"。然而，因为其可能依据章程或决议所规定的义务（第244条第1款和第2款）以及基于系统化的方便需要而须予执行，我们将在之后探讨垫付（无论股东是否须垫付）。新出资的义务可发生在第35条规定的情况中，对此我们将在下一章讨论（资本与财产问题之间有明显的关联性）。

务的内容对应一典型合同的内容时，适用有关该典型合同的法律规定。"引入或强调公司中人合要素的从属给付[277]是多样的。例如：向公司供应物品[278]或收购该公司的产品，由向公司出资专利权的股东提供技术援助，金钱给付（不管是否以补充名义）[279]，为公司债务提供担保，作为经理或行政管理机关成员经营公司（具有或不具有特殊管理权），向公司提供建筑物或其他财产的享益，不与公司竞业[280]。

从属给付的义务（按第 209 条和第 287 条的制度）须规定在原始或修订后的公司章程中。的确，可通过章程变更的程序引入有关这些义务的条款（第 85 条、第 265 条及第 386 条第 3－4 款）。然而，决议引入时，对没有投赞成票的股东不产生效力（他们没有义务作出从属给付）——这可从第 86 条第 2 款得出。

公司章程须订定义务的"基本要素"。因此，其须确定义务主体（全部、一个或多个股东）与给付内容（特定标的）。给付可很快完全确定（例如，提供建筑物 x 的享益，公司存续期间非竞业，作为经理服务四年，确认经营亏损及其数额后给付金钱）；但是，在不允许立即知悉给付措施时只要能订定有关准则，即为达到第 209 条和第 287 条第 1 款要求的确定（例如，用以弥补经营亏损的金钱给付在数目上不超过亏损额且就经营管理而言是适当的，股东 y 提供经理认为属必要的财务咨询服务）。没有订定从属给付的基本要素时条款无效（参见《民法典》第 294 条与第 295 条）[281]。

公司章程还须说明"给付须为有偿还是无偿作出"。该"说明"并非须是明确或直接的（"有偿"或"无偿"，"支付"或"非支付"，"有报酬"或"无报酬"，等等），可以是暗示的，有偿或无偿性可（通过解释）从其

---

[277] 之所以是"从属"，是因为其被添加到"主要"给付——现金或实物出资中，而这对所有（自始取得出资）股东均有约束力。但对公司经营的意义而言，从属给付许多时候是"主要的"。亦见 RAÚL VENTURA, *Sociedades por quotas* cit. , vol. Ⅰ, p. 218。

[278] 例如，运至公司的农产品。从属给付（Nebenleistungen）出现在十九世纪德国糖业公司的实践中，股东有义务向公司提供甜菜（beterraba）。有关从属给付（比较法方面）的来源和演变，见 M.-A. LÓPEZ SÁNCHEZ, *La confituración estatutaria de las prestaciones acesorias en la socedad anónimas*, Ⅰ - *La fundación*, Civitas, Madrid, 1991, pp. 837, ss. 。

[279] 但出资的价值差额（出资价值超出其相应股本的部分）不是从属给付，其为出资不可分割的一部分［见上文（2.2.1）］。不同观点见 RAÚL VENTURA, *ob. cit.*, pp. 205, 207。

[280] 当然，该等非竞业义务仅在不违反保护竞争的葡萄牙国内或共同体规则时才是合法的（首先见 2003 年 6 月 11 日第 18/2003 号法令第 4 款与第 5 款，以及《欧盟运作条约》第 101 条）。

[281] 但是在罕见情况下这一无效会导致公司合同的非有效，注意《民法典》第 292 条与《公司法典》第 41 条和第 42 条。

他表述或表述方式中予以解读。例如，从"金钱支付以弥补经营亏损"或"使用借贷"某些机器之类的表述中可得出其属无偿性。然而，当提及现金款项的"借贷"或"消费借贷"时，可推定该等给付的有偿性——参见《商法典》第395条与《民法典》第1145条（同时亦应一并考量：有关公司的通常商业性质；潜在取得出资的第三人的保护；第209条和第287条第1款的最后部分规定）。倘从章程中得不出任何"说明"从属给付有偿或无偿的结论（例如，仅提及某一股东将提供某不动产的享益，或就其出资的专利提供半年的技术援助）？鉴于法律规定的强制性，似乎应理解为章程条款无效[282]。

第209条和第287条第3款规定："当约定从属给付有偿时，对价的支付可以不取决于是否存在第287条所指营业年度盈余"[283]；第287条第3款（而非第209条第3款）进一步规定："但是（对价）不得超过相关给付的价值。"尽管该规定没有被写入第209条第3款，但笔者看不出为何不能将之类推适用于有限公司。公司所履行的对待给付可在章程中确定或稍后确定（见《民法典》第400条第1款）。在任何情况中，均不得超过从属给付的市价，否则将会导致公司资本的流失以及将出资退还股东的情形出现[284]。

如从属义务涉及金钱给付义务，相应的公司权利可移转，在其他情况下不可移转（第209条及第287条的第2款）。

上述两条文没有提及该义务可否转让。然而，该等义务，如同股东权利，均属出资（股或股份，而股份须为记名式的，见第229条第2款c项）组成元素，因此，该等义务随着出资生前或死因移转而移转（且仅可移转）。但是，如从属给付的标的不可替换（例如，经理服务——参见第252条第4款），则出资移转不包含该等义务。

"除合同另有规定外，不履行从属义务不影响股东的身份"（第209条

---

[282] 相同看法见 RAÚL VENTURA, *ob. cit.*, p. 213。在（有相同规定的）德国与西班牙有不同观点。M. LUTTER, in *Kölner Kommentar ...*, § 61, pp. 731 – 732（亦引用 Hefermehl/Bungeroth）持类似看法，认为条款不产生效力（unwirksam）；但是 LÓPEZ SÁNCHEZ, *ob. cit.*, p. 853 与 HÜFFER, *ob. cit.*, p. 261 认为该等情形下给付是无偿的。

[283] 更准确的表述为资产负债表盈余……

[284] 如公司支付超出其应付的（高于从属给付的市价），股东应将多余的部分返还，见《公司法典》第34条。

及第287条的第4款）。如此而来，股东的出资及其所含权利义务，不受不履行从属给付义务这一简单事实的影响——不履行会产生关于债的一般法规定的后果（《民法典》第790条以及随后数条）和/或（可能）对应从属义务内容的合同所订特别规则规定的后果（参见第209条及第287条第1款最后部分规定）。然而，公司章程可规定该等情况影响股东身份，尤其将除名作为处分（参见第241条和第347条）。

2.2.4.2 补充给付义务

葡萄牙于1901年颁布的《有限责任公司法》，透过借鉴《德国有限责任公司法》（第26-28条）引入了"补充给付"的规范（第17-19条）。《公司法典》经修改后将该内容重新纳入（第210-213条），作为专门用于有限公司融资的一种手段。

补充给付是指经章程许可并通过股东决议后公司向股东要求的不计息的现金给付（见第210条）。

该等给付的第一项前提是章程对此的许可——初始或嗣后作出的规定，如属后者情况，除了须达到为此要求的特定多数外（第265条第1款），根据第86条第2款，还需注意不可向未投票支持章程有关修改的（少数）股东提出补充给付要求；章程尚须定出补充给付的"最高总额"（第210条第3款a项及第4款）。因此，这一最高总额须在章程条款中订明，例如：可要求补充给付一定的金额，或不高于公司资本的两倍（定出许可该等给付的条款时也会提及公司资本的价值）[285]。

如设立公司的原始章程有关许可补充给付的条款不提及任何金额或提及不准确的金额，则该条款无效（违反第210条第3款a项及第4款的强制性规定）；如修改章程规定补充给付但无提及最高总额，亦属无效（第56条第1款d项）[286]。第210条第3款b项和c项尚规定章程订定有义务作出补充给付的（一个、某些或所有）股东[287]，以及股东间给付的分担标准。但

---

[285] RAÚL VENTURA, *ob. cit.*, pp. 238-239.

[286] 1994年4月13日最高法院合议庭裁判，载于1994年《司法见解汇编》（最高法院合议庭裁判）第二卷第27页［Ac. do STJ de 13/4/94, CJ (ASTJ), 1994, t. Ⅱ, p. 27］——认为将这样表述的决议引入公司合同亦属无效，"补充给付的总金额对应于资本与每一时期所存在之公积金的金额"（但是，可能是排版错误，该合议庭裁判引用的是第58条第1款a项，而非第56条第1款d项）。

[287] 当某一股透过生前或继承行为而被移转时，取得人承担前手所承担的义务——补充给付义务亦为出资要素，随其移转，且仅在其移转时才得为之。

是，这些记载并非必需或不可或缺，因为"无 b 项所述记载时，所有股东都有义务作出补充给付；无 c 项所述记载时，每一股东按其公司资本比例承担义务"（第 210 条第 4 款）。

章程许可虽属必要，但不足以设定补充给付义务。该等义务（以及公司相应的债权）仅在股东决议其被要求作出现金给付时才会产生（见第 210 条第 1 款，亦见第 211 条第 1 款——"补充给付的可要求性始终取决于股东决议"）[288]。即便公司急需现金，也不可在无股东决议的情况下提出给付要求，公司债权人也不得为此目的而代位公司（第 212 条第 4 款）[289]。要求给付的决议应订定"可要求的金额"（不一定一次就提出"总额"）和给付期限，该期限自（经理）通知股东时起不可少于三十日（第 211 条第 1 款）。尚应指出的是，并非设定义务的决议总是会被通过。当存在待履行的出资与已可要求履行的出资（部分），且尚未催告有关股东付款（如公司需要钱，应首先要求给付所欠的出资），以及在公司解散时，均不可通过上述决议，否则无效（第 211 条第 2 款和第 3 款）。

在许可补充给付的章程条款存续期间，公司不可借股东决议或行政管理机关决定而免除股东现在或将来的给付义务（第 212 条第 3 款）。

如某一股东在经理通知所订定的期限内未作出其有义务作出的给付（参见第 211 条第 1 款），经理应透过挂号信通知其自收到信件后第 30 日起可被除名。如在该三十日内仍未付款，其他股东可议决将前者股东除名，其后，被除名股东的股归于公司，继而由公司将股出卖。上述均由第 212 条第 1 款准用的第 204 条与第 205 条规范。

按照第 213 条，在经股东决议许可的情况下，补充给付可全部或部分返还。但是，仅在净资产不低于返还后资本和法定公积金的总额时，有关决议才有效。另一方面，虽已作出有效决议，但如返还会导致公司财产低于上述总额，则不能予以返还。此外，即使公司资本和法定公积金得到保障，对于尚未完全缴纳出资的股东也不能予以返还补充给付。

---

[288] 相同看法见 KOPPENSTEINER，*ob. cit.*，pp. 615 – 616；不同看法见 RAÚL VENTURA，*ob. cit.*，pp. 248 – 249。

[289] 第 30 条第 1 款为出资债务所生公司债权规定了不同制度，第 212 条第 4 款亦表明补充给付的用意主要不在于保护公司债权人的利益。

最后，法院一旦宣告某公司无偿还能力，该公司不得向其股东作出任何补充给付返还（第 213 条第 3 款）。

2.2.4.3　垫借

2.2.4.3.1　垫借合同

垫借合同（contrato de suprimento）是指"股东将钱或其他可替代物借予公司而后者有义务返还的合同；股东或借此合同与公司约定延迟其债权的到期日，只要债权在任何情况下是持续性的"（第 243 条第 1 款）。

这一合同在公司实践中有悠久的传统，但首次由《公司法典》规定为典型的有名合同，包括两种模式：借钱或其他可替代物；债权延期。在任何情况下，垫借合同的基本特征包括当事人的身份：一方为公司，另一方为股东（后者借予前者钱财或推迟债权的到期日）；以及股东对公司的债权的持续性。即使在借贷的模式下，垫借合同与消费借贷合同（《民法典》第 1142 条）也不会混淆。

第 243 条第 5 款规定，股东透过生前法律行为而从第三人取得的针对公司的债权（见《民法典》第 577 条）受垫借债权制度的约束，只要在取得债权时存在上条第 2 款与第 3 款规定的持续性特点。[290] 该规定旨在防止利用垫借法律制度钻空子，因而未引入第三种垫借合同的模式。此处不存在股东与公司之间任何协议，根据法律（并非与公司的合同），股东某些债权受垫借制度约束[291]。

债权的持续性对定性为垫借是至关重要的。这一特征解释了一直以来对垫借的功能性认识（该语词即含"补充"语义）：弥补公司资本的不足，替代新的出资。如果股东为公司作出的不超出三个月的贷款或延期债权，以助其消除临时财政赤字，则非为垫借；但当公司处于财务危机或决定扩大业务活动又或投资时，公司（非临时性）需要可通过上述行为而非注资得到满足，则该等行为属垫借。在某些（公司危机）情况下，尤其考虑到公司债权人的利益，新的出资应优先于垫借（后者可返还，而前者则不行）；在其他情况下，则较少非议对垫借的选择（作为公司资本的补充而非

---

[290]　在该时期之前，尽管债权有持续性，但仍非来自垫借，因为当时持有人是第三人。当债权尽管来自第三人但（在让与股东之前）已属垫借——因为第三人曾为股东并作为股东已订立垫借合同，或作为第三人已从一股东那里取得垫借债权——则该规定不予适用；在该等情况下，垫借债权延续至作为取得人的股东身上。

[291]　见 RAÚL VENTURA, *Sociedades por quotas* cit., vol. Ⅱ, pp. 109–111。

增加）[292]。

第 243 条第 2 款和第 3 款含有"持续性的迹象"［或持续性的"推定"（属可推翻性推定）——见第 4 款］。该第 2 款规定："订定一年以上的还款期，无论该订定是与设定债权同时或随后作出，都是持久性的迹象。就延迟债权到期日的情况而言，自债权设定至作出延期法律行为之间的时间计为该期限。"第 3 款规定："从债权设定之日起不行使要求公司返还的权能达一年的，无论是因为没有约定期限或虽有约定但少于一年，同样为持续性的迹象；涉及已分派而未提取的盈余时，一年的期限自许可分派盈余的决议作出之日起计算。"关于该规范的最后部分内容，股东的盈余债权一般自分派盈余决议作出之日起三十日（或在例外情况下九十日）到期（第 217 条第 2 款）。具体例示如下：股东同意将其盈余债权的到期日延期，并订定了自分派盈余决议作出之日起一年以上的期限；股东同意延期，但没有订定任何期限或约定的期限不到一年，然而，该股东（自许可分派盈余的决议作出之日起）一年内不曾要求公司予其所欠盈余。在上述任一情况下，股东的债权都是垫借债权，对第一种情况适用第 243 条第 2 款规定，对其余的情况适用该条第 3 款规定。

第 243 条第 2 款和第 3 款指出的事实被视为"持续性债权迹象"，但显示垫借的特征并不限于该等迹象，债权的持续性（有必要再次强调，该持续性旨在满足公司非临时或过渡性需求，即取代新出资的债权特有的标记）亦可显现于其他"迹象"。基于该理念，第 243 条第 4 款第 1 部分规定："尽管在前款所指一年期限届满前公司作出返还（或因公司与股东如此约定，又或因股东催告公司致使后者支付，等等），公司债权人也可证明有关债权具持续性。"虽然债权存续时间不到一年，但公司债权人可证明该债权属垫借性，因其具有公司资本的候补性。债权持续性尚可由第 243 条第 4 款第 1 部分规定的各种情形显示予以证明（无论是否经由公司债权人佐证）。假定公司 x 是公司 y 的股东，在后者陷入无偿还能力处境时，前者予以为期

---

[292] 第 243 – 245 条在很大程度上受《德国有限责任公司法》第 32a – 32b 条的启发。但是，在这部德国法律中，股东借贷被视为资本替代的情形更加受限。实际上，第 32 条之一起首规定："在按一般商人做法本应将本身资本让予公司的情况下，股东向（危机中的）公司提供贷款。"亦即，当公司处于信用不可靠状态（Kreditunwürdigkeit）而无法在正常市场条件下从第三方获得贷款时，股东向公司贷款具有替代资本的功能［见 M. LUTTER / P. HOMMELHOFF, *Il diritto delle imprese e dellesocietànella Repubblica Federale Tedesca* (*1980 – 1984*), RS, 1986, pp. 154 – 155 和 K. SCHMIDT, *Gesellschaftsrecht* cit., p. 533］。

六个月的 30 万欧元贷款。四个月后，债务人 y 被宣判无偿还能力（亦即，该宣判在偿还贷款之前作出）。试问，该笔借款是否构成适用第 245 条第 3 款 a 项的垫借？尽管借贷期限少于一年，且公司 x 没有机会在一年内不行使要求返还的权能（参见第 243 条第 3 款），然而，将之视为垫借合同是没有多大疑问的。该贷款是为了弥补公司 y 的资本缺口，在经济上等同于股东 x 提供新的注资，因此，应认定属于持续性的债权[293]。

第 243 条第 2 款和第 3 款规定的"迹象"属法律推定（法律从所提到的事实中推出债权的持续性——参见《民法典》第 349 条）。但此推定（juris tantum）可由公司债权人通过相反证据予以推翻。根据第 243 条第 4 款第 2 部分的规定，"有利害关系的股东可通过证明与公司订立的法律行为相应的债权延期与股东身份无关而推翻前款所推定的持续性"。假如股东能够证明其向公司贷款期限超过一年，或其对公司的债权延期至少持续一年，该合同貌似垫借合同，但实则非为垫借合同，正是因为该等债权并非一定替代股东本应或本可作出的新的出资（以期"其"公司继续生存或发展），股东贷款给公司的动因可与有关法律行为的客观条件有关，而并无关乎债权人作为股东的事实——等同股东为其他实体提供贷款，或第三人为该公司提供贷款。

第 243 条第 6 款规定垫借合同的有效性不取决于特别的形式。实际上，没有必要作此专门规定，因为垫借合同为一种典型的有名合同，不会与消费借贷合同（形式要求见《民法典》第 1143 条）混淆，所以，即使法律对此无任何专门规定，也适用形式自由原则（《民法典》第 219 条）。

该条第 6 款进一步规定，"股东向公司所作垫付或债权延期协议"同样无特别形式要求。该规定不无奇怪。如其仅意在具体说明垫借合同的可能模式（而这已涵盖于之前规定的合同范畴内），自无甚意义。不如将该第 6 款理解为一种澄清，即当该等法律行为不定性为垫借合同时，亦无特别形式上的要求[294]。

法律并未禁止约定支付利息作为垫借的报酬。假如合同对此沉默，是否应推定具有法律为民事消费借贷与商事贷款规定的有偿性（《民法典》第

293　不同的表述思路，见 1999 年 2 月 9 日最高法院合议庭裁判，载于 1999 年《司法见解汇编》（最高法院合议庭裁判）第一卷第 103 页 [Ac. do STJ de 9/2/99, CJ（ASTJ），1999, t. I, p. 103]。

294　不同解读见 RAÚL VENTURA，*ob. cit.*，pp. 99 – 100。

1145 条第 1 款、《商法典》第 395 条）？

　　该两项规范不适用于垫借的情况。首先，不可直接适用，如上所述，垫借合同不同于消费借贷合同（不属于消费借贷合同的一种）；其次，亦不可类推适用，因为在《公司法典》未作出规定的情况下，没有理由推定适用法律为消费借贷所订定的利息规则。事实上，垫借合同中借出款项或允许债务延期的人是股东，并非与公司无关而仅为借钱获利的其他主体。作为股东，其为公司提供替代新出资的财产，以直接满足公司非临时性需要及间接满足其作为股东的利益（期望透过垫借促使公司取得盈余或取得更大利润）。另一方面，垫借的法律制度重在保护公司债权人的利益。总而言之，仅在有约定时，垫借才可获支付利息[295]。

　　2.2.4.3.2　非基于独立合同的垫借义务

　　垫借合同可在股东和（由经理代表）公司间签订，不取决于任何章程或决议许可。但是，公司章程可规定该合同的订立取决于股东的事先决议（第 244 条第 3 款）。

　　有必要阐述一种可能性，即垫借义务并非仅得以一项独立合同（本义上的垫借合同）为依据，亦可基于公司章程（无论是否具有合同性质）或一项股东决议（第 244 条第 1 款与第 2 款）。

　　公司章程规定垫借义务时，"应适用有关从属义务的第 209 条规定"（第 244 条第 1 款）。因此，章程应订定该义务的基本要素，包括：受约束的股东；垫借模式（垫借现金或其他可替代物及/或债务延期）；垫借数额（固定的或上限额度）；以及指明垫借有无利息[296]。

　　垫借义务同样可由股东决议设定，但是，由于有限公司的股东责任有限（参见第 197 条第 2 款），只有那些投票赞成的股东才受此义务的约束（第 244 条第 2 款）。

　　2.2.4.3.3　垫借与构成上的物权合同

　　通常认为典型的消费借贷合同（《民法典》第 1142 条）属于构成上的物权合同（contrato real quoad constitutionem），交付金钱或其他可替代物是

---

[295]　相同看法 见 *Últ. A. e ob. cits.*，p.125，与 1998 年 6 月 30 日科英布拉中级法院合议庭裁判，载于 1998 年《司法见解汇编》第三卷第 39 页（Ac. da RC de 30/6/98，CJ，1998，t. Ⅲ，p.39）；不同看法见 J. AVEIRO PEREIRA，*O contrato de suprimento*，*Coimbra Editora*，Coimbra，1997，pp.86，ss.。

[296]　见上文（2.2.4.1）。

合同的构成或完成的要素，无此要素则合同无效，然而，不影响其转换为消费借贷预约合同的可能性（《民法典》第 293 条）——但其不可被特定执行（《民法典》第 830 条）——或承担先合同责任（《民法典》第 227 条）[297]。由此到考虑（借贷模式下）垫借合同是否为物权合同仅差一小步[298]，笔者认为应就此止步，不完全是因为消费借贷合同的物权性令人生疑，更重要的是因为垫借合同是一项不可与物权合同混淆的典型合同，无论体现于何种模式，其均须在公司背景下予以解读。因此，如股东不履行垫借合同的金钱交付义务，公司有权通过法院要求履行并执行股东的资产（参见《民法典》第 817 条和《民事诉讼法典》第 810 条及随后数条）。

需要进一步考虑的是公司合同或股东决议订定的垫借义务是否来自垫借——构成上的物权合同，或者在作出交付之前，视之为垫借预约合同，这一大步亦经已跨出[299]，但笔者不能跟进。从公司合同产生的垫借履行义务，纳入受约束的股东之股，无须交付任何金钱（或其他可替代物），亦无须签有一项独立的垫借合同，以构成垫借义务。其后交付金钱（或其他可替代物），因其莫过于履行公司合同（而非执行垫借合同），故非要物合同的构成要素。对于股东决议设定的垫借义务，则更是如此。对于公司决议的"法律性质"学界一直争论不休，但从未予以定性为"合同"[300]。因此，针对不履行决议设定的垫借义务，公司可提起有关履行与执行的普通诉讼。

2.2.4.3.4　对公司及其外部债权人的保护

垫借债权人有权获得偿付。然而，因垫借旨在替代出资，故在某些情况下返还垫借受到公司及公司债权人利益的限制。

"如无约定偿还垫借的期限，可适用《民法典》第 777 条第 2 款的规定；但如订定该期限，法院须考虑偿还将对公司造成的后果，为此，可确

---

[297] 质疑典型的消费借贷合同属物权合同的学者见 J. CASTRO MENDES, *Direito civil – Teoria geral*, II vol., AAFDL, Lisboa, 1979（ed. revista em 1985），pp. 309 – 310。亦见 C. A. MOTO PINTO, *Teoria geral do direito civil*, 3.ª ed., 2.ª reimpr., Coimbra Editora, Coimbra, 1988, pp. 398 – 399（第 399 页："如没有证明当事人欲使合同为物权合同，则合同经双方协议完成"）。

[298] 肯定性看法见 RAÚL VEMTIRA, *ob. cit.*, p. 101。

[299] 与决议相关的判决，见 1998 年 10 月 27 日最高法院合议庭裁判，载于 1998 年《司法见解汇编》（最高法院合议庭裁判）第三卷第 86 页 [Ac. do STJ de 27/10/98, CJ (ASTJ), 1998, t. Ⅲ, p. 86]。

[300] C. FERREIRA DE ALMEIDA, *Contratos*, I – Conceito. Fontes. Formação, Almedina, Coimbra, 2000, p. 29.

定偿还分期进行"（第 245 条第 1 款）。[301]

第 245 条含专门用于保护（垫借债权以外）公司债权人利益的其他规定。其中第 2 款提到垫借债权人不能因该等债权而申请公司破产，第 3 款规定公司进入清算时非属垫借债权的公司债权人较垫借债权人更具优先权。"公司因任何事由而被宣告破产或解散时：a）仅可在清偿公司对第三人的债务后方得以偿还垫借款项；b）公司债权与垫借债权不可抵销"。当宣布公司无偿还能力时，破产开始前一年作出的垫借可按有利于无偿还能力人财产的方式进行返还，根据《支付不能及企业重整法典》第 120 条及随后数条（尤其是第 121 条第 1 款 i 项）规定予以解决——《公司法典》第 245 条第 5 款（有鉴于《支付不能及企业重整法典》作出的更新规定）。[302]

2.2.4.3.5　垫借规定可否适用于所有类型的公司？

第 243－245 条有关有限公司的垫借机制规定，可否同样适用于其他类型的公司？该问题尤其针对股份有限公司提出，对此的回答一直是肯定的，无论是否采取保留条件。[303] 笔者认同这一看法。任何类型的公司可能陷入资本不足的处境，均得以诉诸第 243 条界定为垫借的途径来弥补这一不足。因此理应认为，第 245 条垫借制度所保护的公司和/或其外部债权人的利益，同样适用于非有限公司的公司。以下先从股份有限公司具体情况说起。

股份有限公司章程可规定股东有义务作出补充给付（第 287 条）。该等给付可与一项典型合同的给付相对应，从而适用规范该合同的法律规定（见第 287 条第 1 款最后部分规定）。垫借合同是典型合同，因而可在股份有限公司（或股份两合公司）章程中规定一位、一些或所有股东作出垫借。

同样可依据公司决议或合同作出垫借——类推适用针对有限公司的规定[304]。

在德国法直接或（尤其是）间接影响下，葡萄牙学界主流观点认为，

---

[301]　另见《民事诉讼法典》第 1456－1457 条。

[302]　亦见第 245 条第 6 款。尚应注意到，被宣告无偿还能力的公司通常不仅名义上资产不足，而且实质上资产不足。

[303]　见 BRITO CORREIA, *ob. cit.*, pp. 491－492；RAÚL VENTURA, *ob. cit.*, pp. 86, ss.；1994 年 12 月 14 日最高法院合议庭裁判，载于 1994 年《司法见解汇编》（最高法院合议庭裁判）第三卷第 173 页［Ac. do STJ de 14/12/94, CJ（ASTJ）, 1994, t. Ⅲ, p. 173］；AVEIRO PEREIRA, *ob. cit.*, pp. 115, ss.；PAULO DE TARSO DOMINGUES, *Do capital social cit.*, pp. 165－166（其中援引 1999 年 2 月 9 日最高法院合议庭裁判）；PEREIRA DE ALMEIDA, *Sociedades comerciais* cit., p. 212（该作者持不同意见，认为"垫付是有限公司的一项自有制度"）。

[304]　AVEIRO PEREIRA, *ob. cit.*, pp. 117, ss.（作者倾向于扩张解释）。

垫借合同的制度不应适用于股份有限公司的任何股东，而仅适用于对公司或企业具有真正利害关系的股东（"企业主股东"）[305]。该等股东究竟是谁？鉴于第 392 条第 1 款、第 6 款及第 418 条第 1 款中提到的股价，有学者认为有关股东是指拥有相当于公司资本 10% 或更多股份的持有人[306]，亦即，未达到该比例的股东作出的超过一年的贷款或债权延期，不能被视为垫借或受垫借制度规范的垫借。对此看法笔者不敢苟同[307]。

首先，对于 10% 的提法不乏武断，亦可提出其他或多或少武断的百分比。例如：第 288 条第 1 款规定的 1%（最低程度资讯权）；第 375 条第 2 款规定的 5%（要求召集股东会）；《有价证券法典》第 16 条第 2 款规定的 2% 或 5%。此外，对于股份极其分散的公司而言，控股股东的股份权可能少于 10%。

然而，更重要的是，任何股东均可能对公司拥有旨在弥补资本不足的持续性债权，任何股东可能是公司的债权人，并非一般的纯粹债权人，而是具有股东身份的债权人（其钱财投入公司非以牟利为目的，或者非仅以牟利为目的，而是为了立即满足公司的需要）。既然如此，为何不适用保护公司利益（第 245 条第 1 款）和公司外部债权人（第 245 条第 2 款）的垫借规范呢？再者，难道不是股份有限公司章程可以规定所有或某些股东（无论是否持有 10% 股份）作出垫借的义务（作为从属给付义务）吗？当小股东投票支持设立垫借义务的决议时，其不亦应作出垫借吗？当每一股东通过股东间协议及执行该协议而向公司贷款超逾一年时，难道垫借制度仅约束持有 10% 或更多股份的股东，而不约束少于该比例的股东吗？如在一个有 20 个股东的有限公司中，每一股对应资本的 5%，任何股东都可订

305　相同看法见 RAÚL VENTURA, *ob. cit.*, pp. 87 – 88；TARSO DOMINGUES, *ob. cit.*, p. 165（其中援引 1994 年 12 月 14 日和 1999 年 2 月 9 日的最高法院合议庭裁判）。
　　简言之，德国持此看法：在有限公司中，每个股东都有权获通知公司的处境，并在处境危急时有权请求召开股东会以提出增资（而非垫借）；股份有限公司并非如此，替代出资的股东借贷制度应仅适用于能拥有足够信息并有权决定公司政策的股东。在 1984 年最高法院（BGH）的裁判作出之后，一直有人主张，为此目的，"企业主股东"为具有阻却力的股东，即拥有超过 25% 股份的股东（但不排除少于该比例的持股人，例如，在家族公司中持股，或者无论是否基于准公司协议而存在股东"投票联盟"；有学者要求更大比例持股；另有学者仅要求占一股份）。关于这一问题的进一步阐述，见 M. LUTTER, in *Köluer Kommentar…*, § 57, pp. 664, ss.。
306　RAÚL VENTURA, *ob. cit.*, p. 88. 上述两项合议庭裁判亦持此观点。
307　有学者亦对上述比例提出质疑，见 AVEIRO PEREIRA, *ob. cit.*, pp. 123 – 124。

立垫借合同[308]，为什么在股份有限公司中，同样持有 5% 或更少股份的 20 个股东不可订立垫借合同？

概言之，任何股东都可成为垫借债权人。问题是，拥有极少股份的股东向公司贷款一年以上，是否构成垫借合同？如上解释，股东可"通过证明与公司订立的法律行为相应的债权延期与股东身份无关"，推翻债权持续性的法律推定（第 234 条第 4 款第 2 部分）。

至于无限公司，第 243 - 245 条规定的垫借制度同样原则上可类推适用。然而，考虑到股东的无限责任，某些特别保护公司外部债权人利益的规范不予适用（特别是第 245 条第 3 款）[309]。

3. 股东出资——作为权利标的与流转标的

3.1 作为物权标的

可以就股东出资设定各种物权，对此似乎没有疑问。《公司法典》同样对此有所提及，或以概括性的方式（第 140 条——"用益物权或担保物权……设定于出资……"），或以更加具体的表述方式（如第 23 条的标题为"出资的用益权与质押权"）。

然而，对于股东出资设定"所有权"（direito de propriedade）的说法一直有争论。《公司法典》显然倾向于表述为"持有权"（titularidade）——第 222 条及随后数条（股的共同持有）、第 233 条（股的持有人）、第 269 条（股本的持有人）、第 303 条（股份的共同持有）、第 462 条（股份的持有人）。针对凭证式股份——股票（体现于纸张——有形物），似乎可表述为所有权，而针对其他种类的出资，似乎不能如此表述[310]。这一看法来自《民法典》第 1302 条的规定（"仅有形物……可以成为本法典所规范的所有权标的"）。然而，《民法典》本身又承认"知识产权"（无形财产）为所有权标的——第 1303 条；事实上，不是一切所有权皆由该法典规范；出资应

308　对此做法葡萄牙学者中似乎无人提出异议。德国学者对此罕有质疑［例外情况见 LUTTER/
　　HOMMELHOFF, *GmbH-Gesetz…*, p. 348（该学者对《德国有限责任公司法》第 32a 条作目
　　的性限缩解释）］。

309　RAÚL VENTURA, *ob. cit.*, p. 89.

310　见 RAÚL VENTURA, *Sociedades por quotas* cit., vol. Ⅰ, p. 492（"……仅以股票体现的股份
　　之上可设所有权的想法已被抛弃"）。

定性为物（《民法典》第 202 条第 1 款），尽管为无体物，但其持有人"在法律容许的范围内及在遵守法律规定的限制下，对其享有全面及排他的使用权、收益权及处分权"（《民法典》第 1305 条）；如若肯定凭证式股份的所有权，以及否定记账式股份或其他出资的所有权，似有唯字面为重之嫌（上述不同形式持股，根本在于均为权利义务的单一整体）；《公司法典》本身也提及出资的所有权（第 269 条第 4 款及第 462 条第 4 款）。因此，出资所有权的表述是正当合宜的[311]。

对于出资可否成为取得时效与占有的标的，学界同样存在争议。关于凭证式股份，主流观点持肯定态度[312]；而关于其他种类的出资，一部分人予以否定，另一部分人持肯定态度[313]。占有是指"某人以相当于行使所有权或其他物权的方式行事时所表现之管领力"（《民法典》第 1251 条），而且某人可以行使出资所包含的权利与履行其中的义务，笔者认为出资可按行使所有权、质权或用益权的方式来占有，并可通过取得时效来取得相应所有权或用益权（参见《民法典》第 1287 条)[314]。

一项出资有时属于多个主体，也就是我们所说的"共同持有"的情况（或者说，出资的共有权）。共同持有主要规范于《公司法典》有限公司编内的第 222 条至第 224 条。第 303 条（"股份的共同持有"）几乎无必要地复述第 222 条的前三款，第 4 款准用第 223 条与第 224 条[315]。尽管在无限公司编内没有类似规定，但第 222 条至第 224 条可对其类推适用（参见第 2 条

---

[311] 相同看法见 1998 年 5 月 6 日最高法院合议庭裁判，载于 1998 年《司法见解汇编》（最高法院合议庭裁判）第二卷第 71 - 72 页 [AC. do STJ de 6/5/98, CJ (ASTJ), 1998, t. 2, pp. 71 - 72]；JOÃO C. GRALHEIRO, *Da usucapibilidade das quotas sociais*, ROA, 1999, pp. 1141, ss. 。

[312] LOBO XAVIER, *Acção* cit. , col. 69.

[313] 否定看法见 J. M. ANTUNES VARELA, *Usucapião - Quotas de sociedades* (*Parecer*), CJ, 1993, t. I, pp. 266, ss. ；肯定看法见 1975 年 4 月 16 日里斯本中级法院合议庭裁判，载于 1975 年《司法部公报》第 247 期第 207 - 208 页 [Ac. da RL de 16/4/75, BMJ n. °247 (1975), pp. 207 - 208]；1990 年 9 月 25 日最高法院合议庭裁判，载于《司法部公报》第 399 期第 499 页 [Ac. do STJ de 25/9/90, BMJ n. °399 (1990), p. 499]；上述 1998 年 5 月 6 日最高法院合议庭裁判（注释 310）1999 年 6 月 24 日里斯本中级法院合议庭裁判，载于 1999 年《司法见解汇编》第三卷第 129 页（Ac. da RL de 24/6/99, CJ, 1999, t. III, p. 129）；JOÃO GRALHEIRO, *ob. cit.* , pp. 1147, ss. 。

[314] 笔者于此处的解释比 *Da empresarialidade...* , pp. 343 - 344, n. 890 所述更为宽泛。

[315] 立法者可能因疲于赘述而在第 303 条中未重复第 222 条第 4 款，但毫不妨碍该规定类推适用于股份的共同拥有。

第一部分）。

共同持有，可为原始性的——出资自始（在公司设立或资本增加时）有两名或更多股东持有，或可为嗣后性的——一位股东的出资嗣后转由两名或更多股东持有，例如，部分或者全部出资因生前行为或死因而移转至多个主体[316]。

为了保障作为共同持有人的股东与公司间更便捷及稳当的关系状况，法律规定该等人对出资固有的义务承担连带责任（第 222 条第 3 款与第 303 条），并且应当通过共同代理人来行使出资固有的权利（见第 222 条和第 303 条第 1 款及第 223 条第 5 款，亦见第 222 条和第 303 条第 3 款）。

共同代理人由法律指定（见《民法典》第 2080 条有关待分割财产管理人的指定[317]），亦可由遗嘱处分（无论代理人是否取得遗嘱执行人的地位——《民法典》第 2320 条及随后数条）。如若不能通过法律或遗嘱作出指定，则由共同持股人亲自指定（通过决议，原则上按多数人作出）；当以上途径均不能取得指定时，通过法院指定（第 223 条第 1 - 3 款）。由共同持股人指定的共同代理人，同样可由其通过决议（原则上多数决，无论是否存在正当理由）解任（参见第 223 条第 1 款）；当指定通过遗嘱或由共同持有人作出时，可基于正当理由诉诸司法途径予以解任（第 223 条第 3 款）。

共同代理人可向公司行使未分割出资衍生的一般权力，无论共同持有人对此是否有预先决议（第 223 条第 5 款及第 224 条[318]）。然而，就其终止、转让、设定负担、增加债务、放弃或减少股东权利的行为，仅当按情况由法律、遗嘱、所有共同持股人或法院赋予此等权力时，共同代理人方可为之（第 223 条第 6 条，亦见第 224 条第 1 款）。

"共同代理人因故不能视事，或其可由法院按第 223 条第 3 款指定而尚未指定代理人，又如存有多个持股人行使投票权而其就投票意思无法形成一致意见，按出席的共同持股人多数意见作出，只要该等人至少占全部股额的一半，且根据第 224 条第 1 款无须所有共同持股人的同意"——第 222 条第 4 款。

---

[316] 关于出资作为配偶共同财产而受或不受共同持有制度约束（夫妻双方为股东）的问题，见前文第三章注释 24。

[317] 但该规范非为强制性的——见第 2084 条。

[318] 共同持股人的决议对共同代理人而非对公司有约束力（第 24 条第 2 款）。代理人的行为即使与决议并非一致，也对公司产生效力。

如果不是在公司成立文件上就出资设用益权，则须受相应移转形式与移转限制的规定约束（第 23 条第 1 款）：以合同方式于出资或股上设定用益权，采用书面或等同形式为之（第 4 – A 条、第 182 条第 2 – 3 款及第 228 条第 1 款）；对于股份而言，见《有价证券法典》第 81 条第 5 款及第 103 条。用益权的设定限制规定于：第 182 条第 1 款及第 4 款（出资），第 225 条、第 228 条第 2 – 3 款及第 229 条（股），第 328 条第 2 款（股份），第 469 条（两合公司无限责任股东的出资），第 475 条（一般两合公司有限责任股东的出资）。

出资用益权人的权利包括：在用益权的存续期间收取获分派的盈余；参与（有投票权）股东决议（然而，在关乎公司章程变更或公司解散的决议中，投票权共同归属于用益权人与股本的拥有人）；在对公司或已设定用益权的出资清算时，得到其应有的份额。该等权利规定于《民法典》第 1467 条（经《公司法典》第 23 条第 2 款规定准用）。此外，用益权人尚有其他权利。例如：当以公积金并入增资时，用益权将设定于被增加票面价值的出资，或者将延伸至归于股本所有人的新出资（第 92 条第 4 款），视具体情况而定；在有限公司与股份有限公司中，用益权人可参与分别按第 269 条与第 462 条规定以现金作出的增资；出资、股或股份的用益权人拥有按第 181 条、第 214 – 216 条、第 288 – 292 条为股东规定的资讯权——见第 214 条第 8 款（有限公司）、第 293 条（股份有限公司），以及可类推适用于无限公司（尤其是第 214 条第 8 款）[319]。

谁是股东？是用益权人或股本持有人又或两者均为股东？就该问题的回答历来各异[320]。在笔者看来，股本持有人无疑仍为股东。股本继续归属于

---

[319] 股本拥有人为投票权的拥有人时，其有权在股东会举行前及举行中获取相关资讯（参见《民法典》第 1467 条第 2 款）——股权包含的一般资讯权完全归于用益权人。相同看法见 C. PINHEIRO TORRES, *O direito à informação...*, p. 194；不同看法见 JOÃO LABAREDA, *Das acções...*, pp. 112 – 113。

[320] 现行《民法典》之前，有关学理与司法见解上的表述，见 BARBOSA DE MAGALHÃES, *Usufruto de acções, de partes e de quotas sociais*, ROA, 1952, pp. 48, ss.（用益权人与所有权人均为股东）；J. G. PINTO COELHO, *Usufruto de acções*, RLJ, ano 90.°（1957/1958）, pp. 50, ss.（仅单纯所有权人为股东）。《民法典》（与《公司法典》）之后，主流看法似乎为用益权人与企业拥有人均为股东——ANTÓNIO CAEIRO, *Destituição do gerente designado no pacto social*, in *Temas...*, p. 399, n. 69；RAÚL VENTURA, *ob. cit.*, p. 415（该作者起初提到用益权人为"股东"；在某些情况中进一步提到，"对于该权利，用益权人与企业拥有人同时视为股东"；最后提到，"然而，当法律规定未有不同内容时，企业拥有人为股东"）；BRITO CORREIA, *ob. cit.*, p. 361（用益权人与准所有权人均为股东）；1995 年 10 月 13 日里斯本中级法院合议庭裁判，载于 1995 年《司法见解汇编》第四卷第 115 页（Ac. da RL de 13/10/95, CJ, 1995, t. IV, p. 115）。

该股东。诚然，因用益权的存在，股本持有人的权力受到限制，但是，如前所示，其在某些情况下继续有（共同）行使出资的某些权利。另一方面，出资的义务（例如：部分迟延出资的缴付义务、分担亏损的义务、从属给付的义务，等等）继续对股本持有人具有约束力。同时，用益权人对出资有"暂时性但完全的用益权"（参见《民法典》第 1439 条）——更准确地说，是几乎完全（参见第 1467 条第 2 款）拥有出资所赋予的权利或权力整体。即便如此，在笔者看来，用益权人不享有股东地位。股本并非由其所有；用益权人享有其中所含权利，但无须履行出资衍生的义务（首先不具有《公司法典》第 20 条规定的义务）；事实上，股东权并非须由股东享有——例如，尽管在股的执行中，其固有的财产性权利不再由其拥有人行使（第 239 条第 1 款），但请求执行人并非股东；如一人有限公司的股上设定用益权，不会因此而变为多人公司。

换言之，从涉及股东出资－股本的持有人或用益权人的规定中，并不能合理推演出其适用取决于股东或非股东的身份[321]。有必要根据每一具体情况解释上述规范，并应考虑到用益权，其虽为有限制的物权，但赋予相关权利人广泛的公司权力，并相应（暂时性地）排除或限制股本所有权人的权力。例如，第 59 条第 1 款赋予向特定"股东"就决议提起争执的正当性。由于用益权人有（投票）权参与股东决议，（如其未投赞成获胜决议票或之后表示同意）其应享有就决议提起争执的正当性[322]——无论是否称其为股东[323]。

出资质权——赋予质权人就该出资优先于其他债权人偿付其债权的权利（参见《民法典》第 666 条第 1 款），"仅可按该等出资生前移转所要求的形式与所规定的限制条件来设定"（《公司法典》第 23 条第 3 款）。因此，对出资与股的质权设定，诉诸私文书即可；股份上设定质权的形式规定于《有价证券法典》，其中记账式股份见第 81 条第 1 款与第 2 款，凭证式股份见第 103 条（准用第 101 条与第 102 条）。对质权设定的限制条件，分别规

---

[321] "用益权人之所以对其享益的股份、出资或股拥有权利与义务，并非因为其为股东，而是因为其为用益权人"（BARBOSA DE MAGALHÃES, *ob. cit.*, p. 51）。

[322] PIRES DE LIMA/ANTUNES VARELA, *Código Civil anotado*, vol. III, 2.ª ed.（reimpr.）, Coimbra Editora, Coimbra, 1987, p. 515.

[323] 另一方面，股本持有人仅对其可以投票的决议享有该正当性。

定于：第 182 条第 1 款与第 4 款（出资），第 228 条第 2 款、第 3 款与第 229 条及随后数条（股），第 328 条第 2 款（股份），第 469 条（两合公司无限责任股东的出资），第 475 条（一般两合公司有限责任股东的出资）。

出资固有的权利继续归属于股东——出质人，并继续可由其行使；质权人仅在其与出质人有约定时才可行使某些权利（第 23 条第 4 款）[324]。当通过约定由质权人行使出质人股东的投票权时，同样给予其资讯权——见第 293 条，类推适用于其他种类的公司。[325]

3.2 出资的移转

有关（无限公司与两合公司）"出资"（partes sociais）移转的基本要点已在第二章（2.3）论述。在此我们集中讨论"股"（quotas）与"股份"（acções），毫无疑问，这些出资更加重要。

3.2.1 股之移转

3.2.1.1 死因移转

除非公司合同有不同规定，股按照继承一般法移转于股东的继承人。

然而，公司合同可以规定，股东死亡后，其股"不得移转"至死者的继承人，或者对移转设定某些限制条件——例如，规定仅在公司同意时股才可移转至继承人或仅得以移转至某几类继承人（《公司法典》第 225 条第 1 款）。[326]

---

[324] 亦见《有价证券法典》第 81 条第 4 款。

[325] 有关股之质权的意大利法、德国法与葡萄牙法的内容，见 NOGUEIRA SERENS, *Penhor de quota – Venda dos imóveis da sociedade em prejuízo do credor*, CJ, 1996, t. Ⅱ, pp. 6, ss. （但是，笔者不认同有关第 23 条第 4 款的解释：未有约定时，"行政管理方面的权利"由出质人股东行使，"但仅在质权到期前的期间内；质权到期后，且如作出有权限的登记，该等权利转由质权人行使，如此以免其作为担保物权的质权人的完全受挫"。这一看法没有法律依据，从第 23 条第 4 款规定中更无法作出这一解读［相同看法见 1995 年 12 月 7 日埃武拉中级法院合议庭裁判，载于 1995 年《司法见解汇编》第五卷 293 页（Ac. da RE de 7/12/95, CJ, 1995, t. Ⅴ, p. 293）］。法律规定了防御质权人权利不能落实的风险的机制——见《民法典》质权编内的各规定（尤其见第 670 条 c 项及第 674 条）。

[326] 如果死亡股东的在世配偶原先非为股东，遗股的一半归其享有夫妻共同财产半数的配偶（《民法典》第 1689 条第 1 款）或归属其作为继承人的配偶（股按照继承法规则进行移转）。如一公司合同条款限制股之死因移转至"继承人"，该条款不影响配偶在分割共同财产中被司法判定取得股的一半——见《公司法典》第 8 条第 3 款最后部分规定（有关限制不妨碍"享有股东地位的人死亡时，其配偶对遗股所享有的权利"）。相同看法以及进一步阐述见 M. RITA LOBO XAVIER, *Reflexões sobre a posição do cônjuge meeiro em sociedades por quotas*, in BFD（Suplemento XXXⅧ）, Coimbra, 1994, pp. 136, ss.。

根据公司合同限制移转的规定，如公司试图阻止死者股东的股移转至其继承人，公司应先议决"销除股、取得股或使股东或第三人取得股"（第225条第2款第1部分，亦见第246条第1款b项）；经理们或某一经理自知悉股东死亡后九十日内未采取以上任一措施的，股将归属于继承人（见第225条第2款第2部分规定）。

倘公司选择将股销除，支付给继承人的对价为股的清算价额，除非公司合同另有规定或者当事人（公司与继承人之间）另有约定（第235条第1款a项）。该价额由注册审计师基于公司作出决议时的估价而订定（第235条第1款a项），准用第105条第2款，以及《民法典》第1021条。在股价确定（第235条第1款b项）后，对价的支付可分两期为之，六个月为一期，一年内付清。如公司未能按时支付对价，继承人可以按其所收到的股之比例，选择实现其债权或部分销股（第235条第3款）。

如公司选择取得股或使股东或第三人取得股，除非公司合同有不同规定，有关股之销除的法律规定或合同条款适用于对价的确定与支付，但转股的效力在该对价"支付"继承人前处于中止状态（第225条第4款）。"未按时支付转股对价时，利害关系人可选择实现其债权的或转股不产生效力，在后一情况下，视该股移转至有权取得该对价的死者继承人"（第225条第5款）。

反之，公司合同亦可以赋予继承人要求销股的权利或者按继承人的意思以某种方式限制股的处理；在该情况下，股东死亡后，如其继承人不考虑继受股东地位，应在知悉死亡后九十日内以书面方式向公司作出声明（第261条第1款）。

公司收到上述声明后，应在三十日内销除股、取得股或使股东或第三人取得股，否则继承人（假如仍不欲持股）可要求通过行政途径申请公司解散（第226条第2款、第142条第1款及第144条）。

在公司销除股或取得股，又或使股东或第三人取得股的情况下，对价的确定与支付应按上述规则为之（当公司有权阻止继承人继受死亡股东的地位时——见第226条第3款准用的第225条第4款）。如果公司销除股或取得股，而对价不能依据第236条第1款的规定予以支付，则继承人有权在等候支付与要求通过行政途径解散公司之间作出选择；如股之取得人（股东或第三人）未按时支付对价，继承人同样有上述权利，且不妨碍公司代替支付，只要遵守第236条第1款的规定（援引第240条第6款、第7款及第226条第3款）。

公司合同对股之死因移转设定限制条件时，无论是基于公司利益（参见第 225 条）还是基于继承人的利益（参见第 226 条），死亡股东的股被销除还是被（公司、股东或第三人）取得，均须通过股东决议作出选择。然而，死亡股东的继承人无权参与该等决议，且按照具体情况无权出席有关股东会或无权要求就以书面投票方式作出的决议听取其意见，亦无权就上述选择作出投票。第 227 条第 2 款规定："股所固有的权利义务，在按照以上条款规定作出销除股或取得股之前，或者在该等条款规定的期限届满前，处于中止状态。"这样的规定是合理的，因为公司合同规定公司有权阻止死亡股东的继承人持股，在这种情况下，应仅由生存股东来决定股的最终处理[327]；假如公司合同规定死亡股东的继承人有权不继受遗股，则对应义务的履行（或未履行）须同样由生存股东负责。

第 227 条第 3 款进一步规定，在上述中止状态期间，继承人可以"行使对保护其法律地位属必要的所有权利，尤其是对公司合同变更或公司解散的决议进行投票"。该规定有些令人费解，尤其最后部分内容（"对公司合同变更或公司解散的决议进行投票"）含部分废止性或完全废除性解释方案。[328]笔者不认为这是一项最好的解释性方案。

继承人应当可以"在中止状态期间"维护其"法律地位"，亦即，保存死亡股东的股并确定其绝对价值与（相对于生存股东之股而言的）相对价值[329]。为此，继承人不仅有权对股之销除或取得及其价值的确定决议的有效性提出争执，而且可以请求检查账目[330]。事实上，对股之销除的决议提出争执的权利通常在"中止"期过后行使（亦见第 234 条）；继承人请求后续评估股价的权利（如就此对价的确定可适用处分性法律制度）规定于第 105

---

[327] A. FERRER CORREIA/V. G. LOBO XAVIER, *A amortização de cotas e o regime da prescrição*, RDES, 1965, pp. 94 – 95.

[328] A. FERRER CORREIA, *A sociedade por quotas de responsabilidade limitada segundo o Código das Sociedade Comerciais*, in *Temas de direito comercial e direito internacional privado*, Almedina, Coimbra, 1989, pp. 160 – 161（基于第 225 条所允许的条款）："在我们看来，该规定第 3 款最后部分与前款规定之间存在明显的抵触之处。第 227 条第 3 款欲明确其范围，却与第 2 款规定相抵触。如何允许股东身份或权利尚待确定的主体对变更合同的决议进行投票？如果该条款宗旨确实在于保障公司实体仅在有幸存社员的情况下继续存在，那么如何允许继承人对公司解散进行投票？所有规范上的抵触均需予以排除……因此，应将上述第 3 款最后部分内容删除，如同未写入……"

[329] 亦见 RAÚL VENTURA, *Sociedades por quotas* cit., vol. Ⅰ, p. 564。

[330] FERRER CORREIA/LOBO XAVIER, *ob. cit.*, pp. 96 – 97, FERRER CORREIA, *ob. cit.*, p. 161.

条第 2 款最后部分；请求对公司账目进行检查的权利规定于《商法典》第
42 条[331]。"处于中止期间"，生存股东可能作出涉及（死亡股东或其余股东
所属）股的保存、认定或价值的决议。这不仅可发生于修改章程或公司解
散（规定于第 227 条第 3 款）时，亦可发生于公司分立、合并及公司组织
变更。在该等情况下，有关出资固有权利中止的规则可被排除适用，而赋
予继承人（原则上通过共同代理人）全面参与有关决议的权利[332]。

与这一问题相关的讨论是，在公司合同对股之死因移转设立限制条件
的情况下，如一股东死亡，该股东的出资可否转予其继承人，该等继受人
是否转而成为股东，即使该股最终可被销除或由公司股东或第三人取得，
对此一直有争议[333]。

否定性论点（继承人不即刻取得遗股）[334] 基于历史与（很大程度上）
法律文义——《公司法典》第 225 条与第 227 条，基本上照搬了 Ferrer Cor-
reia/ Lobo Xavier / M. Ângela Coelho / António A. Caeiro 起草的第 53 条与第54
条内容[335]，其中刻意纳入前两位学者的一贯主张[336]：一位股东死亡后，其继
承人的股东身份取得处于中止状态，直至公司作出决议或待有关期间届满
时未作出决议；继承人（随着继承的开始）所取得的莫过于死亡股东之股
的财产性价值。[337] 从第 225 条字面上似乎得出同一结论：公司合同可规定
"遗股不将移转予死者的继承人"（第 1 款），假使"根据合同规定，股不得
移转"（第 2 款）；但是，倘公司在有关期间内未采取任何措施，"遗股视为
被移转"（第 2 款）。

肯定性论点（继承人取得股，成为股之持有人或共同持有人，进而成

---

331 对此条文，见本教程第一卷第二章（6.2.3）。
332 倘继承人按情况未被召集或未被邀请行使书面投票权，有关决议无效（第 56 条第 1 款 a
     项、b 项）。
     有表决权的继承人可以决定公司的命运，尽管在未来或被阻止继受死者的股东地位，但这仅
     在生存股东促使作出上述决议的情况下才会如此在这之前首先确定继承人的处境：可销除股
     或取得股又使他人取得股——继承人没有召集或请求召集股东会的权利，亦无权为此以书
     面投票的方式启动决议程序（见第 248 条第 2 款、第 3 款及第 247 条第 3 款）。
333 对该问题的回答并非貌似那么透明，对解决以上分析的问题起不到决定性的作用。
334 FERRER CORREIA, *ob. cit.*, p. 161, RITA LOBO XAVIER, *ob. cit.*, pp. 117 ss..
335 RDE, 1977, pp. 208 – 209. 在草稿第二次修改中，第 53 条与第 54 条（经稍微改动）变为
     第 54 条与第 55 条——RDE, 1979, pp. 160 – 161。
336 RDE, 1977, pp. 209 – 210, M. ÂNGELA COELHO, *A transmissão mortis-causa de quotas no an-
     teprojecto de lei das sociedades por quotas*, RDE, 1976, pp. 29 – 30.
337 FERRER CORREIA/LOBO XAVIER, *ob. cit.*, pp. 91, ss..

为股东）[338] 似乎更为可取。尽管存在第 225 条的文义，但公司章程条款不可绝对排除股的死因移转（即使写入"绝对"一词）；如一条款表述为"不将移转"或"将（或应）销除"，不可被理解为强制性不得转予死者的继承人或自动销股。仅凭该等条款，不足以导致股不移转至继承人，尚须公司在特定期间内就股的销除或取得作出决议。公司可以作决议，但并非必须作出决议[339]，有时甚至可被阻止作决议（或适用合同条款）——例如：股之销除期并非按照第 236 条的规定而作出；股之取得期并非按照第 220 条的规定而由公司作出；股东或第三人无意取得股。当股（在特定期间内）未被销除或未由公司、股东或第三人取得时，其自应归属于某人，该某人只能是死亡股东的继承人，按照继承一般法的规则，其继受死者遗下的股东地位。正因如此，为了使死亡股东的继承人不干涉其余股东的决定，第 227 条第 2 款与第 3 款规定遗股所固有的一般权利义务处于中止状态，但保护该股的必要权利除外。倘若继承人非股之拥有人，则无必要处于上述中止状态，亦没有理由赋予其就某些决议进行投票的权利——第 227 条第 3 款最后部分规定（未写入上述草案）。

3.2.1.2　生前移转

从第 228 条得出《公司法典》"股之生前移转"（transmissão de quotas entre vivos）与"股之让与"（cessão de quotas）的区别[340]，后者同样是生前将股之持有权或所有权转给他人，但实则为"移转"的其中一种类型——仅指通过股的持有人的自愿行为转股；"股之生前移转"的概念更为宽泛，包括"让与"及非基于股的持有人的意思而转股的方式（比如司法变卖与判给——参见第 239 条）。

338　见 RAÚL VENTURA, *ob. cit.*, pp. 541 – 542, 565；1992 年 3 月 12 日里斯本中级法院合议庭裁判，载于《司法部公报》第 415 期第 716 页（Ac. da RL de 12/3/92, BMJ n.° 415, p. 716）；1996 年 6 月 17 日波尔图中级法院合议庭裁判，载于 1996 年《司法见解汇编》第三卷第 222 页（Ac. da RP de 17/6/96, CJ, 1996, t. Ⅲ, p. 222）；1997 年 9 月 23 日最高法院合议庭裁判，载于 1997 年第 469 期《司法部公报》第 586 页［Ac. do STJ de 23/9/97, BMJ n.° 469（1997）, p. 586］；PEREIRA DE ALMEIDA, *Sociedades comerciais* cit., p. 192 ［上引中级法院与最高法院的合议庭裁判就同一情况作出论述（其中涉及一项章程条款赋予公司在股东死亡时将其股销除的权力），认为死亡股东的继承人有权被召集参与有关股之销除的决议（尽管可能无投票权）；未被召集的，有关决议被宣告无效。除此之外，当涉及章程条款许可因股东死亡而销股时，有关销股的一般制度应当与第 225 条及随后数条的特别制度结合适用（如同以下将提及，第 225 条不许可自动销股的章程条款）］。

339　即使有议决义务（见第 266 条第 1 款），公司也可不予以履行。

340　该法典对出资与股份未作此区分。

按照《公司法典》确立的"一般制度"，股的让与应得到公司的同意，否则对公司不产生效力，除非是配偶之间、直系血亲卑亲属或直系血亲尊亲属之间、股东之间让与（该等情况下，可自由作出让与）——第228条第2款。

所以，当要求公司给予同意时，股的让与可以是有效的〔应载于书面文件或等同文件：第228条第1款与第4条（2006年修改《公司法典》之后不再要求企业公证书形式）〕，在当事人（让与人与受让人）之间甚至对第三人产生效力（如对让与作出登记：《商业登记法典》第3条第1款c项及第14条第1款）——但在公司给予同意前，转股行为对公司不产生效力；对于公司而言，让与人（而非受让人）仍然是股东，且具有相应的权利与义务。

第228条第2款最后部分规定的制度，理由在于所述主体之间要么存在紧密的家庭关系（配偶、直系血亲尊亲属与直系血亲卑亲属），要么由于让与人与受让人为股东，通常相互之间有信任关系（尽管让与可以改变股东间权力的平衡……）。配偶间让与则需多花些笔墨阐述。

按（可处分性法律）规则，配偶之间股的让与不需要公司的同意即对公司产生效力。但是，除了产生效力这一问题之外，还须考虑另一问题——让与的有效性。第228条第2款的制度应符合《民法典》涉及配偶之间财产让与的制度。如此而来，当作为让与基础的法律行为属买卖时，让与仅在配偶经法院裁定分居及分产时才有效——第1714条第2款；当配偶间法律行为属赠与时，仅在配偶之间适用强制性分别财产制度时才不会有效——《民法典》第1762条。[341] 此外，尚有必要考虑的问题是作为配偶共同财产的股的（生前）分割（无论是仅一位配偶为股东——第8条第2款——还是两者均为股东）。如配偶之间的财产关系因离婚而终止（《民法典》第1688条），应对共同财产的股予以分割（第1689条）。因此，股可经司法判定给配偶一人或两人（在该情况下股继续归于两人，但不基于夫妻共同财产制，而为共同拥有或共同所有）；或者可以划分为两股，每人拥有一股。就前两种情况，法律不要求（且公司章程也不可要求）须经公司同意，这里并不适用第228条第2款，因为不存在真正的股（全部或部分）移转；因财产

341　RITA L. XAVIER, *ob. cit.*, pp. 150－151, ss. .

分割而对股划分时，如上所述，法律同样不要求须经公司同意[342]。[343]

股的让与自以书面方式（有效地）通知公司或者公司明示或默示地认可开始对公司产生效力（第 228 条第 3 款）。因此，为使股的让与对公司产生效力，需满足两项前提条件：公司的同意与对公司作出通知（或者公司予以认可）；对于无须同意的让与，需对公司作出通知（或经公司认知）。

受让人或让与人（又或两人）向公司（由经理代表——参见第 261 条第 3 款）作出通知，该通知须附有关股的让与的资料：交易主体、交易标的、移转股的法律行为、地点、日期与法律行为的形式[344]。

然而，尚需注意第 76 – A/2006 号法令对《公司法典》补充规定了六项条文（第 242 – A 条至第 242 – F 条），组成题为"股之登记"一节。从第 242 – A 条即可发现，就股的让与对公司产生效力而言，法律增加了一项形式程序上的要求：对股的让与进行登记，由公司向有关当局申请办理（第 242 – B 条第 1 款），让与人及/或受让人均有正当性向公司提出该促成登记的请求（第 242 – B 条第 2 款 a 项）[345]，该（书面）请求被视为向公司作出有关转股的通知（第 228 条第 3 款）。[346]

公司合同可以禁止股的让与（尽管在该情况下，一旦股东加入公司满十年，其即有权退出公司）——第 229 条第 1 款，并可以部分排除适用第 228 条第 2 款的制度，要么免除公司对所有或某些情况给予同意的要求（第

342　见前文（1.6）。

343　见 1995 年 10 月 13 日里斯本中级法院合议庭裁判，载于 1995 年《司法见解汇编》第四卷第 112 页（Ac. da RL de 13/10/95, CJ, 1995, t. IV, p. 112）。

344　RAÚL VENTURA, *ob. cit.*, pp. 583 – 584. 默示认可股份让与的一种方式规定于第 230 条第 6 款（尽管其中仅提到默示同意）。

345　向公司提出登记的请求时，应当附上证明让与的文件，以及"手续费、税费与其他应缴款项"（第 242 – B 条第 3 款）……如公司不促使登记申请，任何人可向登记局提出登记的请求（《商业登记法典》第 29 – A 条第 1 款）。

346　《公司法典》新增的"股之登记"一节在笔者看来并不必要，绝大多数有限公司惯于在登记局办理登记，而非有关合法性检查（见《公司法典》第 242 – E 条第 1 款，比照《商业登记法典》第 47 条）：确认税务的履行（《公司法典》第 242 – E 条第 2 款，对应《商业登记法典》第 51 条——尽管该条第 4 款由 2007 年 1 月 17 日第 8/2007 号法令引入）；作出上述第 242 – E 条第 4 款的公示。如前所揭，股之让与的登记通过存放而作出（《商业登记法典》第 53 – A 条第 5 款 a 项），亦即，"将用作证明应登记之事实的文件予以存档"（第 53 – A 条第 3 款，有关内容由 2008 年 12 月 30 日第 247 – B/2008 号法令引入）。因此，没有任何来自登记局的检查（故而第 8/2007 号法令废止了过去推定存放即登记的《商业登记法典》第 11 条第 2 款）……

29 条第 2 款），要么免除对第 228 条第 2 款最后部分所述让与给予同意的要求（第 229 条第 3 款）[347]。

如法律或公司章程要求股之让与须经公司同意，这一表示便构成产生效力的前提条件。

公司同意的请求应由让与人或受让人又或二者共同提出，在让与之前或之后，以书面方式为之，并指明受让人以及让与的所有条件（参见第 230 条第 1 款）。

公司同意可以为明示或默示。明示同意是指股东（在让与之前或之后）就该同意请求作出决议（第 230 条第 2 款及第 246 条第 1 款 b 项）；默示同意是指通过决议之外的手段（在让与之后）作出。第 230 条规定了默示同意的两种形式：在一项让与未被同意之后，另一项让与被（明示或默示）同意，则前项让与在保障让与人正当性的合理范围内产生效力（默示同意）（第 5 款）[348]；当受让人参与股东决议且股东任何一人未以此为由提出争执时，视为公司默示地作出同意（第 6 款）。

在存在（有效的）请求公司同意的情况下，如公司在收到该请求六十日内未作出决议，则让与产生效力与否不再取决于公司的同意（第 230 条第 4 款）[349]。

公司可对股之让与拒绝同意。然而，"如股由让与人或其配偶，或从其中一人死因继受的人拥有超过三年"（第 231 条第 3 款），则向该股东作出的拒绝同意的通知应含有"将股销除或取得股的提案[350]；如让与人在十五日内不接受该提案，则该提案不产生效力，而同意拒绝仍予维持"（第 231 条第 1 款）。第 231 条第 2 款尚进一步规定，（按前述条件）请求同意股的让与被拒绝时，在以下情况下，转为可自由作出让与：（1）如公司未出具上述销除或取得股的提案；（2）如提案及其接受未以书面形式为之，且因不可归责于公司的原因，在接受作出后六十日内未以书面方式缔结法律行为；

---

[347] 然而，"就规定禁止或阻碍股之让与的公司合同修改的决议，其效力取决于受决议影响的所有股东的同意"（第 229 条第 4 款）。

[348] 是否需要这样一项规定？尽管因欠缺同意而对公司不产生效力，但有效让与之股取得人作为所有权人，有正当性让与股……

[349] 在该期限届满之前，如存在默示同意，让与开始产生效力。

[350] 取得股的权利首先赋予股东，其次赋予公司——见第 231 条第 4 款。

（3）如股东就若干股的让与同时提出请求公司同意，而公司提案未包含所有该等股；（4）如提案在现金上未提供同让与人交易价额相等的对价，除非无偿让与或者公司证明存在虚伪价额，在后者情况下，应根据《民法典》第1021条规定按照决议时的价值进行计算而提出股的真实价额[351]；（5）如提案拟迟延支付，但未提供合适的担保。

拒绝同意始终是合法的、不可被司法调查的吗？有学者予以肯定的回答，理由是有限公司具有一定人合属性特征而要求就股之移转作出同意，如不同意，则应按照第231条第1款采取措施，因而排除了对拒绝基于同意之决议的可争执性[352]。笔者在上文（2.2.3.2）已经阐述了不同的观点。股东须履行与公司利益相协调的义务，多数股东不可仅为了（例如）损害试图让与股的股东而投票拒绝作出同意（股之让与的股东的继续存在对公司的运作并不重要，受让人是其他股东信任的人，多数股东的目的仅仅在于使股东成为公司的"囚犯"）。对该类决议须以权利滥用为由提出争执（第58条第1款b项）。的确，对拒绝同意的决议不可提出争执的看法，违背法律本身，因为公司法仅允许以对公司有任何重要利益为根据，来对股之移转拒绝同意（第328条第2款c项及第329条第2款）；此处人身属性同样显著，并且此处公司同样有义务作出第231条第1款规定的等同措施（见第329条第3款c项）。另一方面，第231条第1款规定的措施仅在具备本条第3款规定的条件时才需由公司提出。

公司合同通常对股（有偿）让与规定股东与/或公司有优先权。如未遵守优先权规定而作出的让与影响到公司，则该等优先权条款将发挥效力。实际上，"公司合同不可将让与的效力取决于公司同意之外的其他条件"（第229条第5款第一部分），但是公司合同可以对同意设定具体的前提条件，包括履行优先权条款的前提条件（如向股东与/或公司履行给予优先权的义务，则公司同意让与）——所述第5款第2部分（及该款各项）。

公司合同规定的优先权具有"物权效力"、对世权效力吗？如股被让与而未对优先权人作出通知，该等优先权人是有权通过诉讼取代受让人（见《民法典》第421条第2款及第1410条）抑或仅仅因违反义务而承担赔偿

---

[351] 仅在声明价额高于让与人与受让人之间约定的价额（而非低于后者）时，似乎公司须主张与证明存在虚伪价额，从而可以提出股的真实价额。相同看法亦见 RAÚL VENTURA, *ob. cit.*, pp. 638 – 639。

[352] RAÚL VENTURA, *ob. cit.*, pp. 631, ss., PEREIRA DE ALMEIDA, *ob. cit.*, p. 197.

责任？（公司合同中）一项优先权条款是界定有关公司的人合性特征，即现有股东拒绝接受不受欢迎的人进入公司；当法律不要求公司作出同意方使股之让与产生效力时，该等条款即为上述同意的（唯一）替代品。有鉴于此，并基于《民法典》第 414 条、第 421 条与第 423 条规定[353]，笔者认为以法定形式订立且经登记的公司合同所规定的优先权具有"物权效力"[354]。

3.2.2 股份之移转

3.2.2.1 股份在登记入账或由凭证代表之前移转

在股份有限公司（或股份两合公司）设立文件作出确定性登记之前，可以对股份进行生前移转吗？

如单从《公司法典》第 304 条第 6 款内容上理解——"在公司合同确定登录于商事登记之前不可发行（股份的）认股证或股票或将之交易"[355]，可能对上述问题给予否定的回答[356]。然而，该第 304 条第 6 款仅提及（临时性或确定性）股票交易。如上所述，出资－股份先于凭证式股份（与记账式股份）存在，且无论后者存在与否[357]。另一方面，对起初这一问题的肯定

353　尽管股并非"须登记"的动产，但其物权移转与设立须登记（《商业登记法典》第 3 条 c 项及 f 项）。另一方面，尽管公司合同上的优先权条款不是本义上的（独立）协议，但股可以成为具有"物权效力"的"优先权协议"的标的（《商业登记法典》第 3 条 d 项）。

354　相同结论见 PEREIRA DE ALMEIDA, *ob. cit.*, p. 198。
　　提出相同看法的意大利学理与主流司法见解，参阅 D. CENNI, *La circolazione di quote di quote di s. r. l. per atto tra vivi*, CI, 1993, pp. 1137, ss.。

355　第 304 条第 6 款被第 76－A/2006 号法令第 61 条 b 项废止，因为该规定已存在于《有价证券法典》第 47 条（然而，该条不仅涉及股票而且涉及个人账户内的登录）。

356　给予否定回答的见 JOÃO LABAREDA, *Das acções...*, p. 221；BRITO CORREIA, *Direito commercial* cit., 2.° vol., p. 372；OSÓRIO DE CASTRO, *Valores mobiliários...*, p. 229。
　　不少国家亦有类似第 304 条第 6 款的规定——例如：《意大利民法典》第 2331 条第 5 段，《德国一般公司法》第 41 条第 4 款，《法国商法典》第 L. 228－10 条第 1 段，《西班牙股份公司法（1989 年修订本）》第 62 条。对于该等规定的理由（从最保守的概念主义——在公司登记之前不存在公司，到最彻底的实质主义或现实主义——有关规范旨在确保证券发出的规范性控制与交易安全），以及产生的问题（例如，作为将来物的股份出卖、公司合同登记作为停止条件的股份移转，以及按合同地位让与的一般规则转股等是否合法）：见 A. KRAFT, in *Kölner Kommentar...*, § 41, p. 464；C. ALONSO LEDESMA, *Sociedad anónima en formación y prohibición de transmitir acciones antes de la inscripción*, in AA. VV; *Derecho de sociedades anónimas*, Ⅱ－*Capital y acciones*, vol. 2, Civitas, Madrid, 1994, pp. 963, ss.（载有比较法内容）；G. F. CAMPOBASSO, *Diritto commerciale*, 2－*Diritto dele società*, 4.ª ed., Utet, Torino, 1999, p. 164, n. 1。

357　参见本章前文（1.4）。

性答复不能不基于《公司法典》第 37 条第 2 款的规定：在公司合同订立及其确定性登记相隔期间内，"无论合同当事人意在设立何种公司，出资的生前移转始终要求股东的一致同意"。[358] 在公司设立文件按照法定形式订立之前（以及在登记之前），股份（尚未由记账或股票代表）移转同样是可能的，并且在该等情况下同样要求全体股东的同意（《公司法典》第 36 条第 2 款，准用《民法典》第 995 条第 1 款；当移转在股东间作出时，可类推适用《公司法典》第 37 条第 2 款）。[359]

在公司设立文件确定性登记之前，股份的死因移转可能存在，原则上根据继承一般法进行[360]。

公司设立文件确定登记之后，公司应当发行确定性的凭证式股份——股票，应在上述登记后六个月内将该等股票交予股东（第 304 条第 3 款）[361]。如为记账式股份，应将该等股份登记于注册实体开立的股东账户内（《有价证券法典》第 73 条）[362]。

在交付（临时性或确定性）凭证式股份或将记账式股份分别予以登记之前，可以移转（非凭证式或记账式）股份。生前移转该等股份如何进行

---

[358] 相同看法亦见 OLIVEIRA ASCENSÃO, *As acçoes* cit., p. 77；N. PINHEIRO TORRES, *Da transmissão...*, pp. 61, ss.。对于第 37 条第 2 款的理解，见前文第三章（2.4）。

尽管上述（注释356）葡萄牙以外的其他国家法律没有类似第 37 条第 2 款的规范，但该等国家一些学者主张采用实际上相同的解决方法。德国学者 KRAFT（*ob. e loc. cits.*）与 HÜFFER（*Aktiengesetz* cit., pp. 179－180）认为在特定期间内股东加入与离开公司，可通过一致表决的章程变更作出；在西班牙，ALONSO LEDESMA 所持立场类似于《公司法典》第 37 条第 2 款确认的立场（*ob. cit.*, pp. 1010, ss., 1024, ss.）；在意大利，OPPO 与 SPADA 认为合同地位让与规则应适用于（尚未由股票代表）出资移转（转引自 CAMPOBASSO, *ob. cit.*, p. 164, n. 1）。

[359] 在公司设立文件（按所要求的形式）"缔结"与其确定性登记相隔期间内，股份移转的有效性似乎要求书面行使——该规定类推适用于股之让与（见第 2 条及第 228 条第 1 款）；相同看法见 N. PINHEIRO TORRES, *ob. cit.*, pp. 69, ss.。在公司设立文件"缔结"之前，当公司为不动产上的物权拥有人时，股份移转要求以公文书或经认证的私文书进行（《公司法典》第 36 条第 2 款；《民法典》第 995 条第 2 款）。

如同出资或股的移转，有关股份移转的效力亦要求以书面形式通知公司或被公司认可。

[360] A. KRAFT, in *Kölner Kommentar...*, § 28, p. 370.

[361] 在确定性股票发出之前，公司可以交付股东临时性记名股票（见第 304 条第 1 款与第 2 款）。

[362] 《有价证券法典》没有提到在何期限内应当作出登记，似乎应类推适用《公司法典》第 304 条第 3 款。

呢?[363] 法律没有（至少没有直接性）回答。学理上通常认为可适用债权让与制度（《民法典》第 577 条以及随后数条）[364]。在笔者看来，这似乎不是最好的解决方案。如本章第一节所指出的，出资法律地位非常复杂，包括权利与义务。亦即，非为一项债权或债权整体，亦非为一项其他权利或权利整体（参见《民法典》第 588 条）。试问，可否适用《民法典》规定的合同地位让与制度（第 424 条及随后数条）?[365] 面对这一法律空白，应优先诉诸《公司法典》对股与股份让与规定的制度（尽可能类推适用——第 2 条）。如此而来，如公司章程限制股份的移转，将其取决于公司同意或其他要件，则在未符合该等要件之前，移转对公司不产生效力（第 328 条第 2 款及第 228 条第 2 款）——但是，如果章程未订定该等限制，移转可自由作出（第 328 条第 1 款）；无论有无限制，均须以书面形式对公司作出移转通知或公司（明示或默示）认可此事，这同样是股份移转对公司产生效力的前提条件（第 228 条第 3 款）；股份让与应当载于私文件（第 228 条第 1 款）。

3.2.2.2　凭证式与记账式股份的移转

接下来论述凭证式与记账式股份的移转形式及其相关法规的适用。

无记名股票（acções tituladas ao portador）的生前或死因移转，"通过将股票交予取得人或该取得人指定的保管人"为之（《有价证券法典》第 101 条第 1 款）[366]。"如股票已保存于取得人指定的保管人，则移转在登记于取得人账户时完成"（第 101 条第 2 款）[367]。在该情况下，不存在将股票实体交付，而是占有改定（参见《民法典》第 1264 条第 2 款）。

根据《有价证券法典》第 102 条第 1 款规定，记名股票（acções tituladas nominativas）"在签发人（公司）或代表签发人的金融中介人予以登记后，通过载于股票的移转声明转至受让人"（移转声明由保管人、司法人员或生前移转中的转让人作出，因具体情况而异；又或在死因移转中由司法人员、待分割财产管理人或公证人员作出，同样因具体情况而异——第 102 条第 2 款与第 3 款）。尽管有以上表述，应当认为所指登记不是当事人之间

363　死因移转原则上遵守一般继承法。

364　PINHEIRO TORRES, *ob. cit.*, pp. 79, ss..

365　意大利学者基本上持该理解，见 CAMPOBASSO, *ob. cit.*, p. 207 e n.（2）（但并非完全适用合同让与制度，例如，不要求公司的同意）。

366　交付应当先于（或附同）凭证生效——例如，移转人与取得人之间的约定或死因继承。

367　第 101 条第 3 款进一步规定，在死因移转时，所述登记基于继承权的证明文件作出。

移转的有效条件或产生效力的条件，亦非为对继受人产生效力的条件；这仅仅是对作为发行人的公司产生效力的条件（在申请登记之前，受让人不被视为股东——参见第 102 条第 5 款）[368]。

记名或无记名的记账式股份，"通过登记于取得人账户作出（生前或死因）移转"（《有价证券法典》第 80 条第 1 款）。因此，此处的登记是创设性的，没有登记便没有股份持有权的移转。但是，仅此登记并不足以移转须基于有关法律行为或法定继承而作出的有效"凭证"[369]。第 80 条第 2 款——"从规范证券市场购买的记账式有价证券（见 199 条第 1 款 a 项及第 200 条）赋予买受人在该市场出售的正当性，无论是否登记"，确认了有关"凭证"的要件，但就"登记"似乎与上述不同（看来登记并非记账式股份的持有权变动的必要前提条件）。事实上，该第 2 款引入了第 1 款所定规则的一项例外。根据该规则，一般买卖合同不足以移转股份的持有权（《民法典》第 408 条第 1 款不可适用），故而买受人在股份登记于其账户前不具有出售股份的正当性；而第 2 款则赋予特定情况下出售股份的正当性。

从上述法律制度似乎得出结论：移转股份仅在交付（无记名股票）、载于股份移转声明（记名股票）或登记于账户（记账式股份）时才算完成。对此（尤其是无记名股票）移转，一些葡萄牙学者提出质疑[370]，并认为股份所有权应通过单纯合意、让与人与受让人之间的诺成合同作出（生前）移转（《民法典》第 408 条第 1 款）；（无记名股票）交付，以及为记名股票规定的形式程序，仅仅是取得人可正当行使股东权利的前提条件[371]。笔者并不认同这一看法。股票（以及记账式股份）受流转本身的规则约束。法律则标明或强调该流转的特别之处。法律省略（生前流转）当事人合意的必要性说明；明确规定交付（凭证式股份）或移转声明载于凭证（记账式股份）又或登记于账户的必要性。该等形式手续对于股份的切实移转是很重要

---

[368]　在西班牙与德国，有关法律制度基本相同，见 J. L. GARCÍA-PITA Y LASTRES, *Acciones nominativas y acciones al portador*, in AA. VV., *Derecho de sociedades anónimas*, II – *Capital y acciones*, vol. 1, Civitas, Madrid, 1994, p. 601, ss. 。

[369]　有关登记的凭据文件，见第 67 条。

[370]　在已废止的法律框架内……（但对此情况）基本上按照等同《有价证券法典》所设立的制度。

[371]　见 VAZ SERRA, *Acções nominativas...*, BMJ n.° 176, pp. 78 – 79（亦引用 Alberto dos Reis）；LOBO XAVIER, *Acção...*, cols. 68 – 69；OSÓRIO DE CASTRO, *ob. cit.*, pp. 21 – 22。

的[372]。移转人与受移转人之间的单纯合意仅在当事人之间产生效力，但仅凭此不能产生股份移转的效力。例如，无记名股票的让与人甲，须将该股票交予受让人乙，且不得移转至第三人丙。但是，如果甲未将无记名股票交予乙，而是将之移转并交予丙，交易并非因此非有效或不产生效力，因为交付之前的股份所有权仍归属于甲，所以，甲可以将其移转（甲与乙之间的合同仅具债之效力），面对甲不向乙履行义务，乙只得要求甲作出赔偿[373]。

（与上述有关的）另一问题：由凭证代表或登记于账户的股份可否按一般规则（债权让与或法律地位让与的规则，因具体情况而异）移转出资，而无须采用移转股票或记账式股份的专门途径？葡萄牙学者大多认为可以[374]。笔者并不认为这是最好的回答。当已设有股票或账户登记股份时，亦即，股份已处于"完整状态"，则足以充当出资流转的必要载体[375]。就股票而言，如同有因债权证券，而非抽象票据（比如汇票与支票），在有因性的法律地位之外，不存在另一票据或债权证券的法律地位[376]；对记账式股份应类推适用。

3.2.2.3 股份移转的章程性限制

作为投资与撤资的快速流转工具，股份的传统特点为可移转性。公司章程不可排除股份的可移转性（第328条第1款），但可对股份移转作出限

---

[372] 有时该等手续甚至足以作出移转——转让人并非必须是股份的真正持有人，见《有价证券法典》第58条。

[373] 见 VICENTE SANTOS, *Acciones y obligaciones representadas mediante anotaciones en cuenta*, in AA. VV., *Derecho de sociedades anónimas...*, pp. 451 – 452（关于无记名股票与记账式股份）；GALGANO, *Diritto commerciale – Le società* cit., p. 195（关于凭证式股票——股票；*Diritto commerciale – L'imprenditore*, 5.ª ed., Zanichelli, Bologna, 1996, pp. 272, ss., 作者对包括股份在内的一般债权证券的流转——诺成主义还是要物主义的争议——进行了论述）；FERREIRA DE ALMEIDA, *Desma – terialização...*, pp. 33, ss. [作者在已废止的《有价证券市场法典》（Código do Mercado dos Valores Mobiliários）框架内论述记账式股份（其中登记的创设性比现行《有价证券法典》框架内规定的更具争议性；有关登记创设性的争论见 AMADEU FERREIRA, *Valores mobiliários escriturais...*, pp. 279, ss.）]；相同看法亦见 2008年5月15日最高法院合议庭裁判（Ac. Do STJ de 15/5/2008），载于 www. dgsi. pt。

[374] 见 VAZ SERRA, *ob. cit.*, pp. 74, ss.（与德国法不同，股票所载权利的拥有无须附同所有权凭证）；LOBO XAVIER, *ob. e loc. cits.*；OSÓRIO DE CASTRO, *ob. cit.*, pp. 22, ss.；PINHEIRO TORRES, *ob. cit.*, pp. 47, 79。持相同看法见 OLIVEIRA ASCENSÃO, *O actual conceito...*, p. 41（被代表的多样性权利与代表的多样性权利可能不一致；"被代表的权利，作为权利，继续受流转的一般方式约束"）。

[375] "该文件是出资的必要载体或媒介，因此无其不可移转出资"——F. FERRARA JR. / F. CORSI, *Gli imprenditori e le società*, 11.ª ed., Giuffrè, Milano, 1999, pp. 443 – 444。

[376] GALGANO, *Diritto commerciale – Le società* cit., pp. 133 – 134.

制，唯其限制不可超出法律允许的范围（第 328 条第 1 款）。《公司法典》第 328 条第 2 款许可公司章程对记名（凭证式或记账式）股份移转设置三类限制（亦见第 272 条 b 项）。

法律许可章程规定"记名股份的移转取决于公司的同意"（第 328 条第 2 款 a 项）。公司章程可列明或可不列明拒绝同意的事由；如不列明，则公司可"基于任何公司重要利益"拒绝同意移转（第 329 条第 2 款）——例如，作为竞争者的第三人加入公司可能损害现有股东的共同利益。

公司同意（应在股份移转之前或之后，由移转人、取得人或二者共同向由行政管理机关成员所代表的公司提出——第 408 条第 3 款及第 431 条第 3 款，并提供具体股份移转的资料）的给予或拒绝由股东会（通过决议）作出，除非公司合同将该权限赋予其他机关（行政管理机关或监察机关）——第 329 条第 1 款。

根据第 329 条第 3 款，公司合同应含下列内容，否则要求取得公司同意转股的条款无效：a）对公司就转股同意请求发表意见订定不超过六十日的期限；b）如公司在上述期限内没有表态，股东则可自由移转股份；c）在依法拒绝同意时，公司有义务取得股份，且按照其他拟受让该股份者所提供的价格与支付条件取得；如涉及的是无偿移转或证明上述交易存在虚伪价额，则按照第 105 条第 2 款确定取得股份的真实价额[377]。

第 328 条第 2 款 a 项规定是否允许上述章程条款不仅适用于生前移转而且适用于死因移转？答案应是肯定的[378]。诚然，第 328 条至第 329 条的系统编排不同于（涉及股之死因移转）第 225 条与第 227 条的编排方式，亦不同于（涉及股之生前移转）第 228 条及随后数条的编排方式（对股之生前移转，有关公司同意的问题处理方式接近第 329 条的规定）；对死因移转规定的同意条款有效时，"同意请求"须由死亡股东的继承人提出（并非本义上的移转，而是继受股份）；公司章程可以规定或允许在股东死亡时对其股份予以销除（第 347 条）。然而，死因继承亦是"移转"的一种形式（参见第 328 条第 2 款 b 项，该规定表述为"让与"）；在公司立法草案中，有关股份移转的同意条款适用于死因移转[379]。此处同样得以公司利益为由对股份的

---

[377] 有关虚伪价额见前文注释 351。

[378] EVARISTO MENDES, *A transmissibilidade das acções* cit., pp. 248, ss., MARIA J. VAZ TOMÉ, *Algumas notas sobre as restrições contratuais à livre transmissão de acções*, DJ, 1991, pp. 210, ss..

[379] VAZ SERRA, Acções nominativas..., pp. 79, ss.（有关第 33 条及随后数条，尤其是第 36 条）。

死因移转作出限制；然而，限制转股的条款并不阻碍股份移转实质上有效，且（在当事人之间）产生效力（关于这一点详见下文）；股份销除的制度与为同意条款订定的制度不同。

另一类章程性限制在于"按照公司利益，将记名股份的移转取决于主观性或客观性的特定前提条件"（第 38 条第 2 款 c 项）。例如，规定股份仅可移转于：有特定国籍的人；股东或股东的家人；从事特定活动或从事与公司活动不产生竞争关系的活动的人（主观性前提条件）。章程或规定在股份发出后，须满特定期限方可进行生前移转[380]。

第 328 条第 2 款 b 项尚规定，在记名股份让与的情况下，允许公司合同设有"其他股份持有人的优先权与有关行为作出的条件"。

毫无疑问（或者几乎毫无疑问），该优先权仅适用于股份的生前移转。试问，且应予以本义上的理解——仅仅是与有偿移转有关，还是可基于非本义上的理解而认为同样适用于无偿移转？[381] 根据上述 b 项所采用的表述（"优先权"）及其在立法语言上通常解读的含义（例如《民法典》第 423 条、第 1380 条第 1 款、第 1535 条第 1 款、第 1555 条第 1 款及第 2130 条第 1 款），以及考虑到章程可按照第 328 条第 2 款 a 项与 c 项规定来限制股份的无偿移转，笔者认为此处讨论的优先权应当在所述本义的层面上理解。

限制股份移转的任何章程性条款，应当转录于股票或账户（视凭证式或记账式股份而定），否则不可对抗善意取得人（即不知限制性条款的人）——第 328 条第 4 款。因此，作出转录后的限制性条款可对抗股份的取得人，无论善意或恶意[382]。倘若股份移转不遵守限制性条款（当公司不予同意，或优先权股东未能行使其优先权，又或股份取得人未能满足所要求的主观性前提条件），将会产生什么结果？

限制性条款的违反并不导致移转的非有效。倘已遵守记名股份的移转方式等规定，那么移转是有效的（《有价证券法典》第 80 条与第 102 条）。

---

[380]　VAZ TOMÉ, *ob. cit.*, pp. 209 – 210.

[381]　上述第二种看法见 EVARISTO MENDES, *ob. cit.*, p. 262。

[382]　然而（例外的是），同意条款与受主观性与/或客观性前提要件约束的条款，在执行程序或财产清算程序（例如，由于股东不具有偿还能力）中，不具有对抗力（第 328 条第 5 款）。

但是，公司可以（并且应该）依据被违反的条款来对抗取得人，从而移转对公司不产生效力。当股份为记账式股份，且公司为登记性实体时（见《有价证券法典》第 61 条），后者可以拒绝作出《有价证券法典》第 80 条第 1 款所指登记[383]；当股份为凭证式股份时，公司（或代表公司的金融中介人）可以拒绝作出《有价证券法典》第 102 条第 1 款所指登记。登记既被拒绝，取得人不可能行使股份固有的权利（见《有价证券法典》第 55 条、第 83 条及第 104 条第 2 款）[384]；可继续行使该等权利的人为移转人。然而，假设公司以外的有权登记性实体作出了登记，则公司可要求该实体更正登记或对此向法院提出争执（《有价证券法典》第 79 条）。

除上述情况外，违反优先权条款还会产生其他后果吗？股份持有人的优先权是否具有对世权效力（"物权效力"）以使其取代股份的取得人？优先权条款载于具备法定形式且经登记的公司合同；优先权条款转录于凭证或登记账户；优先权条款可在执行程序或财产清册程序中予以主张（第 328 条第 5 款），如此而来，其具有上述对世权效力[385]。

对股份移转的限制可以载于初始或嗣后制定章程。在后一种情况下，除了需要遵守公司合同变更的通常程序外（尤其见第 383 条第 2 – 3 款及第 386 条第 3 – 4 款），尚要求在股份上同样负担限制的所有股东表示同意——第 328 条第 3 款。如其中某些股东（在作出决议时或之后明示或默示）不予同意，则有关决议将不产生效力（第 55 条）。

减少或终止章程对股份移转的限制性条件相对更容易。因为持有"受约束"股份的股东不承担任何负担，况且原则上移转股份是自由的，所以法律对此类情况仅要求按照公司合同变更的通常程序为之（第 328 条第 3 款）。[386]

3.2.3　自有股与自有股份

公司股东的出资——主要是股与股份有时可能移转至该公司名下，由

---

[383] 如为其他登记性实体，亦可能拒绝作出登记，见《有价证券法典》第 77 条第 1 款 c 项、e 项。

[384] 但是亦无须向公司履行股份固有的义务。

[385] 相同结论见 JOÃO LABAREDA，*ob. cit.*，pp. 296，ss.（意大利为主流看法，参见 CAGNASSO/IRRERA，*Il trasferimento …*，pp. 33 – 34）。不同意见见 BRITO CORREIA，*ob. cit.*，pp. 405 – 406；OLIVEIRA ASCENSÃO，*As acções… cit.*，p. 86。

[386] 顺便指出，仅自由移转的股份才可成为有价证券市场的流转标的（《有价证券法典》第 204 条第 2 款 a 项）。

公司取得的股与股份[387]分别被称为"自有股"与"自有股份"。

《公司法典》针对自有股份制定了12条规定（在很大程度上来自第2号公司法指令的要求——第18–24A条），其中若干规定可适用于自有股，而直接针对后者的仅有一条规定。故不妨从探讨自有股份开始。

自有股份给公司债权人及（一些）股东带来风险[388]。首先，有偿取得自有股份会减少公司财产——用以取得自由股份的财产脱离公司，而该等财产没有相应入股补偿（股份难以转让或转让价低于取得价）。其次，公司的权力关系可因自有股份而改变——如自有股份所有投票权得以继续行使，公司董事（作为持有自有股份的公司的代表）可能借行使该投票权为自己或控制集团谋取利益；如投票权不能行使，则会使控制公司所需的股份比例减少。取得自有股份尤其可能被利用为控制集团的股东谋取利益——例如，赶走"难缠"的小股东（向其支付高于股份商业价值和实际价值的价格），或使离管理层比较近的股东及时（在公司面临危机之前）离开公司。对于在股份交易所上市的股份有限公司，取得自有股份可以操纵报价的工具，使股份（及相应的公司）价值虚假。

但是，自有股份也可能带来好处。例如，在合并或分立–合并的程序中，存续公司可将其自有股份转给被合并公司的股东，而无须增资（参见第97条第4款a项、第98条第1款e项、第118条第1款c项及第119条f项）；自有股份的销除可用作减资（更迅速）途径（第463条）；股份交易所市价的调整（例如因第三方投机或诋毁而导致市价过低）常常需要有关公司取得自有股份（增加需求，提高市价）[389]。

为了降低风险，同时利用有利之处，法律一方面规定禁止特定取得自由股份行为，另一方面许可在遵守特定条件下取得自有股份行为，以及建立一套规范自有股份持有及转让的特别制度。

---

[387] 《公司法典》对自有股和自有股份有相应规范（第220条、第316条及随后数条），但对无限公司及两合公司无限责任股东出资没有类似规范（见第187条第2款最后部分内容）。就该等出资而言，其持有人自始至终对公司债务承担（补充及无限）责任。然而，考虑到第475条，应认为一般两合公司可取得其有限责任股东的出资（按照有限公司股之取得的规定）。

[388] 笔者将参照以下学者著述要点：L. A. VELASCO SAN PEDRO, *Negocios con acciones y participaciones propprias - Estudios jurídicos*, Lex Nova, Valladolid, 2000, pp. 25, ss.。

[389] VELASCO SAN PEDRO, *ob. cit.*, pp. 62, ss. .

任何公司不可原始取得自有股份，亦即，不可在其设立或以新出资（金钱和/或实物）增加公司资本时认购自有股份——参见第 316 条第 1 款开头部分规定[390]。在上述情况下，公司资本的确切形成要求入股财产价值至少等于所认购股份的面值。况且公司本身认购其股份不导致公司财产的增加（因为公司动用其财产买受其股份，无异于羊毛出在羊身上）。

然而，取得以公积金并入增资的自有股份则属不同情况。此处并无新资产进入公司，而是现成的公积金，因而允许公司获得对应其原有的公积金的新股份——第 92 条第 3 款及第 324 条第 1 款 a 项。

禁止认购自有股份的规定（第 316 条第 1 款）是强制性的。因此，排除适用该禁止性规定的章程条款是无效的（《民法典》第 294 条）；违反该规定的股东会或行政管理机关的决议同样无效（《公司法典》第 56 条第 1 款 d 项、第 411 条第 1 款 c 项及第 433 条第 1 款）；单个认购行为亦然（《民法典》第 294 条）。此外，为公司认购自有股份的董事须承担刑事责任（《公司法典》第 510 条第 1 款）。

该禁止性规定不仅包括直接认购，亦包括由第三人以本身名义为公司作出的间接性认购——见第 316 条第 2 款及随后数条[391]。

法律针对自有股份的衍生取得作出不同的规范，倘其符合特定要件，即可为之。

1）如公司持有的自有股份（原则上）不超过总股份的 10%，则被视为合法（第 317 条第 2 款），但在以下情况下，可超出该比例（第 317 条第 3 款——参照前述指令第 20 条第 1 款）：a）为履行法律规定——例如股东退出时，公司义务之一是取得其股份（见第 45 条第 1 款及 105 条第 1 款）；b）旨在执行减资决议——参见上述第 463 条规定；c）以集合物的方式取得财产——例如因吸收 - 合并或分立 - 吸收 - 合并，存续公司取得被兼并公司原先持有的股份；d）以无偿方式取得——例如赠与；e）在为收回第三人债务的执行之诉中取得，或为相同目的通过宣告之诉程序中的和解取得——"第三人"必须是股东（第三人——股东或作为第三人的股东，均为公司的债权人）；f）在法律或章程规定的有关股份认购者未缴付股价的

390　亦见第 2 号公司法指令第 18 条第 1 款。
391　亦见第 2 号公司法指令第 18 条第 2 款和第 3 款。

程序中取得自有股份——见第 285 条第 4 款，以及本章第二节（2.2.1）。

2）公司仅可取得已全数支付股价的股份（相应出资已缴付），但以上列举的 b）、c）、e）及 f）各项所指情况除外——第 318 条第 1 款[392]，该条款旨在维护公司债权人的地位（要求资本确实形成的目的主要是保护公司债权人），并促进股东的平等对待[393]。

3）如属有偿取得，为支付对价，公司应拥有按第 32 条和第 33 条规定可分予股东的财产（支付对价不可导致公司财产净值低于注册资本和法律或章程不许可分予股东的公积金的总额）——第 317 条第 4 款[394]。

该第 4 款结尾补充道："可分派财产的价值至少等于将支付的股价两倍。"一切表明，该项要求是为了使第 324 条第 1 款 b 项规定的公积金得以设立[395]：可分派财产价值的一半将用于支付自有股份，另一半用于设立公积金。然而，设立该公积金并不要求预先存在可分配财产[396]。再者，1989 年《公定会计格式》（后于《公司法典》制定）并不要求设立上述公积金；现行《会计规范系统》同样不要求设立该公积金，因此，公司不必遵守上述可分派财产的价值至少等于将支付的股价两倍的规定（有必要对第 317 条第 4 款最后部分规定作修正解释）[397]。

4）原则上，经由股东决议（董事会执行）取得自有股份——第 317 条第 1 款（其中四项分别规定该等决议须载有的内容）[398]。尽管取得自有股份基本上属于"董事会"职责范畴，但法律要求股东事先作出许可性的决议，因其事关公司内部力量对比可能的变化[399]。在例外情况下，"取得自有股份可由董事会或执行董事会决定，条件是仅当借此途径才能避免造成公司严

---

[392] 亦见第 2 号公司法指令第 19 条第 1 款 c 项和第 20 条第 1 款。

[393] M. VICTÓRIA FERREIRA DA ROCHA, *Aquisição de acções próprias no Código das Sociedades Comerciaism*, Almedina, Coimbra, 1994, pp. 188, ss..

[394] 亦见第 2 号公司法指令第 19 条第 1 款 b 项。

[395] RAÚL VENTURA, *Estudos vários sobre sociedades anónimas cit.*, pp. 368 – 369, 396.

[396] C. OSÓRIO DE CASTRO, *A contrapartida da quisição de acções próprias*, RDES, 1988, pp. 265, ss..

[397] OSÓRIO DE CASTRO, *últ. ob. cit.*, pp. 269, ss.——该作者在第 265 页及随后数页主张对该规定作废止性或废除性解释；RAÚL VENTURA, *últ. ob. cit.*, p. 396："无此公积金，该双倍需要亦随之消失"；VICTÓRIA ROCHA, *ob. cit.*, pp. 179, ss. 尽管批评有关规定，但认为其尚有效；有关废止性或废除性解释以及修正性解释问题，另见 A. CASTANHEIRA NEVES, *Metodologia jurídica – Problemas fundamentais*, Coimbra Editora, Coimbra, 1993, pp. 107 – 108。

[398] 另见第 2 号公司法指令第 19 条第 1 款 a 项。

[399] JOÃO LABAREDA, *Das acções...*, pp. 98 – 99.

重且迫在眉睫的损害，第 317 条第 3 款 a 项与 e 项所指情况推定该等损害的存在"（第 319 条第 3 款、第 4 款及第 2 号公司法指令第 19 条第 2 款）。

5）参照第 2 号公司法指令第 42 条、《公司法典》第 32 条规定，取得自有股份"须遵守股东平等对待原则（例如，公司须向所有股东以相同价格要约，或于股份挂牌交易时在股份交易所取得），除非有关情况的自身性质不允许如此"（见第 317 条第 3 款 a 项、c 项、e 项及 f 项）。

何时应遵守涉及以上 1）、2）、3）及 5）所指情况的诸项要件，作出决议抑或取得自有股份时？回答是，一般而言，在取得自有股份时。该回答可从第 319 条第 2 款得出[400]。（通过决议）赋予行政管理机关取得股份的期间可以很长（见第 319 条第 1 款 b 项）。有可能在决议作出时公司已有超出上述 10% 比例的自有股份，或拟取得的出资额尚未获认购股东缴足，又或公司没有足够的可分派财产——但是在取得该等股份时不再存在该等障碍情形，这使取得变为合法。然而，假如决议命令行政管理机关作出不符合上述要件的自有股份取得，则该决议无效（第 56 条第 1 款 d 项）。此外，倘确定有关决议违反股东平等对待原则，则可予以撤销（第 58 条第 1 款 a 项或 b 项）。遇有该等情况时，行政管理机关成员有义务不执行有关决议（第 64 条第 1 款、第 317 条第 2－4 款、第 318 条及第 321 条）；如予执行，自有股份的取得属非法，并因此承担责任。

更引起分歧的问题是，当取得股份之后才付款时，应在何时遵守涉及可分派财产的要件：取得或付款时？似乎这两个时间点均须符合有关要件。首先，按照第 319 条第 2 款（与欧共体第 2 号公司法指令第 19 条第 1 款 a 项最后部分内容一致）规定，取得时符合要件很重要，这是因为有必要防范以不可分派的财产取得股份这一风险（对于现今取得，尽管不存在可供支付股款的财产，但确信之后付款时已存在可供付款的财产——但无任何担保将一定会有该财产……）。其次，付款时符合要件也很重要，基于第 317 条第 4 款文义（"交付财产"）和对公司债权人的保护（与公司资本及不可处分的公积金的不可动用性有关）[401]，如在取得时符合要件但在付款时

---

[400] 不同看法见 RAÚL VENTURA，*últ. ob. cit.*，pp. 365 – 366（该等要件"应在股东会作出决议及行政管理机关执行决议时均具备"）；对于自有股，该学者则提出不同意见（取得是具有重要意义的时刻）——见 *Sociedades por quotas* cit.，vol. I，p. 443。

[401] 相同看法见 VICTÓRIA ROCHA，*ob. cit.*，pp. 184，ss.；仅将付款视为重要时刻的论述，见 OSÓRIO DE CASTRO，*ob. cit.*，pp. 251，ss.。

不符合要件，则该取得不合法，反之亦然。

以上提及两项非法取得自有股份的事由：执行非有效的决议与付款时和/或取得时欠缺可供支付股款的财产。此外，尚有其他非法取得自有股份的情况：未经公司章程许可（见第 317 条第 1 款）；未经股东决议许可（可适用第 319 条第 3 款的情况除外）；超出第 317 条第 2 款所指比例上限（该条第 3 款规定除外）；违反平等原则；取得尚未缴付的股份（第 318 条第 1 款最后部分规定的情况除外）。

然而，有必要强调的是，仅股份未获清偿的情况所导致的非法取得方属无效——第 318 条第 2 款；在所有其他情况下，取得既非无效，亦非可撤销或不产生效力[402]，行政管理机关（除了承担民事与刑事责任外——第 323 条第 4 款及第 510 条第 1 款）有义务决定并执行将非法取得的股份转让——第 320 条第 2 款及第 323 条第 2 款。

任何公司不得持有超过股份总数 10% 以上的自有股份逾三年，即使该等股份是合法取得的（第 323 条第 1 款）。超过该期限时，行政管理机关同样应转让超出部分[403]。

未及时履行第 323 条第 1 款和第 2 款规定的转让义务，所涉自有股份将被撤销（第 323 条第 3 款），因而减资。

公司持自有股份期间，出资固有的权利（分享盈余、参与决议、获取资讯的权利等）中止[404]，但公司有权在借公积金纳入而增资时接受新股份（或增加其股份面值）（见第 324 条第 1 款 a 项，亦见第 92 条第 3 款及第 4 款）。

第 324 条第 1 款 b 项进一步规定，应设立一项金额上等同自有股份入账金额的不可处分公积金。该规定在原先根据 1977 年《公定会计格式》将自有股份计入资产负债表的资产部分时尚有意义——若将公积金登记于资产负债表的负债部分，更准确地说，"资产净值"或"本身资本"抵销自有股

---

[402] 不同看法见 JOÃO LABAREDA, *ob. cit.*, pp. 94, 97 – 98, n. 1；RAÚL VENTURA, *Estudos…*, p. 366（另见第 384 – 385 页载有的正确解决方案）。

[403] 对于第 323 条第 1 款和第 2 款提到的期限，见 VICTÓRIA ROCHA, *ob. cit.*, pp. 293, ss.。转让时亦应遵守股份持有人同等对待的原则。

[404] 注意：按公司资本计（法律或章程要求）特定多数时，自有股份不予考虑——第 386 条第 5 款。

份计入资产一项。其后，根据 1989 年《公定会计格式》，自有股份改列入"本身资本"，从公司资本中扣除。《会计规范系统》亦然。因此，不再需要为自有股份设立一项公积金[405]。故此，有必要对第 324 条第 1 款 b 项作修正解释。[406]

当两家公司之间存在控制关系（见第 486 条）时，从属公司对控制公司股份的取得和持有存在类似于（针对控制公司的财产及权力关系）自我出资的风险。故有理由认为此处的他人出资与自我出资等同（从属公司取得和持有控制公司的股份通常被认为是由控制公司本身取得与持有自有股份）。这正是 1992 年 11 月 23 日第 92/101 / CEE 号指令所引入的第 2 号公司法指令第 24A 条的含义。

葡萄牙立法机关为履行上述第 24A 条规定，于 1995 年在《公司法典》引入第 325 - A 条 和第 325 - B 条："倘若股份有限公司的股份由其从属公司按第 486 条直接或间接地认购、取得或持有，该等股份被视为控制公司的自有股份"（第 325 - A 条第 1 款）。因此，可适用经作出必要调整的第 316 条、第 317 条、第 318 条、第 319 条、第 321 条、第 323 条与第 324 条所规定的（上述）制度——第 325 - B 条第 1 款对此（及更多规则）有明确表述。该款没有提及第 320 条，原因在于股份的转让应由持有股份的从属公司的机关决定（尽管是在控制公司的影响下为之）。另一方面，按照第 325 - B 条第 2 款规定，股份的取得通过控制公司的股东会决议（而非从属公司股东会决议——从属公司代表控制公司的董事会扮演着关键角色……）即可。

第 325 - B 条第 3 款规定："在股份归属于从属公司期间，与第 316 条第 1 款不相兼容的投票权与财产性权利视为中止。"这一规定"多余且不可理解"[407]，因为有关权利中止已规定于第 325 - A 条与第 325 - B 条第 1 条，而

---

[405] 相同观点见 F. V. GONÇALVES DA SILVA / J. M. ESTEVES PEREIRA, *Contabilidade das sociedades*, 8.ª ed., Plátano Editora, Lisboa, 1989, pp. 160, ss.——两位作者主张第 324 条第 1 款 b 项应尽快予以废止（见 168 页）；RAÚL VENTURA, *últ. ob. cit.*, pp. 393, ss.——该学者认为不需要废止第 324 条第 1 款 b 项规定（见 396 页）；VICTÓRIA ROCHA, *ob. cit.*, pp. 272, ss.——该作者亦认为有关规范似乎应予以废止（见 275 页）。不同的看法（即认同公积金仍属必要）见 OSÓRIO DE CASTRO, *Valores mobiliários…*, pp. 114 - 115, n. 75。

[406] 第 2 号公司法指令第 22 条第 1 款 b 项要求仅在"该等（自有）股份计入资产负债表资产栏时"才需设立公积金。

[407] ANTÓNIO CAEIRO, *As modificações ao Código das Sociedades Comerciais*, in: AA. VV., *Ab uno ad omnes –75 anos da Coimbra Editora（1920 - 1995）*, Coimbra Editora, Coimbra, p. 339.

第 316 条第 1 款对此未另行规定。故此，似乎应对该款作废止性解释[408]。

在引入第 325 - A 条和第 325 - B 条之前，实施的是第 487 条（后就股份规定部分废止）。彼时是否需要引入该两项条文以在国内法层面执行欧共体第 2 号公司法指令第 24 - A 条规定？笔者认为需要[409]。第 487 条比欧盟有关规范所指从属公司取得控制公司股份的无效规定要求更严——就此部分，后者不要求将上述指令第 24 - A 条转为内国法（尽管建议如此）。然而，第 487 条就交易所股份的取得上要求较宽（尤其不要求第 323 条规定的转让）。第 325 - A 条第 3 款与上述指令第 24A 条第 1 款 b 项一致，而原先另一项制度规定于第 481 条第 2 款 a 项，准用第 487 条规定[410]。

以下阐述自有股。因为在上述自有股份的分析中已就类似问题进行了探讨，故不再多费笔墨。

有限公司（在公司设立或以新出资增资时）不可直接或间接原始取得自有股，否则无效[411]。虽然第 220 条未涉及该等情形，但可类推适用第 316 条[412]。

取得尚未缴付的认购股同样无效，除非遇有第 204 条所指未缴付股东的股（全部或部分）丧失的情况——第 220 条第 1 款与第 3 款。另外，如公司在取得和/或支付时（见前文）不具备法定不少于对价下限额的任意公积金，自有股的衍生及有偿取得同样无效——第 220 条第 2 款（最后部分）与第 3 款[413]。[414]

---

[408] 1995 年立法者的疏漏不仅止于此，第 325 - A 条第 2 款提及的"前款所述股份有限公司"与该第 2 款起首所述的公司相同……

[409] 不同回答见 ANTÓNIO CAEIRO, *últ. ob. cit.*, pp. 399 - 400。

[410] 与本章分析的问题相关的行为（并非本义上自有股份的取得行为），见第 322 条（消费借贷之贷与人或担保人公司为取得自有股份而提供的借贷与担保）与第 325 条（自有股份的出质与担保）——基于第 2 号公司法指令第 23 - 24 条；有关学理见 RAÚL VENTURA, *ob. cit.*, pp. 373, ss., 400, ss.; VICTÓRIA ROCHA, *ob. cit.*, pp. 309, ss.。

[411] 借公积金纳入而增资的原始取得情况除外，见第 92 条第 3 款与第 220 条第 4 款，准用第 324 条第 1 款 a 项。

[412] 亦见 RAÚL VENTURA, *Sociedades por quotas cit.*, vol. I, pp. 431, ss., 以及第 510 条第 1 款。

[413] 第 220 条第 2 款提到"任意公积金在金额上不少于给付对价的两倍"。如同（以上分析）第 317 条第 4 款，这一要求在过去基于一项前提，即需要设立（第 220 条第 4 款准用的）第 324 条第 1 款 b 项所提到的公积金。如今已过时，所述两倍也就非属必要。

[414] 第 220 条规定的非法取得为无效。如上所述，自有股份的非法取得并不按此规则进行——为保护原则上自由转让的有价证券移转上的确定性和安全性，此处建议采用不同的处理方式。

只要经股东决议许可（见第 246 条第 1 款 b 项），经理可（以公司名义）无偿取得（已缴付）自有股，或在针对股东提起的执行之诉中取得自有股，又或在拥有充足的可分派财产以支付对价的情况下取得自有股——第 220 条第 1 款与第 2 款[445]。与自有股份不同，法律未就公司可取得及持有的股的限额作出规定[446]。因此，有可能发生所有股均归属于公司的情况，即面对"无人公司"（德国称之为 Keinmanngesellschaft）。该等公司不应长期存在（任何公司都假定有人的基础，至少有一个股东），如不恢复人之基础，公司将会解散（参见第 142 条第 1 款 a 项）。

在股归于公司期间，其固有的权利全部中止，除非将公积金纳入以使增资的公司有权接受新股（或提高其拥有的股的面值）（第 220 条第 4 款及第 324 条第 1 款 a 项）；经理的年度报告应列明第 324 条第 2 款规定的内容（同样经由第 220 条第 4 款予以准用）。

倘一公司的股由其从属公司取得，则适用第 487 条的规定。或有必要修订该规定，使其接近于有关自有股份的第 325 - A 条和第 325 - B 条的规定。

3.2.4 出资与企业的买卖[447]

转让出资（包括公司的全部股本）不等同于转让公司（客观意义上的）企业。转让出资（股、股份）后，企业继续属于公司；而后者的标的是企业本身，即从公司移转至另一主体。但是，在某些情况下，为某些效力，转让出资实际上是否等于企业出售而可适用后者的有关制度？[448]

假设 A（个人或法人）向 B 出售（客观意义上的）企业。

设想存在 B 未预料到的下列任一事实：企业租予 C（参见《民法典》第 1057 条）；企业的要素因出质而由 D 占有（参见《民法典》第 669 条与《商法典》第 398 条）；A 的债权人 E 是企业的"工厂抵押"权利人（参见《民法典》第 691 条第 2 款与第 3 款）。在该等情况下，企业出售属于《民

---

[445] 《公司法典》在多个条文中提到这一做法：第 225 条第 2 款、第 226 条第 2 款［见本章（3.3.1.1）］、第 232 条第 5 款及第 240 条第 3 款。倘无股东决议，自有股的取得不产生效力（参见第 260 条第 1 款）。

[446] 公司章程可订定此等限制。

[447] 本节基本上按照笔者所著 *Da empresaridade...*，pp. 344，ss. 阐述（亦见笔者 *Personnalité morale, subjectivité juridique et entreprises*，RIDE，1996，pp. 177 - 184）——其中援引大量参考文献。

[448] 显然，有关转股等同出售企业的谈论仅涉及某些情形（并不针对所有情况。比如某人单独出卖对应资本 5% 的一股），以及仅为某些效力（例如，并非为了将企业移转方式适用于出资移转，或为了《民法典》第 1112 条效力——公司继续承租等，无论其股东变动与否）。

法典》第 905 条所指"有负担财产的出卖"（"如移转之权利上附有某些负担或限制，且其超出同类权利所固有之一般限制……"）。因此，B 有权要求撤销基于错误或欺诈的合同并得到赔偿，或要求消除所设有的负担或限制，又或要求减少价金并获得赔偿——第 905 条至第 912 条。

再设想一下存在 B 同样未预料到的下列任一事实：企业机器出现严重的技术缺陷；被出售的企业（如酒店或餐馆）位于垃圾场附近；A 所保证的企业最低营业额并不如实；顶让企业的标志被宣告无效（参见《工业产权法》第 33 条及第 304 - Q 条）。在该等情况下，售出的企业是"有瑕疵物"（《民法典》第 913 条第 1 款："如出卖物之瑕疵降低该物之价值或妨碍实现该物之原定用途，或出卖物不具备出卖人所确保之质量或不具备实现上述用途之必需的品质……"），应予适用经必要调整的第 905 条及随后数条、第 914 条及随后数条（尤其见第 914 - 917 条）规定。

以下更进一步假设：既有负担又有瑕疵的企业属于一家有限公司或股份有限公司，其唯一股东，或大股东，或所有股东，或占公司资本多数的股东（"关联"股东）将出资（股或股份）售予 B 或 B 和其他"关联"主体，皆以唯一合同或多个相互补充的合同（构成全部或大部分出资移转——取得方案）为之。试问，B（或 B 和其他主体）是否享有《民法典》第 905 条及随后数条和/或第 914 条及随后数条规定的权利？

对于法律人格的理解是否过于死板，我们的回答是否定的：股东仅限于转让出资，即出卖属于其本人的财产，而非属于公司法人的企业或其他财产；因此，该等主体不能为不曾出卖或不能出卖的物（企业）所附有的负担、限制或瑕疵承担责任（除非合同含有关公司财产完整性的担保条款）。股东仅可对影响所售出资的各种负担（ónus）或限制（如用益权、质押）承担责任，但若予以排除，有关出资便赋予买受主体所有相关权利（参与股东决议、分享盈余、指定行政管理机关成员、资讯权，等等）。因此，没有适用附有负担或存有瑕疵企业买卖制度的空间。

然而，我们的答复是肯定的。从主观和/或客观角度看［即根据立约人意图和/或（至少是商事领域）公众意见］，通过全部或大部分出资买卖，一方当事人转让，另一方当事人取得公司的控制或支配权，从而使后者获得掌控公司并决定如何管理企业的权力；亦即，如此取得出资的人实际上享有等同于个体企业主的地位；可以说是公司企业的间接移转——甚至可以说是移转对企业的间接所有权[419]。正因如此，上述全部或多数出资额（"控制权的价格"）通常高于零散购买每一股或股份的价格总和。概言之，倘公司企业附有负担或存有瑕疵，为适用移转附有负担或存有瑕疵之物的买卖制度效力，转让一家公司的全部或大部分出资一般等同于转让有关企业[420]。[421]

然而，有必要进一步作两点说明。

以上谈到转让出资好比转让企业及间接移转企业等，所提供的事例涉及（整体或单个意义上）企业的负担或瑕疵，又或企业要素及其对企业的影响。就该等情况，上述内容完全是可以接受的。然而，如着眼于更广泛的问题背景，更为妥当的说法应是出卖出资相当于移转公司财产（其中含企业），以及间接移转公司财产（包括企业），正因为公司与（其）企业并不等同这一简单事实，公司财产与企业财产亦分属两个概念；公司的资产和负债（尤其是后者）所载内容不完全是其企业的要素或财产[422]。因此，取得公司全部或大部分出资不仅相当于间接（或实质）取得公司企业，亦是间接（或实质）取得公司其余财产。

以上说明并非故弄玄虚或无甚意义。试想一下出资取得人不知悉存在公司债务（该债务没有载于公司资产负债表或其他会计文件，卖方亦没有告知买方有关债务）。如果只是说公司企业的间接移转，并（应）理解为[423]债务非属该移转的要素，那么，（意料之外）附有负担（或存有瑕疵）企业的表述是不准确的。然而，如果认为是公司独立财产的间接移转（尽管包括企业），便可诉诸《民法典》第905条及随后数条规定——被间接移转的公司财产负债高于预期，为一项"附有负担的财产"。

419　如正文内容所示，笔者认为为使转让出资等同转让企业，一般而言，足以取得绝对多数票——并不要求取得全部出资或赋予特定多数票的出资。诚然，无此特定多数票，控制股东或集团不能作出某些章程变更或重组公司，但持有绝对多数票，可直接或间接取得企业在关键领域的管理权。

420　该规则的例外情况是仅意在出资买卖（不打算间接进行公司企业的交易），因为该公司并不（或已不）经营企业，亦无足够财产设立一家企业（德国人称之为"公司壳"——Gesellschaftsmantel与"壳交易"——Mantelkauf），或者因为买家仅旨在变更企业的所营事业。

421　将此理解纳入法律人格否认的框架，见上文第四章（2.2）。

422　参见笔者 Da empresaridade…，pp. 214，ss.，335，ss.，上文第一章（3），以及本教程第一卷第三章（3.1.1.2）。

423　参见上注。

第二点说明涉及在证券交易所进行的大额（有支配或控制权）股份交易。在该情况下，不适用附有负担或存有瑕疵财产（企业）出卖制度，不仅是股份交易价格的确定方式使然（交易所牌价由不同因素决定，许多时候无关企业内在现实情况），而且尚因法律对不同主体规定了特别资讯提供义务，如不履行该义务则承担民事责任（以及违反秩序责任）。根据《有价证券法典》规定，"应就有价证券、公开发行、证券市场、经纪活动以及发行人等可能影响投资者决策的信息提供完整、真实、最新、清晰、客观和合法的资讯……"——第 7 条第 1 款[424]。该一般原则贯穿多项条文：第 121 条、第 134 条及随后数条、第 171 条（有关公开发行的公告和招股说明书）、第 236 条及随后数条（证券交易招股说明书）、第 244 条及随后数条（有关股份交易的信息），以及第 312 条（金融中介机构的资讯提供义务）[425]。另一方面，《有价证券法典》规定了因不提供或提供不足资讯所造成损失的责任承担——见第 10 条、第 121 条第 3 款、第 149 条及随后数条、第 166 条、第 243 条、第 251 条及第 314 条。

就所包含的不竞业默示义务而言，全部或大部分出资的转让（不仅是出售）同样等同于公司企业的顶让——对此，本教程第一卷第三章（3.4.1.3）已有阐述。

"除非协议另有约定，出租人在出卖或代物清偿的顶让中享有优先权"（《民法典》第 1112 条第 4 款）。笔者同样认为出售出资等同于顶让——至少出售所有出资与企业财产等同公司财产。

3.3 股东的债权人对股东出资享有的权利

无限公司的股东债权人不得执行该股东的出资（第 183 条第 1 款第 1 部分）。出资是股东财产的一部分，但该类公司的人合性非常强——因此，法律上这一禁止规定旨在防止第三人在未经股东同意的情况下加入公司。

然而，股东的债权人可执行盈余权及清算后所余份额的权利（在分割公司已清算的资产后归属股东的份额）——见第 183 条第 1 款第 2 部分规定。由于该执行通常不足以实现债权（没有或很少盈余；公司的清算不确

---

[424] 该信息在某些情况下应予听证——见第 8 条。

[425] 亦见第 202 条（有价证券市场管理实体向公众提供信息）、第 353 条、第 358 条及随后数条、第 367 条、第 369 条及随后数条（有价证券市场委员会关于信息的监督、规范与披露）。

定和/或遥遥无期），法律（第 183 条第 2 款）允许债权人在查封有关权利后，可请求法院通知公司清算出资（如此而已，可确定出资额并支付股东，进而可由债权人追讨财产）。公司收到通知后，在可能的情况下，将清算出资，或者显示该股东的其他财产用以清偿债务（继续执行股东的该等财产——第 183 条第 3 款），如证明因不存在可供偿债财产而不可清算出资（参见第 188 条第 1 款），则将执行盈余权及清算后所余份额的权利（第 183 条第 4 款）。然而，如出资不可被清算，债权人可请求公司解散（由此可确定归属股东的清算份额）——第 183 条第 4 款最后部分规定[426]。

（有限公司中）股可被执行。"一股之查封涵盖其固有的财产权利，但不包括在查封当日已通过股东决议所分配之利润的权利，且不影响对这一债权的查封；投票权［如同（直接性的）财产外的其他权利］继续由股之拥有人行使"（第 239 条第 1 款）。

执行程序中股之移转不能由公司章程禁止或限制，也不取决于公司的同意（第 239 条第 2 款），但是，可使用各种手段来防止第三人（取得执行程序中的股而）进入公司：将股销除（如章程规定了这一做法）——第 239 条第 2 款第 2 部分；在股之出卖或司法拍卖中股东、公司或其指定的人行使法定优先权（第 239 条第 5 款）；由公司或股东清偿请求执行人的债务而取得相应的代位权（第 239 条第 3 款）。

股份同样也可（被查封与）被执行——见《民事诉讼法典》第 857 条、第 861 - A 条第 12 款、第 875 条第 1 款和第 902 条第 1 款，以及《公司法典》第 328 条第 5 款。从最后一条规定来看，即使是记名股份，也不可在执行程序中由章程规定其移转取决于公司同意或满足符合公司利益的主客观要求；但是，可规定此程序中股东享有股份出卖的优先权。

4. 出资的销除

在通用语言中，销除（amortização）一词是指逐步或一次性偿付债务。

---

[426] 该制度（可适用于无限公司的股东出资）亦可适用于两合公司的无限责任股东的出资（参见第 469 条第 1 款及第 474 条）。

在会计学领域，销除的含义不同，是指系统估算资产在其使用年限内的可折旧金额[427]。股本的销除与前两者含义又不同，所以，销除是个多义词。《公司法典》在 第 232 – 238 条（股之销除）和第 346 – 347 条（股份销除）规范出资的销除[428]，有关前提、要件和效力是不一样的。

4.1　股之销除

股之销除可界定为经股东决议而使股终止存在（参见第 232 条第 2 款、第 234 条第 1 款及第 246 条第 1 款 b 项）[429]。

股之销除可以是强制性的（无论股东是否同意）或取决于股东同意。在任何情况下，销股须得到法律（见第 225 条第 2 款、第 240 条第 4 款、第 241 条第 2 款及第 242 条第 3 款）或公司合同的许可（见第 232 条第 1 款和第 234 条第 1 款）[430]。

对于取决于股东同意的股之销除而言，公司章程订定一般性许可即构成必要及足够的条件（如章程规定："公司可以销除任何股"或"公司可在持有人同意的情况下销除任何股"）。股东的同意可以在有关销股的决议中作出（投赞成票）或在决议之前或之后的有关文件中表示同意（第 233 条第 3 款）[431]。

对于（不基于法定许可）强制性股之销除而言，章程的一般许可已不足够，上述决议须基于公司合同规定的销除事由（第 233 条第 1 款）。并且，为了防止多数股东武断行事，法律要求章程须在目前持股人或被继承人取得该股之前已规定销股事由（例如：股东的死亡、禁治产或无偿还能力、公司兼并、股被假扣押或查封、未经公司允许的股之让与等），除非（取得该股之后）股东一致议决在章程中引入有关事由——第 233 条第 2 款。

---

[427]　参见《会计与金融报告之规范六》第 8 条。

[428]　该法典并未提及无限公司之出资的销除，但应有些等同该出资的"清算"（等同减资时股或股份的销除）——见第 187 条与第 188 条，并参照第 184 – 186 条（股东的死亡、退出与除名）。

[429]　第 232 条第 2 款在规定经销除的股终止存在之后，进一步规定："然而，这不影响已取得的权利与已到期的债务。"这是自然的，因为"已取得的权利"（例如：已议决的分享盈余的权利；已议决的返还补充给付的权利）与"已到期的债务"（例如：股东支付拖欠的出资之义务；被除名的股东有履行所要求的补充给付义务）均独立于股而存续。

[430]　与此相反，有学者基于对第 233 条第 1 款的解释则认为，经股之持有人的同意后，股之销除不要求任何章程许可（见 BRITO CORREIA, *Direito commercial*, 2.° vol. cit., p. 420）。

[431]　如所销除之股设有用益权或质权，则仍需该等权利人的同意（第 233 条第 4 款）。

销股的另一前提（无论是否属强制性）在于股款已全部缴付（除非减资，至少等于尚未缴付的股款）——第 232 条第 3 款（亦见第 27 条第 1 款），以确保遵守公司资本的确切形成原则。

为使公司得以销股，尚需要在减去销股对价金额后的公司净资产价值（于作出有关决议之日）等于或大于公司资本加上法定公积金的价值（除非在销股的同时减资，否则不允许公司财产降至公司资本和法定公积金之和以下）——第 236 条第 1 款。这一要件的满足应在销股的决议中表明（第 236 条第 2 款）。

然而，在符合以上要件而正确地作出决议之后，倘若在支付对价的义务期满时发现支付对价后公司净资产的价值低于或将低于公司资本和法定公积金的总和，则该决议不产生效力（第 236 条第 3 款）[432]，除非股之持有人选择等待，直至公司在保证资本和法定公积金足额的情况下付款，或在已收到部分对价——按已收到对价的比例，以及在存续之股的面值不低于 1 欧元的条件下选择股之部分销除——第 236 条第 4 款（亦见第 5 款）。

按照有关法律规定，对价金额为销股决议作出时股之实际价值（第 235 条第 1 款 a 项），须分两次支付，第一次支付应在该价值确定后六个月内，第二次支付应在其后的半年内（第 235 条第 1 款 b 项）。

销股是否意味着必须对股东（或前股东）支付相应对价？

事实上，有鉴于上述法律制度的可处分性，公司合同或公司与被销除之股的持有人之间协议可能会确立不同的制度（第 235 条第 1 款），包括无偿销股（无论是否为强制销除）[433]。仅当法律作出强制性不同规定时，方不得无偿销股。例如，第 235 条第 2 款规定（如销除的是财产清单上登记的、被假扣押、被查封或包括在无偿还能力人财产之内的股，则应根据上述法律制度确定和支付对价，除非公司合同规定的制度对股东比对公司更为有利，即间接对股东债权人有利；因此，销股不可能是无偿的），以及第 240

---

[432] 在前述所引 FERRER CORREIA/LOBO XAVIER/ANTÓNIO CAEIRO/ÂNGELA COELHO 草稿中，确认资本保留的节点是支付对价之时（而非决议作出之时）——见第 65 条第 1 款；RDE，1977，p. 219。

[433] 相同看法见 RAÚL VENTURA，*Sociedades por quotas* cit.，vol. I，pp. 712，ss.；不同看法见 ANTÓNIO SOARES，*O novo regime da amortização de quotas*，AAFDL，Lisboa，1988，pp. 127，ss.（该作者认为，经股东同意的销除可无对价，但强制性销除不可免除对价）；PEREIRA DE ALMEIDA，*Sociedades comerciais* cit.，pp. 205 – 206（该作者指出，允许按面值或低于面值又或无偿将股销除的章程条款不合法，除非因正当理由而销股——除名）。

条第 5 款和第 8 款（对于法律规定的股东退出的情况，公司章程不可订定低于股之实际价值的对价）。[434]

股之销除通过股东决议进行[435]，如上所述，根据第 56 条第 1 款 d 项规定，无效决议包括：销除尚未缴付出资之股的决议；未保留资本与法定公积金而作出的销股决议[436]；经持股人同意但未经章程许可的销股决议；无具体的法律或章程许可而作出强制性销股的决议（或者基于目前持股人或继承人取得拟销除之股后引入章程的销股事由规定，而就此未取得股东一致决议通过）；如销股决议须经该股持有人同意而该同意未在决议之前、之中或之后作出时，有关决议完全不产生效力（参见第 55 条）。

经有效且产生效力的决议作出的销股在经理通知持股人后方对该持股人产生效力（第 234 条第 1 款）。

股被销除后，便作为被销除之股列入资产负债表（不再属于股东或公司）。然而，第 237 条第 3 款规定："公司合同可规定股被销除作为被销除之股列入资产负债表，以及允许随后可经股东决议将之重设为一个或多个股以转让给一名或数名股东又或第三人。"亦即，如果公司章程作出该款后部分所指的许可规定，则可在无须增资或维持股东之间某种平衡的情况下接受新股东的出资[437]。

倘若公司章程不要求将被销除的股列入资产负债表，则股东应议决：减少公司资本（资本代表股之面值的总和，其中一股的销除将导致资本相应减少）；或者按比例提高其他剩余之股的面值（如资本不减少，则须将被销除之股的面值配予剩余股）——第 237 条第 1 款和第 2 款。

股之销除意味着公司合同变更，更准确地说，是受第 85 条与第 265 条

---

[434] 当有偿销股时，如可以支付但不及时支付对价，利害关系人可选择执行其债权（诉诸履行之诉与/或执行之诉）或（如已收到部分对价）部分股之销除——第 235 条第 3 款（该规定提及第 236 条第 1 款，但按正确理解，指的应是第 236 条第 3 款）。

[435] 当存在强制性销股理由时，应自某一公司经理知悉导致销股事实之日起九十日内（否则公司的权利终止）作出决议（第 234 条第 2 款），但是公司在该期限内可不选择将股销除而是取得股或使股东或第三人取得股（第 232 条第 5 款）。

[436] 示例见 1997 年 5 月 6 日最高法院合议庭裁判，载于 1997 年《司法见解汇编》（最高法院合议庭裁判）第二卷第 77 页［Ac. do STJ de 6/5/97, CJ (ASTJ), 1997, t. II, p. 77］。

[437] 对于第二种情形，见 FERRER CORREIA/LOBO XAVIER/ANTÓNIO CAEIRO/M. ÂNGELA COELHO, *Anteprojecto...*, p. 221："例如，存在两组股东，他们各拥有资本一半，且希望维持其平衡局面，则一组之股东的一股被销除时，赋予该组获得相应股的权利。"

第 1 款和第 2 款制度约束的合同变更吗？销股决议须至少按四分之三多数票通过，抑或多数决即可（第 250 条第 3 款）？

对于某些学者而言，股之销除意味着章程变更[438]，因为有限公司的章程应载明每一股的数额和各持股人的身份资料，以及公司资本（见第 9 条第 1 款 f 项、g 项及第 199 条 a 项）。故此，一旦股被销除，该股持有人自然随之消失；如被销除之股未列入资产负债表，剩余股价将改变，或者资本将变动，这样的话，在上述任一情况下，公司合同的条款都会发生变化。

其他学者认为销股并非本义上的修改章程[439]。笔者更加认同这一理解。

诚然，公司设立文件的变更即有关章程条款的变更（修改、删除或引入条款），对此专属或一并由股东作出决议（参见第 85 条第 1 款）。该等条款的变更在这个过程中由决议直接自主地作出。来自决议或作为决议后果的条款变动并不是本义上的变更，前者直接指向的效力并非后者指向的效力。例如，解任经理 A 的决议非为本义上的变更——尽管 A 在公司合同中被指定为经理（因此合同中载有其姓名）；因一段时间之后创设股东 B 将其股让与 C 而其名字从章程中删除，这一事实也非本义上的章程变更。股之销除的决议同样并非直接针对任何章程变更而是旨在将股终止存在。因此，只要获得投票的简单多数票就足够了（除非公司章程另有规定）（第 250 条第 3 款）。

另外，第 246 条第 1 款 b 项将股之销除和取得自有股取决于股东决议；二者作为供公司选择的措施出现在不同规定中（第 225 条第 2 条、第 226 条第 2 款、第 240 条第 4 款及第 242 条第 3 款）；取得自有股的决议是否获投票数的简单多数即可——因为理应不同于销除决议？并且，该条不是将"公司合同变更"列入第 1 款 b 项，而是 h 项。

销除决议作出之后，无须经任何决议，可按公司合同将股列入资产负债表中。如情况并非如此，股东应选择减少资本或增加剩余之股的面值。相对于销除决议，减资决议是独立的或可独立的（尽管二者都是在同一股

---

[438] RAÚL VENTURA, *últ. ob. cit.*, p. 659, ss., 699, ss., 740, ss., BRITO CORREIA, *ob. cit.*, pp. 417, 424–425.

[439] FERRER CORREIA, *A sociedade por quotas de responsabilidade limitada Segundo o Código das Sociedades Comerciais* cit., pp. 164, ss., ANTÓNIO SOARES, *ob. cit.*, pp. 97, ss., Conselho Técnico da DGRN, em Parecer de 22/9/93 publicado na RN, 1993, pp. 283, ss., JOÃO LA-BAREDA, *Direito societário português – Algumas questões*, *Quid Juris?*, Lisboa, 1998, pp. 245, ss..

东会中作出)[440]；因其属章程变更的决议（第 85 条、第 94 条及随后数条），至少要求达到第 265 条第 1 款订定的特定多数。如不选择减资，股东应通过决议订定股的新价值。似乎这一决议相对于销股决议而言又是独立的，须按特定多数作出，但其效力仅为单纯的算术操作。

股之持有人在其股之销除决议中可以投票吗？回答是：如销股须经股东同意，则可以（参见第 233 条第 3 款）；如因股东死亡而销股，则不可以（第 227 条第 2 款）[441]；此外，在股东与公司间存在利益冲突的情况下，尤其是将查封之股销除（第 239 条第 2 款及第 251 条第 1 款）或为将股东除名而销股（第 241 条第 2 款及第 251 条第 1 款 d 项），亦不可以[442]。

4.2　股份销除

股份销除的方式有两种：不减资及不使股份终止存在的销除（简称"偿还型销除"）与减资及股份终止存在的销除（简称"终止型销除"）。

在偿还型销除（在实践中很少使用）中，股东收取每股份的面值或部分面值。部分面值的偿还须针对所有存在的股份同等作出；全部面值的偿还同样应面向全部股份，除非根据公司章程规定允许抽选受益股份（第 346 条第 3 款）。

该等销股无须规定在章程中，但须由修改公司合同所要求的多数作出决议（见第 386 条第 3 款和第 4 款），并且销股仅可在保留公司资本和法定及章程规定的公积金之后作出——第 346 条第 1 款。

对于完全偿还的股份，可谓之"收益股份"（acções de fruição）［上文（1.8）提及该股份类别］，收益股份可转换为"资本股份"（acções de capital）（以及部分偿还的股份可被还原为完全的资本股份）——第 346 条第 6 款至第 9 款。

"终止型销除"的前提是其被公司章程规定或允许作出。"公司合同可规定或允许股份在某些情况下无须其持有人同意而被销除"（第 347 条第 1

440　FERRER CORREIA, *ob. cit.*, p. 168, JOÃO LABAREDA, *últ. ob. cit.*, p. 257.
441　见上文［本章（3.2.1.1）］。
442　见上文［本章（2.1.2）］。

款)[443]。"导致规定或允许销股的事实须在公司合同中具体界定"（第 347 条第 3 款）。应该补充的是，这些行为（例如查封股份、不履行从属义务——参见第 287 条第 4 款，在不遵守章程限制的情况下移转股份——参见第 328 条）须在认购拟销除的股份之前于公司合同中予以界定——第 347 条第 3 款须结合第 2 号公司法指令第 36 条第 1 款 a 项进行解读。

当股份销除由公司章程强制规定时，股东没有权限对销除进行决议。该权限属于行政管理机关，后者仅有权"在知悉事实后的九十日内声明根据公司合同销除股份，并在合适的情况下予以执行"（第 347 条第 4 款）。

然而，在公司章程仅允许销股的情况下，则唯由股东在章程所定期限内（不超过一年）或销股事由发生后六个月内（第 347 条第 6 款）作出决议（第 347 条第 5 款）。该决议应否按法律为公司合同变更而要求的（一般而言为特定）多数作出（见第 386 条第 3 款和第 4 款)[444]? 在笔者看来不必如此。的确，销股"总是意味着公司资本的减少"（被销除之股份在减资之日终止存在）——第 347 条第 2 款，而减资是公司合同的变更。但是，资本减少是销股决议的"隐含之意"或必要后果——有关议决目的并非直接修改章程，并且也没有就减资作出决议（股东也不能在减资和其他解决方案之间进行选择）。另一方面，第 2 号公司法指令第 36 条第 2 款明确规定不需要上述特定多数决议[445]。

5. 股东的退出

股东的退出（exoneração）是指股东根据法律或章程主动脱离公司。

股东联合在一起通过公司共同从事某种经济活动；退出的股东有权就其失去的出资获得对价，对价由公司支付；公司的人事变化及其财产的减

---

[443] 但公司合同亦可允许经有利害关系的股东同意后销股——相同看法见 JOÃO LABAREDA，*Das acções…*，p. 332；RAÚL VENTURA，*Estudos vários…*，pp. 504 – 505。

[444] 肯定性回答（因销股决议改变了合同：减资）见 JOÃO LABAREDA，*últ. ob. cit.*，p. 330；RAÚL VENTURA，*últ. ob. cit.*，p. 507（但该著作第 504 页发表的意见有所不同）。

[445] 就股之销除而导致资本减少问题，第 347 条第 7 款规定适用第 95 条，除非存在第 7 款 a 项与 b 项规定的情况。该条款在（2007 年 1 月 17 日第 8/2007 号法令引入）第 95 条与第 96 条所作新近变更之前似有（更大）意义。举例而言，如今排除适用第 95 条第 2 款（前第 96 条第 1 款）似乎不再有意义；另一方面，鉴于第 2 号公司法指令第 36 条第 1 款 d 项规定，上述第 96 条亦会适用于股份销除所导致的资本减少，除非具有第 347 条第 7 款各项规定的特定条件（现行第 96 条所含的制度寓于前第 95 条第 4 款 c 项和 d 项规定）。

少均可能影响到公司的运营，进而损害其他股东和公司债权人的利益。这些似乎都指向禁止股东退出。但是，特定情况和事由使得股东不能被要求强留在公司。因此，法律允许股东在发生某些事实且遵守某些条件下退出公司。

《公司法典》在总则中规定了股东退出权，在分则中第185条规定了无限公司股东的退出，第240条规定了有限公司股东的退出。

根据第3条第5款规定，就公司实际住所移至外国的决议未投赞同票的股东可退出公司，为此应于决议公布后的六十日内通知公司其退出决定[446]。有限公司的股东退出按照第240条第4款规定进行。就股份有限公司而言，通知退出决定的股东所持股份将被或可被（有偿）销除，只要公司合同如此规定或许可（第347条），否则，公司须（有偿）取得股份或使之被他人（有偿）取得（可类推适用第105条第1款规定）。

有限公司、股份有限公司或股份两合公司的合同经确定性登记后，"错误、欺诈、胁迫和暴利均可被受影响或受损害股东用于退出公司的合理事由"——第45条第1款。退出按前述规定作出，但股东向公司表示退出意向的通知期更长：有关瑕疵终止后一年（《公司法典》第45条第1款、《民法典》第287条第1款，以及《公司法典》第49条第1款）。

对于公司合并程序，第105条第1款（依据第120条规定可适用于公司分立程序）指出："如法律或公司合同赋予投票反对合并方案的股东退出公司的权利，股东可自决议作出后一个月内要求公司取得其出资或使第三人取得其出资。"《公司法典》在该条或其他条款中没有赋予表示不同意的股东退出权[447]。第3号公司法指令（关于股份有限公司合并的1978年10月9日第78/855/EEC号指令）也没有要求成员国立法赋予该权利[448]。受合并特别损害的股东有中止合并的权力——第103条第2款。然而，第105条第

---

[446] 通常而言，该规定不适用于无限公司（以及当不赞成的股东为无限责任股东时，亦不适用于一般两合公司）。实际上，所述决议"应遵守为公司合同变更所规定的要件"（第5款第一部分），并且该等公司的章程变更一般要求经一致决议（第194条第1款；亦见第476条）——就住所变动只要有一位股东不投票、弃权或投反对票，即可使其不可行。

[447] 不同看法见 PAULO A. V. HENRIQUES, *A desvinculação unilateral ad nutum nos contratos civis de sociedade e de mandato*, Coimbra Editora, Coimbra, 2001, pp. 35 - 36, n. 21。

[448] 第6号公司法指令（有关股份有限公司分立的1982年12月17日第82/99/CEE号指令）第5条第2款允许成员国规定在某些情形下赋予少数股东退出权。基于很好的理由，葡萄牙立法者未使用该权能——见第103条第2款和第127条。

1 款允许公司章程为不同意合并（与分立）的股东设立退出权。并且，该条（被其他多个条文援用，且可类推适用于上述情形）第 2 款和第 3 款对退股对价计算作出规范："除非公司合同或股东协议另有规定，出资之价值须按《民法典》第 1021 条规定计算，以合并决议作出之时为准，由按双方协商指定的注册审计师为之，或在无此协定时，应任何利害关系人请求，由审计师公会指定的独立注册审计师负责。任何一方当事人可根据民事诉讼法的有关规定（……）请求第二次评估。"

对于公司组织变更（即改变公司的类型）情况，原第 137 条第 1 款规定，对公司组织变更决议不投赞成票的股东"可退出公司，为此，须在该决议公布后三十日内以书面方式表示退出意愿"。现第 137 条第 1 款（经第 76 – A／2006 号法令引入修改）规定："如法律或公司合同赋予投票反对公司组织变更决议的股东退出权，股东可在决议通过之日起一个月内要求公司本身或使其他人取得其出资。"因此，在现行法律下，就公司组织变更投反对票的股东不再有退出权，除非其他法律规范或章程赋予其此项权利。须向退股者支付的相对给付同样应按照第 105 条（第 137 条第 2 款）的规定计算[449]。

《公司法典》总则涉及股东退出的最后一个规定是第 161 条第 5 款。根据第 1 – 4 款规定，对于处于清算状态的公司，股东可透过决议终止该清算并使公司恢复正常经营。"如决议在分割启动后作出，则出资比例较之前变小的股东可退出公司[450]……"——第 161 条第 5 款。股东退出应按照第 185 条第 4 款（无限公司）或第 240 条第 34 款（有限公司）规定进行；就股份有限公司而言，按前述第 3 条第 5 款规定作出。作为对价，退出股东将收取其在公司财产分割中所得份额（第 161 条第 5 款最后部分规定）。

对于无限公司（和一般两合公司——第 474 条），第 185 条勾画了基本框架。所有股东在法律规定（除上述"总则"规范之外，第 184 条第 6 款）或公司合同规定的情况下可行使退出权，并且：a）"如公司存续期为无限期，或以一股东的一生为存续期，又或以逾三十年为期限，任何人作为股东持续十年的即可退出公司"；b）"虽有合理事由"，但公司仍议决不将某经理解任或将某股东除名，曾投相反意向票的股东可行使退出权；或该股

---

[449] 对价仅应在保留公司资本后予以支付——见第 140 – A 条第 2 款 b 项。

[450] 因为（在初始分配时）已收到在比例上高于其他股东所得价值。

东被解任经理职务时，也有退出公司的权利（第185条第1款和第2款）[451]。

第185条第2款规定的退出"合理事由"是穷尽性的还是列举性的（如属后者，股东基于法律未规定的"合理事由"行使退出权）？笔者倾向于穷尽性（尤其对公司债务承担无限责任的股东退出，可严重影响公司债权人的利益）[452]。然而，这一问题在实践中几乎没有多大意义，因为可在公司章程中规定无论是否称为"合理事由"的各项退出情况（第185条第1款）。

有意退出公司的股东（无论是否以特别形式）应通知公司（经理）；如退出依据为一项合理事由，则通知应自股东知悉退出事由之日起九十日内作出（第185条第3款）。然而，为使公司适应股东退出所带来的变化，"股东退出仅在有关通知作出的营业年度结尾生效，但不可在通知后三个月前生效"（第185条第4款）。

"退出股东有权获支付其出资的价值，按照第105条第2款规定，以退出生效之时为准予以计算"（第185条第5款）。然而，可能发生一种情况，即不允许公司清算偿还退出股东的出资价值——因支付相对给付导致公司净资产低于公司资本（第188条第1款）。当发生这种情况时，退出股东可基于第185条第2款a项和b项规定的合理事由之一请求公司解散（第195条第1款b条）。对于其他事由造成公司净资产低于公司资本的状况，退股只能干等公司财产状况转好吗？[453] 在等待期间，退出股东将恢复获得盈余和清算结余的权利，直至其出资价值得到切实支付——类推适用针对除名股东的第186条第5款[454]。

---

[451] 一般而言，股东–经理仅在有正当理由的情况下才可被解任（第191条第4款、第5款及第7款）。如基于可导致公司受损之过错事实的正当理由而被解任经理职务的股东可被公司除名（第186条第1款a项）。但是，当违反股东意愿而将其无正当理由解任，且该股东不愿或不能对决议提出争执，又或有解任的正当理由但无公司除名时，该股东可选择退出公司。

[452] 相同看法见 RAÚL VENTURA, *Novos estudos ...*, pp. 289 – 290；不同看法见 M. AUGUSTA FRANÇA, *Direito à exoneração*, in FDUCL/CEJ, *Novas perspectivas do direito commercial*, Almedina, Coimbra, 1988, pp. 210, ss. 。

[453] 当因缺少公司财产而无法支付出资的对价时，无限公司（股东向公司债权人承担责任），相对于有限公司，前者的退出股东反而比后者更少具有请求解散公司的可能性，这一点委实奇怪。

[454] 其他看法有："退出者有权重回公司并重新取得股东的所有权利"（AUGUSTA FRANÇA, *ob. cit.*, p. 223）；"不适用第186条第5款。只要存在第188条第1款的限制，对出资价值的债权就不可被执行"（RAÚL VENTURA, *últ. ob. cit.*, pp. 292 – 293）；"对退出之法律行为无废止性协议时，退出者将在公司财政情况允许的情况下按部就班地实现其债权"（PAULO HENRIQUES, *ob. cit.*, pp. 91 – 92）。

在有限公司中，根据第 240 条第 1 款的规定，股东可在（其他）法律规范、公司章程或该款各项规定的情况下退出公司（只要其已缴足股款——第 240 条第 2 款）。

《公司法典》多个条文中规范了股东退出。除了前述"总则"（第 3 条第 5 款、第 45 条第 1 款及第 161 条第 5 款）外，第 229 条第 1 款规定："当公司章程禁止股之让与时，股东在加入公司十年后有退出权。"

退出权也可以（直接）由公司合同约定。对此，第 240 条第 1 款作了一般性规范，其他条款——如第 105 条第 1 款与第 226 条针对个别情况作出规范。公司章程是必须具体指出可使股东退出的事由，抑或仅设"基于合理事由"（或"重大原因"等）、"一般条款"（举例或不举例）即可？在笔者看来，后者足矣[455]。一般条款的不确定性不会妨碍法官（当公司与希望退出的股东间发生争议时）根据具体情况及可适用于一般法律行为解释的规范来解释章程[456]而作出公正裁判[457]。公司合同不可订立的条款则是允许股东任意退出公司（第 240 条第 8 款）。

根据第 240 条第 1 款 a 项规定，对于"第三人全部或部分认受增资、变更公司所营事业、延长公司存续期、将公司住所迁移至国外之决议及被解散的公司重新营业之决议"明确投票反对的股东，可以退出公司。上述第 3 条第 5 款同样提及公司住所移至国外及第 161 条第 5 款同样规定公司重新营业，但在两种情况下拟脱离公司的股东明确投反对票均不是退出的要件。难道第 240 条第 1 款 a 项因要求这一投票而相对于其他条文构成特别规范（不可适用于有限公司）吗？应当说，相对于第 3 条第 5 款构成特别规范[458]，而非相对于第 161 条第 5 款，该条适用于结余分割后作出重新营业的决议（持股人即使未投票反对亦可退出公司），而第 240 条第 1 款 a 项适用于结余

455　不同看法见 RAÚL VENTURA，*Sociedades por quotas* cit.，vol. Ⅱ，p. 18。

456　参见上文第三章（5）。

457　对"合理事由"的细化一直在进行着。例如允许遇有下述情况的股东退出：急需金钱以维持生存；长期患病；须移民；常被迫就多数股东作出武断行为提出争执之诉。对于德国学理和司法见解提出的上述及其他例子，见 ROWEDDER，in H. ROWEDDER et al.，*Gesetz betreffend die Gesellschaften mit beschränkter Haftung（GmbH）*，3. Aufl.，Vahlen，München，1997，p. 719。

458　见 AUGUSTA FRANÇA，*ob. cit.*，pp. 214 – 215；RAÚL VENTURA，*últ. ob. cit.*，pp. 20 – 21（该书第一版的观点不同）。

分割前作出重新营业的决议[459]。

法律尚允许一股东在第 240 条第 1 款 b 项预设的情况下退股：公司虽有合理理由，但仍议决不将另一股东除名或不提起旨在将该股东除名之诉。前提是退股者曾明确投相反意向票。

希望行使退出权的股东应在知悉有关事实后九十日内向公司（经理）提交书面声明以表明其退出公司的意图（否则该权利失效）；公司在收到该股东的声明后，应于三十日内销除、取得或使他人（股东或第三人）取得其股；如公司在该期限内不作出销除、取得该股的决议，或虽作出决议，但没有进一步的行动，则拟退出公司的股东可诉诸行政途径解散公司（寻求退出公司的最后途径）。根据第 240 条第 3 款和第 4 款规定，仅当以上任一举措完成后，股东才正式退出公司；拟退出公司的股东仅在股被销除／消灭或被他人取得时才丧失其股本[460]。

支付给退股者的对价，按照第 105 条第 2 款的规定，"以股东声明有意退出时为节点予以计算"（第 240 条第 5 款）[461]。公司合同可仅针对章程中规定的退出情形订定较低的对价数额（第 240 条第 8 款）。对价支付分两次进行，分别在确定性订定其价值后六个月内与一年内作出（按第 240 条第 5 款规定而适用第 235 条第 1 款 b 项）。

如公司支付对价后净资产因低于资本与法定公积金的总和而使对价无法由公司支付，如股东不选择等待付款，则其有权通过行政途径请求公司解散；股之取得者（股东或第三人）未及时支付对价时，退股者有相同权利，但不妨碍（使他人取得股的）公司采取代位措施，只要其净资产不低于资本与法定公积金的总和（第 240 条第 6 - 7 款）。

《公司法典》没有规定股份持有者可退出公司的具体规则，这是因为股东通常借移转股份而较容易离开公司[462]。

---

[459] 相同看法见 RAÚL VENTURA, *ob. cit.*, p. 21；不同看法见 AUGUSTA FRANÇA, *ob. e loc. cit.*。

[460] 相同看法见 AUGUSTA FRANÇA, *ob. cit.*, p. 223；RAÚL VENTURA, *ob. cit.*, pp. 25, 33, 34。相反看法（退出是以股东作出相关声明为之）见 PAULO HENRIQUES, *ob. cit.*, pp. 76, 80, 82, ss., 93, ss.。

[461] 可能按实际退出时计算更加合理（如同无限公司——第 185 条第 5 款）。

[462] 即使在（记名）股份移转须经公司同意的情况下，股东也不为股份所困（注意第 329 条第 3 款 c 项）。

然而，如上提及，法律在某些情况下亦赋予股份持有人退出权（第 3 条第 5 款、第 45 条第 1 款及第 161 条第 5 款），并在第 105 条第 1 款、第 120 条和第 137 条第 1 款中允许章程在公司合并、分立和组织变更时赋予其该权利。另一方面，在不违反法律强制性规定的情况下，章程可规定其他退出公司的情况[463]。

鉴于此，不难断定赋予退出权尚可基于其他不同的事由，例如：

假使股东通过转股而离开公司的途径不可能或非常困难（见第 182 条第 1 款、第 185 条第 1 款 a 项及第 229 条第 1 款），基于经济活动自由原则（就消极一面而言，股东享有脱离从事公司经济活动的自由），股东有权退出公司，但有必要经过一段时间（超过十年似乎过长……）以保证其履行完对公司的承诺[464]。

在公司发生重大变化后（即使变化在客观上是合理的），强留（变化之前出资的）股东在公司是不合理的，也应予以其退出权——例如，公司住所迁至国外或根本上改变所营事业。

又如某些股东因其行为而应被公司除名，但公司不作出此决定，在这种情况下，同样不可迫使其他股东容忍有关行为（见第 185 条第 2 款 a 项及第 240 条第 1 款 b 项）。

公司章程可设定的退出事由除了上述外，基于股东自由规范权限，尚可增设其他事由（只要不抵触法律强制性规定，亦非基于股东任意武断的意思）。

6. 股东的除名

以下谈论一项使股东身份终止的制度[465]。

《公司法典》特别为无限公司（第 186 条，也适用于一般两合公司——

---

[463] 相同看法见 AUGUSTA FRANÇA, *ob. cit.*, pp. 220 – 221；不同看法见 JOÃO LABAREDA, *Das acções...*, pp. 307, ss.。

[464] GALGANO, *Diritto commerciale...*, p. 84, PAULO HENRIQUES, *ob. cit.*, pp. 47, ss., 213, ss. .

[465] 我们已在本章阐述了股东地位终止的其他方式，特别是通过移转（全部）出资、（全部）股与股份的销除及股东退出。

第474条）和有限公司（第241－242条）规定了股东除名。我们可以将之界定为：基于法律或公司章程规定的理由，一般由公司采取措施[466]，并通过公司和/或法院的决定使股东离开公司。与股东退出公司不同，被除名股东的离开是非自愿的或不取决于其意愿。除名或促成除名股东的权利经由法律或公司章程（直接）赋予公司[467]。

导致除名的法律或章程规定的事由是多样的。一般而言（除去章程可能规定的少许要求较低的除名情况），基本上围绕一项理由依据：股东的行为表现或个人情况使公司宗旨不可能或难以实施，从而不可要求其余股东容忍其继续留在公司[468]。

对于无限公司，除了上述第186条以外，《公司法典》第181条第5款规定，利用与公司相关的信息对该公司或其他股东造成不合理损害的股东应被除名；第196条第2款规定，在股东债权人反对清算中的公司恢复经营的情况下，为去除公司恢复经营的障碍，公司可将有关股东除名。

基于法律，公司尚可按第186条第1款的规定将股东除名。

a）如可归责于该股东严重违反其对公司的义务，尤其是第180条规定的竞业禁止的义务。

义务的不履行，除了有过错外，应是严重的。其严重程度需要结合义务性质、违反程度以及义务不履行对公司组织和/或运营造成的后果具体判断。法律列举了违反竞业禁止的例子。根据第180条，所有股东均不得为自己或他人从事与公司业务有竞争关系的活动，除非获得所有其他股东的

---

[466] 这是一般规则，因为在仅有两名股东的公司中，这一举措可以或必须由一名股东作出（并非通过决议的方式为之）。

[467] 或者赋予另一股东（见上注）。作为公司的一项权利，其可以行使或不行使，但没有义务行使；当公司可以通过决议将某股东除名而未为之时，其他股东可行使退出权（第185条第1款b项、第2款b项及第240条第1款b项），但这并不能使有关权利变为义务（对公司如此行事不予同意的股东无权要求公司作出除名决议）——不同看法见 BRITO CORRE-LA, *Direito commercial* cit., 2.° vol., p. 464。

[468] 此为德国主流看法，见 ROWEDDER, *ob. cit.*, p. 715。有关除名权的理念依据（公司处分权说、法定处分权说、契约说），见 AVELAS NUNES, *O direito de exclusão de sócios nas sociedades comerciais* cit., pp. 23, ss.（为证明除名权的正当性，该学者在第37页、第47页及随后数页强调公司企业的保全理念，并在第52页及随后数页提到公司作为共同目的与组织性合同旨在稳定存续，以及在第81页及随后数页论述所有股东须履行的合作或忠实义务）；另见 BRITO CORREIA, *ob. cit.*, pp. 460, ss.；MENEZES LEITÃO, *Pressupostos da exclusão de sócio nas sociedades comerciais* cit., pp. 15, ss.。

同意（第 1 款、第 4 款及第 5 款）；"任何涉及公司所营事业的活动，即使公司尚未从事该活动，也视为存在竞业关系"（第 3 款）。但是，并非每一次违反不竞业的法律义务都被视为严重而应予以除名的事由。考虑到义务的理由依据（确保股东履行合作义务并防止其利用公司地位带走公司客户或扰乱公司与其他主体——如供应商和出资者的关系），以及第 180 条第 2 款规定的处罚，以下情况不应属于"严重违反"事例：股东从事一项包含于公司所营事业的活动，但公司未从事（也没有预见未来从事）该项活动。除了不竞业义务外，股东也可能严重违反公司的其他义务。例如：股东将公司财产用于公司以外的利益；因挑唆股东之间不和而阻碍公司正常运转；散布损害公司信誉的言论[469]。

第 1 款 a 项允许基于合理事由将被解任经理职务的股东除名，合理事由是指可对公司造成损害的过错事实。解任经理职务本身并不是除名的理由。并且，以合理事由解任经理职务也不是除名理由，只要其没有违反身为股东而应负之义务（例如，因在管理方面能力明显不足而被解任经理职务）。为构成除名理由，该解任须基于"对公司可造成损害之过错的合理事由"（如经理－股东非法占用公司财产）。

b）禁治产、准禁治产或无偿还能力的情况[470]。禁治产或准禁治产的股东不能提供公司所需之合作，且不可要求其他股东同意外人（监护人或保佐人）介入公司运营[471]。被宣告无偿还能力的股东会降低公司信誉，如其留在公司，则破产管理人会介入公司运营。

c）劳务股东无法向公司提供其承担之劳务。由于劳务出资是持续执行的，当其无法再履行其主要义务时，可被除名[472]。

除法律外，公司章程亦可规定股东的除名事由（第 186 条第 1 款）。

为避免任意除名，公司合同应规定可除名情况。尤其应将第 186 条第 1 款 a 项的一般条款（"严重违反对公司的义务"）具体化，但股东们可以在公司合同中订立要求更低的除名事由（即不要求除名事由具有严重性）。

通常情况下，除名应通过股东决议为之，待被除名的股东不得投票

---

[469] 更多内容见 AVELÃS NUNES, *ob. cit.*, pp. 169, ss. 。

[470] 第 186 条第 1 款 b 项继续（不得当地）提到"破产或无偿还能力"的宣告……

[471] AVELÃS NUNES, *ob. cit.*, p. 189.

[472] 然而，可能在某些情况下除名决议属权利滥用（试想一位股东长年累月兢兢业业……），见 RAÚL VENTURA, *Novos estudos...*, pp. 299－300。

（亦见第 189 条第 1 款和第 251 条第 1 款 d 项）；"如公司合同不规定更高的票数，除名决议应获得其余股东的四分之三票数，且须在公司经理知悉除名事实之日起九十日内作出"（第 186 条第 2 款）。然而，为稳当起见，"如果公司仅有两名股东，以第一款 a 项和 c 项规定的任一事实为由将其中一名股东除名，则仅可由法院下令为之"（第 186 条第 3 款）[473]。

被除名的股东有权收取其出资（告终——参见第 187 条）价值，根据第 105 条第 2 款规定计算，以除名决议或司法裁判作出之日为准——第 186 条第 4 款。[474]

如果按照第 188 条（公司的净资产少于资本额）而不可支付出资价值，被除名股东则"重新获得分享盈余和清算结余的权利直至获支付"（第 186 条第 5 款）。

就有限公司而言，同样存在股东被除名的法定与章定事由。

《公司法典》规定了一些股东除名的特定事由：第 204 条第 1 款和第 2 款规定，公司可通过决议将未缴足股款的股东除名，其股划归公司，并失去为缴付股款而支出的金额[475]；如一股东未履行已承担的补充给付义务，亦可通过决议将其除名——第 212 条第 1 款准用第 204 条；股东（通过行使其资讯权）利用获得的信息对公司或其他股东造成不合理伤害时应被除名——第 214 条第 6 款。[476]

股东除名的一般法定事由（作为一般条款）规定于第 242 条第 1 款："股东因其不忠实行为或其行为严重扰乱公司运作而对公司造成或可能造成重大损害时，该股东可被司法除名。"所谓不忠实行为[477]和/或严重扰乱公司运作的行为包括：利用公司缔约机会谋一己之利；经常对公司提起无理取

---

[473] 第 186 条第 1 款 b 项所规定的情况（禁治产、准禁治产或无偿还能力）不包括在内，该等情况要求有事先的法院判决。

[474] 从第 105 条第 2 款可得出的解读是：公司合同（或公司与被除名者的协议）可订立不同于出资实际价值的相对给付（甚至包括无偿）。

[475] 有学者认为该处理方式不是股东除名，见 MENEZES LEITÃO，*ob. cit.*，pp. 86，ss.。

[476] 某些学者［BRITO CORREIA（*ob. cit.*，p. 474）；PEREIRA DE ALMEIDA（*ob. cit.*，pp. 60 - 61）］尚提到将趋于取得全部控制权作为股东除名的特定法律事由（一家公司取得另一家公司 90% 的出资或更多时，可成为该公司少数股东的出资权利人）——见第 490 条第 2 - 4 款（亦见《有价证券法典》第 194 条及随后数条）。在笔者看来，这并非本义上的除名。少数股东的离开是控权股东行使形成权的结果，而非由于公司行使除名权；二者在程序步骤上亦不相同（例如，前者不要求宣告除名的任何公司决议或司法裁判）；离开公司的股东应得对价计算在两种情况下同样有区别，以及可用不同的财产偿付对价。

[477] 关于股东的忠实义务，见上文（2.2.3.2）。

闹的诉讼；散布损害公司信誉的风言风语；非法占用公司财产；为一己利益而挪用公司财产[478]；披露公司企业管理秘密；对公司不忠实的竞业行为[479]；故意引起股东间的严重不和；对公司员工进行性骚扰[480]等。为使司法除名正当化，还须被除名股东的行为对公司造成或可造成严重损害。因此，可以说，第 242 条第 1 款的一般条款所含理念是除名仅可基于作为最后手段的"重要理由"（为使其余股东继续进行公司活动而有必要将某股东除名时方得以为之）[481]。

章程中也可规定可除名事由（第 241 条第 1 款）。任何股东可因"其自身原因（例如：处于禁治产、准禁治产或被司法宣告无偿还能力、酗酒、吸毒或明显衰老）或行为举止（例如，上述第 242 条第 1 款提及的某一或某些行为[482]）"而被除名。该等情况须在公司章程中予以确定。由于股东除名可造成严重后果，对股东的保护要求公司章程不允许无故或任意作出除名决议（如此规定的章程条款无效，例如，"公司认为合适时可作出股东除名的决议"）。章程含有"合理事由""严重事由""重要依据"等（不确定）规定同样达不到确定性要求；如经解读得出的结论是章程实际赋予公司随意通过决议将股东除名的权力，则有关条款无效；如得出的结论是该条款只是援用第 241 条第 1 款，则该条款有效，但须根据其中规定的理由和条件予以除名。第 241 条第 2 款进一步规定："如按公司合同将股东除名，可适用有关股之销除的规定。"如上所述，（强制性）销股须基于公司合同所规定的"一项事实"（第 233 条第 1 款）；并且，对该事实的章程性规定须早于现任股之持有人或继承人取得该（拟销除）股的时间，除非（在取得该股后）列入章程的有关事实经股东一致同意通过（第 233 条第 2 款）。

---

[478] 见 1995 年 11 月 30 日最高法院合议庭裁判，载于 1995 年《司法见解汇编》（最高法院合议庭裁判）第三卷第 128 页［Ac. do STJ de 30/11/95，CJ（ASTJ），1995，t. Ⅲ，p. 128］。

[479] 见 1996 年 10 月 1 日里斯本中级法院合议庭裁判，载于 1996 年《司法见解汇编》第四卷第 28 页［Ac. da RL de 1/10/96，CJ，1996，t. Ⅳ，p. 28（其中提及一名股东辞去经理职务不久，便开了一家与公司相竞争的营业场所，并利用公司的价目表与商品表，旨在将公司的客户吸引过来）］。

[480] 德国学理及司法见解示例见 ROWEDDER，*ob. cit.*，，p. 715。

[481] WIEDEMANN，*Gesellschaftsrecht* cit.，p. 385. 对于作出上述行为的股东兼经理（不仅违反经理义务，而且违反股东义务），亦可被公司除名。然而，如认为该股东被解除经理职务后留在公司不影响公司的正常运作，则基于合理事由解除其经理职务即可。

[482] 如某些行事方式未在公司章程中标明，则适用第 242 条第 1 款，借股东决议而非司法方式将股东除名。

只要符合确定性要求，股东就可在公司章程中将（客观上）不会从根本上破坏公司运作的事实定为除名事由；亦即，不再要求基于章定事由的除名作为最后的手段。

如上所述，销股与股东除名有关联。或者说，二者之间存在不同之处但也有交叉点。司法除名的前提与程序在很大程度上不同于销股——尽管后者可涵盖前者程序（见第 242 条第 3 款）。章程除名可与销股一并执行，但公司亦可取得或使他人取得股（按第 241 条第 2 款规定可适用第 232 条第 5 款）。存在不将股东除名的销股情况——销除部分股或其中一股，经股东同意的股之销除，股东主动销除或行使权利而销股（第 232 条第 4 款）。公司章程订定的除名事由须与股东的自身原因或行为有关；章程所允许的销股也可能与其他事实有关（例如，与股之查封或假扣押有关）。但是，应强调的是，章程有关股之强制性销除与股东除名所规定的事由一致。例如，章程规定"如股之持有人对公司财产作出某一欺诈行为，则其股被销除"的销股条款亦为股东除名条款，可以称之为销股－除名条款[483]。

基于法律或公司章程所列事由的股东除名是通过股东决议而执行（第 246 条第 1 款 c 项及准用第 234 条的第 241 条第 2 款）。基于第 242 条第 1 款所规定的一般事由的股东除名是通过司法裁判而执行，但之前须由股东决议（第 242 条第 1 款、第 2 款及第 3 款）。

在第一种情况下，简单多数决（除非章程要求更高的票数）通过除名——第 250 条第 3 款[484]。拟被除名的股东不得投票（第 251 条第 1 款 d 项）。因此，决议须在（事先召集或未经召集的全体）股东会上作出，而不能采用书面一致决议的方式，亦不能通过书面投票作出（第 247 条第 8 款）。在基于公司章程所列事由进行除名的情况下，有关决议将股销除或确定该股由公司、股东或第三人取得（第 232 条第 5 款以及第 241 条第 2 款准用的第 234 条）[485]。

"司法除名"不仅仅是通过判决为之，在作出该判决之前，股东应就提

---

[483] 这一识别具有实际意义。例如，公司合同分别为"股东除名"与"股之销除"相对给付价值评估规定不同标准（见第 241 条第 3 款），如遇有销股－除名情况，则按照第一项准则进行。

[484] BRITO CORREIA, *ob. cit.*, p. 482——该作者认为须按第 265 条第 1 款规定的四分之三特定多数通过［亦见本章（4.1）笔者就股之销除决议所作的阐述］。

[485] 对欠缴股款或未履行补充给付义务的股东的除名程序，见第 204 条第 2 款与第 205 条。对第 214 条第 6 款规定的股东除名情况，类推适用第 241 条第 2 款规定。

起除名之诉作出决议（第242条第2款）[486]；判决确定后三十日内，股东应就被除名者之股的销除或由谁取得作出决议；除名只有在销股决议或由公司、股东或第三人取得股之后才予以实施（第242条第3款）。这些不同的决议同样是根据可处分性一般规则作出——简单多数决即可（第250条第3款）。由于该等决议是除名程序的组成环节（先于司法裁判或其后补充），因此，被除名对象因与公司存在利益冲突而不得投票（第251条第1款与d项）[487]。

对于仅有两名股东的公司而言，根据法律或章程规定的事实依据，其中一名股东的除名是否须经司法途径作出？有学者作出肯定的答复，理由是拟被除名股东应受到法律的保护，以及适用《公司法典》第186条第3款（类推）、第257条第5款和《民法典》第1005条第3款的规定[488]。笔者认为不一定如此。股东除名决议完全可以仅通过其中一名股东的投票作出。假设有限公司x的章程规定"股东向第三人透露'工业秘密'可被除名"，该公司共两名股东A与B，前者持股占公司资本60%。B在某一时间向第三人（公司的竞争对手）透露了一项工业秘密。A知悉后，作为经理召集股东会，拟就B之除名作出决议。两名股东皆出席股东会，由A主持（见第248条第4款）。在对除名提案进行投票时仅A投票（赞成票）——B因第251条第1款d项规定的限制而未投票；或者两人均投票，但A（作为主席）没有将B的票数（反对票）计算在内；又或两人均投票，主席计入B的票数而宣布除名提案通过。试问，有何不可？[489] 当然事情也可能变得复杂。假设是A向第三人透露了秘密。在股东会上，B投票赞成将A除名，但A（作为主席）无视禁止投票的规定而投票反对并宣布除名提案未获通过。B只对（否定性）决议提起撤销之诉[490]……凡此种种，考虑到有关情形

---

[486] 在该诉讼中，公司并非须由经理代表（参见第260条第1款）；股东可为此决议指定一位或多位特别代表（如经理或股东甚至第三人），由其负责执行有关提起诉讼的决议（亦准许其对诉讼代理人作出授权）——第242条第2款；亦见 RAÚL VENTURA, *Sociedades por quotas* cit., vol. II, pp. 62–63。

[487] 故而，该等决议亦应在（事先召集或未经召集的全体）股东会上作出。

[488] 见 RAÚL VENTURA, *últ. ob. cit.*, p.58（不同于第204条规定的除名情况）；1992年3月16日波尔图中级法院合议庭裁判，载于1992年《司法见解汇编》第二卷第214页（Ac. da RP de 16/3/92, CJ, 1992, t. II, p.214）；2000年3月14日科英布拉中级法院合议庭裁判，载于2000年《司法见解汇编》第二卷第15页（Ac. da RC de 14/3/2000, CJ, 2000, t. II, p.15）。

[489] B始终可以通过司法途径对决议提出反对。

[490] 见本章（2.1.2）。

（以及第 186 条第 3 款和第 257 条第 5 款所述情形），笔者认为在仅有两名股东的公司中，如发生法律规范或公司章程特定事实时，其中一名可针对另一名提起除名之诉（可以而非必须循此途径）[491-492]。

除非章程条款或当事人协议另有规定[493]，被除名者有权获得其所失去之股的结算价值（第 105 条第 2 款），并（根据具体情况）以除名决议作出之日或提起除名之诉之日为准；该对价分两期支付，分别在对价额确定后六个月内和一年内支付（结合适用第 241 条第 2 - 3 款、第 242 条第 4 款及第 235 条第 1 款的规定）。

如在股东除名程序中将该股东之股销除后未及时支付相应对价将会产生第 235 条第 3 款及第 236 条第 3 - 5 款（由第 241 条第 2 款与第 242 条第 4 款准用）规定的后果[494]。如若公司已选择由其本身、股东或第三人取得股，在不支付相应对价之前，取得效力中止，如不及时支付，被除名者可选择其债权的实现或股之转让不产生效力（见第 225 条第 4 款最后部分和第 5 条前半部分规范，分别由第 241 条第 2 款、第 232 条第 6 款与第 242 条第 5 款适用）。[495]

《公司法典》就股份有限公司的股东除名没有任何规范。这样的处理方式能够理解，因为在该等典型的资合性公司中，股东的个人与行事对于公司而言通常无关紧要，尤其是持有（可自由转让）无记名股票者，毫无意义论及该等持有人的除名：事实上，公司（由行政管理机关代表）对于这类股东大多不知悉或不可能知悉（参见《有价证券法典》第 52 条第 1 款），而且，受除名威胁的股东可轻易移转其股份，即使被除名，其也可通过再次取得股份回归公司，这无甚困难。但是，对于记名股份持有人，论及除名的意义会大得多，尤其是"封闭型"股份有限公司的股东。

尽管《公司法典》没有专门规定股份有限公司的股东除名，但有两处规范实质上与股东除名有关：如前所揭，未缴足股款的股东可能会丧失其

---

491 经必要调整，亦适用于第 242 条第 2 款规定的针对有关决议提起的司法诉讼。

492 《公司法典》颁布之前，AVELÃS NUNES 已提出与笔者上述相近的看法（*ob. cit.*，pp. 299，ss.）。

493 且不影响适用于欠缴股款或不履行补充给付义务股东的特别制度（第 204 条第 2 款及第 212 条第 1 款）。

494 我们已在本章（4.1）分析过该等后果。

495 第 235 条第 3 款、第 236 条第 3 款与第 4 款以及第 225 条第 5 款的适用可使被除名者重回公司……

欠缴付部分股份，该部分股份即划归公司（第 285 条第 4 款）；倘若股东欠付全部股款，则丧失全部股份，有关决议同样是股东除名的决议[496]；尽管不履行从属义务不影响股东的地位，但章程有相反规定除外（第 287 条第 4 款）。也就是说，同样允许公司章程将该等情况定为股东除名事由，切记：仅适用于记名股份——第 299 条第 2 款 a 项和 c 项。

如前所揭，股份销除伴随减资，这在通常情况下是强制性的[497]。当要求或允许强制性销除股份的事由涉及股东自身或其行为时，可以视之为股东除名（或销股 – 除名）[498]。

最后，笔者认为，直接适用于有限公司的第 242 条经必要调整后，可予以类推适用[499]。

---

[496] 亦见本章（2.2.1）。

[497] 见本章（4.2）。

[498] 即便在该等情况下，通常也仅涉及记名股份。

[499] MENEZES LEITÃO, *ob. cit.*, pp. 97 – 98, BRITO CORREIA, *ob. cit.*, pp. 483 – 484, PEREI-RA DE ALMEIDA, *ob. cit.*, p. 60.

第六章　公司资本、资产、盈余、公积金及亏损

1. 公司资市（概念）

除了股东以劳务方式出资的无限公司外，公司章程必须载有公司资本（章程或票面资本）：《公司法典》第 9 条第 1 款 f 项。

传统上（至今在葡萄牙仍为主流看法[1]），公司资本被视为代表股东出资价值总和的数字，但这一观念是不正确的。比如，劳务出资的价值并不计入公司资本（第 9 条第 1 款 f 项及第 178 条第 1 款）；现金或实物出资的价额可超出相应的股价（见第 295 条第 2 款 a 项及第 3 款 a 项：发行股的溢价）或少于股价（见第 298 条第 2 款：因金融中介承销而扣除费用）——实际出资多少仅关乎公司资产，而不完全体现于公司资本。[2]

因此，笔者一直提出公司资本应被定义为：代表基于金钱及/或非金钱出资的股本面值总和的数字。[3]

这一定义对一般公司而言是继续成立的，然而，对于拥有无面值股份的股份有限公司来说则不然（葡萄牙 2010 年 5 月 19 日第 49/2010 号法令许

---

[1]　P. TARSO DOMINGUES, *Código das Sociedades Comerciais em comentário*（coord. de COUTINHO DE ABREU）, vol. I, Almedina, Coimbra, 2010, pp, 250 – 251, n. 27.

[2]　TARSO DOMINGUES, *Variações sobre o capital social*, Almedina, Coimbra, 2009, p. 40, ss.

[3]　见 *Sumários das aulas de Direito Comercial*, ed. copiogr., FDUC, Coimbra, 1995/1996, Ⅵ, 1 （citados por TARSO DOMINGUES, *Variações …*, p. 48, n. 115）, *Direito comercial – Relatório sobre o programa*, *os conteudos e os métodos de ensino*, ed. copiogr., Coimbra, 1999, p. 74; etc. TARSO DOMINGUES, ob. e loc. cits.; A. SOVERAL MARTINS, *Cláusulas do contrato de sociedade que limitam a transmissibilidade das acções – Sobre os arts. 328. ° e 329. ° do CSC*, Almedina, Coimbra, 2006, p. 115 （两位作者认同上述定义）.

可无面值股份的存在）[4]。有关公司章程自由订立股东应缴的最低出资额（同样以欧元表示，见《公司法典》第 14 条），但是，不能低于法定公司资本下限（第 25 条第 2 款及第 298 条第 1 款）[5]。

资本一词有时也含有其他意思，包括法律上多义（例如，《公司法典》第 35 条第 1 款和第 2 款）：实有的公司资本，即用于覆盖章定公司资本价值的公司财产数额[6]。实有的公司资本被纳入公司的（净）资产中，但不能与之相混淆，公司资产可多过实有的公司资本。事实上，只有在公司净资产等于公司章程载有的公司资本的情况下，实有的公司资本才与公司净资产相吻合。

不同的是公司"本身资本"（capital próprio）的概念，它是会计制度中的关键要素，但也出现在《公司法典》中（第 32 条第 1 款、第 35 条第 2 款、第 171 条第 2 款、第 349 条第 1 款及第 2 款）。构成公司本身资本的要素列于 2009 年 9 月 7 日第 986/2009 号训令附件 1 及 7（关于资产负债表）[7]，有关内容与《公司法典》第 349 条第 2 款规定基本一致。在传统的法律术语中，公司本身资本等同于公司净资产。[8]

2. 公司资产（与公司资本对比）

任何公司在存续的各个时期都有一定的资产——具有经济价值（即可用金钱衡量）的法律关系总和[9]。

公司资产可被视为："总资产"（património global）——在某一时期得以金钱计算的公司权利与债务总和；"毛资产"（património bruto）——得以金钱计算的公司权利总和；"净资产"（património líquido）——经扣除债务后得以金钱计算的公司权利总和，此最后一项为公司法中用于表示公司资

---

4 P. TARSO DOMINGUES, *As acções sem valor nominal*, DSR, vol. 4, 2010, p. 181, ss., PAULO CÂMARA / A. FILIPA MORAIS ANTUNES, *Acções sem valor nominal*, Coimbra Editora, Coimbra, 2011.

5 TARSO DOMINGUES, *últ. ob. cit.*, pp, 190–191, ou *Código...*, p. 255.

6 TARSO DOMINGUES, *Código...*, pp. 251, ss..

7 亦见 2009 年 9 月 9 日第 1011/2009 号训令核准的《会计法典》第 5 类及相应的"框架注释"。

8 "本身资本"与"他人资本"（capital alheio）不同，后者对应的是公司债务。

9 关于资产的概念及种类，见 MANUEL DE ANDRADE, *Teoria geral da relação jurídica*, vol. I – *Sujeitos e objecto*, 3.ª reimpr., Almedina, Coimbra, 1972, pp. 205, ss.。

产的主导词义。

如上所述，并非所有种类的公司须有公司资本，即使如此，所有公司也都拥有公司资产。在公司设立之初，公司资产至少是对应出资义务。其后，随着公司运营活动的开展，资产将随着更多的权利或财产与债务的进出而改变。

从上述分析可见，不得混淆公司资本与公司资产（尽管二者在公司组织与运营中时常一并发挥作用）。

公司资本仅仅是一组数字，或者说纯粹金融计数；公司资产表面上可用数字表示，实则构成法律关系的具体或复杂现实。在公司存续期间，资产会持续不断地变化；公司资本则往往是持恒的，很少发生变化，借由增加或减少资本的特别程序而变更（见第87条及随后数条、第94条及随后数条）。[10] 在公司设立时，资本价值和资产价值往往是一致的，随后两者之间几乎总是存在差异。[11]

3. 公司资市的功能

公司资本具有不同的功能。[12]

3.1 为公司筹资

以现金或实物形式出资的价值可等于或高于股本面值，但不可低于该面值——第25条第1款。如属无面值股份的情况，出资的价值则等于或高于所相应发行的公司资本（第25条第2款），这样才能使公司最初所拥有的资产至少不低于公司资本，而该对应资本的资产即为公司本身融资的手段。

---

[10] 但注意证券投资公司与不动产投资公司的资本变动可能性（见2003年10月17日第252/2003号法令第81－B条第1款及第81－D条第2款与2002年3月20日第60/2002号法令第58－C条第1款及第58－E条第2款——该等条文由2010年6月18日第71/2010号法令引入）。

[11] 显然，公司资本并不承担公司债务，不可被查封［与此相反的观点见里斯本中级法院1992年1月22日合议庭裁判（Ac. da RL de 22/1/1992，www. dgsi. pt——卷宗编号0074404）摘要："公司资本用以承担公司债务，故可被查封"］。承担公司债务的实属公司资产，其财产可被查封［相同看法见2003年5月28日吉马良斯中级法院合议庭裁判，载于2003年《司法见解汇编》第三卷第289页（Ac. da RG de 28/5/03，CJ，2003，Ⅲ，p. 289）］。

[12] TARSO DOMINGUES, *Variações* ...，pp. 125，ss.，*Código* ...，pp. 256，ss. .

然而，我们不得不承认，事实上，即使不存在公司资本制度，公司融资照样可由股东出资为之。

另一方面，显而易见的是，股份有限公司的法定最低资本（第 276 条第 5 款）或有限公司的章定最低资本（第 201 条及第 219 条第 3 款）一般不足以供公司开展业务。

3.2　规　制

公司资本，作为衡量股东的权利义务的尺度、确定股东享有特定权利的基础，以及股东议决的法定人数的标准，在法律上起到规制作用。

（1）通常而言，股东"按其出资比例"分享公司的盈余并分担公司的亏损（第 22 条第 1 款）。有些规则尽管不直接涉及资本，但遵循同样的逻辑：例如，就股东的投票权，有限公司"每股面值之一分为一票"（第 250 条第 1 款），股份有限公司通常"每一股份为一票"（第 384 条第 1 款）。

然而，上述权利（及义务）的尺度可由章程另行订立；出资与资本也可能有出入。除此之外，每位股东的地位可按其股面价值与其他或所有股东所持股面价值之间的比例予以计算，或按其股票与全部发行的股票（无论是否为同等类别）数目之间的比例予以计算——因而并非一定参照公司资本[13]。

（2）股东特定权利的存在参照股东所占公司资本比例而确定：例如，持有不低于 5% 公司资本或 2% 上市公司发行股票的股东可为公司提起追究经理/董事责任之诉（第 77 条第 1 款）；持有至少相当于 1% 公司资本之股份的股东（第 288 条第 1 款）或持有相当于 10% 公司资本之股份的股东（第 291 条第 1 款）对特定资讯享有知情权；持有至少相当于 5% 公司资本之股份的股东可行使请求召集股东会的权利（第 375 条第 2 款）。

然而，除了需指出"股东拥有公司资本"表述欠正确（资本是属于公司的，况且，公司资本莫过于一组数字因而不可被拥有）外，事实上，将每一出资相对于全部股份或股面值总和的比值进行计算，所得结果相同。

（3）有限公司某些事项要求达到特定的决议所需人数：第 265 条第 1

13　如上所述，在公司章程中应写入每一股的金额（第 199 条第 1 款）及股份数量（第 272 条 a 项）。

款及第 270 条第 1 款规定至少"相当于公司资本四分之三"的多数票。就股份公司而言，对于首次召集设立股东会的人数，法律要求"持有至少相当于三分之一公司资本"的股东或其代表出席（第 383 条第 2 款）。

然而，此处公司资本标准亦可被取代：第一种情况为投票数占出资的四分之三；第二种情况为（有投票权的）三分之一股份。

3.3　公司经济－财务的评估

由于种种原因，公司有时会对其经济－财务状况进行评估[14]，其中所用的一个参数是公司资本，尤多见于资产负债表，其中资本大致上等同于股东为经营活动所投的资源。倘若在某一时间点资产负债表记录净资产高于资本，表明公司有盈余；反之，公司亏损。

尽管如此，无资本架构的公司不诉诸资本评估也是真实的。即使实行资本制的公司，同样也可以不参照资本而评估公司经济－财务状况：仅将资产与负债进行对比为之。

3.4　保障公司债权人

3.4.1　保障功能主要与所谓的公司资本不可动用（以及公积金不可处分）原则有关[15]：公司（及其任何机关）不可将覆盖公司资本及不可处分的公积金价值的公司财产分派予股东（第 32 条第 1 款及第 31 条第 2 款）。

当然，这并不意味公司资本是公司债务的一般担保——该担保基于公司财产（可查封的财产）而非票面资本。然而，公司债权人受一项禁止性规定的保护：法律不允许公司通过将财产分配给股东而使其净资产少于注册资本、法定及章定公积金的价值。公司只能将盈余分派给股东。公司资本作为"留置数字"旨在保护公司债权人。

尽管如此，资本不可动用原则所提供的担保是十分微弱的。首先因为公司资本可以很低，几乎没有什么可"留置"的[16]。法律为一般股份有限公

---

[14]　根据法律规定，每年至少评估一次（《公司法典》第 65 条与第 65－A 条）。

[15]　如上所述，资本确切形成原则同样发挥保障功能，以确保初始资本与初始财产的对应性——见上文第五章（2.2.1）。

[16]　对此，无论是公司资本制度的支持者（例如，WOLFGANG SCHON, *Wer schitzt den Kapitalschutz?*, ZHR, 2002, pp. 1, ss. ）还是反对者（例如，LUCA ENRIQUES / JONATHAN MACEY, *Raccolta di capitale di rischio e tutela det creditor: una critica alle regole europee sul capitale sociale*, RS, 2002, pp. 97, ss. ）均表示同意。

司规定的最低资本（5 万欧元）[17] 和有限公司的任意最低资本（1 欧元起）对于债权人而言算不得什么……[18]

其次，该原则显然不能阻止公司净资产因非向股东分配财产的其他原因而低于资本额，例如，公司经营管理不当或经济形势不好等亦可导致公司亏损进而使公司净资产少于资本，法律并不强制股东恢复资产–资本平衡的义务（参见第 34 条）。即使下述第 35 条亦未规定此义务。

3.4.2 《公司法典》第 35 条生效较晚（2001 年），且历经几次重大修改[19]，以下分析现行第 36 条如何规范。

根据第 1 款规定，公司行政管理机关从营业年度账目或中期账目发现资本亏损一半（即本身资本等于或少于票面资本的一半：第 2 款[20]）或在任何其他时候基于"合理的理由"估计存在此亏损时，应"立即召集股东会"（见第 248 条第 3 款、第 189 条第 1 款及第 474 条）或"要求立即召集股东会"（见第 375 条第 1 款、第 377 条第 1 款及第 478 条），以便在股东会中"通知股东有关情况以便采取适当的措施"。

因此，行政管理机关有勤勉义务召集或要求召集股东会，并通知股东资本亏损一半的情况。由股东采取其认为合适的措施——如第 35 条第 3 款规定的某些措施或其他措施；也可不采取任何措施（作出不核准有关提案的决议，或作出不采取任何措施的决议）[21]。

17　法律对某些特别制度的公司（如信贷机构、金融公司、保险公司等）定有更高的资本下限额。

18　然而，近年来，在传统上设定最低资本的欧洲大陆，立法与学理上出现的趋势是取消为有限公司设定最低资本（目前而言，欧盟第 2 号公司法指令第 6 条尚不允许对股份有限公司采用此做法）。就葡萄牙而言，早在第 33/2011 号法令之前就有学者提出这一建议，见 A. MOTA PINTO, *Capital social e tutela dos credores – Para acabar de vez com capital social mínimo nas sociedades por quotas*, em Nos 20 anos do Codigo das Sociedades Comerciais, vol. I, Coimbra Editora, Coimbra, 2007, pp. 858, ss.；TARSO DOMINGUES, *Variações...*, pp. 158, ss., 551, ss., 后者主张对所有类型的公司废除设定最低资本并倾向于取消开放型股份有限公司的本身资本（pp. 562 – 563），对于向股东分配财产的问题，该学者提出双重检验：资产负债表检验与偿还能力检验（pp. 316, ss., 326, ss., 569 – 570）。

19　见 TARSO DOMINGUES, *Código...* pp. 514, ss.（对第 35 条的评注）。

20　见上注 1。

21　宜将该制度与《支付不能及企业重整法典》结合起来探讨。如亏损一半资本的公司处于无偿还能力而不可能履行到期债务（《支付不能及企业重整法典》第 3 条第 1 款），则行政管理机关继续负有第 35 条规定的义务；但是，如股东不及时采取扭转该局面的措施（或决议解散公司），则行政管理机关有义务提出公司已无偿还能力（《支付不能及企业重整法典》第 18 条第 1 款、第 19 条）。如公司因其负债明显高于资产而无偿还能力 （转下页注）

故此，公司债权人从第 35 条规定得不到保证亏损严重的公司会采取措施来应对这种情况。

然而，如果上述亏损情况未有改善，现行第 171 条第 2 款（由 2005 年 1 月 18 日第 19/2005 号法律引入）规定，"只要公司本身资本等于或少于注册资本的一半"，有限公司、股份有限公司与股份两合公司应在对外文件中指出"最近核准之资产负债表上本身资本的数额"[22]。这一规定意在保护第三人，如违反这一规定而导致债权人向公司贷款后无法获得偿还，有关行政管理机关成员应对该债权人承担民事责任（第 79 条）[23]。

上述第 35 条第 3 款列举的措施包括：（1）公司解散（见第 141 条第 1 款 b 项、第 270 条第 1 款、第 383 条第 2 款及第 386 条第 3-4 款）；（2）公司资本减少至不低于公司本身资本的数额（见第 94 条及随后数条、第 265 条第 1 款、第 382 条第 2 款、第 386 条第 3 款及第 4 款）；（3）股东出资增补资本。

最后一项与传统上所称的资本补充（reintegração do capital）有关，有必要进一步说明以下几点。（1）假如所有股东一致决议均按照或不按照相应的出资比例来缴付现金或实物以填补亏损"窟窿"，自是没有问题的[24]。（2）由于不可要求股东作出法定或章定之外的其他缴付，所以要求所有成员都有义务作出新"出资"的多数决议是非有效的[25]。（3）要求补充资本的多数决议仅对投赞成票或嗣后同意的股东适用，该决议是有效的，且产生效力。（4）为鼓励该等举措，以及补偿愿意为公司（即为所有股东）弥补亏损供款的股东，（通过修改章程）赋予该等股东特别权利是合法的，例如，超出其出资比例分享盈余至（与其供款相当的）一定金额。这一决议

（接上页注 21）（《支付不能及企业重整法典》第 3 条第 2 款），确定亏损一半资本（反之则不正确，即亏损一半资本的公司并非必然负债高于资产）；第 35 条的要求对行政管理机关同样适用，正是因为《支付不能及企业重整法典》不要求行政管理机关在该等情况下请求宣告无偿还能力（第 18 条第 1 款仅提到第 3 条第 1 款）；但是，如股东不采取措施扭转这一赤字局面（或不解散公司），行政管理机关可请求宣告无偿还能力（参见《支付不能及企业重整法典》第 19 条）。亦见本教程第一卷第二章（4.2.2.1）。

22　否则处以（轻微）罚款，见第 528 条第 2 款。

23　COUTINHO DE ABREU, *Responsabilidade Civil dos administradores de sociedades*, 2ª ed., Almedina, Coimbra, 2010, pp. 83, ss., 89-90.

24　该规定所述"出资"并非真正的出资，因为实际上资本没有增加（而是资产的增加），没有与新出资、提高出资票面价值或发行价值相对应的对价。

25　为此目的之章程变更决议对于未投赞成票（或以其他方式表述同意的）的股东不产生效力，见第 86 条第 2 款。

即使未获一致通过，也未违反股东同等待遇原则，因为在此股东之间的差异对待并非出于武断，而是出于对公司利益、所有股东共同利益的保证，这是合理的、必要的和相称的[26]。（5）即使无章程规定，股东也可决议向有限公司作出补充给付（参见第210条以及随后数条）或向股份有限公司作出从属给付（第287条），均适用补充给付的返还制度（第213条）[27]，该等供款因被纳入本身资本（在会计上纳入第53项）而具有补充资本的作用[28]。

4. 盈余

上文已指出公司（客观）盈余的一般概念：使得财产增值的赢利[29]。事实上，公司法尚适用若干专门的盈余概念。[30]

4.1 资产负债表所反映的盈余

该盈余指的是财产的增加，体现于资产负债表，等于公司净资产价值减去公司资本和不可处分（法定和章定）公积金（价值所得差额）[31]。

正是该盈余标示公司可分配给股东的财产上限——第32条。

4.2 营业年度的盈余

该盈余指的是营业年度末的净资产价值相比营业年度初净资产价值所超出的部分[32]，标示在资产负债表"本身资本"栏内的"净差额"一项。

该盈余用于法定公积金（第218条及第295条第1款）与可能的章定公积金（第33条第1款）的设立（或再设立），亦正是该盈余通常在营业年

---

[26] 参见上文第五章（1.1）。不同看法见 TARSO DOMINGUES, *últ. ob. cit.*, pp. 538 – 539。

[27] 该等供款因属自愿，故仅对支持这一做法的人有约束力，为此无须章程规定，见 R. PINTO DUARTE, *Contribuições dos SOcos para alem do capital social : prestações acessorias, prestacões suplementares e suprimentos, em Escritos sobre direito das sociedades*, Coimbra Editora, Coimbra, 2008, pp. 257 – 258。

[28] P. PAIS DE VASCONCELOS, *A participação social nas sociedades comerciais*, 2ª ed., Almedina, Coimbra, 2006, pp. 306 – 307, TARSO DOMINGUES, *últ. ob. cit.*, p. 539。

[29] 见上文第一章（2.4）。

[30] 见 V. G. LOBO XAVIER/M. ÂNGELA COELHO, *Lucro obtido no exercício, lucro de balanço e lucro distribuível*, RDE, 1982, pp. 259, ss; TARSO DOMINGUES, *Código* ..., pp. 492, ss. （对第32条的评注）。

[31] 公式为：资产负债表所载盈余 ＝ 公司净资产 –（公司资本 + 不可处分之公积金）。

[32] 公式为：营业年度盈余 ＝ 营业年度末公司净资产 – 营业年度初公司净资产。

度结束后分派给股东。

然而，应注意的是，并非营业年度的所有盈余均可分派给股东，可供分派的营业年度盈余须在资产负债表的"盈余"一栏中（这是因为公司可能取得营业年度盈余，但在资产负债表中登记为负结余）——第 33 条第 1 款。

4.3 终结或清算后的盈余

该盈余指的是在公司存续的最终阶段作出的账目（通常为清算的最终账目）[33] 中公司净资产超出公司资本的部分（终结盈余等于公司资产减去公司资本：结余 = 资产 – 资本）。这里的减少项或扣除项中不再含不可处分的公积金价值，该价值已包括在被减少项中。公司的财产增量最终通过公司净资产与股东为公司经营所持续投入财产的价值（在此按惯例统称公司资本）相比得出。

4.4 股东分享盈余的权利

4.4.1 基本框架

第 21 条第 1 款 a 项规定所有股东均有分享盈余的权利，即每一股东[34]均有权在盈余可以（或必须）分派时，通常按照在资本中各自出资比例（第 22 条第 1 款）要求取得盈余份额。

当然，这并不意味着当有可分配的盈余时，每一股东可以随时要求在该等盈余中取得其份额，而是仅在盈余可以（或应该）被分配时——通常取决于股东决议，并考虑到分派限度后才能要求取得。

因此，学理上将盈余权分为抽象盈余权与具体盈余权：前者是指股东所享有的盈余权，作为出资之组成权利部分；后者是指股东对可分派盈余所享有的债权。事实上，抽象（更确切地说，潜在）盈余权不单纯是法律上的期待（expectativa jurídica），其中已含具体（或现有）盈余权，即现可予执行的权力或权能。事实上，所有股东均有法律所赋予的权力，可要求公司不得剥夺其分享盈余的权利。

---

[33] 参见《公司法典》第 157 条与《商业实体解散与清算之行政程序的法律制度》第 20 条第 1 款。

[34] 有时也可以是非股东，如出资的特别用益权人［见上文第五章（3.1）］

在实践中，仅对一方有利的协议，所谓狮子协议（pacto leonino），是被禁止的。第 22 条第 3 款规定，"剥夺股东分享盈余的权利……条款无效"。无论是章程条款，还是股东或行政管理机关的决议，如若剥夺股东分享盈余的权利，均属无效（第 56 条第 1 款 d 项及第 411 条第 1 款 c 项）。

狮子协议（pacto leonino）的命名受经典的伊索和/或费得鲁斯寓言所启发，该寓言后来被其他寓言家更新。笔者选用的是葡文版《拉封丹寓言》中的《小母牛、山羊和绵羊跟狮子合伙》[35]。此处转述：

绵羊、山羊和小母牛碰见了一头狮子，她们向他求和，遂约定合伙，并表示狩猎所得四位均享，概由狮子把关。狮子因年迈、身躯沉重，她们便外出捕猎，成功带回一袋面包[36]，不知是哪位旅客丢失的。狮子掐指一算道：食物分为四份。接着说："作为兽王，第一份归我；第二份亦归我，因为我是狮子；第三份也是我的，这是最强者的权利。谁敢动第四份，必当场毙命。"其余三个饥肠辘辘，不敢反对，但忍不住说："这哪能行，太无耻了！"合伙随即告吹，皆知，与强权者缔约，鲜有善终。

这一寓言主要讲的是将一位或更多合作者排除在盈余分享之外是不公正的。并且，罗马法强调禁止剥夺盈余分派权条款。中世纪同样严格禁止另外一项狮子协议，即禁止将某一股东排除在分担公司亏损之外（这一规定也出现在《公司法典》第 22 条第 3 款中）[37]。

有关狮子协议的两面禁止（禁止排除分享盈余与禁止免除承担亏损）

---

[35] LA FONTAINE, *Fábulas*（G. Dore 插图，Pinheiro Chagas 与 Teofilo Braga 撰写前言，Filinto Elisio 与 Curvo Semedo 翻译），Publ. Europa-América, Mem Martins, 1987, p. 31. 在所引寓言中，拉封丹受费得鲁斯的启发大于伊索，这可从寓言中的角色看出来（动物与前者一样，而伊索寓言中出现的是一头狮子、一头驴和一只狐狸）。

[36] 译者在脚注中写道："原文说到一头鹿掉入母山羊的网里，狮子将猎物分成四份，随后全部据为己有；然而，小母牛、山羊和绵羊均非为食肉动物，对鹿肉又有什么兴趣呢？因此，译者将鹿肉换成面包，因为几乎所有动物都吃面包。"（在伊索与费得鲁斯寓言中也有食草兽狩猎……）

[37] 对于该制度的演变说明，见 MARCO TORSELLO, *Partecipazione a scopo di finanziamento e patto leonino parasociale*, CI, 2000, pp. 897, ss. 。

的解释如今（似乎）已经过时[38]，按照意大利现代学理，该禁止旨在保障公司的良好运作。一个仅获利而免于承担公司风险的股东，会倾向于刺激和支持那些高风险的政策，并且会一直与那些既可获利也要承担损失的股东存在利益上的冲突；一个仅承担亏损而排除盈余分享的股东，通常会更倾向于采用谨慎的政策，对公司开展风险合理的活动不感兴趣[39]。

根据第 22 条第 3 款的规定，应视为无效的是"狮子协议"，而不涉及公司出资，更不是指公司合同本身无效。对于无效条款适用同条第 1 款的可处分性规范[40]。

"在没有任何特别规定或相反协议的情况下，股东应根据各自出资比例参与公司盈余分配……"（第 22 条第 1 款）[41]

作为上述规则之例外的"特别规定"是指第 341 条第 2 款的规定："无投票权之优先股持有人有收取股息的优先权。"[42]

因为允许"相反协议"，故第 22 条第 1 款的规定是可处分性的。因此，公司章程可以将其排除适用，或允许通过股东决议而将其排除适用（第 9 条第 3 款）。如果章程规定一名或多名股东（或持有某类股份的股东）有权获得超出其出资比例的盈余，则其对盈余享有特别权利[43]。

只有股东[44]享有分享盈余权吗？正常来讲是这样的，但也有可能因其他

38　对于葡萄牙及其他国家学说的演变，见 L. VASCONCELOS ABREU，*A sociedade leonina* (*Art. 994.° do Codigo Civil*)，ROA，1996，pp. 620，ss.；MARGARIDA COSTA ANDRADE，*A locação financeira de ações e o direito português*，Coimbra Editora，Coimbra，2007，pp. 364，ss.；FÁTIMA GOMES，*O direito aos lucros e o dever de participar nas perdas nas sociedades anónimas*，Almedina，Coimbra，2011，pp. 155，ss.。

39　TORSELLO，*ob. cit.*，pp. 901，ss.。

40　见上文第三章（4）与（6.2）；相同看法见 TARSO DOMINGUES，*Código...*，pp. 370 – 371；CAROLINA CUNHA，*ibid.*，p. 597（两位学者均明确提出第 42 条所规定的公司合同无效事由的限定性）；相近看法见 RAÚL VENTURA，*Sociedades por quotas*，vol. I，2.ª ed.，Almedina，Coimbra，1989，pp. 327–328；FÁTIMA GOMES，*ob. cit.*，p. 165；不同看法见 A. MENEZES CORDEIRO，*Manual de direito das sociedades*，I，2.ª ed，Almedina，Coimbra，2007，p. 603。

41　严格而言，该规定不可适用于所有公司。在无限公司及两合公司，劳务股东不以"资本出资"。然而，公司章程须为分派盈余目的而对劳务赋予一价值（第 176 条第 1 款 b 项）。

42　见第五章（1.8）。

43　见第五章（1.1）。

44　或者作为出资用益权人的非股东。

理由（如章程或合同上规定的理由），非股东得以分享盈余。

《公司法典》规定，经章程许可，行政管理机关成员的报酬可为公司盈余的分成（第 255 条第 3 款及第 399 条第 2－3 款）[45]。并且，根据第 279 条第 6 款 b 项和第 8 款规定，以公开认购方式设立的股份有限公司发起人可在一段时间内保留一定比例的盈余归其所有（即使其不再是股东）。

同样有可能的是，在雇员与雇主之间的劳动合同中订定该雇员参与分享盈余作为其报酬的一部分，或者在章程中规定特定雇员将有权按特定比例参与盈余分享。

如此而来，该等盈余分享均为公司的债务，将从可分派予股东的盈余数额中作为成本或费用扣除，况且（通常）不经由股东决议作出。引起更多争议的是，股东可否以慷慨（liberalidade）名义作出将盈余给予非股东的决议。

一般来说，答案应该是肯定的[46]。股东有权议决"盈余的运用"，包括"盈余的分派"（第 189 条第 3 款、第 246 条第 1 款 e 项及第 376 条第 1 款 b 项）。盈余的运用不应限于将任意公积金在股东之间分派或拨归公司运营专用。股东可以以简单多数决定将部分盈余分派给员工或发放给社会互助机构、环境生态保护组织、文化协会等。[47]

但是，股东作出有关慷慨行为的决议是有限制的。股东不可在超出公司权利能力的情况下将盈余给予非股东，否则无效（第 6 条第 1 款与第 2 款）[48]。在股东缺席或有股东不同意的情况下将可分派的盈余全数给予非股东的决议（多数决）同样无效（见第 21 条第 1 款 a 项及第 56 条第 1 款 d 项）。除该等情况之外，还可将非股东分享盈余的决议视为权利滥用而撤销

45　亦见第 217 条第 3 款与第 294 条第 3 款。

46　葡萄牙学者中持相同看法的见 TARSO DOMINGUES, *Variações…*, pp. 293, ss.。

47　行政管理机关亦可为相同目的而处分公司财产（参见第 6 条第 1 款与第 2 款）。
对于股份公司，有学者认为将公司盈余归于工作人员属管理事宜，由行政管理机关而非股东负责作出决议（第 373 条第 3 款），见 C. OSÓRIO DE CASTRO/G. ANDRADE E CASTRO, *A distribuição de lucros a trabalhadores de uma sociedade anónima, por deliberação da assembleia geral*, OD, 2005, pp. 73, ss.。但是，（对于其所引条文的解释，见 COUTINHO DE ABREU, *Governação das sociedades comerciais*, 2.ª ed., Almedina, Coimbra, 2010, pp. 49, ss.），首先在于盈余运用（无论何种形式）属于管理事宜（见 *últ. ob. cit.*, pp. 39, ss., 43）并不妨碍股东（如同对其他管理事宜）具有决议权限（第 376 条第 1 款 b 项）。反驳意见见 TARSO DOMINGUES, *últ. ob. e loc. cits.*, 与 FÁTIMA GOMES, *ob, cit.*, p. 516。

48　见上文第四章（3）。

（第 58 条第 1 款 b 项）。

4.4.2　资产负债表上的盈余分派

事实上，股东并没有（真正意义上）分享资产负债表上盈余或所有盈余的权利（见第 32 条[49]），也无权在通过资产负债表后要求取得全部或部分盈余。他们享有的权利是每年要求行政管理机关向股东会提交管理报告（第 65 条第 1 款第 5 款），其中含有如何运用盈余的提案（第 66 条第 5 款 f 项），以及对该提案作出决议（第 189 条第 3 款、第 246 条第 1 款 e 项及第 376 条第 1 款 b 项）[50]。[51]

然而，上述（否定性）规则有两个例外：一是无投票权的优先股持有人有权从资产负债表上的盈余中提取优先股息（第 341 条第 2 款及第 342 条）；二是有限公司和股份有限公司在不存在特定条件的情况下，股东有权分配至少一半的可分派性营业年度盈余（第 217 条第 1 款及第 294 条第 1 款）——如上提及，这里的营业年度盈余须呈现于资产负债表[52]。

一旦作出盈余分派（有效）决议后，股东就其相应的盈余份额享有债权，公司即为债务人。

在有限公司和股份有限公司中，股东对资产负债表盈余份额的债权不会立即到期。对于营业年度盈余适用第 217 条第 2 款和第 294 条第 2 款的规定[53]：债权自盈余分派决议作出之日起计三十日届满到期；但股东可以根据

49　对于由 2009 年 8 月 12 日第 185/2009 号法令引入的该条第 2 款规定的解释，见 ANA MARIA RODRIGUES，*Justo valor – uma perspectiva crítica e multidisciplinar*，em IDET/Miscelâneas n.º7，Almedina，Coimbra，2011 pp. 69，ss.，113，ss.。

50　相同看法亦见 TARSO DOMINGUES，em *Código das Soci dades Comerciais em comentário* cit.，pp. 495，ss.。

51　如行政管理机关违反这一义务，未提交管理报告和/或盈余运用提案而是提交了其他财务文件特别是资产负债表（并被股东通过），或者股东拒绝行政管理机关提交的盈余运用提案，该等股东可否提出将全部或部分盈余分配？笔者找不到充分的反对理由。原则上，每一股东参与公司决议的权利（第 21 条第 1 款 b 项）包括就股东会议决事项作出提案的权能（见 E. LUCAS COELHO，*A formação das deliberações sociais Assembleia geral das sociedades anónimas*，Coimbra Editora，Coimbra 1994，pp. 108，ss.）。尽管盈余运用属管理事宜，但股东仍是最终决策者。另一方面，股东在缺少行政管理机关提案的情况下诉诸第 67 条第 1—2 款或当其拒绝行政管理机关提案时适用第 68 条第 1 款均有过分之嫌。有学者强调提交盈余运用方案属“行政管理机关”的绝对权限……（见 D. COSTA GONÇALVES，*Adiantamentos sobre o lucro do exercício—Breves reflexões*，RDS，2010，p. 589）。

52　见下一节。

53　TARSO DOMINGUES，*últ. ob. cit.*，p. 498.

公司的特殊情况（例如流动资产不足）决定将该期限延长至六十日[54]；并且，每个股东可与公司约定推迟债权到期日[55]。

股东对盈余的债权到期后，公司应通过行政管理机关成员予以清偿。但是，如果行政管理机关成员有理由确信盈余分派将带来公司财产变动而导致公司净资产低于资本与不可处分之公积金的总和，则不应执行这一（起初有效的）盈余分派决议（第31条第2款a项）[56]。

同样，当公司被传唤回应中止其决议的保全程序（《民事诉讼法典》第397条第3款）或被提起针对其核准资产负债表和/或盈余分派决议非有效之诉时，行政管理机关成员也有义务不执行盈余分派决议（《公司法典》第31条第4款）。[57]

在法律不允许以盈余名义将公司财产分派给股东——尤其是违反公司资本及不可处分之公积金不可动用原则的情况下，股东理应将其不当收取的财产返还给公司。然而，法律并不是这样规定的，而是参照欧共体第2号公司法指令第16条、《公司法典》第34条第1款的处理：只有那些知悉盈余分派属不按规则进行的股东或者根据具体情形不应不知悉的股东，才有义务将之返还给公司（而善意股东不受影响）[58]。

这一制度适用于股份有限公司[59]，特别是对那些持有无记名股票的，尚且可以理解，但对其他情况而言，似乎难以合理解释……[60]

第34条第2款规定上述第1款的制度适用于"收取有关款项的股东权利受让人"。该规定既包括出资连同（独立性的）盈余之债权的取得人——此时取得人为股东，亦包括可独立转让的盈余债权的取得人[61]。在后一情形中，

---

54 获许可在规范市场上交易的股份除外（第294条第2款）。

55 延期超过一年的决议被视为垫借合同（第243条）。

56 第31条第2款另含有两项规定，然而其与自始无效的分派决议有关，自然不可执行。

57 亦见第31条第5款。

58 公司或公司债权人（代位之诉的提起者，见第34条第3款）负有股东恶意之举证责任（第34条第4款）

59 注意：第2号公司法指令仅可适用于该类型的公司（第1条）。

60 注意：通常而言，虚拟利润的分配基于股东决议。一旦决议无效，应将所给付的财物或相应价值全部返还（《民法典》第289条第1款及《公司法典》第61条第1款），股东善意与否不予考虑。

61 不同看法见 PAULO CÂMARA, *Código das Sociedades Comerciais anotado* (coord. de A. MENEZES CORDETRO), 2.ᵃ ed., Almedina, Coimbra, 2011, p. 172。

按第 61 条第 2 款规定保护善意第三人。

4.4.3　营业年度盈余的分派

对于有限公司、股份有限公司和股份两合公司的营业年度盈余的分派，主要适用第 217 条与第 294 条（类似）规范。

该两条第 1 款均规定："应按法律规定将可予分派的营业年度盈余半数给予股东，除非公司合同另有规定或者为此目的召集的股东会按对应公司资本四分之三多数票作出不同的决议。"

因此，如获确认（核准的）资产负债表中存在可分派的盈余，且公司章程没有不同规定（如就盈余分派限度或比例的多数决另有规定），以及股东没有按特定多数[62]决议分派少于一半的盈余[63]，则公司有义务向股东分派半数营业年度盈余，股东有权获得该部分盈余[64]。

有必要重复的是，有关营业年度盈余应分派给股东。不可分派的是那些必须用以弥补（上一年度）结转亏损又或用以设立或重新设立法律（第 218 条及第 295 条）或章程（第 33 条第 1 款）所要求的公积金的营业年度盈余[65]。

另一方面，如果有关盈余来自某一营业年度或某个时期的利润，那么股东就可以对之前营业年度的盈余作出决议[66]。

下面细究第 217 条第 1 款和第 294 条第 1 款的若干解释/适用问题。

---

[62] 法律提及 "为此目的召集的股东会" 的决议，但所涉决议还可为全体大会决议、书面一致决议以及有限公司的书面表决决议（第 54 条第 1 款、第 247 条第 1 款、第 373 条第 1 款及第 472 条第 1 款），这可从第 53 条第 2 款规定得出（见 COUTINHO DE ABREU, *Código das Sociedades Comerciais em comentário* cit., p. 641）。"为此目的召集" 的股东会召集通知书中应指出存在半数以下盈余之运用提案（见 RAÚL VENTURA, *Sociedades por quotas* cit., p. 337；F. CASSIANO DOS SANTOS, *A posição do accionista face aos lucros de balanço – O direito do accionista ao dividendo no Código das Sociedades Comerciais*, Coimbra Editora, Coimbra, 1996, pp. 91, ss.）。该规定同样适用于书面议决的情况（参见第 247 条第 3 款）。

[63] 为分派半数以上的盈余，仅采用简单多数决即可。

[64] F. CASSIANO DOS SANTOS, *O direito aos lucros no Código das Sociedades Comerciais（à luz de 15 anos de vigência）*, em IDET, *Problemas do direito das sociedades*, Almedina, Coimbra, 2002, pp. 194 – 195.

[65] 第 33 条第 2 款规定："在设立、调查及开展费用全部摊销之前，除非任意公积金和结转盈余的数额至少等于尚未摊销的费用，否则不可向股东分配营业年度盈余。" 这一规定因失去适用前提而已失效。实际上，在《会计规范系统》中该等费用一般不被认定为不可动用的资产，而是被视为不可摊销的开支或支出：见财务报告会计规范 6，段号 21、53、54，或针对微小实体的财务报告会计规范，段号 8.2、8.6、8.12。

[66] TARSO DOMINGUES, *Variações…*, p. 304.

（1）公司章程毫无提及营业年度盈余之分派

股东有权取得半数盈余，但条件是未经四分之三特定多数决排除所述法律规范的适用。

a）在应由多数（非特定多数）股东表决通过不分派或分派少于半数盈余的决议的情况下，如该提案未获通过，股东会主席[67]应予以宣布。继而，"公司不能不分派给股东可予分派的营业年度半数盈余"。公司有义务由行政管理机关成员将相应的盈余分派给股东，原则上在提案被拒绝后三十日届满时作出（对第 217 条第 2 款作扩大性解释）。如公司不作为，股东有权借司法诉讼要求有关义务得以履行（《民法典》第 817 条）。[68]

假设股东会主席没有如实宣布提案未获通过，而是宣布其获通过，那么，（所宣布）决议可被撤销（第 58 条第 1 款 a 项）[69]，为此得针对公司提起撤销之诉（第 59 条及第 60 条），有关判决将对公司所有股东和机关产生有利或不利影响（第 61 条第 1 款）[70]，"公司不能不分派给股东可予分派的营业年度的半数盈余"[71]。应该补充的是，提出撤销之诉的股东尚有权在同

67　在书面表决通过决议的情况下或由经理作出（第 247 条第 6 款）。

68　如此而来，便不要求基于（肯定）分派决议的盈余分配。这与其他特别情况一样（例如见第 279 条第 8 款及第 341 条第 2 款），准用第 31 条第 1 款。然而，相当一部分学者认为即使在该等情况下仍应要求有关盈余分派的决议（见 EVARISTO MENDES, *Direito ao lucro de exercício no CSC*（Arts. 217/294），em *Estudos dedicados ao Prof. Doutor Mário Júlio de Almeida Costa*, UCE, Lisboa, 2002, pp. 509, 514, ss.；A. PEREIRA DE ALMEIDA, *Sociedades comerciais, valores mobiliários e mercados*, 6.ª ed., Coimbra Editora, Coimbra, 2011, pp. 160 – 161；P. OLAVO CUNHA, *Direito das sociedades comerciais*, 4.ª ed., Almedina, Coimbra, 2010, pp. 308 – 309；FÁTIMA GOMES, *O direito aos lucros…*, pp. 309, ss., 317, ss.）。不同看法见 MANUEL A. PITA, *Direito aos lucros*, Almedina, Coimbra, 1989, pp. 135, ss.；CASSIANO DOS SANTOS, *A posição …*, pp. 95, 100, ss.；TARSO DOMINGUES, *Variações …*, p. 305。

69　为更好地理解上述规定，见下文第七章第一节（4）有关解释。违反第 217 条第 1 款或第 294 条第 1 款导致决议可撤销，学界对此几乎一致同意，见 RAÚL VENTURA, *ob. cit.*；MANUEL PITA, *ob. cit.*, p. 136；M. PUPO CORREIA, *Direito Comercial – Direito da empresa*, 11.ª ed.（c/colab. de António J. Tomás/O. Castelo Paulo），Ediforum, Lisboa, 2009, p. 130；EVARISTO MENDES, *ob. cit.*, p. 520；FÁTIMA GOMES, *ob. cit.*, pp. 321, ss.；司法见解上，例如见 1998 年 10 月 13 日科英布拉中级法院合议庭裁判，载于 1998 年《司法见解汇编》第四卷第 31 页（Ac. da RC de 13/10/98, CJ, 1998, Ⅳ, p. 31）。不同看法见 CASSIANO DOS SANTOS, *A posição …*, pp. 120, ss.；TARSO DOMINGUES, *Variações …*, p. 305。

70　不同看法见 EVARISTO MENDES, *ob. cit.*, pp. 521, ss.。

71　但是，这不妨碍多数股东同意延期实现分派盈余的债权。

一诉讼中要求公司支付半数利润中相应的份额，法院对此应作出判决[72]。

b）在正常期限之内或之外经过或未经司法介入的情况下，营业年度账目获得通过（第 65 条第 5 款、第 67 条及第 68 条）；资产负债表显示有可分派的年度盈余；但无论出于何种原因，就该等盈余的运用未作出任何决定或决议；自作出盈余运用（及通过账目）决议之日起已过三十日。

这里同样由于不存在第 217 条第 1 款或第 294 条第 1 款所涉情况，每个股东均有权通过司法或非司法途径要求公司向其交付营业年度半数利润的相应份额[73]。

（2）公司章程就营业年度盈余分配作出不同的规定可排除适用第 217 条第 1 款与第 294 条第 1 款所涉可处分的法律制度。

公司章程排除适用上述可处分的法律制度并规定将每年盈余的用途交由股东会（酌情）订定是有效的，无论是以较明示的方式（例如，决议按简单多数或少于四分之三的特定多数作出）或较默示的方式[74]。这样一项条款允许股东按并非须为四分之三的多数决议是否分派可予分派的营业年度盈余，若然，分配限度为何[75]。

---

[72] 见 1998 年 10 月 13 日科英布拉中级法院合议庭裁判（Ac. da RC de 13/10/98）；MANUEL PITA, *ob. cit.*, p. 136；OLAVO CUNHA, *ob. cit.*, p. 304（作者提及《民法典》第 830 条规定的"特定执行"适用于"核准管理报告所载营业年度账目及盈余的决议"）；FÁTIMA GOMES, *ob. cit.*, p. 327。

[73] 相同看法见 MANUEL PITA, *ob. cit.*, pp. 136 – 137；TARSO *Variações...*, pp. 305 – 306；看法不同但实际结果类似见 FÁTIMA GOMES, *ob. cit.*, p. 327。

[74] 对确认盈余运用（及其他事项）的决议权限仅归于股东会的规则，一般不可排除适用（相同看法见 CASSIANO DOS SANTOS, *A posição...*, p. 126；EVARISTO MENDES, *ob. cit.*, p. 493。不同看法见 FÁTIMA GOMES, *ob. cit.*, pp. 332 – 333）。

[75] 相同看法见 RAÚL VENTURA, *ob. cit.*, p. 336；JOÃO LABAREDA, *Das acções das sociedades anónimas*, AAFDL, Lisboa, 1988, p. 147；ALBINO MATOS, *Constituição de sociedades*, 5.ª ed., Almedina, Coimbra, 2001, pp. 195, 229；CASSIANO DOS SANTOS, *O direito...*, p. 197, EVARISTO, *ob. cit.*, pp, 493, 497, ss.；司法见解上，见 1993 年 1 月 7 日最高法院合议庭裁判，载于《司法部公报》第 423 期第 539 页 [Ac. do STJ de 7/1/93, BMJ n° 423 (1993), p. 539]；1994 年 7 月 5 日与 2000 年 9 月 26 日科英布拉中级法院合议庭裁判，分别载于《司法见解集》1994 年第 4 期第 17 页与 2000 年第 4 期第 24 页（Acs. da RC de 5/7/94, CJ, 1994, Ⅳ, p. 17 e de 26/9/2000, CJ, 2000, Ⅳ, p. 24）；2010 年 3 月 9 日吉马朗依斯中级法院合议庭裁判（Ac. da RG de 9/3/2010 – www. dgsi. pt – proc. 191/07. OTBVRM. G1）；2010 年 10 月 12 日最高法院合议庭裁判（Ac. do STJ de 12/10/2010 – www. dgsi. pt – proc. 191/07 OTBVRM. G1. S1）。不同看法见 MANUEL PITA, *ob. cit.*, pp. 148, ss.；1990 年 3 月 6 日科英布拉中级法院合议庭裁判，载于 1990 年《司法见解汇编》第二卷第 45 页（Ac. da RC de 6/3/90, CJ, 1990, Ⅱ, p. 45）。

公司章程订定可向股东分派一定比例的营业年度盈余也是有效的（这样的话，无须再就盈余是否分派作出决议）[76]，即使这一比例低于 50%[77]。

要求将可予分派的营业年度盈余全部分派的章程条款同样是有效的[78]。对于那些认为该等条款[79]无效的人而言，其依据主要在于[80]：《公司法典》强制规定股东有权定期就盈余运用作出决议（第 246 条第 1 款 e 项及第 376 条第 1 款 b 项），因此，任何剥夺股东每年就盈余用途作出决议之权力的章程条款是无效的。然而，该等规定是有关股东议决权限的一般规范，而第 217 条第 1 款和第 294 条第 1 款含有特别规定：许可股东就营业年度盈余的运用透过章程予以排除；上述章程条款也不妨碍股东每年就经营结果作出决议——除了营业年度盈余之外，尚可能有其他类别的盈余、任意公积金及亏损。通过章程规定，所有股东或（如非为创始股东）至少特定多数股东在不确定期间内就分派一定的营业年度盈余作出自我约束，从而免于每年就此事宜以（简单或特定）多数作出决议。

引起最大争议的是章程规定不分派营业年度盈余（或规定将其纳入任意公积金）。葡萄牙学者一般认为排除盈余定期分派（而仅允许终结盈余的分派）条款是无效的，并将上述条款不加区分地视为等同[81]。同样在笔者看来，就设立期限不定的公司而言，排除定期分派盈余的章程条款是无效的。股东们（或许多股东）可能永远看不到"盈余分派权"的完全实现（第 21 条第 1 款 a 项）。但是，对于在章程中定有（相对短的）存续期的公司并非如此[82]。亦即，有关条款（不分派营业年度盈余）对于存续期限确定的公司而言是有效的。另一方面，由于不定期分派营业年度盈余并不意味着在公司存续周期中不能分派资产负债表上的盈余和任意公积金，这对于存续期

76　不同看法见 PEREIRA DE ALMEIDA, *ob. cit.*, p. 164。

77　相同看法见 CASSIANO DOS SANTOS, *A posição*..., pp. 126 – 127；ALBINO MATOS, *ob. cit.*, p. 195。不同看法见 OLAVO CUNHA, *ob. cit.*, pp. 300, ss.。

78　相同看法见 CASSIANO DOS SANTOS, *O direito*..., p. 198；OLAVO CUNHA, *ob. cit.*, p. 302。不同看法见 PEREIRA DE ALMEIDA, *ob. cit.*, p. 164；TARSO DOMINGUES, *Variações*..., p. 284, n. 1081；FÁTIMA GOMES, *ob. cit.*, p. 318, n. 752。

79　包括前述条款。

80　TARSO DOMINGUES, *ob. cit.*, pp. 286 – 287.

81　JOÃO LABAREDA, *ob. cit.*, pp. 143, ss.；MANUEL PITA, *ob. cit.*, p. 112, PEREIRA DE ALMEIDA, *ob. cit.*, p. 160；SOVERAL MARTINS, *Cláusulas*..., p. 109, TARSO DOMINGUES, *ob. cit.*, pp. 284, ss.．

82　见 JOÃO LABAREDA, *ob. e loc. cits.*（该作者对上述情况进行区分，但笔者认为其提出的三十年期限过长）。

不定的公司也是有效的[83]。

在有限公司中，章程修改必须至少得到四分之三票数的决议通过（第265条第1款）。股份有限公司要求则少得多：三分之二票数或简单多数（第386条第3－4款及第478条）。在该等公司中，如章程条款无不同规定，则第294条第1款规定须经四分之三票数通过方可排除该可处分性法律制度的适用；至于通过章程变更引入排除该制度适用的条款，亦要求同样的法定人数为之[84]。

对于分派营业年度盈余的债权到期、行政管理机关可能承担的不作为义务、虚拟盈余的返还等（第217条第2款、第294条第2款、第31条及第34条），适用前述资产负债表上盈余相关制度（4.4.2）。

最后简单补充一点：按照第217条第3款的规定，"如根据公司合同规定，经理或监事有权分享盈余，则仅在支付股东盈余后方获支付"。第294条第3款的规定几乎相同，只是将行政管理机关成员与监事表述为"有关机关的成员"。事实上，提及行政管理机关以外其他机关的成员无甚意义，因为该等成员不可分享盈余，其报酬是固定的（见第262条第1款、第422－A条第1款、第423－D条、第440条第3款及第374－A条第3款）。

4.4.4　终结盈余的分派

在公司清算中，在满足或保障公司债权人的权利之后（《公司法典》第154条），如尚存有剩余资产，则按照股东决议所通过的终结账目中的"分割表"（第157条第1款、第3－4款及第159条）首先返还股东所缴付的出资额（第156条第2款）；如仍有剩余资产——本义上的终结或清算后的盈余，会按股东一般分享盈余的准则（第156条第4款），即根据相应的出资比例进行分派，只要章程条款或具体的法律规范（例如，第341条第2款最后部分内容）无不同规定——第22条第1款。[85]

83　ALBINO MATOS 基本上亦肯定该条款的有效性（*ob. cit.*，pp. 195，229）。

84　相同看法见 L. BRITO CORREIA，*Direito Comercial*，3.° vol.，AAFDL，Lisboa，1989，pp. 230－231；CASSIANO DOS SANTOS，*O direito…*，p. 198；FÁTIMA GOMES，*ob. cit.*，p. 334. 不同看法见 EVARISTO MENDES，*ob. cit.*，pp. 500－501，513。

85　亦见《商业实体解散与清算之行政程序的法律制度》第20条第5款，以及《支付不能及企业重整法典》第184条第2款。

因此，经核准终结账目的决议通过后，股东有（债）权要求（公司）交付各自就清算后的盈余相应份额。法律允许（全部或部分）分派（不同于现金的）实物财产，只要公司章程或股东一致决议予以许可（第 156 条第 1 款）。[86] 如核准终结账目（分割表）决议无不同规定（参见第 159 条第 1 款）又或公司章程无不同规定，交付最终盈余之份额的义务履行期限适用《民法典》的一般规则（第 777 条及随后数条）[87]。

4.4.5 资产负债表与营业年度的盈余可否以实物财产分派？

如上所述，终结盈余可以实物分派。然而，关于资产负债表和营业年度的盈余，法律没有类似规定。但是，通过与第 156 条第 1 款进行比照，可以说，倘若公司章程或全体股东一致决议接受这一做法，则该等盈余亦可（全部或部分）以实物分派。

通常而言，盈余分派是以现金为之，这早已成为惯例[88]。因此，（多数）决议不可要求将不同于现金的财产分派给一个或多个股东。事实上，许多实物财产并不能满足或无法如现金一般满足股东分享盈余的利益。

虽然确实存在宜作实物分派的情形，例如：盈余非为现金，而以现金支付盈余意味着公司不得不诉诸信贷或清算财产；公司有实现盈余债权的流动资金，但该资金需用于重大投资。

即便如此，在这些以及其他情况下，为了保护股东免受无谓的"突然袭击"，实物分配仅在章程许可或股东一致决议的条件下才有效。[89-90]

除现金以外的可分派财产多样，例如：公司、子公司或其他公司的股票，无论是否在证券交易所上市；公司的产品或构成其财产的财货[91]。

何为分派给股东的实物财产估值标准，是资产负债表中登录的价值还

86　亦见《商业实体解散与清算之行政程序的法律制度》第 21 条。

87　CAROLINA CUNHA，em *Código Comerciais em comentário* cit.，p. 680.

88　M. LUTTER M. LEINEKUGEL T. RODDER，*Die Sachdividende Gesellschaftsrecht und Steuerrecht*，ZGR，2002，p. 209.

89　某些（少数）外国法（例如 2002 年引入的《德国股份公司法》第 58 条第 5 款）明确接受在章程许可时以实物分派。其他多个国家主流学理与司法见解持相同主张（见 LUTTER / LEINEKUGEL RODDER，*ob. cit.*，pp. 223 – 224）。

90　如一实物分派决议不可行，则原则上允许公司经由行政管理机关与股东达成协议，通过给付现金以外之物来清偿盈余债务（代物清偿，见《民法典》第 837 条及随后数条）。但如上所述，此不同于盈余运用决议。

91　FLEISCHER，K. SCHMIDT/M. LUTTER（Hrsg.），*Akriengesetz Kommentar*，I，2. Aufl.，O. Schmidt，Köln，2010，p. 826.

是（如果更高的）市场价值？[92] 对这个问题有不同的回答[93]。

赞成按市场价值标准的认为，将高于资产负债表所载价值的财产归于股东，意味着分配隐匿的公积金[94]。

诚然，根据第33条第3款的规定，不能向股东分派没有在资产负债表上显示的公积金（或仅标示公积金但未标示其价值）。但是，如果资产负债表（根据可适用的法律和会计规则对资产和负债的要素进行评估后）正确记录了盈余 x，而所分配的财产（正确评估后的资产要素）市场价为 x + y，二者价差则不是（非法）隐匿的公积金[95]。

在接受记录于资产负债表（规范计算出的）财产价值之余，还须遵守股东平等对待原则。例如，股东决议分派归属公司的一项或多项不动产时，所有股东按其出资份额比例共有该不动产[96]。如股东决议不按比例分配资产负债表价值和市场价值之间存在差异的财产（一种财产之资产负债表价值与市场价值之间的差额会高于另一财产之此项差额几个百分点），这一差别对待须被所有股东接受，否则决议可被撤销[97]。

4.4.6 垫付盈余

通常，营业年度终止后公司编制和评估账目（第65条及随后数条、第263条、第451条及随后数条），并在核准该等账目基础上议决盈余的用途（第376条第1款b项、第246条第1款e项、第248条第1款及第189条第1款和第3款）。

这一规则的例外是第297条的规定："营业年度期间的盈余垫付。"[98]

---

[92] 当该等财产不作为过往成本或其他成本而是作为"公平价值"而登录于资产负债表时，便不存在问题，见《会计规范系统》第98-99条有关"计量"的一般框架。需补充说明的是，这一公平价值因在将财产分给股东时计算，故对可分派盈余的计算颇为重要（见上引第32条第2款）。

[93] 例如，德国学界意见不一——FLEISCHER, *ob. cit.*, p. 827, ns.（215）e（216）。

[94] 葡萄牙学者持相同看法的，见 FÁTIMA GOMES, *O direito aos lucros...*, pp. 286-287。同样支持"真实"价值但基于其他依据的，见 TARSO DOMINGUES, *Variações...*, p. 314。

[95] 可以说合法的"默示"公积金可用于盈余分派，见 LORENZO SALVATORE, *Le assegnazioni di beni ai soci nelle società lucrative*, CI, 1999, pp. 840-841。

[96] SALVATORE, *ob. cit.*, p. 841.

[97] 见第七章（4.1.2）。

[98] 该条文尽管直接适用于股份有限公司（并借援用第478条而准用于股份两合公司），亦可类推适用于有限公司（相同看法见 RAÚL VENTURA, *Sociedades por quotas* cit., p. 339；PAIS DE VACONCELOS, *A participação social...*, p. 94；TARSO DOMINGUES, *Variações...*, p. 310。不同看法见 OLAVO CUNHA, *Direito das sociedades comerciais* cit, pp. 312-313）及其他类型的公司。

根据该条第 1 款[99]，如公司章程许可[100]，行政管理机关可在监察机关同意的情况下决定或作出决议将尚未结束的营业年度所得盈余预付给股东[101]，为此，应编制中期资产负债表，并经注册审计师复核，其中显示该营业年度已过期间所得的结余，在遵守公司资本及不可处分的公积金不可动用的原则下，公司具备可供垫付盈余的金额。每一营业年度只可垫付盈余一次，并须在营业年度的下半年进行[102]；垫付数额不可超过中期资产负债表所载可分派金额的半数[103]。[104]

营业年度结束后，全年的公司账目将被编制并核准。如存在可分派盈余且股东核准予以分配，则应从中扣除已给付的盈余。如有亏损或所计算出的盈余少于中期分配的盈余，原则上，股东没有义务返还公司所收到的盈余份额，除非中期盈余分配不合法，并证明收受该盈余份额的股东属恶意（第 2 号公司法指令第 16 条和《公司法典》第 34 条）[105]。

可否在第 217 条适用范围之外垫付营业年度盈余？更准确地说，股东会（而非行政管理机关）可否按照行政管理机关基于由注册审计师复核的资产负债表所编制的现营业年度账目，在遵守资本不可动用的原则下，无须章程许可而随时议决分派盈余？[106]

---

99 该规定跟进第 2 号公司法指令第 15 条第 2 款（只是规定的条件更少）。

100 见第 537 条。

101 对于现行第 297 条文本，似乎将所涉盈余理解为营业年度盈余为妥。相同看法见 TARSO DOMINGUES，*ob. cit.*，p. 309；FÁTIMA GOMES，*ob. cit.*，p. 262，n. 630；BRUNO FERREIRA，*Adiantamentos sobre lucros no decurso do exercício：algumas reflexões*，DSR，5，2011，pp. 184，ss.。不同看法见 MENEZES CORDEIRO，em *Código das Sociedades Comerciais anotado* cit.，p. 846；COSTA GONÇALVES，*Adiantamentos…*，p. 615。

102 每一营业年度盈余分派通常发生在首个季度。

103 可以理解立法者这一谨慎取向，"没有任何把握可以保证垫付盈余后的下半营业年度继续盈利"（RAÚL VENTURA，*ob. cit.*，p. 343）。有学者不仅将盈余垫付视为违法，而且提醒这一做法的危险之处：即使对于生意最为红火的公司，这一操作在很多情况下也会导致最终亏损，或最终盈余少于已垫付的盈余；在该等情况下，股利完全或部分是虚拟的"（见 L. CUNHA GONÇALVES，*Comentário ao código comercial português*，vol. Ⅰ，Empreza Ed. J. B.，Lisboa，1914，pp. 496 - 497）。

104 第 297 条第 2 款同样说明了谨慎行事是必要的，"如公司合同为能给予前款许可而作出变更，则盈余首次垫付仅可在合同变更后下一营业年度中作出"。RAÚL VENTURA（*ob. cit.*，p. 346）指出："透过该规定，意在避免盈余垫付导致亏损而大幅减少盈余。"

105 第二项条件在该等情况下更难证明，因为股东既未核准中期资产负债表亦未核准盈余分派……

106 COSTA GONÇALVES，*ob. cit.*，pp. 609，ss.，619，ss.。

答案应是否定的。需注意的是，年度性编制、评估账户及确定盈余运用是规则；年度账目并非限于资产负债表。第 297 条是一般该规则的例外[107]，且无其他例外——尽管第 2 号公司法指令第 15 条第 2 款规定允许国内立法可接受股息的预付[108]。[109] 第 297 条的例外规定满足（公司内外）预见性与透明性要求，足以妥当落实盈余的垫付[110]。

4.4.7 盈余权移转与出资移转

股东不能单独将分享（资产负债表、营业年度或清算）盈余的一般或潜在权利移转。该权利是出资的组成部分，须与包含权利义务的出资一同移转。

但是，股东可处分（所期待的）盈余分享，将其作为将来债权对待。如该等债权得以落实（原则上通过盈余分派决议为之），且让与人仍为股东，则受让人对该等债权享有权利。然而，如对盈余份额的债权产生时让与人已非为股东，则将来债权的受让人不可向公司提出任何要求——因为现有分享盈余的权利并不产生于原让与人权利义务范围内，而是产生于从原股东取得出资的新股东的权利义务范围内。[111]

对于盈余份额（现有）债权，因其已独立于出资，可与或不与出资一同移转。另一方面，这一债权设立后，移转出资并不一定意味着移转该债权。然而，在这一点上，尚需要进一步说明股份制度。

对盈余份额的债权到期后，相应股份持有人有行使权利的正当性（《有价证券法典》第 55 条第 1 款及第 3 款 a 项）；债权产生时股份持有人是否为

---

107 这一例外是股份比其他投资工具更加吸引人的基本原因。

108 亦注意该指令没有赋予公司管理机关决定预付的权限（国内立法者可自行决定将该权限赋予股东）。

109 德国立法者（仍）没有采用第 2 号公司法指令第 15 条第 2 款规定的上述做法［例如，见 CAHN / SPANNENBERG CAHN, em G. SPINDLER / E. STILZ（Hrsg.）, *Kommentar zum Aktiengesetz*, 1, 2. Aufl., Beck, München, 2010, p. 573］，尽管《德国股份公司法》第 59 条与采用上述指令做法的葡萄牙《公司法典》第 297 条或其他国家的相应规定有交叉。因此，德国学理几乎一致认为股份公司中不允许中期股息，即营业年度盈余的预付（例如，见 *últs. AA. e ob. cits.*, pp. 574, 576; UWE HUFFER, *Aktiengesetz*, 9. Aufl., Beck, München, 2010, pp. 299 – 300）。上述指令不适用于有限公司，后者采用不同的解决办法（见 LUTTER/HOMMELHOFF, *GmbH-Gesetz*, 17. Aufl., O. Schmidt, Köln, 2009, pp. 669 – 670; 不同看法见奥地利学者 HANS-GEORG KOPPENSTEINER, *GmbH-Gesetz Kommentar*, 2. Aufl., Orac, Wien, 1999, p. 681）。

110 我们不鼓励（更多）轻率的做法。

111 相同看法见 EVARISTO MENDES, *Direito ao lucro…*, pp. 534 – 535; W. BAYER, em LUTTER HOMMELHOFF, *ob. cit.*, p. 472。不同看法见 CASSIANO DOS SANTOS, *A posição…*, pp. 116 – 117。

另一主体或者这另一主体是否已移转该债权，对于公司而言无关紧要[112]。但是，如存在分开的股息权利，登录于独立的账目或作为分离的息票，则该分开之股息权利的持有人有行使该权利的正当性（第 55 条第 2 款）[113]，而该权利持有人可以是盈余份额之债权产生时的股份持有人，或者（该分开之权利或股份及分开之权利的受移转人）另一主体[114]。

5. 公积金

5.1　概念

公积金是公司资产的组成部分，通常来自股东不可或不想分派的盈余，主要用于弥补可能出现的公司亏损或作为自筹资金。

换言之，公积金是一笔金额，法律上构成公司"自有资本"，对应的是同等价值的公司财产[115]，但非属公司资产的确定财产，而是抽象的资产份额。

如上所述，公积金通常来自（部分的）盈余[116]，不可分派给股东的盈余（在法定于章定储备的情况下）或者股东决议不予以分派而留作（非强制性或任意）公积金的盈余。

根据第 296 条规定，设定任何公积金的目的均在于弥补公司亏损。由于设定任何类别的公积金均阻碍公司财产流向股东，以促进公司运用自身资源发展经营，因此，公积金亦是自筹资金的一种形式。

公积金种类多样，《公司法典》明示提及法定公积金及其等同公积金（第 218 条及第 295 条）、章定公积金（第 33 条第 1 款）、任意公积金（第 220 条第 2 款）及隐匿公积金（第 33 条第 3 款）。

---

[112]　这在股份或债权的转让人与受让人之间可能具有重要意义。

[113]　亦见《有价证券法典》第 1 条 f 项、第 46 条第 2 款与第 3 款及《公司法典》第 301 条。

[114]　对于该等问题，尽管看法不尽完全相同，但几乎趋同，见 CARLOS FERREIRA DE ALMEI-DA, *Direito a dividendos no âmbito de oferta pública de aquisição de acções*, em IVM, *Direito dos valores mobiliários*, vol. V, Coimbra Editora, Coimbra, 2004, pp. 29, ss.；EVARISTO MEND-ES, *ob. cit.*, pp. 542－543；FÁTIMA GOMES, *ob. cit.*, pp. 263, ss.。

[115]　见 TARSO DOMINGUES, *Variações...*, pp. 433, ss.（作者强调公积金的双重性）。

[116]　尽管上述并非必然，例如，设立第 295 条第 2 款 a 项的公积金的溢价（ágios）并非出自盈余。

5.2　法定公积金及其等同公积金

有限公司、股份有限公司和股份两合公司须设立"法定公积金"（第218 条、第 295 条第 1 款及第 478 条）。

为设立（或补充）公积金[117]，划拨（扣除用于弥补结转损失的金额后）[118]至少 5% 的营业年度盈余，直到达至相当于公司资本 20% 的盈余；在公司章程另有规定的情况下，以上两项百分比可予以提高（第 295 条第 1 款）；然而，法律规定有限公司的公积金至少 2500 欧元（第 218 条第 2 款）。

法定公积金仅可按第 296 条指定的用途实施：弥补有关营业年度亏损（但能以章定或任意公积金弥补时，不在此限）；弥补以往营业年度之递延亏损（但能以经营年度盈余或其他公积金弥补时，不在此限）[119]；并入公司资本（亦见第 91 条）。

按照第 295 条第 2 款的规定，以下列款项设立的公积金受法定公积金制度约束：股份发行溢价，有权认购股份的债券或可转换成股份、可换取股份与实物出资的债券[120]；法律允许的货币重估余额，其不需要用于弥补资产负债表所示损失的部分；无偿取得之财产的相应金额，只要不要求该财产有不同目的、作为最终归于公司的添附或溢价金。[121]

等同于法定公积金的公积金具有与前者相同的用途（弥补亏损[122]；并入资本）。

第 295 条和第 296 条就法定公积金及其等同公积金的设立与使用作出了规定，违反该等规定的股东决议无效。这可从第 56 条第 1 条 d 项和/或第

---

[117] 例如，公积金被全部或部分用于弥补亏损或并入公司资本，见第 296 条。

[118] RAÚL VENTURA, *Sociedades por quotas* cit., p. 361, TARSO DOMINGUES, *ob. cit.*, pp. 277 – 278.

[119] 因此，在这两种情况下，法定公积金只能在其他公积金缺乏或不足时使用。尚应指出的是，如果发生损失，其不会自动被该等公积金弥补——股东可议决其他方式，例如减少公司资本或将其结转（RAÚL VENTURA, *ob. cit.*, p. 367）。

[120] 就该等溢价的确定，见第 295 条第 3 款。

[121] 对该等价值的详述，见 ALBERTO PIMENTA, *A prestação das contas do exercício nas sociedades comerciais*, BMJ n.º 200 (1970), pp. 96, ss.（该学者曾提出将该等价值计入法定公积金而非其他公积金）。

[122] 为弥补亏损可能有多种手段（如兼有章定公积金或任意公积金），由股东选择采用何种手段（见 RAÚL VENTURA, *ob. cit.*, p. 369）。

69 条第 3 款得出。

5.3　章定公积金

股东在公司章程（原始或嗣后修订版）中可以规定将一定或直至一定比例的营业年度盈余划入公积金（可确定上限或不设上限）。章程可以不指定该公积金的可能用途，也可指定其用途（例如，用于购买设备、稳定股息等）。但是，公积金的专门用途并不妨碍其被用来弥补亏损（见第 296 条 a 项和 b 项）。

违背章程的有关公积金设立及其使用规则的股东决议一般是可撤销的（见第 58 条第 1 款最后部分规定）。但是，如果股东决议分配公司财产而违反章定公积金不可动用原则或违反设立或重新设立章定公积金的决议，则该决议无效（第 32 条第 1 款、第 33 条第 1 款及第 56 条第 1 款 d 项）。

5.4　任意公积金

亦称自由公积金，由股东决议设立：在遵守第 217 条第 1 款和第 294 条第 1 款规定的基础上，将全部或部分可予分派的营业年度盈余拨予公积金。

由于其设立属非强制性或任意的，所以毫不妨碍嗣后以简单多数决议将该公积金作为资产负债表的盈余部分分派给股东。该等公积金用于发展企业经营、弥补亏损或被纳入公司资本。

5.5　隐匿公积金

如资产负债表（1）遗漏一项资产款项或写入一项虚拟负债或/及（2）低估资产价值或高估负债价值，则显现于资产负债表的公司净资产价值低于实有价值，两者价值之间的差额构成隐匿公积金。

在假设（2）中，低估资产价值可以是使用计量（mensuração）[123] 或摊销（amortização）[124] 法律标准所致。若属该等情况，隐匿公积金是合法的，更适宜称之为默示公积金（虽不直接显示，但间接体现）[125]。

---

[123]　一般采用的计量基数是以往成本，见《会计规范系统》第 98 – 99 条。

[124]　参见 2009 年 9 月 14 日第 25/2009 号制定规章的法令。

[125]　F. GONÇALVES DA SILVA/J. ESTEVE PEREIRA, Contabilidade das sociedades, 8.ª ed., Plátano Editora, Lisboa, 1989, pp. 62, ss., FRANCESCO GALGAN, *Diritto commerciale – Le società*, Zanichelli, Bologna, 1996, pp. 304, ss. .

但是，倘若低估资产价值或高估负债价值［假设（2）］没有在具体的法律规定或一般会计审慎原则层面得到支持，那么（本义上）隐匿公积金是非法的[126]。

显然，假设（1）所述隐匿公积金无疑是非法的。

核准存在隐匿公积金账目的决议是无效的[127]。

6. 亏损

6.1　种类

公司亏损是指公司财产的减少或下跌。但是，与盈余一样，亦需予以区别对待。

资产负债表所反映的亏损是指在资产负债表中记录的公司净资产、资本与不可处分的公积金间的负差额。

营业年度的亏损是营业年度之末与营业年度之初相较公司净资产的负差额。

终结或清算后的亏损是指清算结束时公司净资产与资本之间的负差额。

6.2　分担亏损的义务

第20条b项规定所有股东均须分担亏损，但不影响有关劳务股东规定的适用。第22条第3款进一步规定：免除股东承担公司亏损的条款是无效的，但不影响有关劳务股东规定的适用（如前所揭，这是禁止狮子协议的第二个层面）。

分担公司亏损的"义务"不是承担公司债务的义务，不是对公司债权人承担责任。公司亏损与公司债务不同，承担公司亏损与对公司债权人承担责任不是一回事。事实上，上述法条规定适用于所有公司类型；而对于承担公司债务而言，众所周知，原则上，只有无限公司和两合公司的股东对公司债权人承担责任。

分担公司亏损亦不是对公司的义务，不是赔偿或弥补公司亏损的责任。

---

[126]　"然而，审慎行事不允许创设隐匿公积金……故意低估资产或收入额，以及故意高估负债或开支费用，否则财务报表不客观，因而不具有可靠性。"（见《会计规范系统》第37条）

[127]　见以下第七章（3.2.4）。

众所周知，一般而言（除少数例外），股东仅以其应缴付的出资履行对公司的责任[128]，而没有义务额外出资以消灭或弥补亏损。[129]

分担公司亏损这一"义务"（如上所述，实则并非技术意义上的义务）指的是每个股东都有可能失去（全部或部分）出资；对任何股东均不得保证当其离开公司时其出资（清算）价值是多少，或公司终止时将获得偿还（全部或部分）出资抑或投资回报[130]。

如前所揭，第20条b项和第22条第3款结尾规定将"劳务股东"排除在承担亏损义务范围之外。

但是，细究有关问题，显然该等股东在公司亏损时同样会完全或部分地失去其"出资"的价值。详述之，章程中会"为分派盈余和分担亏损而对劳务股东的付出评估'出资'价值"（第176条第1款b项）。假设：劳务股东获赋相当于公司资本30%的"出资"价值，公司清算并登记其亏损，没有"剩余资产"或所剩资产不足以完全偿还股东的出资（见第156条第2－3款），如此而来，劳务股东将全部或部分丧失其"出资"价值。

诚然，第178条第2款规定"劳务股东在公司内部关系上对公司亏损不承担责任……"，但是，"公司亏损"表述不当。在无限公司中，所有股东都对"公司债务"承担责任（第175条第1款），包括劳务股东。第178条第2款表达的意思是：清偿了公司债务的劳务股东有权就其所付出的金额向非劳务股东索取。因此，此处涉及的是股东对公司债权人承担责任的范围。

最后有必要补充的是，法律并不阻碍股东向公司提供经济援助以弥补亏损，为此，股东可按章程条款或有利于公司的合同规定作出从属给付[131]。

---

[128] 见第二章（2.1）。

[129] 如前所揭，亏损主要由（嗣后）利润与公积金弥补。

[130] V. G. LOBO XAVIER, *Anotação – Sociedades do quotas; exclusão de sócios; deliberações sobre matéria estranha à ordem do dia; responsabilidade do sócio por perdas sociais*, RLJ, ano 119.° (1986/1987) pp. 279, ss. .

[131] 见第五章（2.2.4.1）。

第七章　公司机关

第一节　股东决议

1. 小引

本节主要讨论非有效的决议（无效或可撤销的决议）。但是，在这之前，我们不妨先分析（狭义上的）不产生效力*的决议（《公司法典》第55条）。

《公司法典》没有规定（法律上）"决议之不存在"，可否也视之为一种类别？（"不存在决议"有存在权吗？）

对此问题的回答，无论关涉一般的法律行为，还是针对公司决议这类更具体的法律行为，葡萄牙（及其他法域）学界观点不一[1]。

我们认为至少有两种情形可纳入"不存在决议"范围：（1）未经股东决议方式作出（比如，由公司雇员而非股东为之，但因某种缘由，行政管

---

* 译者注：民法上有广义和狭义上不产生效力概念：前者指法律行为不能产生预期效力；后者则指因外来因素导致法律行为不产生效力。因此，狭义上的不产生效力是非有效性的反差，所谓非有效（invalidade）含两种情况：无效与可撤销性，均涉法律行为任一内在基本要素缺失或不规范。诚然，非有效法律行为同样不产生效力，但狭义上不产生效力的法律行为并不一定等同非有效性。例如，"无代理权之人以他人名义订立之法律行为，如未经该人追认，不对该人产生效力"（《民法典》第268条第1款）。

[1] L. CARVALHO FERNANDES, *Teoria geral do direito civil*, vol. II, 4.ª ed., Universidade Catolica Editora, Lisboa, 2007, pp. 480, ss.; J. PINTO FURTADO, *Deliberações de sociedades comerciais*, Almedina, Coimbra, 2005, pp. 493, ss..

理机关却作为股东决议予以提出）；（2）未采取任何股东议决方式作出。

为释明第二种情形（比第一种重要得多），可以试想，一份由股东整理与签署的议事录提及在某次股东会上通过了某项决议，然而该股东会实际上从未举行，因此，作为（或形式上作为）股东会的决议是不存在的。然而，需要补充的是，如果全体股东签署了该议事录[2]，那么该决议则不是通过举行股东会作出，而是书面一致决议（第 54 条第 1 款）[3]。

不存在的决议不产生任何效力，甚至不产生（如同无效决议或已撤销的决议可产生的）边际或次级效力（见第 61 条第 2 款和第 62 条）；决议的不存在可随时被任何人提出，无须法院宣告其不存在[4]。

2. 不产生效力的决议

2.1 概述

根据《公司法典》第 55 条的规定，"如就某事项法律要求须经某特定股东的同意，则该股东未明示或暗示给予其同意的，就该等事项作出的决议对任何人不产生效力，除非法律另有规定"。

原则上，此等不产生效力是绝对的（不是相对的）、整体的（不是部分的），亦即，欠缺法律所要求的特定股东的同意，决议对所有人（股东或非股东）不产生任何预期达到的任何效力。

有关股东的同意，可经由上述决议（通过投赞成票）作出[5]，或者以决议以外的方式作出。决议以外的方式包括明示方式（口头或书面），以及（在某些情形下的）默示方式（比如，接受执行决议）。

2　很多公司在实践中会这么做（但恕不建议）。

3　在《公司法典》（包括《有限公司法》第 63 条第 2 款第 1 项）修改之前，G. LOBO XAVI-ER 已提出相同看法（见 *Anulação de deliberação social e deliberações conexas*，Atlândida Editora，Coimbra，1976，pp. 205 – 206）。

　　如议事录没有全体股东的签名，则我们有的仅是"不存在的决议"（其不对应法律许可的任一决议形式——第 53 条与第 54 条）。

4　有关一般法律行为的不存在问题，见 CARVALHO FERNANDES，*ob. cit.*，pp. 483 – 484。

5　放弃投票似乎不能意味着同意或默示同意（事实上，弃权不被视为投出票——第 250 条第 3 款，或者"不被计算在内"——第 386 条第 1 款）。对此，PINTO FURTADO 持不同看法，见 *ob. cit.*，p. 521。

然而，同意并非必须来自"某特定股东"（第 55 条的表述），也可能来自若干特定股东（或者说，可确定的股东）——只要其中一人不同意，就足以导致决议对所有人（股东或非股东）不产生效力；并且，在一些情况下，可以是由多数合议形成的同意（参见第 24 条第 6 款）。

《公司法典》囊括的不产生效力的决议包括：

（1）通过决议撤销或限制股东的特别权利，而未经有关权利人的同意（第 24 条，尤其是其中第 5 款和第 6 款的规定）[6]。

（2）通过决议变更公司组织以使所有或某些股东需要承担无限责任（将公司转变为无限公司或两合公司），而未经有关承担该类责任的股东同意（第 133 条第 2 款）[7]。

（3）在未经全体股东同意的情况下，变更公司组织的决议改变公司资本中每一股东出资比例（第 136 条第 1 款）。

（4）通过决议变更有限公司的章程，以排除或阻碍股的分割，而未经受该决议影响的所有股东的同意（第 221 条第 7 款）。

（5）通过决议变更公司章程，以禁止或阻碍股的让与，而未经受该决议影响的所有股东的同意（第 229 条第 4 款）。

（6）通过决议将股销除，但该决议须经有关权利人同意而在决议通过时未取得该同意[8]。

（7）通过决议变更股份有限公司的章程，以加入限制股份转让的规定，而未经受该等决议影响的所有股东的同意（第 328 条第 3 款）[9]。

《公司法典》同样基于欠缺法律要求的"特定股东"的同意，尚规定了决议不产生效力的其他情况，但这里的不产生效力不是绝对的，而是仅仅相对于不给予同意的股东而言。这种不产生效力的相对性，尽管属于第 55 条所定规则的例外，但在该条前面部分仍予保留。

---

[6]　参见上文第五章（1.1）。

[7]　规范性文本提及有效性，但是，似乎将该规定理解为有效力/无效力更为正确。对此，PINTO FURTADO 持相同看法，见 *ob. cit.*，pp. 515，ss.；RAÚL VENTURA 持不同看法，见 *Fusão，cisão，transformação de sociedades*，Almedina，Coimbra，1990，p. 498。

[8]　见第 232 条以及随后数条与上文第五章（4.1）。

[9]　A. SOVERAL MARTINS，*Cláusulas do contrato de sociedade que limitam a transissibilidade das acções*，Almedina，Coimbra，1990，p. 498。

根据第 86 条第 2 款规定，如果章程变更"涉及有关股东给付的增加，该变更仅对那些对此不表示同意的股东不产生效力"。比如，通过决议在章程中引入附随给付义务（第 209 条和第 287 条）或补充给付义务的规定（第 210 条），对那些对此不同意（亦无通过其他途径表述同意）的股东不产生效力。

决议相对地不产生效力，尚有其他例子，但不涉及修改章程，而是设定了垫借的义务。该等决议对于那些投赞成票且承担义务的股东来说产生效力，而对那些投反对票的股东不产生效力（第 244 条第 2 款）。

在所有这些欠缺股东同意的决议中，该等股东的利益借助不产生（绝对或相对）效力的制度得到充分的保护。无论是可撤销制度抑或无效制度均不适合：前者要求有利害关系的股东在较短期间内提起撤销之诉，否则决议的效力不再受影响；至于后者，即使股东最终同意有关决议，该决议也因无效而无法产生效力[10]。

不产生效力的决议，顾名思义，不产生其预设的任何效力。然而，可能发生公司机关（不当地）试图按决议行动或已按其行动的情况。因而有理由提起确认之诉，目的在于取得决议不产生效力的法院宣告。

绝对不产生效力的宣告之诉，可由任何利害关系人或公司监察机关提起，若无监察机关，则可由任何经理提起（第 57 条可类推适用）。如果涉及的决议仅为相对不产生效力，那么似乎应将正当性仅归于那些没有给予法律要求征得同意的股东，以及刚才所述的监察机关或经理。诉讼应针对公司提起（第 60 条第 1 款可类推适用）。

不产生效力的决议也包括那些没有履行登记规定的决议[11]。然而，这类不产生效力有别于《公司法典》第 55 条规定的不产生效力：不是绝对的，而是相对不产生效力；不是基于欠缺股东同意；未经登记的决议不产生对抗第三人的效力，而该第三人可利用该等决议（参见《商业登记法典》第 14 条第 1 款与《公司法典》第 168 条第 1 款）。

---

[10]　LOBO XAVIER, *O regime das delierações sociais no Projecto do Código das Sociedades*, separate do CCCDPOA, 1985, p.24.

[11]　见《商事登记法典》第 3 条第 1 款 b 项、g 项、i 项、j 项、r 项及 u 项。

2.2 议事录——构成决议产生效力的条件？

对于股东决议，议事录可定义为一种书面记录，即将股东在举行的股东会上或者通过书面投票方式作出的决议，以及有关决议程序的其他信息资料记录在文件上。

通常来讲，议事录载于议事录簿册（《商法典》第31条第1款和第37条）。然而，虽称之为"簿册"，在记事前，并非必须装订成册；可以由有关主体已编号与简签的活页组成，仅在随后使用时须装订成册（《商法典》第31条第2款）。如今可使用电子信息载体的议事记录"簿册"（《商法典》第39条第1款）。

除此之外，议事录同样可以载于单行文件，包括：私文书（《公司法典》第63条第4款和第7款）；"注记簿册以外的文书"或者"单行（公）文书"——公证议事录（《公司法典》第63条第4款和第6款、《公证法典》第36条第3款和第103条以及后续条文）。

尽管《公司法典》第63条第1款有相关规定，但议事录不仅记录有关股东会上通过的决议，也应该记录那些以书面投票方式通过的决议（第247条第6款与第59条第1款b项）。仅以书面方式一致表决的决议则无须记载在议事录上[12]。因此，对于该等以书面方式一致表决的决议，仅适用第63条（"书面决议"）第1款第2部分的规定[13]。

议事录并非仅记载决议，还记载决议程序的其他信息资料。股东会的议事录应当含有第63条第2款各项所表述的内容，可以包含更多内容但不强制要求；股东会的公证议事录尚包含其他内容（《公证法典》第46条第1款a－b项及第6款）。另一方面，股东通过书面投票方式作出决议时，相应的议事录应含有《公司法典》第247条第6款规定的内容。

股份有限公司（以及股份两合公司：第478条）股东会的议事录，一般由担任股东会主席团主席秘书的人负责制作（第388条第2款及第374

---

[12] 该等决议不载于议事录簿册，但应当在簿册上注明存在该等决议（第63条第4款）。

[13] 尽管所有类型的公司都许可以书面方式一致表决的决议（第54条第1款），在法典中，"书面方式的决议"既可意指以书面方式一致表决的决议，又可意指以书面表决方式作出的决议（参见第56条第1款b项及第3款）。

条)[14]。然而，如设有公司秘书[15]，则由该秘书负责制作议事录（第 446 条 – B 第 1 款 b 项）。有限公司（以及无限公司和一般两合公司：第 189 条第 1 款及第 474 条）通常不设"股东会主席团"；"股东会的主持由具有或代表最大资本额的到场股东主持，在份额相等的情形下，则由年长的股东主持"（第 248 条第 4 款）。股东会主席团主席负责制作议事录，但可以将该任务交给（由其指定或由股东会指定的）其他人完成[16]。

公证议事录由公证员制作（《公证法典》第 46 条第 6 款），而有关以书面表决方式通过的决议的议事录（法律允许有限公司和无限公司为之：第 247 条与第 189 条第 1 款）则由经理制作（第 247 条第 6 款）。

由谁签署议事录？

股份有限公司股东会（以及股份两合公司）的议事录应由股东会（主席团）主席及股东会秘书签署，如果设有公司秘书，也可由其签署（第 388 条第 2 款、第 446 条 – B 第 1 款 b 项）。

对于有限公司、无限公司或一般两合公司的议事记录，应由参与股东会的全体股东（或其代表）签署[17]。然而，依据第 63 条第 3 款的规定，如有股东在没有合理理由的情况下没有签署议事录，公司"应通过司法途径进行通知[18]，以使其在不少于八日的期间内签署；期间届满后，议事录具有第 63 条第 1 款所述的证明力，只要议事录由参加股东会的多数股东[19]签署，但不影响没有签署的股东有权在法庭上提出该议事录属伪造"。

就公证议事录而言，如涉及无限公司或有限公司，应由"在场的股东以及公证员签署"；"如涉及其余种类的公司，则由主席团成员和公证员签署"（《公证法典》第 46 条第 6 款）。

有关以书面方式投票的决议的议事录，应由制作该议事录的经理签署。

14　通常由特定的秘书或其中一位秘书制作议事录。尽管其可在股东会主席的指导下制作，或又可由主席本人制作。

15　不同于股东会（主席团）秘书。凡是上市公司皆应设有公司秘书；其他非上市股份公司或有限公司也可以设有公司秘书（见第 446 条 – A 及第 446 条 – D）。

16　如（有限）公司设有"秘书"（第 446 条 – D），则由其负责制作议事录。

17　如有限公司设有秘书（第 446 条 – D），似乎由股东会主席与秘书签名即可（见第 446 条 – B 及第 1 款 b 项）。

18　见《民事诉讼法典》第 261 条。

19　这里的多数并非必须为（股东或其代表）人数上的多数。此处要求的是决议上的多数（有多数投票权的股东或其代表），见 ALBINO MATOS, *A documentação das deliberações sociais no Projecto do Código das Sociedades*, RN, 1986/1, pp. 68 – 69。

法律没有规定何时应制作股东会议事录，是必须在会议期间制作[20]，还是可以在会议结束后制作？[21]

从履职（指制作议事录）要求角度，以及公司会议的情形来看（例如，股东会会务不多，没有多少内容需要记录，股东在会议现场等待几分钟即可签署议事录以履行该义务），应当（甚至）强制要求议事录在股东会结束前制作完毕。然而，即使如此主张，也不能因议事录在会后制作而影响其有效性[22]。

事实上，在一些（不难想象的）情形下，无法要求在股东会议期间制作议事录。如出现该情形[23]，应要求议事录（尽可能）在短时间内制作。实际上，虽有开会笔记或录音等，但通常来说，越早制作议事录，越能忠实反映会议内容。况且，如有股东拟诉诸司法途径撤销或宣告股东会决议无效，其中有些诉讼时效期短[24]。同样基于上述考虑，某些决议受登记的约束以及登记请求应在一定期间内提出[25]。[26]

以书面方式声明投票意向的决议，在全体股东投票的情况下，以公司接收最后一份文件之日为议决之日；遇有股东不作回复的情况，决议视为于既定的表决期限届满时作出（第 247 条第 7 款）。负责制作有关议事记录的经理，因应尽善良管理人与注意义务（第 64 条第 1 款 a 项），故应在决议

20　对此作出肯定性回答的，见 ALBINO MATOS，*ob. cit*，pp. 62，ss. 。

21　认为可以的（尽管承认存在"尽快作出的默示性法律原则"），见 PINTO FURTADO，*ob. cit.*，pp. 305，ss. ；亦见 V. LOBO XAVIER，*Anotação – O início do prazo da proposição da acção anulatória de deliberações sociais e o funcionamento da assembleia geral repartido por mais do que um dia*，RLJ，ano 120.°（1987–1988），p. 333，n.（44）；L. BRITO CORREIA，*Direito commercial*，3.°vol. – *Deliberações dos sócios*，AAFDL，Lisboa，1989，p. 243。

22　尽管可能因制作人的不勤勉而对其产生后果……

23　或但凡议事记录在会后完成……

24　见《民事诉讼法典》第 396 条与《公司法典》第 59 条第 2–3 款。

25　见《商事登记法典》，除了前述第 3 条规定外，还有第 15 条第 1–2 款、第 4 款，第 32 条第 1 款，第 42 条第 1 款 a 项及第 2 款 a 项。

26　外国法同样没有就时间点作出更多规范。关于有限责任公司的奥地利法 §40（1）规定决议在作出后应毫无延迟地写入议事录。根据 HANS–GEORG KOPPENSTEINER 的简要解释，"毫无延迟"（unverzüglich）为无过错耽搁（*GmbH – Gesetz Kommentar*，2. Aufl.，Orac.，Wien，1999，p. 427）；《意大利民法典》同样在第 2375 条（第 3 段）提及"不迟延"："议事录须在不迟延的情况下予以制作，以备及时履行归档或公示责任。"《西班牙股份公司法（1989 年修订本）》（LSA）与《西班牙有限责任公司法（1995）》（LSRL）作了进一步规范，LSA 第 54 条第 2 款（与 LSRL 第 113 条第 1 款内容几乎相同）规定："议事录必须包括出席者名单，并在会议结束时由股东会通过，或在结束后十五日内由股东会主席团主席和两名与会股东认可，其中一名股东代表多数方，另一名代表少数方。"

视为已作出的日期之后尽快制作议事录（或者安排人员制作）。

对于实际上已作出的一项股东决议，是否会因其还未以书面方式写入议事录（或因议事录尚未制作，又或虽有议事录但没有提到该决议）而有损其有效性或效力的产生？

无论是在本国抑或外国法下，对此问题一直以来均有多种回答[27]：其一，该等决议在法律上不存在；其二，无效；其三，可撤销；其四，不产生效力；其五，不受影响。

首先，股东以适当形式通过的决议，尽管欠缺议事录证明，但其既在事实上存在又在法律上存在；其次，议事录不是股东表达或外显其决议意思的方法或手段，也不是具实质效力的形式[28]。因此，依据《公司法典》第56条的规定，没有议事录的决议不属于无效范畴。[29]另一方面，欠缺议事录，除了不会有损决议的内容外，同样不会导致决议程序存在瑕疵——决议程序议事录制作之前已完成，且独立于议事录[30]，因此不会导致决议的可撤销（参见第58条）。

有学者认为议事录是决议产生效力的条件，该论点曾在本国学界备受支持，尤其在《公司法典》（草案）后，主流学理支持该论点[31]。

27　见 LOBO XAVIER, *Anulação...*, pp. 218, ss. ; BRITO CORREIA, *ob. cit.*, pp. 346, ss. 。对于未记入议事录的唯一股东的"决定"，有关回答概述见 TICARDO A. S. COSTA, *A sociedade por quotas unipessoal no direito português*, Almedina, Coimbra, 2002, pp. 566, ss. 。

28　这一说法与葡萄牙司法见解很多时候的看法不同 [见 ALBINO MATOS, *ob. cit.*, p. 74, n. (58) ；司法见解：1998 年 6 月 22 日波尔图中级法院合议庭裁判，载于 1998 年《司法见解汇编》第三卷第 210 页（Ac. da RP de 22/6/98, CJ, 1998, Ⅲ, p. 210）]。

29　但是，因法律的特别规定，在《德国股份公司法》（第 241 第 2 款）和《意大利民法典》（第 2379 条）股份公司中未载有议事录的决议无效。

30　亦见 PINTO FURTADO, *ob. cit.*, p. 293。

31　有关论说见 LOBO XAVIER, *Anotação – Alteração do pacto social de sociedade por quotas não reduzida a escritura pública*, RLJ, Ano 117.° (1984 – 1985), p. 314, n. (31)（步 Romano – Pavoni 的后尘）及 *O regime das deliberações...*, p. 17；ALBINO MATOS, *ob. cit.*, pp. 73, ss. [同样考虑到草案第 83 条第 7 款的规定（最终未出现在法典第 63 条）："禁止任何公司机关在履行本条规定之前执行公司决议"（该条针对的是议事录）]；M. CARNEIRO DA FRADA, *Renovação de deliberações sociais – O artigo 62.° do Cód. Das Sociedades Comerciais*, BFD, 1985, pp. 299 – 300, n. (33)；BRITO CORREIA, *ob. cit.*, pp. 348, ss. ; A. SOVERAL MARTINS, *Suspensão de deliberações sociais de sociedades comerciais：alguns problemas*, ROA, （转下页注）

假设在一有限公司的股东会（所有股东均出席）上有效议决：（1）将A的（唯一）股销除；（2）将股东 - 经理 B 解任。两个月后在新的股东会上，股东决议（3）通过将公司营业场所之一顶让给 C，并（4）将公司自有股出卖给 D。该等决议作出一星期后，经理 E 和 F 代表公司签订营业场所顶让和股之出卖的协议。涉及两次股东会的议事录仅在第二次股东会后一个月才完成制作并签署（由主持该两次会议的 B 负责制作议事录）。

上述决议都是在通过时即产生效力[32]；该等决议即使在欠缺议事录期间，也产生其预期达到的所有效力。

决议（1）产生股之销除的典型效力：（A 的）股不复存在，相应地，经理 E 在依其职权作出第二次股东会召集时，不再召集 A（已失去股东身份）；决议（2）产生解任的效力：B 从经理层除名，经理 E 和 F 作出其权限范围内应当作出的事宜，包括通知公司员工 B 不再是经理一事，因此不再具有向他们下达命令或指示的权力[33]。

决议（3）和决议（4）同样产生其预期达到的效力：使公司经理按规则（而对经理无负面影响）将营业场所顶让[34]，以及将公司自有股有效转让[35]。在该等情况下，经理有权力或权利执行该等已存在、有效的决议，尽管欠缺议事录，但决议仍是完整、有效的；因此，执行不仅具有"实质性"，而且具有"法律上的意义"。如若该等决议不产生效力，则经理的义务是不予执行。如某决议不产生（或不能产生）其拟达到的效力，行政管理机关成员的义务则为不执行该决议，甚至应建议提起针对有关决议不产生效力的宣告之诉。然而，这些情形均与欠缺议事录的决议无关，相反，

（接上页注 31）2003，pp. 362 – 363；A MENEZES CORDEIRO, *Manual de direito das sociedades*, Ⅱ, 2.ª ed., Almedina, Coimbra, 2007, p. 707；PEDRO MAIA, *Deliberações dos sócios e respective documentação: algumas reflexes*, em AA. VV；*Nos 20 anos do Código das Sociedades Comerciais*, Coimbra Editora, Coimbra, 2007, pp. 656, 674, ss. 。

与上述观点不同的看法，见 PINTO FURTADO, *ob. cit.*, pp. 295, ss. ；P. PAIS DE VASCONCELOS, *A participação social nas socialdades comerciais*, 2.ª ed, Almedina, Coimbra, 2006, p. 115。

[32] 第 234 条第 1 款最后部分所规定的股之销除决议有效力的特定前提即时得以履行，决议（1）亦然。

[33] 不同于决议（3）与决议（4），决议（1）与决议（2）属于自我执行的决议类型：不产生本身由行政管理当事人执行的行为，决议本身足以产生其指向的效力。

[34] 参见第 246 条第 2 款 c 项。

[35] 参见第 246 条第 2 款 b 项与第 260 条第 1 款及第 4 款。

行政管理机关成员不仅有权力或权利去执行该等决议，而且有义务作出该等行为。试想 C 和 D 将作出上述法律行为（对公司非常有的法律行为）附加速成条件，试问，如果因等待议事录（并与 B 极一起制作议事录）而丧失交易机会，可被视为善良管理人勤勉作为吗？[36]

当然，欠缺议事录会有消极后果，但不同于决议不产生效力的后果。

议事录根本上具有证明作用。证明决议活动中最重要的内容部分，推进公司运作最大限度的安全以及股东信息资料最为准确[37]。这样看来，虽然有些夸张，但第 63 条第 1 款规定股东会上股东作出的决议（以及以书面投票方式作出的决议）"仅可由相应的议事录予以证明"。

议事录簿册所载会议记录具有充分的证据价值，但可通过反证予以推翻（《民法典》第 346 条）；活页私文书议事录构成"最初证据"（《公司法典》第 63 条第 7 款）；公证议事录具有完全证明力，但可因其虚假性而被推翻（《民法典》第 371 条及第 372 条）。[38] 如在法院某议事录的证明力被推翻，并证明某决议已通过但未写入议事录，则该等决议应被认定为一切效力已获证明[39]（尽管上述《公司法典》第 63 条第 1 款的表述夸大其词）。

我们回到欠缺议事录的问题。

须登记的决议，如未被议事录证实，（原则上）则不可登记[40]。然而，不能登记并非基于该决议没有效力，而是欠缺有关决议的证明性文件。另一方面，该等决议尽管没有登记，但仅仅是相对第三人不产生效力[41]。

对于股东决议中止的保全程序，《民事诉讼法典》第 396 条第 2 款规定，"股东提出请求时同样提交显示已作出决议的议事录副本，有关公司机关应于 24 小时内向申请人提供该副本"。第 397 条第 1 款进一步提到，如申请人声称其在上述期间内未获提供有关议事录副本，法院传唤公司时"应作出告诫，即其如不附同前述副本，答辩将不予接受"。

（因没有出示议事录，或者因单纯疏忽而）未能答辩，公司被视为不到

---

36 对 B 可能追究责任（包括刑事责任：第 521 条）并不妨碍作出一份不过分迟延的议事录。

37 参见第 181 条、第 214 条及第 288 条。

38 ALBINO MATOS, *ob. cit.*, pp. 70, ss. .

39 相同看法见 PINTO FURTADO, *ob. cit.*, p. 329。

40 参见《商事登记法典》第 32 条第 1 款、第 42 条第 1 款 a 项、第 2 款 a 项及第 48 条第 1 款 b 项等。

41 见上文（2.1）。

庭，"具有普通宣告诉讼程序规定的所有效力"（第 385 条第 5 款）。这样的话，由申请人所列举的有关决议的事实或将被视为公司自认（见第 484 条第 1 款）。但并非如此。"当所涉及的事实证明要求有书面文件时"，不产生上述后果（第 485 条 d 项），而《公司法典》第 63 条第 1 款要求书面文件。结合《民事诉讼法典》第 519 条第 1－2 款、第 529 条及《民法典》第 344 条第 2 款，可为打破僵局找到一条出路：证明责任倒置，法院原则上应将中止申请人出示的决议推定为已存在。[42] 因此，这又是一个欠缺议事录并不导致决议不产生效力的例子。

有关股东决议的撤销之诉，《公司法典》第 59 条第 4 款规定："撤销之诉的提起[43]不取决于股东会议事录的提交，但如果股东声称无法取得该议事录，法官将要求通知那些依据法律规定应在议事录上签名的人，以使其在法官批示规定的期间（不能超过六十日）内[44]向法院出示议事录，而庭审在议事录提交前中止进行。"[45]

如果在所规定的期间内没有向法庭出示议事录，会产生什么后果？一直以来的回答不一：在没有提交议事录前，撤销之诉不可继续进行[46]；"法官应得出不存在决议的结论并就此作出宣告"[47]；"《民事诉讼法典》第 397 条类推适用，即公司所提交的答辩不予接受或被视为无关"[48]；"至少在大多

42　见 A. ABRANTES GERALDES, *Temas da reforma do processo civil*, Ⅳ vol., Almedina, Coimbra, 2001, pp. 84－86；亦见 J. LEBRE DE FREITAS/A. MONTALVÃO MACHADO/RUI PINTO, *Código de Processo Civil anotado*, vol. 2.°, Coimbra Editora, Coimbra, 2001, p. 94。

43　该规定同样类推适用于无效与不产生效力的宣告之诉。对此持相同看法，见 CARLOS OLAVO, *Impugnação das deliberações sociais*, CJ, 1988, Ⅲ, p. 29；BRITO CORREIA, *ob. cit.*, p. 349。

44　原告无法取得议事录（副本），很多时候不是由于欠缺签名，而是因公司行政管理机关不予提供；在该情形下，法官应对公司机关作出命令——参见 LOBO XAVIER, *O início do prazo...*, p. 332, n. (37－a)。

45　第 59 条第 5 款补充规定，"尽管法律要求所有股东在议事录上签名，但为前款效力，记录由所有获胜的表决股东签署即可"。尚需补充的是，议事录同样可以由参与股东会的（表决）多数签名（参见第 63 条第 3 款，以及 ALBINO MATOS, *ob*, *cit*, p.80；LOBOXAVIER, *últ. ob. cit*, pp. 332－333）。这一多数可少于并/或不同于第 59 条第 5 款规定的多数。

46　LOBO XAVIER, *últ. ob. cit.*, p. 332；另见 *ibid.* n. (37－b)。

47　MENEZES CORDEIRO, *ob. cit.*, p. 708（似乎恢复了"议事录之不存在"旧论，然而，被争执的决议甚至可以非有效，以及已被公司机关执行，对提出争执的人不利……）。

48　CARLOS OLAVO, *ob. cit.*, p. 29（其中提到的第 397 条已有改动）。

数情况下，法官须宣告撤销决议"[49]；诉讼程序在庭审中止后是否继续进行并不取决于议事录是否提交[50]。

同样在笔者看来，诉讼在庭审中止后可以继续进行。《民事诉讼法典》第519条第1-2款、第529条及《民法典》第344条第2款诸项规定结合适用：举证责任倒置，法院评价双方主张的事实，为证明效力对议事录未予提交的意义进行自由评价，并针对当事人的请求作出裁判。因此，这里欠缺议事录的决议同样不等于决议不产生效力。

总之，议事录是可被替代的证据手段，不是决议产生效力的条件。

以上有关欠缺议事录的论述（即不导致决议不存在、非有效或不产生效力），基本上同样适用于公证议事录。

然而，有多位学者认为，欠缺（第63条第6款规定的）公证议事录将导致有关决议无效[51]或可撤销[52]。

如上所述，因为公证议事录不是决议的法定形式，也没有载于第56条有关无效决议的事由中，其欠缺并不导致无效[53]；因为公证议事录的欠缺不是决议内容上的瑕疵，也并不使决议程序没有效力，故不产生第58条第1款a项规定的可撤销性[54]。

假设某股东会的议事录理应由公证员制作，但没有制作，原因可能多样：其一，尽管公司行政管理机关成员尽力，但没有任何公证员有可能来制作议事录；其二，股东会主席与/或行政管理机关成员阻却公证员到场。另就上述情形补充一点：虽无公证议事录，但私议事录已制作。如此，在那次股东会上通过的决议，除了不会因欠缺公证议事录而影响其有效性或产生效力外，可由私议事录予以证明（第63条第1款）。对于上述第二种情形，可产生消极后果，但应仅对那些无法使公证员在场的人而言（比如合理解任其职）。然而，试想在以上任何

49　BRITO CORREIA, *ob. cit*, p. 349.

50　PINTO FURTADO, *ob. cit*, pp. 297, ss. .

51　LOBO XAVIER, *Alteração do pacto social...*, p. 314, n. (31).

52　BRITO CORREIA, *ob. cit.*, p. 348, PINTO FURTADO, *ob. cit.*, p. 352——但似乎仅当公司不正当地拒绝要求公证员在场时才会如此。

53　ALBINO MATOS, *ob. cit.*, p. 75.

54　即使认为存在程序瑕疵，该瑕疵也没有任何法律后果——见下文（4.1.1.3）。

情况下，连私议事录也没有制作，对于决议是否有效或产生效力，结论仍应如此，但缺乏议事录作为证据。

3. 无效决议

为确定何等决议无效（或可撤销），需要考虑存在的瑕疵类型以及所违反的规范的性质。

导致决议无效，或来自程序上（有关形成决议的方法或过程——"如何"议决）的瑕疵，或来自内容上（涉及决议所确立的规范或准则——议决"什么"）的瑕疵[55]。

对于（决议的程序或内容）所违反的规范，可导致无效后果的：一方面为法律规定（与原则），包括强制性或非强制性的；另一方面为章程性规定。

原则上，决议内容违反法律强制性规定导致该等决议无效（《公司法典》第 56 条第 1 款 d 项）。有关规定订立的制度不可由股东排除适用，因其所保护的是其他非股东主体的利益，以及属于不可处分性的股东利益。一项决议（内容）与法律强制性规定不得存在冲突或抵触，否则决议不可产生其拟达到的（直接）效力。

原则上，决议程序违反法律强制性规定不导致该等决议无效，除非是法律特别规定的情况（第 56 条第 1 款 a 项和 b 项）[56]。程序瑕疵一般导致可撤销（第 58 条第 1 款 a 项和 c 项），尽管违反的是法律强制性规定，这在法律行为的一般制度上导致无效后果（《民法典》第 294 条）。但是，除了传统上早已趋向限制股东决议无效的情况（以促进实现决议意向效力的安定性）之外，决议程序违反强制性规定影响的是"在行为作出之时已为股东的利益（以及可处分性利益），因此原则上该等股东如有意，可通过撤销之诉保护彼等利益"[57]。

---

55 传统上普遍采用这一分类。葡萄牙学者对该分类特别研究的有 LOBO XAVIER（见 *Anulação...*, pp. 180, ss.，该著作对《公司法典》中有关非有效股东决议的制度模式建立颇有影响）。

56 但属非典型无效，见第 56 条第 3 款。

57 LOBO XAVIER, *O regime das deliberações social...*, p. 8.

另一方面，决议无论在程序或内容上违反可处分性法律规定或章程规定[58]，非为无效而是原则上为可撤销（第 58 条第 1 款 a 项）。在遵守其他前提条件下，股东可以排除适用可处分性法律规定（第 9 条第 3 款），以及变更章程条款（第 85 条以及后续条），因其所涉及的是股东（并非不可自由处分的）利益，所以由其自身决定违反该等规定的决议的后果（即决定对该等决议是否提出争执）。

3.1 因程序瑕疵而无效的决议

根据《公司法典》第 56 条，在未经召集的股东会上作出的决议无效（第 1 款 a 项及第 2 款），或在没有邀请全体股东的情况下以书面方式投票作出的决议无效（第 1 款 b 项）。然而，该条保留了两种例外情况，即在未经召集的股东会上所有股东或其代表均出席（a 项），或者所有股东均以书面方式作出投票（b 项），被视为补正上述欠缺召集或邀请的瑕疵。

3.1.1 原则上，有限公司的股东会由经理或任一经理负责召集（第248 条第 3 款）[59]；股份有限公司的股东会由主席团主席负责召集（第 377 条第 1 款）[60]。在特别情况下，有限公司的股东会可由监事会或独任监事（倘有之）召集（第 248 条第 1 款、第 262 条第 1 款、第 377 条第 1 款及第 7款，以及第 420 条第 1 款 h 项），或由法院召集（第 248 条第 1 款和第 2 款、第 375 条第 6 款和第 7 款、第 377 条第 1 款及第 378 条第 4 款）；股份有限公司的股东会根据所采用的管理架构可由监事会或独立监事召集（第 377条第 1 款和第 7 款及第 420 条第 1 款 h 项），或由审计委员会召集（第 377条第 1 款和第 7 款及第 423 - F 条 h 项），又或由总理事暨监察会召集（第377 条第 1 款和第 7 款及第 441 条 s 项），再或由法院召集（第 377 条第 1款、第 375 条第 6 款及第 7 款及第 378 条第 4 款）。

召集通告（召唤参加大会的文书）的形式，对于有限公司至少应是挂号信（第 248 条第 3 款）；对于股份有限公司原则上应将通告公示于向公众开放的互联网网址（第 377 条第 2 款和第 3 款及第 167 条）。然而，当所有

58　这里的章程规定自然不包括法律强制性规定的援引或重述（参见《公司法典》第 58 条第 2款——该规定显然是多余而可免的）。

59　同样适用于无限公司（第 189 条第 1 款）与一般两合公司（第 474 条）。

60　同样适用于股份两合公司（第 478 条）。

的股份为记名股票时，公司章程可以挂号信替代上述通告，或者对于那些事先告知同意以电子邮件方式召集的股东，以附已读回执的电子邮件替代（第 377 条第 3 款）[61]。[62]

召集通告应含有特定内容（第 377 条第 5 款及第 248 条第 1 款）。有必要指出会议的时间、地点（第 377 条第 5 款 b 项及第 6 款和第 7 款），以及工作程序（第 377 条第 5 款 e 项及第 7 款和第 8 款）。

对于有限公司（以及无限公司和一般两合公司），召集通告应至少提前十五日发出（第 248 条第 3 款）。对于股份有限公司，召集通告公示与股东会日期应至少间隔一个月（第 377 条第 4 款），或在开放性（上市）股份有限公司的情况下，至少间隔二十一日（《有价证券法典》第 21 – B 条第 1 款）；挂号信或电子邮件信息应至少提前二十一日发出（第 377 条第 4 款）[63]。

未经召集的股东会主要是指在会议举行之前没有任何召集通告，即没有任何人被召集，尽管如此，某些股东聚集开会，并通过了决议，该等决议无效。这是可以理解的，尽管欠缺召集通告是程序瑕疵，但是这是非常严重的瑕疵，因为它排除了股东行使基本权利，尤其是决议表决参与权，以及就公司活动的信息获取权（尤其在股东会中）（第 21 条第 1 款 b 项和 c 项）[64]。

因此，同理，亦应将一位或多位股东因未经召集而没有出席股东会（即仅召集了某些或某位股东）的情况视为股东会未经召集[65]；有正当性参与股东会的股东不可被剥夺其行使最为基础的权利的机会，如果其中某个

---

61 关于通过邮政召集等同于通过电子途径召集的论述，见 J. M. COUTINHO DE ABREU，*Governação das sociedades comerciais*，Almedina，Coimbra，205/2006，pp. 21 – 22；P. TARSO DOMINGUES，*Os meios telemáticos no funcionamento dos órgãos sociais*，*Uma primeira aproximação ao regime do CSC*，em IDET，*Reformas do Código das Sociedades*，Almedina，Coimbra，2007，pp. 96，ss.；ARMANDO M. TRIUNFANTE，*Código das Sociedades Comerciais anotado*，Coimbra Editora，Coimbra，2007，pp. 356 – 357。

62 关于司法传召，见《民事诉讼法典》第 1486 条。

63 关于缩短该等期限的一种特别情况，见第 442 条第 3 款。

64 参见上文第五章（2.1.2）（2.1.3）。

65 通过公示公告作出传召时不适用该情形。

股东因未被召集而没有参与股东会，则该股东会通过的决议是无效的[66]。

除此以外，还存在其他因程序上的瑕疵导致无效的情况，根据第 56 条第 2 款规定，"召集通告如未经有权限之人签署，或无载明会议之日期、时间、地点及工作程序，股东会视为未经召集"。例如，有限公司股东会在下列情况下视为未经召集：召开会议的通告由非经理股东签署；股东会的召集通告没有载明会议地点[67]（传统式股东会召开的地点——公司住所或其他地理上容易界定的地方；现代以视频方式召开股东会的虚拟空间——某互联网"网址"）[68]；股东会预定在九点，却在八点开始（并且在九点前已通过决议）或在下午两点开始。

然而，在未经召集的股东会上所作决议无效，不是典型的无效，而是非典型无效（通常称之为混合无效）[69]，因为，欠缺召集的瑕疵可通过未参与决议的所有股东事后表意来进行补正，以使决议有效。

按照第 56 条第 3 款的规定，在未经召集的股东会上作出无效决议后，"如缺席股东或未被代表的股东……事后以书面形式表达其同意，则不可再提出决议无效"。

66　相同看法（即使不基于完全相同的理由说明）见 LOBO XAVIER, *O regime…*, p. 12；PE-DRO MAIA, *Deliberações dos sócios*, em AA. VV.（coord. de COUTINHO DE ABREU）, *Estudos de direito das sociedades*, 9.ª ed., Almedina, Coimbra, 2008, p. 261；*Invalidade de deliberação social por vício de procedimento*, ROA, 2001, pp. 715, ss.；A. PEREIRA DE ALMEIDA, S-*ociedades comerciais e valores mobiliários*, 5.ª ed., Coimbra Editora, Coimbra, 2008, p. 200；MENEZES CORCEIRO, *ob. cit.*, p. 718；1987 年 6 月 2 日最高法院合议庭裁判，载于 1987 年《司法部公报》第 368 期第 534 页［Ac. do STJ de 2/6/87, BMJ 368（1987）, p. 534］；1994 年 7 月 12 日最高法院合议庭裁判，载于 1994 年《司法部公报》第 439 期第 582 页［Ac. do STJ de 12/7/94, BMJ 439（1994）, p. 582］；2004 年 9 月 21 日里斯本中级法院合议庭裁判，载于 2004 年《司法见解汇编》第一卷第 87 页（Ac. da RL de 21/9/04, CJ, 2004, I, p. 87）。不同看法（即主张可撤销）见 PINTO FURTADO, *Deliberações de sociedades comerciais* cit., pp. 580, ss.。德国学理普遍认为无效，见 KARSTEN SCHMIDT, em *Scholtz Kommentar zum GmbH-Gesetz*, II Band, 9. Aufl., Otto Schmidt, Köln, 2002, p. 2174（anot. 64 ao § 45）；H.-G. KOPPENSTEINER, em TOWEDER *et alii, Gesetz betreffend die Gesellschaften mit beschränkter Haftung（GmbHG）*, 3. Aufl., Vahlen, München, 1997, p. 1223（anot. 11 ao § 51）。

67　亦见第 377 条第 5 款 b 项。

68　分别见第 377 条第 6 款 a 项与 b 项。

69　有关非典型的无效与可撤销（以及所谓"混合非有效"），见 RUI DE ALARCÃO, *Sobre a invalidade do negócio jurídico*, Coimbra, 1981, pp. 10, ss.（separata do n.° especial do BFD – *Estudos em homenagem ao Prof. Doutor Jóse Joaquim Teixeira Ribeiro*, 1981）。

再者，"如所有的股东亲自或被代表出席未经召集的股东会，则在该股东会作出的决议不被视无效"（第 56 条第 1 款 a 项第 2 部分）。

按照第 54 条规定，如所有的股东（或其代表）到场并一致同意举行大会及议决特定议题，则为全体大会（assembelia universal），可根据适用于符合规范召集的股东会相关规定作出决议，该决议不受欠缺（或不按规则发出）召集通告的影响。

该规定表述"所有的股东"（或其代表），是意味着缺一不可，还是仅要求股东？

就有限公司而言，原则上所有股东都有参与股东会的权利，即使是那些被阻止行使投票权的股东（第 248 条第 5 款）[70]。但是，在一股属共同拥有的情况下，参与权的行使通常归于共同代表（股东或非股东）（第 222 条及随后数条）。因此，可以说，全体大会并非必须为所有股东——共同权利人参与，有他们的共同代表参与足矣。另一方面，尽管股之享益或质押的权利人非为股东，但其理应参与股东会，否则股东会不可定性为全体大会[71]。

前述共同拥有、享益或质押的相关内容同样适用于股份有限公司。需补充的是，不是所有的股票持有人必然有权参与股东会。比如，只要公司章程有规定（第 379 条第 2 款），（仅）持有无投票权的优先股的股东无权参与股东会；又如，未达到（公司章程规定的）足够股票数的股东也不可参与股东会。然而，无投票权的优先股持有人的共同代表可（有限度地）参与股东会（第 343 条第 1 款和第 379 条第 3 款）。在数目上未有足够股票数的持有人，亦可集合起来以凑够所要求的股票数或以上票数，并使其中一人作为代表（完全参与）（第 379 条第 5 款）。因此，全体有权参与（包括有限度参与）的股东组成全体大会，如与公司章程不冲突，所有无投票权的股东，亦即持无投票权的优先股权利人的代表，或所有"可联合成组的"的股东代表理应参与全体大会。

更多争议涉及是否需要行政管理机关成员与监察机关成员参与全体大会。根据第 349 第 4 款规定，该等成员"应当出席股东会"[72]。有

---

[70]　同样适用无限公司与一般两合公司（第 189 条第 1 款及第 474 条）。

[71]　参见上文第五章（3.1）。

[72]　通过多次准用规定可适用于所有公司类型。

鉴于该等人员的出席可向股东提供资讯，这是股东的一项权利，股东行使资讯权旨在知悉公司的有关情况，从而能在知情的基础上更好地行使表决权，如若没有行政管理机关成员及监察机关成员的参与，或许不能称之为全体大会[73]。然而，第54条规定没有提及行政管理机关成员或监察机关成员应出席全体大会；第54条第1款允许所有的公司类型以书面方式的一致（股东）表决——没有行政管理机关成员或监察机关成员的参与；因此，大会的全体性不要求行政管理机关成员与（可能存在的）监察机关成员的参与（尽管该等参与是可能的，以及在很多情况下是得当的）[74]。[75]

　　然而，大会为能成为全体大会，所有股东出席（真实出席与/或虚拟出席）还不足够，因为还须参与，皆需"就大会组成及其特定议题决议表达其意思"（第54条第1款）。亦即，所有与会股东（或其代表）均需表达意思，包括那些没有投票权或被阻止行使投票权的主体[76]。除了法律字面上有此文义，并非所有参与全体大会的人都必须享有投票权；无此权利的股东也应有权事先就全体大会的组成及其特定议题决议表示接受或不接受[77]。

73　PINTO FURTADO, *ob. cit.*, pp. 449, ss. .

74　PEDDRO MAIA 持该看法（见 *Invalidade de deliberação...*, pp. 706 - 707）。然而，作者在上述著述中（*ibid.*, p. 709）认为，如若某股东试图行使第290条规定的资讯权，行政管理机关成员与监察机关成员缺席将导致全体大会作出的决议可撤销：该等主体不出席，构成"不合理拒绝资讯"（第290条第3款）。但是，进一步细究，并不存在"拒绝"资讯（更何况不合理拒绝），因为不存在拒绝主体——有关主体并未出席，亦非必须出席，事实上，所有与会股东（或其代表）同意在上述主体缺席的情况下举行会议以就特定议题作出决议。

75　在德国同样普遍认为（股份有限公司）行政管理机关成员或监察机关成员的出席并非为全体大会召开的前提条件。然而，某些学者补充到，该等主体应在大会举行前被及时告知，否则相应决议可被撤销（应尊重该等主体的参与权），见 WOLFGANG ZÖLLNER, em *Kölner Kommentar zum Aktiengsetz*, B. 2, 4. Lief., Heymanns, Köln/Berlin/Bonn/München, 1976, p. 725; WINFRIED WERNER, em *AktG – Großkommentar*, 4. Aufl., 4. Lief., de Gruyter, Berlin/New York, 1993, pp. 19 - 20。西班牙对此观点相近，见 L. M. MIRANDA SERRANO, *La junta universal de accionistas o sócios*, RDM 243（2002），pp. 159, ss.。意大利有关法律规定不同：股份有限公司的全体大会是指"所有股份被代表且多数行政管理机关成员和监察机关成员参与的会议"——《民法典》第2366条（2003年改革前要求该等机关所有成员均须到场）；对于有限责任公司（对应我们的有限公司），全体大会要求所有行政管理机关成员与监察机关成员到场或者被通知举行全体大会（第2479条之二规定）。

76　相同看法见 PINTO FURTADO, *ob. cit.*, p. 448。不同看法见 E. LUCAS COELHO, *Formas de deliberação e de votação dos sócios*, em IDET, *Problemas do direito das sociedades*, Almedina, Coimbra, 2002, pp. 359, ss.; PEREIRA DE ALMEIDA, *ob. cit.*, p. 186。

77　亦见 R. MORRALSOLDEVILA, em I. ARROYO/J. M. EMBID（coord），*Comentarios a la ley de sociedades anónimas*, Ⅱ, Tecnos, Madrid, 2001, p. 990。

我们回到第 56 条第 1 款 a 项规定。

试想：在未经召集的股东会上作出某项决议，但所有股东到场或被代表，只是与会者并未一致同意召开股东会或就某事项进行议决。这里涉及的问题是，尽管欠缺召集，但所有股东（或其代表）均有出席，召集目的即已实现，符合第 56 条第 1 款 a 项所保留的该例外规定，至此，决议非为无效[78]。然而，全体大会的一项要件未得到履行，决议在程序上不符合第 54 条第 1 款和第 2 款的规定：所有到场的股东（或其代表）并未一致同意召开全体大会或就特定事项进行议决，因此，根据第 58 条第 1 款 a 项规定，决议是可撤销的[79]。

3.1.2. 根据前述第 56 条第 1 款 b 项规定，"以书面方式投票作出的股东决议，如所有享有投票权[80]的股东未被邀请以行使该权利"，有关决议无效。

以书面方式投票作出决议，通常在有限公司是被允许的（第 247 条第 1 款和第 2 款）[81]。相关程序由该条第 2 款至第 7 款予以规范。为能以书面方式投票作出决议，需要所有股东对此表示同意（第 2 款和第 3 款）[82]；以及为能知悉他们是否一致同意，需要以书面方式向股东们作出"询问"（第 3 款）。对此可以书面方式投票作出决议，或由经理向所有股东"寄出决议的具体提案"（第 4 款）。

过去有人认为在下列情况下第 56 条第 2 款 b 项所规定的无效事由会影响以书面方式投票的决议：（1）并非所有股东就以书面方式投票进行决议

78　不同看法见 M. CARNEIRO DA FRADA, *Deliberações sociais inválidas no novo Código das Sociedades*, em FDUL/CEJ, *Novas perspectivas do direito comercial*, Almedina, Coimbra, 1988, p. 331; PINTO FURTADO, *ob. cit.*, pp. 565, ss. 。

79　CARLOS OLAVO, *Impugnação das deliberações sociais* cit., p. 23, BRITO CORREIA, *Direito Comercial* cit., pp. 299 – 300, H. SALINAS MONTEIRO, *Critérios de distinção entre a anulabilidade e a nulidade das deliberações sociais no Código das Sociedades Comerciais*, DJ, vol. Ⅷ, t. 2, 1994, pp. 244 – 245, PEREIRA DE ALMEIDA, *ob. cit.*, p. 200, PEDRO MAIA, *Deliberações dos sócios* cit., pp. 259, ss., *Invalidade de deliberação…*, p. 710, J. OLIVEIRA ASCENSÃO, *Invalidades das deliberações dos sócios*, em IDET, *Problemas do direito das sociedades* cit., p. 379, PAIS DE VASCONCELOS, *ob. cit.*, p. 178, OLAVO CUNHA, *ob. cit.*, pp. 638 – 639, ZÖLLNER, *ob. cit.*, p. 725; WERNER, *ob. cit.*, p. 19.

80　"享有投票权"的表述没有意义，因为当有股东被阻碍投票时，决议不可通过书面表决作出（第 247 条第 8 款）——RAÚL VENTURA, *Sociedades pot quotas*, vol. Ⅱ, Almedina, Coimbra, 1989, p. 186。

81　并且同样适用于无限公司——第 189 条第 1 款。

82　LUCAS COELHO, *últ. ob. cit.*, pp. 346 – 347.

一事被询问过，或者他们没有被召集以书面方式作出决议（决议的具体提案没有寄到所有股东手中）[83]；（2）并非所有股东就可否以书面方式投票进行决议一事被询问过（仅在该情况下）[84]；（3）并非所有股东被召集以就书面方式投票一事作出决议[85]。

似乎最后一种理解是正确的[86]。不仅契合第 56 条第 1 款 b 项的规定，也契合该项与第 56 条第 1 款 a 项之间的共同之处（股东未经"召集"以书面方式进行投票与股东未经召集以参与大会），《公司法典》草稿所列举的意见也采用相同词语表达了相同的理解[87]。

该无效同样是非典型的，因为该瑕疵可通过未获机会投票的股东通过表达其意愿而予以补正。如果"所有未参与以书面方式决议的股东，之后以书面方式表达其对决议的同意"，则决议不再为无效（第 56 条第 3 款）。

最后，尽管某一或某些股东未被召集行使其以书面方式投票的权利，但最终他们同样（非正式地被通知进行表决）以书面方式投出了自己的票，在该等情况下也没有任何的无效（第 56 条第 1 款 b 项第 2 部分）。

3.2 因内容瑕疵而无效的决议

第 56 条第 1 款 c 项和 d 项预设了因内容存在瑕疵而决议无效的几种情况，其中要强调的是 d 项规定的无效决议："股东直接或由其决定、许可其他机关的行为导致背离善良风俗或违反不可排除适用的法律规定，即使全体股东意思一致亦然。"[88] 我们从分析最后部分的规定开始。

---

[83] CARNEIRO DA FRADA, *ob. cit.*, pp. 331 – 332, BRITO CORREIA, *ob. cit.*, p. 355, n. （33），RAÚL VENTURA, *ob. cit.*, p. 586.

[84] PINTO FURTADO, *ob. cit.*, p. 586.

[85] SALINAS MONTEIRO, *ob. cit.*, pp. 246, ss. .

[86] 欠缺第 247 条第 3 款规定的询问可仅导致决议可撤销。

[87] 见 A. FERRER CORREIA / V. LOBO XAVIER / M. ÂNGELA COELHO / ANTÓNIO A. CAERO, *Sociedade por quotas de responsabilidade limitada – Anteprojecto de lei*, 2.ª redação e exposiçãp de motivos, RDE, 1977, p. 413（针对草稿第 114 条第 1 款 b 项）。

[88] "股东直接或由其决定、许可其他机关的行为导致……"的表述有多此一举之嫌，因为一项股东的决议促使其他（行政管理或监察）机关作出违反善良风俗或法律规定的特定行为，即构成直接违法——参见 PINTO FURTADO, *ob. cit.*, pp. 601 – 602 ［但作者最后对这一法律表述作出的解读，在笔者看来有失妥当（*ibid.*, p. 605）］。

3.2.1 违反法律强制性规定的决议

第 56 条第 1 款 d 项提到的"不可排除适用的法律规定"即为"法律强制性规定"[89]。不可触犯的法律规定（法律、法令、地方立法性法令及规章）[90]，无论是公司法规（主要涉及该法规）还是非公司法规（税法、民法、竞争法、刑法等），均不得由股东或公司其他机关排除适用。

评价某项法律规定是否具有强制性乃属于释法任务，在很多情况下可通过分析下列内容来进行判断：[91]（1）规范性文本本身及语言符号，以得知排除有关规定绝对不可行；（2）哪些规定根本上是对第三人利益的保护；（3）哪些规定涉及股东不可自由处分的利益；或者（4）保障特定功能组织框架。对该等利益的考量尤其在缺少结论性语言符号支持时具有重要意义。[92] 另一方面，法律明确标出某些规定的处分性特征，也有助于解释该任务。《公司法典》可处分性规定可被排除适用，首先可由公司章程规定取代（第 9 条第 3 款）。同时，在规范表述中，不难发现含有"合同条款另有规定的除外"或类似表述[93]。

以下列举《公司法典》中具有强制性规定的若干条款。

——第 22 条第 3 款："剥夺股东分享盈余权利或免除股东分担公司亏损义务之条款无效，但有关劳务股东的规定除外"［（1）（3）］。

——第 22 条第 4 款："将分享盈余或分担亏损一事交由第三人酌情处理的条款无效"［（1）（4）］。

——第 25 条第 1 款："公司合同中赋予某一股东的出资、股或股份的票面价值不可超过其出资金额（……）"［（1）（2）］。

——第 27 条第 1 款："通过行政管理机关的行为与股东决议而全部或部分免除股东履行所约定的出资义务，该等行为与决议无效，除非存在减少资本的情况"［（1）（2）］。

——第 32 条第 1 款："当公司的净资产状况按照依法制作与审核的

---

89 参见 LOBO XAVIER, *Anulação de deliberação...*, p. 153；*O regime das deliberações...*, pp. 6 - 7。但是，立法者本可以并且本应该节省用词。

90 参见《葡萄牙共和国宪法》第 112 条。

91 现今我们仅考虑公司法规范。

92 基本上看法相同见 LOBO XAVIER, *Anulação...*, pp. 135, ss. ; *O regime...*, p. 7。

93 见上文例子——第三章（2.2）。

账表显示低于资本与公积金的总额时，法律或合同不允许向股东分派公司财产；又或当分派财产会使公司净资产低于上述总额时，亦不可将公司财产分派给股东，但不妨碍减少公司资本的有关规定"［（1）（2）］。

——第33条第1款："如有递延亏损，有关营业年度盈余须首先弥补亏损，并在设立或重新设立法定公积金或章程规定的强制公积金后方得分派"［（1）（2）］[94]。

——第74条第1款："排除或限制创始股东、经理或行政管理机关成员责任的条款无效（……）"［（1）（3）］[95]。

——第85条第1款："对于公司合同的变更，无论是通过修改或删除某些条款，又或增加新条款，均仅可由股东决议通过，除非法律许可将该权限竞合赋予其他某机关"［（1）（3）（4）］。

——第131条第1款："遇到下列情况时，公司不得变更组织：a）章程所指出资已到期，而未缴足者；b）因变更组织而编制之资产负债表，显示公司之财产净值低于其资本者"（……）［（1）（2）］。

——第210条第3款a项和第4款：公司章程允许补充给付时，"应订定"该等给付的"最高总额"［（1）（3）］。

——第218条、第295条和第296条：在有限公司与股份有限公司中，法定公积金的设立是强制性的，有最低额要求，以及使用上的限制规定［（1）（2）］。

——第220条第1－3款、第316条第1款及第318条：在若干情况下自有股份的取得被视为"无效"：公司"不可认购其自由股份"，并"仅可取得完全清偿的自由股份（特定情况除外）"，否则该等取得"无效"［（1）（2）］。

——第233条第1款："除非法律另有规定，仅当发生公司合同所认为属于强制性股之销除理由的事实时，公司才可无须有关权利人同意而将该股销除"[96]［（1）（3）］。

——第246条第1款：（有限公司）股东对法定事项决议享有专属权限［（1）（4）］。

——第248条第3款及第377条第4款：股东会召集与股东会召开

94 亦见该条其他款。
95 亦见第78条第5款、第79条第2款［（1）（2）］对这一条文的援引。
96 亦见第2款。

日期之间相距最短的期间〔（1）（4）〕。

——第 265 条第 1 款及第 3 款：有限公司的章程变更、公司合并、分立及组织变更"仅可以对应公司资本的四分之三多数表决，或者以公司合同要求的更高投票决议通过"〔（1）（4）〕。

——第 376 条第 1 款：股份有限公司的股东会应每年举行，以就特定事项作出决议〔（1）（3）（4）〕。

——第 384 条第 5 款："禁止在合同中设立多投票权股"〔（1）（3）（4）〕。

——第 391 条第 2 款："……不可将指定行政管理机关成员的权利赋予特定类型的股份"；第 391 条第 3 款："公司合同订定董事的任期不超过四年，自其被指定之日起计算；如合同未规定任期，应理解为指定四年任期，可以连任"〔（1）（4）〕。

——第 414 - A 条第 3 款：当监事会成员、独任监事或注册审计师存在该条第 1 款所规定的某些不得兼任的情况时，对其"指定无效"〔（1）（4）〕。

——第 419 条第 1 款："股东会可基于正当理由，将未由法院任命的监事会成员、注册审计师或独任监事予以解任"〔（1）（4）〕。

——第 460 条第 1 - 3 款及第 266 条第 4 款：增加公司资本时，股东法定优先权仅可因公司利益所要求的正当理由被限制或排除〔（1）（3）〕。[97]

由此观之，决议无效的情况包括：将虚假盈余（不属资产负债表盈余的公司财产——参见第 32 条第 1 款）分派给股东[98]；在公司章程中规定允许补充给付，但对该给付未订定最高总额（参见第 210 条第 3 款 a 项及第 4 款）[99]；在公司章程中规定股东会召集通过挂号信提前至少八日发出（参见第 248 条第 3 款）；指定董事任期为五年（参见第 391 条第 3 款）[100]；无正当

---

[97] 第 373 条第 3 款与第 403 条第 1 款同样为强制性规定的示例，见 COUTINHO DE ABREU，*Governação...*，pp. 47，ss.，162 - 163。

[98] 见第 34 条。

[99] 参见 1994 年 4 月 13 日最高法院合议庭裁判，载于 1994 年《司法见解汇编》（最高法院合议庭裁判）第二卷第 27 页〔Ac. do STJ de 13/4/94，CJ（ASTJ），1994，Ⅱ，p. 27〕；亦见上文第五章（2.2.4.2）及脚注 286。

[100] 然而，在该等情况下依据《民法典》第 292 条可能缩减无效的决议——参见 LOBO XAVIER，*Anulação...*，pp. 227 - 228，n.（100）。

理由解任监事机关成员（参见第419条第1款）[101]；未有以正当理由解释的公司利益，在增加公司资本时，排除或限制股东法定优先权（参见第460条）[102]。

此外，《民法典》第240条规定，虚伪决议无效[103]。

3.2.2　违反善良风俗的决议

不太容易想象违反善良风俗的决议。

首先，由于善良风俗这一概念的变化不确定，即其随着时空变化而改变，因此，在特定的时间与空间内，难以界定一些被主流社会意识所接受的好行为规则（最初是法律以外的事情）。在现代、复杂社会，德国司法见解与学理（几乎）仍重复古老的观念——"有尊严即所有人对公平公正的共识"，这一观念基本上没有释明，只是"虚华的修辞而已"[104]。并非没有违反善良风俗的"案例群"[105]。

其次，根据第56条第1款d项规定，并非任何违反善良风俗的决议无效，无效的情况须为决议的内容违反善良风俗，又或者决议本身或决议所确立的规范违反善良风俗。通常来说，决议的动机或目的违反善良风俗不足以构成无效[106]。

设想：根据某决议，经理将要求或接受第三人将钱（"酬金"）存入股

101　亦参见1994年4月7日科英布拉中级法院合议庭裁判，载于1994年《司法见解汇编》第二卷第24页（Ac. da RC de 7/4/94，CJ，1994，Ⅱ，p. 24）。

102　相同看法见 P. TARSO DOMINGUES, *Variações sobre o capital social*, Almedina, Coimbra, 2009, p. 498。认为可撤销见 A. MENEZES CORDEIRO, *Da preferéncia dos accionistas na subscrição de novas acções: exclusão e violação*, em *Banca*, *bolsa e crédito*, Almedina, Coimbra, 1990, p. 150；PEDRO DE ALBUQUERQUE, *Direito de preferència dos sócios em aumentos de capital nas sociedades anónimas e por quotas*, Almedina, Coimbra, 1993, pp. 380, ss. ［几乎一致认为违反"抽象的"（无关乎具体的资本增加）优先权的决议是无效的；见 PEDRO DE ALVU-QUERQUE, *ob. cit.*, p. 380, SALINAS MONTEIRO, *ob. cit.*, p. 229, n. （45），M. ANGELA COELHO BENTO SOARES, *Aumento do capital*, em IDET, *Problemas do direito das sociedades* cit., p. 252；少有的不同看法（可撤销）见 MENEZES CORDEIRO, *ob. cit.*, p. 147］。

103　见 SALINAS MONTEIRO, *ob. cit.*, p. 254, n. （109），2001年10月4日最高法院合议庭裁判，载于2001年第三卷《司法见解汇编》（最高法院合议庭裁判）第58页［Ac. do STJ de 4/10/01，CJ （ASTJ），2001，Ⅲ，p. 58］。亦见 BRITO CORDEIRO, *ob. cit.*, pp. 319. ss.（作者尽管有疑问，但主张其可撤销）。

104　ZÖLLNER, *ob. cit.*, p. 734.

105　PINTO FURTADO, *ob. cit.*, pp. 615 – 616列出了一些旧文献，以及几项违反公共秩序而非善良风俗，以及违反（现今）特定的法律强制性规定的示例。

106　亦见 ZÖLLNER, *ob. cit.*, p. 733；UWE HÜFFER, *Aktiengesetz*, 6. Aufl., Beck, München, 2004, p. 1169，二者均在对《德国股份公司法》第241节第4款作出的评论中——该规定由《公司法典》所吸收（通过所述草稿：参见 LOBO XAVIER, *O regime...*, p. 23）。

东的银行账户作为公司与第三人交易的条件，或者决议许可聘请娼妓以便陪同一些参观公司住所的客户。该等决议显然因违反善良风俗而无效。然而，假设决议许可租赁楼宇，目的是安置上述情况下的娼妓，该决议（内容没有违反善良风俗）非为无效；但如出租人串通以违反交易善良风俗为目的，则公司与出租人之间缔结的租赁合同无效（《民法典》第281条）。

然而，葡萄牙法院（附同某些学理）动辄判公司决议违反善良风俗而宣告决议无效。

（1）最高法院第7/1/93号合议庭裁判[107]：决议将公司营业年度（庞大）盈余存留多种（自由）公积金，而不分派给股东；不分派盈余的政策实行长达四分之一世纪；控股股东均为经理（拿高薪及丰厚的奖金），非为经理的小股东一直反对将公司经营成果纳入上述公积金用途的提案。该合议庭裁判提到权利滥用不仅规定在第58条第1款b项，也规定在第56条第1款d项。

（2）波尔图中级法院第13/4/99号合议庭裁判[108]：A（持有对应公司资本98%的股）与其母亲B（占2%的股）议决许可将原本价值11000康托（旧时葡币单位）的公司不动产以500康托的价格卖给A与C（两兄弟）。公司债权人D（贷款达32000康托）请求将该决议宣告无效。合议庭裁判的结论：权利滥用的决议属无效或可撤销（第56条第1款d项或第58条第1款b项）；决议除了无效，还可撤销，但是公司债权人无正当性提起撤销之诉。

接下来的合议庭裁判均涉及E发起设立的超市，不妨称之为"超市案"，一共五起，都非常相似，我们着重列举其中两个合议庭裁判。E是住所位于葡萄牙的股份有限公司，与设在法国的某跨国公司联营，在多个地方推进设立有限公司以便按特许经营制度开办超市。每一新成立的公司由E和另一位或几位股东组成，E持股较少。1996年至1997年，各有限公司举行股东会通过决议：将超市以低于（几乎都以非常低于）E所提供的价格顶让给第三人。[109]

（3）最高法院第3/2/00号合议庭裁判[110]：F和G投票赞成一项对价为

---

107 CJ（ASTJ），1993，Ⅰ，p.5.

108 CJ，1999，Ⅲ，p.196.

109 有趣的是一直如此……

110 CJ（ASTJ），2000，Ⅰ，p.59.

21000 康托的顶让与（公司住所之前所在）不动产出卖的提案，但 E 有意向以 518000 康托的价格买入，因此投票反对。合议庭裁判认为该决议属于权利滥用，依据第 58 条第 1 款 b 项可撤销，以及依据第 56 条第 1 款 d 项为无效。

（4）最高法院第 12/5/05 号合议庭裁判[111]：H 和 I 投票赞成一项对价为 290000 康托的顶让与不动产出卖的提案，E 投票反对并提出以 410000 康托的价格购买。

其他三个合议庭裁判（最高法院第 28/3/00 号合议庭裁判、科英布拉中级法院第 25/9/01 号合议庭裁判及最高法院第 27/6/02 号合议庭裁判）没有宣判有关公司决议无效。后续讨论权利滥用时还会提及该等合议庭裁判。

上述所有合议庭裁判 [（1）（2）（3）（4）] 可能除了第（2）个之外，其余几个在笔者看来都是值得批判的，因为它们适用第 56 条第 1 款 d 项有关违反善良风俗的部分内容[112]。

对于类似第（1）个合议庭裁判的情况，有关所谓权利滥用的决议（可撤销），传统上都有争论[113]。一项决议旨在将盈余用于公积金而没有分派给股东，在内容上没有违反善良风俗；决议所确定的规范无关乎善良或不善良的风俗。即使允许因决议目的可违反善良风俗而被定性为权利滥用[114]，后果也应为可撤销，而非无效。所拟保护的利益首先是少数股东的利益，他

111　www. dgsi. pt.

112　PINTO FURTADO, *ob. cit.* 提及其中两项合议庭裁判，其似乎同意第（2）个合议庭裁判——p. 616，n.（825），至于第（1）个合议庭裁判，其认为"案件被认定违反善良风俗令人怀疑" [p. 675，n.（901）]；相同看法见 F. CASSIANO DOS SANTOS, *O direito aos lucros no Código das Sociedades Comerciais（à luz de 15 anos de vigència）*em IDET, *Problemas do direito das sociedades* cit.，pp. 192 – 193。MENEZES CORDEIRO, *Manual de direito das sociedades* cit.，p. 726 认为，任何决议"如含有性内容或触及亲属法保护的关系时"，因违反善良风俗而无效（但是该作者不提供任何示例）；"如违反职业道义，例如，在律师事务所、医师事务所或新闻工作者公司的大会中作出的决议抵触职业隐私" [然而，职业秘密由法律规定（例如，见 2005 年 1 月 26 日核准的《律师公会章程》第 87 条），则抵触职业隐私的决议因违反法律强制性规定而无效]。对于该学者来说（*ibid.*，pp. 726 – 727），上述提及的四项合议庭裁判属因侵犯"商业道义"（该表述极其空泛，而且最初带有双引号）而无效的示例。

113　J. M. COUTINHO DE ABREU, *Do abuso de direito - Ensaio de um critério em direito civil e nas deliberações sociais*，Almedina，Coimbra，1983，pp. 140 – 141，167，ss. .

114　见 COUTINHO DE ABREU, *últ. ob. cit.*，pp. 149，ss.；*Da empresarialidade（As empresas no direito）*，Almedina，Coimbra，1996，p. 275，n.（716）。无论如何，将内容违反善良风俗的决议同样称为权利滥用是不正确的（第 56 条第 1 款 d 项），见 *últ. ob. e loc. cits.* 与 BRITO CORREIA, *ob. cit.*，pp. 330 – 331；除了某些司法见解，不同看法见 PINTO FURTADO, *ob. cit.*，pp. 673，ss.。

们可对其利益作自由处分，因此他们可提起撤销之诉[115]。

对于第（3）个和第（4）个合议庭裁判的情况有类似讨论。无论就决议本身、决议内容、所订定的制度而言，决议均没有违反善良风俗；多数股东的权利滥用主要体现在少数股东的财产范围上，少数股东若愿意，即可着手提起撤销之诉；若未在合适期间内（第 59 条第 1 款、第 2 款 a 项）作出行动，则决议不再处于悬而未决的状态。

德国在 1937 年《股份公司法》出台前同样普遍诉诸善良风俗的一般条款来推翻多数股东损害少数股东的权利滥用行为，致使该条款被过度运用，而决议无效制度导致了法律上的不稳定。也正因为出现了这一情形，德国司法见解转而普遍对"决议因违反善良风俗而无效"（规定在 1937 年和 1965 年颁布实施至今的《德国股份公司法》中[116]——为葡萄牙《公司法典》所吸收）予以限缩解释。希望葡萄牙司法见解与学理不要逆流而上，重回错误使用的老路……

第（2）个裁判所呈现的内容信息不可轻视：一个或更多第三人（债权人）因决议而（间接）受到损害。该第三人没有正当性请求决议的撤销（如决议仅因权利滥用而可撤销），见第 59 条第 1 款[117]。对于该等情况，似乎将违反善良风俗的决议"内容"作广义解释更为合理：目的为损害第三人的违反善良风俗的决议无效[118]。然而，对于第（2）个合议庭裁判的情况，可通过另一途径来达到使决议无效的目的：例如，决议许可公司作出混合赠与[119]。该种行为超出了公司的行为能力（第 6 条第 1 款）。因此，该决议在内容上违反法律强制性规定（第 56 条第 1 款 d 项）[120]。

115　以另一角度批判第（1）个合议庭裁判，见 EVARISTO MENDES, *Lucros de exercício*, RDES, 1996, pp. 289, ss. 。

116　参见 ZÖLLNER, *ob. cit.*, p. 733。

117　现在我们不考虑保护债权人的其他方法（例如，民事责任、债权人争议权）——但是不可对决议本身提出争执。

118　德国普遍如此理解，参见 ZÖLLNER, *ob. cit.*, pp. 733－734, K. SCHMIDT, *ob. cit.*, p. 2179；KOPPENSTEINER, *ob. cit.*, p. 1176；HÜFFER, *ob. cit.*, p. 1169。书中举了两个例子：通过决议使（处于危机中的）公司放弃应由行政管理机关成员作出的损害赔偿；作出销除股的决议以使对公司的执行落空。

119　"所谓混合赠与是指合同中依据当事人的意思，一方作出的给付（原则上是移转物）仅部分有对待给付，以使二者价值的差额无偿由另一当事人获益"——见 ANTUNES VARELA, *Das obrigações em geral*, vol. I, 10.ª ed., Almedina, Coimbra, 2000, p. 295（引用 Liebisch）。

120　对于第（3）个与第（4）个合议庭裁判中所考虑的类型的某些情况，这一方法未被否定。

3.2.3 "所涉事项因其性质不属于股东决议范围"的决议（没有谜底的谜语）

第 56 条第 1 款 c 项规范的内容，一直是学者们探究的对象，以找到法律规定中"因其性质"这一表述的含义[121]。

早在《公司法典》草案刚出炉时，V. Lobo Xavier 就提出，[122] 有关股东决议应是涉及（1）"股份有限公司其他机关权限范围内的事宜"。但是，该教授认为，（2）"草案的起草人此处考虑的主要是其他类型的情况：股东会就其权力范围未予清晰界定，导致干涉第三人的权利义务范围，这里的第三人通常是（有其他身份的）或者与公司企业有关联的其他第三人。试想：公司股东会决议暂停向经理或工作人员支付到期的薪水，又或延迟对出售给公司建筑物的某股东付款"。[123]

对第 56 条第 1 款 c 项的解释尚有几个不同版本，比如：内容上"因其性质"而不属于股东决议范围涉及：（3）公司行为能力以外的事项[124]，或（4）决议的标的在事实或法律上不能[125]。

对于该等意见均有争论。

就事实或法律上不能的标的作出决议是因为第 56 条第 1 款 d 项的规定无效，这样的决议内容违反的是法律强制性规定——《民法典》第 280 条第 1 款[126]。

同时违反《公司法典》第 6 条法律强制性规定，根据第 56 条第 1 款 d 项规定，就公司行为能力以外的事宜作出的决议同样无效[127]。

---

[121] 笔者几乎完全重述在 *Governação*…一书中的片段（pp. 117 – 120）。

[122] *O regime*…，p. 18。

[123] 相同看法：对于两项假定 [（1）（2）]，见 CARNEIRO DA FRADA，*Deliberaões sociais inválidas*…，pp. 327，ss.；CARLOS OLAVO，*Impugnação das deliberações sociais* cit.，pp. 23 – 24；对于第一项假定（针对强制性地由其他机关负责的事宜而作出的决议），见 BRITO CORREIA，*Direito commercial*，3.° vol. cit.，pp. 287，296；J. TAVEIRA DA FONSECA，*Deliberações sociais – Suspensão e anulação*，em CEJ，Textos（Sociedades comerciais），1994/1995，p. 125；至少对于第二项假定（干涉第三人权利义务范围的决议），见 SALINAS MONTEIRO，*Critérios de distinção*…，p. 223 – 224（尽管可利用第 56 条第 1 款 c 项，但是依据 d 项也会得出相同结果）；PEDRO MAIA，*Deliberações dos sócios* cit.，pp. 264 – 265。

[124] BRITO CORREIA，*ob. cit.*，pp. 287，293，TAVEIRA DA FONSECA，*ob. e loc. cits.*，MENEZES CORDEIRO，*Manual*…，p. 723。

[125] PINTO FURTADO，*Deliberações de sociedades*…，pp. 592，ss. .

[126] 相同看法见 BRITO CORREIA，*ob. cit.*，pp. 329 – 330；SALINAS MONTEIRO，*ob. cit.*，p. 225，n.（34）。

[127] 参见上文第四章（3.1）。

另一方面，公司不能单方面干涉第三人的权利义务范围。根据法律强制性规定（例如，《民法典》第 406 条第 1 款、第 863 条第 1 款），该范围的变动要求第三人与公司之间取得一致协议；就该协议，通常（同样基于法律强制性规定）由代表公司的行政管理机关成员（而非内部决议机关）参与执行。所以，旨在（单方）排除或修改第三人权利的股东决议，因为违反法律强制性规定，所以是无效的（见第 56 条第 1 款 d 项，这里 c 项纯属多余）[128]。

最后，分析最先提出的解释意见（有关股东决议应是涉及"股份有限公司其他机关权限范围内的事宜"[129]）。

《公司法典》第 56 条第 1 款 c 项可能受《德国股份公司法》第 241 条第 3 款（前部分内容）的启发：股东会决议如"与股份公司的性质（或本质）相抵触"，则无效[130]。并且，一些德国学者将违反权限的决议纳入该规定范围（通常予以较小的作用）[131]。

事实上，违反权限规则不是本义的程序瑕疵[132]，否则，违反权限方面的法律强制性规定的情况将不会由第 56 条第 1 款 d 项和第 58 条第 1 款 a 项来规范，而是需要第 56 条第 1 款 c 项来规范，因此（同样至少）为内容瑕疵。将特定事宜的专属权限归于董事会的法律规则，同时意味着禁止股东会采取内容上超出其（参与有关事宜）权限范围的决议[133]。因此，违反权限上法律强制性规定的股东决议，适用第 56 条第 1 款 d 项[134]。

总之，受争议的第 56 条第 1 款 c 项属多此一举。

---

[128] 《公司法典》之前 LOBO XAVIER, *Anulação...*, pp. 132 – 133, n.（26）坚持认为该等决议无效，并未借助如今第 56 条第 1 款 c 项所能得出的规则或原则……在《公司法典》之后，PINTO FURTADO, *ob. cit.*, p. 594（被 MENEZES CORDEIRO 支持，*ob. cit.*, p. 722）令人信服地指出（"似乎如今毋庸置疑"）惩罚为不存在效力（第 55 条）。并非如此。除了刚才文中所述内容，完全可以看一下第 55 条所述同意为股东同意，而非第三人同意（亦非股东作为第三人时的同意）。

[129] 显然是强制性法律。如对其他机关的赋权性规范为可处分性法律规范或章程规范，则违反有关规范的股东决议可撤销——第 58 条第 1 款 a 项。

[130] "与公司性质不兼容"（*Mit dem Wesen der Aktiengesellschaft nicht zu vereinbarenist*），亦见 SALINAS MONTEIRO, *ob. cit.*, p. 222, n.（27）。

[131] ZÖLLNER, *ob. cit.*, p. 726, 以举例说明的方式提到 Claren。对于有限公司（其法律未有类似规定），见 K. SCHMIDT, *em Scholz Kommentar...*, p. 2177。

[132] 但是表述为"组成瑕疵"，见 PINTO FURTADO, *ob. cit.*, p. 594。批判性看法见 SALINAS MONTEIRO, *ob. cit.*, p. 222, n.（28）。

[133] 相同看法见 ZÖLLNER, *ob. cit.*, p. 731。

[134] 相同看法除了 SALINAS MONTEIRO, *últ. loc. cit.*, 还见 OLIVEIRA ASCENSÃO, *Invalidades das deliberações...*, pp. 381 – 382。

3.2.4　核准行政管理报告书与账目的决议的"特别制度"

"行政管理机关成员应当制作以及向公司的权限机关提交每一经营年度的行政管理报告书、营业年度账目以及法律规定的其他文件"（第 65 条第 1 款、第 3 款和第 4 款）。"营业年度账目"根本上是资产负债表、按性质类型显示的差额以及附件[135]。这是账目主要的"账目提交文件"[136]。

行政管理报告书以及账目提交文件的制作，"应当遵循法律规定"（第 56 条第 2 款）。第 66 条所规定的内容基本上适用于行政管理报告书，而《会计规范系统》适用于其他账目提交的文件。

有关行政管理报告书与账目提交文件的决议权限归于股东，见第 189 条第 3 款、第 474 条（无限公司与一般两合公司）、第 246 条第 1 款 e 项（有限公司）[137]、第 376 条第 1 款 a 项和第 478 条（股份公司）。

该等决议根据第 69 条受"非有效的特殊制度"（题目所述）约束。

概言之，第 69 条基本上可以说很含糊。有关行政管理报告书与账目提交文件的"制作"的法律规定，什么样的行为会导致核准决议的可撤销（第 1 款）？什么是不按规则作出的账目"本身"（第 2 款）？为什么说不按规则核准账目本身的决议同样可撤销？该等账目不应理解为违反有关其制作的规定吗？其次，非有效制度的"特性"存在某种不协调性。通过第 1 款和第 2 款，可以说规则为可撤销。核准行政管理报告书草案与账目提交文件草案的决议，违反法律规定时是可撤销的。强制性规定包括偏离了第 56 条第 1 款 d 项的规定。但是，依据第 69 条第 3 款许多情况，尤其是适用第 2 款的情况，其规定不是无效吗？另一方面，该第 2 款第 2 部分规定，"法官在不严重或较容易修正的情况下，仅当账目不在所订定的期间内重新作成时，才宣告可撤销"。对于适用第 1 款的某些不当情事，该解释不是更能说得通吗？[138]

第 69 条的含糊性与不协调性，可通过梳理其形成过程来解释。在法律草案

---

[135]　参见有关公司法的第 4 号指令第 2 条第 1 款（1978 年 7 月 25 日 78/660/CEE 指令）与 2009 年 7 月 13 日第 158/2009 号指令（核准《会计规范系统》）第 11 条。

[136]　《公司法典》第 289 条第 1 款 e 项在账目提交文件中含有其他各种文件，既不由行政管理机关制作也非须经股东决议。用上述表述指称营业年度账目，见第 189 条第 3 款和第 263 条第 5 款。

[137]　但是见第 263 条第 2 款。

[138]　的确重新作出该等（可撤销的）决议——第 62 条第 2 款。但是第 69 条第 2 款规定有不同的制度——法院可应公司请求给予公司一期间以重新作出决议（第 62 条第 3 款）。

中，其对应的第 89 条仅有两款。法典增加了第三款，而法典被核准通过的数月后，第 69 条第 1 款的题目即被 1987 年 7 月 8 日第 280/87 号法令修改⋯⋯

我们进一步来看有关营业年度账目核准决议的几点内容[139]。

有关该等账目制作的法律规定（第 69 条第 1 款），比如应由行政管理机关成员（直接或通过他人）制作该等账目并签署的规定（第 65 条第 1 款、第 3 款和第 4 款），再如确立资产负债表、差额显示和附件（NCRF 1 do SNC）的结构与内容的规定。还有那些要求遵守某些定性特征（可理解性、相关性、正确性、比照性）与估价准则的规定，该等规定旨在取得公司财产、资金状况与经营成果的真实面貌（《会计规范化委员会之概念架构》第 24 段及后续段落、第 97 段及后续段落）[140]。第一组规定是较为"形式上"的；违反该等规定（比如在资产负债表上成组简签，或在错误的地方简签），原则上导致有关决议可撤销（第 69 条第 1 款）。第二组规定涉及账目的"实质"性数据，如有违反，则适用第 69 条第 2 款或第 3 款。这一点需要多作一些说明。

试想一不准确或不按规则制定的资产负债表，（1）因为忽略了一负债或者在资产中加入虚假款项（导致净资产高于其实际资产）；（2）或者因为在资产中忽略一款项，或在负债中虚构款项（导致净资产低于实际资产）；（3）或者因为低估资产财产的价值，或高估负债的价值（导致净资产低于实际资产）；（4）或者因为高估资产财产的价值，或低估负债的价值（导致净资产高于实际资产），则核准该资产负债表的决议，因违反法定规则与原则[141]，是可撤销或无效的吗？

在《公司法典》之前，在我们中间有两种不同观点。一种观点是在第一种与第四种情形下，净资产高于实际资产，决议应为无效，在其余两种

---

[139] 核准行政管理报告书的决议非有效相较于针对营业年度账目作出的决议非有效，其重要性小很多。对此完全可以想一下在盈余运用决议中核准资产负债表的决议无效或可撤销的影响（同时，核准资产负债表的决议或者核准更广范围的某营业年度账目的决议非有效，在法律效力上不导致后续的资产负债表或账目非有效——见 LOBO XAVIER, *Anulação* ..., pp. 484, ss.）。

[140] ALBERTO PIMENTA, *A prestação das contas do exercício nas sociedades comerciais*, BMJ 201 (1970), pp. 15, ss., J. L. SALDANHA SANCHES, *A quantificação administrativa*, 2.ª ed., Lex, Lisboa, 2000, pp. 216, ss. .

[141] 假定示例中低估或高估超出了审慎原则许可的程度（参见《会计规范系统》概念框架第 37 条）。

情形下净资产低于实际资产，决议应为可撤销；在第一种情形下，真实性原则（资产负债表应当完整且准确）保护第三人利益，因此阻止将虚假盈余分派给股东；在第二种情形下，决议仅损害股东自由处分的利益（尤其是分享实际取得盈余的权利）[142]。其他观点认为决议在以上任何情形下都是无效的，同样包括资产负债表显示净资产低于实际资产的情况，因为其会或可以损害公共利益和债权人、工作人员以及投资者的利益[143]。

如今面对第 69 条第 3 款（与第 56 条第 1 款 d 项相一致），我们应一致认为，显示净资产低于或高于实际资产的虚假资产负债表的核准决议无效。在第一种情形下，被违反的法律主要保护公司债权人；在第二种情形下（净资产低于实际资产的情况），可涉及法定公积金的设立或补充（第 295 条第 1 款、第 218 条），以及任何情形下都会涉及公共税收利益[144]。[145]

3.3　无效宣告之诉

对于无效的决议，《公司法典》规定公司监察机关有主动采取措施的义务（第 57 条）。

"公司监察机关应就之前任何决议无效的情况告知股东会上的股东，以使股东如有可能重新作出决议或按其意愿推进相应的法院宣告程序"（第 57 条第 1 款）。如无效的决议是在股东会上（非全体大会）作出，前面所述监察机关的义务可在该股东会上履行（这正是要求监察机关成员出席股东会的原因——第 379 条第 4 款），假如瑕疵是程序性的（第 62 条第 1 款），股东便知悉无效性并可能重新作出决议取而代之，或（一位或多位）股东请求诉诸司法宣告无效。如非属该情况，监察机关应请求召集或径直召集股东会（第 375 条第 1 款、第 377 条第 1 款、第 420 条第 1 款 h 项、第 423 条－F h 项及第 441 条 s 项），以通知无效一事，使得股东可重新作出决议，只要其有意愿且可以这样做，或者知悉其可请求作出相应的无效宣告。

142　LOBO XAVIER, *Anulação*…, pp. 494, ss., n. (163).

143　COUTINHO DE ABREU, *Do abuso*…, pp. 179, ss., C. OSÓRIO DE CASTRO, *Sobre o artigo 89.°, n.°2, do Projecto do Código das Sociedades*, RDE, 1984/1985, pp. 230, ss. .

144　资产负债表是用以确定税收利润的出发点——见 SALDANHA SANCHES, *ob. cit.*, pp. 244, ss.；RUI MORAIS, *Apontamentos ao IRC*, Almedina, Coimbra, 2007, pp. 63 - 64。

145　即使隐匿公积金不妨碍法定公积金的设定与补充，通常也会损害债权人的利益——见笔者 *últ. ob. cit.*, p. 181（及该书列出的参考资料）；亦见 ALBERTO PIMENTA, *ob. cit.*, BMJ 200 (1970), p. 55。

如上述通知发出后两个月内，无效决议未被补正，公司也未被通知无效宣告之诉一事，则"监察机关应立即推进该决议无效的宣告之诉程序"（第 57 条第 2 款）。

以上做法均与为监察机关确立权限的法律框架相契合（尤其是"监督遵守法律"的权限）：第 420 条第 1 款 b 项（监事会或独任监事）；第 423 条－F b 项（注册审计委员会）；第 441 条 e 项（监察总委员会）[146]，旨在让股东及公司机关尽快认知决议无效一事[147]。

在没有监察机关的公司中[148]，任一经理可承担有关义务（第 57 条第 4 款），对此同样可以理解为：经理有义务不履行无效的决议（不产生其拟达到的效果的决议），经理有义务推进有关无效宣告之诉程序（或按情况使股东重新议决），以及在公司运作中予以澄清。

根据第 57 条第 3 款和第 4 款规定，提起无效宣告之诉的监察机关或经理，"应及时向法院提请任命某一股东以代表公司"。这一点比较容易理解，因为当经理提起诉讼时，起诉针对的是公司（第 60 条第 1 款），而公司通常由经理代表。稍难理解的是监察机关作为诉讼提起人，而公司可由行政管理机关成员代表……

然而，并非所有的无效之诉的制度均规定在第 57 条中。该条文仅作出一些特别的规定。

对于无效的决议，作为法律行为，可适用关于无效法律行为的一般制度："无效可随时由任何利害关系人主张，亦可由法院依职权宣告"（《民法典》第 286 条）[149]。

"利害关系人"（参见《民事诉讼法典》第 26 条第 1 款和第 2 款）指的不仅是第 57 条提到的主体，还包括行政管理机关成员、任何股东以及某些第三人。

146　似乎注册审计师作为机关时（见第 278 条第 1 款 b－c 项、第 3 款及第 446 条）并不涵盖于第 57 条。其基本上负责"对公司账目进行核查"，而非对公司遵守法律或章程进行一般监察（第 446 条第 1 款及第 3 款）。当 ROC 被有限公司指定对账目作出法定核查时，更不涵盖于第 57 条——监察机关同样如此。不同看法见 PINTO FURTADO, *ob. cit.*, pp. 755－756。

147　M. NOGUEIRA SERENS, *Notas sobre a sociedade anónima*, 2.ª ed., Coimbra Editora, Coimbra, 1997, p. 48, PEDRO MAIA, *Deliberações dos sócios cit.*, p. 266.

148　法律不强制规定无限公司与一般两合公司设立监察机关，有限公司达到一定规模而未指定注册审计师对账目进行法定核查时应设有该机关（第 262 条第 2 款及第 3 款）。

149　PINTO FURTADO, *ob. cit.*, p. 758, NOGUEIRA SERENS, *ob. cit.*, p. 48.

行政管理机关成员在监察机关未履行第 57 条第 1 款和第 2 款义务时，有提起诉讼的正当性。他们的利益显然在于通过司法确认决议无效而使该等决议对他们不产生约束力[150]。

任何股东均有提起无效之诉的正当性，这一点从第 57 条第 1 款和第 2 款即可看出。任何股东包括决议通过时的股东或之后才成为股东的人[151]，无论其是否有投票权，是否就获通过决议投过赞成票[152]。

哪些第三人可具有充当原告的正当性？比如，当所作决议涉及分派虚假盈余或监事会非股东成员无正当理由被解任时，公司的债权人或工作人员可以提起相应的诉讼。

无效之诉可"随时"被提起。然而，如若《公司法典》不同于一般制度而规定除斥期间（尽管应比可撤销诉讼所规定的除斥期间更长一些），将有利于维持公司活动运作的确定性与安全性。外国法中有这样的例子：《西班牙股份公司法（1989 年修订本）》第 116 条第 1 款规定原则上为一年诉讼时效，（2003 年后的）《意大利民法典》第 2379 条、第 2379 条之三及第 2479 条之三均规定为三年诉讼时效（但有例外）[153]。

"宣告决议无效或撤销决议的裁判，对公司全体股东和所有机关均产生效力，即使不是诉讼当事人或没有参与诉讼亦然"（第 61 条第 1 款）[154]。某决议被宣告无效后，该决议针对每一股东或公司机关的效力，原则上全部消失，如同从未作出过决议，可能产生的效力也应一并消灭（《民法典》第 289 条）[155]。

---

[150] 第 57 条第 3 款（亦见第 4 款）似乎类推适用。《民事诉讼法典》第 21 条第 2 款亦可适用。《西班牙股份公司法（1989 年修订本）》第 117 条第 3 款第 2 段规定有其合理性："当行为人专门代表公司而董事会为该效力未任命任何人，则法官应从投票支持受争议决议的人中任命代表董事会的人"（*Cuando el actor tuviese la representación exclusiva de la sociedad y la junta no tuvier designado a nadie a tal efecto, el Juez nombrará la persona que ha de representarla en el proceso, entre los accionistas que hubieren votado a favor del acuerdo impugnado*）。

[151] PAIS DE VASCONCELOS, *A participação social ...*, pp. 167, ss., PÉREZ DAUDÍ, em I. ARROYO/ J. M. EMBID（coord.），*Comentarios a la ley de sociedades anónimas* cit., p. 1147.

[152] PÉREZ DAUDÍ, *ob. cit.*, pp. 1146 – 1147.

[153] 有关公司法的第 5 号指令提案第 44 条（1972 年的原始文本以及后续文本）规定撤销之诉或无效之诉应在一定期限内提起，成员国对该期限不可订定少于三个月或多于一年。

[154] 第 61 条第 1 款与第 2 款均适用于无效宣告与撤销宣告。

[155] 第 34 条第 1 款对股东规定了例外：因决议无效而以利润或公积金名义取得的公司财产，在股东善意时无须返还。

但是，对于在善意第三人权利义务范围内产生的效力，并非如此。"无效宣告或可撤销判决不影响第三人基于执行决议的行为而善意取得的权利；知悉无效或可撤销的，非为善意"（第61条第2款）。

此处的"第三人"不是股东，也非公司机关的据位人（第61条第1款）。但是，股东与机关据位人在特定情况下可被视为第三人，即当他们不是以其股东或机关成员的身份取得权利，而是以可由任何其他主体（比如，作为买受人、出卖人、消费借贷贷与人等）替换的情况下取得权利时[156]。

第三人如在与公司完成交易时合理相信有关决议的有效性，或（非轻率地）没有发现其无效性，则属于善意。由公司或主张交易无效的人举证第三人已知悉无效，或根据当时的情况不可能忽视决议无效；交易完成前，中止决议的保全程序或无效宣告之诉，又或相应的最终裁判已有登记或记录，该等事实可有助于证明第三人非属善意（《商事登记法典》第9条e项和h项）。[157]

（通常由行政管理机关成员）为执行决议而作出的行为，是指按照决议或以决议为依据实施的行为[158]。

比如，选举行政管理机关成员的决议被宣告无效，不影响同该等行政管理机关成员磋商的第三人善意取得的权利[159]；排除股东在公司增加资本时认购新出资优先权的决议的无效宣告，不影响善意第三人取得出资。

这里有必要就以上尚未论证的两点作出说明。第一点，第三人因某些无效决议而善意取得的权利，在任何情况下都会受到损害。试想股东作出决议许可行政管理机关成员作出公司行为能力之外的捐赠，而当决议无效时，其所作出的捐赠同样无效[160]。第二点，除了法律规定行政管理机关成员作出的行为取决于股东决议的情况外，决议存在或不存在、有效或非有效，即便章程上有要求，也与第三人无关，不影响公司承担债务责任[161]。[162]

---

[156] 在西班牙（参见 L. CABALLOL I ANGELATS, em ARROYO/EMBID, *ob. cit.*, p. 1276）与意大利（参见 DOMENICO SPAGNUOLO, em M. SADULLI/V. SANTORO（a cura di）, *La riforma delle società*, t. I, Giapichelli, Torino, 2003, p. 356）同样为主流看法。

[157] 类似条文见《公司法典》第260条第2-3款、第409条第2-3款。

[158] 参见 LOBO XAVIER, *Anulação*..., pp. 336, n. (85), 427, n. (76).

[159] *Últ. A.*, *ob. e locs. cits.*

[160] 见上文第四章（3.1）。

[161] 参见第260条第1款（有限公司）与第409条第1款（股份有限公司）。然而，适用无限公司与一般两合公司的制度是不同的（第192条）。

[162] 因此，该等情形无关乎第61条第2款规定。

4. 可撤销决议

从《公司法典》第 58 条来看，可撤销的决议分别是：违法但不足以导致无效的决议（第 1 款 a 项）；违反公司章程规定的决议（第 1 款 a 项后部分内容）；滥用权利的决议（第 1 款 b 项）；在股东未获提供最基本资讯的情况下作出的决议（第 1 款 c 项及第 4 款）。

4.1　违法决议

对于因违反法律规定而可撤销的决议[163]，同样可归类为程序瑕疵与内容瑕疵。第一种情况包括强制性及可处分性的法律规定，第二种情况仅涉及可处分性的法律规定。

4.1.1　程序瑕疵

除了第 56 条第 1 款 a–b 项及第 2 款所规定的例外，原则上，决议的程序瑕疵仅致其可撤销。

4.1.1.1　股东会决议的一般程序步骤通常是：召集（召集通告的内容、形式及签署人，以及召集与会议应相距的期间）[164]；股东会的组成（何人可参与股东会、议决所需法定人数、股东会的主持及议案）；请求资讯；辩论；投票（何人可以投票、投票的方式）；计票与结果核定，可有可无股东会主持人唱票（正式宣布投票结果）。[165]

以下举可撤销决议的例子。

（1）（对于有限公司）以公布于地方性报章上的通告，而非以挂号信（第 248 条第 3 款）召集的股东会（非全体大会）通过的决议；（对于股份有限公司）以刊登于面向公众的互联网网址的通告（第 377 条第 2 款及第 167 条第 1 款）召集股东会通过的决议[166]。

163　就宽泛理解，参见上文（3.2.1）。

164　参见上文（3.1.1）。

165　E. LUCAS COELHO, *A formação das deliberações sociais – Assembleia geral das sociedades anónimas*, Coimbra Editora, Coimbra, 1994, pp. 38, ss. .

166　参见 1998 年 9 月 29 日科英布拉中级法院合议庭裁判，载于 1998 年《司法见解汇编》第四卷第 25 页（Ac. da RC de 29/9/98, CJ, 1998, Ⅳ, p. 25）。

（2）（非全体股东会）通过的决议没按要求提前召集（第248条第3款及第377条第4款）[167]。

（3）股份有限公司在（首次召集的）股东会上变更公司章程的决议未达到法定人数（第383条第2款）。

（4）在有参与权的股东被阻碍进入股东会或被驻留于股东会后通过的决议（第248条第5款及第379条）。

（5）在股东就工作程序所载事项被武断阻碍讨论的股东会上通过的决议（第379条第1款和第2款）。

（6）在通过决议的股东会上，无正当理由拒绝向股东提供信息，使其无法就讨论议题形成意见（第290条及第214条第7款）。

（7）在依法或按章程规定有投票权的股东被股东会主席阻碍行使该权利的情况下作出的决议[168]。

（8）在不正确计票（例如，无投票权的股东却投了票，并且将其投票计入在内）或违法不计票（例如，股东被适当代表，但股东会主席将其代表人投出的票不计入在内）情况下通过的决议。

（9）以非特定多数方式通过增加公司资本的决议（第265条第1款及第386条第3款）[169]。

（10）有限公司或股份有限公司在章程没有相关规定的情况下，以不到占公司资本额四分之三的票数作出可分派予股东少于一半的营业年度盈余的决议（第217条第1款及第294条第1款）[170]。

4.1.1.2　根据第58条第1款c项规定，在股东会表决前，"如未能向股东提供最为基本的资讯"，被通过的决议可撤销；第58条第4款进一步规

167　参见1997年11月18日最高法院合议庭裁判，载于1997年《司法部公报》第471期第416页〔Ac. do STJ de 18/11/97，BMJ 471（1997），p. 416〕。

168　有关投票权与回避问题，见上文第五章（2.1.2.2）。

169　参见1992年12月2日科英布拉中级法院合议庭裁判，载于1992年《司法见解汇编》第五卷第69页（Ac. da RC de 2/12/92，CJ，1992，V，p. 69）；1996年11月26日最高法院合议庭裁判，载于1996年《司法见解汇编》第三卷第114页〔Ac. do STJ de 26/11/96，CJ（ASTJ），1996，Ⅲ，p. 114〕。

170　参见1998年10月13日科英布拉中级法院合议庭裁判，载于1998年《司法见解汇编》第四卷第31页（Ac. da RC de 13/10/98，CJ，1998，Ⅳ，p. 31）。不同看法，即认为决议无效（第56条第1款c项），见F. CASSIANO DOS SANTOS，*A posição do accionista face aos lucros de balanço – O direito do accionista ao dividend no Código das Sociedades Comerciais*，Coimbra Editora，Coimbra，1996，pp. 120–121。但是，要指出的是，第217条第1款与第294条第1款无疑是可处分性规范。

定，"为该条的效力，最为基本的资讯包括第 377 条第 8 款所要求的内容，并按法律或合同规定的地点与时间，确保有关文件供股东查阅"。

第 377 条第 8 款要求召集通告应载明股东会拟议决的有关事项（即载于工作程序的事项——见该条第 5 款 e 项）；如拟修改章程，尚应补充说明相关要求。

另一方面，《公司法典》有些规定要求特定文件应在股东会举行前供股东检查，尤其是第 263 条第 1 款（有限公司的行政管理报告书与账目提交文件）、第 289 条（股份有限公司的各种文件）、第 101 条、第 120 条以及第 132 条（有关一般公司合并、分立与组织形式变更的文件）。

第 58 条第 1 款 c 项所规定的可撤销性原先是来自该条第 1 款 a 项：决议程序违反有关向股东提供最低信息资料的法律规定或章程规定时，决议可撤销。

要强调的是，第 58 条第 4 款没有穷尽欠缺即可导致决议可撤销的所有资讯（无论是否为最低要求）。比如尚有第 377 条第 5 款（召集通告须载内容）[171]、第 94 条、第 100 条第 3 款及第 120 条（就减少公司资本、合并或分立作出决议的股东会召集通告须载的其他内容），以及第 214 条第 2 款最后部分（有限公司股东对公司文件有询问权，如该询问目的在于判断账目提交文件是否正确，或能使股东在已召集的股东会上进行表决）。

因未提前提供某些信息而（可能）导致决议可撤销的例子有：

（11）在未载于股东会议程的情况下作出解任行政管理机关成员的决议（第 58 条第 1 款 c 项、第 4 款 a 项及第 59 条第 2 款 c 项）[172]。

（12）在召集通告缺乏明确说明的情况下解任行政管理机关成员的决议，或者许可营业场所顶让的决议（第 58 条第 1 款 c 项及第 4 款 a 项）[173]。

171　第 5 款 b 项与第 56 条第 1 款 a 项及第 2 款有关联——欠缺会议日期、地点或时间的记载原则上导致（非典型的）无效；第 5 款 e 项与第 377 条第 8 款有关联。

172　参见 1995 年 5 月 16 日最高法院合议庭裁判，载于 1995 年《司法见解汇编》（最高法院合议庭裁判）第二卷第 85 页［Ac. do STJ de 16/5/95，CJ（ASTJ），1995，II，p. 85］；亦见 COUTINHO DE ABREU，*Governação...*，pp. 163，ss. 。

173　分别参见 1996 年 1 月 23 日里斯本中级法院合议庭裁判，载于 1996 年《司法见解汇编》第一卷第 100 页（Ac. da RL de 23/1/96，CJ，1996，I，p. 100："经理组成的变更"载于召集通告）；2002 年 6 月 27 日最高法院合议庭裁判，载于 2002 年《司法见解汇编》（最高法院合议庭裁判）第二卷第 138 页［Ac. do STJ de 27/6/02，CJ（ASTJ），2002，II，p. 138："公司活动重组及相应的资产移转"载于召集通知书］。

（13）在股东会前未供股东查阅行政管理报告书与账目提交文件的情况下作出予以核准的决议（第 263 条 1 款、第 289 条第 1 款 e 项、第 58 条第 1 款 c 项及第 4 款 b 项）。

（14）在股份有限公司的股东会召集通告因没有提到股东在会前五日内存放无记名股票（章程）义务而阻碍未履行该义务的股东参会的情况下作出的决议（第 377 条第 5 款 d 项及第 58 条第 1 款 a 项）。

4.1.1.3　然而，有必要强调，并非所有的程序瑕疵皆导致相关决议的可撤销。尽管第 58 条第 1 款 a 项与 c 项似乎"一刀切"（所有的违法决议不是无效，就是可撤销），但是，须考虑被违反的程序上法律规定的目的及违法后果。具体而言，为决议可撤销效力，有严重与不严重瑕疵之分，关于这一点，葡萄牙司法见解至今少有论及。

一般而言，因不按规则或不正确统计投票结果而导致决议不符合所要求的多数决，或者在股东会召开之前或期间，从根本上侵犯了股东自由参与权及资讯权，皆属于严重的程序瑕疵[174]。

举例如下。

1）一个不具备参加股东会正当性的人出席了该股东会并因此决定了法定与会人数足够，应视之为严重瑕疵（见前述例 3）。

但是，如果该人参不参与股东会，法定人数都能达到，则非属严重瑕疵[175]。

---

[174] 此处笔者考虑了德国学理就股东决议的程序瑕疵提出的"重要性的理论"（如今是主流看法），该理论最近被最高法院（BGH）接受——见 ZÖLLNER, *Kölner Kommentar* cit., pp. 775, ss.; HÜFFER, *Aktiengesetz* cit., pp. 1181, ss.［HARTWIG HENZE 在 *Pünktlich zur Hauptversammlungssaison: Ein Rechtsrechungsüberblick zu Informations-und Auskunftsrechten*（BB, 2002, p. 900）一书中提到"Zöllner 与 Hüffer 的重要性的理论"］; HANS-GEORG KOPPEN-STEINER, em HEINA ROWEDER et al.（Kommentar von），*Gesetz betreffend die Gesellschaften mit beschränkter Haftung（GmbHG）*, 4. Aufl., Vahlen, München, 2002, pp. 1640 – 1641; K. SCHMIDT, *Schlz Kommentar* cit., pp. 2190, ss.。在葡萄牙，相当多的学者持相同看法，见 LOBO XAVIER, *Anulação de deliberação...*, pp. 47, ss., n.（20）; 亦见 PEDRO MAIA, *Invalidade de deliberação social...*, pp. 735, ss.。内容上相同程度较低，但术语上相同程度较高（尽管在德国司法见解中的传统观点——"因果性"与现代学理对之持部分异议的"重要性"存在混淆之处）。同样提到表决瑕疵的"重要性的门槛"，见 OLIVEIRA ASCENSÃO, *Invalidades das deliberações dos sócios* cit., pp. 376, 396 – 397; 另一方面，PINTO FURTADO, *Deliberações de sociedades comerciais* cit., pp. 641 – 642 支持狭义上因果性的论点（该学者错误地相信其为"德国学理的大多数观点"），认为决议的最终效力仍取决于支持性的证据。

[175] 亦参见《意大利民法典》第 2377 条第 5 段第 1 款（文本由 2003 年改革引入）。

2）一项提案在未取得必需的多数票而获通过，该决议显然存在严重的程序瑕疵（第 189 条第 2 款、第 194 条、第 250 条第 3 款、第 265 条、第 386 条、第 474 条、第 476 条及第 478 条，以及前述例 9 和例 10），因为法律要求股东决议来自多数人的意思。

然而，如果不当计票（例如：将无表决权的股东投票计入在内；将因利益冲突而被阻止表决的股东投票计入在内——前述例 8），或将无行为能力及受意思瑕疵影响的股东投票计入在内[176]，又或不当不计票（例如：未将有正当代表的股东投票计入在内——前述例 8；以及非法阻止股东投票——前述例 7），但凡去除不当计算的票数[177]或将不当未计入的票数加上后，仍维持所要求的多数决，则为非严重瑕疵。

3）有限公司股东未经挂号信被召集（前述例 1），但非挂号信最终及时到达收件人，尽管欠缺挂号，但召集的目的（使股东可以参与股东会）已达到，则不应视之为严重瑕疵。[178]

4）不当阻止股东参与表决（例如，该股东被拒绝进入或留在股东会，又或者在讨论议案时被拒绝发言——前述例 4 和例 5），即使能证明如该股东被许可参与股东会而决议结果将一样[179]，也当属严重瑕疵，因为违反了有关法律规定的宗旨（确保合议性，保证社团性根本权力的行使），所以决议可撤销；另一方面，这可能造成某些股东特别是少数股东被完全剥夺参与决议的权利。[180]

5）行政管理报告书与营业年度账目未在股东会举行前供股东查阅（前述例 13）为严重瑕疵。

然而，如该等文件不在公司住所供股东查阅，但及时寄到了股东住所[181]，有关法律目的（通过提供资讯使股东为在股东会上议决作好适当的准备）已实现，则该事实所含的瑕疵为非严重程序瑕疵。对于召集通告未提到

---

176 亦参见所述意大利规定的第 2 款。

177 为确认是否仍维持多数，我们传统上称这一票数去除为"抗拒性证据"。

178 1989 年 10 月 31 日最高法院合议庭裁判，载于《司法部公报》第 390 期第 418 页［Ac. do STJ de 31/10/89，BMJ 390（1989），p. 418］属这种情况？

179 "因果性的理论"（如证明被非法阻碍与会的股东即使参与股东会也不影响作出的决议，则决议不可撤销：该瑕疵非为决议结果的原因）与"重要性的理论"的区别在此处是明显的。

180 参见 LOBO XAVIER, *ob. cit.*, pp. 52, ss., em nota；K. SCHMIDT, *ob. cit.*, pp. 2191 - 2192。

181 不同看法（部分与营业年度账目有关）见 1992 年 12 月 2 日里斯本中级法院合议庭裁判，载于 1992 年《司法见解汇编》第五卷第 129 页（Ac. da RL de 2/12/92，CJ，1992，V，p. 129）：经理为提出争执的人［（见《公司法典》第 65 条以及上文第五章（2.1.3.2）］。

有关文件可在公司住所取得（见第 263 条第 1 款后部分规定），但所有股东均在公司住所或其本人住所已查阅了有关文件，则同样不应视之为严重瑕疵[182]。

6）无正当理由拒绝向出席股东会的股东提供基本资讯，属于严重的程序瑕疵（前述例 6），即使能证明股东如取得所请求的资讯并作出相反意见，表决结果将会一样。

但是，有关资讯如对股东参与决议以维护其正当利益无关紧要则拒绝提供，非属严重瑕疵[183]。

7）股份有限公司应有注册审计师，无论是否为（一般）监察机关成员（第 278 条第 1 款及第 413 条）。特定有限公司，如未设监察机关（其中至少有一名注册审计师）应由注册审计师作出账目的法定证明（第 262 条第 1 款和第 2 款）。制作账目法定证明的权限专属于注册审计师（《注册审计师公会章程》第 43 条第 4 款[184]）："通过法定证明，注册审计师表达其对个别或合并的财务报表是否以正当与真实的方式反映了企业的财务状况的意见……"（《注册审计师公会章程》第 44 条第 2 款）。注册审计师原则上通过股东决议来指定（《公司法典》第 262 条第 4 款、第 415 条第 1 款及第 446 条第 1 款，《注册审计师公会章程》第 50 条第 1 款）；就其他指定程序，相关规定包括《公司法典》第 262 条第 4 款及第 416 条、《注册审计师公会章程》第 50 条第 5 - 6 款（由有关公会任命）及第 50 条第 3 款（"在两次股东会之间，对注册审计师或注册审计师事务所的指定权限属于股东会主席团；如未设主席团，该权限属于行政管理机关，并且应将指定的结果提交随后的股东会予以追认，否则注册审计师可解除合同，且不影响其在履行职责期间内取得报酬的权利"）。[185] 股东有权了解有关行政管理报告书与账目提交文件

---

[182] 参见 1993 年 12 月 21 日波尔图中级法院合议庭裁判，载于 1993 年《司法见解汇编》第五卷第 246 页（Ac. da RP de 21/12/93，CJ，1993，V，p. 246）。

[183] 在信息资料权领域更加多发滥用决议争执的情况（有时会提出许多或复杂的问题，以使在对所有问题未有答案时可以诉诸法院）。为防止该情况发生，德国立法者根据学理上与司法见解上主张的重要性的理论，于 2005 年修订了《德国股份公司法》第 243 节第 4 款。（第 1 句）如今规定："当一股份持有人经客观评估会将信息资料的提供视作正当维护其参与权与社员权的基本条件时，仅可基于信息不准确、不完整或被拒绝提供提出争执。"

[184] 《注册审计师公会章程》经 1999 年 11 月 16 日第 487/99 号法令核准，后经 2008 年 11 月 20 日第 224/2008 号法令修改并作为附件重新颁布。

[185] 应注意到，依据《注册审计师公会章程》（参见第 50 条第 7 款），注册审计师的指定（单方性）文件与接受（单方性）文件尚不足够；还要求有服务提供合同的（随后）订立——第 53 条［批判性看法见 COUTINHO DE ABREU，*Governação...*，p. 186，n. （455）］。

的法定证明（《公司法典》第 263 条第 5 款及第 289 条第 1 款 e 项）。

按规则指定的注册审计师由公司经理聘任。该审计师对其上任后首次股东会将议决的营业年度账目进行核证。在该股东会上，主席对法定证明进行说明，并对制作法定证明的注册审计师进行说明，但这不是用来追认指定注册审计师的明确决议议案；账目由多数通过。投反对票的股东拟提起撤销决议之诉的理由：账目的法定证明非有效，因为它由未被追认指定的注册审计师作出；以及因为欠缺适当的资讯[186]，决议应当被撤销（第 58 条第 1 款 a 项）。

随即牵出以下问题（虽为假想但非常贴近现实中的案例）：公司与注册审计师之间的法律关系是否虽未经明确追认但仍维持有效？是否存在追认默示或暗示的决议？追认性决议可否在以其他途径指定后非首次召开的股东会上作出？不管是否有追认性决议（以及可能对未提出决议的经理们的后果），注册审计师是否都有正当性作出账目证明？是否符合第 263 条第 5 款？

根据以上分析，答案极为简短：是。[187]

但是，假设（再次回到中心问题）账目的法定证明（尽管真实）不产生效力，欠缺信息资料是否导致决议可撤销的严重瑕疵？尽管证明性文件不产生任何效力，但股东被阻止确认经营账目的正确性以及参与股东会以维护其（公司利益框架内的）利益难道就合理吗？

回答是否定的。

4.1.2 内容瑕疵

如属决议因内容瑕疵而无效的情况，则涉及的是法律强制性规定，如为决议可撤销的情况，则涉及的是可处分性的法律规定（第 58 条第 1 款 a 项），但并非全部如此。

可处分性法律规定得通过公司章程予以排除适用，或在章程或法律许可的情况下，同样可由股东决议予以排除适用[188]。因此，仅在欠缺该许可时，决议内容如违反可处分性法律规定，应可撤销。例如：确立不按股东

---

[186] 尽管股东对证明的真实性不提出争执，见《注册审计师公会章程》第 44 条第 7 款。

[187] 普遍作否定回答，见 1993 年 12 月 21 日波尔图中级法院合议庭裁判，载于 1993 年《司法见解汇编》第五卷第 246 页（Acs. Da RP de 21/12/93, CJ, 1993, V, p.246），1999 年 7 月 1 日波尔图中级法院合议庭裁判，载于 1999 年《司法见解汇编》第四卷第 185 页（de 1/7/99, CJ, 1999, Ⅳ, p.185），与 2000 年 6 月 8 日波尔图中级法院合议庭裁判，载于 2000 年《司法见解汇编》第三卷第 206 页（de 8/6/00, CJ, 2000, Ⅲ, p.206）。

[188] 参见《公司法典》第 9 条第 3 款，以及上文第三章（2.2）。

出资比例来分享盈余的措施（第 22 条第 1 款）；规定免除公司将股转让予第三人的同意（第 228 条第 2 款及第 229 条第 2 款）；确定不同于第 235 条第 1 款所规定的股之销除的相应给付。

第 58 条第 1 款 a 项不仅适用于违反法律专门规定的情况，也适用于违反相关法律原则的情况，尤其是平等原则与符合公司利益的行为原则（或忠实原则）[189]。

如决议没有做到对所有股东平等对待，而为此不存在客观合理解释（即区别对待非以公司利益为基础，纯属任意武断），则该决议违反股东平等对待的原则[190]，因为公司法的这一原则通常不是强制性的，比如公司章程可向一位或更多股东确立特别权利[191]，以及/或者因为保障股东位于某种地位[192]，故此，公司决议违反该原则时通常产生可撤销的后果。

股东的忠实义务要求他们每个人的行为不能违背公司利益，或不符合与公司有关联的其他股东的利益[193]。违反该义务的决议通常是可撤销的：当投票对形成所要求的多数票属有必要的时候，违反忠实义务的投票不产生效力，决议可撤销[194]。

第 58 条第 1 款 b 项可以说是上述两个原则的一种体现。然而，该项亦涵盖不是违反平等原则的情况（例如，非股东第三人特别占优势同样会对所有股东造成损害）；另一方面，违反平等原则与忠实原则不要求具备该 b 项所要求的"意图"[195]。

4.2 违反章程的决议

根据第 58 条第 1 款 a 项，违反公司合同规定属于违反章程的决议，应

---

[189] 德国（规定与我们第 58 条第 1 款 a 项类似）相同看法见 ZÖLLNER, *ob. cit.*, pp. 792, ss., 804, ss.；K. SCHMIDT, *ob. cit.*, pp. 2193, ss.；HÜFFER, *ob. cit.*, p. 1188。葡萄牙学者中认同德国学理的，见 CARNEIRO DA FRADA, *Deliberações sociais inválidas* cit., p. 323。

[190] 参见上文第五章（1.1）。

[191] ANTÓNIO CAEIRO, *A exclusão estututária do direito de voto nas sociedades por quotas*（de 1966），em *Temas de direito das sociedades*, Almedina, Cimbra, 1984, p. 72, n.（1），COUTINHO DE ABREU, *Do abuso…*, p. 154, e n.（365）。

[192] ZÖLLNER, *ob. cit.*, p. 793。

[193] 参见上文第五章（2.2.3）与（2.2.3.2）。

[194] 参见上文第五章（2.2.3.2）。

[195] 亦见 CARNEIRO DA FRADA, *ob. e loc. cits.*。示例见下文（4.3）。

可撤销[196]，包括内容上或程序上的瑕疵。

因内容上的瑕疵而可撤销的决议，例如，许可行政管理机关作出公司章程所营事业以外行为的决议，以及无视章程有关公司可仅由一名经理代表的规定而通过公司转由两名经理共同代表的决议。

因程序上的瑕疵而可撤销的决议，例如，股份有限公司在通过适当公开的召集通告召集但未遵守章程的补充性要求（如第377条第3款规定的挂号信）的股东会（非全体大会模式）上所作出的决议[197]，或以法律规定的多数票但不符合章程另行规定的特定多数要求（第250条第3款及第386条第1款）作出的决议。

4.3　权利滥用的决议

根据第58条第1款b项规定，可撤销的滥用权利决议尽管并不违反法律或公司章程的具体规定，但是为谋取股东个人或他人的特别利益而不惜损害公司或其他股东的利益，又或以损害公司或其他股东的利益为意图，除非能够证明该决议即使未涉权利滥用的投票也能获得通过。

这里涉及两种类型的权利滥用的决议：第一种是以有损公司或股东为代价来实现取得特别好处的意图的决议；第二种是以满足仅为损害公司或股东的意图的决议[198]。

第一种和第二种类型的决议有两个相同之处：主观前提条件（一位或多位投票者的"意图"）和客观前提条件（决议必须在客观上"适于"能满足意图的实现）。

但二者也有不同之处，对于第一种类型的决议，有法律效果的意图在于取得特别好处；对于第二种类型的决议，有法律效果的意图在于造成损害。的确，前者不排除损害意图（"损害公司或其他股东"），然其为取得特别好处而产生的损害；好处与损害之间存在直接或间接的因果关系[199]；后者

196　例外情况下可为无效。第414条－A第3款（由2006年改革引入）突然规定：指定监事会成员、独任监事或注册审计师的决议与章程规定有一定抵触时，决议无效。

197　参见2000年11月2日波尔图中级法院合议庭裁判，载于2000年《司法见解汇编》第五卷第175页（Ac. da RP de 2/11/00, CJ, 2000, V. p. 175）。

198　刺激性决议过去并未规定在《公司法典》草案（或草稿）中，目前也未规定在《德国股份公司法》第243（2）节，该节规定被第58条第1款b项在很大程度上吸收。在 Do abuso…, pp. 126, 136, 139－140, 笔者坚持认为应将该等决议纳入权利滥用的决议。

199　HÜFFER, *ob. cit.*, p. 1189.

一味旨在追求损害而不考量可能的好处或不利等。亦即,第一种类型的决议谋求的是取得特别好处,不一定涉及损害[200],而第二种类型的决议的意图限于产生损害。

因此,学界存在的某些看法是不正确的:对于第一种类型的决议需验证双重意图(取得特别好处与损害)[201];有关规定中的特别好处完全可以免却[202];"以损害公司或其他股东为代价"与"为其本人或第三人的特别好处"的内容可替换为"纯属损害公司或其他股东的意图"[203]。

"特别好处"是通过决议赋予股东或/与非股东的,或使其可得到又或被许可得到的财产性收益(至少是非直接性的),但并非所有股东均处于受益者所处的类似处境,并且当不存在处于类似处境的主体时,收益不会(也不应会)赋予假定位于相同位置的人,或使其可得到又或被许可得到。

第一种情况的例子:通过多数决议解散公司,以便控股股东在(没有少数股东的)新公司内继续从事被解散公司的企业经营活动;通过决议将公司营业场所以 1000 欧元的月租金暂时让与 B 经营,但 B 能提供 1500 欧元。

第二种情况的例子:独任经理 – 股东将薪酬订定为 50000 欧元,但考虑其职责性质、公司情况以及类似公司的做法,合理价格应不超过 10000 欧元;决议许可以 150000 欧元的价格购买公司住所周边的(唯一)一块属于股东的土地,但是该土地的价值不会超过 100000 欧元。

"损失"或重大损害(作为前者决议确保特别好处的后果,或由后者决议所确立措施的后果)由"公司"或"其他股东"遭受,其他股东即非有前述意图的表决者[204]。

公司/股东的区分,令人产生疑问。

公司损失在任何情况下均为股东的损失(至少是间接的);公司的利益实则为全体股东(而非相对于公司来说,作为出卖人、购买人、员工、行

200　见 ZÖLLNER, *ob. cit.*, p. 814;HÜFFER, *ob. e loc. cits.*。

201　F. CASSIANO DOS SANTOS, *Estrutura associative e participação societária capitalística*, Coimbra Editora, Coimbra, 2006, pp. 421, ss., 430, 432.

202　*Últ. A. e ob. cits.*, pp. 424 – 425, ARMANDO TRIUNFANTE, *A tutela das minorias nas sociedades anónimas*, Coimbra Editora, Coimbra, 2004, p. 382.

203　MENEZES CORDEIRO, *Manual...*, I, p. 743.

204　即使该等股东同样可能遭受损害。

政管理机关成员等)[205] 的共同利益，有损公司利益，同样会损及该等股东的共同利益，因此，或许表达为仅对公司造成损失足矣。

但是，重大损害不是所有及任一股东的损害，仅仅是对于那些不具这一意图来表决的股东。其次，一位股东可以不是作为股东受到损害，而是，比如，作为经理受到损害，即便如此（尽管可能不涉及股东的共同利益），可适用第58条第1款b项的规定。假设通过多数投票决议（翌年）降低经理－股东的薪酬，提高非股东经理的薪酬，仅仅为了使那位股东遭受损害[206]。在这种情况下，可理解所涉及的规定仅意在对（少数）股东造成损害。

然而，也可能存在这么一种情况，即所有的股东均以其（作为非股东）取得特别好处为意图进行投票，尽管作为股东他们均遭受了损害。比如五名股东是不动产的唯有共同所有人且持相同份额，同时是持公司相同股权的唯有股东，他们一致议决由公司以远远高于真实价值的价格买入一项不动产[207]，对此有理由认为除了"其他股东"的损害，还包括"公司"的损害。

我们再回到"意图"的话题。

第58条第1款b项的规范提到"一位（或多位）股东的意图"。如上所述，该意图指的是在特定的决议性提案中一位或多位投票股东的故意。因此，涉及的是主观且现存的要素（而非虚拟的）[208]，应由对决议提出争执的人证明。同时，对该规定最后部分有关"权利滥用的投票"的提及作相同理解[209]。

205　见上文第五章（2.2.3.1）。

206　参见 COUTINHO DE ABREU, *Do abuso...*, pp. 139 – 140, e n. （328），以及上文第五章（2.2.3.2.2）。

207　参见 COUTINHO DE ABREU, *Do abuso...*, p. 118, n. （266），139, n. （327）。彼时（《公司法典》制定之前）认为此等决议不可撤销（仅未投获胜票的股东才可请求撤销）。《公司法典》颁布之后，考虑到对提起撤销之诉的正当主体予以扩增，见 *Da empresarialidade...*, p. 274, n. （717），笔者认为不再会有学者维持原来立场。然而，维持原来立场见 PINTO FURTADO, *ob. cit.*, p. 272 与 ARMANDO TRIUNFANTE, *ob. cit.*, p. 395, n. （679）。

208　PAIS DE VASCONCELOS, *A participaçãp social nas sociedades comerciais* cit., pp. 155, ss..

209　不同看法见 BRITO CORREIA, *Direito commercial*, 3.° vol. cit., p. 342 ["……《公司法典》不要求一股东的意图为其本人或第三人取得特别好处；决议完全可以在客观上被用于实现该目的"] 与 PEREIRA DE ALMEIDA, *Sociedades comerciais* cit., p. 206 （法律"不要求证明主观要素。决议完全可以'被用于实现其目的'。此外，法律也未将目的关联于获胜的多数，而是以明显非特指与客观的方式关联于'股东之一'"）——然而，后者在随后一页提及第58条第3款的"主观性责任"……

然而，此处的故意并非必须为直接或必要性的，可能性故意即可[210]。因此，只要能证明一位或多位股东在投票时已预见到可能为其本人或其他人取得特别好处，或对公司或其他股东产生损害，且相信该可能性后果不会不实现。

尽管如此，笔者仍然认为将上述规定的主观要素予以省略可能更好[211]。对于为取得共同好处的（所有）股东（尽管可能对每个人的受益程度是不同的）而言，公司是落实该意图的机制。如公司被利用，即使并非有意以有损其他股东或公司利益为代价，以使股东或第三人取得特别好处，或以使股东对其他股东和公司产生损害，由于客观上存在一项不良意图，相关决议仍应被视为权利滥用而被撤销[212]。

笔者依然认为[213]法院对权利滥用属性（产生决议的可撤销）的判断，应基于单个决议或整体考虑下的决议，而非每一股东的投票（与意图）。尽管确认投票可属权利滥用而作出[214]，以及对单个投票的分析对发现决议的违法

---

[210] 德国对相同规定作如此理解，参见 ZÖLLNER, *ob. cit.*, p. 814；HÜFFER, *ob. cit.*, p. 1189。葡萄牙学者中持相同看法的有：REGINA R. REDINHA, *Deliberações sociais abusivas*, RDE, 1984/1985, p. 216；SALINAS MONTEIRO, *Critérios de distinção...*, p. 235。

[211] *Do abuso...*, pp. 125, 140 – 141。

[212] 相同看法见 ARMANDO TRIUNFANTE, *últ. ob. cit.*, pp. 380 – 381。《西班牙股份公司法（1989 年修订本）》第 115 条规定对以损害公司利益为代价，使某股东或第三人获益的决议可提起争执。不要求主观要素或前提要件，参见 D. RUIZ DE VILLA, *Impugnación de acuerdos de las juntas de accionistas*, 3.ª ed., Aranzadi, Elcano, 2002, pp. 90 – 91（1951 年法律中即如此——参见笔者 *Do abuso...*, p. 130, ss.）。1976 年制定的《巴西股份公司法》第 115 条规定，"表决作出旨在对公司或其他股份持有人造成损害，或为其本人或第三人取得不应得的好处而对公司或其他股份持有人产生或可产生损害时，被视为权利滥用"。与第 58 条第 1 款 b 项所述的明显类似——应属相同渊源…… MODESTO CARVALHOSA, *Comentários à Lei de Sociedades Anônimas*, 2.° vol., 3.ª ed., Saraiva, São Paulo, 2003, p. 459 认为，"对通过作出表决而损害公司或其他股份持有人的意图，不应主观性探究，因为难以证明是基于故意还是单纯错误"。并且提到"行为表现的主观性不应由司法见解所考虑"。即使在德国也有人批判故意的存在（HÜFFER, *ob. cit.*, p. 1188 赞同性地引用了 M. WINTER 的观点）。

[213] *Do abuso...*, pp. 125, 136 – 138.

[214] 不同看法见 PINTO FURTADO, *ob. cit.*, pp. 679, ss.（只有权利滥用的决议，没有权利滥用的表决）。如同我们的看法（表决与决议均可表现为权利滥用）见 BRITO CORREIA, *ob. cit.*, pp. 341 e 341 – 342, n.（56）；OLIVEIRA ASCENSÃO, *ob. cit.*, pp. 397 – 398。然而，MENEZES CORDEIRO 则认为（*ob. cit.*, p. 744）："权利滥用或作出法律地位不允许的行为，纯属违反善意的行为，"因此，"为谋取'特别利益'而滥用表决权是指在有关法律许可范围外的行为，涉及的不是权利滥用，而是根本没有权利。（……）恶意性表决（voto emulativo）则构成权利滥用：表现为'失衡用权'。对第 58 条第 1 款 b 项进行（转下页注）

性有重要意义，但是应将分析的核心放在作为法律行为的决议内容与效力上。另一方面，在产生决议的多数投票整体中对这个或那个投票单独进行评价，很多时候是很困难的。因为他们均指向同一方向，产生相同的决议结果。加上不存在辩论，或存在沉默或虚伪，又或秘密投票的情况等，如何判断此投票有权利滥用的意图，而彼投票却没有？

依据第 58 条第 1 款 b 项后面部分的内容，当"抗拒性证据"牵涉进来时，事情会进一步复杂（"除非能证明决议即使没有滥用权利投票，也会一样作出"）。

争执提出者证明决议被用来满足某一股东的非法意图，从而对公司或其他股东产生损害。尽管如此，如公司证明[25]，即使没有该股东的投票，决议依然会通过，决议将不可撤销。

试想一股份有限公司共有十二名股东，其中八名分别持有 10 股股份，一名持有 6 股，一名持有 4 股，两名分别持有 5 股（100 股 = 100 票）。股东会讨论：从持有 4 股的股东手中以 200000 欧元的价格买入房屋，或者从第三人手中以 150000 欧元的价格买入相邻的类似房屋。投票赞成购买前一房屋的有四名分别持有 10 股的股东、一名持有 6 股的股东以及另一名持有 5 股的股东（ = 51 票）；其他股东投反对票（ = 45 票）；房屋所有权人股东因利益冲突而没有投票（第 384 条第 6 款 d 项）。如能证明持有 6 股的股东

（接上页注214）严格性解读，似乎能从中得出结论：除非含有上述恶意性，否则不涉及真正意义上的权利滥用（……）。违反善意可导致真正的滥用权利的决议，但其由《公司法典》第 58 条第 1 款 a 项规范。如前所述，这是来自德国的解决方案。"然而，权利滥用与善意原则不应混淆，权利滥用不是（或不仅仅是）作出违反善意的行为（见笔者所著 *Do abuso…*, pp. 55, ss.; J. SOUSA RIBEIRO, *O problema do contrato – As cláusulas contratuais gerais e o princípio da Liberdade contractual*, Almedina, Coimbra, 1999, pp. 505, ss.; M. CAR-NEIRO DA FRADA, *Teoria da confiança e responsabilidade civil*, Almedina, Coimbra, 2004, pp. 850, ss.); 倘若股东行使表决权旨在以损害公司或其他股东利益为代价而获取特别利益，无疑构成权利滥用——在德国同样被视为违反对公司的善意（参见 *Do abuso…*）或滥用投票权的特殊情况（参见 K. SCHMIDT, em *Scholz Kommentar* cit., §45, p. 2196）; 第 58 条第 1 款 b 项可适用于权利滥用的决议；尽管此处未规定的其他决议也可以被视为属于权利滥用，但是，为避免混乱，笔者倾向于不将违反第 58 条第 1 款 a 项所含平等原则与/或忠实原则的决议称为权利滥用的决议——参见上文（4.1.2）。

25　举证责任归于被诉的公司（参见第 60 条第 1 款），参见 2000 年 2 月 3 日最高法院合议庭裁判，载于 2000 年《司法见解汇编》（最高法院合议庭裁判）第一卷第 61 页［o Ac. Do STJ de 3/2/00, CJ（ASTJ）, 2000, I, p. 61］；亦见 *Do abuso…*, pp. 124, n.（277）, 125。举证责任同样可以归于股东（参见第 58 条第 3 款）。

的投票意图在于使房屋所有人股东获取特别利益，则决议可撤销（51 – 6 =
45 票，即非多数）。然而，假设另一名持有 5 股的股东同样投票赞成购买前
一房屋（共 56 票），则决议不可撤销：尽管持有 6 股的股东怀有不法意图
以及决议对公司与其他股东产生损害，但是，即便不存在滥用权利的投票
情况，该决议依然会作出（56 – 6 = 50 票，即多数），因为提出争执者无法证
明其他股东滥用权利投票。虽然此结果委实不合理，然而有关规定许可……

以下讨论司法见解中出现的几个问题。

（1）科英布拉中级法院第 6/3/90 号合议庭裁判[216]：与前述最后一个最
高法院第 7/1/93 号合议庭裁判案件有关（营业年度盈余的使用决议因违反
善良风俗而被宣告无效）[217]。回顾某些事实：（有限）公司过去一直取得可观
的盈余，然而依据多数经理 – 股东的投票，该等盈余并不（以股息的名义）
分派给股东达四分之一个世纪；之前的盈余已用于各种公积金，且部分用
于投资公司企业；经理股东每年不断获得薪酬，并且从 1980 年开始股东会
议决为该等经理 – 股东每年发"奖金"[218]；少数股东（对应公司资本 40% 的
份额）未从公司得到任何回报。

科英布拉中级法院认为"多数决议因权利滥用或超出权力范围而撤
销"，也就是说该决议非出于公司利益而作出，并明显超出"善意、善良风
俗、公司目的或经济权利的限度"，并且引用了《公司法典》第 56 条第 1
款 d 项。换句话说，其抓住《民法典》第 334 条的表述不放手，并参照有
关无效决议（似乎因违反善良风俗）的《公司法典》规定，但未引用第 58
条第 1 款 b 项[219]。然而，中级法院的合议庭裁判最终维持了被上诉的判决，
即撤销有关决议（而非宣告无效）的判决……

（2）科英布拉中级法院第 2/7/91 号合议庭裁判[220]：与前面第一个合议
庭裁判的情况相似，也有相同的当事人参与。法院以非常令人质疑的方式
来解读有关盈余分配的公司章程部分，并考虑了《公司法典》第 217 条第 1

---

216 见 CJ，1990，II，p. 45。

217 参见上文（3.2.2）。

218 因经理的"良好"工作而取得该等奖金，尽管在公司实际操作中经常存在，但是当未由章
程性规定支撑时，其合法性会受到质疑——见第 255 条第 3 款、第 399 条第 2 款。

219 可能因为案中"丝毫未证明多数人的意图或目的"〔表述来自 1993 年 1 月 7 日最高法院合
议庭裁判（Ac. Do STJ de 7/1/93，*loc. cit.*，p. 10）〕。

220 见 CJ，1991，IV，p. 89。

款，宣告 1988 年营业年度盈余的使用决议无效（决议由 60% 的票数通过，但第 217 条要求 75%）[221]。然而，该裁判又提到，这一点在此处更加重要，在任何情况下相关决议"如属权利滥用或超出权力范围，则应可撤销。实际上通过该等决议，作为上诉人的公司的多数股东明显超出善意、公司目的及经济权利的限度——《民法典》第 334 条"。

该两项合议庭裁判的案件未表明违反善良风俗即导致无效［如前文（3.2.2）所述］[222]。其次，《公司法典》（自 1986 年）已确立非有效决议的详细制度，不适宜继续诉诸《民法典》第 334 条，后者属于综摄性规定，在法律后果等方面有很大的不确定性[223]。对于《公司法典》第 58 条第 1 款 b 项，尽管有不要求前面所述主观要件的优势，但是对所涉及的情况，不难证明多数股东（至少）可能的故意并适用《公司法典》的规定：该等股东在投票时如同已投票，须预见到决议非常有可能产生以有损少数股东利益为代价，为其本人带来特殊好处，或者至少会对少数股东产生损害，并且最终依从了该可能。

我们看前面援引的"超市案"中的合议庭裁判[224]。

（3）最高法院第 28/3/00 号合议庭裁判[225]：J（经理/控权股东）和 L 投票赞成一项（由前者提出的）提案，即将商业场所以 85000 康拓的价格顶让，并将（公司住所所在地）不动产以 205000 康托的价格出卖；E（有较少价值的股之份额）提出分别以 466000 康托和 250000 康托的价格购买，并对前述决议投了反对票。最高法院认为该决议没有违反善良风俗，因为"如同原告 E 形成了这一局面，也就排除了其遭受损害的情况"。但所涉及的是对公司产生损害的刺激性决议。然而在起初的请求书中，E 仅攻击 J 的投票是权利滥用，"没有攻击同样通过决议的 L 的投票，这一做法会带来一种答辩意见：即使没有那名股东 J 的投票，决议也会作出，也即无需那名股

---

221 然而，基于该理由，适当的惩罚应是可撤销的——参见上文（4.1.1.1）。并且，遵守第 217 条第 1 款，并不妨碍将（不）分派利润的决议视为因权利滥用而可撤销［参见 2006 年 11 月 9 日埃武拉中级法院合议庭裁判，载于 2006 年《司法见解汇编》第五卷第 245 页（o Ac. da RE de 9/11/06, CJ, 2006, V, p. 245)］——但是案中决议未被撤销，值得肯定。

222 有必要注意到第（2）项合议庭裁判在重复《民法典》第 334 条的表述时，漏掉了善良风俗的内容部分……

223 参见 COUTINHO DE ABREU, *Do abuso…*, pp. 55, ss., 76 – 77（这一条文与第《公司法典》第 58 条第 1 款 b 项相对）与 OLIVEIRA ASCENSÃO, *ob. cit.*, p. 389.

224 见上文（3.2.2）。

225 见 CJ (ASTJ), 2000, I, p. 145。

东 J 的投票就能形成多数票"。中级法院于是撤销合议庭裁判，并判定被告对请求不承担责任。

此"抗拒性证据"充分。

（4）科英布拉中级法院第 25/9/01 号合议庭裁判[226]：M（作为经理与多数股东）投票支持一项由其提出的提案，即将公司的场所以 100000 康托的价格顶让；另外一名股东 E 之前提出以多于 10000 康托的价格来取得，并投票反对上述提案。中级法院认为"多数股东为其自己或为公司追求财产性或非财产性的特殊好处并非显而易见"。但是必须考虑刺激性决议的可能性。"我们认为上诉人 M 在就上述决议投票时完全知悉这会给其合伙人 E 带来严重的损害"，并且 M 同样对公司本身产生损害。因此法院对撤销决议的裁判完全予以维持。

（5）最高法院第 27/6/02 号合议庭裁判[227]：通过精辟的论述，维持上述第（4）个合议庭裁判，并突出了股东的忠实义务，如第 58 条第 1 款 b 项以及其他规定所彰显的。并认为（比前面中级法院的裁判更迈进了一步），"M 同样试图以有损公司利益（股东共同利益）为代价来取得其自身的重大收益"。

最后一个是有关行政管理机关成员订定薪酬的合议庭裁判。

（6）里斯本中级法院第 15/3/07 号合议庭裁判[228]：在股份有限公司所有（六名）股东出席或被代表的股东会上，以 97% 的票数通过了一项决议：将公司董事 N（也是持有绝大多数股的三家股东公司的股东兼董事/代表人）的年薪定为 265000 欧元，与此同时，公司的财政经济状况虚弱不堪；该公司前独任董事未收取任何报酬（而是从其中一家股东公司那里获得报酬）。里斯本中级法院认为，有关薪酬明显过高，"对此没有任何合理解释，尤其不符合《公司法典》第 399 条所规定的标准"。该法院合议庭裁判（正确）认定该决议因权利滥用而可撤销，尽管未加以分析第 58 条第 1 款 b 项所要求的主观要件，但提及不要求证明特定故意（dolo específico）。[229]

---

[226] 见 CJ，2001，Ⅳ，p. 12。

[227] 见 CJ（ASTJ），2002，II，p. 138。

[228] www. dgsi. pt.

[229] 注意到第 255 条第 2 款规定方法（报酬的司法缩减）可类推适用于股份公司（见 COUTIN-HO DE ABREU，*Governação*…，pp. 91，ss.）——并不排除撤销之诉的方法［亦见 RAÚL VENTURA，*Sociedades por quotas*，vol. Ⅲ，Almedina，Coimbra，1991，pp. 71 – 72］；不同看法见 1995 年 4 月 24 日最高法院合议庭裁判，载于《司法部公报》第 446 期第 317 页［Ac. do STJ de 24/4/95，BMJ 446（1995），p. 317］。

上述所有合议庭裁判存在某种不合理之处，皆由第 58 条第 1 款 b 项的主观要件所导致，实际上起到负面作用。

倘径直认可或然故意（dolo eventual）足以构成有关要件，将会降低不当处理的可能性[230]。

总之，当涉及上述可被撤销的决议类型时，在不能证明第 58 条第 1 款 b 项所指任一项"意图"的情况下，应适用第 58 条第 1 款 a 项所涵盖的股东平等与/或（尤其是）忠实原则[231]。

关于滥用权利的决议，《公司法典》第 58 条除了第 1 款 b 项，还包括另一项规定。第 3 款规定："就第 1 款 b 项所包含的决议以多数形成时，股东应对公司或其他股东产生的损害承担连带责任。"

乍一看，似乎规定的是形成多数票的所有股东的责任，不管他们的投票是不是（在 b 项的视角下）属于权利滥用。该印象在多位学者著作中得到巩固[232]。

在笔者看来却并非如此。着眼第 58 条第 1 款 b 项（尽管可以批判），的确在多数票中区分了权利滥用的投票与非权利滥用的投票，仅权利滥用的投票人应承担责任，而非属权利滥用的投票人没有作出非法行为[233]。

这一讲解原本可收集在有关有限公司的科英布拉草稿中。第 112 条规定："股东在投票时如处于第 115 条 b 项规定的情况（这一表述几乎完全对应《公司法典》第 58 条第 1 款 b 项），就公司或其他股东因决议受到的损害承担连带责任。"此处有必要转述有关理由："该规定涉及的是*所谓滥用权利表决的责任*，即处于第 115 条 b 项所述情况。如基于权利滥用作出的投票，所呈交的提案获得多数通过，那么根据第 115 条，我们所面对的是决议可撤销的情况。*但无论最终是否撤销，投票人都应对公司或股东因该决议受到的损害承担责任。*"[234]

在上述诉讼中可（针对公司：第 60 条第 1 款）请求决议撤销，并（针

---

[230] 相同看法，表述或多或少有些含蓄，见第（4）个、第（5）个、第（6）个合议庭裁判。

[231] 再次参见上文（4.1.2）。

[232] 见 REGINA REDINHA, *ob. cit.*, p. 220；PINTO FURTADO, *ob. cit.*, pp. 691, ss.；PEREIRA DE ALMEIDA, *ob. cit.*, pp. 207, 209；ARMANDO TRIUNANTE, *ob. cit.*, pp. 399, ss.（尽管批判法定方案）。

[233] 亦见 PAIS DE VASCONCELOS, *ob. cit.*, pp. 157, ss.。

[234] FERRER CORREIA/LOBO XAVIER/ANTÓNIO CAEIRO/M. ÂNGELA COELHO, *ob. cit.*, RDE, 1977, p. 410. 笔者为强调引文中的部分内容而以斜体表示。

对滥用权利投票的一位或多位股东：第 58 条第 3 款）请求（有利于公司或股东的）赔偿，见《民事诉讼法典》第 30 条第 1 款和第 2 款[235]。

决议被法院撤销不妨碍民事赔偿的判处——因为，比如在后面作出的撤销性判决来不及阻止损害的发生，或者保护善意第三人（第 61 条第 2 款）使得损害无法避免。另一方面，不撤销决议同样不阻碍责任的承担，例如因为决议未被及时地提出争执，或者因为决议战胜了"抗拒性证据"[236]。

4.4　撤销之诉

4.4.1　根据《公司法典》第 59 条第 1 款，决议的可撤销性得由公司的监察机关或特定股东提出争执。我们先从股东说起。

可撤销性"得由任何股东主张，只要其没有投获胜票，或者没有随后以明示或暗示方式来核准该决议"[237]。股东没有投获胜票是指没有投票（因为没有参与决议，或虽参与但因受限制而没有投票，尤其是因没有投票的权利或被阻碍行使该权利，又或弃权[238]），以及股东因投票反对通过有关提案而落败，又或投票支持被拒绝通过的提案[239]。

第 59 条第 6 款补充："以秘密方式投票时，那些在确认上述投票的股东会之后的五日内，在股东会或在公证员面前就通过的决议表示反对的股东，才被视为未参与投获胜决议。"然而，同样需将那些未投任何票的股东视为未参与投获胜决议。该等股东，尤其是那些没有参与有关股东会的股东，为能提出撤销之诉，无须就其不投票做任何声明。

就股东提起撤销之诉的正当性，是否要求其在决议作出时已取得股东身份？

235　参见所引 2001 年 9 月 25 日科英布拉中级法院合议庭裁判（o citado Ac. da RC de 25/9/01, loc. cit., p. 14）。

236　亦见 LOBO XAVIER, *Anulação de deliberação social...*, pp. 321 – 322, n. (72), 以及上文中有关草稿第 112 条的内容。

237　写成"接受"而非"核准"似乎更加妥当（PINTO FURTADO, *ob. cit.*, pp. 739 – 740）。之后（默示）接受的例子，见 1990 年 1 月 9 日波尔图中级法院合议庭裁判，载于 1990 年《司法见解汇编》第一卷第 220 页）（尽管此处提到的接受为明示（o Ac. da RP de 9/1/90, CJ, 1990, I, p. 220）。

238　放弃投票不被视为投票——第 250 条第 3 款（亦见第 386 条第 1 款最后部分）。

239　不通过提案的决议即多数表决反对该提案、赞成与反对的表决持平或所需赞成表决的多数尚不足够。

从第 59 条第 1 款和第 6 款的字面看，答案或许是肯定的[240]，但笔者认为并非必然如此。

除了死因继受的情况（如作出决议时的股东有权对决议提出争执，其继承人当继续有此权利[241]），从有正当性提起撤销之诉的人那里取得出资的人，有权在转让人可行使权利的期间内针对该决议向法院提起争执[242]。例如，A 投票反对一项滥用权利的决议，十五日后将其股移转给 B，后者可就那项决议提出撤销之诉，因为取得的是股所含权利义务整体，其中包括实际或具体针对决议提出争执的权利[243]；并且其有起诉的利益，如滥用权利的决议未能被撤销，从其立场看，至少会间接地带来负面影响。

另一个问题：有正当性提起撤销之诉的股东，随后将其（所有）出资转让，那么该撤销之诉是继续由其作为原告，还是因嗣后出现诉讼属无用的情况而应将庭审终止（或因嗣后该人不再有正当性）？

如转让出资的人（因此不再是股东）继续对诉讼的推进有利益关系（比如，因所涉及的是未将前一营业年度的股息予以分配的决议，或股之出卖最后拿到的钱取决于诉讼结果），那么该人并不丧失正当性，而诉讼的继续进行可以有其参与[244]。

另一方面，有必要补充，取得出资的人最终在撤销之诉中替代转让人，该情况不应是初端拒绝的理由[245]。

为提起第 59 条有关股东的撤销之诉，其正当性有时可以归于非股东

240　PINTO FURTADO 如此肯定："股东，自然应理解为在被争执的决议作出时已是股东，并且该身份一直持续到提出争执时。"（*ob. cit.*，p. 732）该要求同样是德国主流看法（参见 HÜFFER，*ob. cit.*，pp. 1203 – 1204），西班牙亦然（参见 PÉREZ DAUDÍ，*ob. cit.*，p. 1158）；但意大利并不如此认为 [见《意大利民法典》第 2378 条第 2 款（由 2003 年改革所引入的表述）]——参见 FRANCESCO GALCANO，*Il nuovo diritto societario*，Cedam，Padova，2003，p. 221。

241　对此似乎形成共识（参见前注 *AA. e locs. cits.*）。如前所揭，公司出资的继承人为多人时，对决议提出争执的权限归于各权利人的共同代理人 [见第 222 条及随后数条、第 303 条，以及上文第五章（3.1）]。

242　持相同看法的葡萄牙学者见 PAIS DE VASCONCELOS，*ob. cit.*，pp. 168，172 – 173；德国学者见 ZÖLLNER，*ob. cit.*，pp. 836 – 837，K. SCHMIDT，*ob. cit.*，pp. 2211 – 2212；奥地利学者见 KOPPENSTEINER，*GmbH-Gesetz Kommentar* cit.，p. 447。

243　参见上文第五章（1）。

244　相同看法见 PAIS DE VASCONCELOS，*ob. cit.*，pp. 169，ss.，n.（180），其中对波尔图中级法院的多个合议庭裁判作出批判。似乎这也是新近德国学理的解读，见 HÜFFER，*ob. cit.*，p. 1204（包括其中所引参考文献）。

245　相同看法见 PAIS DE VASCONCELOS，*ob. e loc. cits.*（但在笔者看来并不直接适用《民事诉讼法典》第 271 条）。

（或非仅属股东）的第三人，比如股东的质权人，并向其转移提起撤销之诉的权利（第 23 条第 4 款），以及更多见的出资用益权人（第 23 条第 2 款）或融资租赁的承租人，他们可提起撤销之诉[246]。

如前所揭，股东决议的撤销之诉同样可由监察机关（监事会或独任监事、审计委员会及监察总委员会[247]）提出。[248]

监察机关的这一权限在现行《公司法典》颁布之前不曾有其他法律予以规定[249]。然而，完全能理解一个职责包括"监视是否遵守法律与公司合同"的机关有权就违法、违反公司章程及滥用权利的决议提出争执[250]。

第 59 条第 1 款规定，撤销之诉"可"由监察机关提出（原先规定在第 57 条的义务内），并不意味着其完全没有义务推动撤销决议的诉讼。此处"可"字意指权利或权限。如果说理应允许就某些可撤销性情况[251]有自由裁量的空间，则就其他情况，监察机关有提起撤销之诉的义务。第 64 条第 2 款明确规定，公司机关成员的忠实义务要求其针对不按规范作出并对公司有损害的决议提起或撤销之诉，尤其是由全体股东通过的这类决议[252]，因其意味着无一股东具有提出争执的正当性，在该情况下，监察机关承担该义务责无旁贷[253]。

---

246 MARGARIDA COSTA ANDRADE, *A locação financeira de acções e o direito português*, Coimbra Editora, Coimbra, 2007, pp. 217, ss. .

247 参见本章前文（3.3）。

248 当监察机关是由多人组成时，提起撤销之诉应基于该机关的决议（参见第 423 条及第 445 条第 2 款）。

249 这也说明了为何某些学者对该项法律规定提出某种质疑。并且，监事会在过去一直未被给予足够的重视（很有说服力的话述见 COUTINHO DE ABREU, *Governação...*, pp. 175, ss. ）。

250 其他国家公司监察机关具有相同职权——例如意大利〔（见《意大利民法典》第 2377 条（2）及第 2479 条（1）〕；《德国股份公司法》第 245 条（5）限制相对多一些。

251 尤其是与股东的个人利益（尽管与公司利益）有关的情况。即使在该等情况下，监察机关的行动可能非常重要。由于股东没有足够的钱、时间或对有关情况的认知不足，未能提起及长期忍受撤销之诉，以至于侵害有关权利的行为经常得不到制裁（如由监察机关提起撤销之诉"公司会就监察机关提起的诉讼承受所有可能带来的负担"——第 60 条第 3 款）。

252 比如〔上文（4.3）〕提及的例子：公司仅有的五名股东为了满足公司以外的利益，作出以昂贵得离谱的价格购买一不动产的决议。

253 类似的看法，见 OLIVEIRA ASCENSÃO, *ob. cit.*, p. 392（尽管出于对公司利益的考虑）；意大利有关著述，见 B. QUATRARO / A. FUMAGALLI / S. D, AMORA, *Le deliberazioni assembleari e consiliari*, t. I, Giuffrè, Milano, 1996, pp. 269, ss. 。但也有学者持相反看法（即经由股东一致同意的决议不可由监察机关提出争执）：PINTO FURTADO, *ob. cit.*, pp. 262-263；PEDRO MAIA, *Invalidade...*, pp. 746-747；MENEZES CORDEIRO, *ob. cit.*, pp. 749-750（该作者甚至提出许可监察机关对股东决议进行司法争执"存在立法性错误。按教义而言，是否撤销决议由股东确定，因而不理解将该权力赋予监察机关成员"。如此规范是反教义的）。

公司如无监察机关，股东决议的撤销可否由经理提出争执？

尽管第 59 条没有规定这一可能性，但对其予以肯定并没有什么不对。事实上，多个外国法对此应允[254]（有的甚至规定即使存在监察机关，经理亦具提起撤销之诉的正当性）。

葡萄牙公司法实则一直都允许，尤其是基于第 57 条第 4 款的类推适用[255]。这在笔者看来是合理的，主要是当所涉及的可撤销决议因内容瑕疵而对公司有损害，且可由经理执行时，该等经理因履行忠实义务（第 64 条第 1 款 b 项）必须有请求撤销该等决议的正当性。另一方面，难以理解为何在某些公司仅股东可以提起撤销之诉，而在其他公司（尽管多了一个法定许可的机关）并非如此[256]。

4.4.2 撤销之诉须在特定期间内提起，否则会影响到决议的瑕疵获得补正。

根据第 59 条第 2 款的规定，该期间是自以下日期起计三十日：

a）股东会的闭会日期；

b）将以书面方式投票通过的决议的会议记录副本寄送之日起计三日（第 247 条第 6 款）；

c）如属涉及未载于召集通告的事宜，则为股东知悉决议之日[257]。

通常而言，股东会的开始与结束在同一天，但股东会也有可能延长超过一天。如有会议中止的情况（第 387 条），诸项决议可在不同期间（相距时间或长或短[258]）作出。对于该等情形，第 59 条第 3 款规定："如股东会中断超过十五日，中断前决议的撤销之诉可在决议作出之日起三十日内提起。"

---

[254] 例如：《意大利民法典》第 2377 条第 2 款与第 2479 条第 1 款（分别就股份有限公司与有限公司作出了相应规定）；《西班牙股份公司法》（LSA）第 117 条第 2 款与 1995 年颁布的《西班牙有限责任公司法》（LSRL, 1995）第 56 条；《奥地利有限公司法》（GmbH-Gesetz, 1906）第 41 条第 3 款；《德国股份公司法》（AktG）第 245 条第 4 – 5 款。1892 年颁布的《德国有限责任公司法》没有规定经理具有该项权力，但越来越多的学者认为在特定情况下应允许经理行使该权力——见 K. SCHMIDT, *ob. cit.*, pp. 2213 – 2214。

[255] 见 CARLOS OLAVO, *Impugnação das deliberações sociais* cit., p. 27, n.（55）；BRITO CORREIA, *ob. cit.*, pp. 276 – 277, n.（60）；TAVEIRA DA FONSECA, *Deliberações sociais* cit., p. 133, PINTO FURTADO, *ob. cit.*, p. 728。不同看法见 PEDRO MAIA, *ob. cit.*, pp. 746, 747；MENEZES CORDEIRO, *ob. cit.*, p. 750, n.（2129）。

[256] 倘经理提起撤销之诉，则应向法院提出指定一名股东代表公司（参见第 57 条第 3 款）；尚有可能适用的法律规定是《民事诉讼法典》第 21 条第 2 款。

[257] c 项仅涉及股东（而非监察机关或经理），这是可以理解的。

[258] 是日召开的股东会有可能延至半年后结束（见 387 条第 2 款与第 3 款）。

换言之，如某项决议在某天通过，而股东会（在中止期间）的工作于会后第十五日或之前完成，则对争执决议有利害关系的人在股东会闭幕后三十日内提起撤销之诉（否则失效）；又如某项决议在某天通过，而股东会工作在超过十五日后完成，则撤销之诉的三十日期间自决议通过时起计，而非自股东会闭幕之日起计[259]。

对于第 59 条第 2 款 c 项，可以理解为一股东被召集参与股东会，该股东会就未载于召集通告的事项进行了决议，而该股东并未出席也未派代表参与股东会，则其可自知悉决议之日起三十日内就该决议提出争执。

对于非按规则召集股东会通过的决议情况，上述条款未予以专门规范。这一点有别于《民事诉讼法典》第 396 条第 3 款与《民法典》第 178 条第 2 款的规范[260]。然而，司法见解一直将该两条规定类推适用于非按规则召集股东会而通过的决议[261]。

然而，在笔者看来，并非召集中任何不当情事允许缺席的股东自知悉决议的日期起计三十日内可提出撤销之诉，而是仅当不当情事阻碍股东参与股东会，而该股东嗣后知悉有关决议内容时才可提起有关诉讼。如一股东被召集参加股东会，即使该召集欠规则，股东仍可知悉股东会议程及其议决日期，则该股东有责任了解有关决议内容。

例如，有限公司的股东会没有提前十五日而是提前十三日召集，提起撤销之诉的期间应是第 59 条第 2 款 a 项规定的期间[262]；然就股份有限公司股东会仅通过刊登于报章上的通告而非通过互联网官方网址进行召集的情况，则可予以类推适用《民事诉讼法典》与《民法典》的有关规定[263]。

---

259 这一解读在很多年前已有学者明确作出，见 LOBO XAVIER, *Anotação – O início do prazo…*, p. 330；不同解读见 MENEZES CORDEIRO, *ob. cit.*, p. 751。

260 科英布拉大学草稿第 116 条第 2 款同样不同。

261 见 1997 年 11 月 18 日最高法院合议庭裁判，载于《司法部公报》第 471 期第 416 页 [Ac. do STJ de 18/11/97, BMJ 471 (1997), p. 416]；1998 年 9 月 29 日科英布拉中级法院合议庭裁判，载于 1998 年《司法见解汇编》第四卷第 25 页（Ac. da RC de 29/9/98, CJ, 1998, Ⅳ, p. 25）；1999 年 5 月 25 日最高法院合议庭裁判，载于 1999 年《司法见解汇编》（最高法院合议庭裁判）第二卷第 118 页 [Ac. Do STJ de 25/5/99, CJ (ASTJ), 1999, Ⅱ, p. 118]。

262 前注所引第一项合议庭裁判——1997 年 11 月 18 日最高法院合议庭裁判提出不同的见解。

263 见上述其他两项合议庭裁判——1998 年 9 月 29 日科英布拉中级法院合议庭裁判与 1999 年 5 月 25 日最高法院合议庭裁判（公示于两份非官方的报章，而非公示于《共和国公报》——按照当时的要求为之）。

4.4.3　对于第 59 条第 3 款和第 4 款（会议记录与撤销之诉），我们在本章（2.2）已有提及。

就本章（3.3）有关第 61 条（既定案效力）所述内容，可经少许调整后同样适用于此处。

以下稍加议论所谓否定性决议（未通过提案）实为肯定性决议的情况。例如，将反对票计入未投出的票或无效票内，又或没有将赞成票计入在内，在上述任一情况下作出修改后，发现提案实际达到了所要求的多数票。

就纯属撤销（被宣布）否定性决议之诉仅可废除该决议，但不能复现经最终计票后实际通过的肯定性决议。为产生该效力，需要法院除了撤销否定性决议外，还宣告存在肯定性决议，法院仅在有关当事人提出该请求后方可予以宣告。法律实则允许一并提起撤销（否定性决议）请求[264]与宣告肯定性决议的请求。诚然，在第二个请求被判成立但肯定性决议存在瑕疵时，撤销之诉的期间已经届满；但事实上，提起双重请求之诉所针对的公司可进行答辩，并就该决议可撤销提出争执[265]。

4.4.4　股东就公司决议提出争执的权利有可能存在滥用的情况[266]。若然，撤销之诉应裁断为理由不成立；提出争执的人须对公司或其他股东作出损失赔偿。

尽管存在上述可能的司法应对有关诉权滥用的解决方案，但除此以外，不少国家对于如何设立针对该诉权滥用的预防性措施展开讨论，其中有些预防措施在法律上得到了确认[267]。

2003 年意大利改革迈出了与众不同的一步：依据《意大利民法典》修改过的第 2377 条（3），股份有限公司的争执权从股东的个人权利转至由持

---

[264]　这一可能性一直为德国现代学理与司法见解所接受——参见 LUCAS COELHO, *A formação das deliberações sociais* cit., pp. 193, ss. 。葡萄牙学者持相同观点的著述见 PINTO FURTADO, *ob. cit.*, pp. 127, ss. （不同于 Lobo Xavier 及 Raúl Ventura 的看法）；另见 J. M. COUTINHO DE ABREU, *Abusos de minoria*, em IDET, *Problemas do direito das sociedades* cit., p. 69, 以及上文第五章（2.2.3.2.5）。

[265]　PINTO FURTADO, *ob. cit.*, pp. 130 – 131.

[266]　COUTINHO DE ABREU, *Abusos de minoria* cit., p. 66.

[267]　尤其在德国，自从二十世纪九十年代中期（但是同样因为此处相应的法律体制有某些特殊性）——见 PETER HEMELING, *Beschlussmängelrecht – Quo vadis?*, ZHR, 2008, pp. 379, ss. 。关于各欧洲国家在该内容方面的立法性演变，其扩展性概貌见 M. A. ALCALÁ DÍAZ, *Revisión del derecho del socio a la minoría en la sociedad cotizada*, em AA. VV., *Derecho de sociedades anónimas cotizadas*, t. I, Thomson/Aranzadi, 2005, pp. 633, ss. 。

一定数额（少数）股份的股东的权利（一位或一组股东为可针对某项公司决议提出争执而需要持有占公司资本特定比例的股票）。

笔者认为，对决议提起争执的权利是控制或监察的权利，不应附设上述条件，但凡为保护争执提出人和公司的正当利益而对抗多数股东作出的违法和权利滥用行为，司法大门应向提起有关诉讼的股东敞开[268]。同时，针对诉权滥用的情况，法院应作出适时、适当及无懈可击的回应……

第二节　行政管理与代表机关[269]

1. 行政管理机关成员的指定方式

行政管理机关成员或行政管理与代表机关据位人（经理、董事会及执行董事会）的选任方式有多种。

——由股东决议选举（《公司法典》第 191 条第 2 款、第 252 条第 2 款、第 391 条第 1 款、第 392 条第 1 款及后续条文、第 425 条第 1 款 b 项）；

——由监察总委员会决议选举（第 425 条第 1 款 a 项及第 4 款）；

——由董事会决议选举（第 393 条第 3 款 b 项）；

——由少数股东决议选举（第 392 条第 6 款第 7 款）；

——由公司合同（第 252 条第 2 款、第 391 条第 1 款及第 425 条第 1 款）或者单方设立文件（第 270 条 – G）；

——由股东兼任（第 191 条第 1 款）；

——由法人股东委任（第 191 条第 3 款、第 390 条第 4 款及第 425 条第 8 款）；

——由享有特别权利的股东兼任（第 252 条第 2 款及第 83 条第 1 款）；

——由司法委任（第 253 条第 3 款、第 394 条及第 426 条）；

——由监事会决议或独任监事决定（第 393 条第 3 款 c 项）；

---

[268]　见 HEMELING, *ob. cit.*, pp. 382 – 383。另见《有价证券法典》第 24 条第 1 款——仅可适用于决议中止的保全措施。

[269]　此处包含的内容（行政管理职责、行政管理权限、行政管理机关的组成与构造、行政管理机关成员的薪酬、行政管理机关的决议、行政管理机关的民事责任，等等）已在笔者以往书中有涉及，感兴趣的读者可阅 *Governação das sociedades comerciais*, Almedina, Coimbra, 2005/2006；*Responsabilidade civil dos administradores de sociedades*, Almedina, Coimbra, 2007。

—由国家或其等同的公共实体委任（第 392 条第 11 款）[270]。

获委任的行政管理机关成员与相应的公司建立起复杂的法律关系（比如，涉及管理、代表、薪酬及工作时间等方面相互的权利义务）。

就该关系的法律性质——从其由来上看，一直有很多论说：合同说（代理、委任、服务、工作或行政管理合同），单方法律行为说，双重性观点或划分性观点，等等。[271]

然而，如考虑前面所述的指定方式，行政管理关系很多时候不是契约性的。所谓契约性是指行政管理机关人员基于公司合同而是该合同的股东以及当事人。但是，有必要看到行政管理关系基本上是由法律而非合同规范所确定的，涉及的是法律订定了行政管理机关人员的权利与义务及机制（很多情况下不是契约性的[272]）。故此，行政管理机关人员的指定方式非属契约性，行政管理关系在制度上根本上也非属契约性。

长期以来，学界对于通过股东决议（作为典型的指定方式）指定行政管理机关成员的性质有争论。

有学者认为，选任因接受职务（第 391 条第 5 款）而形成——（行政管理）合同；有关选任的决议是合同要约，而接受职务即接受要约[273]。

---

[270] 所引规范直接涉及无限公司、有限公司和股份公司。对于两合公司，见第 470 条、第 474 条、第 478 条。

[271] L. BRITO CORREIA, *Os administradores de sociedades anónimas*, Almedina, Coimbra, 1993, pp. 303, ss. , A. MENEZES CORDEIRO, *Da responsabilidade civil dos administradores das sociedades comerciais*, Lex, Lisboa, 1997, pp. 335, ss. .

[272] 包括薪酬方面的内容：原则上，薪酬的订定通过股东决议（第 192 条第 5 款、第 255 条第 1 款、第 399 条第 1 款）、薪酬委员会决议（第 399 条第 1 款、第 429 条）或总理事暨监察会（第 429 条）作出。

[273] 我们中间持该看法的见 RAÚL VENTURA, *Novos estudos sobre sociedades anónimas e sociedades em nome colectivo*, Almedina, Coimbra, 1994, pp. 32 – 33；BRITO CORREIA, *ob. cit.*, 例如 pp. 495 – 496；M. PUPO CORREIA, *Direito commercial – Direito da empresa*, 10.ª ed. （合作者有 A. J. TOMÁS 与 O. CASTELO PAULO）, Ediforum, Lisvoa, 2007, p. 244；C. FERREIRA DE ALMEIDA, *Contratos*, II, Almedina, Coimbra, 2007, pp. 195 – 196；JÚLIO M. V. GOMES, *Direito do trabalho*, vol. I, Coimbra Editora, Coimbra, 2007, pp. 163, ss. 。亦见 1994 年 12 月 12 日波尔图中级法院合议庭裁判，载于 1994 年《司法见解汇编》第五卷第 229 – 230 页（Ac. da RP de 12/12/94, CJ, 1994, t. V, pp. 229 – 230）, 1995 年 2 月 14 日最高法院合议庭裁判，载于《司法部公报》第 444 期第 659 页［Ac. do STJ de 14/2/95, BMJ n.º 444 (1995), p. 659］。批判性看法见 MENEZES CORDEIRO, *ob. cit.*, p. 395；J. OLIVEIRA ASCENSÁO, *Direito commercial*, vol. IV – *Sociedades comerciais. Parte geral*, Lisboa, 2000, p. 449；J. PINTO FURTADO, *Curso de direito das sociedades*, 5.ª ed. , Almedina, Coimvra, 2004, pp. 340 – 341。

但是，更多学者似乎倾向于认为该等选任决议是公司的单方法律行为，而接受只是构成有效力的条件[274]，不是因为该等决议为"内部"行为而需要"对外"机关的执行行为显示要约。有些决议（尽管少见），如委任公司机关据位人的决议，直接对第三人产生效力（所谓股东集体代表公司）[275]。决议是指定而不是提议委任，被指定人接受指定而不是委任的要约；不管被指定人是否接受，选任的决议在被接受之前或之后均可登记（《商事登记法典》第 3 条第 1 款），并且可以向法院提出争执。

对此，有学者持不同看法，他们认为行政管理关系不仅基于指定行为，尚基于雇佣合同[276]。在笔者看来，行政管理关系的形成似乎不要求在指定行为以外还需要一个合同；基于指定行为，足以确立法律、公司章程以及决议所规定的行政管理关系[277]。

这并不是说在指定以外不可以在被指定人与公司（通过代表机关）之间存在合同用以规范该关系的某些方面[278]。法律本身就提到了这种可能性——

---

[274] 意大利主流学说持相同看法的见 FABRIZIO GUERRERA, *Gestione "di fatto" e funzione amministrativa nelle società di capitali*, RDC, 1999, p. 167; FRANCO BONELLI, *Gli amministratori di s. p. a. dopo la reforma dele società*, Giuffrè, Milano, 2004, pp. 74 – 75。

[275] LOBO XAVIER, *Anulação de deliberação social e deliberações conexas*, Atlântida Editora, Coimbra, 1976, pp. 102, ss., n. (7), J. M. COUTINHO DE ABREU, *Do abuso de direito – Ensaio de um critério em direito civil e nas deliberações sociais*, Almedina, Coimbra, 1993 (reimpr. 1999, 2006), pp. 144 – 145.

[276] 这一建构来源于德国（基于《德国股份公司法》第 84 条，并参见 UWE HÜFFER, *Aktiengesetz*, 6. Aufl., München, 2004, pp. 420, ss.），在《公司法典》颁布之前得到葡萄牙一些学者的推崇：A. FERRER CORREIA (c/colab. De V. LOBO XAVIER/M. HENRIQUE MESQUITA/J. M. SAMPAIO CABRAL/ANTÓNIO CAEIRO), *Lições de direito comercial*, vol. II – *Sociedades comerciais. Doutrina geral*, ed. copiogr., Universidade de Coimbra, 1968, pp. 330 – 331；在《公司法典》颁布之后继续得到推崇：DUARTE RODRIGUES, *A administração das sociedades por quotas e anónimas – Organização e estatuto dos administradores*, Petrony, Lisboa, 1990, pp. 271 – 272; A. SOVERAL MARTINS, *Os poderes de representação dos administradores de sociedades anónimas*, Coimbra Editora, Coimbra, 1998, p. 59; 1994 年 11 月 3 日最高法院合议庭裁判，载于第 441 期《司法部公报》第 362 页 [Ac. do STJ de 3/11/94, BMJ n.° 441 (1994), p. 362]。事实上，葡萄牙司法见解一直将行政管理关系视为具有合同性质，见 2000 年 2 月 15 日最高法院合议庭裁判，载于 2000 年《司法见解汇编》（最高法院合议庭裁判）第一卷第 104 页 [Ac. do STJ de 15/2/00, CJ (ASTJ), 2000, t. I, p. 104]；2002 年 5 月 23 日最高法院合议庭裁判，载于 2002 年《司法见解汇编》第二卷第 91 页 (Ac. do STJ de 23/5/02, *ibid.*, 2002, t. II, p. 91)。

[277] 另一方面，应注意到公司与监察机关据位人 ROC 的关系似乎不仅要求指定行为与接受，还要有服务给付合同 [见经 1999 年 11 月 16 日第 487/99 号法令核准的 EOROC 第 53 条；亦参见 COUTINHO DE ABREU, *Governação...*, pp. 185 – 186, n. (455)]。

[278] 相同看法见 OLIVEIRA ASCENSÃO, *ob. cit.*, pp. 449 – 450; COUTINHO DE ABREU, *Responsabilidade civil...*, p. 11。

《公司法典》第 253 条第 4 款、第 257 条第 7 款及第 403 条第 5 款[279]。另一方面，不能无视的事实是，公司单方指定行为，如同规范行政管理关系的其他公司单方行为，通常在公司与行政管理机关成员签订协议之前已存在。

因此，行政管理关系并非必须为契约性的，反而通常不是契约性的[280]。

2. 公司的约束

2.1 公司如何作出对其有约束力的行为（概述）

公司通过机关（或机关据位人）及意定代表作出约束公司的法律行为。

这里的机关首先是指行政管理与代表机关（经理、董事会等）。"代表"不仅在学理中常见，也在法律中常见："经理管理并代表公司"（《公司法典》第 192 条第 1 款）；"公司有一名或多名经理负责行政管理并代表公司……"（第 252 条第 1 款）；"董事会全权代表公司"（第 405 条第 2 款）；"执行董事会在第三人面前全权代表公司"（第 431 条第 2 款）。

在这方面可以说约束与代表公司是等同的[281]。[282]

然而，此处的代表并非本义上的（法定或意定）代表。机关是公司的

279　示例见 1999 年 11 月 2 日科英布拉中级法院合议庭裁判，载于 1999 年《司法见解汇编》第五卷第 16 页（Ac. da RC de 2/11/99, CJ, 1999, t. V, p. 16）；2001 年 5 月 24 日波尔图中级法院合议庭裁判，载于 2001 年《司法见解汇编》第三卷第 201 页（Ac. da RP de 24/5/01, *ibid.*, 2001, t. Ⅲ, p. 201）。

280　当行政管理关系基于合同时，其并非定性为劳动合同——见 COUTINHO DE ABREU, *Administradores e trabalhadores de sociedades（Cúmulos e não）*, em IDET, *Temas societáris*, Almedina, Coimbra, 2006, pp. 14 – 15（*ou Governação…*, pp. 73 – 74）；M. ROSÁRIO PALMA RAMALHO, *Grupos empresariais e societários. Incidências laborais*, Almedina, Coimbra, 2008, pp. 523, n.（945）, 526 ss.。但劳动合同得以公司行政管理职责为协议标的，见 LUÍS M. MONTEIRO, em AA. VV., *Código do Trabalho anotado*, 4..ª ed., Almedina, Coimbra, 2006, pp. 441, ss.；JÚLIO GOMES, *ob. e loc. cits.*。

关于劳动人员兼行政管理机关成员，见笔者 *Administradores e trabalhadores…*, pp. 15 ss., 或 *Governação…*, pp. 64, ss.。

281　亦参见第 260 条第 1 款、第 261 条第 1 款、第 408 条第 1 款（该条题为"代表"）及第 409 条第 1 款。

282　但是我们注意到有的法律令人费解地区分代表与约束：董事会主席"在法院及以外代表公司"；公司受"董事会两名成员的共同签名"而承担义务（或受约束）〔经 2007 年 4 月 13 日第 109/2007 号法令核准有关航空器企业股份有限公司（EMA – Empresa de Meios Aéreos, S. A.）章程第 10 条第 2 款 b 项与第 12 条第 1 款 a 项〕。

组成部分；机关据位人不作为第三人替换或替代公司行事（机关的意思与行为即公司的意思与行为），因而称之为"机关代表"（representação orgânica）。如此而来，有关代表的私法一般规则（《民法典》第258条至第269条）不直接适用于组织代表，尽管其中某些规定可以类推适用。

然而，除非有法律规定[283]，代表公司的不仅可以是行政管理机关与代表机关，还可以是其他机关，尽管不常见：内部决议机关（通常称为股东会）[284]；独任监事或监事会（第420条第1款l项）；监察总委员会（第441条p项），以及在特别情况下该权限可归于股东（但并非作为机关）——第253条第1-2款及第470条第4款。

如前所述，公司同样凭借意定代表来产生约束力[285]。我们将会注意到这一点，在随后几节我们再来看行政管理机关与代表机关的约束力。

2.2 主观要件

2.2.1 行政管理机关成员的资格注明

行政管理机关成员（即"经理""董事"）为对公司产生约束力，应以此身份（行政管理机关成员）而非以个人名义进行活动。为此，应指出或声明其代表所属公司行事的行政管理机关成员身份。

对于非书面行为，可明示或默示行政管理机关成员的资格（《民法典》第217条第1款）。

但对于书面行为，有关《公司法典》第260条第4款（经理在书面行为中签署及注明经理资格方对公司产生约束力）与第409条第4款（董事以其签名及注明董事资格使公司负责）的解读，一直在学界与司法领域存有争论[286]。[287]

---

[283] 所引第405条第2款同样规定董事会具有代表公司的"专属"权限。

[284] 参见上文脚注275。

[285] 参见第252条第6款及第391条第7款。

[286] 该争论直到统一司法见解——2001年12月6日最高法院合议庭裁判（Ac. do STJ de 6/12/01，DR，I-A，de 24/1/02，p. 498）出台才平息（该合议庭裁判涉及学说与司法见解对有关问题的不同看法）。

[287] 《公司法典》就无限公司与两合公司没有规定所引条文的类似规则。对于第一类公司，RAÚL VENTURA，*Novos estudos...*，p. 332指出，"经理在书面行为中代表公司时，签署公司商业名称继续是合法的"（例如，António Boavide作为Bento Couto & Companhia的代表，可"签署"该商业名称，而非签署其全称或简称的姓名）。笔者怀疑是否应该如此。似乎类推适用所引条文的规则。

第 260 条第 4 款与第 409 条并不要求明示行政管理机关成员的身份，即没有要求"经理"或"董事"的字样须连同（行政管理机关成员的）签名一起出现。重点在于收件人/对方当事人在阅读时可以推断出有关行为可归责于公司（经适当代表）。行政管理机关成员的身份可以是默示的（《民法典》第 217 条第 2 款）。因此，上述 2001 年 12 月 6 日最高法院合议庭裁判的总结值得一提："《公司法典》第 260 条第 4 款所指经理身份，可以依据《民法典》第 217 条规定从具有完全证明力的事实中推断出来。"[288]

例如，在下列情况下，行政管理机关成员的身份注明（足够对有关公司产生约束力）足以达到（默示的）要求。

a）在汇票上显示公司（以其商业名称识别）作为付款人，并在承兑一栏显示该公司行政管理机关成员的签名——无须更多注明记载或附同公司印章[289]；

b）在汇票用于识别开票人一栏显示公司商业名称，并在开票人签名的位置上载有该公司行政管理机关成员的签名[290]；

c）在支票上标出特定公司作为账户户主，并在开票人签字位置上载有公司行政管理机关成员的签名（不必更多注明记载）[291]。

d）书面合同中写明公司作为合同的当事人，并在最后有该公司行政管理机关成员的签名（无需其他内容）[292]；

---

[288] A. SOVERAL MARTINS, *Capacidade e representação das sociedades comerciais*, em IDET, *Problemas do direito das sociedades*, Almedina, Coimbra, 2002, pp. 478, ss., CAROLINA CUNHA, *Vinculação cambiária de sociedades: algumas questões*, em FDUC, *Nos 20 anos do Código das Sociedades Comerciais*, vol. I, Coimbra Editora, Coimbra, 2007, pp. 361, ss..

[289] 参见 1998 年 11 月 9 日波尔图中级法院合议庭裁判，载于 1998 年《司法见解汇编》第五卷第 179 页（Ac. da RP de 9/11/98，CJ，1998，V，p. 179）；不同司法见解见 1998 年 11 月 5 日最高法院合议庭裁判，载于《司法部公报》第 481 期第 498 页［Ac. do STJ de 5/11/98，BMJ n.° 481（1998），p. 498］；1998 年 11 月 24 日波尔图中级法院合议庭裁判，载于 1998 年《司法见解汇编》第五卷第 201 页（Ac. da RP de 24/11/98，CJ，1998，V，p. 201）。

[290] 参见所引 2001 年 12 月 6 日最高法院合议庭裁判。

[291] 参见 2001 年 4 月 3 日科英布拉中级法院合议庭裁判，载于 2001 年《司法见解汇编》第二卷第 34 页（Ac. da RC de 3/4/01，CJ，2001，II，p. 34）；不同观点：1999 年 5 月 20 日波尔图中级法院合议庭裁判，载于 1999 年《司法见解汇编》第三卷第 57 页（Ac. da RP de 20/5/99，CJ，1999，III，p. 57）。

[292] 参见 1999 年 11 月 28 日最高法院合议庭裁判，载于 1999 年《司法见解汇编》（最高法院合议庭裁判）第三卷第 128 页［Ac. do STJ de 28/11/99，CJ（ASTJ），1999，III，p. 128］与 2000 年 10 月 3 日最高法院合议庭裁判，载于 2000 年《司法见解汇编》（最高法院合议庭裁判）第三卷第 57 页［Ac. Do STJ de 3/10/00，CJ（ASTJ），2000，III，p. 57］。

e）在建筑物享益让与的书面合同中，没有标明作为受让人的公司，也没有该公司行政管理机关成员的签名以明确其资格，但是，行政管理机关成员已与对方沟通过建筑物由公司使用（以及在交易预备行为中，其一直作为公司的行政管理机关成员出现）[293]。

2.2.2　代表机关模式

当公司的行政管理与代表机关仅有一名成员时[294]，公司自然由该独任行政管理机关成员全权代表。

当有数名行政管理机关成员时，会存在多种可能。比如，每一名行政管理机关成员都享有对公司产生约束效力的权力（分别代表方式）；需要全体或多数或少数行政管理机关成员参与（全体、多数或少数共同代表方式）。

对于上述任一方式的选择皆由法律与/或公司章程确定，主要基于各种利益（在最大程度上是公司与第三人的利益）。分别代表方式可提高公司约束的效率，且为第三人的活动带来方便（只要其能确定特定主体为行政管理机关成员即可）；而共同代表方式有助于行政管理机关成员集思广益与互相控制（公司利益优先）。

2.2.2.1　法定规则与排除适用

对于公司的消极或被动代表（representação passva），适用行政管理机关成员分别或各自代表的规则：第三人针对公司的通知或声明，可送达任一名行政管理机关成员（第261条第3款及第408条第3款）[295]。这是强制性规则，所有与之不同的章程规定均属无效（见上述规定）。

对于公司的积极或主动代表（representação activa），适用于无限公司与一般两合公司的规则是行政管理机关成员分别或各自代表（第193条第1款及第474条），适用于其他类型公司的规则是多数共同代表（第261条第1款、第408条第1款、第431条第3款及第478条）。然而，这是可自由处

---

[293]　参见2005年11月7日波尔图中级法院合议庭裁判，载于2005年《司法见解汇编》第五卷第182页（Ac. da RP de 7/11/05，CJ，2005，V，p. 182）；亦参见《民法典》第236条第1款与第2款及第238条第2款。

[294]　参见《公司法典》第191条第1款、第252条第1款、第390条第1-2款、第424条及第470条第1款。

[295]　《公司法典》对无限公司未有类似规定。第193条（同样可适用于一般两合公司：第474条）仅针对积极代表。然而，文中所引规范可类推适用。《民事诉讼法典》第231条第1款与第2款亦为相同思路。

分的规则，允许排除适用。

以下主要分析有限公司与股份有限公司的有关规则及其可能的例外情况。

原则上，有限公司受多数经理作出的法律行为或由其多数追认的法律行为的约束（第 261 条第 1 款）；股份有限公司同样受多数董事作出的法律行为或由其追认的法律行为的约束（第 408 条第 1 款）。

然而，第 261 条第 1 款规定，"公司合同可另行规定"，并且第 408 条第 1 款允许股份有限公司"章程规定公司受少数董事（签名）"约束[296]。

初看，法律似乎亦为有限公司提供通过章程以排除多数共同代表规则的适用。对此不妨进一步探究如下。

1）有限公司及股份有限公司章程均可以规定，非多数（一名或若干）行政管理机关成员单独或共同行使职能足以对公司产生约束力。

这符合欧盟第 1 号公司法指令第 9 条第 3 款规定[297]："当成员国立法规定代表公司的权力可由章程条款排除法律规定的适用，赋予仅一人或数人时，该立法可规定该条款可对抗第三人，只要该条款涉及的是一般代表权。有关章程规定对抗第三人内容由第 3 条予以规范。"此处规定（少于一般法定人数的行政管理机关成员具有约束力）并不构成同法第 9 条第 2 款规定的例外（"通过章程或有权限机关的决议设定对公司机关权力的限制，在任何情况下均不得对抗第三人，即使该等限制已公示"[298]）。一项章程条款允许可由少于法律所定数目的行政管理机关成员对公司制定一项有约束力的决定，并非（客观上或主观上）限制该等行政管理机关成员的权力；而是扩大或延展了该等权力，即取得法律规则未直接授予的权力（如依法律规定，需要其他行政管理机关成员的参与才能产生对公司的约束力）。

2）股份有限公司"受行政管理机关成员多数作出的法律行为或由其追

---

[296] 亦见第 408 条第 2 款。

[297] 1968 年 3 月 9 日第 68/151/CEE 号指令可适用于股份公司（包括股份有限公司与股份两合公司）以及有限公司（第 1 条）。

[298] 似乎一种解读更可取，即该规定对代表权力不仅设有客体上限制，而且包括主体上限制，见 GÜNTER C. SCHWARZ, *Vertretungsregelungen durch den Aufsichtsrat（§ 78 Abs. 4 S. 1. AktG）- Zur Richtlinienkonformität des aktienrechtlichen Organvertretungsrechts*, ZHR, 2002, p. 644。

认的法律行为的约束，又或受公司合同订定的少于该多数的行政管理机关成员作出的法律行为的约束"（第 408 条第 1 款）。因此，要求以超出简单多数的董事的参与（特定多数或全体董事）的章程条款对第三人不具有对抗力（即对第三人不产生效力，仅有内部效力）。尽管有该条款，公司还是受董事简单多数参与的约束[299]。

如有限公司的章程规定特定多数共同代表或全体共同代表，则该条款完全有效力[300]。

该等条款意在限制每一名经理的约束权力（权力份额）。实际上，根据（可自由处分性的）法律规则，当经理以简单多数活动时，有权力对公司产生约束（比如说，五名经理中的三名参与即可）；该种类型的条款不仅要求共同代表，而且需要更多经理作出行为（比如五分之四或五人全部），每一名股东就其参与权能如此受到了限制或阻碍。

可以认为，对于该等条款的允许寓于第 260 条第 1 款的规定之中。如法律赋予经理绝对多数时的约束权力，公司将受该多数参与的约束（例如五分之三），"尽管公司合同载有限制"（要求五分之四或五名股东全部参与）——该章程限制不得对抗第三人。

第 260 条第 1 款[301]不仅可适用于客观性的章程限制（与行政管理机关成员可作出行为的性质与范围有关），而且适用于主观性或主体上的章程限制。实际上，第 1 号公司法指令第 9 条第 1 款为针对行政管理机关成员的约束权力的客观规定；但该条第 2 款既含有约束权力的客观性限制，又有主观

---

[299] A. SOVERAL MARTINS, *Os poderes de representação dos administradores…*, pp. 106 – 107.

[300] 相近的看法见 OLIVEIRA ASCENSÃO, *Direito commercial*, vol. Ⅳ cit., pp. 484 – 485; J. ESPÍRTO SANTO, *Sociedades por quotas e anónimas – Vinculação: objeto social e representação plural*, Almedina, Coimbra, 2000, pp. 477, ss., 495, ss.; SOVERAL MARTINS, *Capacidade e representação…*, pp. 477, ss.; SOVERAL MARTINS, *Capacidade e representação…*, pp. 482, ss.; *Da personalidade e capacidade jurídicas das sociedades comerciais*, em AA. VV.（统稿者 COUTINHO DE ABREU）, *Estudos de direito das sociedades*, 9.ª ed., Almedina, Coimbra, 2008, pp. 123, ss.; PAULO DE TARSO DOMINGUES, *A vinculação das sociedades por quotas no Código das Sociedades Comerciais*, RFDUP, 2004, pp. 300, ss. 。不同看法见 I. DUARTE RODRIGUES, *A administração das sociedades…*, p. 69, n.（95）; F. CASSIANO DOS SANTOS, *Estrutura associativa e participação societária capitalística – Contrato de sociedade, estrutura societária e participação do sócio nas sociedades capitalísticas*, Coimbra Editora, Coimbra, 2006, pp. 316, ss. 。

[301] 亦见第 409 条第 1 款。

性限制[302]。而《公司法典》第 260 条第 1 款[303]将第 1 号公司法指令第 9 条第 1 款（第 1 段）和第 2 款的规定纳入国内法律制度。

然而，该指令第 9 条第 3 款包含一项主观性限制不产生效力的例外规则（规定于第 2 款中）[304]。国内立法可以规定限制行政管理机关成员代表权的章程条款可以对抗第三人，但须履行强制性公示的要求。

葡萄牙立法在第 261 条第 1 款"除非公司合同另有不同规定"这部分对要求特定多数或全体共同代表的章程条款的有效性[305]未予以明示规定。法律规定虽为暗示，但已足够（无须明确或明示）。"实际上，似乎如果国内立法规定代表公司的权力通过章程赋予一名成员或数名共同代表，该规定足以使该等章程规定对抗第三人"。"但是，'可以规定对抗性'的补充规定预设相反的可能性，即规定不可对抗第三人——将代表权依法赋予特定成员，但同时宣告该等代表权不可对抗第三人，岂不互相矛盾?!"[306-307]

3）章程条款（尤其是有限公司的章程）经常有类似以下规定：公司受两名经理的签名的有效约束，而对于单纯事务性行为仅一人签名即可。

不容易界定何为"单纯事务性行为"[308]，应理解为经济上对公司不重要的行为，以及/或者涉及行政管理机关成员无甚自由裁量权的例常性行为[309]。

---

[302] SCHWARZ, *ob. cit.*, pp. 639, ss..

[303] 如同第 409 条第 1 款。

[304] SCHWARZ, *ob. cit.*, pp. 643 – 644.

[305] 当然只要作出强制性公示，见第 1 号公司法指令第 9 条第 3 款，第 2 条第 1 款 a 项、d 项，第 3 条；《公司法典》第 166 条以及随后数条；《商事登记法典》第 3 条第 1 款 a 项、m 项，第 15 条第 1 款，第 70 条第 1 款 a 项。

[306] RAÚL VENTURA, *Adaptação do direito português à 1.ª Direitiva do Conselho da Comunidade Económica Europeia sobre direito das sociedades*, em PGR, *Documentação e Direito Comparado*, Lisboa, 1981, p. 158（= *Sociedades por quotas*, vol. Ⅲ, Almedina, Coimbra, 1991, pp. 186 – 187）.

[307] 法国有关规定不同，《法国商法典》第 L. 223 – 18 条采取分开处理方法（第 7 段），规定限制经理权力的章程条款不可对抗第三人（第 6 段），因此法国立法者没有利用第 1 号公司法指令第 9 条第 3 款赋予的权能；有关《意大利民法典》第 2475 条之二规定的争论（以及相应的先前规范）与葡萄牙《公司法典》第 261 条第 1 款规定有点距离——见 MASSIMO MONTANARI, *La clausola di rappresentanza congiuntiva nelle società di capitali*, GC, 1999, pp. 18, ss.；FILIPPO PARRELLA, em M. SANDULLI / V. SANTORO（a cura di）, *La riforma delle società*（Artt. 2462 – 2510 cod. civ.）, Giappichelli, Torino, 2003, p. 112。

[308] 见 RICARDO CANDEIAS, *Os gerentes e os actos de mero expediente*, ROA, 2000, pp. 261, ss.；《公司法典》第 470 条第 4 款提及该等行为（但不甚明确）。

[309] 因此，一般认为在这种情况下股东不应被要求共同行动以保证（更深的）考量与互相监督。

例如：签发付款单／收据或汇款单；将公司的资金存入银行；支付工资；按不同工种的员工分配工作任务……

仅一名行政管理机关成员实施单纯事务性行为时，公司受此约束。公司不得以章程有关共同行为的规定对抗第三人。允许任一经理（分别代表方式）实施单纯事务性行为的章程条款不对经理的约束权力构成限制。

但是，仅一名行政管理机关成员作出非属单纯事务性行为时有何后果？公司会为此受到约束吗？似乎应受到约束[310]。章程条款就特别行为或一类行为的代表权利赋予每一行政管理机关成员，并不是"涉及一般代表权的条款"（第1号公司法指令第9条第3款），并因（客观上）限制每一行政管理机关成员的代表权，不得对抗第三人（上述指令第9条第2－3款；《公司法典》第260条第1款及第409条第1款）[311]，仅在公司内部产生效力。

4）同样常见章程条款指明一名或数名行政管理机关成员也是代表公司的成员。例如（公司有五名行政管理机关成员）：公司受两名经理签名的约束，其中一名为经理A；公司受董事长签名的约束或两名行政管理机关成员签名的约束；公司受经理B签名的约束或受B以及另外一名经理签名的约束。

该等情形显示出行政管理机关成员权利的扩大，因为所要求的参与数目少于可处分性法律规则所规定的数目。然而，对于第一种和第三种事例，同样显示出对某些行政管理机关成员约束力的限制：未被点名的行政管理机关成员仅可与被指定的经理或董事长一同参与有关行为，而非与任何其他行政管理机关成员一同参与。第1号公司法指令第9条第3款及其对应的《公司法典》第261条第1款及第408条第1款允许该等主体上的限制[312]。

因此，该等章程性条款如符合法定公示性的要求，则得以对抗第三人，无论是由有限公司[313]还是股份有限公司[314]订立。

在以上事例中，有必要注意到没有任何行政管理机关成员被剥夺代表

---

[310] RICARDO CANDEIAS, *ob. cit.*, p. 280.

[311] 第三人无须担心其参与的行为是否为单纯事务性行为。

[312] 参见上文（2）。

[313] 关于这一点似乎有相同看法，参见 SOVERAL MARTINS, *Os poderes de representação…*, p. 226, n. (406), ESPÍRITO SANTO, *ob. cit.*, pp. 480 – 481.

[314] 不同看法见 *últs. AA. e obs. cits.*，分别为 pp. 223, ss. e 487, ss.。在德国有类似文中得出的结论，见 HÜFFER, *ob. cit.*, pp. 405, 406。

权，尽管需要同被指定的其他行政管理机关成员相配合，并且，原则上，没有任何行政管理机关成员可以被排除在行使约束权之外（行政管理机关成员的地位要求具有代表权或合作代表权）[315]，除非行政管理机关成员兼任审计委员会的成员（《公司法典》第423条–B及随后数条），根据第423条–B第3款规定，该等行政管理机关成员"不能行使公司的执行性职责"，而代表的职责是执行性的。[316]

5）在传统组织框架或一元性组织框架下的股份有限公司，章程可允许董事会将公司的日常管理权授予一名或更多董事又或一执行委员会（第407条第3款）。当章程包含该等许可，以及董事会依其行动时，有关决议应订定授权的限制范围（第407条第4款）[317]。并且，章程同样可以规定，公司在董事会授权的限制范围内，受一位或多位常务董事所订立法律行为的约束（第408条第2款）。

如此而来，在授权的限制范围内，一位或多位常务董事所作出的行为对公司有约束力。

如果该等常务董事作出超出章定限制范围的行为，照样对公司有约束力，因为该等限制订定于公司章程，仅具内部效力，而缺乏外部效力（第409条第1款）[318]。

对于有限公司，第261条第2款规定："前款规定不妨碍经理层将进行特定或某一类交易的权限授予某位或某些经理，但仅当该授权为明示时受权经理的有关行为方对公司有约束力。"

有关授权（管理权及可能的代表权）一部分近似于为股份有限公司所规定的（本义上）授权（第407条第3款及随后数款以及第408条第2款），

---

315 就经理的代表权问题，见 RAÚL VENTURA，*Sociedades por quotas* cit.，p. 197，ESPÍRITO SANTO，*ob. cit.*，p. 480。不同看法见 M. PUPO CORREIA（统稿者 A. J. TOMÁS/O. C. PAULO），*Direito Comercial – Direito da empresa*，10.ª ed.，Ediforum，Lisboa，2007，p. 255。

316 如果一股份有限公司的董事会由六名董事组成，其中三名董事被纳入审计委员会（参见第423条–B第2款），公司章程规定公司受多数董事缔结的法律行为约束，这里的多数则应理解为是指两名非作为审计员的董事。无论如何，当非审计员董事人数等于或少于审计员董事人数时，章程应明示规范仅非审计员董事的有关行为对公司具有约束力。

317 对该规定的（宽泛）解读，见 COUTINHO DE ABREU，*Governação...*，pp. 39–40。

318 SOVERAL MARTINS，*Os poderes de representação...*，pp. 376，ss.. 不同的解决方案见 ESPÍRITO SANTO，*ob. cit.*，pp. 492–493，n.（1329）。

另一部分接近股份有限公司限定授权（或特别负担－授权）（第 407 条第 1－2 款）[319]。

授权可由经理层议决作出[320]，或由多数经理共同声明为之[321]。就"特定法律行为"（比如，购买某类型的机器两台）或"某一类法律行为"（比如，购买原材料）所作的授权，此处更多涉及管理权（或狭义上的行政管理权）[322]。但是，同样可以涉及约束权，只要为从事该等法律行为或法律行为领域而明确赋权。无论如何，非被授权的经理就授权事宜不得被剥夺行使管理权与/或代表权[323]。[324]

如同常务董事，被授权的经理在授权的限制范围内所从事的行为对公司有约束力。

非但如此，即使当超出上述限制范围时，其仍然对公司有约束力。因为该等客观性限制是来自（授权人）经理的"决议"，仅具有内部效力，通常对第三人没有对抗力（第 1 号公司法指令第 9 条第 2 款，以及依其解读的《公司法典》第 260 条第 1 款，后者仅涉及"载于公司合同或来自股东决议的限制"）。

2.2.2.2　在共同代表方式下，仅一名行政管理机关成员的行为能否对公司产生约束力？

该提问可能有些出乎意料（因为如法律或章程要求一名以上行政管理机关成员参与……），主流司法见解与某些（少数）学理不认为，即使公司（有限公司与股份有限公司）适用共同代表方式，其受仅有一名行政管理机

---

[319]　COUTINHO DE ABREU, *últ. ob. cit.*, pp. 97, ss. .

[320]　参见 *últ. A. e ob. cits.*, pp. 142－143。

[321]　似乎载于章程的少数共同声明不足以产生一般约束力（另参见第 407 条第 2 款、第 3 款规定——决议通过多数票作出：第 410 条第 7 款……）。RAÚL VENTURA, *últ. ob. cit.*, p. 193 反对任何所述方法（经理决议或其共同行动），主张授权应由所有经理作出。

[322]　*Ob. cit.*, pp. 37, ss. .

[323]　（类推性地）参见第 407 条第 2 款、第 8 款，第 408 条第 2 款。

[324]　因未考虑到所述某些内容，可予批驳的合议庭裁判包括：1994 年 3 月 22 日里斯本中级法院合议庭裁判，载于 1994 年《司法见解汇编》第二卷第 91 页（Ac. da RL de 22/3/94，CJ，1994，Ⅱ，p. 91）；1995 年 4 月 24 日最高法院合议庭裁判，载于《司法部公报》第 446 期第 302 页［Ac. do STJ de 24/4/95，BMJ n.° 446（1995），p. 302］；1996 年 10 月 15 日最高法院合议庭裁判，载于 1996 年《司法见解汇编》（最高法院合议庭裁判）第三卷第 62 页［Ac. de 15/10/96，CJ（ASTJ），1996，Ⅲ，p. 62］。

关成员所作法律行为的约束。[325]

为支持这一理解，有人可能特别提出第 260 条第 1 款与第 409 条第 1 款的规定，以及善意第三人利益的优先性。显然，该理解不够充分。

上述规定提到：对于第三人，公司须受经理（第 260 条第 1 款）或董事（第 409 条第 1 款）以公司名义且在法律所赋予的权力范围内作出行为的约束，即使在公司合同内载有限制（……）"。

对"经理"与"董事"的表述是抽象性的。有关规定没有提到一名行政管理机关成员的参与是否足够，也没有提到要求多少行政管理机关成员参与。这一具体内容在其他条文中规定——第 261 条与第 408 条。

如果依据该等规定或者章程条款，代表权必须由两名或以上行政管理机关成员共同行使，则行政管理机关成员的单独行动（没有"在法律赋予权力的范围内"）属于无权行动。

另一方面，如章程规定公司受多数行政管理机关成员或较少（复数）行政管理机关成员订立的法律行为的约束，则该等章程规定不是"公司合同"（或"公司章程"）规定的。就第一种情况，章程条款重复可自由处分的法律规则（第 261 条第 1 款与第 408 条第 1 款），行政管理机关成员（通过章程）获得法律赋予的权力。就第二种情况，行政管理机关成员获得的权力比法律赋予的权力更加宽泛[326]。仅仅在章程确立特定多数或全部的共同代表时（在实践中似乎鲜有），才是章程本身对行政管理机关成员（个人）权力的限制；在有限公司而非股份有限公司，该等限制具有外部效力[327]。

其次，此处诉诸善意第三人的利益没有多大意义。那么，公司利益是

---

[325] 见 1995 年 5 月 3 日最高法院合议庭裁判，载于《司法部公报》第 446 期第 520 页［Ac. do STJ de 3/5/95，BMJ n.° 446（1995），p. 520］；2001 年 6 月 26 日科英布拉中级法院合议庭裁判，载于 2001 年《司法见解汇编》第三卷第 40 页（Ac. do STJ da RC de 26/6/01，CJ，2001，Ⅲ，p. 40）；2002 年 1 月 22 日里斯本中级法院合议庭裁判，载于 2002 年《司法见解汇编》第一卷第 80 页（Ac. do STJ da RL de 22/1/02，CJ，2002，I，p. 80）；2003 年 5 月 27 日里斯本中级法院合议庭裁判，载于 2003 年《司法见解汇编》第三卷第 88 页（Ac. do STJ de 27/5/03，CJ，2003，Ⅲ，p. 88）；2006 年 3 月 14 日最高法院合议庭裁判，载于 2006 年《司法见解汇编》（最高法院合议庭裁判）第一卷第 126 页［Ac. do STJ de 14/3/06，CJ（ASTJ），2006，I，p. 126］；RUI RANGEL，*A vinculação das sociedades anónimas*，Edições Cosmos，Lisboa，1998，pp. 71，ss.；P. OLAVO CUNHA，*Direito das sociedades comerciais*，3.ª ed.，Almedina，Coimbra，2007，pp. 666 – 667（针对有限公司），714，ss.（针对股份有限公司；此处作者认为原则上要求至少有两名董事参与）。

[326] 参见本章（2.2.2.1）之 1）。

[327] 参见本章（2.2.2.1）之 2）。

否通过共同代表方式得以维护?[328] 另一方面，使第三人知悉何人可以约束公司并非难题（《商事登记法典》第 70 条第 1 款 a 项及第 2 款：强制性公示；第 73 条及第 74 条：登记的公开性）。还有，当共同代表有效力时，法律阻止仅一名行政管理机关成员订立的法律行为对公司产生约束力（第 261 条第 1 款，第 408 条第 1 款）；"第三人不可主张其信赖，因为违反法律规定时不存在正当的信赖"[329]。

总之，如（候补性法律规定或章程规定）共同代表有效力，公司不受仅一名行政管理机关成员所作法律行为的约束[330]；该等行为对公司不产生效力[331]。[332]

2. 2. 2. 3　共同代表（与分别代表）行使

在共同代表中，行政管理机关成员的参与要求同时（明示与/或默示）作出同一内容的意思表示（例如，行政管理机关成员均向公司的对方当事人提出一份合同要约或签署有关文件以缔结合同）。

但是，该等意思表示同样可以（单独并）相继作出（例如，由一名行政管理机关成员签署文件数日后再由其他行政管理机关成员签署）。在该等情况下，公司仅在最后（部分）声明发出时受到约束。

如仅一名行政管理机关成员参与，或一名以上但不够相应人数参与（又或欠缺章程中指定的某一行政管理机关成员的参与），则违反了法律或公司章程的有关规定，公司将不受该（等）行政管理机关成员订立的法律行为的约束。然而，如该等法律行为嗣后被追认，则产生约束力（第 261 条第 1 款及第 408 条第 1 款）。

从法律规定的字面看（"由经理多数缔结或追认的法律行为""由董事

328　参见本章（2. 2. 2）。

329　OLIVEIRA ASCENSÃO, *ob. cit.*, p. 477（亦见 p. 484）。

330　*A. e ob. cits.*；SOVERAL MARTINS, *Os poderes de representação…*, p. 118, *Da personalidade e capacidade…*, pp. 119, ss., ESPÍRITO SANTO, *ob. cit.*, pp. 309, 471–472, TARSO DOMINGUES, *ob. cit.*, p. 302, A. PEREIRA DE ALMEIDA, *Sociedades comerciais e valores mobiliários*, 5.ª ed., Coimbra Editora, Coimbra, 2008, pp. 377, ss., 435, ss., PUPO CORREIA, *ob. cit.*, p. 255, n. (361).

331　SOVERAL MARTINS, *Os poderes de representação…*, p. 118.

332　公司可声称仅由一名行政管理机关成员作出的行为没有效力，这可被认为权利滥用［例如，见上引 2002 年 1 月 22 日里斯本中级法院合议庭裁判第 85 页（Ac. da RL de 22/1/02, p. 85）］。但是，我们说的是另一回事。一方面是知道公司是否受仅一名行政管理机关成员作出行为的约束，另一方面是知道未受约束的公司是否有正当性提出没有约束力。

多数缔结或追认的法律行为"），可能认为追认应由足以对公司产生约束的一定数目的行政管理机关成员作出。例如，某公司受四名行政管理机关成员中的多数约束，而某行为仅由两名成员缔结，该行为的追认似应由三名行政管理机关成员为之，而非仅由未参与行为缔结的一名行政管理机关成员为之[333]。

该程序是可能的，但非属必要。（确立不产生效力旨在维护）公司利益不强制要求参与追认的人数须等同参与订立法律行为的人数。谁参与法律行为的订立，随后对该行为透过追认再次表示同意，实无必要。就上述例子，只需一名未参与法律行为订立的行政管理机关成员的追认足矣[334]。另外一个例子：有限公司章程规定四名经理中的两名可对公司产生约束力，其中一人应为 A；如法律行为由 B 与 C 订立，则 A 的追认便满足章程的要求。

考虑到《民法典》第 268 条第 2 款（以及第 262 条第 2 款）的规定，学界一直理解追认应遵守拟追认的法律行为的方式[335]。

然而，追认不同于意定代表或任何授权行为。因此，应适用方式自由的原则（《民法典》第 219 条及第 295 条）。为何不允许，例如，由行政管理机关决议作出追认，或董事会决议作出追认，又或经理（未参与不产生效力的法律行为的订立）向其他经理作出有关口头声明？另一方面，追认可以是默示的[336]，例如，未参与法律行为订立的经理随后执行了该法律行为。

《民法典》第 268 条第 2 款第 2 部分规定应类推适用[337]：追认具有溯及效力，即法律行为被视为自订立时产生效力[338]。

在分别代表及少数共同代表中，可能发生就相同内容作出互相矛盾的意思表示（例如：一名行政管理机关成员接受合同要约，另一名则不接受；五名行政管理机关成员中两名共同约束公司，A 和 B 声明接受要约，而 C

---

[333] SOVERAL MARTINS, *Os poderes de representação …*, pp. 110 – 111, 125 – 126, TARSO DOMINGUES, *ob. cit.*, p. 300.

[334] RAÚL VENTURA, *Sociedades por quotas cit.*, p. 191, ESPÍRITO SANTO, *ob. cit.*, pp. 473, ss.。

[335] RAÚL VENTURA, *últ. ob. cit.*, pp. 191 – 192, SOVERAL MARTINS, *últ. ob. cit.*, p. 124, ESPÍRITO SANTO, *ob. cit.*, p. 475.

[336] SOVERAL MARTINS, *ob. cit.*, pp. 111 – 112.

[337] 同条第 3 款与第 4 款亦然——见 RAÚL VENTURA, *ob. cit.*, p. 192。

[338] 追认同样因此区别于法律行为之意思表示的接续作出（上文本节第 2 段）——参见 UWE H. SCHNEIDER, em *Scholz Kommentar zum GmbH-Gesetz*, I. Band, 9. Aufl., Otto Schmidt, Köln, 2000, p. 1473。

和 D 声明不接受）。

如该两份声明同时到达收件人或同一时间发出（《民法典》第 224 条第 1 款），公司将不受任何一份声明的约束（公司不能就同一内容同时说是与否；该两份声明彼此排除适用）。

但是，如首先到达收件人的声明或首先正确作出的声明非属上述情况，则产生效力。然而，另一声明可使产生效力的声明的法律效果终止或改变[339]。[340]

2.3 约束力的范围

以下特别及系统地[341]考量行政管理机关成员约束权的客观限制（即以足够人数作出对公司有约束力的行为），这与行政管理机关成员可作出行为的类型与范围上的限制有关。

同样地，我们将不同类别的公司进行对比：一类是无限公司（与一般两合公司），另一类是有限公司和股份公司[342]。

就第一类公司而言，在任何情况下，经理代表公司的权限"应在公司所营事业的范围内按合同规定行使，亦有可能受其他限制或条件的约束"（第 192 条第 2 款）。因此，违反章程限制（有关公司所营事业或其他事宜）的行为，对公司不产生约束力，除非股东通过一致决议追认（第 192 条第 3 款谓之"确认"）该等行为。

对于有限公司和股份有限公司，来自章程或股东决议又或其他机关决议的限制原则上不妨碍产生约束力（第 1 号公司法指令第 9 条第 1 款和第 2 款，《公司法典》第 260 条第 1 - 3 款及第 409 条第 1 - 3 款）。该制度意在保护第三人以及保护交易的安全。

以下分析有限公司与股份有限公司有关约束力的问题。

2.3.1 法定限制

对于第三人，公司须受行政管理机关成员"以公司名义且在法律所赋予的权力范围内作出的行为约束"（第 260 条第 1 款及第 409 条第 1 款）。

---

[339] *Últ. A. e ob. cits.*, p. 1578.

[340] 对于行政管理机关成员的意思知悉、恶意、欠缺及瑕疵归责于公司的论述见 RAÚL VENTURA, *ob. cit.*, pp. 195, ss.；SOVERAL MARTINS, *ob. cit.*, pp. 131, ss.；SCHNEIDER, *ob. cit.*, p. 1478, ss.。

[341] 详见本章（2.2）。

[342] 第 1 号公司法指令仅适用于有限公司和股份有限公司。

通常而言，当行政管理机关成员作出公司权利能力范围以外的行为时，属于在法律所赋予的权利范围外作出行为。但是，该范围并非与约束权的范围等同（后者范围更小）。公司并非受其有能力作出的任何行为的约束（在能力限制外，尚有约束权的法定限制）[343]。

对行政管理机关成员代表或约束权的法定限制是指该等权力受到剥夺或被加诸条件[344]。

在第一种情况下，代表权并非赋予具有一般代表权限的机关，而是赋予另一类机关。一般以第441条c项规定举例（以及第443条第1款）：在与行政管理机关成员的关系上，总理事暨监察会有权代表公司。因为涉及的是机关内部关系领域，而非公司与"第三人"的关系范围，故不属于此处讨论范围。

行政管理机关成员约束权的法定限制情况更具重要性。

法律有时规定某些行为取决于股东决议，否则行政管理机关成员的参与非为正当。

例如，将自有股让与股东或第三人，又或为股东或第三人的利益而在自有股上设定负担，均取决于股东会决议（第246条第1款b项）。因此，法律没有将未经股东会决议出卖或质押公司股的权力赋予经理。当该等行为不基于决议时，不能约束公司，对公司不产生效力[345]。

另一个例子：以现金出资增加公司资本的股东优先购买权，仅可由股东决议废止或限制（第266条第4款及第460条）。如无决议，行政管理机关成员不可向第三人提供新股或新股票进行认购，否则有关合同对公司不产生效力。

有必要指出的是，在该等情况下，如果决议存在，但被宣告无效或可撤销，制度是不同的[346]，应适用第61条第2款：宣告决议无效或可撤销"不妨碍第三人基于执行决议所作出的行为而善意取得权利"[347]。

根据第1号公司法指令第9条第1款规定，对于第三人，公司受其机关

343　见第四章（3.1）。

344　ESPÍRITO SANTO, *ob. cit.*, p. 427.

345　但是股东可以通过决议予以追认。

346　例如，转让自有股的决议被裁定权利滥用（第58条第1款b项），排除优先权的决议被宣告无效因为其并未证明为维护公司利益（第460条第2款、第56条第1款d项）。

347　见本章上文第1节（3.3）。

所作行为的约束，"除非该等行为超出了法律赋予或允许赋予该等机关的权力范围"。

《公司法典》第260条第1款及第409条第1款没有采用相同的表述方式，仅提到了法律赋予行政管理机关成员的权力，但没有提到法律许可赋予该等人员的权力。然而，结合指令对上述规范性表述的解读，尽管不属于法律本身赋予行政管理机关的权力范围，但公司同样受法律许可赋予行政管理机关成员在权力范围内所作行为的约束。

具体而言，第246条第2款赋予股东比如就不动产转让或营业场所的顶让、设定负担或租赁作出决议的权限（c项），除非公司章程有不同规定。换言之，法律许可该等权限（通过章程）赋予经理。如此而来，当公司章程未设立第246条第2款规定的权能时，公司受经理所作出卖营业场所行为的约束（尽管章程没有赋予经理该权力，但法律允许）。[348]

2.3.2　章程性限制

对于第三人，行政管理机关成员依据法律所赋予的权力而作出的行为对公司产生约束力，即使该等行为的作出与限制代表权的章程规定不符（第260条第1款、第409条第1款及第431条第3款）。

然而，当所涉及的行为违反有关公司所营事业的章程条款时，情况则并非如此（第260条第2-3款及第409条第2-3款）。对此，上文已讨论[349]。

有些章程条款禁止行政管理机关成员作出某些行为，比如，为第三人利益认购汇票或提供担保[350]。亦有一些条款尽管没有剥夺行政管理机关成员的约束权，但对其予以限制。例如，有限公司的行政管理机关成员取得不动产取决于股东决议（第246条第1款）；在传统组织框架或一元性组织框架的股份有限公司往往规定董事会就高于100万欧元的不动产取得行为，有义务事先取得股东的决议同意[351]；德国式组织架构的股份有限公司规定执行董事会就营业场所的取得，有义务事先取得总理事暨监察会的同意（442条第

348　相同看法见 SOVERAL MARTINS, *Capacidade e representação …*, pp. 493 – 494；TARSO DOMINGUES, *ob. cit.*, pp. 296 – 297。不同看法见 RAÚL VENTURA, *ob. cit.*, p. 163；1995年11月22日最高法院合议庭裁判，载于《司法部公报》第451期第466页［Ac. do STJ de 22/11/95, BMJ n.° 451 (1995), p. 466］；ESPÍRITO SANTO, *ob. cit.*, p. 284。

349　见上文第四章（3.2）。

350　该等行为并非必然超出公司的行为能力——见上文第四章（3.1）与（3.3）。

351　该等条款是合法的——见 COUTINHO DE ABREU, *Governação…*, pp. 47, ss., 这与葡萄牙一般学理不同。

1 款）。

这些对行政管理机关成员代表权的章程限制是有效的，包括就某些行为剥夺行政管理机关成员的权力的章程条款[352]。但是，该等章程限制没有对外效力，不可对抗第三人[353]。

为适用该规定，"第三人"是否包括股东及公司其他机关的成员？主流观点一直是否定的[354]。

在笔者看来，同样地，股东，至少是创设股东，以及有限公司的机关据位人不属于第三人，后者知悉或应该知悉有关章程限制，不应享有法律向与公司有关的第三人给予的一般保护（以及无须担心可能存在法定限制以外的情况）。限制约束权的章程条款对其具有对抗力，当其作为公司的对方当事人，其未遵守章程限制的行为对公司不产生约束力。

对于股份有限公司的行政管理机关成员及监察机关成员同样如此，但对于非创设股东（或未参与章程变更而引入限制条款的股东）似乎并非如此。一般而言，该等股东不知悉有关章程，当其试图与公司发生交易时，并非必须知悉章程。

2.3.3 股东决议或其他机关决议的限制

限制行政管理机关成员代表权（禁止或限制作出某些行为）的股东、行政管理机关、总理事暨监察会的决议，同样不妨碍对公司产生约束力。对于第三人而言，行政管理机关成员在法律赋予的权力范围内所作行为对公司产生约束力，即使该等行为并不符合上述决议（第 260 条第 1 款、第 409 条第 1 款及第 431 条第 3 款）。

---

[352] 亦见第 6 条第 4 款。基本上持相同看法的见 L. BRITO CORREIA, *Vinculação da sociedade*, em FDUL/CEJ, *Novas perspectivas do direito commercial*, Almedina, Coimbra, 1988, p. 352; SOVERAL MARTINS, *Os poderes de representação* ..., pp. 207, ss.; ESPÍRITO SANTO, *ob. cit.*, pp. 423 – 424, n. (1157)。相反认为无效（尽管条款可以"转变为"内部限制），见 RAÚL VENTURA, *Sociedades por quotas* cit., p. 165; CASSIANO DOS SANTOS, *ob. cit.*, p. 302 e n. (506)。

[353] 因此，在狭义的行政管理或管理上，上述限制仅具公司内部效力（参见 COUTINHO DE ABREU, *últ. ob. cit.*, p. 37）。

[354] RAÚL VENTURA, *últ. ob. cit.*, p. 173（股东或有限公司的经理均非为第三人）；SOVERAL MARTINS, *últ. ob. cit.*, pp. 190 – 191（股东或有限公司或股份公司的各机关成员均非为第三人）；ESPÍRITO SANTO, *ob. cit.*, p. 282, n. (785) 与 PEREIRA DE ALMEIDA, *ob. cit.*, p. 377 持相同看法（有限公司的股东与经理非为第三人）。TATSO DOMINGUES, *ob. cit.*, p. 294 相反认为第 260 条第 1 款可适用于所有与有限公司缔约的主体，不管其为股东或经理。

上述决议有效时，原则上应由行政管理机关成员执行[355]，但其对内产生效力，对外不产生效力。有关对约束权的限制，不可对抗第三人。

第三人是否包括股东与公司机关据位人，似乎视不同情况而定。关于股东决议：有限公司中无论机关据位人或股东都不是第三人（作为股东或机关据位人，应当知悉并/或可以知悉有关决议作出的限制）[356]；股份有限公司中的机关成员以及参与有关决议的股东不是第三人[357]。关于其他机关的决议：该等机关的据位人不是第三人，而（非属该等机关成员的）股东是第三人[358]。

第260条第1款与第409条第1款仅涉及股东决议，而非其他公司机关的决议。但是，第1号公司法指令第9条第2款针对的是任何有权限机关的决议，结合该指令进行解读，上述两项规定同样应适用于其他公司机关的决议。

对于股份有限公司，第406条（以及第431条第3款）规定，就公司管理的任何事宜，董事会均有权作出决议。这是否意味着事先未经董事会决议通过而作出的行为不约束公司？

只要代表权按法律要求的方式予以执行（第408条第1款），公司即受到约束。原则上，法律不要求董事作出具有外部效力的行为事先取决于董事会的决议[359]。该等决议在公司内部范围作出，其欠缺（可能有内部后果）并不使公司外部的活动失效。有正当性对外作出行为的董事在法律赋予其约束权的范围内行事，即使该等行为未经由该等人员作为据位人的机关作出决议[360]。

2.3.4 约束权力的滥用

对行政管理机关成员权力作出法律以外的限制（章程性限制或来自股东决议的限制），原则上仅为内部性限制，没有对外效力；尽管该等限制不可对抗第三人，但不妨碍对公司的约束。

---

[355] COUTINHO DE ABREU, *Governação...*, pp. 55, ss., 140.

[356] 即使未参与有关决议的股东——参见第214条。

[357] 有关决议的直接信息资料一般没有给予未与会的股东——第288条第1款b项。

[358] *Últ. A. e ob. cits.*, pp. 132, 141, ss..

[359] 见第397条第2款规定的一项例外（但在此处公司的对方当事人是行政管理机关成员，而非第三人……）。

[360] 相同看法见 SOVERAL MARTINS, *Os poderes de representação...*, pp. 235, ss., *Capacidade e representação...*, pp. 494, ss.; ESPÍRITO SANTO, *ob. cit.*, pp. 444-445; 1999年6月8日最高法院合议庭裁判，载于1999年《司法见解汇编》（最高法院合议庭裁判）第143页 [Ac. do STJ de 8/6/99, CJ (ASTJ), 1999, II, p. 143]。不同观点见2001年1月11日最高法院合议庭裁判，载于2001年《司法见解汇编》（最高法院合议庭裁判）第一卷第64页 [Ac. do STJ de 11/1/01, CJ (ASTJ), 2001, I, p. 64]。

然而，内部性限制在某些情况下可具有对外效力，尤其是在滥用约束权的情况下[361]。

有必要指出的是，滥用代表权不仅仅指的是违反上述法定外的限制，只是说这种情况出现时会更加明显一些；其次，单纯违反内部性限制，即使第三人对此知悉，也不足以认定为代表权的滥用[362]。

往往将滥用代表权理解为有意识违背代表权目的或违背被代表人的指示，且另一方当事人知悉或必须知悉该滥用情况，才存在代表权的滥用[363]。为适用机关代表的规定，法律以外的限制并不等于被代表公司的"指示"不被遵守而视之为滥用。

德国公司法学理通常将代表权的滥用定为两类情况：合谋与明显滥用[364]。第一类情况是指行政管理机关成员与第三人有意识、有预谋地为损害公司利益合作。第二类情况是指行政管理机关成员订立法律行为，有意识地作出对公司产生损害的行为，而第三人知悉或应当知悉（因为客观上明显）上述意图及损害。

葡萄牙公司法接受后一种学理。

对该等滥用情况有何处罚？

葡萄牙多数学者对所有滥用的情况（似乎类推）适用《民法典》第269条：法律行为不产生效力，但可由公司作出追认[365]。

但是，合谋不是单纯的代表权滥用，也不是以违反公司利益为目的有意识地利用约束权。合谋是程度严重的行为，是在行政管理机关成员与第

361　该等情况不属于第 1 号公司法指令的适用范围——参见 SCHWARZ, *ob. cit.*, p. 651 e n.（88）。

362　除了超出公司所营事业范围的情况外，限制不可对抗第三人并不取决于第三人不知悉（或不可知悉）该等限制——见 M. COZIAN/A. VIANDIER/F. DEBOISSY, *Droit des sociétés*, 17ᵉ éd., Litec, Paris, 2004, p. 124。

363　见 A. VAZ SERRA, *Contrato consigo mesmo e negociação de directores ou gerentes de sociedades anónimas ou por quotas com as respectivas sociedades (Algumas considerações)*, RLJ, ano 100.°（1967/1968），p. 178（作者引用了对《民法典》第 269 条基础内容产生影响的 Enneccerus/Nipperdey 的看法）；亦见 J. OLIVEIRA ASCENSÃO, *Direito civil. Teoria geral*, vol. II – *Acções e factos jurídicos*, 2.ᵃ ed., Coimbra Editora, Coimbra, 2003, pp. 292 – 293。

364　H. -G. KOPPENSTRINER, em ROWEDER et al.（Kommentar von），*Gesetz betreffend die Gesellschaften mit beschränkter Haftung（GmbHG）*, 3. Aufl., Vahlen, München, 1997, pp. 799 – 800, SCHNEIDER, *ob. cit.*, pp. 1497, ss., HÜFFER, *ob. cit.*, pp. 415 – 416.

365　RAÚL VENTURA, *Sociedades por quotas* cit., p. 176, ESPÍRITO SANTO, *ob. cit.*, pp. 447, ss., TARSO DOMINGUES, *ob. cit.*, p. 304.

三人之间约定或串谋损害公司的行为，故属于加重（qualificado）滥用，相应制裁应当是宣告有关行为无效：该等行为的目的违反善良风俗，对行政管理机关成员与第三人均是如此（《民法典》第 281 条）[366]。

对于其他约束权滥用的情况，似乎适合类推适用《民法典》第 269 条。然而，股东对通过权利滥用所订立的法律行为予以追认决议可被撤销，因为违反了股东的忠实义务，或者更准确地说，属于决议滥用（《公司法典》第 58 条第 1 款 a 项和 b 项）[367]。

2.4 公司的意定代表

公司不仅受公司机关据位人行为的约束（尤其是代表——行政管理机关的行为），而且受通过法律行为而接受代表权的主体行为的约束（意定代表）。

《公司法典》在第 252 条第 6 款和第 391 条第 7 款[368]提到，可委任受任人或受权人以作出特定行为或某些类型的行为，无须章程许可。这些受任人与受权人是公司的代表，不是作出委任的行政管理机关成员的代表[369]。

但是，除了这些受任人与受权人，通常可能存在其他有（意定）代表权的主体——许多受薪员工（《劳动法典》第 115 条第 3 款："当员工的业务活动性质包含法律行为时，视为劳动合同赋予该等员工必要的权力，除非法律对此要求特别文书。"），该等员工包括公司的"经理、辅助人员及出纳员"（《商法典》第 248 条及随后数条）[370]。

尚有一些主体有代表权，例如，基于"企业管理合同"而以公司名义对公司的企业（或部分企业）进行经营管理的主体[371]。

意定代表人的代表权限范围不可超过行政管理机关成员的权力范围。

---

[366] 这亦为德国主流观念（参见 KOPPENSTEINER, *ob. cit.*, p. 799；HÜFFER, *ob. cit.*, p. 415）。葡萄牙学者持相同看法的，见 SOVERAL MARTINS, *Os poderes de representação...*, p. 258。此外，试图追认基于串通的法律行为的股东决议不应无效吗？见《公司法典》第 56 条第 1 款 d 项。

[367] 参见本章第一节（4.1.2）、（4.3）。

[368] 亦见第 425 条第 5 款与第 478 条。文章所引条款的规定可类推适用于无限公司与一般两合公司——另参见 SOVERAL MARTINS, *Da personalidade...*, p. 116, n. (54)。

[369] 亦见第 252 条第 5 款、第 391 条第 6 款及第 425 条第 5 款。

[370] 尽管该法典将之视为"受托人"——见 COUTINHO DE ABREU, *Curso de direito commercial*, vol. I, 8.ª ed, Almedina, Coimbra, 2011, pp. 128, ss. 。

[371] 参见 COUTINHO DE ABREU, *Governação...*, p. 42。

如行政管理机关成员超出特定限制（尤其是法律限制）[372] 而对公司不产生约束时，非机关代表人同样就该等限制的超出对公司不产生约束力[373]。[374]

另一方面，意定代表人的权利由代表文书（授权书、委任合同、劳动合同等）[375] 进行界定。在该等文书受登记（尽管非为强制性的）规定时[376]，所载特定限制未经登记不可对抗第三人[377]。

对于"一般"授权（自主或非自主的），其中赋予受权人宽泛或一般的代表与管理公司的权力，其合法性存在争论[378]。

如该授权意味着受权人替代了行政管理与代表公司的机关，即后者转移至受权人其所有权限，则该授权为不合法，因为其架空了公司机关，而依据法律该机关是公司必需的，不得完全下放其权限。

但是，如行政管理机关继续对公司企业进行"高度领导"及行政管理[379]，以及继续控制或监督赋予受权人的日常代表管理权限，并且可以收回有关权力，则授权非为违法。"商业经理"或"企业管理合同"中公司相对

---

[372]　参见上文（2.3）与（2.3.1）。

[373]　相同看法见 TARSO DOMINGUES, *ob. cit.*，p. 305。

[374]　这显然同样适用于诉讼代理人（参见 *últ. A. e ob. cit.*，pp. 305 – 306）。例如，有限公司股东事先如未有决议，一诉讼代理人无权针对经理、股东或监察机关成员提起诉讼，也无权在该等诉讼中撤诉、放弃请求或和解（第246条第1款 g 项）。1）在针对行政管理机关成员或股东的某些诉讼中，公司意定代表人并非须由行政管理机关成员指定——可能通过股东决议或（在不多情况下）由法院指定：第75条第1款、第76条、第242条第2款、第257条第3款。2）试想〔参见1994年5月26日里斯本中级法院合议庭裁判，载于1994年《司法见解汇编》第三卷第106页（Ac. da RL de 26/5/94, CJ, 1944, Ⅲ, p. 106）〕一家有限公司有四名股东与两名经理，并在两名经理参与时才对公司产生约束力。一名经理对公司提起诉讼，股东决议要求另一名经理应向特定的律师签订授权书，仅该经理签署了授权书（另一名对此拒绝）。何解？在该情况下应允许股东有正当性以确定公司的意定代表人（参见第259条）。因此，经理有义务履行股东的决议。如其中一名不签字，股东可以正当理由将之解任（第257条），（签字的）新经理将被指定（见第253条第3款第二部分）；打破该僵局的另一选择是《民事诉讼法典》第21条第2款——"法人或公司被起诉而无人代理时，或被告与其代理人发生利益冲突时，案件法官指定特别代理人（……）"。

[375]　参见《商法典》第233条、第249条、第258条至第260条。

[376]　《商事登记法典》第10条 a 项、c 项，第15条第1款。

[377]　见《商法典》第249条与《商事登记法典》第14条第1款。

[378]　GIANCARLO LAURINI, *La rappresentanza nelle società e nel settore bancario*, RS, 1999, pp. 1082 – 1083, SCHNEIDER, *ob. cit.*, pp. 1456 – 1457, FILIPA TOMAZ, *Da reresentação voluntária das sociedades comerciais*, Coimbra, 2006, pp. 114, ss..

[379]　COUTINHO DE ABREU, Governação...pp. 38, 40.

人被赋予对公司企业负责一般管理的情况，显示"一般授权"是合法的。[380-381]

最后讨论一个包括机关代表人与意定代表人的问题：如章程条款除了规定公司受多名行政管理机关成员的约束外，还许可公司受一名行政管理机关成员和一名受权人所作行为的约束，该章程条款是否合法？

这种（行政管理机关成员与受权人）"不适当的共同代表"，尽管看似可作为代表的替代方式（相对于本义上的共同代表）[382]，但在葡萄牙不被允许。公司组织代表由行政管理机关成员负责（第252条第1款、第261条第1款、第405条第2款及第408条第1款），章程不能规定公司可由非指定为行政管理机关成员（有相应权利与义务）的人参与代表公司[383]。

3. 行政管理关系的终止事由

3.1 失效

通常而言，股份有限公司的董事被指定在章程所订定的期间内履职，该期间不可超过四年。如无章程规定，则指定期间为四年（第391条第3款及第425条第2款）[384]。在有限公司中，经理履职时间不确定，除非公司章程在指定经理的行为中订定该期间（第256条）[385]。[386]

所订定期间的终止这一事实本身并不意味着失效，因为行政管理机关

---

[380] 葡萄牙学者持不同看法的见 SOVERAL MARTINS, *Os poderes de representação...*, p. 28, ss., ns. （47）e （48）; FILIPA TOMAZ, *ob. e loc. cits.*。

[381] 对于行政管理机关成员可作为其所在公司的意定代表人问题（回答基本为否），见 FILIPA TOMAZ, *ob. cit.*, pp. 76, ss.。

[382] 《德国股份公司法》第78条第3款对此明示许可。

[383] 相同看法见 SOVERAL MARTINS, *últ. ob. cit.*, p. 227; TARSO DOMINGUES, *ob. cit.*, p. 280; FILIPA TOMAZ, *ob. cit.*, pp. 121, ss.。不同观点见 RAÚL VENTURA, *Sociedades por quotas* cit., p. 200; ESPÍTITO SANTO, *ob. cit.*, p. 482。

[384] 对于司法指定的行政管理机关成员并非如此——见第394条第1款最后部分规定（亦见第426条）。

[385] 两种类型的公司针对该点的区别可解释为："假定股份公司的主体构成有多样性，对其行政管理机关成员的任期限制有助于行政管理机关成员的定期调整，而有限公司股东所谓的稳定性反映于经理的稳定"（RAÚL VENTURA, *últ. ob. cit.*, p. 80）；另一方面，考虑到股份公司股东的分散及其对公司事务不关心，这一惰惰做法很多时候会导致由令人不满意的行政管理机关成员来管理（期限有助于不再选任该等成员）——参见 LOBO XAVIER, *Anulação de deliberação...*, p. 157, n. （61）。

[386] 原则上，在无限公司，作为经理的股东一方面为股东，另一方面履行经理职责——见第191条。

成员原则上履职直到有新的行政管理机关成员获指定为止（第 391 条第 4 款及第 425 条第 3 款），亦即，失效与行政管理机关成员换届的落实同时进行。[387]

有关嗣后出现的无行为能力与不可兼任的情况，如属自始存在，则妨碍指定行为有效，同样致使行政管理关系失效（第 401 条及第 425 条第 7 款）。该等嗣后无行为能力指的是禁治产与准禁治产（第 390 条第 3 款、第 425 条第 6 款 d 项及第 252 条第 1 款要求行政管理机关成员应具有完全的行为能力）；上述不可兼任的情况，例如禁止可归责无支付能力的人担任行政管理机关成员（《支付不能及企业重整法典》第 189 条第 2 款 c 项），以及第 425 条第 6 款 b 项和 c 项所指情况。

第 401 条规定，"如果已获委任的行政管理机关成员在出现阻碍其职任的无行为能力或不可兼任的情况后，仍未停止行使该职务，或者没有在三十日内排除不可兼任的情况，那么监事会或审计委员会应当声明其职任终止"（斜体字部分内容是由修改《公司法典》的 2006 年 3 月 29 日第 76 - A/2006 号法令引入）[388]。

第 401 条（最后部分内容）的最初版本曾引起对失效是否自动产生的争议[389]。彼时应理解为自动失效：当出现无行为能力或不可兼任的情况时，在法律上，行政管理关系终止。如有关行政管理机关成员继续（不正当）履职，则为事实上的行政管理机关成员；上述规定即指监事会声明事实关系的结束[390]。

结合现行规范"或者没有在三十日内排除不可兼任的情况"，应将其理解为：一般失效不仅要求不可兼任情况的出现，而且须是经过三十日后

---

[387]　所引规定可类推适用于经理。

[388]　该法令亦将第 401 条原来的表述"可以"改为"应当"，并增加"或审计委员会"（涉及一元性组织框架的公司）。

[389]　第 425 条原始文本或现有文本（之前的第 6 款变为第 7 款）均不产生疑问：自动失效。

[390]　JOÃO LABAREDA, *Direito societário português – Algumas questões*, Quid Juris? Lisboa, 1998, pp. 159 - 160, COUTINHO DE ABREU, *Governação...*, p. 144.
对于事实上的行政管理机关成员，见 J. M. COUTINHO DE ABREU/ELISABETE RAMOS, *Resonsabilidade de administradores e de sócios controladores*, em IDET, Miscelâneas n.° 3, Almedina, Coimbra, 2004, pp. 40, ss.（ou COUTINHO DE ABREU, *Resonsabilidade civil dos administradores...*, pp. 97, ss.）；RICARDO COSTA, *Responsabilidade civil societária dos administradores de facto*, em IDET, *Temas societários*, Almedina, Coimbra, 2006, pp. 23, ss.。

有关不可兼任的情况未能得到解决（该期间的终止导致行政管理关系的失效）。[391]。

　　然而，有必要补充两点：其一，上段对于原规定的释义似乎继续可适用于嗣后无行为能力的情况（2006年立法修订未触及该部分内容）；其二，就嗣后出现不可兼任的情况，如在三十日内显然不能予以排除，亦应适用上述释义。试想一名行政管理机关成员被法院宣告在特定期间（两年到十年）内禁止担任公司机关据位人的职务（见《支付不能及企业重整法典》第189第2款c项规定），该行政管理机关成员如何能够继续作为具有完整权利的行政管理机关成员并在三十日期间内排除不可兼任的情况？……[392]

　　因未提供担保（第396条第1款至第3款及第433条第3款）或提前拿走担保而导致欠缺担保，可导致有关行政管理机关成员的"职任立即终止"（第396条第4款及第433条第2款）。

　　对由行政管理机关内部补选、监事会（或独任监事）或审计委员会指定的行政管理机关成员（第393条第3款b－c项及第6款），如未在随后的第一次股东会上获（明示或暗示）追认，则该行政管理关系失效（第393条第4款）[393]。

　　当出现第394条第1款（以及第426条）所规定的某些情况时，法院应委任一名行政管理机关成员，其余尚存行政机关成员在司法委任作出之日起终止职任（第394条第3款）。待新行政管理机关成员以正常途径得以指定时，经司法委任的行政管理人员终止职任（第394条第1款、第426条及第253条第3款）。

　　《公司法典》尚规定其他可终止行政管理关系的事实。

　　在公司合并的情况下，被吸收的公司（吸收合并）或者所有被合并的公司（新设合并）终止存在（第112条a项）。公司终止存在，相应的机关

[391]　见 ARMANDO M. TRIUNFANTE, *Código das Sociedades Comerciais anotado*, Coimbra Editora, Coimbra, 2007, p. 392, 其中提到"失效直至行政管理机关成员去除该障碍（？）或者三十日内未去除该障碍的，直至由有权限机关对此作出宣告"。

[392]　正因如此，笔者曾就修订《公司法典》简单提及第401条的新版本"在根本上"与之前提出的释义不相矛盾（*Governação...*, p. 144, n. 357*bis*）。

[393]　此处包括股东会未通过追认提案的情形以及就该事宜（明示或默示）未作出决议的情形——至少股东有权指定行政管理机关成员（在任何情况下，如未获确认的行政管理机关成员继续履职，则属于事实上的行政管理机关成员）。相同看法见 DUARTE RODRIGUES, *A administraçãp...*, pp. 108－109；就第二种情形的不同看法见 JOÃO LABAREDA, *ob. cit.*, p. 162, n.（102）。

也终止存在，该等公司与行政管理机关成员的关系不会移转至作出合并的公司或新公司（与第112条a项第2部分所确立的基本规则不同）。

在完全分立的情况下（被分立的公司终止存在），分立－解散（第118条第1款b项）与分立－合并－终止（第118条第1款c项的有关部分），结果是一样的。这同样来自第120条的规定。

通过组织变更，一公司采用不同的公司类型（第130条）。因此，被变更的公司有新的行政管理机关（原来的组织关系终止）。

在公司解散的情况下，公司的情况与地位发生改变（该变化直到清算完结登记才终止，见第160条第2款）。该变化使行政管理机关不再继续存在，而是由清算机关予以代替，尽管清算机关成员可以为原来行政管理机关的成员（第151条第1款），但确定的是他们不再是行政管理机关成员。

公司章程同样可以直接或间接规定失效事由。具体来说订定履行行政管理职责的年龄限制，或者确定行政管理机关成员应该同时是股东（第390条第3款、第425条第6款及第252条第1款）。丧失股东身份意味着丧失行政管理机关成员的身份。

最后，行政管理机关成员的死亡自然终结其职任……

3.2 放弃职任

放弃职任可定义为行政管理机关成员向公司作出单方声明而终止行政管理关系。

在传统组织框架或一元性组织框架下的股份有限公司中，董事通过致信董事会主席放弃职任；如果该主席本身拟弃任，其致信监事会（或独任监事）或审计委员会（第404条第1款）。在其他模式的股份有限公司中，董事通过致信执行董事会主席放弃职任；如果该主席本身拟弃任，或不存在执行董事会，皆致信总理事暨监察会（见第433条第4款，该款要求经作出必要调整后适用第404条的规定）。"经理放弃职任应以书面方式通知公司"（第258条第1款），换言之，"应通知另一经理，如无另一经理，则通知监事会；如无监事会，则通知任一股东"（第260条第5款）[394]。

然而，对于股份有限公司而言，放弃职任仅在就该事宜作出通知及其

---

[394] JOÃO LABAREDA 持不同观点，认为适用第261条第3款（*ob. cit.*，pp. 141，ss.）。

被接受后一个月的最后一天产生效力，如在该期间有人被指定代任，则在指定的时间产生效力（第404条第2款）；就有限公司而言，放弃职任"在收到通知后第八日开始生效"（第258条第1款）[395]。

放弃职任可基于合理事由或无合理事由作出。当基于有关公司的事实（无论是否可归责于公司）而无法要求行政管理机关成员继续行使其职责时，即存在合理事由[396]。例如：公司不顾行政管理机关成员的反对，继续从事非法活动；公司（无论是否故意）不按时支付行政管理机关成员的薪酬，或非法议决降低其薪酬；公司不具有必需的财务资源来维持有序管理。

如弃任者提出合理事由且在放弃职任开始生效前维持职任，则无须就其离职可能造成的损害负赔偿责任（第258条第2款）。如放弃职任可归责于公司，则该公司须根据有关违约或民事责任的一般规定，向弃任者作出损害赔偿[397]。

对于有限公司，第258条第2款规定，"无合理事由的弃任者须就其导致的损害向公司承担赔偿责任，除非按时提前通知公司"。提前通知能使有权限指定经理的公司机关或实体有时间积极采取措施（第252条第2款）在放弃职任开始生效前准备其替任者（第258条第1款规定的八日时间通常不足够）[398]。《公司法典》没有为股份有限公司制定等同于第258条第2款的规定，该规定可否类推适用于股份有限公司？回答应是否定的。第404条第2款的期间足以完成弃任者的代任事宜（第393条第3款）；如弃任者在这

---

[395] 在2000年10月21日科英布拉中级法院合议庭裁判（Ac. da RC de 21/10/00, CJ, 2000, t. IV, p. 39）中，董事会主席在股东会上告知放弃职任；在该股东会上通过决议，接受其辞任并指定另一股东担任该职位。因为没有以信函通知监事会，该中级法院（含一反对票）裁定辞任非有效，不产生效力。笔者认为放弃委任是有效的，尽管存有单纯的不当情事（欠缺致函给监事会）。实际上，法律旨在确保弃任者的声明能达至有权替换或请求替换弃任者的公司机关（或其成员）。如声明通过法律未规定的方法达至股东会，且股东会就替换作出决议，则符合这一法律原本意旨［新董事的选任（第393条第3款d项）不过是董事会主席作出的替补措施（a项）——如弃任者为主席——不过由监事会遴选（b项）与指定（c项）；见 RAÚL VENTURA, Novos estudos..., p. 165。同时，在德国尽管无明确法律，但认为在有限公司中，辞任声明应向有权指定行政管理机关成员的机关作出：所有股东或经适当召集的股东会上出席的股东（见 SCHNEIDER, em Scholz Kommentar cit., pp. 1634 – 1635）；在股份有限公司中向总理事暨监察会作出（HÜFFER, Aktiengesetz cit., p. 431）；在美国，辞任声明通过向"董事会、董事长或公司"提交书面声明作出（MBCA, §8.07）。

[396] RAÚL VENTURA, Sociedades por quotas..., p. 124.

[397] 有适用于无正当理由解任的数量限制（见 JOÃO LABAREDA, ob. cit., p. 150 与下文）。

[398] Últ. A. e ob. cits., pp. 145 – 146.

期间继续履职，则无须赔偿公司损失[399]。

3.3 废止性协议

行政管理关系亦得以通过公司与行政管理机关成员的协议来终止（除非该行政管理机关成员是由法院指定的）。

对公司来说，协议所表示的意思是由有权指定/解任行政管理机关成员的机关（股东会、总理事暨监察会）所形成的。该意思同样是由该机关（直接或通过传达人）表示的；此处的内部决议机关拥有代表权，而总理事暨监察会在公司与董事间的关系上代表公司（第441条 c 项及第443条第 1 款）[400]。

3.4 解任

3.4.1 任意解任

在传统组织框架的股份有限公司中，"董事会任一成员可随时由股东会通过决议予以解任"（《公司法典》第 403 条第 1 款）。该规定同样适用于一元性组织框架下的股份有限公司，但有一项重要的例外：同属审计委员会成员的董事，仅可基于合理事由被解任（第 423 条–E 第 1 款）。另一方面，在采用德式组织架构的股份有限公司中，任何董事可随时由总理事暨监察会解任，或（如章程规定董事的指定权限归属股东）由股东会解任（第 430条第 1 款）。[401] 就有限公司而言，同样地，"股东随时可通过决议将经理解

---

[399]　相同看法见 DUARTE RODRIGUES, *ob. cit.*, p. 241；BRITO CORREIA, *Os administradores …*, p. 724。原则上不同见 JOÃO LABAREDA, *ob. cit.*, pp. 146, ss.。

[400]　RAÚL VENTURA, *últ. ob. cit.*, p. 82，JOÃO LABAREDA, *ob. cit.*, pp. 154, ss.，KOPPEN-STEINER, em ROWEDER, *GmbH…*, p. 1127，HÜFFER, *ob. cit.*, p. 431.

[401]　按照第 403 条原始文本，国家或等同实体任命的董事不可由公司决议解任（参见 J. M. COUTINHO DE ABREU, *Da empresarialidade – As empresas no Direito*, Almedina, Coimbra, 1996, reimpre. 1999, pp. 152–153, n. 396）；根据第 403 条第 4 款规定，股东（尤其在股东常会上）可通过决议表明对该等董事的不信任，并将决议呈交有权限的部长（或实体），遂由相关公共实体负责处理有关解任或留任问题。后经 2006 年 3 月 29 日第 76–A/2006 号法令修改，该等董事可由公司决议自由解任。笔者不支持这一变动，笔者认为应当仅由作出任命的公共实体对其任命对象予以无合理事由的解任，否则后者（或其替代者）在履行职责中会因受多数股东的制约而忽视公共利益（与公司利益一致）…… 法典实则规定了一种具有横向可比性的情况：只要代表公司资本 20% 表决权的股东投票反对，由少数股东选任的董事被无合理事由解任的决议就不产生效力（第 403 条第 2 款）…… 更为谨慎的是 2003 年进行法改的意大利立法者，他们明智地维持了《意大利民法典》第 2449 条与第 2450 条的规定（以前是第 2458 条至第 2460 条规定的内容）。

任"（第 257 条第 1 款）[402]。

因此，任意或自由解任为一般规则，解任可随时且无需合理事由[403]。

这一规则在葡萄牙法上有很长的历史，对于股份有限公司可追溯到 1833 年《商法典》第 538 条、1867 年《股份有限公司法》第 13 条、1888 年《商法典》第 171 条独一款及第 172 条[404]。

在欧洲大陆国家，该规则同样由来已久[405]，在绝大多数的法律体制中主导至今[406]。在美国，根据普通法规则，董事可被股东会解任。美国各州现行法律允许无正当理由解任——一些州法律将该权能作为强制性规定；另一些州法律允许公司章程规定仅可基于正当理由解任；个别州法律规定无正当理由的解任仅在公司章程（或规章）对此许可的情况下可以作出[407]。在英国 1948 年《公司法》颁布之前，股东解任董事的权利取决于章程如何规定。之后，法律允许股东随时通过一般决议解任董事[408]。德国所追寻的路径则相反：从实行自由解任规则到 1937 年《股份公司法》制定后转变为仅得基于合理事由才可解任（现行《股份公司法》第 83 条第 3 款）[409]。

或许因为自由解任的规则在葡萄牙立法中如此根深蒂固，所以对该规

---

[402]　另见第 257 条第 3 款。

[403]　两合公司同样如此（尽管无合理事由解任作为无限责任股东的经理要求特定多数）：第 471 条；就无限公司而言，对于股东－经理的解任，制度不同（第 191 条第 4 款及第 5 款）。

[404]　参见 BRITO CORREIA, *Os administradores de sociedades anónimas* cit., pp. 664, ss. （其中包括学理上的依据）。另见 1901 年的《有限责任公司法》第 28 条。

[405]　*Últ. A. e ob. cits.*, pp. 679, ss..

[406]　有关欧洲国家这方面的情况，参见 E. WYMEERSCH, *A status report on corporate governance rules and practices in some continental European states*, em K. J. HOPT/H. KANDA / M. J. ROE / E. WYMEERSCH/S. PRIGGE, *Comparative corporate governance – The state of the art and emerging research*, Oxford University Press, 1998, pp. 1092, ss.。

[407]　R. HAMILTON, *The law of cororations in a nutshell*, West Group, 2000, pp. 235 – 236；COX/ HAZEN, *On corporations*, 2nded., vol. I, Aspen, New York, 2003, pp. 446 – 447.

[408]　GOWER/DAVIES, *Principles of modern company law*, 7th ed. by Paul L. Davies, Sweet and Maxwell, London, 2003, pp. 309 – 310.

[409]　参见 M. LUTTER, *Il Sistema del Consiglio di sorveglianza nel diritto societario Tedesco*, RS, 1988, p. 97. 就有限公司而言，所选路径不同。1892 年《德国有限责任公司法》第 38 条继续确认自由解任的规则（尽管章程可以规定解任需要有"重要的理由"）。欧洲国家的法律很少要求有限公司解任经理应基于合理理由（ANTÓNIO CAEIRO, *Temas de direito das sociedades*, Almedina, Coimbra, 1984, pp. 43, ss.）。

则几乎从未有过争论[410]——要么不予评论，要么为该规则极力辩护，而批评实属罕见，但是，有必要对该规则提出质疑。

支持该规则的理由是，"至关重要的是大多数股东对董事存有信任，一旦该信任丧失，董事即可被替换"。（无论是否有值得考虑的原因——合理事由，这是丧失信任的基础吗？）"同样可能存在市场的快速变化，使得在公司活动的情形范围内要求战略改变，并为此选择更为适当的新人来跟上该等变化"。（的确如此，但是当董事显示无能力满足上述新要求时，就不存在解任的合理事由吗？）股东"基于股份转让制度可以很容易地快速变化，因此，有必要确保新股东对董事的信任"。（再次提到信任……董事应当是多数股东的规则执行者抑或为所有股东的共同利益及其他正当利益服务？当董事在无合理事由的情况下被解任时，进行赔偿的是公司而非多数股东）。董事应为积极从事企业活动而受到激励；对于公司而言，有必要使董事存有可能失去优厚条件的风险，以至于"长期地激励其能，并（在多数股东眼中）继续胜任其职"[的确，随时解任的风险可刺激董事按股东所说的去执行，但基于合理事由的解任，或者不再被选举（章程可订定很短的履职期限），又或民事责任之诉，难道这些措施不足够吗？]。[411]

毫无疑问，自由解任规则有利于（至少）控权股东的利益，不仅对于目前股东，对于未来股东而言同样如此（取得控股地位的股东可随时更换管理层）[412]。

股东，即使为控权股东，无权对行政管理机关成员下达指示，除非是法律允许的或本义上的集团关系的情况；显然，行政管理机关成员也不应服从该等指示，当该等指示违背公司利益时更是如此。但是，众所周知，股东的指示（命令、指令、提议）会照发不误[413]。这对于行政管理机关成员

---

[410] A. FERRER CORREIA/V. LOBO XAVIER/M. ÂNGELA COELHO/ANTÓNIO A. CAEIRO, *Sociedades por quotas de responsabilidade limitada*（*Anteprojecto de lei – 2.ª redacção e expoxição de motivos*），RDE，1997，p. 381：无须合理理由解任经理的规则早在 1901 年《有限公司法》第 28 条独一款中已设立，"作为不可辩驳的一般原则"[在葡萄牙，经常提到"任意"解任，用以指不论有无正当理由均可解任，且有或无义务对被解任者进行赔偿。在其他体系制度下，使用"任意"以说明自由解任且无赔偿（即使无合理理由）]。

[411] 以上所援引的辩论由 BRITO CORREIA 在前揭书中（*ob. cit.*，pp. 699，ss.）提出。另见 DUARTE RODRIGUES，*A administração das sociedades...*，pp. 256 – 257，n.（392），文中似乎反对无因解任权能。对于有限公司，RAÚL VENTURA 在前解书中（*Sociedades por quotas*，vol. 3 cit.，p. 104）写道，该规则"显示立法者认为公司利益高于经理的个人利益，以及在确定公司利益上适用多数决原则"。

[412] WYMEERSCH，*ob. cit.*，pp. 1092 – 1093。

[413] 尽管如此，不能忽视第 83 条第 4 款规定的作用。

来说是两难：或服从（尽管知道其无须服从且知道服从违反了其勤勉义务）以保持其职位；或不服从而有被解任的危险（尽管无合理理由）……

行政管理机关成员不仅应遵守注意义务，尚须遵守"忠实义务，维护公司利益，着眼股东长期利益"，并为促进公司可持续性发展而考量其他有关主体（无权解任行政管理机关成员的主体）的利益——第 64 条第 1 款，其自主性（暂且不谈论"独立"董事）难道不应使得解任仅基于合理事由方为妥当吗?[414]

3.4.2　合理事由的概念

尽管无合理事由的解任一般是合法的，但合理事由的存在或欠缺会产生重要的效果[415]。那么，究竟什么是合理事由？

概括而言，合理事由是指一种情况，即考虑到公司与行政管理机关成员的利益，不能再要求公司维持与行政管理机关成员的组织关系，尤其是因为行政管理机关成员严重违反其义务，或显示无能力，又或处于不称职的状态，无法正常履行其职责[416]。

至于行政管理机关成员违反义务（章程规定的义务、法定特别或一般义务)[417]，法律本身就基于合理事由解任规定了几种可适用的情形：第 398 条第 5 款及第 254 条第 5 款（实施未经许可的与公司业务有竞争的活动)[418]、第 447 条第 8 款（有过错地未告知公司其对股票与债券的占有、取得或转

---

[414] 此乃德国（有关股份公司）制度一致认同的理由——参见 HÜFFER, *Aktiengesetz* cit., p. 428。在其他法域，同样存在仅基于合理理由方可解任行政管理机关成员的意见。就美国而言，见 COX / HAZEN, *ob. cit.*, p. 448。在法国这方面的看法，见 G. RIPERT/R. ROB-LOT/M. GERMAIN/L. VOGEL, *Traité de droit commercial*, t. 1, 17ᵉ éd., LGDJ, Paris, 1998, p. 1221；Ph. MERLE（colab. de ANNE FAUCHON），*Droit commercial – Sociétés commerciales*, 9ᵉ éd., Dalloz, Paris, 2003, p. 433。事实上，《公司法典》对于监事解任的规定是必须存在合理理由为之（第 419 条）（尽管传统上并非如此——见 1867 年法律第 21 条及 1888 年《商法典》第 175 条第 2 款）。

[415] 见第 403 条第 2 – 3 款及第 5 款、第 257 条第 2 – 5 款及第 7 款。

[416] 该内容的核心意思（不可要求性）在德国是公认的——参见 HÜFFER, *ob. cit.*, p. 428。葡萄牙学者持相同看法的见 DUARTE RODRIGUES, *ob. cit.*, p. 246；JOÃO LABAREDA, *Direito societário português* cit., pp. 79, ss.（对合理理由的原因作出的举例性叙述与第 257 条第 6 款及第 403 条第 4 款基本上相符；该等规定与德国有关规定相符，例如《德国股份公司法》第 84 条第 3 款）。

[417] J. M. COUTINHO DE ABREU, *Deveres de cuidado e de lealdade dos administradores e interesse social*, em IDET, *Reformas do Código das Sociedades*, Almedina, Coimbra, 2007, pp. 17, ss., ou *Responsabilidade civil dos administradores de sociedades* cit., pp. 9, ss..

[418] 参见 2005 年 7 月 11 日吉马良斯中级法院合议庭裁判，载于 2005 年《司法见解汇编》第四卷第 295 页（Ac. da RG de 11/7/05, CJ, 2005, t. Ⅳ, p. 295）。

让）、第 449 条第 4 款及第 450 条（滥用资讯）。《公司法典》规定的犯罪行为同样构成解任的合理事由（要求为故意——第 527 条第 1 款）。例如：未收取股东出资（第 509 条）；自有股的非法取得（第 510 条）；公司财产的非法分派（第 514 条）；非法拒绝提供资料或提供虚假资料（第 518 条与第 519 条）；阻碍监察（第 522 条）。此外，尚有在公司范围内作出的犯罪行为。例如：盗窃；滥用信用；背信；伪造票据（《刑法典》第 203 条、第 204 条、第 205 条、第 224 条及第 256 条）。另有重复作出超越公司所营事业的行为（即使非为故意）：《公司法典》第 6 条第 4 款——无合理事由延迟提交行政管理报告书与营业年度账目（第 65 条第 5 款、第 67 条以及《支付不能及企业重整法典》第 20 条第 1 款 h 项第 1 部分）[419]；违反公司账目记录的基本规则[420]；利用公司交易机会或财产谋取私利[421]；故意或过失使公司丧失经营上的必要或适宜条件[422]；等等。

此处提及的无能力根本上是指缺少有秩序管理的必要知识，或者因长期疾病（尤其是不可治愈的疾病）而无法正常履行有关职责的身体上的不胜任[423]。[424]

---

[419] 参见 2002 年 4 月 9 日波尔图中级法院合议庭裁判，载于 2002 年《司法见解汇编》第二卷第 216 页（Ac. da RP de 9/4/02，CJ，2002，t. II，p. 216）与 2003 年 3 月 24 日波尔图中级法院合议庭裁判，载于 2003 年《司法见解汇编》第二卷第 180 页（Ac. da RP de 24/3/03，CJ，2003，t. II，p. 180）。

[420] 见 1995 年 2 月 14 日最高法院合议庭裁判，载于第 444 期《司法部公报》第 660 – 661 页 [Ac. do STJ de 14/2/95，BMJ n.° 444（1995），pp. 660 – 661）——案涉被解任的经理之前从公司会计取走多张发票。

[421] 见 1994 年 10 月 27 日最高法院合议庭裁判，载于 1994 年《司法见解汇编》（最高法院合议庭裁判）第 三 卷 第 114 页 [Ac. do STJ de 27/10/94，CJ（ASTJ），1994，t. III，p. 114]——案涉被解任的经理曾允许其子女的车辆免费加公司的燃料等。法院认为该事实不具有重要性，"因为其他股东也一直这么做"。葡萄牙有一格言：如一人做不该做的事，那么所有人均可做同样的事；如所有人做不该做的事，那么这么做的人不应受指责。

[422] 参见上引 2003 年 3 月 31 日波尔图中级法院合议庭裁判，第 183 页（Ac. da RP de 31/3/03 cit.，p. 183）——经理使土木工程（公司所营事业）的许可证失效，以及使员工保险合同无效。

[423] HÜFFER, *ob. cit.*, p. 429；SCHNEIDER, em *Scholz Kommentar...*, p. 1620, RIPERT / ROBLOT / GERMAIN / VOGEL, *ob. cit.*, p. 997.

[424] 如行政管理机关成员的疾病非为不可治愈并预计不会延续至其被指定的期限结束，应不予解任，而是中止职务，由（仅或同样）具有监察职责的机关作出决定（第 400 条第 1 款 a 项及第 430 条第 3 款），该决定具有第 400 条第 2 款所述效力。

除了身体状况外，其他特殊情况（诸如照顾家人或履行法定义务）妨碍行政管理机关成员履职的期限预计超过六十日且其向机关请求中止履职或该机关认为公司利益要求这样做时，上述机关尚可中止行政管理机关成员的履职（第 400 条第 1 款 b 项）。在任何（转下页注）

　　葡萄牙有学者对无法正常履行有关职责的"无能力"（第257条第6款）或"不胜任"（第403条第4款）持不同理解，他们认为该表述仅仅是指"职业上严重不称职"导致"必然严重违反所要求的专研与知识更新的义务"[425]。身体上"不胜任"导致"失效"[426]。

　　对此笔者不敢苟同。（1）为解释解任有合理事由，职业上不胜任并非必须来自专研与知识更新义务的严重违反（故意或严重过失），否则不胜任不包含在"无能力"或"不称职""正常履行职责中"，而是包含在行政管理机关成员"严重违反义务中"（第257条第6款、第403条第4款及第64条第1款a项）。（2）当行政管理机关成员表面上有好的学历，而且并未不重视学习，但显示无法将"理论付诸实践"以及无法"认知"现实，并缺少交易所需最基本的预期性直觉，故与股东期待不符[427]，而这足以导致以合理理由予以解任。（3）至于将身体上的不胜任（尤其因为疾病）归于失效的情况类别，笔者看不

（接上页注424）情况下，中止职任确定后，可对被中止的行政管理机关成员作出临时替任（第393条第6款及第425条第4款）。

法律还规定了更多中止情形。在对公司作出司法调查的程序中，法官可以在特定案件中任命行政管理机关成员并中止在任的行政管理机关成员的履职（第292条第4款及第216条第2款）。当存在基于合理理由作出司法解任的可能时（第403条第3款及第257条第3－5款），允许在解任程序中加入中止行政管理机关成员履职的请求（《民事诉讼法典》第1484条－B及第2款）。在该情形下，与第400条规定不同，中止并非基于与行政管理机关成员个人条件相关的障碍，而是基于其行为可受谴责的推定。

有权解任的机关可否基于行政管理机关成员的行为表现中止其履职，尤其旨在查明是否存在解任的合理理由？法典对此未作任何规定。对于德国式组织架构的公司，2000年5月16日最高法院合议庭裁判，载于2000年《司法见解汇编》（最高法院合议庭裁判）第二卷第65页［Ac. do STJ de 16/5/00，CJ（ASTJ），2000，t. II，p. 65）］作出了肯定回答："既然股东会有权监察管理活动与解任行政管理机关成员，则更有权'在其认为公司利益有需要时'中止行政管理机关成员的履职。"如今（2006年改革后）第430条第1款b项规定股东会有权作出解任时，监事机关可"对行政执行机关任一成员提出解任与中止履职两个月"。回答刚才提出的问题：有解任权限的机关应该同时有权（在所述期限内）中止履职；如未解任或解任无合理理由，行政管理机关成员有权获得相应中止期限的报酬。

[425] 见 A. MENEZES CORDEIRO, *Manual de direito das sociedades*, I vol., 2.ª ed., Almedina, Coimbra, 207, p. 896。持相同看法，见 RICARDO RIBEIRO, *Do direito a indemnização dos administradores de sociedades anónimas destituídos sem justa causa*, BFD, 2007, pp. 813 – 814, 其中着重指出2006年立法者将"无能力"（原第430条第2款）改为"不称职"（现第403条第4款）。

[426] MENEZES CORDEIRO, *ob. e loc. cits.*.

[427] 甚至与该行政管理机关成员本身所想的也不一样。

出任何规范性的法律理由可予以支持[428]。（4）提出这一观点的学者可能联想到《劳动法典》第 343 条 b 项规定（劳动合同"因员工嗣后绝对并确定性无法提供劳动"失效），但是，此处劳动提供不能是绝对的（不是部分或仅存在困难而言），以及是确定的（不是指临时或可以反转的情况）。显然不必具备该等条件才称得上有正当性及合理事由作出解任。当然，这不妨碍社会保障制度的适用（包括第 402 条规定的退休金或补充金）。（5）行政管理机关成员的身体不胜任，即使可作为合理事由解任，也并非必须导致解任，例如公司可以选择暂停履职（第 400 条）。（6）为此效力，"无能力"与"不胜任"是同义词。不胜任可以是身体上的。将"无能力"改为"不称职"，立法者试图避免与本义上的无行为能力混淆，后者显现于法典其他各处条文（如上述第 403 条及第 401 条）。（7）在这方面，《公司法典》明显吸取了德国立法（《德国股份公司法》第 84 条第 3 款及《德国有限责任公司法》第 38 条第 2 款）。在德国一致认为疾病情形允许成为解任的合理理由[429]。

除了法律规定的类别（违反义务、无能力）外，构成合理事由解任的情况可以是使行政管理关系无法继续维持，例如：行政管理机关成员之间常有分歧和争执（即使非为故意），以至于公司运营受到影响[430]；行政管理机关成员支付不能的情况对公司有消极影响（可能吓跑融资人或客户）；行政管理机关成员（在公司以外）实施犯罪行为而导致其可信度受到严重损害[431]。[432]

上述内容似乎足以判断合理事由解任行政管理机关成员不等同于或不

---

[428] 参见本节（3.1）。

[429] 参见前注 423。

[430] 参见 ANTÓNIO CAEIRO, *Temas …*, pp. 165 – 166（其中阐述德国学理与司法见解）；M. COZIAN/A VIANDIER / F. DEBOISSY, *Droit des sociétés* cit., p. 141。

[431] SCHNEIDER, *ob. cit.*, p. 1620。

[432] 公司控制权变更（与新的股东多数希望变更行政管理机关成员）非为合理事由。这一看法几乎得到一致认可。相反看法见 PAOLO AGOSTONI, *Mutamento della maggioranza azionaria quale giusta causa di revoca degli amministratori*, Le Società, 1998, p. 262, ss.（其立场几乎孤立于意大利学界，且不被司法见解所接受——见 *ibid.*, p. 265）。

类似于合理事由解雇（员工）[433]。就因可归责于员工的事实而辞退，有关合理事由要求有过错的行为表现（《劳动法典》第 351 条）[434]。对于因工作岗位终止存在或嗣后不适合工作岗位而作出的集体解雇（《劳动法典》第 359 条以及后续条文），"客观上的合理事由"远非构成解任理由但不可归责于行政管理机关成员的情况。

3.4.3　因无合理事由解任而作出的赔偿

如今学界一致认为，因无合理事由被解任的行政管理机关成员有权获得赔偿[435]。对此，第 403 条第 5 款及第 430 条第 2 款（涉及股份有限公司董事）以及第 257 条第 7 款（涉及有限公司经理）均有明确规定。

有关赔偿金额可提前以合同（公司合同或公司与行政管理机关成员之间的其他合同）方式订定（第 403 条第 5 款及第 257 条第 7 款），或者通过解任之后的协议（公司与前任行政管理机关成员的合同）予以订定。在任何情况下，赔偿额似乎不可超出行政管理机关成员直至原定委任期终止应收取的薪酬金额（第 403 条第 5 款及第 257 条第 7 款）；如果经理被指定履职期不确定，则赔偿不可超过四年应收取的薪酬（第 257 条第 7 款）[436-437]。对于股份有限公司来说，这一理解似乎来自第 403 条第 5 款文义本身，其中涉及两种确定赔偿最高额的方法（合同方式与法律一般方式）。第 257 条第 7 款（适用有限公司）没有含相同的文义。然而，无论从制度协调还是法律

---

[433]　相同看法见 DUARTE RODRIGUES, *ob. cit.*, p. 245；JOÃO LAVAREDA, *ob. cit.*, p. 79；2005 年 11 月 17 日里斯本中级法院合议庭裁判，载于 2005 年《司法见解汇编》第五卷第 100 页（Ac. da RL de 17/11/05, CJ, 2005, t. V, p. 100）。不同看法见 1994 年 11 月 3 日最高法院合议庭裁判，载于《司法部公报》第 441 期第 360 页［Ac. do STJ de 3/11/94, BMJ n.° 441（1994），p. 360］；MENEZES CORDEIRO, *Da responsabilidade civil dos administradores das sociedades comerciais*, Lex, Lisboa, 1997, p. 380（= Manual…, p. 897）——其中"更为深入研究的"的观点值得吸取；"合理理由须具有完全可归责于行政管理机关成员的样态；如果后者无过错与非法性，则不属于合理理由"——1999 年 11 月 2 日科英布拉中级法院合议庭裁判，载于 1999 年《司法见解汇编》第五卷第 17 页（Ac. da RC de 2/11/99, CJ, 1999, t. V, p. 17）；2002 年 4 月 8 日波尔图中级法院合议庭裁判，载于 2002 年《司法见解汇编》第二卷第 217 页（Ac. da RP de 8/4/02, CJ, 2002, t. II, p. 217）。

[434]　但是，在该合理事由与基于严重违反行政管理义务而解任之间有近似性。

[435]　关于《公司法典》颁布之前这一问题的讨论（在学理与司法见解中均有不同观点），见 BRITO CORREIA, *ob. cit.*, pp. 666, ss.（另见 *ibid.*, pp. 679, ss.）。

[436]　COUTINHO DE ABREU, *Governação…*, pp. 84, ss.

[437]　不同理解见 1999 年 11 月 2 日科英布拉中级法院合议庭裁判，载于 1999 年《司法见解汇编》第五卷第 16 页及随后数页［Ac. da RC de 2/11/99（合议庭法官一票反对），CJ, 1999, t. V, pp. 16 ss.］——案中董事的赔偿预先订定于合同。

目的上分析，都会得出上述含义解读。实际上，无合理事由的解任是合法行为（没有违法，即符合法律规定）：法律赋予公司即使无合理事由亦能解任行政管理机关成员的权利（形成权）；行政管理机关成员可以抱有倘若遵守有关义务则不会被解任（非"法律"上）的期待，但不能无视公司享有解任权，以及不能忽视存在可因无合理事由而终止组织关系的风险[438]。逻辑上，不违法解任不应产生赔偿义务[439]。然而，葡萄牙法律认可了这一义务[440]。但为防止对行使解任权造成过多困难，甚至造成实际上不可能，法律规定了赔偿数额上的限制[441]。这同样适用于赔偿协议。合同自由原则（《民法典》第 405 条），以及相对应的公司可接受更高数额的赔偿，并未否定上述结论。实际上，合同自由应在"法律限度范围内"适用[442]。另一方面，通常而言，协议赔偿是在被解任行政管理机关成员与其他行政管理机关成员所代表的公司之间订定[443-444]。

假如合同未确定赔偿额，则按法律的一般规定进行计算（《民法典》第 562 条及随后数条），其中规定最高额限制（第 403 条第 5 款及第 257 条第 7 款）。换言之，损害赔偿不可超出行政管理机关成员直到被指定期间终止所能收取的薪金金额（或者在其他情形下，收取对应四年的薪金金额），但不

---

438 普遍认为无合理事由的解任为合法行为［见 RAÚL VENTURA, *ob. cit.*, p. 118；RICARDO RIBEIRO, *ob. cit.*, pp. 815, ss.；上引 2006 年 2 月 7 日最高法院合议庭裁判第 61 页（Ac. do STJ de 7/2/06, p. 61）与 2006 年 7 月 11 日最高法院合议庭裁判第 142 页（Ac. do STJ de 11/7/06, p. 142）］。不同立场见 MENEZES CORDEIRO, *Manual...*, p. 903（亦见该书第 2 卷，2007 年第 2 版第 439–440 页）。

439 至今不少国家仍认为无合理事由被解任的行政管理机关成员（或其大部分）一般无权要求赔偿［如法国——参见 MERLE, *ob. cit.*, pp. 433, 506；西班牙——参见 F. MARTÍNEZ SANZ, em ARROYO/EMBID (coord), *Comentarios a la ley de sociedades anónimas*, vol. Ⅱ, Tecnos, Madrid, 2001, p. 1374］。

440 类似于其他情况下对合法行为规定的民事责任——见《民法典》第 1172 条及第 1229 条、《商法典》第 245 条。

441 即便如此，至少第 257 条对四年的规定可谓相当慷慨。

442 同样地，公司法对合同自由予以法律限制方面不乏规定。

443 在任何情况下，公司并非（远非）最为强势的一方。

444 相同看法见 JOÃO LABAREDA, *ob. cit.*, pp. 94, ss.；PEREIRA DE ALMEIDA, *Sociedades comerciais* cit., p. 253（针对股份有限公司，而非有限公司）；ARMANDO TRIUNFANTE, *Código das Sociedades...*, p. 394。不同看法见 P. OLAVO CUNHA, *Direito das sociedades comerciais* cit., p. 709（只要合同"被缔结或至少由多数股东追认"即可）；RICARDO RIBEIRO, *ob. cit.*, pp. 824, ss. 。笔者尚且认为：不应将我们一直所说的赔偿协议与有别于解任的组织关系终止时所订定特别报酬的决议相混淆（参见笔者 *Governação...*, p. 88）。

是必然收取的数额[445]。该赔偿用于弥补所造成的损害，而该损害可能少于该最高额（例如，被解任者很快有机会从事薪酬等同的其他活动）。由被解任者负责证明所失收益的损失（以及存在的损害及其金额），由公司负责证明得以减少或消除赔偿的任何情况[446]。

《公共管理人员新通则》（2007 年 3 月 27 日第 71/2007 号法令）就是按以上思路制定的[447]。无合理事由被解任的公共管理人员（也就是说，因管理机关的解散或仅因需要而将管理人员撤职——第 26 条第 1 - 2 款）有权取得对应其任期结束时按基础薪俸所能计算的赔偿，但期间最多不超过一年（第 26 条第 3 款）。第 26 条第 4 款补充规定："如存在回任情况，或在前款所述期间内接受担任公共行政部门或公共企业部门的职位，又或按定期、特定或临时委任制度获委任的管理人员回到之前所担任的职务，损害赔偿将减少至新旧薪俸之间的差额部分。"

---

[445] 相同看法见 1994 年 10 月 27 日最高法院合议庭裁判，载于 1994 年《司法见解汇编》（最高法院合议庭裁判）第三卷第 114 - 115 页［Ac. do STJ de 27/10/94, CJ (ASTJ), 1994, t. Ⅲ, pp. 114 - 115］；1999 年 1 月 20 日最高法院合议庭裁判，载于《司法部公报》第 483 期第 184 - 185 页［Ac. do STJ de 20/1/99, BMJ n.° 483 (1999), pp. 184 - 185］；2004 年 5 月 20 日最高法院合议庭裁判，载于 2004 年《司法见解汇编》（最高法院合议庭裁判）第二卷第 66 页［Ac. do STJ de 20/5/04, CJ (ASTJ), 2004, t. Ⅱ, p. 66］；2006 年 2 月 7 日最高法院合议庭裁判，载于 2006 年《司法见解汇编》（最高法院合议庭裁判）第一卷第 61 - 62 页［Ac. do STJ de 7/2/06, CJ (ASTJ), 2006, t. Ⅰ, pp, 61 - 62］；2006 年 7 月 11 日最高法院合议庭裁判，载于 2006 年《司法见解汇编》（最高法院合议庭裁判）第一卷第 143 页［Ac. do STJ de 11/7/06, CJ (ASTJ), 2006, t. Ⅰ, p. 143］；1994 年 12 月 12 日波尔图中级法院合议庭裁判，载于 1994 年《司法见解汇编》第五卷第 232 页（Ac. da RP de 12/12/94, CJ, 1994, t. Ⅴ, p. 232）；1997 年 1 月 9 日里斯本中级法院合议庭裁判，载于 1997 年《司法见解汇编》第一卷第 91 页（Ac. da RL de 9/1/97, CJ, 1997, t. Ⅰ, p. 91）；2002 年 2 月 18 日里斯本中级法院合议庭裁判，载于 2002 年《司法见解汇编》第五卷第 110 页（Ac. da RL de 18/2/02, CJ, 2002, t. Ⅴ, p. 110）；JOÃO LABAREDA, ob. cit., pp. 93, ss. ; PUPO CORREIA, Direito commercial cit., pp. 394 - 395. 不同理解见 RAÚL VENTURA, ob. cit., p. 119；PINTO FURTADO, Curso de direito das sociedades cit., pp. 369 - 370；MENEZES CORDEIRO, ob. cit., Ⅰ, p. 903，Ⅱ, p. 441［该作者甚至认为对第 403 条第 5 款规定的赔偿数额限制是违宪的——违反《葡萄牙共和国宪法》第 62 条第 1 款。该观点是没有根据的，见 RICARDO RIBEIRO, ob. cit., pp. 818 - 819, n. (36)］。

[446] J. M. COUTINHO DE ABREU, Diálogos com a jurisprudência, Ⅲ - Destituição de administradores, DSR, 5, 2011, pp. 21 ss. .

[447] 公共管理人员即被指定作为（公司或公营企业实体类型）公共企业行政管理机关成员——第 1 条。

无合理事由解任造成何种损害构成赔偿或补偿的标的？仅财产损失，抑或包括非财产损害？在财产损失范围内，只是所失收益（对应的是预计行政管理机关成员直到任期终止所能收到的薪酬），抑或同样包括可能出现的损失（danos emergentes）？例如，被解任者及其家人搬回老家产生的损失。

第 403 条第 5 款与第 257 条第 7 款似乎仅涉及所失收益。但为界定损害赔偿最高额，笔者认为，在遵守该最高限额的情况下，没有理由不考虑可能出现的损失。

然而，无合理事由的解任（合法行为）造成的非财产损害（精神损害或痛苦）不具有可补偿性。即使允许在因合法事实产生责任的范围内，对非财产损害作出补偿（仅当法律对此有规定？）。其实令人质疑单纯解任会产生非财产损害——行政管理机关成员知道（或应知道）随时有可能被解任，因而应当对该风险成为事实有所准备；另一方面，即便存在非财产损害，该等损害也未严重到需要法律予以保护的地步（《民法典》第 496 条第 1 款）。

例外地，公司可就解任的方式（而非单纯无合理事由解任）作出非财产损害补偿。例如，在无事实依据的情况下声称行政管理机关成员违反义务或不称职，如此而已，伴随合法解任的是公司作出的非法行为，遂构成问责的独立事由（见《民法典》第 483 条及第 484 条），对于该等非财产损害的补偿[448]不受《公司法典》第 403 条第 5 款及第 257 条第 7 款规定的最高额的约束[449]。[450]

如果一名被解任的行政管理机关成员诉诸司法途径请求损害赔偿，是应由其负责主张并证明不存在合理事由，还是由公司针对起诉进行答辩时负责陈述及证明解任基于合理事由，从而排除损害赔偿？似乎第二种选择

---

[448] 此外，对可能发生的间接财产损害（源于对行政管理机关成员声望的伤害），亦可构成赔偿。

[449] 不排除恢复原状的赔偿：例如，在报刊上更正有关解任的无根据的信息，费用由公司承担（是公司导致了该信息的公布）。

[450] 见 OLAVO CUNHA, *ob. cit.*, pp. 707 – 708；ARMANDO TRIUNFANTE, *ob. cit.*, pp. 394 – 395（在很大程度上看法相同）。仅针对所失利益的著述，见 RAÚL VENTURA, *ob. cit.*, p. 119；RICARDO RIBEIRO, *ob. cit.*, pp. 820, ss.。

更加合理[451]。[452]

3.4.4　章程规定解任的合理事由

如章程要求解任行政管理机关成员仅限于存在合理事由的情况，有关条款规定是否有效？

在《公司法典》颁布之前，对于有限公司来说，该等条款被视为有效[453]；现行法典继续认定其有效（包括第 257 条第 2 款所规定的要件更为该等条款提供了"保护伞"）[454]。

尽管对于股份有限公司而言，有关章程条款的有效性受到质疑，但我们认为该类条款是有效的[455]。第 403 条第 1 款的规定看似属于硬性规定（"股东可随时通过决议作出解任，不管是否存在合理事由"），然而，基于公共秩序、公司债权人或公司的利益可排除适用章程的自由解任规则。

---

[451] 见上引 1994 年 10 月 27 日最高法院合议庭裁判，第 114 页（Ac. do STJ de 27/10/94 cit.，p. 114）；1998 年 7 月 9 日最高法院合议庭裁判，载于《司法部公报》第 479 期第 642 – 643 页［Ac. do STJ de 9/7/98，BMJ n.° 479（1998），pp. 642 – 643］；2000 年 2 月 15 日最高法院合议庭裁判，载于 2000 年《司法见解汇编》（最高法院合议庭裁判）第一卷第 104 页［Ac. do STJ de 15/2/00，CJ（ASTJ），2000，t. Ⅰ，p. 104］；2000 年 5 月 16 日最高法院合议庭裁判，载于 2000 年《司法见解汇编》（最高法院合议庭裁判）第二卷第 65 页［Ac. do STJ de 16/5/00，CJ（ASTJ），2000，t. Ⅱ，p. 65］；1997 年 1 月 9 日里斯本中级法院合议庭裁判，载于 1997 年《司法见解汇编》第一卷第 369 页（Ac. da RL de 9/1/97，CJ，1997，t. Ⅰ，p. 369）。倾向于第一种选择（证明不存在合理理由的举证责任由被解任者承担）：1991 年 5 月 28 日科英布拉中级法院合议庭裁判，载于 1991 年《司法见解汇编》第三卷第 78 页及随后数页（Ac. da RC de 28/5/91，CJ，1991，t. Ⅲ，pp. 78，ss.）与 1992 年 6 月 23 日最高法院合议庭裁判，载于《司法部公报》第 418 期第 799 页［Ac. do STJ de 23/6/92，BMJ n.° 418（1992），p. 799］。

[452] 上引 2000 年 2 月 15 日最高法院合议庭裁判第 103 页及第 105 页（Ac. do STJ de 15/2/00 cit.，pp. 103，105）所述并不正确：在有关解任决议的议事录上应载明合理理由的依据，否则须判解任无合理理由。议事录并非须载明决议的依据（见第 63 条第 2 款），其应含有决议的"内容"（第 63 条第 2 款 f 项），该内容体现于解任提案及其取得多数赞成票——LOBO XAVIER, *Anulação de deliberação...*，p. 384，n.（3）；有关提案可以指出依据，也可以不指出依据。不说明的，（如有讨论）讨论提案时披露的解任事由可载于议事录，也可以不呈现。最后，对合理理由的司法审查，所基于的是诉讼程序中得出与证明的事实，即使未载于决议内容或议事录｛相同看法见上引 1992 年 6 月 23 日最高法院合议庭裁判，第 800 页（Ac. do STJ de 23/6/92 cit.，p. 800）；1996 年 6 月 18 日最高法院合议庭裁判，载于 1996 年《司法见解汇编》（最高法院合议庭裁判）第二卷第 157 页［Ac. do STJ de 18/6/96，CJ（ASTJ），1996，t. Ⅱ，p. 157］；1999 年 1 月 20 日最高法院合议庭裁判，载于《司法部公报》第 483 期第 182 页［Ac. do STJ de 20/1/99，BMJ n.° 483（1999），p. 182］｝。

[453] ANTÓNIO CAEIRO, *Temas...*，pp. 161，ss. .

[454] RAÚL VENTURA, *ob. cit.*，p. 107，JOÃO LABAREDA, *ob. cit.*，p. 84.

[455] 相同看法见 JOÃO LABAREDA, *ob. cit.*，p. 86；不同看法见 DUARTE RODRIGUES, *ob. cit.*，p. 243。

3.4.5　协定赔偿

如果公司合同或公司与行政管理机关成员的协议规定公司在任何情形下解任行政管理机关成员均应予以赔偿，即使存在合理解任事由，该协定是否合法？

可以肯定的是，解任的理由基于行政管理机关成员的过错行为（如严重违反义务）时，强制公司作出赔偿的协议非有效。显然，该赔偿要求在实践中很可能会阻碍公司解任不应继续管理公司的人（因为赔偿数额会对公司产生压力）。

但是，当协议适用基于客观（非过错）合理事由的解任时，例如因身体上的障碍，协议应属有效[456]。

3.4.6　通过决议解任与召集书

如解任行政管理机关成员是股东会议决内容时，该事项是否应载于股东会召集书中的议事日程？

有的学者认为无须载入议程，因为解任可在任何时候（第 403 条第 1 款）或随时（第 430 条第 1 款及第 257 条第 1 款）为之[457]。

似乎从以上表述无法推出这一结论。作为规则，会议召集书应清晰载明待决议事项（第 377 条第 5 款 e 项及第 8 款）[458]。解任一名行政管理机关成员并不是无关紧要的事。被召集开会的股东应就解任一事事先得到通知，包括行政管理机关成员，即使非属股东，亦应出席股东会（第 379 条第 4 款）。因此，原则上，对于上述问题的回答应是肯定的[459]。该事项如未载于议程，则作出解任的决议应可撤销（第 58 条第 1 款 c 项及第 4 款 a 项、第 59 条第 1 款及第 2 款 c 项）[460]。

---

[456]　相同看法见 DUARTE RODRIGUES, *ob. cit.*, p. 258；JOÃO LABAREDA 则认为在任何情况下均非有效（*ob. cit.*, p. 91）。

[457]　见 BRITO CORREIA, *ob. cit.*, p. 715；《法国商法典》第 L. 225 – 105（3）条作出相同回答："股东会不能就未列于议程的事宜进行表决，但在任何场合下均可解任一名或多名董事或监事会成员并予以替换。"西班牙主流学说与司法见解持相同看法（《西班牙有限责任公司法》第 68 条第 1 款显然如此规定）——见 MARTÍNEZ SANZ, *ob. cit.*, pp. 1370 – 1371。

[458]　该规则可适用于任何类型的公司：第 248 条第 1 款、第 189 条第 1 款、第 474 条及第 478 条。

[459]　但不需要在召集通告上指出拟被解任的行政管理机关成员的姓名——见 RAÚL VENTURA, *ob. cit.*, p. 105；J. CALVÃO DA DILVA, *Estudos de direito commercial*（*Pareceres*）, Almedina, Coimbra, 1996, pp. 267, ss. 。

[460]　参见 1996 年 1 月 23 日里斯本中级法院合议庭裁判，载于 1996 年《司法见解汇编》第一卷第 100 – 101 页（Ac. da RL de 23/1/96, CJ, 1996, t. Ⅰ, pp. 100 – 101）。

然而，该规则允许存在例外的情况。行政管理机关成员可在审议营业年度账目的股东常会上予以解任，无论是否在会议召集书中对此事项有所记载（第 376 条第 1 款 c 项、第 455 条第 2 - 3 款及第 75 条第 2 款）。这是可以理解的（尤其是因合理事由解任）：股东在对行政管理机关进行一般审议时，可能会发现应立即解任行政管理机关成员的事实。

总之，笔者想强调的是，在被召集的股东会上（无论是否将有关事项载于股东会召集书）或以其他方式就解任一事作出决议（例如，经非召集的全体股东书面作出一致决议），应当给予行政管理机关成员就解任一事的辩护权，按照盎格鲁 - 撒克逊传统法则——正当程序（due process）要求将解任提议告知行政管理机关成员，后者应享有在股东会上被听取陈述的机会或出示其书面解释的机会[461]，这对于行政管理机关成员、股东及公司都有利。有关解任事项的重要性足以给予行政管理机关成员辩护的机会。在理由交锋中更容易辨别是否存在解任的合理事由（以及对公司可能产生的后果），亦使股东在更明事理的情况下投票。

该思路并非完全与现行葡萄牙法背道而驰，例如《公司法典》规定监察机关成员可因合理事由而被股东会解任（第 419 条）。在决议作出前，被针对的监事应就可归责于其本人的事实在股东会上被听取陈述（第 419 条第 1 款及第 423 条 - E 第 2 款）。另外，公共管理人员因合理事由而被撤职时，法律要求对该等人员进行预先听证（第 71/2007 号法令第 25 条第 2 款及第 24 条第 2 款）[462]。

3.4.7　滥用决议作出的解任？

根据第 56 条及随后数条的规定，解任行政管理机关成员的股东决议可因程序或内容上的瑕疵而无效或可撤销，其中以程序上的瑕疵为主；就内容上的瑕疵而言，多不予以追究，因为一般不要求解任须基于合理事由[463]。

在《公司法典》颁布之前，笔者写过有关权利滥用的机制不可控制股东自由解任行政管理机关成员的权利，但这不影响被解任者就其损失或损

---

[461]　见 COX / HAZEN, *ob. cit.*, pp. 445 - 446；GOWER / DAVIES, *ob. cit.*, p. 311。在法国同样（有限度地）承认"辩论原则"——参见 COZIAN/VIANDIER/DEBOISSY, *ob. cit.*, p. 238。

[462]　另见 1982 年 12 月 9 日第 464/82 号法令第 6 条第 4 款，该法令后被 2007 年法令废止。

[463]　如解任的是享有担任行政管理机关成员特别权的股东 - 经理，则该决议因内容上的瑕疵而无效（见第 257 条第 3 款，以及 RAÚL VENTURA, *ob. cit.*, pp. 109 - 110），除非该股东 - 经理同意该决议。

害取得赔偿[464]。在《公司法典》颁布之后，其他学者写道：第58条（"滥用决议"）第 1 款 b 项的规定可适用于解任行政管理机关成员的决议[465]。

滥用解任决议的可能情形基本上属于一味损人利益性质的决议（deliberação emulativa）类型（股东利用该类决议只为损害公司或少数股东，特别是被解任的行政管理机关成员——股东的利益）。学界就如何适用第 58 条第 1 款 b 项规定举例说明：一名股东－经理"因推动公司发展的一个项目而触及了多数股东在其他交易中所拥有的利益，为此被解任"[466]；无任何公司利益能解释为何解任少数股东－经理，"唯一目的是将被解任的经理赶走"[467]。

这些范例令人产生一些疑问。

为使决议依据第 58 条第 1 款 b 项被认定为属滥用而可撤销，该行政管理机关成员须为股东；亦即，如被解任者为股东，则决议为滥用；如行政管理机关成员非属股东，则该决议非为滥用而不可撤销……[468]

从另一角度分析，如果损害意图首先针对的是公司，可适用的法律一方面是禁止损害公司的一般规定（第 58 条第 1 款 b 项），另一方面是许可无合理事由解任的专门规定（第 403 条第 1 款及第 257 条第 1 款），而滥用则构成不正当理由。究竟是一般禁止规定优先，还是专门许可规定优先？法院可否撤销解任决议而使被解任的行政管理机关成员重回其位？[469] 在现行

---

[464] *Do abuso de direito – Ensaio de um critério em direito civil e nas deliberações sociais* cit. , pp. 182 – 183.

[465] RAÚL VENTURA, *ob. cit.* , p. 115, J. TAVEIRA DA FONSECA, *Deliberações sociais – Suspensão e anulação*, em CEJ, *Textos（Sociedades comerciais）*, 1994/1995, p. 150, JOÃO LABAREDA, *ob. cit.* , pp. 100, ss. ［后两位作者援引笔者的著作（引用如前），并与笔者意见不同。如阅读 Labareda 的著作（见前引著作第 100 – 101 页），可能认为笔者之所以当时主张所述立场，根本上是因为界定自由解任为形成权。但是，笔者补充，该形成权不受有关权利滥用机制控制。如果阅读笔者所著 *Do abuso...*, pp. 71, ss. e 174, n.（405），可得出的结论是，笔者过去不赞同（现在也不赞同）对滥用所有及任何形成权不可追究的观点］。《公司法典》颁布之后，对笔者前引著作所述持相同看法，亦见 1997 年 6 月 17 日波尔图中级法院合议庭裁判，载于 1997 年《司法见解汇编》第二卷第 224 页（Ac. da RP de 17/6/97, CJ, 1997, t. Ⅱ, p. 224）。

[466] RAÚL VENTURA, *ob. e loc. cits.* .

[467] TAVEIRA DA FONSECA, *ob. e loc. cits.* .

[468] 除非对于非股东的行政管理机关成员，其涉及的是第 58 条第 1 款 a 项权利滥用的其他情形（参见《民法典》第 334 条）——COUTINHO DE ABREU, *Do abuso...*, pp. 144 – 145；然而，即使如此，被解任的行政管理机关成员也不可对决议提出争执（见第 59 条第 1 款）；JOÃO LABAREDA 坚持认为，尽管有第 59 条第 1 款，但因决议滥用而被解任的非作为股东的行政管理机关成员，可以对决议提出争执（第 166 页，见前引著作第 104 – 105 页。然而，依据现行法规定，该看法不仅仅是令人质疑……）。

[469] 非股东（前）行政管理机关成员仍然不可请求撤销决议（第 59 条第 1 款）……

法框架下，向被解任者支付赔偿岂不更合适？诚然系由公司支付赔偿，但公司有权就股东滥用投票权造成的损害得到赔偿（第58条第3款）[470]。另一方面，如（解任之后被指定的）新任经理所作行为有过错且损害公司利益，则可被追责并因正当理由被解任。

从上述分析可得出的结论是，具有第58条第1款b项所规定情形特点的解任行政管理机关成员的决议不可撤销（无论是否称之为滥用决议）——自由解任的规则在该等情况下不存在例外。有必要说明的是，法律允许无合理事由解任，并不等于被解任者无权获得赔偿，如公司支付赔偿，则其有权向滥用投票权作出解任的股东索回赔偿。[471]

3.4.8 司法解任

股东决议并非解任行政管理机关成员的唯一途径。一般而言，在传统组织框架或一元性组织框架下的股份有限公司以及其他类型的公司，可基于合理事由经由法院作出解任。

在某些情况下，司法诉讼是基于合理事由作出解任唯一可能的途径[472]。

在无限公司中，当股东经理"以公司合同特别条款"被指定（第191条第4款）[473] 或仅有两名股东（其中一名或两名为经理——第191条第7款）时，解任只能由法院作出。

在有限公司中，当经理为享有"永久担任经理之特别权"的股东（第257条第3款）[474] 或仅有两名股东（一名或两名为经理——第257条第5款）时，解任同样只能由法院作出。

第191条第7款规定，如仅有两名股东，有关诉讼由一名股东"针

---

[470] 参见 FERRER CORREIA/LOBO XAVIER/M. ÂNGELA COELHO/ANTÓNIO CAEIRO, *Sociedades por quotas* cit., RDE, 1997, p.410：作者认为该规定可予以适用，不论有关决议可否撤销。

[471] 貌似持有相同看法的见 NUNO BARBOSA, *Competência das assembleias de obrigacionistas*, Almedina, Coimbra, 2002, pp. 127 – 128, n. (316)；明显持有相同看法的见 RICARDO RIBEIRO, *ob. cit.* pp. 816 – 817。在法国，一般而言，董事可随时被解任，且无权要求赔偿，但该权利在解任显有滥用特征的情况下被承认，见 COZIAN/VIANDIER/DEBOISSY, *ob. cit.*, pp. 236 – 238。

[472] 有关诉讼程序规定于《民事诉讼法典》第1484条 – B。

[473] RAÚL VENTURA, *Novos estudos sobre sociedades anónimas e sociedades em nome colectivo* cit., p. 326, e JOÃO LABAREDA, *ob. cit.*, pp. 111, ss. .

[474] 参见第四章（1.1）。

对公司"提起[475]。第 257 条第 5 款规定，诉讼"由另一名（股东）"针对要求解任的经理－股东提起[476]。

对于股份有限公司，第 403 条第 3 款规定[477]，"持有不少于 10% 公司资本的一名或多名股东，在股东未被召集议决解任董事的情况下，可基于合理事由请求法院予以解任"[478]。该诉讼亦可在股东会作出不解任董事的决议后提起[479]。

除此之外，"应任一股票持有人的请求"，可对滥用资讯的董事作出解任（第 449 条第 4 款）。尚有透过司法调查程序解任董事的可能性（《公司法典》第 292 条、第 450 条及《民事诉讼法典》第 1482 条第 2 款）。

将请求法院作出解任的权能赋予少数股东的规定旨在降低多数董事或有多数支持的董事不当占据管理层的风险[480]。

3.4.9　因合理事由被解任的行政管理机关成员复职

因合理事由被（法院或股东）解任的行政管理机关成员复职是否合法？

《公司法典》有两条规定针对两种情况：如在审议营业年度账目的股东会上针对行政管理机关成员提起追究责任之诉及作出其解任决议，被解任的行政管理机关成员不可在诉讼期间复职（第 75 条第 2 款）[481]；"自作出（经司法调查）支持解任行政管理机关成员一职的事实（滥用资讯）起五年内，被解任者不得在同一公司或与其存在支配关系或集团关系的公司担任职务（第 450 条第 4 款）"。相同原因（滥用资讯）而由股东提起解任行政管理机关成员的诉讼（第 449 条第 4 款）或通过股东决议（或通过总理事

---

[475] 该条内容与第 257 条第 4 款所规定的内容很相似。但在该两种情形下诉讼亦应针对经理提起——见 JOÃO LABAREDA, *ob. cit.*, pp. 122, 127 – 128。

[476] 见 RAÚL VENTURA, *Sociedades por quotas* cit., p. 117; JOÃO LABAREDA, *ob. cit.*, pp. 126 – 127. 不同看法（诉讼应针对公司提起）见 2007 年 2 月 22 日吉马良斯中级法院合议庭裁判（一票反对），载于 2007 年《司法见解汇编》第一卷第 286 页（Ac. da RG de 22/2/07, CJ, 2007, t. Ⅰ, p. 286）。

[477] 令人奇怪的是，第 430 条第 2 款（涉及类似于德国公司组织架构）未准用第 403 条第 3 款。

[478] 就有限公司而言，"任何股东"均有权请求司法解任经理（第 257 条第 4 款）。

[479] JOÃO LABAREDA, *ob. cit.*, pp. 130, ss. .

[480] 因正当理由作出解任决议时，作为股东的行政管理机关成员不得参与表决（第 251 条第 1 款 f 项及第 384 条第 6 款 c 项）。尽管如此，在实践中，该等不应参与表决者很多时候会参与表决且其投票会被计算在内，这主要发生在由该等人主持股东会的情况中（参见第 284 条第 4 款及第 374 条第 4 款）……

[481] 如被解任者在有关诉讼中未被判有责任，则毫不妨碍其再次被指定为行政管理机关成员。

暨监察会决议）被解任的，则上述五年不可兼任规定类推适用[482]。

另一方面，倘因"客观"合理事由（如禁治产）被解任的行政管理机关成员无能力的情况得以去除（假使患者比预期提早康复而有足够的能力做好"善良管理人"），应对其予以复职。但是，如果行政管理机关成员不久前[483]因严重违反有关义务而被解任，则对其再次选任的决议可提出争执，支持选任的投票可被视为违反股东的忠实义务而导致决议可撤销（适用第58条第1款a或b项，视具体情况而定）[484]。

---

[482] 就上述最后一种情形，亦见 RAÚL VENTURA，*Novos estudos…*，p. 87。在美国，不少州法规定，（因正当理由）司法解任时，法院可指定禁止再次选任行政管理机关成员的期间（参见 COX／HAZEN，*ob. cit.*，p. 453）。

[483] 笔者认为参照第450条第4款规定的五年期比较合理。

[484] SCHNEIDER，*ob. cit.*，pp. 1610–1611，1624.

"葡萄牙法律经典译丛"已出书目

葡萄牙法律史（第三版）　〔葡〕马里奥·朱莉欧·德·阿尔梅达·科斯塔/著
　　　　　　　　　　　　　唐晓晴/译

行政法教程（第一卷）　〔葡〕迪奥戈·弗雷塔斯·亚马勒/著　黄显辉/译

行政法　〔葡〕苏乐治/著　冯文庄/译

法律关系总论（第一卷）　〔葡〕曼努埃尔·德·安德拉德/著　吴奇琦/译

行政司法公正　〔葡〕若瑟·加路士·韦拉·安得拉德/著　冯文庄/译

商法教程（第一卷）　〔葡〕乔治·曼努埃尔·高迪纽德·阿布莱乌/著
　　　　　　　　　　王　薇/译

行政法原理　〔葡〕若泽·曼努埃尔·里贝罗·塞尔武罗·科雷亚/著
　　　　　　　冯文庄/译

法律关系总论（第二卷）　〔葡〕曼努埃尔·德·安德拉德/著　吴奇琦/译

刑事诉讼法　〔葡〕乔治·德·菲格雷多·迪亚士/著　马　哲
　　　　　　　缴　洁/译

定金与预约合同　〔葡〕若昂·卡尔昂·达·席尔瓦/著　曹晋锋/译

亲属法教程　〔葡〕威廉·德奥利维拉　弗朗西斯科·佩雷拉·科埃/著
　　　　　　林笑云/译

行政法教程（第二卷）　〔葡〕迪奥戈·弗雷塔斯·亚玛勒/著　黄显辉　黄淑禧
　　　　　　　　　　　　黄景禧/译

债法总论（第一卷）　〔葡〕若昂·德·马图斯·安图内斯·瓦雷拉/著
　　　　　　　　　　唐晓晴/译

债法总论（第二卷）　〔葡〕若昂·德·马图斯·安图内斯·瓦雷拉/著
　　　　　　　　　　马　哲　陈淦添　吴奇琦　唐晓晴/译

国际公法　〔葡〕欧天奴·苏亚雷斯/著　冯文庄/译

394

刑法总论（第一卷）：

　　基本问题及犯罪一般理论　〔葡〕乔治·德·菲格雷多·迪亚士/著　关冠雄/译

继承法　　　　　　　　　〔葡〕弗朗西斯科·曼努埃尔·佩雷拉·科埃略/著

　　　　　　　　　　　　　　　曹锦俊/译

宪法与宪法理论　　　　　〔葡〕若泽·若阿金·高美士·卡诺迪略/著

　　　　　　　　　　　　　　　孙同鹏　李寒霖　蒋依娃 等/译

图书在版编目（CIP）数据

商法教程. 第二卷, 公司法 / （葡）乔治·曼努埃尔·高迪纽·德·阿布莱乌著；王薇，王荣国译. -- 北京：社会科学文献出版社，2022.12
（澳门特别行政区法律丛书. 葡萄牙法律经典译丛）
ISBN 978 - 7 - 5228 - 0689 - 1

Ⅰ.①商… Ⅱ.①乔… ②王… ③王… Ⅲ.①商法 - 葡萄牙 - 教材②公司法 - 葡萄牙 - 教材 Ⅳ.①D955.239.9②D955.222.9

中国版本图书馆 CIP 数据核字（2022）第 171028 号

澳门特别行政区法律丛书·葡萄牙法律经典译丛

商法教程（第二卷）：公司法

著　　者 / ［葡］乔治·曼努埃尔·高迪纽·德·阿布莱乌（Jorge Manuel Coutinho de Abreu）
译　　者 / 王　薇　王荣国

出 版 人 / 王利民
组稿编辑 / 祝得彬
责任编辑 / 张　萍　王晓卿
责任印制 / 王京美

出　　版 / 社会科学文献出版社·当代世界出版分社（010）59367004
　　　　　 地址：北京市北三环中路甲 29 号院华龙大厦　邮编：100029
　　　　　 网址：www.ssap.com.cn
发　　行 / 社会科学文献出版社（010）59367028
印　　装 / 三河市龙林印务有限公司

规　　格 / 开　本：787mm × 1092mm　1/16
　　　　　 印　张：26.75　字　数：440 千字
版　　次 / 2022 年 12 月第 1 版　2022 年 12 月第 1 次印刷
书　　号 / ISBN 978 - 7 - 5228 - 0689 - 1
著作权合同
登 记 号 / 图字 01 - 2022 - 5712 号
定　　价 / 168.00 元

读者服务电话：4008918866